U0216148

吉林人民出版社

简体字本二十六史

宋史

卷四四二——卷四九六

（十三）

[元] 脱脱等 撰

刘浦江等 标点

宋史卷四四二
列传第二〇一

文苑四

穆修　石延年　刘潜附　萧贯
苏舜钦　尹源　黄亢　黄鉴
杨蟠　颜太初　郭忠恕

穆修字伯长,郓州人。幼嗜学,不事章句。真宗东封,诏举齐、鲁经行之士,修预选,赐进士出身,调泰州司理参军。负才,与众龃龉,通判忌之,使人诬告其罪,贬池州。中道亡至京师,叩登闻鼓诉冤。不报。居贬所岁余,遇赦得释,迎母居京师,间出游乞以给养。久之,补颍州文学参军,徙蔡州。明道中,卒。

修性刚介,好论斥时病,诋诮权贵,人欲与交结,往往拒之。张知白守亳,亳有豪士作佛庙成,知白使人召修作记,记成,不书士名。士以白金五百遗修为寿,且求载名于记,修投金庭下,俶装去郡。士谢之,终不受,且曰:“吾宁糊口为旅人,终不以匪人污吾文也。”宰相欲识修,且将用为学官,修终不往见。母死,自负椽以葬,日诵《孝经》、《丧记》,不饭浮屠为佛事。

自五代文敝,国初,柳开始为古文。其后,杨亿、刘筠尚声偶之辞,天下学者靡然从之;修于是时独以古文称,苏舜钦兄弟多从之游。修虽穷死,然一时士大夫称能文者必曰穆参军。

庆历中,祖无择访得所著诗、书、序、记、志等数十首,集为三卷。

石延年字曼卿,先世幽州人。晋以幽州遗契丹,其祖举族南走,家于宋城。延年为人,跌宕任气节,读书通大略,为文劲健,于诗最工而善书。

累举进士,不中。真宗录三举进士,以为三班奉职,延年耻不就,张知白素奇之,谓曰:“母老乃择禄耶?”延年不得已就命,后以右班殿直改太常寺太祝,知金乡县,有治名。用荐者通判乾宁军,徙永静军,为大理评事、馆阁校勘,历光禄、大理寺丞,上书章献太后,请还政天子。太后崩,范讽欲引延年,延年力止之。后讽败,延年坐与讽善,落职通判海州,久之,为秘阁校理,迁太子中允,同判登闻鼓院。

尝上言天下不识战三十余年,请为二边之备。不报。及元昊反,始思其言,召见,稍用其说。命往河东籍乡兵,凡得十数万,时边将遂欲以捍贼,延年笑曰:“此得吾粗也。夫不教之兵勇怯相杂,若怯者见敌而动,则勇者亦牵而溃矣。今既不暇教,宜募其敢行者,则人人皆胜兵也。”又尝请募人使唃厮罗及回鹘举兵攻元昊,帝嘉纳之。

延年喜剧饮,尝与刘潜造王氏酒楼对饮,终日不交一言。王氏怪其饮多,以为非常人,益奉美酒肴果,二人饮啖自若,至夕无酒色,相揖而去。明日,都下传王氏酒楼有二仙来饮,已乃知刘、石也。延年虽酣放,若不可撄以世务,然与人论天下事,是非无不当。

初,与天章阁待制吴遵路同使河东,及卒,遵路言于朝廷,特官其一子。

刘潜字仲方,曹州定陶人。少卓逸有大志,好为古文,以进士起家,为淄州军事推官。尝知蓬莱县,代还,过郓州,方与曼卿饮,闻母暴疾亟归。母死,潜一恸遂绝,其妻复抚潜大号而死。时人伤之,曰:“子死于孝,妻死于义。”

同时以文学称京东者,齐州历城有李冠,举进士不第,得同《三礼》出身,调乾宁主簿,卒。有《东皋集》二十卷。

萧贯字贯之,临江军新喻人。俊迈能文,尚气概。举进士甲科,为大理评事,通判安、宿二州,迁太子中允、直史馆。仁宗即位,进太常丞、同判礼院。历吏部南曹、开封府推官、三司盐铁判官,为京东转运使。

时提举捉贼刘舜卿善捕盗,号"刘铁弹",恃功为不法,前后畏其凶悍,莫敢治。贯至,发之,废为民。徙江东,改知洪州,累迁尚书刑部员外郎。坐前使江东不察所部吏受赇,降知饶州。

有抚州司法参军孙齐者,初以明法得官,以其妻杜氏留里中,而给娶周氏入蜀。后周欲诉于官,齐断发誓出杜氏。久之,又纳倡陈氏,挈周所生子之抚州。未逾月,周氏至,齐捽置庑下,出伪券曰:"若傭婢也,敢尔邪!"乃杀其所生子。周诉于州及转运使,皆不受。人或告之曰:"得知饶州萧史君者诉之,事当白矣。"周氏以布衣书姓名,乞食道上,驰告贯。抚非所部,而贯特为治之;更赦,犹编管齐濠州。迁兵部员外郎,召还,将试知制诰,会营建献、懿二皇太后陵,未及试而卒。

贯临事敢为,不苟合于时。初,感疾,梦绿衣中人召至帝所,赋《禁中晓寒歌》,词语清丽,人以比唐李贺。

苏舜钦字子美,参知政事易简之孙。父耆,有才名,尝为工部郎中,直集贤院。舜钦少慷慨有大志,状貌怪伟。当天圣中,学者为文多病偶对,独舜钦与河南穆修好为古文、歌诗,一时豪俊多从之游。初以父任补太庙斋郎,调荥阳县尉。玉清昭应宫灾,舜钦年二十一,诣登闻鼓院上疏曰:

烈士不斧钺而进谏,明君不讳过失而纳忠,是以怀策者必吐上前,蓄冤者无至腹诽。然言之难不如容之难,容之难不如行之难,有言之必容之行之,则三代之主也,幸陛下留听焉。

臣观今岁自春徂夏,霖雨阴晦未尝少止,农田被灾者几于十九。臣以谓任用失人、政令多过、赏罚弗中之所召也。天之降灾,欲悟陛下,而大臣归咎于刑狱之滥,陛下听之,故肆赦天下以为禳救。如此则是杀人者不死,伤人者不抵罪,而欲以合天意也。古者断决滞讼以平水旱,不闻用赦,故赦下之后,阴霾及今。

前志曰:"积阴生阳,阳生则火灾见焉。"乘夏之气发泄于玉清宫,震雨杂下,烈焰四起,楼观万叠,数刻而尽,非慢于火备,乃天之垂戒也。陛下当降服、减膳、避正寝,责躬罪己,下哀痛之诏,罢非业之作,拯失职之民,察辅弼及左右无裨国体者罢之,窃弄权威者去之;念政刑之失,收刍荛之论,庶几所以变灾为祐。

浃日之间,未闻为此,而将计工役以图修复,都下之人闻者骇惑,聚首横议,咸谓非宜。皆曰章圣皇帝勤俭十余年,天下富庶,帑府流衍,乃作斯宫,及其毕功,海内虚竭。陛下即位未及十年,数遭水旱,虽征赋咸入,而百姓困乏。若大兴土木,则弗用不知纪极,财力耗于内,百姓劳于下,内耗下劳,何以为国!况天灾之,已违之,是欲竞天,无省己之意。逆天不祥,安己难任,欲祈厚贶,其可得乎!今为陛下计,莫若来吉士,去佞人,修德以勤至治,使百姓足给而征税宽减,则可以谢天意而安民情矣。

夫贤君见变,修道除凶,乱世无象,天不谴告。今幸天见之变,是陛下修己之日,岂可忽哉!昔汉宣帝三年,茂陵白鹤馆灾,诏曰:"乃者火灾降于孝武园馆,朕战怵恐惧,不烛变异,罪在朕躬。群有司又不肯极言朕过,以至于斯,将何寤焉!"夫茂陵不及上都,白鹤馆大不及此宫,彼尚降诏四方,以求己过,是知帝王忧危念治,汲汲如此。

臣又按《五行志》:贤佞分别,官人有叙,率由旧章,礼重功勋,则火得其性。若信道不笃,或耀虚伪,谗夫昌,邪胜正,则火失其性,自上而降。及滥炎妄起,燔宗庙,烧宫室,虽兴师徒而不能救。鲁成公三年,新宫灾,刘向谓成公信三桓子孙之谗、逐父臣之应。襄公九年春,宋火,刘向谓宋公听谗、逐其大夫华弱奔鲁之应。今宫灾岂亦有是乎?愿陛下拱默内省而追革之,罢再造之劳,述前世之法,天下之幸也。

又上书曰:

历观前代圣神之君,好闻谠议,盖以四海至远,民有隐慝,不可以遍照,故无间愚贱之言而择用之。然后朝无遗政,物无遁情,虽有佞臣,邪谋莫得而进也。

臣睹乙亥诏书,戒越职言事,播告四方,无不惊惑,往往窃议,恐非出陛下之意。盖陛下即位以来,屡诏群下勤求直言,使百僚转对,置匦函,设直言极谏科。今诏书顿异前事,岂非大臣壅蔽陛下聪明,杜塞忠良之口,不惟亏损朝政,实亦自取覆亡之道。夫纳善进贤,宰相之事,蔽君自任,未或不亡。今谏官、御史悉出其门,但希旨意,即获美官,多士盈庭,嗫不得语。陛下拱默,何由尽闻天下之事乎

前孔道辅、范仲淹刚直不挠,致位台谏,后虽改他官,不忘献纳。二臣者非不知缄口数年,坐得卿辅,盖不敢负陛下委注之意。而皆罹中伤,窜谪而去,使正臣夺气,鲠士咋舌,目睹时弊,口不敢论。

昔晋侯问叔向曰:"国家之患孰为大?"对曰:"大臣持禄而不极谏,小臣畏罪而不敢言,下情不得上通,此患之大者。"故汉文感女子之说而肉刑是除,武帝听三老之议而江充以族。肉刑古法,江充近臣,女子三老,愚氓疏隔之至也。盖以义之所在,贱不可忽,二君从之,后世称圣。况国家班设爵位,列陈豪英,故当责其公忠,安可教之循默?赏之使谏,尚恐不言;罪其敢言,孰肯献纳?物情闭塞,上位孤危,轸念于兹,可为惊怛!觊望陛下发德音,寝前诏,勤于采纳,下及刍荛,可以常守隆平,保全近辅。

寻举进士，改光禄寺主簿，知长垣县，迁大理评事，监在京店宅务。康定中，河东地震，舜钦诣匦通疏曰：

臣闻河东地大震裂，涌水坏屋庐城堞，杀民畜几十万，历旬不止。始闻惶骇疑惑。窃思自编策所纪前代衰微丧乱之世，亦尝有此大变。今四圣接统，内外平宁，戎夷交欢，兵革偃息，固与夫衰微丧乱之世异，何灾变之作反过之耶？且妖祥之兴，神实尸之，各以类告，未尝妄也。天人之应，古今之鉴，大可恐惧。岂王者安于逸豫、信任近臣而不省政事乎？庙堂之上，有非才冒禄、窃弄威福而侵上事者乎？又岂施设之政有不便民者乎？深宫之中，有阴教不谨以媚道进者乎？西北羌夷有背盟犯顺之心乎？臣从远方来，不知近事，心疑而口不敢道也。所怪者，朝廷见此大异，不修阙政，以厌天戒、安民心，默然不恤，如无事之时；谏官、御史不闻进牍铺白灾害之端，以开上心。然民情汹汹，聚首横议，咸有忧悸之色。

臣以世受君禄，身齿国命，涵濡惠泽，以长此躯，目观心思，惊怛流汗，欲尽吐肝胆，以拜封奏。又见范仲淹以刚直忤奸臣，言不用而身窜谪，降诏天下，不许越职言事。臣不避权右，必恐横罹中伤，无补于国，因自悲噫，不知所措。

既而孟春之初，雷震暴作，臣以谓国家阙失，众臣莫敢为陛下言者，唯天丁宁以告陛下。陛下果能沛发明诏，许群臣皆得献言，臣初闻之踊跃欣抃。旬日间颇有言事者，其间岂无切中时病，而未闻朝廷举而行之，是亦收虚言而不根实效也。臣闻唯诚可以应天，唯实可以安民，今应天不以诚，安民不以实，徒布空文，增人太息耳，将何以谢神灵而救弊乱也！岂大臣蒙塞天听，不为陛下行之？岂言事迂阔无所取，不足行也？臣窃见纲纪隳败，政化阙失，其事甚众，不可概举，谨条大者二事以闻：

一曰正心。夫治国如治家，治家者先修己，修己者先正心，心正则神明集而万务理。今民间传陛下比年稍迩俳优贱人，燕乐逾节，赐予过度。燕乐逾节则荡，赐予过度则侈。荡则政事不亲，侈则用度不足。臣窃观国史，见祖宗日视朝，旰冥方罢，犹坐于后苑，门有白事者，立得召对，委曲询访，小善必纳。真宗末年不豫，始间日视事。今陛下春秋鼎盛，实宵衣旰食求治之秋，而乃隔日御殿，此政事不亲也。又府库匮竭，民鲜盖藏，诛敛科率，殆无虚日。计度经费，二十倍于祖宗时，此用度不足也。政事不亲，用度不足，诚国大忧。臣望陛下修己以御人，洗心以鉴物，勤听断，舍燕安，放弃优谐近习之纤人，亲近刚明鲠直之良士。因此灾变，以思永图，则天下幸甚。

其二曰择贤。夫明主劳于求贤而逸于任使，然盈庭之士不须尽择，在择一二辅臣及御史、谏官而已。陛下用人尚未慎择。昨王随自吏部侍郎迁门下侍郎平章事，超越十资，复为上相。此乃非常之恩，必待非常之才，而随虚庸邪佞，非辅相之器，降麻之后，物论沸腾。故疾缠其身，灾仍于国，此亦天意爱惜我朝，陛下鉴之哉！且石中立顷在朝行，以恢谐自任，士人或有宴集，必置席间，听其语言，以资笑噱。今处之近辅，不闻嘉谋，物望甚轻，人情所忽，使灾害屡降而朝廷不尊，盖近臣多非才者。陛下左右尚如此，天下官吏可知也。实恐远人轻笑中国，宜即行罢免，别选贤才。又张观为御史中丞，高若讷为司谏，二人者皆登高第，颇以文词进，而温和软懦，无刚鲠敢言之气。斯皆执政引拔建置，欲其慎默，不敢举扬其私，时有所言，则必暗相关说，旁人窥之，甚可笑也。故御史、谏官之任，臣欲陛下亲择之，不令出执政门下。台谏官既得其人，则近臣不敢为过，乃驭下之策也。

臣以谓陛下身既勤俭，辅弼、台谏又皆得人，则天下何忧不治，灾异何由而生，惟陛下少留意焉。

范仲淹荐其才，召试，为集贤校理，监进奏院。舜钦娶宰相杜衍女，衍时与仲淹、富弼在政府，多引用一时闻人，欲更张庶事。御史中丞王拱辰等不便其所为。会进奏院祠神，舜钦与右班殿直刘巽辄用鬻故纸公钱召妓乐，间夕会宾客。拱辰廉得之，讽其属鱼周询等劾奏，因欲摇动衍。事下开封府劾治，于是舜钦与巽俱坐自盗除史，同时会者皆知名士，因缘得罪逐出四方者十余人。世以为过薄，而拱辰等方自喜曰："吾一举纲尽矣。"

舜钦既放废，寓于吴中，其友人韩维责以世居京师而去离都下，隔绝亲交。舜钦报书曰：

蒙闻责以兄弟在京师，不以义相就，独羁外数千里，自取愁苦。予岂无亲戚之情，岂不知会合乐也？安肯舍安逸而甘愁苦哉！

昨在京师，不敢犯人颜色，不敢议论时事，随众上下，心志蟠屈不开，固亦极矣。不幸适在疑嫌之地，不能决然早自引去，致不测之祸，捽去下吏，人无敢言，友仇一波，共起谤议。被废之后，喧然未已，更欲置之死地然后为快。来者往往钩赜言语，欲以传播，好意相恤者几希矣。故闭户不敢与相见，如避兵寇。偷俗如此，安可久居其间！遂超然远举，羁泊于江湖之上，不唯衣食之累，实亦少避机穽也。

况血属之多，资入之薄，持国见之矣。常相团聚，可乏衣食乎？不可也。可闭关常不与人接乎？不可也。与人接必与之言，与之言必与之还往，使人人皆如持国则可，不迨持国者必加酿恶言，喧布上下，使仆不能自明，则前日之事未为重也。

都无此事，亦终日劳苦，应接之不暇，寒暑奔走尘土泥淖中，不能了人事，羸马饿仆，日栖栖取辱于都城，使人指背讥笑哀闵，亦何颜面，安得不谓之愁苦哉！

此虽与兄弟亲戚相远，而伏腊稍足，居室稍宽，无终日应接奔走之劳，耳目清旷，不设机关以待人，心安闲而体舒放。三商而眠，高春而起，静院明窗之下，罗列图史琴樽以自愉悦，有兴则泛小舟出盘、阊二门，吟啸览古于江山之间。渚茶、野酿足以销忧，莼鲈、稻蟹足以适口。又多高僧隐君子，佛庙胜绝，家有园林，珍花奇石，曲池高台，鱼鸟留连，不觉日暮。

　　昔孔子作《春秋》而夷吴，又曰："吾欲居九夷。"观今之风俗，乐善好事，知予守道好学，皆欣然愿来过从，不以罪人相遇，虽孔子复生，是亦必欲居此也。以彼此较之，孰为然哉！人生内有自得，外有所适，固亦乐矣，何必高位厚禄，役人以自奉养，然后为乐。今虽侨此，亦如仕宦南北，安可与亲戚常相守耶！予窘迫，势不得如持国意，必使我尸转沟洫，肉餧豺虎，而后以为安所义，何其忍耶！《诗》曰："凡今之人，莫如兄弟。"谓兄弟以恩，急难必相拯救。后章曰："丧乱既平，既安且宁。虽有兄弟，不如友生。"谓友朋尚义，安宁之时，以礼义相琢磨。予于持国，外兄弟也。急难不相救，又于未安宁之际，欲以义相琢刻，虽古人所不能受，予欲不报，虑浅吾持国也。

　　二年，得湖州长史，卒。舜钦数上书论朝廷事，在苏州买水石作沧浪亭，益读书，时发愤懑于歌诗，其体豪放，往往惊人。善草书，每醋酒落笔，争为人所传。及谪死，世尤惜之。妻杜氏有贤行。

　　兄舜元字才翁，为人精悍任气节，为歌诗亦豪健，尤善草书，舜钦不能及。官至尚书度支员外郎、三司度支判官。

　　尹源字子渐，少博学强记，与弟洙皆以文学知名。洙议论明辨，果于有为。源自晦，不矜饰，有所发即过人。初以祖荫补三班借职，稍迁殿直。举进士，为奉礼郎，累迁太常博士，历知芮城、河阳、新郑三县，通判泾州。时知沧州刘涣坐专斩部卒，降知密州。源上书言："涣为主将，部卒有罪不伏，笞辄呼万岁，涣斩之不为过。以此谪涣，臣恐边兵愈骄，轻视主将，所系非轻也。"涣遂获免。

　　尝作《唐说》及《叙兵》十篇上之。其《唐说》曰：

　　　　世言唐所以亡，由诸侯之强，此未极于理。夫弱唐者，诸侯也。唐既弱矣，而久不亡者，诸侯维之也。燕、赵、魏首乱唐制，专地而治，若古之建国，此诸侯之雄者，然皆恃唐为轻重。何则？假王命以相制则易而顺，唐虽病之，亦不得而外焉。故河北顺而听命，则天下为乱者不能遂其乱；河北不顺而变，则奸雄或附而起。德宗世，朱泚、李希烈始遂其僭而终败亡者，田悦叛于前，武俊顺于后也。宪宗讨蜀、平夏、诛蔡、夷郓，兵连四方而乱不生，卒成中兴之功者，田氏禀命、王承宗归国也。武宗将讨刘稹之叛，先正三镇，绝其连衡之计，而王诛以成。如是二百年，奸臣逆子专国命者有之，夷将相者有之，而不敢窥神器，非力不足，畏诸侯之势也。

及广明之后，关东无复唐有，方镇相侵伐者，犹以王室为名。及梁祖举河南，刘仁恭轻战而败，罗氏内附，王镕请盟，于时河北之事去矣。梁人一举而代唐有国，诸侯莫能与之争，其势然也。向使以僖、昭之弱，乘巢、蔡之乱，而田承嗣守魏，王武俊、朱滔据燕、赵，强相均，地相属，其势宜莫敢先动，况非义举乎？如此虽梁祖之暴，不过取霸于一方耳，安能强禅天下？故唐之弱者，以河北之强也；唐之亡者，以河北之弱也。

或曰："诸侯强则分天子之势，子何议之过乎？"曰："秦、隋之势无分于诸侯，而亡速于唐，何如哉？或曰："唐之亡其由君失道乎？"曰："君非失道，而才不至焉尔，其亡也，臣实主之。请极其说：唐太宗起艰难有天下，其用臣也，听其言而尽其才，故君臣相亲而至治安。以及后世，视太宗由兹而兴，虽其圣不及，而任臣纳谏之心一也。君有太宗之心，臣非太宗之臣，上听其下，或不能辨其奸，下惑其上，无所不至，所以败也。何哉？夫君一而臣众，大圣之君不相继而出，大奸之臣则世有之。大圣在上，则奸无所容，其臣莫不贤；苟君之才不能胜臣之奸，则虽有贤者不能进矣。如是，然未至于失道，犹失道也。明皇非不欲天下如贞观之治，而驭臣之才不能胜林甫之奸，于是有禄山之祸。德宗非不欲平暴乱、安四方，而君人之术不能胜卢杞之邪，于是有朱泚之变。以至于僖、昭，其心皆欲去乱而即治也，而才不逮于明皇、德宗，辅臣之奸邪或过于林甫、卢杞，求国不亡，安可得已！然迹其事，君岂有失道乎？于时天下非无贤，由君不能主听也。故至贤之主与夫失道之主，其兴其亡，皆自取之,此系乎君者也;中才之主,其臣正胜邪则治而安,邪胜正则乱而亡,此系乎臣者也。然则唐之亡非君之为,臣之为也。"

其叙兵曰:

唐杜牧当会昌中河朔用兵,尝为文数篇,上论历代军事利害,继以本朝制兵、用将之得失,下参以当时事机。牧,儒者,位不显,其术未尝试,然识者谓牧知兵,虽古名将不能过。今观牧所著,大要究极当世之务,不专狃古法,使时君可行而易为功,此其善也。

今兵之利钝所以与唐世异者,唐自中世以来,诸侯皆自募兵训练,出攻入守,上下一志,故讨淮西、青、冀、沧德、泽潞之叛,以至四征夷狄,大率假外兵以集事,朝廷所出神策禁军,不过为声援而已,故所至多有功。

今则不然,国家患前世藩镇之疆,凡天下所募骁勇,一萃于京师。虽滨塞诸郡,大者籍兵不逾数千,每岁防秋,则戍以禁兵,将帅任轻而势分,军事往往中御。愚谓此可以施于无事时,镇中国,服豪杰心,苟戎夷侵轶,未必能取胜也。何则?兵主于外则勇,主于内则骄,勇生于劳,骄生于逸。夫外兵所习尚皆疆场战斗劳苦之事,死生之命制之于将,故勇,勇而使之战则多利;内兵居京都,日享安逸,加之以赏赉,未尝服甲胄、荷戈戟,不知将帅号令之严,故骄,骄而劳之则怨,以之战则多钝。

若唐之失,失于诸侯之不制,非失于外兵之疆,故有骄将,罕闻有骄兵。今之失,失于将太轻,而外兵不足以应敌,内兵鲜得其用,故有骄兵,不闻有骄将。且唐之所失者势也,今之所失者制也。势也者不得已也,制也者可为而不为也。

然则为今之计当如何?曰:"稍革旧制,大募豪勇,益外兵之籍,俾足以战敌。以内兵为声势,重边将之任,使专一军之事,而不得连州郡之势,斯可以获近利而亡后害也。

余文多不录。

赵元昊寇定川堡,葛怀敏发泾原兵救之,源是时通判庆州,遗怀敏书曰："贼举国而来，其利不在城堡，而兵法有不得而救者，宜驻兵瓦亭，择利而后动。"怀敏不听，以败。范仲淹、韩琦荐其才，召试学士院。源素不喜赋，请以论易赋，主试者方以赋进，不悦其言，第其文下，除知怀州，卒。

　　黄亢字清臣，建州浦城人也。母梦星殒于怀，掬而吞之，遂有娠。少奇颖过人，年十五，以文谒翰林学士章得象，得象奇之。游钱塘，以诗赠处士林逋，逋尤激赏。时王随知杭州，奏禁西湖为放生池，亢作诗数百言以讽，士人争传之。亢为人侏儒，不饰小节，对人野率，如不能言。然嗜学强记，为文词奇伟。卒，乡人类其文为十二卷，号《东溪集》。

　　黄鉴字唐卿，与亢同乡里，少敏慧过人。举进士，补桂阳监判官，为国子监直讲。同郡杨亿尤善其文词，延置门下，由是知名。累迁太常博士，为国史院编修官。尝诏馆阁官后苑赏花，而鉴特预召。国史成，擢直集贤院。以母老，出通判苏州，卒。

　　杨蟠字公济，章安人也。举进士，为密、和二州推官。欧阳修称其诗。苏轼知杭州，蟠通判州事，与轼倡酬居多。平生为诗数千篇，后知寿州，卒。

　　颜太初字醇之，徐州彭城人，颜子四十七世孙。少博学，有隽才，慷慨好义。喜为诗，多讥切时事。天圣中，亳州卫真令黎德润为吏诬构，死狱中，太初以诗发其冤，览者壮之。文宣公孔圣祐卒，无子，除袭封且十年。是时有医许希以针愈仁宗疾，拜赐已，西向拜扁鹊曰："不敢忘师也！"帝为封扁鹊神应侯，立祠城西。太初作《许希诗》，指圣祐事以讽在位，又致书参知政事蔡齐，齐为言于上，遂以圣祐弟袭封。山东人范讽、石延年、刘潜之徒喜豪放剧饮，不循礼法，后生多慕之，太初作《东州逸党诗》，孔道辅深器之。太初中进士后，为莒县尉，因事忤转运使，投劾去。久之，补阆中主簿。时范讽以罪贬，同党皆坐斥，齐与道辅荐太初，上其尝所为诗，召试中书，言者以为此嘲讥之辞，遂报改临晋主簿。

前此有太常博士宋武通判同州，与守争事，恚死，守憾之，捃构其子以罪，发狂亦死，父子寓骨僧舍。时守方贵显，无敢为直冤，太初因事至同州，葬武父子，苏舜钦表其事于墓左。后移应天府户曹参军、南京国子监说书，卒。著书号《洙南子》，所居在凫、绎两山之间，号凫绎处士。有集十卷，《淳曜联英》二十卷。

子复，嘉祐中，本郡敦遣至京师，召试舍人院，为奉议郎。

郭忠恕字恕先，河南洛阳人。七岁能诵书属文，举童子及第，尤工篆籀。弱冠，汉湘阴公召之，忠恕拂衣遽辞去。周广顺中，召为宗正丞兼国子书学博士，改《周易》博士。建隆初，被酒与监察御史符昭文竞于朝堂，御史弹奏，忠恕叱台吏夺其奏，毁之，坐贬为乾州司户参军。乘醉殴从事范涤，擅离贬所，削籍配隶灵武。

其后，流落不复求仕进，多游岐、雍、京、洛间，纵酒跅弛，逢人无贵贱辄呼"苗"。有佳山水即淹留，浃旬不能去。或逾月不食。盛暑暴露日中，体不沾汗，穷冬凿河冰而浴，其傍凌澌消释，人皆异之。

尤善画，所图屋室重复之状，颇极精妙。多游王侯公卿家，或待以美醞，豫张纨素倚于壁，乘兴即画之，苟意不欲而固请之，必怒而去，得者藏以为宝。太宗即位，闻其名，召赴阙，授国子监主簿，赐袭衣、银带、钱五万，馆于太学，令刊定历代字书。

忠恕性无检局，放纵败度，上怜其才，每优容之。益使酒，肆言讌，时擅鬻官物取其直，诏减死，决杖流登州。时太平兴国二年。已行至齐州临邑，谓部送吏曰："我今逝矣！"因掊地为穴，度可容其面，俯窥焉而卒，稾葬于道侧。后累月，故人取其尸将改葬之，其体甚轻，空空然若蝉蜕焉。所定《古今尚书》并《释文》并行于世。

宋史卷四四三
列传第二〇二

文苑五

梅尧臣　江休复　苏洵　章望之
王逢　孙唐卿　黄庠　杨寘附　唐庚
文同　杨杰　贺铸　刘泾　鲍由
黄伯思

梅尧臣字圣俞,宣州宣城人,侍读学士询从子也。工为诗,以深
远古淡为意,间出奇巧,初未为人所知。用询荫为河南主簿,钱惟演
留守西京,特嗟赏之,为忘年交,引与酬唱,一府尽倾。欧阳修与为
诗友,自以为不及。尧臣益刻厉,精思苦学,由是知名于时。宋兴,
以诗名家为世所传如尧臣者,盖少也。尝语人曰:"凡诗,意新语工,
得前人所未道者,斯为善矣;必能状难写之景如在目前,含不尽之
意见于言外,然后为至也。"世以为知言。历德兴县令,知建德、襄城
县,监湖州税,签书忠武、镇安判官,监永丰仓。大臣屡荐宜在馆阁,
录其子一人。

宝元、嘉祐中仁宗有事郊庙,尧臣预祭,辄献歌诗,又尝上书言
兵。注《孙子》十三篇,撰《唐载记》二十六卷、《毛诗小传》二十卷、
《宛陵集》四十卷。

尧臣家贫,喜饮酒,贤士大夫多从之游,时载酒过门。善谈笑,

与物无忤,恢嘲刺讥托于诗,晚益工。有人得西南夷布弓衣,其织文乃尧臣诗也,名重于时如此。

　　江休复字邻几,开封陈留人。少强学博览,为文淳雅,尤善于诗。喜琴、弈、饮酒,不以声利为意。进士起家,为桂阳监蓝山尉,骑驴之官,每据鞍读书至迷失道,家人求得之。举书判拔萃,改大理寺丞,迁殿中丞。献其所著书,召试,为集贤校理,判尚书刑部。与苏舜钦游,坐预进奏院祠神会落职,监蔡州商税。久之,知奉符县,通判睦州、徙庐州,复集贤校理,判吏部南曹、登闻鼓院,为群牧判官,出知同州,提点陕西路刑狱,入判三司盐铁勾院,修起居注,累迁尚书刑部郎中卒。

　　休复外简旷而内行甚饬,事孀姑如母,所与游皆一时豪俊。为政简易。尝著《神告》一篇,言皇嗣未立,假神告祖宗之意,冀以感悟。又尝言昭宪太后子孙多流落民间,宜甄录之。著《唐宜鉴》十五卷、《春秋世论》三十卷、文集二十卷。

　　苏洵字明允,眉州眉山人。年二十七始发愤为学,岁余举进士,又举茂才异等,皆不中。悉焚常所为文,闭户益读书,遂通《六经》、百家之说,下笔顷刻数千言。至和、嘉祐间,与其二子轼、辙皆至京师,翰林学士欧阳修上其所著书二十二篇,既出,士大夫争传之,一时学者竞效苏氏为文章。所著《权书》、《衡论》、《机策》,文多不可悉录,录其《心术》、《远虑》二篇。

　　心术曰:

　　　　为将之道,当先治心,太山覆于前而色不变,麋鹿兴于左而目不瞬,然后可以待敌。凡兵上义,不义虽利勿动。夫惟义可以怒士,士以义怒,可与百战。凡战之道,未战养其财,将战养其力,既战养其气,既胜养其心。谨烽燧,严斥候,使耕者无所顾忌,所以养其财;丰犒而优游之,所以养其力;小胜,益厉,所以养其气;用人不尽其所为,所以养其心。故士当蓄其怒、怀其欲而不尽。怒不尽则有余勇,欲不尽则有余贪,故虽并天下而士不厌兵,此黄帝所以七十战而兵不殆也。

凡将欲智而严,凡士欲愚。智则不可测,严则不可犯,故士皆委己而听命,夫安得不愚?夫惟士愚而后可与之皆死。凡兵之动,知敌之主,知敌之将,而后可以动于崄。郑艾缒兵于穴中,非刘禅之庸,则百万之师可以坐缚,彼固有所侮而动也。故古之贤将,能以兵尝敌,而又以敌自尝,故去就可以决。

凡主将之道,知理而后可以举兵,知势而后可以加兵,知节而后可以用兵。知理则不屈,知势则不沮,知节则不穷。见小利不动,见小患不迁,小利小患不足以辱吾技也,夫然后有以支大利大患。夫惟益技而自爱者无敌于天下,故一忍可以支百勇,一静可以制百动。

兵有长短,敌我一也。敢问:"吾之所长,吾出而用之,彼将不与吾校;吾之所短,吾敛而置之,彼将强与吾角。奈何?"曰:"吾之所短,吾抗而暴之,使之疑而却;吾之所长,吾阴而养之,使之狎而堕其中。此用长短之术也。"

兵者,使之无所顾,有所恃。无所顾则知死之不足惜,有所恃则知不至于必败。尺棰当猛虎,奋呼而操击,徒手遇蜥蜴,变色而却步,人之情也,知此者可以将矣。袒裼而按剑,则乌获不敢逼;冠胄衣甲据兵而寝,则童子弯弓杀之矣。故善用兵者以形固,夫能以形固,则力有余矣。

《远虑》曰:

圣人之道,有经、有权、有机,是以有民、有群臣而又有腹心之臣。曰经者,天下之民举知之可也;曰权者,民不可得而知矣,群臣知之可也;曰机者,虽群臣亦不得而知之矣,腹心之臣知之可也。夫使圣人无权,则无以成天下之务,无机,则无以济万世之功,然皆非天下之民所宜知;而机者又群臣所不得闻,群臣不得闻,则谁与议?不议不济,然则所谓腹心之臣者,不可一日无也。后世见三代取天下以仁义,而守之以礼乐也,则曰

"圣人无机"。夫取天下与守天下，无机不能。顾三代圣人之机，不若后世之诈，故后世不得见耳。

有机也，是以有腹心之臣。禹有益，汤有伊尹，武王有太公望，是三臣者，闻天下之所不闻，知群臣之所不知。禹与汤、武倡其机于上，而三臣者和之于下，以成万世之功。下而至于桓、文，有管仲、狐偃为之谋主，阖庐有伍员，勾践有范蠡、大夫种。高祖之起也，大将任韩信、黥布、彭越，裨将任曹参、樊哙、滕公、灌婴，游说诸侯任郦生、陆贾、枞公，至于奇机密谋群臣所不与者，唯留侯、酂侯二人。唐太宗之臣多奇才，而委之深、任之密者，亦不过曰房、杜。夫君子为善之心与小人为恶之心一也，君子有机以成其善，小人有机以成其恶。有机也，虽恶亦或济，无机也，虽善亦不克，是故腹心之臣不可以一日无也。司马氏，魏之贼也，有贾充之徒为之腹心之臣以济；陈胜、吴广，秦民之汤、武也，无腹心之臣以不克。何则？无腹心之臣，无机也，有机而泄也。夫无机与有机而泄者，譬如虎豹食人而不知设陷阱，设陷阱而不知以物覆其上者也。

或曰："机者，创业之君所假以济耳，守成之世，其奚事机而安用夫腹心之臣？"呜呼！守成之世，能遂熙然如太古之世矣乎？未也，吾未见机之可去也。且夫天下之变，常伏于安，田文所谓"子少国危，大臣未附"，当是之时，而无腹心之臣，可为寒心哉！昔者，高祖之末，天下既定矣，而又以周勃遗孝惠、孝文；武帝之末，天下既治矣，而又以霍光遗孝昭、孝宣。盖天下虽有泰山之势，而圣人常以累卵为心，故虽守成之世，而腹心之臣不可去也。

《传》曰："百官总己以听于冢宰。"彼冢宰者，非腹心之臣，天子安能举天下之事委之，三年不置疑于其间邪？又曰："五载一巡狩。"彼无腹心之臣，五载一出，捐千里之畿，而谁与守邪？今夫一家之中必有宗老，一介之士必有密友，以开心胸，以济缓急，奈何天子而无腹心之臣乎？近世之君抗然于上，而使宰

相眇然于下，上下不接，而其志不通矣。臣视君如天之辽然而
不可亲，而君亦如天之视人，泊然无爱之之心也。是以社稷之
忧，彼不以为忧，君忧不辱，君辱不死。一人誉之则用之，一人
毁之则舍之。宰相避嫌畏讥且不暇，何暇尽心以忧社稷？数迁
数易，视相府如传舍。百官泛泛于下，而天子茕茕于上，一旦有
卒然之忧，吾未见其不颠沛而殒越也。圣人之任腹心之臣也，
尊之如父师，爱之如兄弟，执手入卧内，同起居寝食，知无不
言，言无不尽。百人誉之不加密，百人毁之不加疏，尊其爵，厚
其禄，重其权，而后可与议天下之机，虑天下之变。

宰相韩琦见其书善之，奏于朝，召试舍人院，辞疾不至，遂除秘
书省校书郎。会太常修纂建隆以来礼书，乃以为霸州文安县主簿，
与陈州项城令姚辟同修礼书，为《太常因革礼》一百卷。书成，方奏
未报，卒。赐其家缣、银二百，子轼辞所赐，求赠官，特赠光禄寺丞，
敕有司具舟载其丧归蜀。有文集二十卷、《谥法》三卷。

　　章望之字表民，建州浦城人。少孤，喜问学，志气宏放。为文辨
博，长于议论。初由伯父得象荫为秘书省校书郎，监杭州茶库。逾
年辞疾去，求举贤良方正，得象在相位，以嫌扼之，乃上书论时政凡
万余言，不报。丁母忧，毁瘠过制。服除，浮游江、淮间，犯艰苦，汲
汲以营衣食，不自悔，人劝之仕，不应也。其兄拱之知晋江县，忤其
守蔡襄，襄怒，诬以赃，贬。望之号泣，历诉于朝。时襄方贵显，事久
不得直。望之诉不已，章十余上，起狱数年，朝廷为再劾，卒脱拱之
冤，复官如初，望之遂不复仕。覃恩迁太常寺太祝、大理评事。翰林
学士欧阳修韩绛、知制诰吴奎刘敞范镇同荐其才，宰相欲稍用之，
除签书建康军节度判官，不赴。又除知乌程县，趣令受命，固辞，遂
以光禄寺丞致仕，卒。

　　望之喜议论，宗孟轲言性善，排荀卿、扬雄、韩愈、李翱之说，著
《救性》七篇。欧阳修论魏、梁为正统，望之以为非，著《明统》三篇。
江南人李觏著《礼论》，谓仁、义、智、信、乐、刑、政皆出于礼，望之订

其说,著《礼论》一篇。其议论多有过人者。尝北游齐、赵,南泛湖、湘,西至汧、陇,东极吴会,山水胜处,无所不历。有歌诗、杂文数百篇,集为三十卷。

王逢字会之,太平州当涂人。其四世祖居岩,仕唐为骁卫长史,遭乱弃官,归居青山。杨行密据淮南,使人以兵迫起之。居岩散遣其家人,而以一身归行密,授以湖州别驾,不遣。一日,行密大会,失居岩,亟使人掩其家,无一人在者。其后有人于嵩山见空石室,询其旁,或云有道人王居岩居此,去而莫知其所终。子孙仕无显者,至逢博学,能属文,尤长于讲说。

少举进士不中,去,教授苏州,学者尝数百人。晚始登第,补南雄州军事判官,归为国子监直讲兼陇西郡王宅教授,李玮从学,事之甚谨。岐国公主既降,玮为逢求迁官,且有命,逢辞不受。久之,以太常博士通判徐州,未至,卒。逢为人乐易,笃于朋友,与胡瑗最善。喜著书,有《易传》十卷、《乾德指说》一卷《复书》七卷。妻陈氏亦有贤行,无子。

孙唐卿字希元,青州人。少有学行,年十七以书谒韩琦,琦甚器之。与黄庠、杨置自景祐以来俱以进士为举首,有名一时。唐卿初中第,通判陕州,于吏事若素习。民有母再适人而死,及葬其父,恨母之不得祔,乃盗母之丧而同葬之。有司论以法,唐卿时权府事,乃曰:“是知有孝而不知有法尔。”乃释之以闻。未几,丁父忧,毁瘠呕血而卒。诏赙其家。

黄庠字长善,洪州分宁人。博学强记,超敏过人。初至京师,就举国子监、开封府、礼部,皆为第一。比引试崇政殿,以疾不时入,天子遣内侍即邸舍抚问,赐以药剂。是时庠名声动京师,所作程文,传诵天下,闻于外夷,近世布衣罕比也。归江南五年,以疾卒。

　　杨置字审贤,察之弟。少有隽才,庆历二年举进士京师,试国子监、礼部皆第一。既试崇政殿,帝临轩启封,见名喜动于色,谓辅臣曰:"杨置也。"遂擢第一,公卿相贺为得人。授将作监丞,通判颍州,未至官,持母丧,病羸卒,特诏赙恤其家。先是,其友梦置作龙首山人,置自谓:"龙首,我四冠多士;山人,无禄位之称。我其终是乎!"已而果然。

　　唐庚字子西,眉州丹棱人也。善属文,举进士,稍为宗子博士,张商英荐其才,除提举京畿常平。商英罢相,庚亦坐贬,安置惠州。会赦,复官承议郎,提举上清太平宫。归蜀,道病卒,年五十一。庚为文精密通于世务,作《名治》、《察言》、《闵俗》、《存旧》、《内前行》诸篇,时人称之。有文集二十卷。子文若自有传。

　　庚兄弟五人,长兄瞻,字望之,后改名伯虎,字长孺。治《易》、《春秋》皆有家法。元祐三年,其父游泸南,伯虎兄弟居母丧于丹山,伯虎夜半蹴庚曰:"吾梦收父书,发之,得'亟来'二字,吾父得无他乎?吾心动矣。汝奉母奠朝夕,吾趋泸南。"庚未及应,伯虎奋曰:"吾决矣!"起裹粮,黎明走洪川僦舟,遇江涨,声摇数十里,客舟皆舣岸不敢动。伯虎彷徨堤上,有渔者持小艇系港中,啖以厚利,不许。伯虎超入艇中,叱仆夫解维,渔者不得已,从之。二日半至泸南,父果病甚,见伯虎,大惊,问其故,具告之。父叹曰:"天告汝也!"是日,疾少间,伯虎具舟侍父以归。居数日,疾复作,遂卒。

　　元符二年,庚以贡举事系狱临邛,语连伯虎,临邛并械之。凡对吏逾年,掠治无完肤,其词确然,一不及庚,以故狱久不具,卒会赦,除之。伯虎性真率,无威仪,人多易之,至是皆大服,以为不可及。伯虎仕于四方,每数年一归,不过旬日复去。后卒于家,有子二人。

　　文同字与可,梓州梓潼人,汉文翁之后,蜀人犹以"石室"名其家。同方口秀眉,以学名世,操韵高洁,自号笑笑先生。善诗、文、篆、隶、行、草、飞白。文彦博守成都,奇之,致书同曰:"与可襟韵洒落,如晴云秋月,尘埃不到。"司马光、苏轼尤敬重之。轼,同之从表弟也。同又善画竹,初不自贵重,四方之人持缣素请者,足相蹑于门。同厌之,投缣于地,骂曰:"吾将以为袜。"好事者传之以为口实。初举进士,稍迁太常博士、集贤校理,知陵州,又知洋州。元丰初,知湖州,明年,至陈州宛丘驿,忽留不行,沐浴衣冠,正坐而卒。

崔公度尝与同同为馆职,见同京南,殊无言,及将别,但云:"明日复来乎? 与子话。"公度意以"话"为"画",明日再往,同曰:"与公话。"则左右顾,恐有听者。公度方知同将有言,非画也。同曰:"吾闻人不妄语者,舌可过鼻。"即吐其舌,三叠之如饼状,引之至眉间,公度大惊,及京中传同死,公度乃悟所见非生者。有《丹渊集》十四卷行于世。

杨杰字次公,无为人。少有名于时,举进士。元丰中,官太常者数任,一时礼乐之事,皆预讨论。尝议玉牒帝系自僖祖而上,世次莫知,则僖祖为始祖无疑,宜以僖祖配感生帝。又请孝惠贺后、淑德尹后、章怀潘后皆祖宗首纳之后,孝章宋后尝母仪天下,升祔之礼,久而未讲,宜因慈圣光献崇配之日,升四后神主祔于祖宗祐室,断天下之大疑,正宗庙之大法。由是四后始得升附。

神宗诏秘书监刘几、礼部侍郎范镇议乐,几请命杰同议。杰言大乐七失,并图上之。神宗下几、镇参定,镇不用杰议,自制。乐成,诏褒之。元丰末,晋州教授陆长愈言:"近封孟轲邹国公,宜春秋释奠,与颜子并配。"下太常议,杰与少卿叶均、博士盛陶王古辛公佐以谓凡配享从祀,皆孔子同时之人,今以孟轲并配非是。礼部复言:"自唐至今,以伏胜、高堂生等二十一贤从祀,岂必同时人?"诏从礼部议。

哲宗即位,议乐,又用范镇说。杰复破镇乐章曲名、宫架加磬、十六锺磬之非。又论镇以黑黍用秬制律、铜量,叩之不合黄钟,以世无真黍,用太府尺为乐尺,下旧乐三律。详具《乐志》。杰在神宗时与镇异议，至是复攻之，镇之乐律卒不用。元祐中，为礼部员外郎，出知润州，除两浙提点刑狱，卒，年七十。自号无为子，有文集二十余卷，《乐记》五卷。

贺铸字方回，卫州人，孝惠皇后之族孙。长七尺，面铁色，眉目耸拔。喜谈当世事，可否不少假借，虽贵要权倾一时，小不中意，极口诋之无遗辞，人以为近侠。博学强记，工语言，深婉丽密，如次组绣。尤长于度曲，掇拾人所弃遗，少加隐括，皆为新奇。尝言："吾笔端驱使李商隐、温庭筠常奔命不暇。"诸公贵人多客致之，铸或从或不从，其所不欲见，终不贬也。

初，娶宗女，隶籍右选，监太原工作，有贵人子同事，骄倨不相下。铸廉得盗工作物，屏侍史，闭之密室，以杖数曰："来，若某时盗物为某用，某时盗某物入于家，然乎？"贵人子惶骇谢"有之"。铸曰："能从吾治，免白发。"即起自袒其肤，杖之数下，贵人子叩头祈哀，即大笑释去。自是诸挟气力颉颃者，皆侧目不敢仰视。是时，江、淮间有米芾以魁岸奇谲知名，铸以气侠雄爽适相先后，二人每相遇，瞋目抵掌，论辩锋起，终日各不能屈，谈者争传为口实。

元祐中，李清臣执政，奏换通直郎，通判泗州，又倅太平州。竟以尚气使酒，不得美官，悒悒不得志，食宫祠禄，退居吴下，稍务引远世故，亦无复轩轾如平日。家藏书万余卷，手自校仇，无一字误，以是杜门将遂其老。家贫，贷子钱自给，有负者，辄折券与之，秋毫不以亏人。

铸所为词章，往往传播在人口。建中靖国时，黄庭坚自黔中还，得其"江南梅子"之句，以为似谢玄晖。其所与交，终始厚者，惟信安程俱。铸自裒歌词，名《东山乐府》，俱为序之。尝自言唐谏议大夫知章之后，且推本其初，出王子庆忌，以庆为姓，居越之湖泽所谓镜湖者，本庆湖也，避汉安帝父清河王讳，改为贺氏，庆湖亦转为镜。当时不知何所据。故铸自号庆湖遗老，有《庆湖遗老集》二十卷。

刘泾字巨济，简州阳安人。举进士，王安石荐其才，召见，除经义所检讨。久之，为太学博士，罢，知咸阳县，常州教授，通判莫州、成都府，除国子监丞，知处、虢、真、坊四州。元符末上书，召对，除职方郎中。卒，年五十八。泾为文务奇怪语，好进取，多为人排斥，屡踬不伸。

同时有郑少微者，字明举，成都人也，与泾俱以文知名，而仕不偶。

鲍由字钦止，处州龙泉人。举进士。尝从王安石学，又亲炙苏轼，故其文汪洋闳肆，诗尤高妙。徽宗召对，除工部员外郎，居无何，以不合去，责监泗州转般仓。历河东福建路常平、广西淮南转运判官，复召为郎。以言者罢，提点元封观。起知明州，又知海州，复奉祠。卒，年五十六。尝注杜甫诗，有文集五十卷。

黄伯思字长睿，其远祖自光州固始徙闽，为邵武人。祖履，资政殿大学士。父应求，饶州司录。伯思体弱，如不胜衣，风韵洒落，飘飘有凌云意。自幼警敏，不好弄，日诵书千余言。每听履讲经史，退与他儿言，无遗误者。尝梦孔雀集于庭，觉而赋之，词采甚丽。以履任为假承务郎。甫冠，入太学，校艺屡占上游。履将以恩例奏增秩，伯思固辞，履益奇之。元符三年，进士高等，调磁州司法参军，久不任，改通州司户。丁内艰，服除，除河南府户曹参军，治剧不劳而办。秩满，留守邓洵武辟知右军巡院。

伯思好古文奇字，洛下公卿家商、周、秦汉彝器款识，研究字画体制，悉能辨正是非，道其本末，遂以古文名家，凡字书讨论备尽。初，淳化中博求古法书，命待诏王著续正法帖，伯思病其乖伪庞杂，考引载籍，咸有依据，作《刊误》二卷。由是篆、隶、正、行、草、章草、飞白皆至妙绝，得其尺牍者，多藏弃。

又二年，除详定《九域图志》所编修官兼《六典》检阅文字，改京秩。寻监护崇恩太后园陵使司，掌管笺奏。以修书恩，升朝列，擢秘书省校书郎。未几，迁秘书郎。纵观册府藏书，至忘寝食，自《六经》及历代史书、诸子百家、天官地理、律历卜筮之说无不精诣。凡诏讲明前世典章文物、集古器考定真赝，以素学与闻，议论发明居多，馆阁诸公自以为不及也。逾再考，丁外艰，宿抱羸瘵，因丧尤甚。服除，复旧职。

伯思颇好道家，自号云林子，别字霄宾。及至京，梦人告曰："子非久人间，上帝有命典司文翰。"觉而书之。不逾月，以政和八年卒，年四十。伯思学问慕扬雄，诗慕李白，文慕柳宗元。有文集五十卷、《翼骚》一卷。

二子：诏，右宣教郎、荆湖南路安抚司书写机宜文字；讱，右从事郎、福州怀安尉，裒伯思平日议论题跋为《东观余论》三卷。

宋史卷四四四
列传第二〇三

文苑六

黄庭坚　晁补之 _{弟咏之} **秦观**
张耒　陈师道　李廌　刘恕
王无咎　蔡肇　李格非　吕南公
郭祥正　米芾　刘诜　倪涛
李公麟　周邦彦　朱长文　刘弇

　　黄庭坚字鲁直，洪州分宁人。幼警悟，读书数过辄成诵。舅李常过其家，取架上书问之，无不通，常惊，以为一日千里。举进士，调叶县尉。熙宁初，举四京学官，第文为优，教授北京国子监，留守文彦博才之，留再任。苏轼尝见其诗文，以为超轶绝尘，独立万物之表，世久无此作，由是声名始震。知太和县，以平易为治。时课颁盐，诸县争占多数，太和独否，吏不悦，而民安之。

　　哲宗立，召为校书郎、《神宗实录》检讨官。逾年，迁著作佐郎，加集贤校理。《实录》成，擢起居舍人。丁母艰。庭坚性笃孝，母病弥年，昼夜视颜色，衣不解带，及亡，庐墓下，哀毁得疾几殆。服除，为秘书丞，提点明道宫，兼国史编修官。绍圣初，出知宣州，改鄂州。章敦、蔡卞与其党论《实录》多诬，俾前史官分居畿邑以待问，摘千余条示之，谓为无验证。既而院吏考阅，悉有据依，所余才三十二事。庭坚书"用铁龙爪治河,有同儿戏。"至是首问焉。对曰:"庭坚时官北都,尝亲见之,真儿戏耳。"凡有问,皆直辞以对,闻者壮之。贬涪州别驾,黔州安置,言者犹以处善地为酰法。以亲嫌,遂移戎州,庭坚泊然,不以迁谪介意。蜀士慕从之游,讲学不倦,凡经指授,下笔皆可观。

徽宗即位,起监鄂州税,签书宁国军判官,知舒州,以吏部员外郎召,皆辞不行。丐郡,得知太平州,至之九日罢,主管玉龙观。庭坚在河北与赵挺之有微隙,挺之执政,转运判官陈举承风旨,上其所作《荆南承天院记》,指为幸灾,复除名,羁管宜州。三年,徙永州,未闻命而卒,年六十一。

庭坚学问文章,天成性得,陈师道谓其诗得法杜甫,学甫而不为者。善行、草书,楷法亦自成一家。与张耒、晁补之、秦观俱游苏轼门,天下称为四学士,而庭坚于文章尤长于诗,蜀、江西君子以庭坚配轼,故称"苏、黄"。轼为侍从时,举以自代,其词有"环伟之文,妙绝当世,孝友之行,追配古人"之语,其重之也如此。初,游灊皖山谷寺、石牛洞,乐其林泉之胜,因自号山谷道人云。

晁补之字无咎,济州钜野人,太子少傅迥五世孙,宗悫之曾孙也。父端友,工于诗。补之聪敏强记,才解事即善属文,王安国一见奇之。十七岁从父官杭州,碎钱塘山川风物之丽,著《七述》以谒州通判苏轼。轼先欲有所赋,读之叹曰:"吾可以阁笔矣!"又称其文博辨隽伟,绝人远甚,必显于世,由是知名。

举进士,试开封及礼部别院,皆第一。神宗阅其文曰:"是深于经术者,可革浮薄。"调澶州司户参军,北京国子监教授。元祐初,为太学正,李清臣荐堪馆阁,召试,除秘书省正字,迁校书郎,以秘阁校理通判扬州,召还,为著作佐郎。章惇当国,出知齐州,群盗昼掠涂巷,补之默得其姓名、囊橐皆审,一日宴客,召贼曹以方略授之,酒行未竟,悉擒以来,一府为撤警。坐修《神宗实录》失实,降通判应天府、亳州,又贬监处、信二州酒税。徽宗立,复以著作召。既至,拜吏部员外郎、礼部郎中,兼国史编修、实录检讨官。党论起,为谏官管师仁所论,出知河中府,修河桥以便民,民画祠其像。徙湖州、密州、果州,遂主管鸿庆宫。还家,葺归来园,自号归来子,忘情仕进,慕陶潜为人。大观末,出党籍,起知达州,改泗州,卒,年五十八。

补之才气飘逸,嗜学不知倦,文章温润典缛,其凌丽奇卓出于天成。尤精《楚词》,论集屈、宋以来赋咏为《变离骚》等三书。安南用兵,著《罪言》一篇,大意欲择仁厚勇略吏为五管郡守,及修海上诸郡武备,议者以为通达世务。从弟咏之。

咏之字之道,少有异材,以荫入官。调扬州司法参军,未上。时苏轼守扬州,补之倅州事,以其诗文献轼,轼曰:"有才如此,独不令我一识面邪?"乃具参军礼入谒,轼下堂挽而上,顾坐客曰:"奇才也!"复举进士,又举宏词,一时传诵其文。为河中教授,元符末,应诏上书论事,罢官。久之,为京兆府司录事,秩满,提点崇福宫。卒,年五十二,有文集五十卷。

秦观字少游,一字太虚,扬州高邮人。少豪隽,慷慨溢于文词,举进士不中。强志盛气,好大而见奇,读兵家书与己意合。见苏轼于徐,为赋黄楼,轼以为有屈、宋才。又介其诗于王安石,安石亦谓清新似鲍、谢。轼勉以应举为亲养,始登第,调定海主簿、蔡州教授。元祐初,轼以贤良方正荐于朝,除太学博士,校正秘书省书籍。迁正字,而复为兼国史院编修官,上日有砚墨器币之赐。

绍圣初,坐党籍,出通判杭州。以御史刘拯论其增损实录,贬监处州酒税。使者承风望指,候伺过失,既而无所得,则以谒告写佛书为罪,削秩徙郴州,继编管黄州,又徙雷州。徽宗立,复宣德郎,放还,至藤州,出游华光亭,为客道梦中长短句,索水欲饮,水至,笑视之而卒。先自作挽词,其语哀甚,读者悲伤之,年五十三,有文集四十卷。

观长于议论,文丽而思深。及死,轼闻之叹曰:"少游不幸死道路，哀哉！世岂复有斯人乎！"弟觌字少章，觏字少仪，皆能文。

张耒字文潜，楚州淮阴人。幼颖异，十三岁能为文，十七时作《函关赋》，已传人口。游学于陈，学官苏辙爱之，因得从轼游，轼亦深知之，称其文汪洋冲澹，有一倡三叹之声。

弱冠第进士，历临淮主簿、寿安尉、咸平县丞。入为太录，范纯仁以馆阁荐试，迁秘书省正字、著作佐郎、秘书丞、著作郎、史馆检讨。居三馆八年，顾义自守，泊如也。擢起居舍人。绍圣初，请郡，以直龙图阁知润州。坐党籍徙宣州，谪监黄州酒税，徙复州。徽宗立，起为通判黄州，知兖州，召为太常少卿，甫数月，复出知颍、汝二州。崇宁初，复坐党籍落职，主管明道宫。初，耒在颍，闻苏轼讣，为举哀行服，言者以为言，遂贬房州别驾，安置于黄。五年，得自便，居陈州。

耒仪观甚伟，有雄才，笔力绝健，于骚词尤长。时二苏及黄庭坚、晁补之辈相继没，耒独存，士人就学者众，分日载酒肴饮食之。诲人作文以理为主，尝著论云："自《六经》以下，至于诸子百氏骚人辩士论述，大抵皆将以为寓理之具也。故学文之端，急于明理，如知文而不务理，求文之工，世未尝有也。夫决水于江、河、淮、海也，顺道而行，滔滔汩汩，日夜不止，冲砥柱，绝吕梁，放于江湖而纳之海，其舒为沦涟，鼓为波涛，激之为风飘，怒之为雷霆，蛟龙鱼鳖，喷薄出没，是水之奇变也。水之初，岂若是哉！顺道而决之，因其所遇而变生焉。沟渎东决而西竭，下满而上虚，日夜激之，欲见其奇，彼其所至者，蛙蛭之玩耳。江、河、淮、海之水，理达之文也，不求奇而奇至矣。激沟渎而求水之奇，此无见于理，而欲以言语句读为奇，反覆咀嚼，卒亦无有，文之陋也。"学者以为至言。作诗晚岁益务平淡，效白居易体，而乐府效张籍。

久于投闲，家益贫，郡守翟汝文欲为买公田，谢不取。晚监南岳庙，主管崇福宫。卒，年六十一。建炎初，赠集英殿修撰。

　　陈师道字履常，一字无己，彭城人。少而好学苦志，年十六，早以文谒曾巩，巩一见奇之，许其以文著，时人未之知也，留受业。熙宁中，王氏经学盛行，师道心非其说，遂绝意进取。巩典五朝史事，得自择其属，朝廷以白衣难之。元祐初，苏轼、傅尧俞、孙觉荐其文行，起为徐州教授，又用梁焘荐，为太学博士。言者谓在官尝越境出南京见轼，改教授颍州。又论其进非科第，罢归。调彭泽令，不赴。家素贫，或经日不炊，妻子愠见，弗恤也。久之，召为秘书省正字。卒，年四十九，友人邹浩买棺敛之。

　　师道高介有节，安贫乐道。于诸经尤邃《诗》、《礼》，为文精深雅奥。喜作诗，自云学黄庭坚，至其高处，或谓过之，然小不中意，辄焚去，今存者才十一。世徒喜诵其诗文，至若奥学至行，或莫之闻也。尝铭黄楼，曾子固谓如秦石。

　　初，游京师逾年，未尝一至贵人之门，傅尧俞欲识之，先以问秦观，观曰："是人非持刺字、俯颜色、伺候乎公卿之门者，殆难致也。"尧俞曰："非所望也，吾将见之，惧其不吾见也，子能介于陈君乎？"知其贫，怀金欲为馈，比至，听其论议，益敬畏不敢出。章惇在枢府，将荐于朝，亦属观延致。师道答曰："辱书，论以章公降屈年德，以礼见招，不佞何以得此，岂侯尝欺之耶？公卿不下士，尚矣，乃特见于今而亲于其身，幸孰大焉。愚虽不足以齿士，犹当从侯之后，顺下风以成公之名。然先王之制，士不传贽为臣，则不见于王公，所以成礼，而其敝必至自鬻，故先王谨其始以为之防，而为士者世守焉。师道于公，前有贵贱之嫌，后无平生之旧，公虽可见，礼可去乎？且公之见招，盖以能守区区之礼也，若昧冒法义，闻命走门，则失其所以见招，公又何取焉。虽然，有一于此，幸公之他日成功谢事，幅巾东归，师道当御款段，乘下泽，候公于东门外，尚未晚也。"及惇为相，又致意焉，终不往。官颍时，苏轼知州事，待之绝席，欲参诸门弟子间，而师道赋诗有"向来一瓣香，敬为曾南丰"之语，其自守如是。

　　与赵挺之友婿，素恶其人，适预郊祀行礼，寒甚，衣无绵，妻就假于挺之家，问所从得，却去，不肯服，遂以寒疾死。

　　李廌字方叔，其先自郓徙华，廌六岁而孤，能自奋立，少长，以学问称乡里。谒苏轼于黄州，赍文求知。轼谓其笔墨澜翻，有飞沙走石之势，拊其背曰："子之才，万人敌也，抗之以高节，莫之能御矣。"廌再拜受教。而家素贫，三世未葬，一夕，抚枕流涕曰："吾忠孝焉是学，而亲未葬，何以学为！"旦而别轼，将客游四方，以赀其事。轼解衣为助，又作诗以劝风义者。于是不数年，尽致累世之丧三十余柩，归窆华山下，范镇为表墓以美之。益闭门读书，又数年，再见轼，轼阅其所著，叹曰："张耒、秦观之流也。"

　　乡举试礼部，轼典贡举，遗之，赋诗以自责。吕大防叹曰："有司试艺，乃失此奇才邪！"轼与范祖禹谋曰："廌虽在山林，其文有锦衣玉食气，充奇宝于路隅，昔人所叹，我曹得无意哉！"将同荐诸朝，未几，相继去国，不果。轼亡，廌哭之恸，曰："吾愧不能死知己，至于事师之勤，渠敢以生死为间！"即走许、汝间，相地卜兆授其子，作文祭之曰："皇天后土，监一生忠义之心；名山大川，还万古英灵之气。"词语奇壮，读者为悚。中年绝进取意，谓颍为人物渊薮，始定居长社，县令李佐及里人买宅处之。卒，年五十一。

　　廌喜论古治乱，条畅曲折，辩而中理。当喧溷仓卒间如不经意，睥睨而起，落笔如飞驰。元祐求言，上《忠谏书》、《忠厚论》，并献《兵鉴》二万言论西事。朝廷擒羌酋鬼章，将致法，廌深论利害，以为杀之无益，愿加宽贷，当时韪其言。

　　刘恕字道原，筠州人。父涣字凝之，为颍上令，以刚直不能事上官，弃去。家于庐山之阳，时年五十。欧阳修与涣，同年进士也，高其节，作《庐山高》诗以美之。涣居庐山三十余年，环堵萧然，饘粥以为食，而游心尘垢之外，超然无戚戚意，以寿终。

　　恕少颖悟，书过目即成诵。八岁时，坐客有言孔子无兄弟者，恕应声曰："以其兄之子妻之。"一坐惊异。年十三欲应制科，从人假《汉》、《唐书》，阅月皆归之。谒丞相晏殊，问以事，反覆诘难，殊不能对。恕在钜鹿时，召至府，重礼之，使讲《春秋》，殊亲帅官属往听。未冠，举进士，时有诏，能讲经义者别奏名，应诏者才数十人，恕以《春秋》、《礼记》对，先列注疏，次引先儒异说，末乃断以己意，凡二十问，所对皆然，主司异之，擢为第一。他文亦入高等，而廷试不中格，更下国子试讲经，复第一，遂赐第。调鹿钜鹿主簿、和川令，发强擿伏，一时能吏自以为不及。恕为人重意义，急然诺。郡守得罪被劾，属吏皆连坐下狱，恕独恤其妻子，如己骨肉，又面数转运使深文峻诋。

笃好史学，自太史公所记，下至周显德末，纪传之外至私记杂说，无所不览，上下数千载间，钜微之事，如指诸掌。司马光编次《资治通鉴》，英宗命自择馆阁英才共修之。光对曰："馆阁文学之士诚多，至于专精史学，臣得而知者，唯刘恕耳。"即召为局僚，遇史事纷错难治者，辄以诿恕。恕于魏、晋以后事，考证差缪，最为精详。

王安石与之有旧，欲引置三司条例。恕以不习金谷为辞，因言天子方属公大政，宜恢张尧、舜之道以佐明主，不应以利为先。又条陈所更法令不合众心者，劝使复旧，至面刺其过，安石怒，变色如铁，恕不少屈；或稠人广坐，抗言其失无所避，遂与之绝。方安石用事，呼吸成祸福，高论之士，始异而终附之，面誉而背毁之，口顺而心非之者，皆是也。恕奋厉不顾，直指其事，得失无所隐。

光出知永兴军，恕亦以亲老，求监南康军酒以就养，许即官修书。光判西京御史台，恕请诣光，留数月而归。道得风挛疾，右手足废，然苦学如故，少间，辄修书，病亟乃止。官至秘书丞，卒，年四十七。

恕为学，自历数、地里、官职、族姓至前代公府案牍，皆取以审证。求书不远数百里，身就之读且抄，殆忘寝食。偕司马光游万安山，道旁有碑，读之，乃五代列将，人所不知名者，恕能言其行事始终，归验旧史，信然。宋次道知亳州，家多书，恕枉道借览。次道日具馔为主人礼，恕曰："此非吾所为来也，殊废吾事。"悉去之。独闭阁，昼夜口诵手抄，留旬日，尽其书而去，目为之翳。著《五代十国纪年》以拟《十六国春秋》，又采太古以来至周威烈王时事，《史记》、左氏传所不载者，为《通鉴外纪》。

家素贫，无以给旨甘，一毫不妄取于人。自洛南归，时方冬，无寒具。司马光遗以衣袜及故茵褥，辞不获，强受而别，行及颍，悉封还之。尤不信浮屠说，以为必无是事，曰："人如居逆旅，一物不可乏，去则尽弃之矣，岂得齐以自随哉。"好攻人之恶，每自讼平生有二十失、十八蔽，作文以自警，亦终不能改也。

死后七年，《通鉴》成，追录其劳，官其子义仲为郊社斋郎。次子和仲，有超轶材，作诗清奥，刻厉欲自成家，为文慕石介，有侠气，亦蚤死。

王无咎字补之，建昌南城人。第进士，为江都仪真主簿、天台令，弃而从王安石学，久之，无以衣食其妻子，复调南康主簿，已又弃去。好书力学，寒暑行役不暂释，所在学者归之，去来常数百人。王安石为政，无咎至京师，士大夫多从之游，有卜邻以考经质疑者。然与人寡合，常闭门治书，惟安石言论莫逆也。安石上章荐其文行该备，守道安贫，而匀弃不用，诏以为国子直讲，命未下而卒，所四十六。

蔡肇字天启，润州丹阳人。能为文，最长歌诗。初事王安石，见器重。又从苏轼游，声誉益显。第进士，历明州司户参军、江陵推官。元祐中，为太学正，通判常州，召为卫尉寺丞，提举永兴路常平。徽宗初，入为户部、吏部员外郎，兼编修国史，言者论其学术反覆，出提举两浙刑狱。张商英当国，引为礼部员外，进起居郎，拜中书舍人。前此，试三题，率以宰相上马为之候，肇援笔立就，不加润饰，商英读之击节。才逾月，以草御史幸义责词不称，罢为显谟阁待制、知明州，言者又论其包藏异意，非议辟雍以为不当立，夺职，提举洞霄宫。会赦，复之，卒。

　　李格非字文叔，济南人。其幼时，俊警异甚。有司方以诗赋取士，格非独用意经学，著《礼记说》至数十万言，遂登进士第。调冀州司户参军，试学官，为郓州教授，郡守以其贫，欲使兼他官，谢不可。入补太学录，再转博士，以文章受知于苏轼。尝著《洛阳名园记》，谓“洛阳之盛衰，天下治乱之候也”。其后洛阳陷于金，人以为知言。绍圣立局编元祐章奏，以为检讨，不就，忤执政意，通判广信军。有道士说人祸福或中，出必乘车，诋俗信惑，格非遇之途，叱左右取车中道士来，穷治其奸，杖而出诸境。召为校书郎，迁著作佐郎、礼部员外郎，提点京东刑狱，以党籍罢。卒，年六十一。

　　格非苦心工于词章，陵轹直前，无难易可否，笔力不少滞。尝言：“文不可以苟作，诚不著焉，则不能工。且晋人能文者多矣，至刘伯伦《酒德颂》、陶渊明《归去来辞》，字字如肺肝出，遂高步晋人之上，其诚著也。”

　　妻王氏，拱辰孙女，亦善文。女清照，诗文尤有称于时，嫁赵挺之之子明诚，自号易安居士。

　　吕南公字次儒，建昌南城人。于书无所不读，于文不肯缀缉陈言。熙宁中，士方推崇马融、王肃、许慎之业，剽掠补拆临摹之艺大行，南公度不能逐时好，一试礼闱不偶，退筑室灌园，不复以进取为意。益著书，且借史笔以褒善贬恶，遂以“衮斧”名所居斋。尝谓士必不得已于言，则文不可以不工，盖意有余而文不足，则如吃人之辨讼，心未始不虚，理未始不直，然而或屈者，无助于辞而已。观书契以来，特立之士，未有不善于文者。士无志于立则已，必有志焉，则文何可以卑浅而为之？故毅然尽心，思欲与古人并。

　　元祐初，立十科荐士，中书舍人曾肇上疏，称其读书为文，不事俗学，安贫守道，志希古人，堪充师表科，一时廷臣亦多称之。议欲命以官，未及而卒。遗文曰《灌园先生集》，传于世。

　　郭祥正字功父，太平州当涂人，母梦李白而生。少有诗声，梅尧臣方擅名一时,见而叹曰:"天才如此,真太白后身也!"举进士,熙宁中,知武冈县,签书保信军节度判官。时王安石用事,祥正奏乞天下大计专听安石处画,有异议者,虽大臣亦当屏黜。神宗览而异之,一日问安石曰:"卿识郭祥正乎?其才似可用。"出其章以示安石,安石耻为小臣所荐,因极口陈其无行。时祥正从章惇察访辟,闻之,遂以殿中丞致仕。后复出,通判汀州,知端州,又弃去,隐于县青山,卒。

米芾字元章,吴人也。以母侍宣仁后藩邸旧恩,补含光尉。历知雍丘县、涟水军,太常博士,知无为军。召为书画学博士,赐对便殿,上其子友仁所作《楚山清晓图》,擢礼部员外郎,出知淮阳军。卒,年四十九。

芾为文奇险,不蹈袭前人轨辙。特妙于翰墨,沈著飞翥,得王献之笔意。画山水人物,自名一家,尤工临移,至乱真不可辨。精于鉴裁,遇古器物书画则极力求取,必得乃已。王安石尝摘其诗句书扇上,苏轼亦喜誉之。冠服效唐人,风神萧散,音吐清畅,所至人聚观之。而好洁成癖,至不与人同巾器。所为诡异,时有可传笑者。无为州治有巨石,状奇丑,芾见大喜曰:"此足以当吾拜!"具衣冠拜之,呼之为兄。又不能与世俯仰,故从仕数困。尝奉诏仿《黄庭》小楷作周兴嗣《千字韵语》。又入宣和殿观禁内所藏,人以为宠。

子友仁字元晖,力学嗜古,亦善书画,世号小米,仕至兵部侍郎、敷文阁直学士。

刘诜字应伯,福州福清人。中进士第,历莆田主簿、知庐江县。崇宁中,为讲议司检讨官,进军器、大理丞,大晟府典乐。诜通音律,尝上历代雅乐因革及宋制作之旨,故委以乐事。又言:"周官大司乐禁淫声、慢声,盖孔子所谓放郑声者。今燕乐之音,失于高急,曲调之词,至于鄙俚,恐不足以召和气。宋,火德也,音尚徵,徵调不可阙,臣按古制,旋十二宫以七声,得正徵一调,惟陛下财取。"徽宗曰："卿言是也，五声阙一不可，《徵招》、《角招》为君臣相说之乐，此朕所欲闻而无言者，卿宜为朕典司之。"他日禁中出古钟二，诏执政召说，按于都堂，说曰："此与今太簇、大吕声协。"命取大晟钟扣之，果应。又曰："钟击之无馀韵，不如石声，《诗》所云'依我声者'，言其清而定也。"复取以合之，声益谐。历宗正、鸿胪、卫尉、太常四少卿，纂《续因革礼》，卒。

说居母丧尽礼有双芝生墓侧，人以为孝感。

倪涛字巨济，广德军人。丱角能属文，博学强记。年十五，试太学第一，遂擢进士，调庐陵尉、信阳军教授。入为太学正，秘书省校书郎、著作佐郎，司勋、左司员外郎。朝廷议有事燕云，大臣争先决策，为固位计，皆心知不可，无敢一出口，涛独言其非。且曰："景德以来，辽守约不犯边，盟誓固在，不可渝也。天下久平，士不习战，军储又屈，毋轻议以诒后患。"王黼怒曰："君敢沮军事邪！"于是言者论其鼓唱撰造，贬监朝城县酒税，再徙茶陵船场。卒，年三十九。死之明年，金人犯阙，朝廷忆涛言，官其一子。有《云阳集》传于世。

李公麟字伯时，舒州人。第进士，历南康、长垣尉，泗州录事参军，用陆佃荐为中书门后省删定官、御史检法。好古博学，长于诗，多识奇字，自夏、商以来钟鼎、尊、彝，皆能考定世次，辨测款识，闻一妙品，虽捐千金不惜。绍圣末，朝廷得玉玺，下礼官诸儒议，言人人殊。公麟曰："秦玺用蓝田玉，今玉色正青，以龙蚓鸟鱼为文，著'帝王受命之符'，玉质坚甚，非昆吾刀、蟾肪不可治，雕法中绝，此真秦李斯所为不疑。"议由是定。

元符三年，病痹，遂致仕。既归老，肆意于龙眠山岩壑间。雅善画，自作《山庄图》，为世宝。传写人物尤精，识者以为顾恺之、张僧繇之亚。襟度超轶，名士交誉之，黄庭坚谓其风流不减古人，然因画为累，故世但以艺传云。

周邦彦字美成,钱塘人。疏隽少检,不为州里推重,而博涉百家之书。元丰初,游京师,献《汴都赋》馀万言,神宗异之,命侍臣读于迩英阁,召赴政事堂,自太学诸生一命为正,居五岁不迁,益尽力于辞章。出教授庐州,知溧水县,还为国子主簿。哲宗召对,使诵前赋,除秘书省正字。历校书郎,考功员外郎,卫尉、宗正少卿,兼议礼局检讨,以直龙图阁知河中府,徽宗欲使毕礼书,复留之。逾年乃知隆德府,徙明州,入拜秘书监,进徽猷阁待制、提举大晟府。未几,知顺昌府,徙处州。卒,年六十六,赠宣奉大夫。

邦彦好音乐,能自度曲,制乐府长短句,词韵清蔚,传于世。

朱长文字伯原,苏州吴人。年未冠,举进士乙科,以病足不肯试吏,筑室乐圃坊,著书阅古,吴人化其贤。长吏至,莫不先造请,谋政所急,士大夫过者以不到乐圃为耻,名动京师,公卿荐以自代者众。元祐中,起教授于乡,召为太学博士,迁秘书省正字。元符初,卒,哲宗知其清,赙绢百。

有文三百卷,《六经》皆为辨说。又著《琴史》而序其略曰:"方朝廷成太平之功,制礼作乐,比隆商、周,则是书也,岂虚文哉!"盖立志如此。

刘弇字伟明,吉州安福人。儿时警颖,日诵万馀言。登元丰二年进士第,继中博学宏词科。历官知嘉州峨眉县,改太学博士。元符中,有事于南郊,弇进《南郊大礼赋》,哲宗览之劲容,以为相如、子云复出,除秘书省正字。徽宗即位,改著作佐郎,实录院检讨官,以疾卒于官。

弇少嗜酒,不事拘检。为文辞刿剔瑕颣,卓诡不凡。有《龙云集》三十卷,周必大序其文,谓"庐陵自欧阳文忠公以文章续韩文公正传,遂为一代儒宗,继之者弇也"。其相推重如此云。

宋史卷四四五
列传第二○四

文苑七

陈与义　汪藻　叶梦得　程俱
张嵲　韩驹　朱敦儒　葛胜仲
熊克　张即之 赵蕃附

陈与义字去非，其先居京兆，自曾祖希亮始迁洛，故为洛人。与义天资卓伟，为儿时已能作文，致名誉，流辈敛衽，莫敢与抗。登政和三年上舍甲科，授开德府教授。累迁太学博士，擢符宝郎，寻谪监陈留酒税。

及金人入汴，高宗南迁，遂避乱襄汉，转湖湘，逾岭峤。久之，召为兵部员外郎。绍兴元年夏，至行在。迁中书舍人，兼掌内制。拜吏部侍郎，寻以徽猷阁直学士知湖州。召为给事中，驳议详雅。又以显谟阁直学士提举江州太平观，被召，会宰相有不乐与义者，复用为中书舍人、直学士院。六年九月，高宗如平江，十一月，拜翰林学士、知制诰。

七年正月，参知政事，唯师用道德以辅朝廷，务尊主威而振纲纪。时丞相赵鼎言："人多谓中原有可图之势，宜便进兵，恐他时咎今日之失机。"上曰："今梓宫与太后、渊圣皆未还，若不与金议和，则无可还之理。"与义曰："若和议成，岂不贤于用兵，万一无成，则用兵必不免。"上曰："然。"三月，从帝如建康。明年，扈跸还临安。以疾请，复以资政殿学士知湖州，陛辞，帝劳问甚渥，遂请间提举临安洞霄宫。十一月，卒，年四十九。

与义容状俨恪，不妄笑言，平居虽谦以接物，然内刚不可犯。其荐士于朝，退未尝以语人，士以是多之。尤长于诗，体物寓兴，清邃纡馀，高举横厉，上下陶、谢、韦、柳之间。尝赋《墨梅》，徽宗嘉赏之，以是受知于上云。

汪藻字彦章，饶州德兴人。幼颖异，入太学，中进士第。调婺州观察推官，改宣州教授，稍迁江西提举学事司干当公事。

徽宗亲制《君臣庆会阁诗》，群臣皆赓进，惟藻和篇，众莫能及。时胡伸亦以文名，人为之语曰："江左二宝，胡伸、汪藻。"寻除《九域图志》所编修官，再迁著作佐郎。时相王黼与藻同舍，素不咸，出通判宣州，提点江州太平观，投闲"凡八年，终黼之世不得用。

钦宗即位，召为屯田员外郎，再迁太常少卿、起居舍人。高宗践祚，召试中书舍人。时次扬州，藻多论奏，宰相黄潜善恶之，遂假他事，免为集英殿修撰、提举太平观。明年，复召为中书舍人兼直学士院，擢给事中，迁兵部侍郎兼侍讲，拜翰林学士。帝以所御白围扇，亲书"紫诰仍兼绾，黄麻似《六经》"十字以赐，缙绅艳之。

属时多事，诏令类出其手。尝论诸大将拥重兵，浸成外重之势，且陈所以待将帅者三事，后十年卒如其策。又言："崇、观以来，赏结权幸，奴事阉宦，与开边误国，得职名自观文殿大学士而下直秘阁、官至银青光禄大夫者，近稍镌褫，而建炎恩宥，又当甄复，盍依国初法，止中大夫。"

绍兴二年，除龙图阁直学士、知湖州，以颜真卿尽忠唐室，尝守是邦，乞表章之，诏赐庙忠烈。又言："古者有国必有史，故书榻前议论之辞，则有时政记，录柱下见闻之实，则有起居注，类而次之，谓之日历，修而成之，谓之实录。今逾二十年，无复日历，何以示来世？乞即臣所领州，许臣访寻故家文书，纂集元符庚辰以来诏旨，为日历之备。"制可。史馆既开，修撰綦崇礼言不必别设外局，乃已。郡人颜经投匦愬其敷籴军食，遂贬秩停官。起知抚州，御史张致远又论之，予祠。六年，修撰范冲言："日历，国之大典，比诏藻纂修，事复中止，恐遂散逸，宜令就间复卒前业。"诏赐史馆修撰餐钱，听辟属编类。八年，上所修书自元符庚辰至宣和乙巳诏旨，凡六百六十有五卷，藻再进官，其属鲍延祖、孟处义咸增秩有差。藻升显谟阁学士，遣使赐茶药。寻知徽州，逾年徙宣州。言者论其尝为蔡京、王黼之客，夺职居永州，累赦不宥。二十四年，卒。

秦桧死，复职，官其二子。二十八年，《徽宗实录》成书，右仆射汤思退言藻尝纂集诏旨，比修实录，所取十盖七八，深有力于斯文。诏赠端明殿学士。

藻通显三十年，无屋庐以居。博极群书，老不释卷，尤喜读《春秋左氏传》及《西汉书》。工俪语，多著述，所为制词，人多传诵。子六人，恬、恪、憻、恸、懍、憘。

叶梦得字少蕴，苏州吴县人。嗜学蚤成，多识前言往行，谈论衮衮不穷。绍圣四年，登进士第，调丹徒尉。徽宗朝，自婺州教授召为议礼武选编修官。用蔡京荐，召对，言："自古帝王为治，广狭大小，规模各不同；然必自先治其心者始。今国势有安危，法度有利害，人材有邪正，民情有休戚，四者，治之大也。若不先治其心，或诱之以货利，或陷之以声色，则所谓安危、利害、邪正、休戚者，未尝不颠倒易位，而况求其功乎？"上异其言，特迁祠部郎官。

大观初，京再相，向所立法度已罢者复行，梦得言："《周官》太宰以八柄诏王驭群臣，所谓废置赏罚者，王之事也，太宰得以诏王而不得自专。夫事不过可不可二者而已，以为可而不出于陛下，则前日不应废，以为不可而不出于陛下，则今不可复。今徒以大臣进退为可否，无乃陛下有未了然于中者乎？"上喜曰："迩来士多朋比媒进，卿言独无观望。"遂除起居郎。时用事者喜小有才，梦得言："自古用人必先辨贤能。贤者，有德之称，能者，有才之称，故先王常使德胜才，不使才胜德。崇宁以来，在内惟取议论与朝廷同者为纯正，在外惟取推行法令速成者为干敏，未闻器业任重、识度经远者，特有表异。恐用才太胜，愿继今用人以有德为先。”

二年，累迁翰林学士，极论士大夫朋党之弊，专于重内轻外，且乞身先众人补郡。蔡京初欲以童贯宣抚陕西，取青唐。梦得见京问曰：“祖宗时，宣抚使皆是见任执政，文彦博、韩绛因此即军中拜相，未有以中人为之。元丰末，神宗欲命李宪，虽王珪亦能力争，此相公所见也。昨八宝恩遽除贯节度使，天下皆知非祖宗法，此已不可救。今又付以执政之任，使得青唐，何以处之？”京有惭色，然卒用贯取青唐。

三年，以龙图阁直学士知汝州，寻落职，提举洞霄宫。政和五年，起知蔡州，复龙图阁直学士。移帅颍昌府，发常平粟振民，常平使者刘寄恶之。宦官杨戬用事，寄括部内，得常平钱五十万缗，请籴粳米输后苑以媚戬。戬委其属持御笔来，责以米样如苏州。梦得上疏极论颍昌地力与东南异，愿随品色，不报。时旁郡纠民输镪就籴京师，怨声载道，独颍昌赖梦得得免。李彦括公田，以黠吏告讦，籍郏城、舞阳隐田数千顷，民诣府诉者八百户。梦得上其事，捕吏按治之，郡人大悦。戬、彦交怒，寻提举南京鸿庆宫，自是或废或起。

逮高宗驻跸扬州，迁翰林学士兼侍读，除户部尚书。陈“待敌之计有三，曰形、曰势、曰气而已。形以地理山川为本，势以城池、刍粟、器械为重，气以将帅士卒为急。形固则可恃以守，势强则可资以立，气振则可作以用，如是则敌皆在吾度内矣”。因请上南巡，阻江为险，以备不虞。又请命重臣为宣总使，一居泗上，总两淮及东方之师以待敌；一居金陵，总江、浙之路以备退保。疏入不报。

既而帝驻跸杭州，迁尚书左丞，奏监司、州县擅立军期司掊敛民财者，宜罢。上谕以兵、食二事最大，当择大臣分掌。门下侍郎颜岐、知杭州康允之皆嫉梦得，又与宰相朱胜非议论不协，会州民有上书讼梦得过失者，上以梦得深晓财赋，乃除资政殿学士、提举中太一宫，专一提领户部财用，充车驾巡幸顿递使，辞不拜，归湖州。

绍兴初,起为江东安抚大使兼知建康府,兼寿春等六州宣抚使。时建康荒残,兵不满三千。梦得奏移统制官韩世清军屯建康,崔增屯采石,阎皋分守要害。会王才降刘豫,引兵入寇,梦得遣使臣张伟谕才降之,以其众分隶诸军。濠、寿叛将寇宏、陈卞,虽阳受朝命,阴与刘豫通,梦得谕以福祸,皆听命。及豫入寇,卞击败之,齐兵宵遁。

八年,除江东安抚制置大使兼知建康府、行宫留守。又奏防江措画八事:一、申饬边备,二、分布地分,三、把截要害,四、约束舟船,五、团结乡社,六、明审斥堠,七、措置积聚,八、责官吏死守。又言建康太平池州要隘口、江北可济渡去处共一十九处,愿聚集民兵,把截要害,命诸将审度敌形,并力进讨。

金都元帅宗弼犯含山县,进逼历阳,张俊诸军迁延未发,梦得见俊,请速出军,曰:"敌已过含山县,万一金人得和州,长江不可保矣。"俊趣诸军进发,声势大振,金兵退屯昭关。明年,金复入寇,遂至柘皋,梦得围结沿江民兵数万,分据江津,遣子模将千人守马家渡,金兵不得渡而去。

初,建康屯兵岁费钱八百万缗,米八十万斛,榷货务所入不足以支。至是,禁旅与诸道兵咸集,梦得兼总四路漕计以给馈饷,军用不乏,故诸将得悉力以战。诏加观文殿学士,移知福州,兼福建安抚使。

海寇朱明猖獗,诏梦得挟御前将士便道之镇,或招或捕,或诱之相戕,遂平寇五十余群。然颇与监司异议,上章请老,特迁一官,提举临安府洞霄宫。寻拜崇信军节度使致仕。十八年,卒湖州,赠检校少保。

程俱字致道,衢州开化人。以外祖尚书左丞邓润甫恩,补苏州吴江主簿,监舒州太湖茶场,坐上书论事罢归。起知泗州临淮县,累迁将作监丞,近臣以撰述荐,迁著作佐郎。宣和二年,进颂,赐上舍出身,除礼部郎,以病告老,不俟报而归。

建炎中，为太常少卿，知秀州。会车驾临幸，赐对。俱言："陛下德日新，政日举，赏罚施置，仰当天意，俯合人心，则赵氏安而社稷固；不然，则宗社危而天下乱，其间盖不容发。"高宗嘉纳之。金兵南渡，据临安，遣兵破崇德、海盐，驰檄谕降。俱率官属弃城保华亭，留兵马都监守城，朝廷命俱部金帛赴行在，既至，以病乞归。

绍兴初，始置秘书省，召俱为少监。奏修日历，秘书长贰得预修纂，自俱始。时庶事草创，百司文书例从省记，俱摭三馆旧闻，比次为书，名曰《麟台故事》上之。擢中书舍人兼侍讲。俱论："国家之患，在于论事者不敢尽情，当事者不敢任责，言有用否，事有成败，理固不齐。今言不合则见排于当时，事不谐则追咎于始议。故虽有智如陈平，不敢请金以行间；勇如相如，不敢全璧以抗秦；通财如刘晏，不敢言理财以赡军食。使人人不敢当事，不敢尽谋，则艰危之时，谁与图回而恢复乎？"

武功大夫苏易转横行，俱论："祖宗之法，文臣自将作监主簿至尚书左仆射，武臣自三班奉职至节度使，此以次迁转之官也。武臣自阁门副使至内客省使为横行，不系磨勘迁转之列，其除授皆颁特旨。故元丰之制，以承务郎至特进为寄禄官，易监主簿至仆射之名；武臣独不以寄禄官易之者，盖有深意也。政和间，改武臣官称为郎、大夫，遂并横行易之为转官等级，盖当时有司不习典故，以开侥幸之门。自改使为大夫以来，常调之官，下至皂隶，转为横行者，不可胜数。且文臣所谓庶官者，转不得过中大夫，而武臣乃得过皇城使，此何理也！夫官职轻重在朝廷，朝廷爱重官职，不妄与人，则官职重；反是则轻，轻则得者不以为恩，未得者常怀觊望，此安危治乱所关也。"

徐俯为谏议大夫，俱缴还，以为："俯虽才俊气豪，所历尚浅，以前任省郎，遽除谏议，自元丰更制以来，未之有也。昔唐元稹为荆南判司，忽命从中出，召为省郎，便知制诰，遂喧朝听，时谓监军崔潭峻之所引也。近闻外传，俯与中官唱和，有'鱼须'之句，号为警策。臣恐外人以此为疑，仰累圣德。陛下诚知俯，姑以所应得者命之。"

不报。后二日，言者论俣前弃秀州城，罢为提举江州太平观。久之，除徽猷阁待制。

俣晚病风痹，秦桧荐俣领史事，除提举万寿观、实录院修撰，使免朝参，俣力辞不至。卒，年六十七。俣在掖垣，命令下有不安于心者，必反覆言之，不少畏避。其为文典雅闳奥，为世所称。

张嵲字巨山，襄阳人。宣和三年，上舍选中第。调唐州方城尉，改房州司刑曹。刘子羽荐于川、陕宣抚使张浚，辟利州路安抚司干办公事，以母病去官。

绍兴五年，召对，嵲上疏曰："金人去冬深涉吾地，王师屡捷，一朝宵遁，金有自败之道，非我幸胜之也。今士气稍振，乘其锐而用之，固无不可。然兵疲民劳，若便图进取，似未可遽。臣窃谓为今日计，当筑坞堡以守淮南之地，兴屯田以为久戍之资，备舟楫以阻长江之险，以我之常，待彼之变。又荆、襄、寿春皆古重镇，敌之侵轶，多出此途。愿速择良将劲兵，戍守其地，以重上流之势。"召试，除秘书省正字。

六年，地震。嵲奏："比年以来，赋敛繁重，征求百出，流移者挤沟壑，土著者失常业，地震之异，殆或为此。愿深思变异之由，修政之阙，致民之安。"

七年，迁校书郎兼史馆校勘，再迁著作郎。嵲因对言："吴、蜀，唇齿之势也。蜀去朝廷远，今无元帅一年矣。蜀之利害，臣粗知之。忠勇之人，使之捍外侮则可，至于抚循斯民，则非所能办也。宜于前宰执中，择其可以任川事者委任之。然川蜀系国利害，非腹心之臣不可，今早得一贤宣抚使为要。"又言："自驻跸吴会以来，似未尝以襄阳、荆南为意，今宜亟选儒臣有牧御之才者为二路帅，使之招集流散，兴农桑，治城壁，以为保固之资，益重上流之势。"

既而何抡以刊改《神宗实录》得罪，语连嵲，出为福建路转运判官。上疏略曰："古之人君，其患有二，不在于拒谏，在纳谏而不能用；不在于不知天下利害，在知而不以为意。陛下渡江十年矣，外有劲敌之国，内有骄悍之兵，下有穷困无聊之民。进言者多矣，今皆以为陈腐而别取新奇之说；任事者众矣，今皆习是以为当然而更为迂阔之事。此近于纳谏而不知用，知利害而不知恤也。为今之计，朝斯夕斯，非是二者不务，数年之后，庶其有济！有国之所恶者，莫大于朋党，今一宰相用，凡其所与者不择贤否而尽用之，一宰相去，凡其所与者不择贤否而尽逐之，宜其朋党之浸成也。"

九年，除司勋员外郎，兼实录院检讨官。金人叛盟，上命两省、卿、监、郎、曹各草檄以进，独取嶙所进者，播之四方。十年，擢中书舍人，升实录院同修撰。论王德收复宿、亳两郡，乃擅退军，使岳飞势孤，金人猖獗，授承宣、防御使，何应罚而反赏？封还词头，乞罢已降转官指挥。未几，右正言万俟离论嶙为雕侍从日，荐引非才，以酬私恩，边报始至，托疾家居，由是罢去。顷之，起知衢州，除敷文阁待制。为政颇尚严酷，岁满，得请提举江州太平兴国宫。时方修好息兵，朝廷讲稽古礼文之事，嶙作《中兴复古诗》以进。上将召用，会疽发背卒，年五十三。子昌时。

韩驹字子苍，仙井监人。少有文称。政和初，以献颂补假将仕郎，召试舍人院，赐进士出身，除秘书省正字。寻坐为苏氏学，谪监华州蒲城县市易务。知洪州分宁县。召为著作郎，校正御前文籍。驹言国家祠事，岁一百十有八，用乐者六十有二，旧撰乐章，辞多牴牾。于是诏三馆士分撰亲祠明堂、圆坛、方泽等乐曲五十余章，多驹所作。

宣和五年，除秘书少监。六年，迁中书舍人兼修国史，入谢。上曰："近年为制诰者，所褒必溢美，所贬必溢恶，岂王言之体。且《盘》、《诰》具在，宁若是乎？"驹对："若止作制诰，则粗知文墨者皆可为，先帝置两省，岂止使行文书而已。"上曰："给事实掌封驳。"驹奏："舍人亦许缴还词头。"上曰："自今朝廷事有事可论者，一切缴来。"寻兼权直学士院，制词简重，为时所推。未几，复坐乡党曲学，以集英殿修撰提举江州太平观。

高宗即位,知江州。绍兴五年,卒于抚州。进一官致仕,赠中奉大夫,与遗泽三人。驹尝在许下从苏辙学,评其诗似储光羲。其后由宦者以进用,颇为识者所薄云。子逊、游。

朱敦儒字希真,河南人。父勃,绍圣谏官。敦儒志行高洁,虽为布衣而有朝野之望。靖康中,召至京师,将处以学官,敦儒辞曰:“麋鹿之性,自乐闲旷,爵禄非所愿也。”固辞还山。高宗即位,诏举草泽才德之士,预选者命中书策试,授以官。于是淮西部使者言敦儒有文武才,召之,敦儒又辞。避乱客南雄州。张浚奏赴军前计议,弗起。

绍兴二年,宣谕使明橐言敦儒深治体,有经世才,廷臣亦多称其靖退。诏以为右迪功郎,下肇庆府敦遣诣行在,敦儒不肯受诏。其故人劝之曰:“今天子侧席幽士,翼宣中兴,谯定召于蜀,苏庠召于浙,张自牧召于长芦,莫不声流天京,风动郡国,君何为栖茅茹藋,白首岩谷乎!”敦儒始幡然而起。既至,命对便殿,论议明畅。上悦,赐进士出身,为秘书省正字。俄兼兵部郎官,迁两浙东路提点刑狱。会右谏议大夫汪勃劾敦儒专立异论,与李光交通。高宗曰:“爵禄所以厉世,如其可与,则文臣便至侍从,武臣便至节钺;如其不可,虽一命亦不容轻授。”敦儒遂罢。十九年,上疏请归,许之。

敦儒素工诗及乐府,婉丽清畅。时秦桧当国,喜奖用骚人墨客以文太平,桧子熺亦好诗,于是先用敦儒子为删定官,复除敦儒鸿胪少卿。桧死,敦儒亦废。谈者谓敦儒老怀舐犊之爱,而畏避窜逐,故其节不终云。

葛胜仲字鲁卿,丹阳人。登绍圣四年进士第,调杭州司理参军。林希荐试学官及词科,俱第一,除兖州教授,入为太学正。上幸学,多献颂者,胜仲独献赋,上命中书第其优劣,胜仲为首,差提举议历所检讨官兼宗正丞。始,朝廷以从臣提举议历所,至是,代以郭天信,胜仲力请罢之。稍迁礼部员外郎。会御史中丞石公弼言:“僖祖原庙增置殿室,违元丰之旧。”诏礼官议。胜仲建言:“予而复夺,在常人犹难之,况在天之灵乎!"议者非之。责知歙州休宁县,复召为礼部员外郎,权国子司业。时朝廷命诸生习雅乐,乐成,进一官,迁太常卿。

宋自建隆至治平所行典礼,欧阳修尝裒集为书,凡百篇,号《太常因革礼》,诏胜仲续之,增为三百卷,诏藏太常。及建春宫,以胜仲兼谕德,胜仲为《仁》、《孝》、《学》三论献之太子,复采春秋、战国以来历代太子善恶成败之迹,日进数事。诏嘉之,徙太府少卿,除国子祭酒。寻知汝州。李彦括田,破产者众,胜仲请蠲不当括者,彦怒,劾胜仲,上寝其奏,改湖州。寻徙邓州,朱勔先求白雀之属,胜仲不与,至是媒蘗其短,罢归。

建炎中,范宗尹为相,凡前日以朋附被罪远贬者,咸赦还,复知湖州。时群盗纵横,声摇诸郡,胜仲修城郭,作战舰,阅士卒,贼知有备,引去。岁大饥,发官廪振之,民赖以济。绍兴元年,丐祠归。十四年,卒,年七十三,谥文康。子立方,官至侍从。孙郊,为右相,自有传。

熊克字子复,建宁建阳人,御史大夫博之后。将生,有雀翠羽翔卧内。克幼而翘秀,既长,好学善属文,郡博士胡宪器之,曰:"子学老于年,他日当以文章显。"绍兴中进士第,知绍兴府诸暨县,越帅课赋颇急,诸邑率督趣以应,克曰:"宁吾获罪,不忍困吾民。"他日,府遣幕僚阅视有亡,时方不雨,克对之泣曰:"此催租时耶!"部使者芮辉行县至其境,谓克曰:"囊知子文墨而已,今乃见古循吏。"为表荐之,入为提辖文思院。

尝以文献曾觐,亲持白于孝宗,孝宗喜之,内出御笔,除直学士院。宰相赵雄甚异之,因奏曰:"翰苑清选,熊克小臣,不由论荐而得,无以服众论,请自朝廷召试,然后用之。"上曰:"善。"乃以为校书郎,累迁学士院权直。上御选德殿,召谕曰:"卿制诰甚工,且有体,自此燕闲可论治道。"

克自以见知于上,数有论奏。尝言:"金人虽讲和,而不能保于他日，今宜以和为守，以守为攻。当和好之时，为备守之计，彼不能禁吾不为也。边备既实，金人万一猖獗，必不得志于我，退而乘我，曲不在我矣。且今日之守，莫重淮东。金犯淮西，负粮自随，其势必难；若犯淮东，清河粮船直下，易耳。然则守淮之策，以垦田、修堰、教民兵为先。援淮东之策，莫若即江阴建水军，缓急可相应。然骤立一军，虑敌生疑，当托以海道商贾之冲，多夺攘，置一巡检警督之，自此岁增兵，不出十年，隐然一军矣。中兴之际，不患兵不可用，而患将权难收。今日之弊，不患将不可驭，而患军情易动。往时诸大将拊士卒如家人，自罢诸将兵权，御前主帅，更徙不常，凡军中管榷之利，所以养士卒者，今皆转而为包苴矣，又浚其余以佐之，得无怨乎！宜严戒将帅，毋纵掊削。"帝嘉其有志，召草明堂赦书。克言："二浙荐饥，蝗且起，赦文不宜饰词。"帝嘉其识体。除起居郎兼直学士院，以言者出知台州，奏祠。

克博闻强记，自少至老，著述外无他嗜。尤淹习宋朝典故，有问者酬对如响。家素俭约，虽贵不改，旧所居卑陋，门不容辙，虽部使者、郡守至，必降车乃入。尝爱临川童子王克勤之才，将妻以女而乏资遣，会草制获赐金，遂以归之，人称其清介。卒，年七十三。

张即之字温夫，参知政事孝伯之子。以父恩授承务郎，铨中两浙转运司进士举，历监平江府粮料院。丁父忧，服除，监临安府楼店务。丁母忧，服除，监临安府龙山税、宁国府城下酒曲务，签书荆门军判官厅公事，乌程丞，特差签书江阴军判官厅公事，提领户部犒赏酒库所干办公事，添差两浙转运司主管文字，行在检点赡军激赏酒库所主管文字，监尚书六部门，淮南东路提举常平司主管文字，添差通判扬州，改镇江，又改嘉兴，将作监簿，军器监丞，司农寺丞，知嘉兴未赴，以言者罢。丐祠，主管云台观，引年告老，特授直秘阁，致仕。

宝祐四年，制置使余晦入蜀，以谗劾阆州守王惟忠。于是削惟忠五官，没入其资，下诏狱锻谏诬伏，坐弃市。惟忠临刑，谓其友陈大方曰："吾死当上诉于天。"七挥刃不殊,血逆流。即之虽闲居,移书言于淮东制置使贾似道恤其遗孤。又使从孙士倩娶惟忠孤女。未几,似道入相,中书舍人常挺亦以为言。景定元年,给还首领,以礼改葬,复金坛田,多即之倡义云。即之以能书闻天下,金人尤宝其翰墨。

惟忠字肖尊,庆元之鄞人,嘉定十三年进士。

赵蕃字昌父,其先郑州人。建炎初,大父旸以秘书少监出提点坑冶,寓信州之玉山。蕃以旸致仕恩,补州文学。调浮梁尉、连江主簿,皆不赴。为太和主簿,受知于杨万里。调辰州司理参军,与郡守争狱罢,人以蕃为直。

始,蕃受学于刘清之,清之守衡州,乃求监安仁赡军酒库,因以卒业。至衡而清之罢,蕃即丐祠,从清之归。其后真德秀书之《国史》曰："蕃于师友之际盖如此,肯负国乎!"家居连书祠官之考者三十有一。理宗即位,以太社令与刘宰同召,不拜;特改奉议郎,直秘阁,又辞。奉祠,得致仕,转承议郎,依前直秘阁。卒,年八十七。

蕃年五十,犹问学于朱熹。既耄,犹虞末路之难,命所居曰难斋。蕃赋性宽平,与人乐易而刚介不可夺。丞相周必大与蕃契,屡加引荐,蕃竟不受。宰之言曰："文献之家,曲刑之彦,岿然独存,犹有以系学者之望者,蕃一人而已。"信州守吴旗乞录其后,诏其子遂补上州文学,遂亦力辞。又诏以承务郎致仕,与一子恩泽。景定三年,秘阁修撰郑协等请谥,乃谥文节。

宋史卷四四六
列传第二〇五

忠义一

康保裔　马遂　董元亨　曹觐
孔宗旦　赵师旦附　苏缄　秦传序
詹良臣　江仲明附　李若水　刘韐
傅察　杨震　父宗闵　张克戬　张确
朱昭　史抗　孙益

　　士大夫忠义之气，至于五季，变化殆尽。宋之初兴，范质、王溥，犹有余憾，况其他哉！艺祖首褒韩通，次表卫融，足示意向。厥后西北疆场之臣，勇于死敌，往往无惧。真仁之世，田锡、王禹偁、范仲淹、欧阳修、唐介诸贤，以直言谠论倡于朝，于是中外缙绅知以名节相高，廉耻相尚，尽去五季之陋矣。故靖康之变，志士投袂，起而勤王，临难不屈，所在有之。及宋之亡，忠节相望，班班可书，匡直辅翼之功，盖非一日之积也。

　　奉诏修三史，集儒臣议凡例，前代忠义之士，咸得直书而无讳焉。然死节、死事，宜有别矣：若敌王所忾，勇往无前，或衔命出疆，或授职守土，或寓官闲居，感激赴义，虽所处不同，论其捐躯徇节，之死靡二，则皆为忠义之上者也；若胜负不常，陷身俘获，或慷慨就死，或审义自裁，斯为次矣；若苍黄遇难，殒命乱兵，虽疑伤勇，终异

苟免，况于国破家亡，主辱臣死，功虽无成，志有足尚者乎！若夫世
变沧胥，毁迹冥遁，能以贞厉保厥初心，抑又其次欤！至于布衣危
言，婴鳞触讳，志在卫国，遑恤厥躬，及夫乡曲之英，方外之杰，贾勇
蹈义，厥死惟钧。以类附从，定为等差，作《忠义传》。

　　康保裔，河南洛阳人。祖志忠，后唐长兴中，讨王都战没。父再
遇，为龙捷指挥使，从太祖征李筠，又死于兵。保裔在周屡立战功，
为东班押班，及再遇阵没，诏以保裔代父职，从石守信破泽州。明
年，攻河东之广阳，获千余人。开宝中，又从诸将破契丹于石岭关，
累迁日骑都虞候，转龙卫指挥使，领登州刺史。端拱初，授淄州团练
使，徙定州、天雄军驻泊部署。寻知代州，移深州，又徙高阳关副都
部署，就加侍卫马军都虞候，领凉州观察使。真宗即位，召还，以其
母老勤养，赐以上尊酒茶米。俄领彰国军节度，出为并代都部署，徙
知天雄军，并代列状请留，诏褒之，复为高阳关都部署。

　　契丹兵大入，诸将与战于河间，保裔选精锐赴之，会暮，约诘朝
合战。迟明，契丹围之数重，左右劝易甲驰突以出，保裔曰："临难无
苟免。"遂决战。二日，杀伤甚众，蹴践尘深二尺，兵尽矢绝，援不至，
遂没焉。

　　时车驾驻大名，闻之震悼，废朝二日，赠侍中，以其子继英为六
宅使、顺州刺史，继彬为洛苑使，继明为内园副使，幼子继宗为西头
供奉官，孙惟一为将作监主簿。继英等奉告命，谢曰："臣父不能决
胜而死，陛下不以罪其孥幸矣，臣等顾蒙非常之恩！"因悲涕，伏地
不能起。上恻然曰："尔父死王事，赠赏之典，所宜加厚。"顾谓左右
曰："保裔父、祖死疆场，身复战没，世有忠节，深可嘉也。"保裔有母
年八十四，遣使劳问，赐白金五十两，封为陈国太夫人，其妻已亡，
亦追封河东郡夫人。

　　保裔谨厚好礼，喜宾客，善骑射，弋飞走无不中。尝握矢三十，
引满以射，筈镝相连而坠，人服其妙。屡经战阵，身被七十创。贷公
钱数十万劳军，没后，亲吏鬻器玩以偿，上知之，乃复厚赐焉。

继英仕至左卫大将军、贵州团练使,严于驭军,厚于抚宗族,其卒也,家无余财。

方保裔及契丹血战,而援兵不至,惟张凝以高阳关路钤辖领先锋,李重贵以高阳关行营副都部署率众策应,遇契丹兵交战,保裔为敌所覆,重贵与凝赴援,腹背受敌,自申至寅力战,敌乃退。当时诸将多失部分,独重贵、凝全军还屯,凝议上将士功状,重贵喟然曰:"大将陷没,而吾曹计功,何面目也。"上闻而嘉之。重贵仕至知郑州,领播州防御使,改左羽林军大将军致仕。凝加殿前都虞候,卒,赠彭德军节度使。

马遂,开封人。初隶龙卫军,补散直,改三班奉职,为北京指使。闻王则叛,中夜叱咤,晨起诣留守贾昌朝请击贼。昌朝因使持榜入贝州招降,则盛服见之,遂谕以祸福,辄不答。遂将杀则,而无兵仗自随。时张得一在侧,欲其助己,目得一,得一不动。遂奋起,投杯抵则,扼其喉,殴之流血,而左右卒无助之者。贼党攒刃聚噪至,断一臂,犹詈则曰:"妖贼,恨不斩汝万段!"贼缚遂厅事前,支解之。则仓猝被殴骇,伤病数日乃起。

事闻,仁宗叹息久之,赠宫苑使,封其妻为旌忠县君,赐冠帔,官其子五人。后得杀遂者骁捷卒石庆,使其子剖心而祭之。

董元亨,深州束鹿人。累官至国子博士,通判贝州。王则据城叛,是日冬至,元亨方与州将张得一朝谒天庆观,夜漏未尽,变起仓猝,众莫知所为。元亨促马驰还,坐厅事,贼党十余人擐甲露刃,排闼而入,左右皆奔溃。贼胁元亨曰:"大王遣我来索军资库钥。"元亨据桉叱之曰:"大王谁也,妖贼乃敢弄兵乎!我有死耳,钥不可得也。"贼将郝用继来,索愈急,曰:"库帑,今日大王所有也,可不上钥乎!"元亨厉声张目骂贼,用遂杀之,贼争入,携钥而去。事闻,仁宗曰:"守法之臣也。"赠太常少卿,录其子孙三人。贼平,获郝用,斩以祭元亨。

曹觐字仲宾，曹修礼子也。叔修古卒，无子，天章阁待制杜杞为言于朝，授觐建州司户参军，为修古后。皇祐中，以太子中舍知封州。侬智高叛，攻隐邕管，趋广州。行至封州，州人未尝知兵，士卒才百人，不任战斗，又无城隍以守，或劝觐遁去，觐正色叱之曰："吾守臣也，有死而已，敢言避贼者斩。"靡都监陈晔引兵迎击贼，封川令率乡丁、弓手继进。贼众数百倍，晔兵败走，乡丁亦溃，觐率从卒决战不胜，被执。贼戒勿杀，捽使拜，且诱之曰："从我，得美官，付汝兵柄，以女妻汝。"觐不肯拜，且詈曰："人臣惟北面拜天子，我岂从尔苟生邪！速杀我，幸矣。"贼犹惜不杀，徙置舟中，觐不食者两日，探怀中印章授其从卒曰："我且死，若求间道以此上官。"贼知其无降意，害之。至死诟贼声不绝，投尸江中，时年三十五。事闻，赠太常少卿，录其子四人，妻刘避贼死于林峒，追封彭城郡君，加赐冠帔。又赠修古尚书工部侍郎，封修古妻陈颍川郡君。

当智高之反，乘岭南无备，州县吏往往望风窜匿，故贼所向辄下，独觐与孔宗旦、赵师旦能以死守。后田瑜安抚广南，为觐立庙封州。

孔宗旦，鲁人，为邕州司户参军。侬智高未反时，州有白气出庭中，江水溢，宗旦以为兵象，度智高必反，以书告知州陈珙，珙不听。后智高破横州，既载其亲往桂州，曰："吾有官守，不得去，无为俱死也。"既而州破被执，贼欲任以事，宗旦叱贼，且大骂，遂被害。始，宗旦官京东，与李师道、徐程、尚同等四人为监司耳目，号为"四瞪"，人多恶之，其后立节如此。知袁州祖无择以其事闻，赠太子中允。

赵师旦字潜叔，枢密副使稹之从子。美容仪，身长六尺。少年颇涉书史，尤刻意刑名之学。用稹荫，试将作监主簿，累迁宁海军节度推官。知江山县，断治出己，吏不能得民一钱，弃物道上，人无敢取。以荐者改大理寺丞、知彭城县，迁太子右赞善大夫，移知康州。

侬智高破邕州,顺流东下,师旦使人觇贼,还报曰:"诸州守皆弃城走矣!"师旦叱曰:"汝亦欲吾走矣。"乃大索,得谍者三人,斩以徇。而贼已薄城下,师旦止有兵三百,开门迎战,杀数十人。会暮,贼稍却,师旦语其妻,取州印佩之,使负其子以匿,曰:"明日贼必大至,吾知不敌,然不可以去,尔留,死无益也。"遂与监押马贵部士卒固守州城。召贵食,贵不能食,师旦独饱如平时;至夜,贵卧不安席,师旦即卧内大鼾。迟明,贼攻城愈急,左右请少避,师旦曰:"战死与戮死何如?"众皆曰:"愿为国家死。"至城破无一人逃者。矢尽,与贵俱还,据堂而坐。智高麾兵鼓噪争入,胁师旦,师旦大骂曰:"饿獠,朝廷负若何事,乃敢反邪!天子发一校兵,汝无遗类矣。"智高怒,并贵害之。贼既去,州人为立庙。事平,赠光禄少卿,赐其母王长安县太君冠帔,录其子弟并从子三人。师旦遇害时,年四十二。柩过江,江山之人迎师旦丧,哭祭于路,络绎数百里不绝。

同时有王从政者,以东头供奉官阁门祗候,与侬智高战于太平场,被执,骂贼不已,至以沸汤沃之,终不屈而死。赠信州刺史,录其孙二人。

苏缄字宣甫,泉州晋江人。举进士,调广州南海主簿。州领蕃舶,每商至,则择官阅实其赀,商皆豪家大姓,习以客礼见主者,缄以选往,商樊氏辄升阶就席,缄诘而杖之。樊诉于州,州召责缄,缄曰:"主簿虽卑,邑官也,商虽富,部民也,邑官杖部民,有何不可?"州不能诘。再调阳武尉,剧盗李囊橐于民,贼曹莫能捕。缄访得其处,萃众大索,火旁舍以迫之。李从中逸出,缄驰马逐,斩其首送府。府尹贾昌朝惊曰:"儒者乃尔轻生邪!"累迁秘书丞,知英州。

侬智高围广,缄曰:"广,吾都府也,且去州近,今城危在旦暮而不往救,非义也。"即募士数千人,委印于提点刑狱鲍轲,夜行赴难,去广二十里止营。广人黄师密陷贼中,为之谋主,缄擒斩其父。群不逞并缘为盗,复捕杀六十余人,招其诖误者六千八百人,使复业。贼势沮,将解去,缄分兵先扼其归路,布槎木亘四十里。贼至不得前,乃绕出数舍渡江,由连、贺而西。缄与贼战,摧伤甚众,尽得其所略物。

时诸将皆罢,独缄有功,仁宗喜,换为供备库副使、广东都监,管押两路兵甲,遣中使赐朝衣、金带。袭贼至邕,大将陈曙以失律诛,缄亦贬房州司马。复著作佐郎,监越州税十余年,始还副使。知廉州,屋多茅竹,戍卒杨禧醉焚营,延烧民庐,因乘以为窃,缄戮之于市,又坐谪潭州都监。未几,知鼎州。

熙宁初,进如京使、广东钤辖。四年,交址谋入寇,以缄为皇城使知邕州。缄伺得实,以书抵知桂州沈起,起不以为意。及刘彝代起,缄致书于彝,请罢所行事。彝不听,反移文责缄沮议,令勿得辄言。八年,蛮遂入寇,众号八万,陷钦、廉,破邕四砦。缄闻其至,阅州兵得二千八百,召僚吏与郡人之材者,授以方略,勒部队,使分地自守。民惊震四出,缄悉出官帑及私藏示之曰:"吾兵械既具,蓄聚不乏,今贼已薄城,宜固守以迟外援。若一人举足,则群心摇矣,幸听吾言,敢越侠则孥戮汝。"有大校翟绩潜出,斩以徇,由是上下胁息。缄子子元为桂州司户,因公事携妻子来省,欲还而寇至。缄念人不可户晓,必以郡守家出城,乃独遣子元,留其妻子。选勇士弩舟逆战,斩蛮酋二。

邕既受围,缄昼夜行劳士卒,发神臂弓射贼,所殪甚众。缄初求救于刘彝,彝遣将张守节救之,逗遛不进。缄又发蜡书告急于提点刑狱宋球,球得书惊泣,督守节。守节皇恐,遽移屯大夹岭,回保昆仑关,猝遇贼,不及阵,举军皆覆。蛮获北军,知其善攻城,啖以利,使为云梯,又为攻濠洞,蒙以华布,缄悉焚之。蛮计已穷,将引去,而知外援不至,或教贼囊土傅城者,顷刻高数丈,蚁附而登,城遂陷。缄犹领伤卒驰骑战愈历,而力不敌,乃曰:"吾义不死贼手。"亟还州治,杀其家三十六人,藏于坎,纵火自焚。蛮至,求尸皆不得,屠郡民五万余人,率百人为一积,凡五百八十余积,隳三州城以填江。邕被围四十二日,粮尽泉涸,人吸沤麻水以济渴,多病下痢,相枕藉以死,然讫无一叛者。

缄愤沈起、刘彝致寇，又不救患，欲上疏论之。属道梗不通，乃榜其罪于市，冀朝廷得闻焉。神宗闻缄死，嗟悼，赠奉国军节度使，谥曰忠勇，赐都城甲第五、乡里上田十顷，听其家自择。以子元为西头供奉官、阁门祗候，召对，谓曰："邕管赖卿父守御，傥如钦、廉即破，则贼乘胜奔突，桂、象皆不得保矣。昔张巡、许远以睢阳蔽遮江、淮，较之卿父，不能过也。"改授殿中丞，通判邕州。次子子明、子正，孙广渊、直温，与缄同死，皆褒赠焉。起与彝皆坐谪官。缄没后，交人谋寇桂州，行数舍，其众见大兵从北来，呼曰："苏城隍领兵来报怨。"惧而引归。邕人为缄立祠，元祐中赐额怀忠。

秦传序，江宁人。淳化五年，充夔峡巡检使。李顺之乱，贼众奄至，傅夔州城下，传序督士卒昼夜拒战，婴城既久，危蹙日甚，长吏皆奔窜投贼。传序谓士卒曰："吾为监军，尽死节以守城，吾之职也，安可苟免乎！"城中乏食，传序出囊橐服玩，尽市酒肉以犒士卒，慰勉之，众皆感泣力战。传序度力不能拒，乃为蜡书遣人间道上言："臣尽死力，誓不降贼。"城坏，传序赴火死。

传序家寄荆湖间，子爽溯峡求父尸，溺死。人以为父死于忠，子死于孝。奏至，太宗嗟恻久之，录传序次子煦为殿直，以钱十万赐其家。煦卒，复以煦弟昉为三班奉职。

詹良臣字元公，睦州分水人。举进士不第，以恩得官，调缙云县尉。方腊起，其党洪再犯处州，守贰俱弃城遁。又有他盗霍成富者，用腊年号，剽掠缙云。良臣曰："捕盗，尉职也，纵不胜，敢爱死乎？"率弓兵数十人出御之，为所执。成富诱使降，良臣曰："汝辈不知求生，顾欲降我邪！昔年李顺反于蜀，王伦反于淮南，王则反于贝州，身首横分，妻子与同恶，无少长皆诛死，旦暮官军至，汝肉饲狗鼠矣。"贼怒，脔其肉，使自啖之。良臣吐且骂，至死不绝声，见者掩面流涕，时年七十二。徽宗闻而伤之，赠通直郎，官其子孙二人。

江仲明，台州人。宣和寇乱，载老母逃山涧中，猝遇寇于东城之冈，逼使就降，仲明义不辱，奋起骂贼，卒死之，丞相吕颐浩诔以文。

有蒋煜者，州之仙居人，有文学。寇欲妻以女，煜拒之，胁以拜，亦不从，寇曰：“吾戮汝矣！”煜伸颈就刃，骂声不绝而死。

李若水字清卿，洺州曲周人，元名若冰。上舍登第，调元城尉、平阳府司录。试学官第一，济南教授，除太学博士。蔡京晚复相，子絛用事，李邦彦不平，欲谢病去。若水为言：“大臣以道事君，不可则止，胡不取决上前，使去就之义，暴于天下。顾可默默托疾而退，使天下有伴食之讥邪？”又言：“积蠹已久，致理惟难。建裁损而邦用未丰，省科徭而民力犹困，权贵抑而益横，仕流滥而莫澄。正宜置驿求贤，解榻待士，采其寸长远见，以兴治功。”凡十数端，皆深中时病，邦彦不悦。

靖康元年，为太学博士。开府仪同三司高俅死，故事，天子当挂服举哀，若水言：“俅以幸臣躐跻显位，败坏军政，金人长驱，其罪当与童贯等。得全首领以没，尚当追削官秩，示与众弃；而有司循常习故，欲加缛礼，非所以靖公议也。”章再上，乃止。

钦宗将遣使至金国，议以赋入赎三镇，诏举可使者，若水在选中。召对，赐今名，迁著作佐郎。为使，见粘罕于云中。才归，兵已南下，复假徽猷阁学士，副冯澥以往。甫次中牟，守河兵相惊以金兵至，左右谋取间道去，澥问“何如”？若水曰：“戍卒畏敌而溃，奈何效之，今正有死耳。”令敢言退者斩，众乃定。

既行，叠具奏，言和议必不可谐，宜申饬守备。至怀州，遇馆伴萧庆，挟与俱还。及都门，拘之于冲虚观，独令庆、澥入。既所议多不从，粘罕急攻城，若水入见帝，道其语，帝命何㮚行。㮚还，言二人欲与上皇相见，帝曰：“朕当往。”明日幸金营，过信而归。擢若水礼部尚书，固辞。帝曰：“学士与尚书同班，何必辞。”请不已，改吏部侍郎。

二年，金人再邀帝出郊，帝殊有难色，若水以为无他虑，扈从以行。金人计中变，逼帝易服，若水抱持而哭，诋金人为狗辈。金人曳出，击之败面，气结仆地，众皆散，留铁骑数十守视。粘罕令曰："必使李侍郎无恙。"若水绝不食，或勉之曰："事无可为者，公昨虽言，国相无怒心，今日顺从，明日富贵矣。"若水叹曰："天无二日，若水宁有二主哉！"其仆亦来慰解曰："公父母春秋高，若少屈，冀得一归觐。"若水叱之曰："吾不复顾家矣！忠臣事君有死无二。然吾亲老，汝归勿遽言，令兄弟徐言之可也。"

后旬日，粘罕召计事，且问不肯立异姓状。若水曰："上皇为生灵计，罪己内禅，主上仁孝慈俭，未有过行，岂宜轻议废立？"粘罕指宋朝失信，若水曰："若以失信为过，公其尤也。"历数其五事曰："汝为封豕长蛇，真一剧贼，灭亡无日矣。"粘罕令拥之去，反顾骂益甚。至郊坛下，谓其仆谢宁曰："我为国死，职耳，奈并累若属何！"又骂不绝口，监军者抶破其唇，嗼血骂愈切，至以刃裂颈断舌而死，年三十五。

宁得归，具言其状。高宗即位，下诏曰："若水忠义之节，无与比伦，达于朕闻，为之涕泣。"特赠观文殿学士，谥曰忠愍。死后有自北方逃归者云："金人相与言，'辽国之亡，死义者十数，南朝惟李侍郎一人'。临死无怖色，为歌诗，卒曰：'矫首问天兮，天卒无言，忠臣效死兮，死亦何怨？'闻者悲之。"

刘韐字仲偃，建州崇安人。第进士，调丰城尉、陇城令。王厚镇熙州，辟狄道令，提举陕西平货司。河、湟兵屯多，食不继，韐延致酋长，出金帛从易粟，就以饷军，公私便之。遂为转运使，擢中大夫、集英殿修撰。

刘法死，夏人攻震武，韐摄帅鄜延，出奇兵捣之，解其围。夏人来言，愿纳款谢罪，皆以为诈。韐曰："兵兴累年，中国尚不支，况小邦乎？彼虽新胜，其众亦疲，惧吾再举，故款附以图自安，此情实也。"密疏以闻，诏许之；夏使愆期不至，诸将言夏果诈，请会兵乘之。韐曰："越境约会，容有他故。"会再请者至，韐戒曰："朝廷方事讨伐，吾为汝请，毋若异时邀岁币，轶疆埸，以取威怒。"夏人听命，西边自是遂安。

輶求东归，拜徽猷阁待制，提举崇福宫。起知越州，鉴湖为民侵耕，官因收其租，岁二万斛。政和间，涸以为田，衍至六倍，隶中宫应奉，租太重而督索严，多逃去。前勒邻伍取偿，民告病，輶请而蠲之。方腊陷衢、婺，越大震，官吏悉遁，或具舟请行。輶曰："吾为郡守，当与城存亡。"不为动，益历战守备。寇至城下，击败之，拜述古殿直学士，召为河北、河东宣抚参谋官。

时边臣言，燕民思内附，童贯、蔡攸方出师，而种师道之军溃。輶意警报不实，见师道计事。师道曰："契丹兵势尚盛而燕人未有应者，恐边臣诞谩误国事。"輶即驰白贯、攸，请班师。又论燕蓟不可得，正使得之，屯兵遣饷，经费无艺，必重困中国。

还次莫州，会郭药师以涿州降，戒车再驾，以輶议异，徙知真定府。药师入朝，輶密奏乞留之，不报。徙知建州，改福州，加延康殿学士。或言其过阙时，见御史中丞有所请，遂罢。起知荆南，河北盗起，复以守真定。首贼柴宏本富室，不堪征敛，聚众剽夺，杀巡尉，统制官亦战死。輶单骑赴镇，遣招之，宏至服罪。輶饮之酒，奏以官，纵其党还田里，一路遂平。药师请马，诏尽以河北战马与之，不足，又赋诸民。輶曰："空内郡驵骏，付一降将，非计也。"奏止之。金人已谋南牧，朝廷方从之求云中地。輶谍得实，急以闻，且阴治城守以待变。是冬，金兵抵城下，知有备，留兵其旁，长驱内向。及还，治梯冲设围，示欲攻击，輶发强弩射之，金人知不可胁，乃退。自金兵之来，诸郡皆塞门，民坐困，輶独纵樵牧如平日，以时启闭。钦宗善之，拜资政殿学士。

时已许割地赂金人，而议者乘士民之愤，复议追蹑，輶以亟战为非。是时，诸将救太原，种师中、姚古败。以輶为宣抚副使，至辽州，招集纠募，得兵四万人，与解潜、折可求约期俱进，两人又继败。初，輶遣别将贾琼自代州出敌背，且许义军以爵禄，得首领数十。既复五台，而潜、可求败闻，遂不果进。太原陷，召入觐，为京城四壁守御使,宰相沮罢之。

京城不守,始遣使金营,金人命仆射韩正馆之僧舍。正曰:"国相知君,今用君矣。"轺曰:"偷生以事二姓,有死,不为也。"正曰:"军中议立异姓,欲以君为正代,得以家属行,与其徒死,不若北去取富贵。"轺仰天大呼曰:"有是乎!"归书片纸曰:"金人不以予为有罪,而以予为可用。夫贞女不事二夫,忠臣不事两君;况主忧臣辱,主辱臣死,以顺为正者,妾妇之道,此予所以必死也。"使亲信持归报诸子。即沐浴更衣,酌卮酒而缢。燕人叹其忠,瘗之寺西冈上,遍题窗壁,识其处。凡八十日乃就殓,颜色如生。建炎元年,赠资政殿大学士,后谥曰忠显。

轺庄重宽厚,与人交,若有畏者;至临大事则毅然不可回夺。初在西州为童贯所知,故首尾预其军事,及以忠死,论者不复短其前失云。子子羽、孙琪,自有传。

傅察字公晦,孟州济源人,中书侍郎尧俞从孙也。年十八,登进士第。蔡京在相位,闻其名,遣子儵往见,将妻以女,拒弗答。调青州司法参军,历永平、淄川丞,入为太常博士,迁兵部、吏部员外郎。

宣和七年十月,接伴金国贺正旦使。是时,金将渝盟,而朝廷未之知也。察至燕,闻金人入寇,或劝毋遽行。察曰:"受使以出,闻难而止,若君命何。"遂至韩城镇。使人不来,居数日,金数十骑驰入馆,强之上马,行次境上,察觉有变,不肯进,曰:"迓使人,故例止此。"金人辄易其驭者,拥之东北去,行百里许,遇所谓二太子斡不者领兵至驿道,使拜。察曰:"吾若奉使大国,见国主当致敬,今来迎客而胁我至此!又止令见太子,太子虽贵人,臣也,当以宾客礼见,何拜为?"斡离不怒曰:"吾兴师南向,何使之称?凡汝国得失,为我道之,否则死。"察曰:"主上仁圣,与大国讲好,信使往来,项背相望,未有失德。太子干盟而动,意欲何为?还朝当具奏。"斡离不曰:"尔尚欲还朝邪!"左右促使拜,白刃如林,或捽之伏地,衣袂颠倒,愈植立不顾,反覆论辨。斡离不曰:"尔今不拜,后日虽欲拜,可得邪!"麾令去。

察知不免，谓官属侯彦等曰："我死必矣，我父母素爱我，闻之必大戚。若万一脱，幸记吾言，告吾亲，使知我死国，少纾其亡穷之悲也。"众皆泣。是夕隔绝，不复见。金兵至燕，彦等密访存亡，曰："使臣不拜太子，昨郭药师战胜有喜色，太子虑其劫取，且衔往忿，杀之矣。"将官武汉英识其尸，焚之，裹其骨，命虎翼卒沙立负以归。立至涿州，金人得而系诸土室，凡两月。伺守者怠，毁垣出，归以骨付其家。副使蒋噩及彦辈归，皆能道察不屈状，赠徽猷阁待制。

察自幼嗜学，同辈或邀与娱嬉，不肯就。为文温丽有典裁。平居恂恂然，无喜愠色，遇事若无所可否，非其意，崒然不可犯。恬于势利，在京师，故人鼎贵，罕至其门，间一见，寒温谈笑而已。及仓卒徇义，荦荦如此，闻者哀而壮之，时年三十七。乾道中，赐谥曰忠肃。

杨震字子发，代州崞人。以弓马绝伦为安边巡检。河东军征臧底河，敌据山为城，下瞰官军，诸将合兵城下，震率壮士拔剑先登，斩数百级，众乘胜平之，上功第一。

从折可存讨方腊，自浙东转击至三界镇，斩首八千级。追袭至黄岩，贼帅吕师囊扼断头之险拒守，下石肆击，累日不得进。可存问计，震请以轻兵缘山背上，恁高鼓噪发矢石，贼惊走，已复纵火自卫。震身被重铠，与麾下履火突入，生得师囊，及杀首领三十人，进秩五等。还知麟州建宁砦。

初，契丹之亡，其将小鞠斡西奔，招合杂羌十余万，破丰州，攻麟府诸城郭。震父宗闵领本道兵马屡摧败之，俘其父母妻子。靖康元年十月，太原陷，鞠斡驱幽蓟叛卒与夏人奚人围建宁，扣壁语震曰："汝父夺我居，破我兵，掩我骨肉，我忍死到今，急举城降，当全汝躯命。"时城中守兵不满百，震与战士约，斩一级赏若干，官帑竭，继以家人服珥，吏士感激自奋。越旬，矢尽力乏，城不守，与子居中、执中力战没，阖门俱丧，唯长子存中从征河北独免。明年，宗闵亦死事于长安。

震时年四十四。建炎二年，诏赠武经郎。存中贵，请于朝，谥曰恭毅。

张克戬字德祥，侍中耆曾孙也。第进士，历河间令，知吴县。吴为浙剧邑，民喜争，大姓怙势持官府。为令者踵故抑首，务为不生事、幸得去而已。克戬一裁以法，奸猾屏气，使者以状闻，召拜卫尉丞。初，克戬从弟克公为御史，劾蔡京，京再辅政，修怨于张氏，以微事黜克戬。逾年，起知祥符县，司开封户曹，提举京东常平，入辞，留库部员外郎。

宣和七年八月，知汾州。十二月，金兵犯河东，围太原。太原距汾二百里，遣将银朱字堇来攻，纵兵四掠，克戬毕力捍御。燕人先内附在城下者数十，阴结党欲为内应，悉收斩之。数选劲卒挠敌营，出不意焚其栅，敌惧引去，论功加直秘阁。

靖康元年六月，金兵复逼城。朝廷命经略使张孝纯之子灏、都统制张思正、转运使李宗来援，思正诛求无艺，民不堪命。克戬引谊开晓，皆愿自奋。宣抚使李纲表其守城之劳，连进直龙图阁、右文殿修撰。太原不守，思正绐云出战，遂率灏、宗奔慈、隰，于是人无固志。戍将麻世坚中夜斩关出，通判韩瑃相继亡，克戬召令兵民曰："太原既陷，吾固知亡矣。然义不忍负国家、辱父祖，原与此城终始以明吾节，诸君其自为谋。"皆泣不能仰视，同辞而对曰："公父母也，愿尽死听命。"乃益历兵儆守。贼至，身帅将士擐甲登陴，虽屡却敌而援师讫不至。

金兵破平遥，平遥为汾大邑，久与贼抗，既先陷，又胁降介休、孝义诸县，据州南二十村，作攻城器具，两遣使持书谕克戬，焚不启。具述危苦之状，募士间道言之朝，不报。十月朔，金益万骑来攻愈急，有十人唱为降语，斩以徇。诸酋列城下，克戬临骂极口，炮中一酋立毙。度不得免，手草遗表及与妻子遗书，缒州兵持抵京师。明日，金兵从西北隅入，杀都监贾亶，克戬犹帅众巷战，金人募生致之。克戬归索朝服，焚香南向拜舞，自引决，一家死者八人。金将奉其尸礼葬于后园，罗拜设祭，为立庙。事闻，诏赠延康殿学士，赠银三百两、绢五百匹，表揭门闾。绍兴中，谥忠确。

　　张确字子固，邠州宜禄人。元祐中，擢进士第。徽宗即位，应诏上书言十事，乞诛大奸，退小人，进贤能，开禁锢，起老成，擢忠鲠，息边事，修文德，广言路，容直谏，遂列于上籍。

　　宣和二年，召至京师。青溪盗起，确言："此皆王民，但庸人扰之耳。愿下哀痛之诏，省不急之务，租赋之外，一切寝罢，敢以花石淫巧供上者死。抚绥胁附，毋以多杀为功，旬浃之间，可以殄灭。"忤王黼意，通判杭州，摄睦州事。有自贼中逃归者，悉宥之，访得虚实以告，诸将用其言。盗平，知坊、汾二州。

　　宣和七年徙解州，又徙隆德府。金兵围太原，忻、代降，平阳兵叛。确表言："河东天下根本，安危所系，无河东，岂特秦不可守，汴亦不可都矣。敌既得叛卒势必南下，潞城百年不修筑，将兵又皆戍边。臣生长西州，颇谙武事，若得秦兵十万人，犹足以抗敌，不然，唯有一死报陛下耳。"书累上不报。明年二月，金兵至，知城中无备，谕使降。确乘城拒守，或献谋欲自东城溃围出，且探确意。确怒叱曰："确守土臣，当以死报国，头可断，腰不可屈。"乃战而死。钦宗闻之悲悼，优赠述古殿直学士，召见其子崇，慰抚之曰："卿父今之巡、远也，得其死所矣，复何恨。使为将为守者皆如卿父，朕顾有今日邪！"敛容叹息者久之。

　　朱昭字彦明，府谷人。以效用进，累官秉义郎，浮湛班行，不自表异。宣和末，为震武城兵马监押，摄知城事。金兵内侵，夏人乘虚尽取河外诸城镇。震威距府州三百里，最为孤绝。昭率老幼婴城，敌攻之力，昭募骁锐兵卒千余人，与约曰："贼知城中虚实，有轻我心，若出不意攻之，可一鼓而溃。"于是夜缒兵出，薄其营，果惊乱，城上鼓噪乘之，杀获甚众。

　　夏人设木鹅梯冲以临城，飞矢雨激，卒不能施，然昼夜进攻不止。其酋悟儿思齐介胄来，以毡盾自蔽，邀昭计事。昭常服登陴，披襟问曰："彼何人，乃尔不武！欲见我，我在此，将有何事？"思齐却盾而前，数宋朝失信，曰："大金约我夹攻京师，为城下之盟，画河为界；太原旦暮且下，麟府诸垒悉已归我，公何恃而不降？"昭曰："上皇知奸邪误国，改过不吝，已行内禅，今天子圣政一新矣，汝独未知邪？"乃取传禅诏赦宣读之，众愕眙，服其勇辩。

是时，诸城降者多，昭故人从旁语曰："天下事已矣，忠安所施？"昭叱曰："汝辈背义偷生，不异犬彘，尚敢以言诱我乎？我唯有死耳！"因大骂引弓射之，众走。凡被围四日，城多圮坏，昭以智补御，皆合法，然不可复支。昭退坐厅事，召诸校谓曰："城且破，妻子不可为贼污，幸先戕我家而背城死战，胜则东向图大功，不胜则暴骨境内，大丈夫一生之事毕矣。"众未应。昭幼子戏阶下，遽起手刃之，长子惊视，又杀之，径领数卒屠其家人，舁尸纳井中。部将贾宗望母适过前，昭起呼曰："妪，乡人也，吾不欲刃，请自入井。"妪从之，遂并覆以土。将士将妻孥者，又皆尽杀之。昭谓众曰："我与汝曹俱无累矣！"

部落子有阴与贼通者，告之曰："朱昭与其徒各杀其家人，将出战，人虽少，皆死士也。"贼大惧，以利啖守兵，得登城。昭勒众于通衢接战，自暮达旦，尸填街不可行。昭跃马从缺城出，马蹶坠堑，贼欢曰："得朱将军矣！"欲生致之。昭瞋目仗剑，无一敢前，旋中矢而死，年四十六。

史抗，济源人。宣和末，为代州沿边安抚副使，金人围代急，抗夜呼其二子稽古、稽哲谓曰："吾昔语用事者，'雁门控制一道，宜择帅增戍以谋未形之患，若使横流，则无所措矣'。言虽切，皆不吾省。今重围既固，外援不至，吾用六壬术占之，明日城必陷，吾将死事，汝辈亦勿以妻子为念而负国也。能听吾言，当令家属自裁，然后同赴义。"二子泣曰："唯吾父命。"明日，城果破，父子三人突围力战，死于城隅。

　　孙益，不知其所以进。宣和末，以福州观察使知朔宁府，被命救太原。时敌势张甚，或言不若引兵北捣云中，彼之将士室家在焉，所谓攻其所必救也。益曰："此策固善，奈违君命。"因跃马冒围至城下，张孝纯不肯启门，遂死之。

　　益天资忠勇，每倾赀以赏战士，能得人死力。小鞠鞡为边患，遣将致讨，益子在行间，师无功，益谓子必死。朝廷闻之，恤录其孤甚厚。其子遣信至益所报平安，益怒其子不能死，以状自列，尽上还官所赐，而斩其持书来者。

　　初，益在朔宁，察郡人孙谷可用，奏为掾属，待之异于常僚。益出师，属以后事。益死，敌骑来攻，且别命郡守，众议欲开关迎之，谷争弗得，叹曰："吾身已许国，又不忍负孙公之托，诸人不见容，是吾死所也。"或举刃胁之，无慑容，遂见杀。

宋史卷四四七
列传第二〇六

忠义二

霍安国　李涓　李逸 刘翊附 **徐揆**
陈遘　赵不试　赵令峺　唐重
郭忠孝　程迪附 **徐徽言　向子韶**
杨邦乂

　　霍安国，不知何许人，燕山之复，以直秘阁为转运判官。宣和末，知怀州。靖康元年，路允迪奉使至怀，表其治状，加直龙图阁。岁中，进右文、集英殿修撰，徙知隆德府，未行复留。金骑再至，遂被围，安国捍御不遗力，鼎、沣兵亦至，相与共守。拜徽猷阁待制，然竟以闰十一月城陷。将官王美投壕死。粘罕引安国以下分为四行，使夷官问不降者为谁，安国曰："守臣安国也。"问余人，通判州事直徽猷阁林渊，兵马钤辖、济州防御使张彭年，都监赵士宁、张谌、于潜，鼎、沣将沈敦、张行中及队将五人，同辞对曰："渊等与知州一体，皆不肯降。"酋令引于东北乡，望其国拜降，皆不屈，乃解衣面缚，杀十三人而释其余。安国一门无噍类。明年，赠延康殿学士。

　　李涓字浩然，驸马都尉遵勖曾孙也。以荫为殿直，召试中书，易文阶，至通直郎，知鄂州崇阳县。靖康元年，京城被围，羽檄召天下兵。鄂部县七，当发二千九百人，皆未集，洞独以所募六百锐然请行。或谓："盍徐之，以须他邑。"洞曰："事急矣，当持一信报天子，为东南倡。"而募士多市人，不能军，洞出家钱买牛酒激犒之。令曰："吾固知无益，然世受国恩，唯直死耳。若曹知法乎，'失将者死'，钧之一死，死国留名，男儿不朽事也。"众皆泣。

即日，引而东，北过淮，蒲圻、嘉鱼二县之兵始至，合而前。至蔡，天大雪，蔡人忽噪而奔，曰："敌至矣。"即结阵以待。少焉，游骑果集。洞驰马先犯其锋，下皆步卒，蒙卤盾径进，颇杀其骑，且走。洞乘胜追北十余里，大与敌遇，飞矢蝟集，二县兵亟舍去。洞创甚，犹血战，大呼叱左右负己，遂死焉，年五十三。士卒死者六七。上官有忌洞者，胁亡卒诬已遁。明年，金兵去，蔡人以其尸归。朝廷录其忠，赠朝奉郎，官其三子。

李邈字彦思，临江军清江人，唐宗室宰相适之之后。少有才略，精悍敏决，见事风生。以父任为太庙斋郎。初调安州司理，监润州酒务。用荐改京官，监在京竹木务，擢提辖环庆路粮草，通判河间府。

以荐蔡京、童贯，换右列，由承议郎换庄宅副使，知信安军，迁知霸州，为辽国贺正副使。还，贯将连金人夹攻契丹，呼邈至私第，以语动之，使附己。邈言契丹人未厌其主，贯惧邈有异议，即奏不俟对，令复任。邈上书言："契丹不可灭，苟误几事，愿诛臣以谢边吏。"都转运使沈积中掎邈罪五十有三条，鞫治一无所得，乃以建神霄宫不如诏，免官。

久之，监在京染院，进都大提举京西汴河提岸。盗起浙东，改江、淮、两浙制置司管当公事，改知严州，代还。贯欲以西师入燕，邈复语贯曰："方腊小丑，一呼屠七州四十余县，竭数路之力而后能平之，殆天以此警公也，何可遽移之北乎？"因密教贯阴佐契丹以图金人，贯不能用，乃乞致仕。贯收复燕山，奏邈知涿州，改易州，皆辞不赴。叹曰："国家祸乱自兹始矣！"

金人犯京师，诏趣入见，邈慨然复起就道。既至，会姚平仲战不利，京师震动，上不以时赐对，问御敌奈何？邈言：“胜负兵家之常势，陛下无过忧，第古未有和战不定而能成功者。”因言：“种师道宿将，有重名，二敌所畏。朝廷自主和议，而尽以诸道兵畀师道，视敌为进退。将在军中，君命有所不受，使见可击而进，胜固社稷之福；不胜，亦足使敌知吾将帅有以国为任者。”上称善，而耿南仲方主和议，不合，乃换右文殿修撰、京畿转运使，辞不拜。

金人犹驻毛驼岗，乃以邈为京城西壁守御使。邈言：“姚平仲败绩，而敌犹不敢留，是畏我也。不以种师道再战，已失机会；尚可尾其行，及河半渡击之，犹足为后戒。”议复格。三上章致仕，不允。改主管马军公事、权枢密副都承旨，出为河北西路制置使。以措置山西塘湾、屯田、弓箭手事，邈论塘湾不可为，夺制置使，下迁提举保甲，仍领措置司。又论不已，再夺观察使，则金兵将及境矣。遂复旧官，守真定。后二日，落阶，拜青州观察使，仍知府事。

邈始视事，兵不满二千，钱不满二百万，自度无以拒敌，乃谕民出财，共为死守。民恃邈为固，不数日，得钱十三万贯、粟十一万石，募民为勇敢亦数千人。而新集之兵皆无斗志，金人至，邈乞师于宣抚副使刘𬤊，且间道走蜡书上闻，皆不报。城被围，且战且守，相持四旬。城破，邈巷战不克，将赴井，左右持之不得入。斡离不胁邈拜，不拜，以火燎其须眉及两髀，亦不顾，乃拘于燕山府。

金人问曰：“集民兵击我，谓我为贼，何也？”邈曰：“汝负盟，所至掠吾金帛子女，何讳吾言敌？”不能屈。久之，欲以邈知沧州，笑而不答。且说之曰：“天下强弱之势安有常，特吾中国适逢其隙耳。汝不以此时归二帝及两河地，岁取重币如契丹，以为长利，强尚可恃乎？”金人讳其言，命邈被发左衽，邈愤，诋毁甚力，金人挖其口，犹吮血噀之。翼日，自去发为浮屠，金人大怒，遂遇害。将死，颜色不变，南向再拜，端坐就戮，燕人为之流涕。高宗赠昭化军节度使，谥曰忠壮。

刘翊,靖康元年,以吉州防御使为真定府路都钤辖。金人攻广信、保州不克,遂越中山而攻真定。翊率众尽夜搏战城上。金兵初攻北壁,翊拒之,乃伪徙攻东城,宣抚使李邈复趣翊往应;越再宿,潜移攻具还薄北城,众攀堞而上,城遂陷。邈就执,翊犹集左右巷战,已而稍亡去,翊顾其弟曰:“我大将也,其可受贼戮乎!”挺身溃围欲出,诸门已为敌所守,乃之孙氏山亭中,解绦自缢死。”

徐揆,衢州人。游京师,入太学。靖康元年,试开封府进士,为举首,未及大比而遭国难。钦宗诣金营不归,揆帅诸生扣南薰门,以书抵二酋,请车驾还阙。其略曰:“昔楚庄王入陈,欲以为县,申叔时谏,复封之。后世君子,莫不多叔时之善谏,楚子之从谏,千百岁之下,犹想其风采。本朝失信大国,背盟致讨,元帅之职也;郡城失守,社稷几亡而存,元帅之德也;兵不血刃,市不易肆,生灵几死而活,元帅之仁也;虽楚子存陈之功,未能有过。我皇帝亲屈万乘,两造辕门,越在草莽,国中喁喁,跂望属车之尘者屡矣。道路之言,乃谓以金银未足,故天子未返,揆窃惑之。今国家帑藏既空,编民一姜妇之饰,一器用之微,无不输之公上。商贾绝迹,不来京邑,区区岂足以偿需索之数。有存社稷之德,活生灵之仁,而以金帛之故,留质君父。是犹爱人之子弟,而辱其父祖,与不爱无择,元帅必不为也。愿推恻隐之心,存始终之惠,反其君父,班师振旅,缓以时日,使求之四方,然后遣使人奉献,则楚封陈之功不足道也。”二酋见书,使以马载揆至军诘难,揆历声抗论,为所杀。建炎二年,追录死节,诏赠宣教郎,而官其后。

陈遘字亨伯,其先自江宁徙永州。登进士第。知莘县,为治有绩,魏尹蒋之奇、冯京、许将交荐之。知雍丘县,徽宗将以为御史,而遭父祐甫忧。毕丧,为广西转运判官。蔡京启蛮徭地,建平、从、允三州,进言:“蛮人幸安静,轻扰以兆衅,不可。”京恶之,以他事罢归。

旋知商州、兴元府，入为驾部、金部员外郎。张商英得政，用为左司员外郎。俄擢给事中，会商英免相，蔡𡹫摄封驳，力沮止之，遘惧，请外。以直秘阁为河北转运使，加直龙图阁，徙陕西。召还京师，而蔡京复相，再使河北，徙淮南。帝将易置发运使，命选诸道计臣有阀阅者，执政以遘言，京曰：“职卑不可用，愿更选。”帝曰：“可除集英殿修撰使往。”京乃不敢言。遂为副使，未几，升为使。朝廷方督纲饷，运渠壅涩，遘使决吕城、陈公两塘达于渠。漕路甫通，而朱勔花石纲塞道，官舟不得行。遘捕系其人，而上章自劾。帝为黥勔人，进遘徽猷阁待制。

宣和二年冬，方腊乱，诏以属遘。遘言：“腊始起青溪，众不及千，今胁从已过万，又有苏州石生、归安陆行儿，皆聚党应之。东南兵弱势单，士不习战，必未能灭贼。愿发京畿兵，鼎沣枪盾手，兼程以来，庶几蜂起愚民，不至滋蔓。”帝悉行其言。

加龙图阁直学士，经制七路，治于杭。时县官用度百出，遘创议度公私出纳，量增其赢，号“经制钱”。其后总制使翁彦国仿其式，号“总制钱”。于是天下至今有“经总制钱”名，自两人始也。

又言：“妖贼陵暴州县，唯搜求官吏，恣行杀戮。往往断截支体，探取肺肝，或熬以鼎油，或射以劲矢，备极惨毒，不偿怨心。盖贪污嗜利之人，倚法侵牟骚动，不知艺极。积有不平之气，结于民心，一旦乘势如此，可为悲痛！此风不除，必更生事。臣愿采摭官吏奸脏尚仍旧习者，按治以闻，乞重置于理。”许之。

又进学士，凡所施置，以御笔先下。于是劾越州王仲𡡍纠市民造金茶器，减直买军粮券，而以私钱取之，仲𡡍坐黜。杭经巨寇后，河渠堙窒，邦人以水潦为病。前守数请于朝，皆以劳费辍役。遘以冬月檄真、扬、润、楚诸郡，凡守牌纲卒，悉集治所。先是，当闭牌，群卒无以食，率冻饿不自聊。闻命，相率呼舞以来者二千人，用其力治河，不两月毕，杭人利焉。

徙河北都转运使，进延康殿学士，历知中山、真定、河间府。钦宗立，加资政殿学士，积官至光禄大夫。复为真定，又徙中山。金人再至,遘冒围入城,坚壁拒守。诏康王领天下大元帅,命遘为兵马元帅。受围半年,外无援师。京都既陷,割两河求和。遘弟光禄卿适至中山,临城谕旨,遘遥语之曰:"主辱臣死。吾兄弟平居以名义自处,宁当卖国家为囚孥乎?"适泣曰:"兄但尽力,勿以弟为念。"

遘呼总管使尽括城中兵击贼,总管辞,遂斩以徇。又呼步将沙振往。振素有勇名,亦固辞,遘固遣之。振怒且惧,潜衷刃入府。遘妾定奴责其辄入,振立杀之,遂害遘于堂,及其子锡并仆妾十七人。长子钜以官淮南获免。振出,帐下卒噪而前曰:"大敌临城,汝安得杀吾父?"执而捽裂之,身首无余。城中无主,乃开门出降。金人入见其尸曰:"南朝忠臣也。"敛而葬诸铁柱寺。建炎初,赠特进。

遘性孝友,为人宽厚长者。任部刺史二十年,每出行郡邑,必焚香祈天,愿不逢贪浊吏。尝荐王安中、吕颐浩、张悫、谢克家、何铸,后皆至公辅,世以为知人。

适由开封少尹、卫尉少卿至光禄卿。是役也,金人执之以北。后十年,死于云中。

赵不试,太宗六世孙。宣和末,通判相州,寻权州事兼主管真定府路经略安抚公事。建炎元年,知相州。初,汪伯彦既去相,金人执其子似,遣来割地,似至相,不试固守不下。明年,金人大入。州久被围,军民无固志,不试谓之曰:"今城中食乏,外援不至。不试,宗子也,义不降,计将安出?"众不应。不试知事不可为,遂登城与金人约勿杀,许之。既启门,乃纳其家井中,然后以身赴井,命提辖官实以土。州人皆免于死。

赵令𡹬,燕懿王玄孙,安定郡王令衿兄也。初名令裶。建炎初,仕至鄂州通守,领兵戍武昌。贼阁瑾犯黄州,纵掠而去。令𡹬渡江存抚之,黄人乃安。李纲言于上,擢直龙图阁、知黄州,赐今名。奉诏修城,凡六月而毕。贼张遇过城下,招令𡹬。度不能拒,出城见之,遇饮以酒,一举而尽,曰:"固知饮此必死,愿勿杀军民。"遇惊曰:

"先以此试公耳。"更取毒酒沃地，地裂有声，乃引军去。未几，丁进、李成兵迭至，俱击却之。叛将孔彦舟又引兵围城，率民兵固守，凡六日乃解。

三年，以内艰去，诏起服。时金人闻孟太后在南昌，欲邀之，径犯黄州。令岌已还在道，郡卒得金人笥木凿箭，浮江告急。令岌疾趋，夜半入城。金人力攻，翼日城陷。金人欲降之，大骂不屈，酌以酒，挥之不肯饮，又衣以战袍，曰："我岂当服！"金人曰："赵使君何坚执縢？"曰："但当拜祖宗，岂能拜犬豕！"金人怒，鞭之，流血被面，骂不绝口而死。事闻，赠徽猷阁待制，谥曰愍忠。州人乞立庙，从之。初，城破，都监王远、判官吴源、巡检刘卓，皆以不屈死焉。

唐重字圣任，眉州彭山人。少有大志。大观三年进士。徽宗亲策士，问以制礼作乐，重对曰："事亲从兄，为仁义礼乐之实。陛下以神考为父，哲宗为兄，盖亦推原仁义之实而已，何以制作为？"授蜀州司理参军，改成都府府学教授，知怀安军金堂县，授辟雍录。

先是，朝廷以拓土为功，边帅争兴利以徼赏，凡蜀东西、夔峡路及荆湖、广南，皆诱近边蕃夷献其地之不可耕者，谓之纳土，因置州县，所至骚然。重以其利害白之宰相，因是荐之，召对。迁吏部员外郎、左司郎官、起居舍人。

金人入京师，重言："开边之祸，起于童贯，故金人以贯为祸首。若斩贯首，遣人传送于金，尚可缓兵。"或献议远避，重闻卫士语，以告于朝，始定守城之计。擢右谏议大夫。时宰执各主和战二议，重上疏乞命其廷辨得失。金人要求金帛，中书侍郎王孝迪下令，有匿金银者死，许人告。重曰："如此，则子得以告父，弟得以告兄，奴婢得以告主矣，岂初政所宜？"即与御史抗论，乃止。又累疏乞斩蔡京父子以谢天下。寻迁中书舍人，词命多所缴奏。又言："近世不次用人，其间致身宰辅，有未尝一日出国门者。乞先补外，以为之唱。"上开纳，而宰相执奏以为不可。明日，台谏皆得罪，重落职知同州。

金人已陷晋、绛，将及同。重度不能守，乃开门纵州人使出，自

以残兵数百守城,以示必死。金人疑有备,不复渡河而返。降诏奖
谕,擢天章阁待制。先是,陕西宣抚使范致虚提五路兵勤王,至陕
州。重遗致虚书,言:“中都倚秦兵为爪牙,诸夏恃京师为根本。今
京城围久,人无斗志,若五路之师逡巡未进,则所以为爪牙者不足
恃,而根本摇矣。然溃卒为梗,关中公私之积已尽;又闻西夏侵掠鄜
延,为腹背患。今莫若移檄蜀帅及川峡四路,共资关中守御之备,合
秦、蜀以卫王室。”致虚锐于出师,由渑池屯千秋镇,为金将所败,军
皆溃,退保潼关,而五路之力益耗矣。重募人间道走京城归报。二
帝既北行,重即移檄川、秦十路帅臣,各备礼物往军前迎奉。

　　未几,高宗即位,重上疏论今急务有四,大患有五。所谓急务
者,以车驾西幸为先,次则建藩镇、封宗子,通夏国之好,继青唐之
后,使相掎角,以缓敌势。所谓大患者,法令滋彰,朝纲委靡,军政败
坏,国用竭,民心离。欲救此者,宜守祖宗成宪,登用忠直,大正赏
刑,诚今日之急务。

　　长安谋帅,刘岑自河东使还,上亦询可守关中者,岑以重对,乃
以天章阁直学士知京兆府,寻兼京兆府路经略制置使。

　　重前在同州,凡三疏上大元帅府,乞早临关中以符众望。且画
三策:一谓镇抚关中以固根本,然后营屯于汉中,开国于西蜀,此为
策之上;若驻节南阳,控楚、吴、越、齐、赵、魏之师,以临秦、晋之墟,
视敌强弱为进退,选宗亲贤明者开府于关中,此为策之次;傥因都
城,再治城池汴、洛之境,据成皋、崤函之险,悉严防守,此策之下;
若引兵南度,则国势微弱,人心离散,此最无策。暨至永兴,又六上
疏,皆以车驾幸关中为请。并条奏关中防河事宜,大意谓:“虢、陕残
破,解州、河中已陷,同、华州沿河与金人对垒,边面亘六百余里。本
路无可战之兵,乞增以五路兵马十万以上,委漕臣储偫以守关中。

　　章凡七八上,朝廷未有所处。重复上疏曰:“关中百二之势,控
制陕西六路,捍蔽川峡四路。今蒲解失守,与敌为邻,关中固,则可
保秦、蜀十路无虞。缘逐路帅守、监司各有占护,不相通融。昨范致
虚会合勤王之师,非不竭力,而将帅各自为谋,不听节制。乞选宗亲

贤明者充京兆牧，或置元帅府，令总管秦、蜀十道兵马以便宜从事，应帅守、监司并听节制。缓急则合诸道之兵以卫社稷，不惟可以御敌，亦可以救郡县瓦解之失。"又乞节制五路兵，俱不报。

金将娄宿渡河陷韩城县，时京兆余兵皆为经制使钱盖调赴行在。重度势不可支，以书别其父克臣曰："忠孝不两立，义不苟生以辱吾父。"克臣报之曰："汝能以身徇国，吾含笑入地矣。"及金人入境，重遗书转运使李唐孺曰："重平生忠义，不敢辞难。始意迎车驾入关，居建瓴之势，庶可以临东方。今车驾南幸矣，关陕又无重兵，虽竭智力何所施，一死报上不足惜。"

及金兵围城，城中兵不满千，固守逾旬，外援不至。而经制副使傅亮以精锐数百夺门出降，城陷，重以亲兵百人血战。诸将扶重去，重曰："死吾职也。"战不已，众溃，重中流矢死。初，唐孺以其书闻，俄以死节报。上哀悼之，赠资政殿学士，后谥恭愍。

郭忠孝字立之，河南人，签书枢密院事逵之子。受《易》、《中庸》于程颐。少以父任补右班殿直，迁右侍禁。登进士第，换文资，授将作监主簿。年逾三十，不忍去亲侧，多仕于河管库间。宣和间，为河东路提举。解梁、猗氏与河东接壤，盗贩盐者数百为群，岁起大狱，转相告引，抵罪者众。忠孝止治其首，余悉宽贷。宰相王黼怒之，坐废格盐法免。

靖康初，召为军器少监。入对，以和议为非是，力陈追击之策，谓："兵家忌深入，金人自燕蓟兴兵，逾河朔，犯都城，其锋不可当，今锐气且衰，又顾子女玉帛之获，故议和以疑我师。今诸道之师集矣，宜乘其惰击之，若不能击其归，他日安能御其来。"上命与宰相吴敏、枢密李纲议，忠孝复条上战守利害、士马分合之策十余事。主和者众，卒不用其策。改永兴军路提点刑狱，措置保甲。初，议者请择保甲十万刺为义勇，分隶河朔诸郡。忠孝曰："保甲岁久，死亡者众，择三万人守都城可也，河朔骑兵之地，非保甲所宜。"上从之。忠孝亟走关陕，得胜兵三万，分隶十将，择一将统之。继遣兵趋泽、潞，听宣抚司节制。

　　金人再犯京师，永兴帅范致虚率诸军由淆、渑入援，忠孝曰：
"金人深入，而河东无守备，愿分兵走太行，扼其归路，彼必来战，城
下之围可缓。"致虚以为然。檄河中守席益、冯翊守唐重与忠孝同出
河东，为牵制之举，大军尽出函谷。忠孝独以蒲、解军三千至猗氏，
遇金人，破之。逾绛州，破太平砦，斩首数百级。攻平阳，入其郛。会
大军失利淆、渑间，乃引还。及金人犯永兴兵寡，或劝忠孝以监司出
巡，可以避祸。忠孝不答，与经略唐重分城而守。忠孝主西壁，唐重
主东壁。金人陈城下，忠孝募人以神臂弓射之，敌不得前。已而攻
陷城东南隅，忠孝与重及副总管杨宗闵、转运副使桑景询、判官曾
谓、经略主管机宜文字王尚，提举军马武功大夫程迪俱死之，朝廷，
赠忠孝大中大夫，子雍，别有传。

　　程迪字惠老，开封人。父博古，部鄜延兵战死永乐。迪以门荫
得官。宣和中，从杨惟中征方腊有功，加武功大夫、荣州团练使、泸
南潼川府路走马承受公事。

　　诸使合荐迪忠义谋略，可任将帅，召赴行在。经略制置使唐重
以敌迫近，留迪提举军马，措置民兵以为备。金人已自同州渡河，或
劝迪还蜀，迪思有以报国，不从。乃诣种氏诸豪，谋率众保险，俟其
势稍衰，出奇击之。转运使桑景询知其谋，以告唐重，揭榜许民择险
自固。会前河东经制使傅亮建议当守不当避，重从之，以亮为制置
副使，去者悉还。既而金兵益迫，重乃以迪提举永兴路军马，措置民
兵，令迪行视南山诸谷，将运金帛徙治其中。因召土豪，集民兵以补
军籍。会应募者众，亮语重曰："人心如此，假以旬日，守备且具，奈
何望风弃去。"重大然之，即檄诸司听亮节制。金人近城，迪又欲选
兵迎战，使老稚得趣险，尚可以活十万人。亮执议城守，金人四面急
攻，外无援兵，迪率诸司及统制偏裨以下东乡会盟："危急必以死相
应，誓不与俱生。"慷慨呜咽，同盟皆感泣。

　　城破，乃自亮所分地始。亮先出降，众溃。迪率其徒行徇于众

曰:"敌仇我矣,降亦死,战亦死!"努力与斗,愤怒大呼,口流血,士皆感奋,多所斩杀。迪冒飞矢,持短兵接战数十合,身被创几遍,绝而复苏,犹厉声叱战不已,遂死之。麾下士舁置空室中,比屋皆烬,室独不火,及敛,容色如生。诏赠明州观察使,谥恭愍。子昌谔。

徐徽言字彦猷,衢之西安人。少为诸生,泛涉书传。负气豪举,有奇志,喜谈功名事。大观二年,诏求材武士,韩忠彦、范纯粹、刘仲武以徽言应诏,召见崇德殿,赐武举绝伦及第。

历保德军监押,以边功加阁门祗候、平阳府军马钤辖,权知保德军。改总领河西军马,以讨西夏功,累迁秉议郎。宣和四年,将伐燕,命太原帅张孝纯招河西帐族,遣徽言入其地。帐族拒而射之,徽言迎战破之,遂定天德、云内两城。宣抚使童贯嫉其功,檄太原不得违节度。复弃去。孝纯先定朔、武二州,亦不能守。改知火山军兼统制河西军马,徙赴石州。

靖康初,迁武翼郎、阁门宣赞舍人。金人围太原,分兵绝粮道,自隰、石以北,命令不通者累月。徽言以三十人渡河,一战破之。迁武经郎、知晋宁军兼岚石路沿边安抚使。

金人再犯京师,陕西制置使范致虚纠合五路兵赴难,檄徽言守河西。钦宗割两河以纾祸,同知枢密院事聂昌出河东,为金人所劫,以便宜割河西三州隶西夏。晋宁军民大恐,曰:"弃麟、府、丰,晋宁岂能独存!"徽言曰:"此使人矫诏耳。三郡在河西,设有诏,犹当执奏,况无之耶!"遂率兵复取三州,夏人所置守长皆出降,徽言慰遣之。又并取岚、石等州,教弋船卒乘羊皮浑脱乱流以掩敌。

金人益备克胡寨、吴堡津,遣守领为九州都统,与晋宁对垒。徽言出奇兵袭逐之。时河东郡县沦没,遗民日徯王师之室。徽言阴结汾、晋土豪数十万,约复故地则奏官为守长,听世袭。条其事以闻,俟报可,即身率精甲捣太原,径取雁门,留兵戍守,且曰:"定全晋则形胜为我有,中原当指期克复,投机一时,会不可失。"奏上,诏徽言听王庶节制,议遂格。

　　金人忌徽言，欲速拔晋宁以除患。建炎二年冬，自蒲津涉河围之。先是徽言移府州，约折可求夹攻金人。可求降，金将娄宿挟至城下以招徽言。徽言故与可求为姻，乃登陴以大义噍数之。可求仰曰："君于我胡大无情？"徽言摄弓厉言曰："尔于国家不有情，我尚于尔何情？宁惟我无情，此矢尤无情。"一发中之，可求走，因出兵纵击，遂斩娄宿孛堇之子。当是时，环河东皆已隐，独晋宁屹然孤埚，横当强敌，势相百不抗。徽言坚壁持久，抚摩疲伤，遣没人泅河，召民之逃伏山谷者几万众，浮筏西渡，与金人鏖河上，大小数十战，所俘杀过当。晋宁吴天下险，徽言广外城，东压河，下堑不测，谯堞雄固，备械甚整。命诸将画隅分守，敌至则自致死力，以劲兵往来为游援。

　　金进攻数败，不得志，围之益急。晋宁俗不井饮，寄汲于河。金人载荧石湮瓮支流，城中水乏绝，储偫浸罄，铠仗空敝，人人惴忧，知殒亡无日。徽言能得众心，奋楉饿伤夷之余，衰折槊断刃，以死固守。既自度不支，取炮权、篦格，凡守具悉火之，曰："无以遗敌。"遣人间道驰书其兄昌言曰："徽言孤国恩死矣，兄其勉事君。"一夕，裨校李位、石斌系帛书飞笴上，阴约娄宿启外郭纳金兵。徽言与太原路兵马都监孙昂决战门中，所格杀甚众，退婴牙城以守。金人攻之不已，徽言置妻子室中，积薪自焚。仗剑坐堂上，慷慨语将士："我天子守士臣，义不见蔑敌手。"因拔佩刀自拟，左右号救持之急，金兵猥至，挟徽言以去，然犹惮其威名。

　　娄宿得徽言所亲说徽言："盍具冠被见金帅。"徽言斥曰："朝章、觐君父礼，以入穹庐可乎？汝污伪官，不即愧死，顾以为荣，且为敌人摇吻作说客邪？不急去，吾力犹能搏杀汝。"娄宿就见徽言，语曰："二帝北去，尔其为谁守此？"徽言曰："吾为建炎天子守。"娄宿曰："我兵已南矣，中原事未可知，何自苦为？"徽言怒曰："吾恨不尸汝辈归见天子，将以死报太祖、太宗地下，庸知其他！"娄宿又出金制曰："能小屈，当使汝世帅延安，举陕地并有之。"徽言益怒，骂曰："吾荷国厚恩，死正吾所，此膝讵为汝辈屈耶？汝当亲刃我，不可使余人见加。"娄宿举戟向之，觊其惧伏。徽言披袒迎刃，意象自若。饮以酒，持杯掷娄宿曰："我尚饮汝酒乎？"慢骂不已。金人知不可屈，遂射杀之。粘罕闻其死，怒娄宿曰："尔粗狠，可专杀义人以逞尔私？"治其罪甚惨。

初，徽言与刘光世束发雅故。光世被命援太原，次吴堡津，辄顿不进。徽言移书趣行，未听；又谕以太原危不守，且暮望救，总管承诏赴急，不宜稽固取方命罪，光世犹前却。徽言即露章劾其逗挠，封副与之，光世惶遽引道。

宣抚使张浚与诸使者相继以死节事闻，高宗抚几震悼，顾谓宰相曰："徐徽言报国死封疆，临难不屈，忠贯日月，过于颜真卿、段秀实远矣。不有以宠之，何以劝忠，昭示来世。"乃赠晋州观察使，谥忠壮。再赠彰化军节度。

祁昂亦引刀欲自刺，金人拥至军前，不屈而死，至是赠成忠郎、团练使。徽言子冈既同死事，而从孙适亦以守安丰死。昂父翊，宣和末知朔宁府，救太原，死于阵。各世著忠义云。

向子韶字和卿，开封人，神宗后再从侄也。年十五入太学，登元符三年进士第。特恩改承事郎，授荆南府节度判官，累官至京东转运副使。属郡郭奉世进万缗羡余，户部聂昌请赏之以劝天下。子韶劾奉世，且言近臣首开聚敛之端，浸不可长，士论韪之。以父忧免，起复，知淮宁府。

建炎二年，金人犯淮宁，子韶率诸弟城守，谕士民曰："汝等坟墓之国，去此何之，吾与汝当死守。"时有东兵四千人，第三将岳景绥欲弃城率军民走行在，子韶不从，景绥引兵迎敌而死。金人昼夜攻城，子韶亲擐甲胄，冒矢石，遣其弟子率赴宗泽乞援兵，未至，城陷。子韶率军民巷战，力屈为所执。金人坐城上，欲降之，酌酒于前，左右抑令屈膝，子韶直立不动，戟手责骂，金人杀之。其弟新知唐州子褒、朝请郎子家等与阖门皆遇害，惟一子鸿六岁得存。事闻，再赠通议大夫，官其家六人，后谥忠毅。初，金人至淮宁府，杨时闻之曰：

"子韶必死矣。"盖知其素守者云。

杨邦乂字晞稷，吉州吉水人。博通古今，以舍选登进士第，遭时多艰，每以节义自许。历婺源尉、蕲庐建康三郡教授，改秩知溧阳县。会叛卒周德据府，杀官吏。邦乂立县狱囚赵明于庭，欲诛之，因谕之曰："尔悉里中豪杰，诚能集尔徒为邑人诛贼，不惟宥尔罪，当上功界爵。"明即请行，邦乂饮之卮酒，使自去。越翼日，讨平之。

建炎三年，金人至江上，高宗如浙西，留右仆射杜充为御营使，驻札建康，命刘光世、韩世忠、王燮诸将悉听充节制。充性酷而无谋，士心不附。渡碙沙，充遣陈淬、岳飞等及金人战于马家渡。自辰至未，战数合，胜负未决。燮拥兵弗救，淬被擒，燮兵遁，充率麾下数千人降。金人济江，鼓行逼城。时李梲以户部尚书董军饷，陈邦光以显谟阁直学士守建康，皆具降状，逆之十里亭。金帅完颜宗弼既入城，梲邦光率官属迎拜，惟邦乂不屈膝，以血大书衣裾曰："宁作赵氏鬼，不为他邦臣。"宗弼不能屈。

翼日，遣人说邦乂，许以旧官。邦乂以首触柱流血，曰："世岂有不畏死而可以利动者?速杀我。"翼日，宗弼等与梲、邦光宴堂上，立邦乂于庭，邦乂叱梲、邦光曰："天子以若捍城，敌至不能抗，更与共宴乐，尚有面目见我乎?"有刘团练者，以幅纸书"死活"二字示邦乂曰："若无多云，欲死趣书'死'字。"邦乂奋笔书"死"字，金人相顾动色，然未敢害也。已而宗弼再引邦乂，邦乂不胜愤，遥望大骂曰："若女真图中原，天宁久假汝，行磔汝万段，安得污我!"宗弼大怒，杀之，剖取其心，年四十四。事闻，赠直秘阁，赐田三顷，官为敛葬，即其地赐庙褒忠，谥忠襄，官其四子。

邦乂少处郡学，目不视非礼，同舍欲隳其守，拉之出，托言故旧家，实倡馆也。邦乂初不疑，酒数行，娼女出，邦乂愕然，疾趋还舍，解其衣冠焚之，流涕自责。绍兴七年，枢密院言邦乂忠节显著，上曰："颜真卿异代忠臣，朕昨已官其子孙，邦乂为朕死节，不可不厚褒录，以为忠义之劝。"加赠徽猷阁待制，增赐田三顷。

宋史卷四四八
列传第二〇七

忠义三

曾悆 弟悟　　刘汲　　郑骧　　吕由诚
郭永　　韩浩　　欧阳珣　　张忠辅
李彦仙 邵云　吕圆登　宋炎附　　赵立
王复　　王忠植　　唐琦　　李震
陈求道

　　曾悆字仲常,中书舍人巩之孙。补太学内舍生,以父任郊社斋郎,累官司农丞、通判温州,须次于越。

　　建炎三年,金人陷越,以琶八为帅,约诘旦城中文武官并诣府,有不至及藏匿、不觉察者,皆死。悆独不往,为邻人纠察逮捕,见琶八,辞气不屈。且言:“国家何负汝,乃叛盟欺天,恣为不道。我宋世臣也,恨无尺寸柄以死国,安能贪生事尔狗奴邪?”时金人帐中执兵者皆愕眙相视,琶八曰:“且令出。”左右尽驱其家属四十口同日杀之越南门外,越人作窖瘗其尸。金人去,悆弟朝散郎悬时知杭州余杭县事,制大棺敛其骨,葬之天柱山。事闻,予三资恩泽,官其弟恂、子崇、兄子宦,皆将仕郎。

　　方遇难时,崇甫四岁,与乳母张皆死。夜值小雨,张得苏,顾见崇亦苏,尚吮其乳,郡卒陈海匿崇以归。后仕至南安军。悆从弟悟,悟字蒙伯，翰林学士肇之孙也。宣和二年进士，靖康间为亳州士曹。金人破亳州，悟被执，抗辞慢骂，众刃劂之，尸体无存者，妻孥同日被害。年三十三。

刘汲字直夫，眉州丹陵人。绍圣四年进士。为合州司理、武信军推官，改宣德郎、知开封府鄢陵县。奉行神霄宫不如令，以京畿转运使赵霆奏，徙通判隆德府。时方士林灵素用事，郡人班自改《易系辞》为妖言，以应灵素。汲摄守，下自狱。灵素荐自有道，命转运使陈知存按验，掾史惧，欲变狱。汲责数掾史，知存惮之，卒以实闻。

通判河中府，辟开封府推官。自盛章等尹京，果于诛杀，率取特旨以快意，汲白府奏罢之。宰相王黼初领应奉司，汲对客辄诋之，黼闻，奏谪监蓬州税。钦宗召赴阙，汲奏愿得驱驰外服，治兵食以卫京师。时置京西转运司于邓州，以汲添差副使。建炎元年，范致虚师至陕，汲贻书劝以一军自蒲中越河阳，焚金人积聚，绝河桥；一军自陕路直抵郑、许，与诸道连衡，敌必解散。致虚以书谢汲而行。

金人再犯京师，诸道不知朝廷动息者三月，冯延绪传诏抚谕，谓车驾出郊定和议，令诸道罢兵。汲谓副总管高公纯曰："诏书未可遽信。"公纯问故，汲曰："诏下以去年十二月，邓去京七百里，今始至州何也？安有议和以三月，而敌犹未退乎？此必金人胁朝廷以款勤王之师尔，可速进兵。"公纯难之，汲请自行，公纯不得已俱至南阳，不进，汲独驰数十骑赴都城，二帝已北行，汲素服恸哭。寻代公纯摄帅事，捐金帛飨士，为战守计。诏邓州备巡幸，汲广城池，饰行阙，所以待乘舆之具甚备。就加直龙图阁、知邓州兼京西路安抚使。

汲奏："欲复两河，当先河东，欲复河东，当用陕兵，请先从事河东，以定西河之根本。"于是金人复渡河，谍知邓州为行在所，命其将银朱急攻京西。汲遣副总管侯成林守南阳，金人奄至，杀成林。汲集将吏谓曰："吾受国恩，恨未得死所，金人来必死，汝有能与吾俱死者乎？"皆流涕曰："惟命。"民有请涉山作砦以避敌者，汲曰："是弃城矣。然若属俱死无益。"乃下令曰："城中有材武愿从军者听留，余从便。"得敢死士四百人。又令曰："凡仕于此，其听送其家，寅出午反，违者从军法。"众皆感服，无一人失期。

及南阳陷，命将戚鼎将兵三千逆战，及命靳仪与赵宗印分西、南门捣之。汲自以牙兵四百登陴望，见宗印从间道遁，即自至鼎军中，麾其众阵以待，敌至皆死斗，敌却。俄而仪败，金人攻之益急，矢下如雨，军中请汲去，汲不许，曰："使敌知安抚使在此为国家致死。"敌大至，汲死之。事闻，赠大中大夫，谥忠介。

郑骧字潜翁，信之玉山人。登元符三年进士第。知溧阳县，岁饥，民多逃亡，漕司按籍督逋赋不少贷，骧患之，尽去其籍。使者欲绳以法，骧曰："著令约二税为定数，今不除，则逋愈多，民愈贫，赋愈不办。"使者不能屈。时议自建康凿渠导太湖以通大江，将破数州民田，调江、浙二十五州丁夫，所费百万计。朝廷遣官视可否，骧条析利病，力止之。

通判岢岚军，改庆阳府。姚古奏为熙河兰廓路经略司属官。钱盖自渭易熙，奏辟幕下。地震，秦、陇金城六城坏，骧为盖言六城熙河重地，宜趣缮治，因自请董兵护筑益机滩，新堡六百步，以控西夏。堡成，以功迁官，赐绯衣银鱼。

唃厮罗氏旧据青唐，置西宁州，董毡入朝，其弟益麻党征走西夏。大观中，羌人假其名归附，童贯奏赐姓名赵怀恭，官团练使。至是党征自西宁求归，贯惧事露，议者希贯意欲绝之。骧谓贯欺君，请辨其伪。贯怒，将厚诬以罪，会败而止。擢京兆府等路提举常平。骧按格为《常平总目》十卷，颁之所部。时陕右大稔，骧奏乞以所部本息乘时广籴，得米六十万斛。

高宗初，以直秘阁知同州兼沿河安抚使。时谋巡近甸金陵、南阳、长安为驻跸计，骧言："南阳、金陵偏方，非兴王地；长安四塞，天府之国，可以驻跸。"会帝东幸扬州，复请自楚、泗汴、洛以迄陕、华，各募精兵，首尾相应，庶敌势不得冲决。不报。金将娄宿犯同州及韩城，骧遣兵拒险击之，师失利，金人乘胜径至城下，通判以下皆遁去。骧曰："所谓太守者，守死而已。"翼日城陷，骧赴井死，赠通议大夫、枢密直学士，谥威愍，诏赐庙愍节。

骧在熙河，尝摭熙宁迄政和攻取建置之迹为《拓边录》十卷，兵将藩汉杂事为《别录》八十卷，图画西蕃、西夏、回鹘、卢甘诸国人物、图书为《河陇人物志》十卷，序赞普迄溪巴温、董毡世族为《蕃谱系》十卷。

吕由诚字子明，御史中丞诲之季子。幼明爽有智略，范镇、司马光，父友也，皆器重之。以父恩补官，调邓州酒税，临事精敏，老吏不能欺。会营兵窃发，聚众闭城，守贰逃匿，由诚亲往招谕，贼敛兵听命。以功迁秩，寻擢提举三门、白波辇运，言者谓其资浅，罢之。知合水县。王中立、种谔征灵州，由诚部运随军，天寒食尽，他邑役夫多溃去，唯由诚所部分无失者。改知乘氏县。丞相吕大防为山陵使，辟为属。通判成都府，知雅、嘉、温、绵四州复知嘉州，皆有治绩。

靖康元年，宰相唐恪荐由诚刚正有家法，宜任台臣。召至京师，与恪议不合，且忧其蓄缩不足以济时艰，力辞求退。差知袭庆府，未及出关，金人再入，陷京师，立张邦昌，以兵胁士大夫臣之，由诚微服得免。时群盗所在蜂起，由诚崎岖至郡。城圮粮竭，于是昼夜为备，版筑甫就，剧贼李昱拥十万众奔至城中，知其有备，阳受元帅府招安而去。康王移军济阳，由诚竭力馈饷，军以不乏。遣官属王允恭奉表劝进。

时京东诸郡，兵骄多内讧，独由诚拊循有方，士乐为用。前后数被攻围，屹然自立群盗中，救援皆绝。孔彦舟以郓兵叛，首犯郡境，攻之累旬不能下，始引去。胡选者众尤残暴，攻由诚示必取，由诚夜焚其攻具，直入帐下，贼骇散，不知所为，忽解围去。

一日金兵四集，由诚严立赏罚，历以忠义，守兵争奋，昼夜警备。金人百道攻城，矢石如雨，人无叛志。郡官有迎降者，执而械之。判官赵令佳同心誓守，城陷俱被执，金人欲生降之，由诚不屈，乃杀其子仍于前，由诚不顾，与令佳同遇害。子契与其家四十口皆被执，无生还者。南北隔绝，其孙绍清留蜀，后自蜀走江、浙访由诚生死，遇令佳之子彝于江阴，知令佳与由诚同死，被褒典，乃愬于朝，诏赠由诚三官，为通奉大夫，与二子恩泽。

郭永，大名府元城人。少刚明勇决，身长七尺，须髯若神。以祖任为丹州司法参军，守武人，为奸利无所忌，永数引法裁之。守大怒，盛威临永，永不为动，则缪为好言荐之朝。后守欲变具狱，永力争不能得，袖举牒还之，拂衣去。

调清河丞，寻知大谷县。太原帅率用重臣，每宴犒费千金，取诸县以给，敛诸大谷者尤亟。永以书抵幕府曰："非什一而取，皆民膏血也，以资觞豆之费可乎？脱不获命，令有投劾而归耳。"府不敢迫。县有潭出云雨，岁旱，巫乘此哗民，永杖巫，暴日中，雨立至，县人刻石纪其异。府遣卒数辈号"警盗"，刺诸县短长，游蠚不归，莫敢近，永械致之府，府为并它县追还。于是部使者及郡文移有不便于民者，必条利病反复，或遂寝而不行。或谓永："世方雷同，毋以此贾祸。"永曰："吾知行吾志而已，皇恤其它。"大谷人安其政，以为自有令无永比者。既去数年，复过之，则老稚遮留如永始去。

调东平府司录参军，府事无大小，永咸决之。吏有不能办者，私相靳曰："尔非郭司录耶！"通判郑州，燕山兵起，以永为其路转运判官。郭药师屯边，怙恩暴甚，与民市不偿其直，复殴之，至坏目折支乃已。安抚使王安中莫敢问。永白安中，不治且难制，请见而显责之；不从，则取其尤者磔之市。乃见药师曰："朝廷负将军乎？"药师惊曰："何谓也？"永曰："前日将军杖策归朝廷，上推赤心置将军腹中，客遇之礼无所不至，而将军未有尺寸功报上也。今乃倚将军为重，乃纵部曲戕民不禁，平居尚尔，如缓急何！"药师虽谢无愧容，永谓安中曰："它日乱边者必此人也。"已而安中罢，永亦辞去，移河北西路提举常平。

会金人趋京师，所过城邑欲立取之。是时天寒，城池皆冻，金率藉冰梯城,不攻而入。永适在大名,闻之,先弛壕渔之禁,人争出渔,冰不能合。金人至城下,睥睨久之而去。迁河东提点刑狱。

时高宗在扬州,命宗泽守京师,泽历兵积粟,将复两河,以大名当冲要,檄永与帅杜充、漕张益谦相掎角。永即朝夕谋战守具,因结东平权邦彦为援,不数日声振河朔,已没州县皆复应官军,金人亦畏之不敢动。

居亡何,泽卒,充守京师,以张益谦代之,而裴亿为转运使。益谦、亿龌龊小人。会范琼胁邦彦南去,刘豫举济南来寇,大名孤城无援,永率士昼夜乘城,伺间则出兵狙击。或劝益谦委城遁,永曰:"北门所以蔽遮梁、宋,彼得志则席卷而南,朝廷危矣。借力不敌,犹当死守,徐挫其锋,待外援之至,奈何弃之?"因募士赍帛书夜缒城出,告急朝廷,乞先为备。攻围益急,俘东平、济南,大呼城下曰:"二郡已降。降者富贵,不降者无噍类。"益谦辈相顾色动,永大言曰:"今日正吾侪报国之时。"又行城抚将干曰:"王师至矣,吾城坚可守,汝曹努力,敌不足畏也。"众感泣。质明,大雾四塞,豫以车发断碑残楚攻城,楼橹皆坏,左右蒙盾而立,多碎首者。良久城陷,永坐城楼上,或掖之以归,诸子环泣请去,永曰:"吾世受国恩,当以死报,然巢倾卵覆,汝辈亦何之? 兹命也,奚惧。"

益谦、亿率众迎降,金人曰:"城破始降,何也?"众以永不从为辞。金人遣骑召永,永正衣冠南向再拜讫,易幅巾而入,黏罕曰:"沮降者谁?"永熟视曰:"不降者我。"金人奇永状貌,且素闻其贤,乃自相语,欲以富贵啖永,永瞋目唾曰:"无知犬豕,恨不醢尔以报国家,何说降乎?"怒骂不绝。金人讳其言,麾之使去,永复历声曰:"胡不速我死? 当率义鬼灭尔曹。"大名人在系者无不以手加额,为之出涕,金人怒断所举手。乃杀之,一家皆遇害。虽素不与永合者皆面恸,金人去,相与负其尸瘗之。

永博通古今,得钱即买书,家藏书万卷,为文不求人知。见古人立名节者,未尝不慨然掩卷终日,而尤慕颜真卿为人。充之守大名,名称甚盛,永尝画数策见之,它日问其目。曰:"未暇读也。"永数之曰："人有志而无才,好名而遗实,骄蹇自用而得名声,以此当大任,鲜不颠沛者,公等足与为治乎?"充大惭。靖康元年冬,金人再犯京师,中外阻绝,或以两宫北狩告永者,永号绝仆地,家人舁归,不食者数日,闻大元帅府檄书至,始勉强一餐。其忠义盖天性然。

绍兴初,赠中大夫、资政殿学士,谥勇节,官其族数人。

韩浩,丞相琦孙。以奉直大夫守潍州。建炎二年,金人攻城,浩率众死守,城陷力战死。通判朱庭杰身被数箭,亦死。权北海县丞王允功、司理参军王荐皆全家陷没。浩特赠三官,官其家三人。庭杰、允功、荐各官其家一人。

朝议大夫周中世居潍州,率家人乘城拒守,中弟辛家最富,尽散其财以享战士。城陷中阖门百口皆死。绍兴六年,以周聿请,赠官。

欧阳珣字全美,吉州庐陵人。崇宁五年进士。调忠州学教授、南安军司录,知盐官县。以荐上京师,遇国难,及出使,加将作盐丞。金人犯京师,朝议割河北绛、磁、深三镇地讲和,率其友九人上书,极言祖宗之地尺寸不可以与人。及事急,会群臣议,复抗论当与力战,战败而失其地,它日取之直;不战而割其地,它日取之曲。时宰怒,欲杀珣,乃遣珣奉使割深州,珣至深州城下,恸哭谓城上人曰:"朝廷为奸臣所误至此,吾已办一死来矣,汝等宜勉为忠义报国。"金人怒,执送燕,焚死之。

张忠辅,宣和末为将,同崔中、折可与守崞县。金人来攻,婴城固守,率士卒以死拒敌。中度不可支,有二心。忠辅宣言于众曰∶"必欲降,请先杀我。"中设伏绐约议事,斩忠辅首掷陴外以示金人。既开城门,可与不屈见杀。可与兄可求建炎中言于朝,官可之子五人,而忠辅不与,士论惜之。

　　李彦仙字少严，初名孝忠，宁州彭原人，徙巩州。有大志，所交皆豪侠士，闲骑射。家极边，每出必阴察山川形势，或瞯敌人纵牧，取其善马以归。尝为种师中部曲，入云中，获首级，补校尉。靖康元年，金人犯境，郡县募兵勤王，遂率士应募，补承节郎。李纲宣抚两河，上书言纲不知兵，恐误国。书闻，下有司追捕，乃亡去，易名彦仙。以效用从河东军，谍金人还，复补校尉。

　　河东陷，彦仙拔归，道出陕，以兵事见守臣李弥大，弥大与语，壮之，留为裨将，戍肴、渑间。金人再犯汴，永兴帅范致虚合西兵入援，彦仙遮说曰：“肴、渑道隘难以众进，不若分兵而前，留其半于陕，可为后图。”致虚怒其沮众，罢遣之。师至千秋府，果败，官吏皆遁。

　　时彦仙为石壕尉，坚守三觜，民争依之。下令曰：“尉异县人，非如汝室墓于是。今尉为汝守，若不悉力，金人将尸汝于市。”众皆奋。金人攻三觜，彦仙战佯北，金人追之，伏发掩杀千计，分兵四出下五十余壁。

　　初，金人得陕，用降者守之，使招集散亡，彦仙阴遣士厕其间，金人不觉。乃引兵攻其南郭，夜潜师薄东北隅，所纳士内应，噪而入，复陕州。乘胜渡河，列栅中条诸山，旁郡邑皆向附，分遣邵云等下绛、解诸邑。吏行文书，请州印章，彦仙曰：“吾以尉守此，第用吾印。”事闻，上谓辅臣曰：“近知彦仙与金人战，再三获捷，朕喜而不寐。”即命知陕州兼安抚使，迁武节郎、阁门宣赞舍人。彦仙搜军实，增陴浚隍，益为战守备，尽取家属以来，曰：“吾以家徇国，与城俱存亡。”闻者感服。邵兴在神稷山，以其众来，愿受节制。彦仙辟兴统领河北忠义军马，屯三门，后赖其力复虢州。

　　金将乌鲁撒拔再攻陕，彦仙极力御之，金人技穷而去。三年，娄宿悉兵自蒲、解大入，彦仙伏兵中条山击之，金兵大溃娄宿仅以身免，授右武大夫、宁州观察使兼同、虢州制置，彦仙度金人必并力来攻，即遣人诣宣抚使张浚求三千骑，俟金人攻陕，即空城度河北趋晋、绛、并、汾，捣其心腹，金人必自救，乃繇岚、石西渡河，道鄜、延以归。浚贻书劝彦仙空城清野，据险保聚，俟隙而动。彦仙不从。

娄宿率叛将折可求众号十万来攻，分其军为十，以正月旦为始，日轮一军攻城，聚十军并攻，期以三旬必拔，彦仙意气如平常，登谯门，大作技乐，潜使人缒而出，焚其攻具，金人愕而却。食尽，煮豆以啖其下，而取汁自饮。至是亦尽，告急于浚，浚间道以金币使犒其军，檄都统制曲端泾原兵来援。端素疾彦仙出己上，无出兵意。浚幕官谢升言于浚曰："金旦暮下陕，则全据大河，且窥蜀矣。"浚乃出师至长安。道阻不得进，裨将邵隆、吕圆登、杨伯孙自外来援，间关伤仆，仅有至者。

彦仙日与金人战，将士未尝解甲。娄宿雅奇彦仙才，尝啖以河南兵马元帅，彦仙斩其使。至是使人呼曰："即降，畀前秩。"彦仙曰："吾宁为宋鬼，安用汝富贵为！"命强弩一发毙之。设钩索，日钩取金人，舂斫城上。杀伤相当，守陴者伤夷日尽，金益兵急攻，城陷，彦仙率众巷战，矢集身如猬，左臂中刃不断，战愈力。金人惜其才，以重赏募人生致之，彦仙易敝衣走渡河，曰："吾不甘以身受敌人之刃。"即而闻金人纵兵屠掠，曰："金人所以甘心此城，以我坚守不下故也，我何面目复生乎？"遂投河死，年三十六。金人害其家，惟弟夔、子毅得免。浚承制赠彦仙彰武军节度使，建庙商州，号忠烈。官其子，给宅一区，田五顷。绍兴九年，宣抚使周聿请即陕州立庙，名义烈。后以商、陕与金人，徙其庙阆州。乾道八年，易谥忠威。

彦仙顾而长面，严厉不可犯，以信义治陕，犯令者虽贵不贷。与其下同甘苦，故士乐为用。有筹略，善应变。赏略地至青涧，猝遇金人，众愕眙，彦仙依山植疑帜，徐据柳林，解甲自如。金人疑有伏，引去，彦仙追袭于隘，躏死相枕。关以东皆下，陕独存，金人必欲下陕，然后并力西向。彦仙以孤城扼其冲再逾年，大小二百战，金人不得西。至城陷，民无贰心，虽妇女亦升屋以瓦掷金人，哭李观察不绝。金人怒，屠其城，全陕遂没。裨将邵云、吕圆登、宋炎、贾何、阎平、赵成皆死，并赠官录其家。

邵云，龙门人。金人陷蒲城，云聚少年数百，壁山谷，时出挠之。会邵隆起兵，云往从之，约为兄弟。闻胡夜义者众强，乃举所部听命。李彦仙尝假夜义官，夜义意不满，掠南原而去，彦仙诱杀之。云欲攻陕，彦仙遣客说以义，遂来归。累有功，官至武翼郎、阁门宣赞舍人。城破被执，娄宿欲命以千户长，云大骂不屈，娄宿怒，钉云五日而磔之。金人有就视者，犹咀血喷其面，至抉眼摘肝，骂不绝。

吕圆登，夏县人。尝为僧，后以良家子应募，捍金人淆、渑间。彦仙保三觜，圆登归之，功最多，为爱将。城垂破，以兵来援，身重创，持彦仙泣曰："围久，不知公安否，今得见公，且死无恨。"创身方卧，闻城陷，遽起战死。

宋炎，陕县人。蹶张命中，补秉义郎。先，金人围城，炎射死数百人，比再围，炎以劲弩数百，发毒矢杀千余人。城陷，金人声言求善射者贵之，炎不应，力战死。

赵立，徐州张益村人。以敢勇隶兵籍。

靖康初，金人大入，盗贼群起，立数有战功，为武卫都虞候。建炎三年，金人攻徐，王复拒守，命立督战，中六矢，战益厉。复壮其勇，酌卮酒挥涕劳之。城陷，复与其家皆死，独子修先去。州教授郑褒亦骂敌而死。城始破，立巷战，夺门以出，金人击之死，夜半得微雨而苏，乃杀守者，入城求复尸，恸哭手瘗之。阴结乡民为收复计。金人北还，立率残兵邀击，断其归路，夺舟船金帛以千计，军声复振。乃尽结乡民为兵，遂复徐州。诏授忠翊郎、权知州事。立奏为复立庙，每遇岁时及出师，必帅众泣祷曰："公为朝廷死，必能阴祐其遗民也。"齐人闻之归心焉。

时山东诸郡莽为盗区，立介居其间，威名流闻。累迁右武大夫、忠州刺史。会金左将军昌围楚州急，通守贾敦诗欲以城降，宣抚使杜充命立将所部兵往赴之。且战且行，连七战胜而后能达楚。两颊中流矢，不能言，以手指麾，既入城休士，而后拔镞。诏以立守楚卅。明年正月，金人攻城，立命撤废屋。城下然火池，壮士持长矛以待，金人登城，钩取投火中金人选死士突入，又搏杀之，乃稍引退。五月，兀术北归，筑高台六合，以辎重假道于楚，立斩其使。兀术怒，乃设南北两屯，绝楚饷道，立引兵出战，大破之。

会朝廷分镇，以立为徐州观察使、泗州涟水军镇抚使兼知楚州。立一日拥六骑出城，呼曰："我镇抚也，可来接战。"有两骑将袭其背，立奋二矛刺之，俱堕地，夺两马而还。众数十追其后，立瞋目大呼，人马皆辟易。明日，金人列三队邀战，立为三阵应之，金人以铁骑数百横分其阵而围之，立奋身突围，持梃左右大呼，金人落马者不知数。承、楚间有樊梁、新开、白马三湖，贼张敌万窟穴其间，立绝不与通，故楚粮道愈梗。始受围，菽麦野生，泽有凫茨可采，后皆尽，至屑榆皮食之。

承州既陷，楚势益孤，立遣人诣朝廷告急。签书枢密院事赵鼎欲遣张俊救之，俊不肯行。鼎曰："江东新造，全藉两淮，失楚则大事去矣。若俊惮行，臣愿与之偕往。"俊复力辞，乃命刘光世督淮南诸镇救楚。东海李彦先首以兵至淮河，扼不得进；高邮薛庆至扬州，转战被执死；光世将王德至承州，下不用命；扬州郭仲威按兵天长，阴怀顾望；独海陵岳飞仅能为援，而众寡不敌。高宗览立奏，叹曰："立坚守孤城，虽古名将无以逾之。"以书趣光世会兵者五，光世讫不行。金知外救绝，围益急。九月，攻东城，立募壮士焚其梯，火辄反向，立叹曰："岂天未助顺乎。"一旦风转，焚一梯，立喜，登磴道以观，飞炮中其首，左右驰救之，立曰："我终不能为国殄贼。"言讫而绝，年三十有七。众巷哭。以参谋官程括摄镇抚使以守。金人疑立诈死，不敢动。越旬余，城始陷。初，朝廷闻楚乏食，与粟万斛，命两浙转运李承造自海道先致三千斛，未发而楚失守矣。

立家先残于徐，以单骑入楚。为人木强，不知书，忠义出天性。善骑射，不喜声色财利，与士卒均廪给。每战擐甲胄先登，有退者，大呼驰至，而斩之。初入城，合徐、楚兵不满万，二州众不相能，立善抚驭,无敢私隙。仇视金人,言之必嚼齿而怒,所俘获磔以示众,未尝献馘行在也。刘豫遣立故人赍书约降,立不发书,束以油布焚市中,且曰:“吾了此贼,必灭豫乃止。”由是忠义之声远近皆倾下之,金人不敢斥其名。围既久,众益困,立夜焚香望东南拜,且泣曰:“誓死守,不敢负国家。”命其众击鼓,曰:“援兵至,闻吾鼓声则应矣。”如是累月,终无至者。立尝戒士卒:不幸城破,必巷战决死。及陷,众如其言。

自金人犯中国,所下城率以虚声胁降,惟太原坚守逾二年,濮州城破,杀伤大相当,皆为金人所惮。而立威名战多,咸出其上。讣闻,辍朝,赠奉国节度使、开府仪同三司,官其子孙十人,谥忠烈。明年,金人退,得立尸谯楼下,颊骨箭穴存焉。命官给葬事,后为立祠,名曰显忠。

王复,以龙图阁待制知徐州。建炎三年,金人自袭庆府引兵围徐州,复与男倚同守城,率军民力战。外援不至,城陷,复坚坐听事不去,谓粘罕曰:“死守者我也,监郡而次无预焉,愿杀我而舍僚吏百姓。”粘罕欲降之,复慢骂求死,阖门百口皆被杀。巡检杨彭年亦死焉。事闻,赠复资政殿学士,谥壮节,立庙楚州,号忠烈,官其家五人。

王忠植,太行义士也。绍兴九年,取石州等十一郡,授武功大夫、华州观察、统制河东忠义军马,遂知代州。寻落阶官,为建宁军承宣使、龙神卫四厢都指挥使、河东经略安抚使。

明年,金人围庆阳急,帅臣宋万年乘城拒守。会川、陕宣抚副使胡世将檄忠植以所部赴陕西会合,行次延安,叛将赵惟清执忠植使拜诏,忠植曰:“本朝诏则拜,金国诏则不拜。”惟清械诣其右副元帅撒离曷,不能屈。使甲士引诣庆阳城下,谕使降,忠植大呼曰:“我河东步佛山忠义人也,为金人所执,使来招降,愿将士勿负朝廷,坚守城壁。忠植即死城下。”撒离曷怒诘之,忠植披襟大呼曰:“当速杀我。”遂遇害。世将上其事，赠奉国军节度使、开府仪同三司，官其家十人。

唐琦，本卫士。建炎间，高宗航海，琦病留越州。李邺以城降，金人琶八守之，琦袖石伏道旁，伺其出，击之，不中被执。琶八诘之，琦曰：“欲碎尔首，死为赵氏鬼耳。”琶八曰：“使人人如此，赵氏岂至是哉。”又问曰：“李邺为帅尚以城降，汝何人，敢尔？”琦曰：“邺为臣不忠，吾恨不得手刃之，尚何言其人为！”乃顾邺曰：“我月给才石五斗米，不肯背其主，尔享国厚恩乃若此，岂复齿人类哉？”诟骂不少屈，琶八趣杀之，至死不绝口。事闻，诏为立庙，赐名旌忠。

李震，汴人也。靖康初，金人迫京帅，震时为小校，率所部三百人出战，杀人马七百余，已而被执。金人曰：“朝南皇帝安在？”震曰：“我官家非尔所当问。”金人怒，绑诸庭柱，脔割之，腹肉垂尽，腹有余气，犹骂不绝口。

陈求道字得之，咸宁人。登进士第。靖康间判都水监。及朝议二帝出郊请和，求道力争之，不听。钦宗知康王兵众，求道请以元帅加之，赍蜡书者八人皆遇害，惟求道所荐刘定致书而还。金人立张邦昌，下令在京官不朝者死，求道称疾不往，呕血累日。开封尹亲以邦昌命召之，竟不能屈。求道以二帝蒙尘，屡欲自杀，因救得免。

先是，陈留河决，四十余漕输不通，京城大恐，开封尹宗泽命求道治之，七日河尽复故道。建炎四年，命为襄、邓、随、郢镇抚，以奏兵食不给，待命未行。自咸宁挈家就食嘉鱼，值乱兵起，之蒲圻，寓龙堂僧寺。未久，招抚刘忠叛，一夕数千人麇至，驱求道家还嘉鱼。至茗山逆旅，具酒食奉求道为主，将南走湖湘。求道正色厉辞，贼怒，杀求道妻蔡及二子符、铨，必欲从己。求道骂愈厉，贼斫其口拔出舌断之。独符子凯窜山谷得免。贼退，始得求道尸，瘗于兴陂。

宋史卷四四九
列传第二〇八

忠义四

崔纵 <small>吴安国附</small>　林冲之　滕茂实

魏行可　阎进　赵师𣙎　易青

胡斌　范旺　马俊　杨震仲 <small>史次秦</small>

<small>郭靖附</small> 高稼　曾友闻　陈寅 <small>贾子坤</small>

刘锐　謇彝　何充附 许彪孙　陈隆之

<small>史季俭附</small> 王翊　李诚之 <small>秦钜附</small>

　　崔纵字元矩,抚州临川人。登政和五年进士第。历确山主簿、仙居丞,累迁承议郎、干办审计司。二帝北行,高宗将遣使通问,廷臣以前使者相继受系,莫肯往。纵毅然请行,乃授朝请大夫、右文殿修撰、试工部尚书以行。比至,首以大义责金人,请还二帝,又三遗之书。金人怒,徙之穷荒,纵不少屈。久之,金人许南使自陈而听其还,纵以王事未毕不忍言。又以官爵诱之,纵以忠恨成疾,竟握节以死。洪皓、张邵还,遂归纵之骨。诏以兄子延年为后。

　　吴安国字镇卿,处州人。太学进士,累官迁考功郎官。以太常少卿使金,值金人渝盟,拘留胁服之,安国毅然正色曰:"我首可得,我节不可夺,惟知竭诚死王事,王命乌敢辱?"金人不敢犯,遣还。后知袁州,卒。

林冲之字和叔,兴化军莆田人。元符三年进士,历御史台检法官、大宗正丞,都官、金部郎,滞省寺者十年。出守临江、南康。

靖康初,召为主客郎中。金人再来侵,诏副中书侍郎陈过庭使金,同被拘执。初犹给乳酪,迫宇文虚中受其命,金人亦以是邀之,冲之奋厉见词色,金人怒,徙之奉圣州。既二年,过庭卒,金人逼冲之仕伪齐,不屈;徙上京,又不屈;置显州极北沍寒之地,幽佛寺十余年。渐便饮茹,以义命自安,髭发还黑。病亟,语同难者曰:"某年七十二,持忠入地无恨,所恨者国仇未复耳。"南向一恸而绝。僧瘗之寺隅。洪皓还朝以闻,诏与二子官。子郁,从子震、霆。

郁字袭休,宣和三年进士,再调福建茶司干官。建州勤王卒自京师还,求卸甲钱,郡守逃匿,卒鼓噪取库兵为乱,杀转运使毛奎、转运判官曾仔、主管文字沈升。郁闻变急入谕卒,遇害。事闻,诏各与一子官。

震字时甫,崇宁元年进士,仕至秘书少监。以不附二蔡有声崇宁、大观间。

霆字时隐,政和五年进士,敕令所删定官。诋绍兴和议,谓不宜置二帝万里外不通问,即挂冠出都门,权臣大恚怒,亦废放以死,莆人称为"忠义林氏"。宝庆三年,即其所居立祠。宝祐中,又给田百亩,使备祭享以劝忠义云。

滕茂实字秀颖,杭州临安人。政和八年进士。靖康元年,以工部员外郎假工部侍郎,副路允迪出使,为金人所留。时茂实兄駒通判代州,已先降金。粘罕素闻茂实名,乃迁之代州,又自京师取其弟华实同居,以慰其意。

钦宗自离都城,旧臣无敢候问起居者。茂实闻钦宗将至,即自为哀词,且篆"宋工部侍郎滕茂实墓"九字,取奉使黄幡裹之,以授其友人朔宁府司理董诜。钦宗及郊,茂实具冠帻迎谒,拜伏号泣。金人谕之曰:"国破主迁,所以留公,盖将大用。"迫令易服,茂实力拒不从,见者堕泪。茂实请从旧主俱行,金人不许,忧愤成疾,卒云中。诜拔归,录所为哀词言于张浚,浚以诜为陕西转运判官,上其事。绍兴二年,赠龙图阁直学士,官其家三人。

魏行可,建州建安人。建炎二年,以太学生应募奉使,补右奉议郎,假朝奉大夫、尚书礼部侍郎,充河北金人军前通问使,仍命兼河北、京畿抚谕使。时河北红巾贼甚众,行可始惧为所攻,既而见使旌,皆引去。行可渡河见金人于澶渊,金人知其布衣借官,待之甚薄,因留不遣。行可尝贻书金人,警以"不戢自焚"之祸:"大国举中原与刘豫,刘氏何德?赵氏何罪?若亟以还赵氏,贤于奉刘氏万万也。"

绍兴六年,卒。十三年,张邵来归,言行可执节没于王事,行可父通直郎伯能亦诉于朝,遂赠朝奉郎、秘阁修撰,先已官其二子一弟,至是,复官其一孙。

行可之使也,吴人郭元迈以上舍应募,补右武大夫、和州团练使为之副,不肯髡发换官,亦卒于北焉。

阎进,隶宣武。建炎初,遣使通问,进从行。既至云中府,金人拘留使者散处之,进亡去。追还,留守高庆裔问:"何为亡?"进曰:"思大宋尔。"又问:"郎主待汝有恩,汝亡何故?"进曰:"锦衣玉食亦不恋。"庆裔义而释之。凡三亡乃见杀。临刑,进谓行刑者:"吾南向受刃,南则我皇帝行在也。"行刑者曳其臂令面北,进踊身直起,盘旋数四,卒南向就死。

进武校尉朱勣亦从之，分在粘罕所。勣见粘罕数日，遽求妻室。粘罕喜，令择所掳内人妻之，勣取最丑者，人莫谕其意。不半月亡去，追之还，粘罕大怒，勣含笑死梃下。盖勣求妻者，所以固粘罕也。

赵师檟以罪拘管西外宗正司，福建提刑王梦龙以智勇可用，属制军器。会寇逼尤溪，令师檟统卒数百往戍。既行，大书于旗曰："不与贼俱生。"人皆壮之。贼兵至，师檟迎敌于林岭，身为先锋，战十余合，贼至益众，师檟所乘马适陷田中，贼断其左臂，师檟以右手拔背刀斩七级。力尽，部曲欲引遁，师檟仰天大呼曰："师檟报国死于此矣。"遂没焉。尤溪之民为之立庙战处。枢密王埜请加褒赠，乃赠武节郎，与一子恩泽。

易青者，为都督行府摧锋军效用。初，广东贼曾衮本军士也，已受招复叛。绍兴六年十月，经略使连南夫与摧锋军统制韩京会于惠州，督诸兵讨之。京募敢死士七十三人夜劫衮营，青在行中，为所执。贼驱至后军赵续砦外，谓续曰："汝大军为我所擒者甚众。"青大呼曰："勿信，所擒者我尔。"贼又言："吾不汝杀，第令经略持黄榜来招安。"青又呼曰："勿听，任贼杀我，我惟以一死报国。"贼怒焚之，青死，骂不绝口。青无妻子。事闻，特赠保义郎、阁门祗候，官为荐祭焉。

胡斌，为殿前司将官。童德兴提禁旅戍邵武，江、闽寇作，知邵武有备，未敢犯。会招捕司檄德兴禀议，独留斌将弱卒数百留城中。绍定三年闰月己卯，盗众大至，他将士皆遁，独斌奋身迎战，所格杀甚众。贼益生兵，官军所存仅数十人，或告以众寡不敌，盍避之！斌曰："郡民死者以万计，赖生者数千人由东门而出，我不缀其势，使得脱走，则贼蹑其后，无噍类矣。"遂巷战，大呼曰："我死救百姓。"兵尽矢穷，卒遇害，其尸僵立，移时始仆。事闻，赠武节大夫，录其后一人。枢密院编修官王埜言邵武民即斌战地立庙，请就以"武节"为庙额,从之。

范旺,南剑州顺昌县巡检司军校也。初,顺昌盗俞胜等作乱,官吏皆散,土军陈望素乐祸,与射士张衮谋举砦应之,旺叱之曰:"吾等父母妻子皆受国家廪食以活,今力不能讨,反更助为虐,是无天地也。"凶党忿,剔其目而杀之。

一子曰佛胜,年二十,以勇闻,贼诈以父命召之,至则俱死。其妻马氏闻之,行且哭,贼胁污之,不从,节解之。

贼既平,旺死迹在地,隐隐不没,邑人惊异,为设像城隍庙,岁时祭享。绍兴六年,转运使以状闻,诏赠承信郎,更立祠,号忠节。二十八年,复诏立愍节庙以祠之。

马俊或曰进,太平州慈湖砦兵也。绍兴二年砦军陆德、周青、张顺等据州叛,青为谋主,约翌日尽黥城中少壮,而屠其老弱,然后拥众渡江。俊隶青左右,得其谋,阴结其徒十人杀贼,然后谕众开门,其徒许之。后归语其妻孙氏,与之诀,至南门,伺青出上马,斫中颡,九人惧不敢前。俊与妻子皆遇害。青被伤卧旬日,贼党散,官军至,德、青遂伏诛。三年,赠俊修武郎,为立祠,号登勇。

杨震仲字革父,成都府人。蚤负气节,雅有志当世。登淳熙二年进士第。知阆州新井县,以惠政闻。

辟兴元府通判,权大安军。吴曦叛,素闻震仲名,驰檄招之,震仲辞疾不行。时军教授史次秦亦被檄,谋于震仲,震仲曰:"大安自武兴而来,为西蜀第一州,若首从其招,则诸郡风靡矣。顾力不能拒,义死之。教授非城郭臣,且有母在,未可死,脱去为宜。"因属次秦曰:"吾死,以匹绢缠身,敛以小棺足矣。"曦遣兴州都统司机宜郭鹏飞代震仲,趣其行益急。鹏飞宴震仲,终饮不见颜色。归舍,然烛独坐,夜漏至三鼓,呼左右索汤,比至,震仲饮毒死矣。次秦如其言,敛而置于萧寺,阖郡为之流涕。

震仲之未死，先遗家人书曰："武兴之事，从之则失节，何面目在世间？不从祸立见。我死，祸止一身，不及妻子矣。人孰无死，死而有子能自立，即不死。"自震仲死，蜀之义士感慨奋发，始有协谋诛逆者。明年，曦伏诛，蜀帅安丙、杨辅以闻，赠朝奉大夫、直宝谟阁，官二子，表其里曰义荣。吴猎宣谕西蜀，为之请庙与谥，名其庙旌忠，谥曰节毅。

史次秦，眉山人。及进士第。

吴曦叛，招次秦甚遽，次秦迁延固避，伪知大安军郭鹏飞迫之行，乃以石灰桐油涂两目，末生附子傅之，比至目益肿。次秦母年高而贤，闻次秦为曦所招，即命家人以疾笃驰报，且曰："恐病不足取信，以讣闻可也。"曦乃听还。曦诛，蜀帅上其事，改秩为利路主管文字，仕至合州太守。

有郭靖者，高桥土豪巡检也。吴曦叛，四州之民不愿臣金，弃田宅，推老稚，顺嘉陵而下。过大安军，杨震仲计口给粟，境内无馁死者。曦尽驱惊移之民使还，皆不肯行。靖时亦在遣中，至白厓关，告其弟端曰："吾家世为王民，自金人犯边，吾兄弟不能以死报国，避难入关，今为曦所逐，吾不忍弃汉衣冠，愿死于此，为赵氏鬼。"遂赴江而死。

高稼字南叔，邛州蒲江人。真德秀一见以国士期之。嘉定七年进士。调成都尉，转九陇丞。丁内艰，免丧，辟潼川府路都钤辖司干办公事。制置使崔与之闻其名，改辟本司干办公事。

稼持论不阿，忧世甚切，及郑损为制置使，即求去。朝廷以稼赞阃有劳，未几，改知绵谷县。制置司以总领所擅十一州会子之利，请尽废之，此盖绍兴、隆兴之间得旨为之者。令下，民疑，为之罢市。稼亟出私钱以给中下户。稼弟定子时为总领所主管文字，相与徵其误而力救之，得存其半，公私仅济。岁大饥，有司置弗闻，稼捐橐中装，市粟以食之，全活甚众。损之入蜀也，稼同产弟了翁诵言于朝，谓必败事。损衔之，遂劾稼罢。

宝庆三年，元兵至武阶，损弃沔而遁。桂如渊镇蜀，辟通判沔州，寻檄兼幕职。稼首言："蜀以三关为门户，五州为藩篱，自前帅弃五州，民无固志，一旦敌至，又有因粮之利，或遂留不去。今亟当申理，俾缓急有所保聚。"如渊然之，乃创山砦八十有四，且募义兵五千人，与民约曰："敌至则官军守原堡，民丁保山砦，义兵为游击，庶其前靡所掠，后弗容久。"

北兵由东道以入，如渊忧之，辟稼知洋州。稼日夜为守御计，以洋居平地，无一卒以守，议移金州帅司军千人驻洋州，而自任其饷给。李心传为言诸朝，不报。及凤州破，制置司始从稼请，调金州兵赴之，而兵不时至。汉中陷，梁、洋之民数十万尽趋安康。稼乃移屯黄金渡，收散卒招忠义，以制置司之命，致故将陈昱于安康，委以收复之任。昱部分诸军，召青座、华阳诸关守将，皆以兵来会，凡得三千人，稼竭洋之帑廪赡之。以州事付通判，而自假节制军马，督诸将继进。沔州破，北兵迫大安，益昌大震，稼亟命趋沔，自至西县援之。

如渊以便宜命稼利路提刑司兼权兴元府，制置司檄其守米仓，稼移书曰："今日之事如弈棋，所校者先后尔。苟以分水、三泉、米仓为可保，敌兵若自宕昌、清川以入，将孰御之？盍以兴、沔、利三戎司分驻凤州，俾制司已招之忠义、关表复仇之豪杰，联司以进，兵气夺矣。"如渊迟疑不决。逮天水、同庆被屠，西和围益急，始会军民之众万人援之，道梗不得前，而城已破矣。俄报砦窠、七方之师皆溃，稼率遗民驻廉水县，召集保甲，分布间道，以保巴山。当是时，文臣之在军中者惟稼一人。

如渊既罢，李直代之，以稼久劳，请改界内郡，差知荣州。殿中侍御史汪刚中，如渊党也，欲使稼分其罪，乃谓蜀之败实由稼，遽罢之，又削二官。李心传见上，讼稼无罪，不当罢。

宣抚使黄伯固辟稼知阆州。未几，伯固去官，制置使赵彦吶以参议官辟之。制置司近汉中，稼言汉中荡无藩篱，宜经理仙人原以为缓急视师之地。彦呐以委稼,稼至原,缮营垒,峙刍粮,比器甲,开泉源,守御之规,罔不备具。会召还,彦呐密奏留稼,以直秘阁知沔州、利州提点刑狱兼参议官。始至,告于神曰:"郡当兵难之后,生聚抚摩,所当尽力,去之日,誓垂橐以入剑门。"乃茸理创残,招集流散,民皆襁负来归。

北兵入西和,薄阶州,稼赞彦呐登原督战。知天水军曹友闻等兵大战。进稼三官,为朝请大夫兼关外四州安抚司公事,措置西路屯田。稼尝代彦呐论蜀事利害,上嘉览之。

北兵自凤州入,东军不能御,遂捣河池,至西池谷,距沔九十里。吏民率逃,议欲退保大安。稼白彦呐曰:"今日之事,有进无退,能进据险地,以身捍蜀,敌有后顾,必不深入;若仓皇召兵,退守内地,敌长驱而前,蜀事去矣。"彦呐曰:"吾志也。"已而竟行,留稼守沔。

北兵自白水关入六股株,距沔六十里。沔无城,依山为阻,稼升高鼓噪,盛旗鼓为疑兵。彦呐至置口,辍帐前总管和彦威,以军还沔,召小将杨俊、何璘悉以兵会,又调总管王宣精兵千人益之。璘军无纪律,稼捕其纵火者三人,诛之。未几,北兵大至,璘遁,其众皆溃,遂下沔州。

先是,友闻戍七方,知沔不可守,劝稼移保山砦,而自将所部助之。稼曰:"七方要地,不可弃,吾郡将也,城亦不可弃。即事不济,有死而已。"先二日,子斯复侍,以时危任重为忧,稼举田承君"五日不汗"之言语之,且曰:"吾得死所,何憾!"又以书告李心传曰:"稼必坚守沔,无沔则无蜀矣。自谓此举可以无负知己。"及事迫,参议杨约劝稼姑保大安,稼厉声曰:"我以监司守城郭,尔以幕客往来应援,各行其志。"常平司属官冯元章率吏士力请稼少避,稼不为动。城既陷,众拥稼出户,稼叱之不能止,兵骑四集围之,遂死焉。诏进稼七官,为正议大夫、龙图阁直学士,谥曰忠。后以子斯得执政,累赠太师。

稼为人慷慨有大志,闻人有善,称之不容口;不善,面折无避。

推毂人士,常恐不及,视财如粪土。死之日,闻者莫不於邑流涕。所著有《缩斋类稿》三十卷。斯得自有传。

曾友闻字允叔,同庆粟亭人。武惠王彬十二世孙也。少有大志,与仲弟友谅不远千里寻师取友。登宝庆二年进士。授绵竹尉,改辟天水军教授。

城已被围,友闻单骑夜入,与守臣张维纠民厉战。兵退,制置使制大旗,书"满身胆"以旌之。已而兵复至,友闻罄家财招集忠义,得健士五千人。制置使李䢺檄管忠义,领所部守仙人关,且行且战,至峡口据险。前军统制屈信率所部突阵,还所掠四州人畜。至秦填,遣左军统制杜午迎击,力不能敌。友闻令诸军乘高据险,身冒矢石,为士卒先。信与统制张安国领兵出战。兵退,制置使檄捍七方关。

北兵东破武休关,已而破七方,遂入沔州金牛,至大安,又分兵自嘉陵江木皮口突出何进军后,进战败死之,遂长驱入剑门。友闻与弟万各率所部,取间道过毡帽山,至青嵩坝战于白水江中流。兵退,制置司檄驻阆州。叛将鲁珍为陈隆之所斩,珍部曲肆焚劫,友闻讨斩其将郭虎、蔺广、杨仲等,余党散去。檄知遣天水军。

北兵入凤州,略河池,抵同庆,友闻密遣统制王汉臣、统领张祥,授以方略出战。兵至城下,友闻部分诸将各守一门,偃旗伏鼓,戒士卒,俟渐近,鸣鼓张旗,矢石并发。又命汉臣等取间道出战,自提重兵尾敌,大战有功。端平初,友闻遣万与忠义总管时当可分兵碎石头、青嵩谷,前后大战数合。制置使上其功,特授承务郎,权发遣天水军。

北兵又自西和至阶州,友闻曰:"阶虽非吾境,岂可坐视而不救。"遂引兵与诸军会。命前军统制全贵领所部为先锋,统制夏用出其左,张成出其右,总管陈庚及万、友谅往来督战。有功,制置使赵彦呐俾节制利帅司军马,任责措置边面,换武翼大夫、阁门宣赞舍人,差权利州驻札御前诸军都统制,驻札石门,控扼七方关。

明年,北兵破武休关,入沔阳,利路提刑高稼死之。制置使进屯青野原,被围,友闻曰:"青野为蜀咽喉,不可缓。"遣万领兵自冷水口度嘉陵江至六股株,屡战有功。夜衔枚由间道直趋青野原,制置使奇万之勇,令督诸军战守。兵退,友闻引精兵亦趋至原下,夜半截战,围遂得解。特授武德大夫、左骁骑大将军,依旧利州驻札御前诸军统制。

北兵破沔州,捣大安,友闻遣摧锋军统制王资、踏白军统制白再兴速趋鸡冠隘,左军统制王进据阳平关,友闻登溪岭,手执五方旗,指麾甫毕,兵数万突至阳平关,遂遣进及游奕部将王刚出战,又亲帅帐兵及背嵬军突出阵前,左右驰射。兵退,友闻谓忠义总管陈庚及当可曰:"敌必旋兵攻鸡冠隘,宜急援之。"既而果以步骑万余攻隘,庚以骑兵五百直前决战,当可将步兵左右翼并进,王资、白再兴又自隘出战,蹀血十余里,兵乃解去。特授友闻眉州防御使,依旧左骁卫大将军、利州驻札御前诸军统制,兼沔州驻札,兼管关外四州安抚,权知沔州,节制本府屯戍军马。弟万差知同庆府、四川制置司帐前总管,仍旧总管忠义军马,节制屯戍军马,董仙驻札,专与沔、利两司共任责措置边面。

明年,友闻引兵扼仙人关,谍闻北兵合西夏、女真、回回、吐蕃、渤海军五十余万大至,友闻语万曰:"国家安危,在此一举,众寡不敌,岂容浪战。惟当乘高据险,出奇匿伏以待之。"北兵先攻武休关,败都统李显忠军,遂入兴元,欲冲大安。制置使赵彦呐檄友闻控制大安以保蜀口。友闻驰书彦呐曰:"沔阳,蜀之险要,吾重兵在此,敌有后顾之忧,必不能越沔阳而入蜀。又有曹万、王宣首尾应援,可保必捷。大安地势平旷,无险可守,正敌骑所长,步兵所短,况众寡不敌,岂可于平地控御。"彦呐不以为然,一日持小红牌来速者七。友闻议为以寡击众,非乘夜出奇内外夹击不可。乃遣万、友谅引兵上鸡冠隘,多张旗帜,示敌坚守。友闻选精锐万人夜渡江,密往流溪设伏。约曰:"敌至,内以鸣鼓举火为应,外呼杀声。"北兵果至,万出逆战,敌将八都鲁拥万余众,达海帅千人往来搏战,矢石如雨。万身被数创,令诸军举烽。友闻遣选锋军统制杨大全、游奕军统制冯大用引本部出东菜园,击敌后队;敢勇军总管夏用、知西和州神劲军总管赵兴帅所部出水岭,击敌中队,天水军安边军总管吕嗣德、陈庚率所部出龙泉头,击敌前队。友闻亲帅精兵三千人,疾驰至隘下,先遣保捷军统领刘虎帅敢死士五百人冲前军,前军不动,大兵伏三百骑道旁,虎众衔枚突战。会大风雨,诸将请曰:"雨不止,淖泞深没足,宜俟少霁。"友闻斥曰:"敌知我伏兵在此,缓必失机。"遂拥兵齐进。友闻入龙尾头,万闻之,五鼓出隘口,与友闻会。内外两军皆殊死战,血流二十里。西军素以绵裘代铁甲,经雨濡湿,不利步斗。黎明,大兵益增,乃以铁骑四面围绕,友闻叹曰:"此殆天乎!吾有死而已。"于是极口诟骂,杀所乘马以示必死。血战愈厉,与弟万俱死,军尽没,北兵遂长驱入蜀。

秦巩人汪世显素服友闻威望,尝以名马遗友闻,还师过战地,叹曰:"蜀将军真男儿汉也。"盛礼祭之。事闻,特赠龙图阁学士、大中大夫,赐庙褒忠,谥曰毅节官。其二子承务郎,胥迪功郎。万特赠武翼大夫,二子成忠郎。

陈寅,宝谟阁待制咸之子。漕司两贡进士,以父恩补官,历官州县。绍定初,知西和州。西和极边重地,寅以书生义不辞难。北兵入境,属都统何进出守大安,独统制官王锐与忠义千人城守而已。寅誓与其民共守此土。居民始以进留家城中,恃以为固,已而进徙它郡,遂无固志。寅独留其二子并阖门二十八口,曰:"人各顾其家,将谁共守。"乃资财以结忠义,为必守之计。

北兵十万攻城东南门,以降者为先驱,寅草檄文喻之,自执旗鼓,激历将士,迎敌力战,矢石如雨。师退,诘旦,增兵复来,寅帅忠义民兵与敢死士力战,昼夜数十合,兵退。制置司以寅功遍告列郡。北兵伐木为攻具,增兵至数十万,围州城。进素与寅不协,寅有功,尤为诸将所忌。至是求援甚急,久之,制置司才遣刘锐及忠义人陈禹等往救,率皆观望不进,锐甫进七方关,禹未及仇池,皆以路梗告。寅率民兵昼夜苦战,援兵不至,城遂陷。

寅顾其妻杜氏曰："若速自为计。"杜厉声曰："安有生同君禄，死不共王事者?"即登高堡自饮药。二子及妇俱死母傍。寅敛而焚之，乃朝服登战楼，望阙焚香，号泣曰："臣始谋守此城，为蜀藩篱，城之不存，臣死分也。臣不负国!臣不负国!"再拜伏剑而死。宾客同死者二十有八人。一子后至，亦欲自裁，军士抱持之曰："不可使忠臣无后。"与俱缒城，亦折足死。制置司以闻，诏特赠朝议大夫、右文殿修撰，赐钱三千缗，即其所居乡、所守州立庙。久之，加赠华文阁待制，谥襄节。

贾子坤字伯厚，潼川怀安军人。嘉定十三年进士。为西和推官，摄通判。关外被兵，子坤与郡守陈寅誓死城守。城陷，子坤朝服与其家十二口死之。追赠承议郎，封其父崧承务郎，官其子仲武宣教郎、隆州签判，改奉议郎、果州通判，卒。

仲武子昌忠、纯孝，同登咸淳七年进士第。纯孝扬州教授，受知帅李庭芝，调江、淮总幕。北兵下江南，二王在福州，以史馆检阅召，辞。会丞相文天祥辟佐其幕，寻授秘书丞，擢吏部郎中。丁母忧，起复为右司，转朝散郎。崖山师败，纯孝抱二女偕妻牟同蹈海死。

刘锐，知文州。嘉熙元年，北兵来攻，锐与通判赵汝向乘城固守，率军民七千余人昼夜搏战，杀伤甚多。拒守两月余，援兵不至，城中无水，取汲于江。会陈昱以去岁失守沔，编置此州，夜逾城出降，献女大将，告以虚实，敌遂增兵攻城甚急，一夕移江流于数里外。锐度不免，集其家人，尽饮以药，皆死，乃聚其尸及公私金帛、告命焚之。家素有礼法，幼子同哥才六岁，饮以药，犹下拜受之，左右为之感恸。

汝向宣城人，善射。城破被执，先断其两臂而后脔杀之。锐及其二子自刎死，军民死者数万人。

蹇彝，潼川通泉人。嘉定二年进士。累官通判金州。端平三年，北兵攻蜀，彝坚守，战不能敌，被擒，不屈而死。

其子永叔复力战，城破，举家死焉。弟维之，绍定五年进士。利州都统王宣辟行参军事，亦迎敌力战而死，特官其子。

何充，汉州德阳人。秘书监耕之孙。通判黎州，摄州事，预为备御计。及宋能之至，建议急于邛崃创大小两关仓及砦屋百间，亲督程役。俄关破，充自刺不死，大军帅呼之语，许以不杀。充曰："吾三世食赵氏禄，为赵氏死不憾。"帅设帘幄环坐诸将，而虚其宾席，呼充曰："汝能降，即坐此。"充踞坐地求死，遂罢。它日又呼之，欲鬋其发而髡其顶。曰："可杀不可髡。"又使署招民榜，充曰："吾监州也，可聚吾民使杀之耶？即一家有死而已，榜不可署。大将遗以酒茗羊牛肉，却之，自是水饮绝不入口，敌知其不可强，将剐之，大将曰："此南家好汉也，使之即死。"于是斩其首。

充妻陈骂不绝口。初，充之见呼也，陈必以一家往。帅曰："不呼汝，何以来？"陈曰："吾求死尔。"及充死，东望再拜曰："臣夫妇虽死，可以对赵氏无愧矣。"众以石击杀之。

方充夫妇之婴祸也，亲戚劝其苟免，充正色曰："我夫妇与儿妇义同死，汝等自求生可也。"于是上下感泣，愿同死者四十余人。男士麟、孙驹行、从子仲桂先充而死，惟长子士龙得免。

许彪孙，显谟阁学士奕之子也。为四川制置司参谋官。景定二年，刘整叛，召彪孙草降文，以潼川一道为献。彪孙辞使者曰："此腕可断，此笔不可书也。"即闭门与家人俱仰药死。

整既降，遂引兵袭都统张桂营，桂及统制金文德战死。纳溪曹赣阖门死之。景定四年，沔州都统胡世全护粮运至虎象山，遇敌兵战败死。咸淳二年，北兵取开州，守将庞彦海死之。德祐元年，泸守梅应春杀判官李丁孙、推官唐奎瑞以城降，珍州守将江彦清巷战死之。

陈隆之，不知所仕履。为四川制置使。淳祐元年十一月，成都被围，守弥旬，弗下，部将田世显乘夜开门，北兵突入，隆之举家数百口皆死。槛送隆之至汉州，命谕汉州守臣王夔降，隆之呼夔语之曰："大丈夫死尔，毋降也。"遂见杀。后五年，提刑袁简之上其事，特赠徽猷阁待制，合得恩泽外，特与两子恩泽，赐谥立庙。

又有史季俭者，威州棋城主簿也。成都之陷，子良震与胥杨城夫争相为死，各特赠两官，与一子下州文学。

王翊字公辅，郫县人。宝庆元年进士。吴曦尝招之入幕，及曦以蜀叛，抗节不拜，为陈大义。曦怒，囚翊，欲烹之，曦诛而免。

嘉熙元年，制置使丁黼辟为参议官，先遣其家归乡里，为文诀先墓，誓以身死报国。及北兵至，帐前提举官成驹先走，黼仓卒迎敌，败死。翊与司理王璪、运司干官李日宣等募兵拒守。兵入公署，见翊朝服危坐，问为何人，曰："小官食天子之禄，临难不能救，死有余罪，可速杀我。"又问何以不走，曰："愿与此城俱亡。"北兵相谓曰："忠臣也。"戒勿杀。敌纵火大掠，翊以朝服赴井死。兵后，其家出其尸井中，衣冠俨如也。转运副使蒲东卯死之。

兵屠汉州，权州事刘当可、判官邵复录事参军罗由、司户参军赵崇启、知雒县罗君文皆不屈而死。复，雍六世也孙。入眉州，知丹陵县冯仲烨死之。取简州，简守李大全死之。邛守赵晨亲率雅州牌手出战，力尽而死。

文州守刘锐、通判赵汝向相誓死守，更迭出战，被围旬有五日，汲道绝，兵民水不入口者半月，至吮妻子之血，卒无叛志。城垂陷，汝向犹提双刃入阵，中十六矢，被执以死。锐先杀其妻，父子三人登文王台自刎死。师至遂宁，民兵赵朋拒战，左臂已断，而战不休。

至重庆，进士胡天启负母而逃，兵欲杀其母，天启妻张哀号愿以身代，不听，卒杀之。天启与其妻呼天大骂，大将奇天启貌，欲活之,谓之曰:"汝从我,当共富贵。"天启愈奋骂,于是夫妇同死。事闻,翊、汝向皆立庙赐谥,余褒恤有差。

宝祐六年,北兵拔吉平隘,守将杨礼、周德荣死之。拔长宁,守将王佐父子俱死。至阆州,推官赵广死之。至蓬州,转运使施择善死之。至顺庆,帅守段元鉴城守,麾下刘渊杀之以降。

李诚之字茂钦,婺州东阳人。受学吕祖谦。乡举第一,后入太学,舍选亦第一。庆元初,释褐为饶州教授。丁父母忧,庐墓终丧。干办福建安抚司公事,迁刑、工部架阁,擢国子学,以言罢。

起为江西转运司干办。使称提会子,第其物力高下输钱以敛之,诚之以为扰。使者不悦曰:"商君之令,犹能必行,今乃龃龉如此。"诚之愀然曰:"使君儒者,而欲效商君之所为乎?"遂辞去。使者逊谢,罢令而后止。

改通判常州,知郢州。知金人必败盟,大修边防战攻守御之具。移知蕲州。蕲自南渡以来,未尝被兵,诚之曰:"备御无素,长驱而来,将若之何?"相视城壁而增益之,备楼橹,筑军马墙,教阅厢禁民兵,激之以赏,积粟四万。先是,酒库月解钱四百五十千以献守,诚之一无所受,寄诸公帑,以助兵食。

嘉定十四年二月,金人犯淮南,时诚之已逾满,代者不至,欲先遣其孥归,闻难作而止。喟然谓其僚曰:"吾以书生再任边垒,行年七十,抑又何求,独欠一死尔。当与同僚戮力以守,不济则以死继之。"乃选丁壮分布城守,募死士迎击,遇于横槎桥,大破之。居数日,金人拥众临沙河,欲渡,又破之。明日,金兵大至,决湟水,焚战楼,又拒退之。明日,金移兵要冲,为必渡计,蕲兵直前奋击,杀其酋帅。金人虽屡挫,然谋益巧,攻益力,未几,傅城下,围之数重,遂燔木栅。诚之出兵御之,又杀其将卒数十人,夺所佩印。三月朔,金人攻西门,射却之。俄造望楼以窥城,诚之为疑兵以示之。又使持书来胁降,诚之戮之,而还其书。越二日,金人以攻具进,诚之设械御之,夜出捣其营。料敌应变若熟知兵者,金人卒不得志。

会黄州失守，并兵为一，凡十余万。池阳、合肥援兵败走，朝命冯檝援二郡，檝至境，迁延不进。诚之激厉将士勉以忠义。城陷，率兵巷战，杀伤相当。子士允力战死，诚之引剑将自刭，呼其孥曰："城已破，汝等宜速死，无辱！"妻许及妇若孙皆赴水死。事闻，赠朝散大夫、秘阁修撰，封正节侯，立庙于蕲，赐名褒忠，赙银绢二百，仍赐爵迪功郎者三，赠其妻令人，士允通直郎，子妇及孙女之没于难者皆赠安人。从诚之之死者，通判州事秦钜。

秦钜字子野，丞相桧曾孙。通判监蕲州。金人犯境，与郡守李诚之协力捍御。求援于武昌、安庆，月余，兵不至。策应兵徐挥、常用等弃城遁。城破，钜与诚之各以自随之兵巷战，死伤略尽。钜归署，疾呼吏人刘迪，令火诸仓库，乃赴一室自焚。有老卒见烟焰中著白战袍者，识其钜也，冒火挽出之。钜叱曰："我为国死，汝辈可自求生。"掣衣就焚而死。次子浚先往四祖山，兵至亟还，与弟澤从父偕死。特赠钜五官、秘阁修撰，封义烈侯，与诚之皆立庙蕲州，赐额褒忠，赠浚、澤通直郎，赙以银绢各二百。

州学教授阮希甫赠通直郎，防御判官赵汝标、蕲春主簿甯时凤、录事参军兼司户杜谔俱赠承务郎，蕲州都大监辖蕲口镇仓库严刚中赠承事郎。

时统制官孙中，小将江士旺、陈兴、曹全、丘卞，军士李斌等皆斗死。司理参军赵与裕先率民兵百余人夺关出外求援，仅以身免，而全家十六人皆没。淳祐十二年，特封钜义烈显节侯。黄州之陷，守臣何大节亦投江死焉。

宋史卷四五〇
列传第二〇九

忠义五

陈元桂　　张顺　<small>张贵附</small>　　范天顺

牛富　　边居谊　　陈炤　<small>王安节附</small>

尹玉　　李芾　　尹谷　<small>杨霆附</small>　　赵卯发

唐震　　赵与檡　<small>赵孟锦附</small>　　赵淮

　　陈元桂，抚州人。淳祐四年进士。累官知临江军。时闻警报，筑城备御，以焦心劳思致疾。开庆元年春，北兵至临江，时制置使徐敏子在隆兴，顿兵不进。元桂力疾登城，坐北门亭上督战，矢石如雨，力不能敌。吏卒劝之避去，不从。有以门廊鼓翼蔽之者，麾之使去。有欲抱而走者，元桂曰："死不可去此。"左右走遁。师至，元桂瞠目叱骂，遂死之。悬其首于敌楼，越四日方敛，体色如生。

　　初，亲戚有劝其移治者，元桂曰："子亦为浮议所摇耶？时事如此，与其死于饥馑，死于疾病，死于盗贼，孰若死于守土之为光明俊伟哉？"家人或请登舟，不许，且戒之曰："守臣家属岂可先动，以摇民心。"敏子以闻，赠宝章阁待制，赐缗钱十万，与一子京官、一子选人恩泽，立庙北门，谥曰正节。

　　张顺，民兵部将也。襄阳受围五年，宋闻知其西北一水曰清泥河,源于均、房,即其地造轻舟百艘,以三舟联为一舫,中一舟装载,左右舟则虚其底而掩覆之。出重赏募死士,得三千。求将,得顺与张贵,俗呼顺曰"矮张",贵曰"竹园张",俱智勇,素为诸将所服,俾为都统。出令曰:"此行有死而已,汝辈或非本心,宜亟去,毋败吾事。"人人感奋。

汉水方生,发舟百艘,稍进团山下。越二日,进高头港口,结方陈,各船置火枪、火炮、炽炭、巨斧、劲弩。夜漏下三刻,起矴出江,以红镫为识。贵先登,顺殿之,乘风破浪,径犯重围。至磨洪滩以上,北军舟师布满江面,无隙可入。众乘锐凡断铁絙攒杙数百,转战百二十里,黎明抵襄城下。城中久绝援,闻救至,踊跃气百倍。及收军,独失顺。越数日,有浮尸逆流而上,被介胄,执弓矢,直抵浮梁,视之顺也,身中四枪六箭,怒气勃勃如生。诸军惊以为神,结冢敛葬,立庙祀之。

张贵既抵襄,襄帅吕文焕力留共守。贵恃其骁勇,欲还郢,乃募二士能伏水中数日不食,使持蜡书赴郢求援。北兵增守益密,水路连锁数十里,列撒星椿,虽鱼暇不得度。二人遇椿即锯断之,竟达郢,还报,许发兵五千驻龙尾洲以助夹击。

刻日即定,乃别文焕东下,点视所部军,泊登舟,帐前一人亡去,乃有过被挞者。贵惊曰:"吾事泄矣,亟行,彼或未及知。"复不能衔枚隐迹,乃举炮鼓噪发舟,乘夜顺流断絙破围冒进,众皆辟易。既出险地,夜半天黑,至小新城,大兵邀击,以死拒战。沿岸束荻列炬,火光烛天如白昼。至勾林滩,渐近龙尾洲,遥望军船旗帜纷披,贵军喜跃,举流星火示之,军船见火即前迎,及势近欲合,则来舟皆北兵也。盖郢兵前二日以风水惊疑退屯三十里,而大兵得逃卒之报,据龙尾洲以逸待劳。贵战已困,出于不意,杀伤殆尽,身被数十枪,力不支见执,卒不屈,死之。乃命降卒四人舁尸至襄,令于城下曰:"识矮张乎?此是也。"守陴者皆哭,城中丧气。文焕斩四卒,以贵衬葬顺冢,立双庙祀之。

范天顺,荆湖都统也。襄阳受围,天顺日夕守战尤力。及吕文焕出降,天顺仰天叹曰:"生为宋臣,死当为宋鬼。"即所守处缢死。赠定江军承宣使,制曰:"贺兰拥兵,坐视睢阳之失;李陵失节,重为陇士之羞。今有人焉,得其死所,可无褒恤,以示宠绥?范天顺功烈虽卑,忠义莫夺,自均、房泛舟之役克济于艰,而襄、樊坐甲之师益坚所守。俄州刺史为降将军,尔乃不屈自经,可谓见危致命。"封其妻宜人,官其二子,仍赐白金五百两,田五百亩。

牛富,霍丘人。制置司游击砦兵籍。勇而知义。为侍卫马军司统制,戍襄阳五年,移守樊城,累战不为衄,且数射书襄阳城中遗吕文焕,相与固守为唇齿。两城凡六年不拔,富力居多。城破,富率死士百人巷战,死伤不可计,渴饮血水,转战前,遇民居烧绝街道,身被重伤,以头触柱赴火死。赠静江军节度使,谥忠烈,赐庙建康。

裨将王福见富死,叹曰:"将军死国事,吾岂宜独生!"亦赴火死。

边居谊,随人也。初事李庭芝,积战功至都统制。咸淳十年,以京湖制置帐前都统守新城。居谊善御下,得士心,凡战守之具,治之皆有法。

大兵至沙阳,守将王大用不降,麾兵攻城,破之,执大用。吕文焕至新城,意其小垒可不攻而破,居谊率舟师拒之,文焕列沙阳所斩首招降,不从。明日,缚大用至壁下,使呼曰:"边都统急降,不然祸即至矣。"居谊不答。又射榜檄入壁中,居谊曰:"吾欲与吕参政语耳。"文焕闻之,以为居谊降己也,驰马至,伏弩乱发,中文焕者三,并中其马,马仆,几钩得之,众挟文焕以他马奔走。越二日,总制黄顺挟一人开东门走出降。明日,使顺来招之,居谊曰:"若欲得新城邪?吾誓以死守此,何可得也。"顺又呼其部曲,部曲欲缒城出,居谊悉驱以入,当门斩之。文焕乃麾兵攻城,以火具却之,旋蚁附而上,居谊乃取其家金尽散将士，往来督战。会暮，破侵汉楼，楼火延毁民居，居谊度力不支，走还第，拔剑自杀，不殊，赴火死。丞相伯颜壮其勇，购得其尸烬中，观之。事闻，赠利州观察使，立庙死所。

　　陈炤字光伯，常州人。少工词赋，登第，为丹徒县尉，历两淮制置司参议官、大军仓曹、寿春府教授，复入帅幕，改知朐山县，仍兼主管机宜文字，寻丁母忧归，北兵至常，常守赵与鉴走匿，郡人钱訔以城降。淮民王通居常州，阴以书约刘师勇，许为内应。朝议乃以姚希得子訔知常州。师勇复常州，走钱訔，执安抚戴之泰等，遂迎訔以入。訔以炤久任边知兵，辟为通判。或谓炤曰："今辟难有辞矣。"炤曰："乡邦沦没，何可坐视，与其偷生而苟全，不若死之愈也。"遂墨衰而出。凡可以备御者，无不为之。

　　訔入常甫十余日，大军攻常，炤等率义兵战御，自夏徂冬不能下。以功加带行提辖文思院。常将张彦攻吕城，兵败而降，因尽言常城中虚实，遂急攻之。炤等昼夜城守，招之不下。丞相伯颜自将围其城，炤与訔持以忠义，协力固守。再加訔太府寺丞，炤干办诸军粮料院，常将士皆转五官。城益急，常兵阻壕水为阵，矢尽亦不降。城破，訔死之，炤犹敛兵巷战，家人请曰："城东北门围未合，可走常熟入临安也。"炤曰："去此一步，非死所矣。"日中兵至，死焉。事上，追赠訔龙图阁待制，希得赠太师，炤直宝章阁，并官其子。

　　王安节，节度使坚之子也。少从其父守合州有功，安节等兄弟五人皆受官。坚为贾似道所忌，出知和州，郁郁而死。

　　安节至咸淳末为东南第七副将。德祐初，似道溃师芜湖，列城皆降，不降者亦弃城遁。时安节驻兵江陵，即走临安，上疏乞募兵为捍御，授阁门祗候、浙西添差兵马副都监。收兵入平江，合张世杰兵战凤皇港，有功，转三官。

　　刘师勇复常州，攻走王良臣，师勇还平江，以安节与张詹守常。已而良臣导大兵攻常，常城素恶，安节等筑栅以守，相拒两月不下。

大元丞相伯颜自将攻之,屡遣使招降,亦不下。丞相怒,麾兵破其南门,安节挥双刀率死士巷战,臂伤被执。有求其姓名者,安节呼曰:"我王坚子安节也。"降之不得,乃杀之。

尹玉,宁都人。以捕盗功为赣州三砦巡检。秩满城居,从文天祥勤王。及天祥至平江,调玉同淮将张全、广将朱华拒大兵,战于伍牧,全等军败,以淮、广军先遁,曾全、胡遇、谢荣、曾玉以赣州四指挥军亦遁,唯玉残军五百殊死战。玉手杀数十人,箭集于胄如蝟毛,援绝力屈,遂被执。大军横四枪于其项,以梃击之死。余兵犹夜战,杀人马蔽田间,无一降者。质明,生还者四人。赠玉濠州团练使,官其二子,赐田二顷,以恤其家。

李芾字叔章,其先广平人,中徙汴。高祖升起进士,为吏有廉名。靖康中,金人破汴,以刃迫其父,升前捍之,与父俱死。曾祖椿徙家衡州,遂为衡人。

芾生而聪警,少自树立,名其斋曰无暴弃。魏了翁一见礼之,谓有祖风,易其名曰斋。初以荫补南安司户,辟祁阳尉,出振荒,即有声。摄祁阳县,县大治,辟湖南安抚司幕官。时盗起永州,招之,岁余不下。芾与参议邓坰提千三百人破其巢,禽贼魁蒋时选父子以归,余党遂平。摄湘潭县,县多大家,前令束手不敢犯,芾稽籍出赋,不避贵势,赋役大均。

入朝,差知德清县。属浙西饥,芾置保伍振民,活数万计。迁主管酒库所。德清有妖人扇民为乱,民蜂起附之,至数万人,遣芾讨之,盗闻其来,众立散归。除司农寺丞,历知永州,有惠政,永人祠之。以浙东提刑知温州。州濒海多盗,芾至盗息,遂以前官移浙西。时浙西亦多盗,群穴太湖中,芾迹得其出没按捕之,盗亦骇散。作虎丘书院以祠尹焞,置学官,亲为学规以教之,学者甚盛。

咸淳元年,入知临安府。时贾似道当国,前尹事无钜细先关白始行,芾独无所问。福王府有迫人死者,似道力为营救,芾以书往复辨论,竟置诸法。尝出阅火具,民有不为具者,问之,曰:"似道家人也。"立杖之。似道大怒,使台臣黄万石诬以赃罪,罢之。

大军取鄂州,始起为湖南提刑。时郡县盗扰,民多奔窜,芾令所部发民兵自卫,县予一皂帜,令曰:"作乱者斩帜下。"民始帖然。乃号召发兵,择壮士三千人,使土豪尹奋忠将之勤王,别召民兵集衡为守备。未几,似道兵溃芜湖,乃复芾官,知潭州兼湖南安抚使。时湖北州郡皆已归附,其友劝芾勿行,曰:"无已,即以身行可也。"芾泣曰:"吾岂昧于谋身哉?第以世受国恩,虽废弃中犹思所以报者,今幸用我,我以家许国矣。"时其所爱女死,一恸而行。

德祐元年七月,至潭,潭兵调且尽,游骑已入湘险、益阳诸县,仓卒召募不满三千人,乃结溪峒蛮为声援,缮器械,峙刍粮,栅江修壁,命刘孝忠统诸军。吴继明自湖北至,陈义、陈元自戍蜀归,芾奏请留之戍潭,推诚任之,皆得其死力。

大元右丞阿里海牙既下江陵,分军戍常德遏诸蛮,而以大兵入潭。芾遣其将于兴帅兵御之于湘阴,兴战死。九月,再调继明出御,兵不及出,而大军已围城。芾慷慨登陴,与诸将分地而守,民老弱亦皆出,结保伍助之,不令而集。十月,兵攻西壁,孝忠辈奋战,芾亲冒矢石以督之。城中矢尽,有故矢皆羽败,芾命括民间羽扇,羽立具。又苦食无盐,芾取库中积盐席,焚取盐给之。有中伤者,躬自抚劳,日以忠义勉其将士。死伤相藉,人犹饮血乘城殊死战。有来招降者,芾杀之以徇。

十二月,城围益急,孝忠中炮,风不能起,诸将泣请曰:"事急矣,吾属为国死可也,如民何?"芾骂曰:"国家平时所以厚养汝者,为今日也。汝第死守,有后言者吾先戮汝。"除夕,大兵登城,战少却,旋蚁附而登,衡守尹谷及其家人自焚,芾命酒酹之。因留宾佐会饮,夜传令,犹手书"尽忠"字为号,饮达旦,诸宾佐出,参议杨震赴园池死。芾坐熊湘阁召帐下沈忠遗之金曰:"吾力竭,分当死,吾家人亦不可辱于俘,汝尽杀之,而后杀我。"忠伏地扣头,辞以不能,芾固命之,忠泣而诺,取酒饮其家人尽醉,乃遍刃之。芾亦引颈受刃。

忠纵火焚其居,还家杀其妻子,复至火所,大恸,举身投地,乃自刭。幕属茶陵颜应焱、安仁陈亿孙皆死。潭民闻之,多举家自尽,城无虚井,缢林木者累累相比。继明等以城降,陈毅溃围,将奔闽,中道战死。事闻,赠端明殿大学士,谥忠节。芾初至潭,遣其子裕孙出,曰:"存汝以奉祀也。"其孙辅叔时亦亲迎于温,皆得不死。二王悉诏入闽官之。芾为人刚介,不畏强御,临事精敏,奸猾不能欺。且强力过人,自旦治事至暮无倦色,夜率至三鼓始休,五更复起视事。望之凛然犹神明,而好贤礼士,即之温然,虽一艺小善亦倦倦奖荐之,平生居官廉,及摈斥,家无余赀。

尹谷字耕叟,潭州长沙人。性刚直庄厉,初处郡学,士友皆严惮之。

宋以词赋取士,季年,惟闽、浙擅四方,谷与同郡邢天荣、董景舒、欧阳逢泰诸人为赋,体裁务为典雅,每一篇出,士争学之,由是湘赋与闽、浙颉颃。中年登进士第。调常德推官,知崇阳县,所至廉正有声。

丁内艰,居家教授,不改儒素。日未出,授诸生经及朱氏四书,士虽有才思而不谨饬者摈不齿。诸生隆暑必盛服,端居终日,夜灭烛始免巾帻,早作必冠而后出帷。行市中,市人见其举动有礼,相谓曰:"是必尹先生门人也。"诘之果然。

晚入李庭芝制幕,用荐擢知衡州,需次于家。潭城受兵,帅臣李芾礼以为参谋,共画备御策。时城中壮士皆入卫临安,所余军仅四百五十人,老弱太半。芾纠率民丁,奖励以义,人殊死战,三月城不下。大军断绝险要,援兵不至,谷知城危,与妻子诀曰:"吾以寒儒受国恩,典方州,谊不可屈,若辈必当从吾已耳。"召弟岳秀使出,以存尹氏祀,岳秀泣而许之死。乃积薪扃户,朝服望阙拜已,先取历官告身焚之,即纵火自焚。邻家救之,火炽不可前,但于烈焰中遥见谷正冠端笏危坐,阖门无少长皆死焉。芾闻之,命酒酹谷曰:"尹务实,男子也,先我就义矣。"务实,谷号也。

　　初，潭士以居学肄业为重，州学生月试积分高等，升湘西岳麓书院生，又积分高等，升岳麓精舍生，潭人号为"三学生"。兵兴时，三学生聚居州学，犹不废业。谷死，诸生数百人往哭之，城破，多感激死义者。

　　杨霆字震仲。少有志节。以世泽奏补将仕郎，铨试第一，授修职郎、桂岭主簿，有能声。又五中漕举，改鄂州教授，迁复州司理参军，转常、沣观察推官，擢知监利县。县有疑狱，历年不决，霆未上，微服廉得其实，立决之，人称神明。

　　辟荆湖制置司干官。吕文德为帅，素慢侮士，常试以难事，霆仓卒立办，皆合其意。一日谓曰："朝廷有密旨，出师策应淮东，谁可往者？"即对曰某将可。又曰："兵器粮草若何？"即对曰某营兵马、某库器甲、甘处矢石、某处刍粮，口占授吏，顷刻案成。文德大惊曰："吾平生轻文人，以其不事事也。公材干如此，何官不可为，吾何敢不敬。"密荐诸朝，除通判江陵府。

　　江陵大府，雄据上流，表裹襄、汉，西控巴蜀，南扼湖、广，兵民杂处，庶务丛集，霆随事裁决，处之泰然。暇日诣郡庠，与诸生讲学，又取隶官闲田，增益廪稍。选民之强壮，当农隙训练之，时付以器械，杂兵行肄习，亲阅试行赏以激劝之。未几，有能擐甲骑射者，遂皆获其用，而兵不复扰民。

　　丁内艰，德祐初，起复奉议郎、湖南安抚司参议，与安抚使李芾协力战守。霆有心计，善出奇应变，帅府机务，芾一以委之。城初被围，日夜守御，数日西北隅破，霆麾兵巷战，抵暮增筑月城，比旦城复完，策历将士，以死守之。城既破，霆赴水死，妻妾奔救无及，遂皆死。

　　赵卯发字汉卿，昌州人。淳祐十年，以上舍登第，为遂宁州司户、潼川签判、宣城宰。素以节行称。中被论罢。咸淳七年，起为彭泽令。十年，权通判池州。

大兵渡江,池守王起宗弃官去,卯发摄州事,缮壁聚粮,为守御计。夏贵兵败归,所过纵掠,卯发捕斩十余人,兵乃戢。明年正月,大兵至李王河,都统张林屡讽之降,卯发忿气填膺,瞋目视林不能言。有问以褪身之道者,卯发曰:"忠义所以褪身也,此外非臣子所得言。"林以兵出巡江,阴降,归而阳助卯发为守,守兵五百余,柄皆归林。卯发知不可守,乃置酒会亲友,与饮诀,谓其妻雍氏曰:"城将破,吾守臣不当去,汝先出走。"雍氏曰:"君为命官,我为命妇,君为忠臣,我独不能为忠臣妇乎?"卯发笑曰:"此岂妇人女子之所能也。"雍氏曰:"吾请先君死。"卯发笑止之。明日乃散其家资与其弟侄,仆婢悉遣之。

二月,兵薄池,卯发晨起书几上曰:"君不可叛,城不可降,夫妻同死,节义成双。"又为诗别其兄弟,与雍盛服同缢从容堂死。卯发始为此堂,名"可以从容",及兵遽,领客堂中,指所题匾曰:"吾必死于是。"客问其故,曰:"古人谓'慷慨杀身易,从容就义难',此殆其兆也。"卯发死,林开门降。大元丞相伯颜入,问太守何在,左右以死对。即如堂中观之,皆叹息。为具棺衾合葬于池上,祭其墓而去。事闻,赠华文阁待制,谥文节,雍氏赠顺义夫人,录二子为京官。

唐震字景实,会稽人。少居乡,介然不苟交,有言其过者辄喜。既登第为小官,有权贵以牒荐之者,震内牒箧中,已而干政,震取牒还之,封题未启,其人大愧。后为他官,所至以公廉称。杨栋、叶梦鼎居政府,交荐其贤。

咸淳中,由大理司直通判临安府。时潜说友尹京,恃贾似道势,甚骄蹇,政事一切无所顾让。会府有具狱将置辟,震力辨其非,说友争之不得,上其事刑部,卒是震议。

六年,江东大旱,擢知信州。震奏减纲运米,蠲其租赋,令坊置一吏,籍其户,劝富人分粟,使坊吏主给之。吏有劳者,辄为具奏复其身,吏感其诚,事为尽力,所活无算。州有民庸童牧牛,童逸而牧舍火,其父讼庸者杀其子投火中,民不胜掠,自诬服。震视牍疑之,密物色之,得童傍郡,以诘其父,对如初,震出其子示之,狱遂直。擢浙西提刑。过阙陛辞,似道以类田属震,震谢不能行,至部,又以疏力争之。赵氏有守阡僧甚暴横,震遣吏捕治,似道以书营救,震不省,卒按以法。似道怒,使侍御史陈坚劾去之。

咸淳十年,起震知饶州。时兴国、南康、江州诸郡皆已归附,大兵略饶。饶兵止千八百人,震发州民城守,昧爽出治兵,至夜中始寐,上书求援,不报。大兵使人入饶取降款,通判万道同阴使于所部敛白金、牛酒备降礼,饶寓士皆从之。道同风震降,震叱之曰:"我忍偷生负国邪?"城中少年感震言,杀使者。民有李希圣者谋出降,械置狱中。明年二月,兵大至,都大提举邓益遁去,震尽出府中金钱,书官资揭于城,募有能出战者赏之。众惧不能战,北兵登陴,众遂溃。震入府中玉芝堂,其仆前请曰:"事急矣,番江门兵未合,亟出犹可免。"震骂曰:"城中民命皆系于我,我若从尔言得不尸,城中民死,我何面目生邪?"左右不复敢言,皆出。有顷,兵入,执牍铺案上,使震署降,震掷笔于地,不屈,遂死之。兄椿与家人俱死。张世杰寻复饶州,判官邹宗节求震尸葬之。赠华文阁待制,谥忠介,庙号褒忠。震客冯骥、何新之,骥后守独松关,新之守闽之新垒,皆战死。

赵与檡为嗣秀王。德祐二年,为浙、闽、广察访使。益王之立,舅杨亮节居中秉权,与檡自以国家亲贤,多所谏止,遂犯忌嫉,诸将俱惮之。未几,北兵逼浙东,乃命与檡出瑞安,与守臣方洪共任备御。朝臣言与檡有刘更生之忠,曹王皋之孝,宜留辅以隆国本。潜者益急,卒遣之。瑞安受围,城中危急,与洪誓以死守。小校李雄夜开门纳外兵,与檡、洪率众巷战,兵败被絷,董文炳问之曰:"汝为秀王耶?今能降乎?"与檡厉声曰:"我国家近亲,今力屈而死,分也,尚何问为?"遂杀之。洪亦伏节而死。

又有赵孟锦者,少不羁,游淮以军功为将佐。北兵攻真州,每战辄为士卒先,守苗再成倚之为重。北兵重舰驻江上,孟锦乘大雾来袭,俄雾解,日已高,北兵见其兵少,逐之,登舟失足堕水,身荷重甲,溺焉。

　　赵淮,丞相葵之从子也。李全之叛,屡立战功,累官至淮东转运使。德祐中,戍银树坝,兵败,与其妾俱被执至瓜州,元帅阿术使淮招李庭芝,许以大官。淮阳许诺,至扬城下,乃大呼曰:"李庭芝!男子死耳,毋降也!"元帅怒,杀之,弃尸江滨。

宋史卷四五一
列传第二一〇

忠义六

赵良淳 徐道隆 姜才 马塈 密佑
张世杰 陆秀夫 徐应镳 陈文龙
邓得遇 张珏

　　赵良淳字景程,居饶之余干,太宗子恭宪王之后,丞相汝愚曾孙也。累世以学行名,号贤宗子。良淳少学于其乡先生饶鲁,知立身大节。及仕,所至以干治称,而未尝干人荐举。初以荫为泰宁主簿,三迁至淮西运辖,浮湛冗官二十余年。马光祖、李伯玉、范丁孙交荐辟之,卒不振拔。考举及格,改知分宁县。分宁,江西剧邑,俗尚哗讦,良淳治之,不用刑戮,不任吏胥,取民之敦孝者,身亲尊礼之,至甚桀骜者,乃绳以法,俗为少革。秩满,特差权江西安抚司机宜文字,诏除诸司审计院,督饷江西,升大理司直。

　　咸淳末,廷臣议众建宗室于内郡,以为屏翰,遂除良淳知安吉州。先是,知州李庚遁,百事隳废,良淳至,日与僚吏论所以守御之备,悉举行之。时岁饥,民相聚为盗,所在蜂起。或请以兵击之,良淳曰:“民岂乐为盗哉?时艰岁旱,故相率剽掠苟活耳。”命僚属以义谕之,众皆投兵散归,其不归者众缚以献。有掠人货财诣其主谢过而还之者。良淳劝富人出粟振之,尝语人曰:“使太守身可以济民,亦所不惜也。"其言恳恳，足以动人，皆倒困以应之。朝议寻以徐道隆为浙西提刑，以辅良淳，加良淳直秘阁。

文天祥去平江，溃兵四出剽掠，良淳捕斩数人，枭首市中，兵稍戢。已而范文虎遣使持书招降，良淳焚书斩其使。大兵迫独松关，有旨趣道隆入卫。道隆既去，大兵至，军其东西门。良淳率众城守，夜就苙舍陛上，不归。

先是，朝廷遣将吴国定援宜兴，宜兴已危，不敢往，乃如安吉见良淳，愿留以为辅。良淳见国定慷慨大言，意其可用也，请于朝，留戍安吉。已而国定开南门纳外兵，兵入城呼曰："众散，元帅不杀汝。"于是众号泣散去。良淳命车归府，兵士止之曰："事至此，侍郎当为自全计。"良淳叱去之。命家人出避，乃闭阁自经。有兵士解救之，复苏，众罗拜泣曰："侍郎何自苦？若逃之犹可求生。"良淳叱曰："我岂逃生者邪？"众犹环守不去，良淳大呼曰："尔辈欲为乱邪？"众涕泣出，复投缳而死。

徐道隆字伯谦，婺州武义人。父焕，知南雄。道隆以任入官，累官潭州判官、权知全州。荆湖制置使汪立信奏辟道隆为参议官。立信迁兵部尚书，道隆与宾客十许人俱去江陵。赵孟传为制置使，以道隆参其军事，遂为提点刑狱。

时文天祥既去平江，溃卒四出，为浙西患苦，安吉尤甚。有旨令道隆措置，乃枭其首乱者于市。牛监军遁，范文虎、程鹏飞、管景模俱遗书诱降，道隆焚书斩使。

大兵至临平皋亭山，令间道入援，时水陆皆有屯军，道绝不通，议由太湖经武康、临安县境勤王。即日乘舟出临湖门，泊宋村。郡守赵良淳既缢死，德祐二年正月朔旦，追兵及道隆，江陵亲从军三百人殊死战，矢尽枪槊折，一军尽没，道隆见执舰内，间守者少怠，赴水死，长子载孙亦赴水死。余兵有脱归者言于朝，命赠官赐谥，厚恤其家，立庙安吉，官其子孙。越三日宋亡。

姜才,濠州人。貌短悍。少被掠入河朔,稍长亡归,隶淮南兵中,以善战名,然以来归人不得大官,为通州副都统。时淮多健将,然骁雄无逾才。才知兵,善骑射,抚士卒有恩,至临阵,军律凛凛。其子当战,回白事,才望见以为败也,拔剑驰逐,几杀之。

贾似道出师,才以兵属孙虎臣为先锋,相拒于丁家洲。大军设炮架毂车弩江滨,中流数千艘,旌旗联亘,鼓行而下。才奋兵前接战,锋已交,虎臣遽过其妾所乘舟,众见之,喧曰:"步帅遁矣。"于是诸军皆溃,才亦收兵入扬州。大兵乘胜攻扬州,才为三叠阵逆之三里沟,战有功。又与元帅战扬子桥,日暮兵乱,流矢贯才肩,才拔矢挥刀而前,所向辟易。已而大军筑长围,自扬子桥竟瓜洲,东北跨湾头至黄塘,西北至丁村,务欲以久困之,时德祐元年也。

明年正月,宋亡。二月,五奉使及一阁门宣赞舍人持谢太后诏来谕降,才发弩射却之,复以兵击五奉使于召伯堡,大战而退。未几,瀛国公至瓜洲,才与庭芝泣涕誓将士出夺之,将士皆感泣。乃尽散金帛犒兵,以四万人夜捣瓜洲,战三时,众拥瀛国公避去,才追战至浦子市,夜犹不退。阿术使人招之,才曰:"吾宁死,岂作降将军邪!"四月,才以兵攻湾头栅。五月,复攻之,骑旋泞而止,乃舍骑步战,至四鼓,全师以归。扬食尽,才时出运米真州、高邮以给兵。六月,护饷至马家渡,万户史弼将兵击夺之,才与战达旦,弼几殆,阿术驰兵来援,乃得免去。

庭芝以在围久,召才计事,屏左右,语久之,第闻才历声云:"相公不过忍片时痛耳。"左右闻之俱汗下。才自是以兵护庭芝第,期与俱死。

七月,益王在福州,以龙神四厢都指挥使、保康军承宣使召才,才与庭芝东至泰州,将入海。阿术以兵追及,围泰州,使使者招之降,才不听。阿述驱扬兵士妻子至城下,会才疽发胁不能战,诸将遂开门降。都统曹安国入才卧内,执之以献。阿术爱其忠勇,欲降而用之,才肆为慢言;阿术责庭芝不降,才曰:"不降者才也。"复愤愤不已,阿术怒,剐之扬州。才临刑,夏贵出其傍,才切齿曰:"若见我宁不愧死邪?"

有洪福者,夏贵家僮也,从贵积劳为镇巢雄江左军统制,镇江
北。降,福与子大渊、大源、下班祗候彭元亮结贵军复之,加右武大
夫、知镇巢。贵既臣附,招福,不听,使其从子往,福斩之。大兵攻城,
久不拔,遣贵至城下,好语语福,请单骑入城,福信之,门发而伏兵
起,执福父子,屠城中。贵泣杀,大源、大渊乎曰:"法止诛首谋,何至
举家为戮?"福叱曰:"以一命报宋朝,何至告人求活邪?"次及福,福
大骂数贵不忠,请身南向死,以明不背国也。闻者流涕。

马塈,宕昌人也。一家父叔兄弟皆以忠勇为名将,而塈与其兄
塑特显。咸淳中,塈知钦州,徙知邕。邕地接六诏、安南,傍通诸溪
峒,抚御少失宜,往往召乱。塈镇抚诸蛮及治关隘,皆有条理,大理
不敢越善阐,安南不敢入永平,诸峒皆上帐册,边陲晏然。广西经略
李兴上其功,加阁门宣赞舍人。未几,以左武卫将军徵入朝。已而
宋亡,塈因留静江,总屯戍诸军,护经略司印守城。

至元十四年,平章阿里海牙攻广西,塈发所部及诸峒兵守静
江,而自将三千人守严关,凿马坑,断岭道。大兵攻严关不克,乃以
偏师入平乐,过临桂,夹攻塈。塈兵败,退保静江。平章使人招降,
塈发弩射之。攻三月,塈夜不解甲,前后百余战,城中死伤相籍,迄
无降意。城东隅稍卑,大军阳攻西门,以精兵夜决水牌,攻东门,破
其外城;塈闭内城城守,又破之。塈率死士巷战,刀伤臂被执,杀之
断其首,犹握拳奋起,立逾时始仆。静江破,邕守马成旺及其子都统
应麒以城降,独塈部将娄钤辖犹以二百五十人守月城不下。阿里海
牙笑曰:"是何足攻。"围之十余日,娄从壁上呼曰:吾属饥,不能出
降,苟赐之食,当听命。"乃遗之牛数头,米数斛。一部将开门取归,
复闭壁。大军乘高视之,兵皆分米,炊未熟,生脔牛,啖立尽。鸣角
伐鼓,诸将以为出战也,甲以待。娄乃令所部入拥一火炮然之,声如
雷霆,震城土皆崩,烟气涨天外,兵多惊死者,火熄入视之,灰烬无
遗矣。

　　密佑，其先密州人，后渡淮居庐州。佑为人刚毅质直，累官至庐州驻札、御前游击中军统领，改权江西路副总管。

　　咸淳十年，以阁门宣赞舍人为江西都统。是冬，大元丞相伯颜下鄂州，留右丞阿里海牙守之，而将大兵东下。明年二月，朱禩孙遣高世杰取鄂州，阿里海牙以兵逆击，执世杰荆江口，兵尽溃，半入江西。江西制置黄万石招集之，且募宁都、广昌、南剑义兵千余人，尽以属佑。十一月，大兵至隆兴，刘槃兵败，乃婴城自守。万石时移治抚州，将遁，惧佑不从，乃调佑兵援槃，且戒以勿战。未至隆兴，槃已降，都统夏骥率所部兵溃围出。

　　已而元帅张荣实、吕师夔提兵逼抚州，佑率众逆之进贤坪，兵来呼曰："降者乎？斗者乎？"佑曰："斗者也。"麾其兵突战，进至龙马坪，大兵围之数重，矢下如雨。佑告其部曰："今日死日也，若力战，或有生理。"众咸愤厉。自辰战至日昃，佑面中矢，拔之复战，又身被四矢三枪，众皆死，仅余数十人。佑乃挥双刀斫围南走，前渡桥，马踏板断，遂被执。众见其勇，戒勿杀，舁归隆兴。元帅宋都䚟曰："壮士也。"欲降之，系之月余，终不屈。尝骂万石为卖国小人，使我志不得伸。宋都䚟命刘槃、吕师夔坐城楼，引佑楼下，以金符遗之，许以官，佑不受，语侵槃、师夔，益不逊。又令祐子说之曰："父死，子安之？"佑斥曰："汝行乞于市，第云密都统子，谁不怜汝也。"怡然自解其衣请刑，遂死。观者皆泣下。

　　张世杰，范阳人。少从张柔戍杞，有罪，遂奔宋，隶淮兵中，无所知名。阮思聪见而奇之，言之吕文德，文德召为小校。累功至黄州武定诸军都统制。攻安东州，战疾力，与高达援鄂州有功，转十官。寻从贾似道入黄州，战䕫草坪，夺还所俘，加环卫官，历知高邮军、安东州。

　　咸淳四年，大军筑鹿门堡，吕文德请益兵于朝，调世杰与夏贵赴之。及吕文焕以襄阳降，命世杰将五千人守鄂州。世杰以铁絙锁两城，夹以炮弩，其要津皆施杙，设攻具。大军破新城，长驱而下，世杰力战，不得前，遣人招之，不听。丞相伯颜阳攻严山隘，潜自唐港荡舟入汉，东芳鄂，鄂降。

世杰提所部兵入卫，道，复饶州，乃入朝。时方危急，徵诸将勤王多不至，独世杰来，上下叹异。自和州防御使不数月累加至保康军承宣使，总都督府兵。遣将四出，取浙西诸郡，复平江、安吉、广德、溧阳诸城，兵势颇振。七月，与刘师勇诸将大出师焦山，令以十舟为，碇江中，非有号令毋发碇，示以必死。元帅阿术载彀士以火矢攻之，世杰兵乱，无敢发碇，赴江死者万余人。大败，奔圌山。上疏请济师，不报。寻擢龙、神卫四厢都指挥使。十月，进沿江招讨使，改制置副使、兼知江阴军。已而大军至独松关，召文天祥入卫，以世杰为保康军节度使、知平江。寻亦召入卫，加检校少保。

二年正月，大军迫临安，世杰请移三宫入海，而与天祥合兵背城一战，丞相陈宜中方遣人请和，不可，白太皇太后止之。未几，和议亦沮。兵至皋亭山，世杰乃提兵入定海。石国英遣都统卞彪说之使降，世杰以为彪来从己俱南也，椎牛享之，酒半，彪从容为言，世杰大怒，断其舌，磔之巾子山。

四月，从二王入福州。五月，与宜中奉昰为主，拜签书枢密院事。王世强导大军攻之，世杰乃奉益王入海，而自将陈吊眼、许夫人诸畲兵攻蒲寿庚，不下。十月，元帅唆都将兵来援泉，遂解去。既而唆都遣人招益王，又遣经历孙安甫说世杰，世杰拘安甫军中不遣。招讨刘深攻浅湾，世杰兵败，移王居井澳，深复来攻井澳，世杰战地之，因徙碙洲。

至元十五四年正月，遣将王用攻雷州，用败绩。四月，益王殂，卫王昺立，拜世杰少傅、枢密副使。五月，遣琼州安抚张应科攻雷州，三战皆不利。六月，再决战雷城下，应科死之。世杰以碙洲不可居，徙王新会之崖山。八月，封越国公。发琼州粟以给军。十月，遣凌震、王道夫袭广州，震败绩。

明年，元帅张弘范等兵至崖山，或谓世杰曰："北兵以舟师塞海口,则我不能进退,曷先据海口。幸而胜,国之福也;不胜,犹可西走。"世杰恐久在海上有离心,动则必散,乃曰:"频年航海,何时已乎?今须与决胜负。"悉焚行朝草市,结大舶千余作水砦,为死守计,人皆危之。已而弘范兵至,据海口,樵汲道绝,兵茹干粮十余日,渴甚,下掬海水饮之,海咸,饮即呕泄,兵大困。世杰率苏刘义、方兴日大战。弘范得世杰甥韩,命以官,使三至招之,世杰历数古忠臣曰:"吾知降,生且富贵,但为主死不移耳。"二月癸未,弘范等攻崖山,世杰败走,卫王舟。大军薄中军,世杰乃断维,以十余舰夺港去。后还收兵崖山,刘自立击败之,降其将方遇龙、叶秀荣、章文秀等四十余人。世杰复欲奉杨太妃求赵氏后而立之,俄飓风坏舟,溺死平章山下。

刘师勇者,庐州人。以战功历环卫官。鲁港师溃,贾似道欲东入海,师勇赞之,入扬州图再举,似道然之。时姚訔复常州,似道命师勇以淮兵取吕城。朝廷加师勇和州防御使,助訔守常,而以张彦守吕城,合兵拒大军。战失利,彦马弱,陷淖中见执,吕城失守,常州势益孤。大军置彦城下招降,师勇以大义斥彦,彦惭而退。又遣范文虎来谕,师勇伏弩射走之。常受围数月,援兵绝,有群鸥飞鸣绕城,众恶为不祥,俄而城陷。师勇拨栅,战且行,其弟马堕堑,跃不能出,师勇举手与诀而去。淮军数千人皆斗死。有妇人伏积尸下,窥淮兵六人反背相拄,杀敌十百人乃殪。师勇从二王至海上,见时事不可为,忧愤纵酒卒,葬于鼓山。

陆秀夫字君实,楚州盐城人。生三岁,其父徙家镇江。稍长,从其乡二孟先生学,孟之徒恒百余,独指秀夫曰:"此非凡儿也。"景定元年,登进士第。李庭芝镇淮南,闻其名,辟置幕中。时天下称得士多者,以淮南为第一,号"小朝廷"。

秀夫才思清丽,一时文人少能及之。性沉静,不苟求人知,每僚吏至阁,宾主交欢,秀夫独敛焉无一语。或时宴集府中,坐尊俎间,矜庄终日,未尝少有希合。至察其事,皆治,庭芝益器之,虽改官不使去已，就幕三迁至主管机宜文字。咸淳十年，庭芝制置淮东，擢参议官。德祐元年，边事急，诸僚属多亡者，惟秀夫数人不去。庭芝上其名，除司农寺丞，累擢至宗正少卿兼权起居舍人。

二年正月，以礼部侍郎使军前请和，不就而反。二王走温州，秀夫与苏刘义追从之，使人召陈宜中、张世杰等皆至，遂相与立益王于福州。进端明殿学士、签书枢密院事。宜中以秀夫久在兵间，知军务，每事咨访始行，秀夫亦悉心赞之，无不自尽。旋与宜中议不合，宜中使言者劾罢之。张世杰让宜中曰："此何如时，动以台谏论人？"宜中皇恐，亟召秀夫还。

时君臣播越海滨，庶事疏略，杨太妃垂帘，与群臣语犹自称奴。每时节朝会，秀夫俨然正笏立，如治朝，或时在行中，凄然泣下，以朝衣拭泪，衣尽浥，左右无不悲动者。属井澳风，王以惊疾殂，群臣皆欲散去。秀夫曰："度宗皇帝一子尚在，将焉置之？古人有以一旅一成中兴者，今百官有司皆具，士卒数万，天若未欲绝宋，此岂不可为国邪？"乃与众共立卫王。时陈宜中往占城，以与世杰不协，屡召不至。乃以秀夫为左丞相，与世杰共秉政。时世杰驻兵崖山，秀夫外筹军旅，内调工役，凡有所述作，又尽出其手。虽匆遽流离中，犹日书《大学章句》以劝讲。

至元十六年二月，崖山破，秀夫走卫王舟，而世杰、刘义各断维去，秀夫度不可脱，乃杖剑驱妻子入海，即负王赴海死，年四十四。

翰林学士刘鼎孙亦驱家属并辎重沉海，不死被执，榜掠无完肤，一夕得脱，卒蹈海。鼎孙字伯镇，江陵人，进士也。

方秀夫海上时，记二王事为一书甚悉，以授礼部侍郎邓光荐曰："君后死，幸传之。"其后崖山平，光荐以其书还庐陵。大德初，光荐卒，其书存亡无从知，故海上之事，世莫得其详云。

徐应镳字巨翁，衢之江山人，世为衢望族。咸淳末，试补太学生。德祐二年，宋亡，瀛国公入燕，三学生百余人皆从行。应镳不欲从，乃与其子琦、崧、女元娘誓共焚，子女皆喜从之。

太学故岳飞第，有飞祠，应镳具酒肉祀飞曰："天不祚宋，社稷为墟，应镳死以报国，誓不与诸生俱北。死已，将魂魄累王，作配神主，与王英灵，永永无斁。"琦亦赋诗以自誓。祭毕，以酒肉饷诸仆，诸仆醉卧，应镳乃与其子女入梯云楼，积诸房书籍箱笥四周，纵火自焚。一小仆未寐，闻火声，起至楼下冗牖视之，应镳父子俨然坐立，如庙塑像。走报诸仆，坏壁入，扑灭火。应镳不得死，与其子女怏怏出户去，仓卒莫知所之，翌日得其尸祠前井中，皆僵立瞠目，面如生。诸仆为具棺敛，殡之西湖金牛僧舍。益王立福州，褒其节，赠朝奉郎、秘阁修撰。后十年，其同舍生刘汝钧率儒者五十余人收而葬之方家峪，私谥曰正节先生。

陈文龙字君贲，福州兴化人。丞相俊卿之后也。能文章，负气节。初名子龙，咸淳五年廷对第一，度宗易其名文龙。

丞相贾似道爱其文，雅礼重之。由镇东军节度判官、历崇政殿说书、秘书省校书郎，数年，拜监察御史，皆出似道力。然自十数年，似道所置台谏皆阘茸，台中相承，凡有所建白，皆呈稿似道始行，至文龙为之，独不呈稿，已忤似道。知临安府洪起畏请行类田，似道主其说，文龙上疏以为不可，似道怒，寝其疏。襄阳久被围，似道日恣淫乐，不少加意，时阳请督师，而阴使其党留己，竟失襄阳。文龙上疏极言其失。范文虎总师无功，似道芘之，以知安庆，又除赵晋知建康，黄万石知临安。文龙言："文虎失襄阳，今反见擢用，是当罚而赏也。晋乳臭小子，何以任大阃之寄，万石政事急荒，以为京尹，何以能治，请皆罢之，似道大怒，黜文龙知抚州，旋又使台臣季可劾罢之。未几，吕文焕导大军东下，范文虎首迎降，与文焕俱东，似道兵溃鲁港，晋最先遁，以故列城从之皆遁，始悔不用文龙之言。起为左司谏，寻迁侍御史。

时边事甚急，王爚与陈宜中不能画一策，而日坐朝堂争私意。潜说友以平江降，台臣请籍其家，爚以为可，宜中以为不可。张世杰诸将分四道出师，而大臣不监护，台谏论之，爝请行边，下公卿杂议，宜中请出督师，又下公卿杂议。文龙上疏曰："《书》言'三后协心，同底于道。'北兵今日取某城，明日筑某堡，而我以文相逊，以迹相疑，譬犹拯溺救焚，而为安步徐行之仪也。请诏大臣同心图治，无滋虚议。"其后宜中与爝终不相能而去，至十月始来，事已不可为矣。

是冬，累迁文龙至参知政事。未几议降，文龙乃上章乞归养，既出国门而悔之，复上疏求还，不报，乃归。五月，益王称制于福州，复以文龙参知政事。漳州畔，以文龙为闽、广宣抚使讨之。文龙以黄恮前守漳有恩信，辟为参谋官。按兵泉州，使恮入招抚之，恮至，民皆顿首谢罪。兴化有石手军者，能掷石中人，议者以其不足用罢之，石手军亦畔，复命文龙为知军，平之。

已而降将王世强复导大军入广，建宁、泉、福皆降。知福州王刚中遣使徇兴化，文龙斩之而纵其副以还，使持书责世强、刚中负国。遂发民兵自守，城中兵不满千，大兵来攻不克，使其姻家持书招降之，文龙焚书斩其使。有风其纳款者，文龙曰："诸君特畏死耳，未知此生能不死乎？"乃使其将林华侦伺境上。华即降，且导兵至城下，通判曹澄孙开门降，执文龙与其家人至军中，欲降之，不屈，左右凌挫之，文龙指其腹曰："此皆节义文章也，可相逼邪？"强之，卒不屈，乃械系送杭州。文龙去兴化即不食，至杭饿死。其母系福州尼寺中，病甚，无医药，左右视之泣下。母曰："吾与吾儿同死，又何恨哉？"亦死。众叹曰："有斯母，宜有是儿。"为收葬之。

薄寿庚以泉州降，告其民曰："陈文龙非不忠义，如民何？"闻者笑之。大兵既归，文龙之侄瓒复举兵杀林华，据兴化，未几复破，瓒死之。

邓得遇字达夫，邛州人。淳祐十年进士。调宁远主簿，改知南昌县，通判隆兴府，监行在左藏库，出知昭州，迁广西提点刑狱，逾年摄经略事兼知静江府。

德祐元年,长沙被兵,得遇遗都统马骥、马应麒赴援,骥潜叛而还,得遇斩之,军事悉委之应麒。未几,马墍代阃,议事不合。二年,移治苍梧。

静江破,得遇朝服南望拜辞,书幅纸云:"宋室忠臣,邓氏孝子。不忍偷生,宁甘溺死。彭咸故居,乃吾潭府。屈公子平,乃吾伴侣。优哉悠哉,吾得其所!";遂投南流江而死。

张珏字君玉,陇西凤州人。年十八,从军钓鱼山,以战功累官中军都统制,人号为"四川虓将"。

宝祐末,大兵攻蜀,破吉平隘,拔长宁,杀守将王佐父子。至阆州,降安抚杨菼,推官赵广死之。至蓬州,降守将张大悦,运使施择善死之。顺庆、广安诸郡,破竹而下。明年,合诸道兵围合州,凡攻城之具无不精备。珏与王坚协力战守,攻之九月不能下。景定初,合守王坚徵入朝,以马千代守合。四年,千子饭饷至虎相山,为东川兵所得,屡以书劝千降,朝廷乃以珏代千。珏魁雄有谋,善用兵,出奇设伏,算无遗策。其治合州,士卒必练,器械必精,御部曲有法,虽奴隶有功必优赏之,有过虽至亲必罚不贷,故人人用命。

自全汝楫失大良平,大兵筑虎相山,驻兵两城,时出攻梁山,忠万开达,民不得耕,兵不得解甲而卧,每饷渠,竭数郡兵护送,死战两城之下始克入。咸淳二年十二月,珏遣其将史炤、王立以死士五十斧西门入,大战城中,复其城。三年四月,平章赛曲赤提兵入,坏重庆麦,道出合城下,珏碇舟断江中为水城,大兵数万攻之不克,遂引去。

合州自余玠用二冉生策,徙军钓鱼山,城壁甚固,然开、庆受兵,民凋弊甚,珏外以兵护耕,内教民垦田积粟,未再期,公私兼足。九年,叛将刘整复献计,欲自青居进筑马骝、虎顶山,扼三江口以图合,匣剌统军率诸翼兵以筑之。左右欲出兵与之争,珏不可,曰:"芜菁平母德、彭城,汪帅劲兵之所聚也,吾出不意而攻之,马骝必顾其后,不暇城矣。"乃张疑兵嘉渠口,潜师渡平阳滩攻二城,火其资粮器械，越砦七十里，焚舡场，统制周虎战死，马墍城卒不就。

十年，加宁江军承宣使。德祐元，升四川制置副使、知重庆府。五月，加检校少保。徵其兵入卫，蜀道断，不得达。六月，昝万寿以嘉定及三龟、九顶降，守将侯都统战死。已而泸、叙、长宁、富顺、开、达、巴、渠诸郡不一月皆下，合兵围重庆，作浮梁三江中，断援兵。自秋徂冬，援绝粮尽，珏屡以死士间入城，许以赴援，且为之画守御计。二年正月，遣其将赵安袭青居，执安抚刘才、参议马嵩归。二月，遣张万以巨舰载精兵，断内水桥，入重庆。四月，合重庆兵出攻凤顶诸砦。珏结泸士刘霖、先坤朋为内应。六月，遣赵安破神臂门，执梅应春杀之，复泸州。重庆兵渐解去，围泸州。十二月，赵定应迎珏入重庆为制置。

时阳立以涪州降，珏遣张万攻走立，俘其僚属冯巽午等。立复合兵来决战，史进、张世杰战死，万不支，俘立妻子及安抚李端以归。珏以都统程聪守涪。重庆兵尽退。珏闻二王立广中，遣兵数百人求王所。调史训忠、赵安等援泸州。张万入夔，连忠、涪兵拔石门及巴巫砦，获将士百余人，解大宁围，攻破十八砦。明年六月，张德润复破涪州，执守将程聪。先是，聪在重庆力主守城之议，珏入，不知也，使出守涪。聪至郡怏怏，不设备，至是被执。德润以肩舆载聪归，语之曰：“若子鹏飞为参政矣，且晚可会聚也。”聪曰：“我执彼降，非吾子也。”

是月，梁山军袁世安降。十月，万州破，杀守将上官夔。十一月，泸州食尽，人相食，遂破之，安抚王世昌自经死。

大兵会重庆，驻佛图关，以一军驻南城，一军驻朱村坪，一军驻江上。遣泸州降将李从招降，珏不从。十二月，达州降将鲜汝忠破咸淳皇华城，执守将马堃，军使包申巷战死。至元十五年春，珏遣总管李义将兵田广阳，一军皆没。二月，大兵破绍庆府，执守将鲜龙，湖北提刑赵立与制司幕官赵酉泰皆自杀。珏率兵出薰风门，与大将也速觩儿战扶桑霸，诸将从其后合击之，珏兵大溃。城中粮尽，赵安以书说珏降，不听。安乃与帐下韩忠显夜开镇西门降。珏率兵巷战不支，归索鸩饮，左右匿鸩，乃以小舟载妻子东走涪，中道大憾，斧其舟欲自沉，舟人夺斧掷江中，珏踊欲赴水，家人挽持不得死。明日，万户铁木儿追及于涪，执之送京师。重庆降，制机曹琦自经死，张万、张起岩出降。进攻合州，破外城。三月，王立亦降。

珏至安西赵老庵，其友谓之曰："公尽忠一世，以报所事，今至此，纵得不死，亦何以哉？"珏乃解弓弦自经厕中，从者焚其骨，以瓦缶葬之死所。

赵立者，字德修，重庆人。第进士，以上书迕贾似道被谪。德祐初，起为太社令、湖北提刑。使蜀趣诸将入卫，至重庆则昝万寿已降，珏方城守为后图。立无以复命，还至涪，沉水死。

宋史卷四五二
列传第二一一

忠义七

高敏　张吉附　　景思忠　弟思立　　王奇

蒋兴祖　　郭浒　　吴革　　李翼

阮骏附　赵士崈　士医　士真　士遒　士跂

叔皎　叔凭　训之　聿之　　陈淬　　黄友

郝仲连　　刘惟辅　　牛皓　　魏彦明

刘士英　　翟兴　弟进　　朱跸　朱良

方允武附　　龚楫　李亘　　凌唐佐

杨粹中　　强霓　康杰　李伸附　　郭僎

郭赟　王进　吴从龙附　　司马梦求

林空斋　　黄介　　孙益　　王仙

吴楚材　　李成大　　陶居仁

　　高敏,登州人。为泾原指使,数与西夏战,遭重伤。范仲淹、韩琦皆荐之,为阁门祗候,历利州路、邠宁环庆都监,主蕃部事。

　　羌围大顺城,偏将赵怀德力战,其下以银买级,主帅李复圭以所部不整欲治之。敏言怀德善用人,战必胜,当略其小过,且蕃官难强以汉法，复圭乃止。羌人声言将出鄜延，敏屡白复圭曰："兵家之事，声东击西，环庆尝破白豹、金汤，结衅已深，不可不备。"已而果以兵三十万来寇。

总管杨遂驻兵大义，以敏为先锋将。夏人攻夺大顺水砦，敏出通路，自寅及午，且战且前，多所斩获。次榆林，援兵不至，中流矢死，年五十七。官止东头供奉官。诏赠嘉州刺史，录其三子为侍禁、殿直。

张吉者，庆州卒也，为淮安镇守烽。夏人寇东谷，掠得之，胁以兵，使呼城中曰："淮安诸砦已破，宜速降。"吉反其辞曰："努力！诸砦无虞，贼粮尽且去矣，毋庸降。"贼怒，害之。诏赠内殿崇班，又录其子。

景思忠字进之，普州安岳人。以父西上阁门使泰荫，累官西京左藏库使，为遂州驻泊都监。夷人寇淯井，钤辖张承祐出兵救之，思忠部卒五百为前锋。夷乘险薄官军，官军战不利，死者十之六。左右劝思忠引避，不听，奋剑疾战而死。走马使张宗望为言，诏察访熊本考实，得其事，神宗悯之，官思忠及同死者之子七人，余皆赐其家钱帛。

弟思立，以荫主渭州治平砦。啰兀用兵，韩绛使摄保安军。夏人寇顺宁，思立擅领兵赴援，诸将败，一军独全。以功知德顺军，策应王韶取熙州，过洮，筑当川堡，克羌香子、珂诺城，遂定河州。尝与羌力战，斩不用命者数人，军声大振。韶言其临事忠勇，进如京副使、通事舍人，再擢东上阁门使、河州刺史，赐绣旗、朱甲。又迁四方馆使、河州团练使，知其州。神宗知思立母老而未有官舍，命其弟思谊为秦州判官以便养。

青宜结鬼章举兵袭杀伐木卒，害小校七人，以书抵思立，词不逊。思立不能忍，帅兵千六攻之于踏白城。钤辖韩存宝、蕃将瞎药

交止之,不听。自将中军,使存宝及魏奇为先锋,王存将左,贾翊将
右。鬼章众二万,分三砦以抗官军。战数十合,羌从山下围中军,他
将王宁、李元凯没于阵,思立、存宝溃围出,诸将多伤,议曰:"日暮
兵疲,宜移屯东冈以自固。"思立以魏奇创重,独徙其军,方遣之而
殿后兵乱,前人望见,亦皆溃。思立且斗且退,曰:"我适以百骑走羌
数千人,无助我者,今败矣,当自刭以谢朝廷。"众止之。少顷再战,
遂死。时已除忠州防御使,会其死,不及拜。帝以其轻敌致败,不复
赠官。

　　王奇,汾州人,武举中第。章敦经营湖北溪洞,以为将领,降其
酋舒光贵,缚元猛,平懿、洽等州。累迁如京副使,为湖南都监,徙广
西。宜州蛮寇边,奇领兵至天河县,期旦日会战,裨将费万夜以众窃
出河泥隘,战没。经略使移书迫奇,奇不能堪。后数日,蛮万人骤集,
奇轻出,遂败。麾下犹数百人,劝策马逃去,奇骂曰:"大丈夫当尽节
以报国,何走为!"战而死。诏赠皇城使、忠州防御使,官其家六人,
仍赐金帛。

　　蒋兴祖,常州宜兴人,之奇之孙也。以荫累调饶州司录。睦州
盗起,旁郡皆震,兴祖白州将纠吏卒,缉战具,盗不敢谋。以功迁官,
知开封阳武县。阳武,古博浪沙地,土脉脆恶,大河薄其南。尝积雨
泛溢,埽且溃,兴祖躬救护,露宿其上,弥四旬,堤以不坏。治为畿邑
最,使者交荐之。靖康初,金兵犯京师,道过县,或劝使走避,兴祖
曰:"吾世受国恩,当死于是。"与妻子留不去。监兵与贼通,斩以徇。
金数百骑来攻,不胜,去,明日师益至,力不敌,死焉,年四十二。妻
及长子相继以悖死。诏赠朝散大夫。

　　郭浒,德顺中安堡人。从军,积官至武经郎,为泾原第八副将。
金人犯陕西,渭帅以下叛降,独浒义不许,称病去。帅恶忌之,傅致
以罪,下之狱,胁使俱降。浒奋而呼曰:"大丈夫今得死所矣!终不

能受污。叛逆大恶，天地所不容，吾虽死，誓不尔贷，当诉于地下耳。"众丑其语，即杀之。建炎三年，赠武翼大夫、忠州刺史。

同死者朱友恭，西安人。以忠翊郎为泾原第一副将。部兵捍金人于华亭，数有功。会金兵大集，友恭赴敌力战，为所得。渭帅既降，诱以甘言，许优进官秩，不肯从，更诋辱之，帅不胜忿，断其胫以徇，经日乃斩之。后赠敦武郎。

吴革字义夫，华州华阳人，国初勋臣廷祚七世孙也。少好学，喜谈兵。再试礼部不中，乃从泾原军，以秉义郎干办经略司公事。

金人南牧，帅兵解辽州之围。使粘罕军，见之庭，揖不拜，责其贪利败约，词直气劲，粘罕少屈，为追回威胜诸屯兵，授书使归。钦宗问割地与不割地利害，对曰："金人有吞噬之意，愿悉起关中士马赴都为备。"诏以为武功大夫、阁门宣赞舍人，持节谕陕西。

行至朱迁，闻金人犯京师，复还。与张叔夜同入城，请于帝，乞幸秦川，又乞出城劫之，使不敢近，又乞诸门同出兵牵制、冲突、尾袭、应援，可一战而胜。时众言已入，皆不果。后金兵攻安上门，填道；度壕，革言之守将，使泄蔡河水以灌之，不听。及填道将合，欲用前议，则水已涸矣。

车驾幸金营，革以为堕其诈，往请叔夜，欲身见其大酋计事。叔夜问其故，曰："兹行有三说："一则天子还内，二则金骑归国，三则革死。"叔夜为言之，不报。上皇、妃、后、太子出郊，革白孙傅乞留之，不得。乃为傅谋，于启圣僧院置振济局，募士民就食。一日之间至者万计，阴以军法部勒，将攻金营。久之，迁于同文馆，所合已至数万，多两河骁悍之士。

既而有立张邦昌之议，革谋先诛范琼辈，以三月八日起兵。谋既定，前期二日，有班直甲士数百人排送入言："邦昌以七日受册，请亟起事。"革乃被甲上马，至咸丰门，四面皆琼党，绐革入帐，即执之，胁以从逆。革骂之极口，引颈受刃，颜色不变。其麾下百人皆同死。

李翼，麟州新秦人。宣和末，为代州西路都巡检使，屯崞县。金人取代，执守将嗣本，遣来谕降，翼射却之，帅士卒坚守。义胜军统领崔忠杀都监张洪辅，夜引金兵入城，翼挺身搏战达旦，力不敌被执。酋粘罕欲臣之，怒骂不屈，与县令李耸、丞王唐臣、尉刘子英、监酒阎诚、将官折可与同死之。

阮骏者，兴化军人。绍圣元年进士，为河南府少尹。金人犯京师，率所隶兵拥护神御殿，抱神御，骂声不绝口，卒被害。特赠朝议大夫。

赵士𥟲字景瞻，太宗之后。生五岁，补右班殿直。既长，游庠序，月试数居前列。一日，投笔叹曰："昔贤有不愿为章句儒，出玉门关、佩侯印者，彼何人哉！"遂不复事科举。去为郡县吏，累迁至淮南西路兵马钤辖，驻寿春。

剧贼丁一箭众号十万，来攻城。郡守不知兵，凡备御之策悉委士𥟲。贼三旬不退，士𥟲募军中敢死士与之谋。有张宣者应募，独持槊缒城下，击杀数十人，贼众披靡。乃选壮士数百，夜开城门，出其不意击走之，追奔数十里。以功迁三官，秩满，授江东路钤辖。

李成叛，据江、淮六七郡，连兵数万，遣其党马进围九江，守臣姚舜明与士𥟲及副钤辖刘绍先御之。进攻城益急，士𥟲竭力捍守。江东帅吕颐浩屯鄱阳，既复南康，与建武节度使杨惟忠兵会，遣统制巨师古援江州，未至，遇伏败。绍兴元年正月，诏张俊为江、淮招讨使，入辞，颇言成兵众。高宗责以立功，俊悚惧受命。未至，城已陷。

时守城罢卒仅数千，捍贼百余日，城中食尽，舜明、绍先议纵火，因弃城去，士𥟲毅然独纠合部曲余民守城。城破，众号呼曰："无杀我赵钤辖。"贼入城大掠。成素服士𥟲之义，欲以为伪安持使，士𥟲怒骂曰："贼欲屈我耶！"阴裂帛以书使示诸子曰："贼不杀我，义不苟活,汝辈得出,为我雪耻。"遂仰药而卒,年五十二。贼怒,并害其家数十口。事闻,上嘉悼,赠武功大夫,官其孙二人。

士薳六子,皆有文行:不忘、不忞、不愆、不恶、不懑、不隐。是役也,不忞、不懑、不隐死焉。

又宗子有士医、士真、士道,皆以死事闻。

士医,任秀州兵马都监。建炎四年,兀术入州,士医乘城拒战,城陷死之。后赠武翼大夫,官其二子。

士真,权知信阳军。寇刘满至,士真拒之。兵溃,满执之去荆门,遇害。后赠右朝奉大夫,官其一子。

士道,以武翼大夫守官江州。绍兴五年,马进寇江州,士道遇害。赠武德大夫,官其家二人。

士跋,濮王曾孙也。靖康末,为右监门卫大将军、吉州团练使。金人驱宗室北行,士跋得间道遁去。居邢州,结土豪将举事。有告者,金人执而杀之。事闻,赠保宁军节度使,谥忠果。

叔皎,秦悼王四世孙。元丰中,为右班殿直,累迁至德州兵马都监。自靖康以来,刘顺、吕拱、刘亨相继谋叛,叔皎皆设方略捕擒之。建炎二年,金人围城,郡檄叔皎率兵御之,前后六战。围急,有江哲者,与郡守宗谅谋以城降,叔皎斩哲以徇。金人登城,叔皎犹力战,势穷被执,怒骂不屈,遂遇害。

叔恁,建炎间,任陕州都监,累官武翼大夫,就迁通守。金人围陕州既久,援兵不至,城危。时叔恁子官卢氏,遗以蜡丸书曰:"人臣当死国难,况吾以近属,其可辱命耶?死固其所也。"遂死之。时通判王浒,职官刘效、陈思道、冯经、李岳、杜开,县令张玘,将佐卢亨等五十一人俱死,无降者。

训之字诲道,秦悼王五世孙。父叔侯,官至惠州防御使。训之登政和二年进士,调东平仪曹,知平江府吴县。朱勔怙势役州县,训之不为屈。勔尝执数辈诣县请治,训之悉纵之。忤勔,遂移疾去。

宣和末,盗起河北,训之屡与人言:"契丹旧盟未可渝,金人新好未可恃。"未几,金人犯京师,训之居扬州,率大姓募士勤王,闻都城失守,乃止。

建炎三年,知吉州永丰县。孟太后避地虔州,护卫统制杜彦与其麾下叛,后军杨世雄应之,将犯永丰。训之与尉陈自仁简兵分为二,一取间道绕贼后,一据地利匿其精兵以诱贼。贼至伏发,歼其众。会贼别校继至,官兵未成列,训之率数十辈拒战,厉声骂贼,与自仁俱被害。事闻,诏赠训之朝散郎、直秘阁,谥忠果,自仁通直郎,官其子,邑人为立祠。

太后之发吉州也,至太和,众皆溃。从事郎、三省枢密院干办官刘德老为金人追骑所杀。官其家一人。

是年,金人过江,陈淬战死,岳飞等兵皆引去。上元丞赵垒之帅乡兵迎敌,死之。赠奉议郎,官其家一人。

聿之,安定郡王叔东子也,建炎中,为成忠郎。金人围潭州,帅臣向子諲率众守城,聿之隶东壁。子諲循城,顾聿之曰:"君宗室,不可效他人苟简。"聿之感慨流涕。金兵登城纵火,子諲率官吏突门遁去,城遂陷,聿之巷战,大骂而死。将官武经郎刘玠亦死之。事闻,赠聿之左监门卫大将军,玠武经大夫,皆官其家。其后朱熹为请立庙,赐号忠节。

陈淬字君锐,兴化军莆田人。绍圣初,下第,挟策西游。时吕惠卿帅鄜延,淬戎服往见,惠卿问相见何事,淬曰:"大丈夫求见大丈夫,又何事?"惠卿器之,补三班奉职。与西人接战于乌原,手杀十余人,擒其砦主。奏为左班殿直、鄜延路兵马都监,累迁武经郎。丁外艰。

宣和四年，召赴阙，授真定路分都监兼知北砦、河北第一将，寻拜忠州团练使、真定府路马步副总管。七年，金人入真定，淬以孤军御之，妻孥八人皆遇害。

建炎元年，辟诸军统制，宗泽命击金人于南华，败之。兼大名府路都总管兵马钤辖，擢知恩州。王善者，金之种落也。拥众十万，长驱两河，遂袭恩。淬与长子仲刚拒战，贼飞刃及淬，仲刚以身蔽刃，死之。明年，善复围陈州，淬大败善兵，拜宿州安抚使。李成叛，诏以淬为御营使、六军都统、淮南招抚使讨之，三战三捷。

未几，金人犯采石，又檄淬回援建康。淬将中军，戚方将前，王璞将后。淬曰：“彼众虽多，然止有二十艘，一艘不越五十人，每至不过千人。吾伏兵葭芦翳荟间，俟其旋济旋获，前后不相知，迄济，当尽获矣。”杜充不从，金兵遂犯板桥，诸军皆溃，淬独与战，势穷力尽，据胡床大骂，刃交于胸而色不动，与其从子仲敏俱死。诏赠拱卫大夫、明州观察使，官其一子一婿。

黄友字龙友，温州平阳人。少不羁，十五入太学，语同辈曰：“大丈夫不能为国立功，亦造化中赘物耳。”因投笔西游。边帅刘法一见奇之，延致门下。会西鄙兵哄，都护高永年战没，友作七诗哀其忠。其后幕府奏功，没永年之实，恤典不及。其子以友诗进，徽宗览之恻然，遂加赠谥，友亦免省试，登进士第，调永嘉、瑞安二县主簿，摄华阴令，有政声。

方腊窃发，友同诸将收复，所至披靡。婺寇复作，守留友摄兵曹，为殄灭计。友请往谕之，既次浦江，贼望风解去。复单骑次武义，贼众持钉一楶置其前，友正色叱之曰：“汝等何速死耶？”贼首李德壮之，亟麾退，一境贴然，婺人图像祀之。

通判檀州。会金人败盟，郭药师以常胜军叛，燕土向应，友独领数千人与之战，躬冒矢石，破裂唇齿。钦宗即位，制置使詹度奏友久服武事，筹略过人。丞相何㮚从而荐之，召对，问友唇齿破裂状，为之称叹，赍予甚渥。

进直徽猷阁、制置司参谋官,同种师中解太原围。友遣兵三千夺榆次,得粮万余斛。明日,大军进榆次十里而止,友亟白师中:"地非利,将三面受敌。"论不合,友仰天叹曰:"事去矣!"迨晓,兵果四合,矢石如雨,敌益以铁骑,士卒奔溃。敌执友谓曰:"降则赦汝。"友厉声曰:"男儿死耳!"遂遇害。帝书"忠节传家"四字旌其闾,官其后八人。

友体貌英伟,胆雄万夫,谋画机密,出人意表。尝语子弟曰:"天下承平日久,武事玩驰,万一边书告警,马革裹尸,乃吾素志。他日收吾骸,足心黑子为识也。"其忠诚许国根于天性如此。

郝仲连,昌元人。建炎元年,金人犯河中,守臣席益遁去。仲连时为贵州防御使,宣抚范致虚遣节制河东军马,屯河中,就权府事。金将娄宿以重兵压城,仲连率众力战,外援不至,度不能守,先自杀其家人,城陷不屈,及其子皆遇害。后赠中侍大夫、明州观察使。

刘惟辅,泾州人。以同州观察使为熙河马步军副总管。金人既得秦州,经略使张深遣惟辅将三千骑御之。金前军逾巩州,距熙才百里,惟辅留军熟羊城,以千八百骑夜趋新店。黎明军进,短兵相接,杀伤大当。惟辅舞槊刺其先锋将孛堇黑锋,洞胸堕马死,敌为夺气退。深檄陇右都护张严往追之,至凤翔境上,惟辅不欲听严节制,乃自别道由吴山出宝鸡,获金游骑。严拥大兵及金人于五里坡,金人知之,伏兵坡下,严与曲端期而不至,径前,遇伏死之。惟辅自石鼻砦遁归。

金人略熙河,惟辅将去,顾熙河尚有积粟,恐金人因之以守,急出悉焚之。金人追及,所部皆走,惟辅与亲信数百匿山寺中,遣人诣夏国求附,夏国不受。其亲信军诣金人降,金人执惟辅,诱之百方,终不言。金人怒,摔以出,惟辅奋首曰:"死犬!斩即斩,吾头岂汝摔也。"顾坐上客曰:"国家不负汝,一旦遽降敌耶?"即闭口不复言而死。张浚闻之,承制赠昭化军节度使,赙银帛布以二百计,官子孙十二人,立庙成州,号忠烈。

有高子孺,狄道人。知兰州龛谷砦,闻惟辅尚存,固守以待。及城陷,先刃其家而后死。韩青为熙河马步军第六将,间行从惟辅,为金人所擒,亦骂不绝口而死。

牛皓,福津人。为武功大夫、川陕宣抚后军中部将。绍兴五年,金右都监撒离曷与其熙河经略使慕洧欲犯秦川,宣抚副使吴玠遣诸校分道伺之。皓至瓦吾谷,与金将虎山遇,皓所部步卒不满二百,乃下与战,谓其徒曰:"吾所以舍马者,欲与若等同死也。"金人见皓异于它人,欲招之,皓力战死。

有承信郎高万,且骂且战,与熙河路部将任安、宣抚司队官秦元、薛琪、张亨皆死于阵。金人相谓:"真健儿也。"后皓、安皆赠翊卫大夫,官其家五人,赠万等三官,录其子。

魏彦明,开封人。通判延安府。建炎二年,金人陷府东城,而西城犹坚守。金人并兵入鄜延,王庶自当鄜州来路,遣统制官庞世才当延安来路。天大雪,世才战败,自是金兵专围西城。初受围时,彦明与权府事刘选分地而守,彦明当东壁,空家赀以赏战士,金人不敢犯。王庶子之道未弱冠,率老弱乘城。金人昼夜攻城,阅十有三日城陷,彦明坐子城楼上,金人并其家执之,谕使速降。彦明曰:"吾家食宋禄,犬辈使背吾君乎?"娄宿怒杀之。诏赠中大夫,官一子。

刘士英,宣和间为温州教授。方腊陷处州,州人争具舟欲遁,士英奋谓不当避。自郡将而下皆排沮之,士英独身任责,推郡茂才石励为谋主,治兵峙粮,籍保伍,分其地为八隅,委官统率,以锺为约,令民闻锺声则趋所守堞。未几,贼来攻,拒守凡四十余日,官军继至贼溃去。

靖康初,通判太原府。金人入境,帅臣张孝纯欲避之,士英率通判方笈、将官王禀力止孝纯。及城陷,禀赴火死,士英持短兵接战,死之。笈在金，因讲和使附书言二人死节，后刻石于衢、温二州。

翟兴字公祥，河南伊阳人。少以勇闻。剧贼王伸起，兴与弟进应募击贼，号大翟、小翟。金人犯京师，西道总管王襄檄兴统领在城军马。以保护陵寝功补承信郎，辟京西北路兵马副钤辖，为陕西宣抚司前军统制。高世由以泽州降金，金以为西京留守。兴与进提步卒数百，卷甲夜趋洛阳，擒世由等斩之。

群盗冀德、韩清出没汝、洛间，兴以轻骑追袭，德就擒，清仅以身免。会进为叛将杨进所害，贼乘势击败官军，兴帅余众拒贼，保伊川。明年，诉进死事于朝，以兴代进为京西北路安抚制置使兼京西北路招讨使，兼知河南府。杨进屯鸣皋山北，兴与子琮帅乡兵时出扰之，进惧，弃辎重南走，兴邀击于鲁山县，进中流矢死，余众溃去，西京平。

贼王俊据汝州，兴引兵攻之，俊弃城去，退保伞盖山，兴进攻，免胄大呼曰："贼识我乎？我翟总管也。"众皆披靡，遂破之。

金人犯河阳、巩县、永安军兴遣子琮与搏战，屡捷，追至渑池。诏授河南孟、汝、唐州镇抚使兼知河南府，转武略大夫兼阁门宣赞舍人，寓治伊阳。时河东、北虽陷，土豪聚众保险，兴遗蜡书结约之，向密、王简、王英辈皆愿受节制。奏上，高宗嘉之，授河东、北路军马使，遍檄山砦，由是汾、泽、潞、怀、卫间山砦首领皆应命。

金人入陕右，兴遣将邀击，俘五十余人，又遣子琮生擒金河东都统保骨，遂复阳城县，乘胜取绛之垣曲，进至米粮川。绍兴元年春，金重兵犯河南，时兴军乏粮，就食诸道，仅存亲兵自卫，人情震恐。兴授将彭玘方略，设伏于井首，俟敌至阳遁，金众果追玘，伏发，金帅就擒。邓州人杨某拥众河北，伪称"信王"，兴遣将董先追获于商州杀之。进武功大夫、忠州团练使。

刘豫将迁汴，以兴屯伊阳，惮之，遣蒋颐持书诱兴以王爵。兴斩颐焚其书，豫计不行，乃阴遣人啖裨将杨伟以利，伟杀兴，携其首奔豫。或云：赂伟为内应，以兵径犯中军，兴奋击坠马死。事闻，赠保信军节度使。

　　兴威貌魁伟，每怒，须辄张。军食不继，士以菽粟杂藜藿食之，激以忠义，无不奋厉。在河南累年，金人不敢犯诸陵。诏赐军名"忠护"。

　　子琮，沈勇有父风，继兴为镇抚使；琳，阁门祗候。

　　进字先之。以捕盗劳补下班殿侍，累功充京西第一将。坐熙河帅刘法泾原战失利，降官停任，寻叙复。女真归故地，改河北第四将。往至遂城，会契丹兵奄至，都统制刘延庆以进为先锋，与契丹战于幽州石料冈、卢沟河皆捷。又与契丹大将遇于峰山，力战弥日，契丹溃去。

　　金人犯京师，朝廷密诏西道总管王襄会兵三万赴京城，至叶县，襄欲引兵而南，进谏止之，因分军遣进持书而西。时经略使范致虚已合五路军马次潼关，以进统河南民兵，收复西京。进至福昌，遣兵袭金营。时金游骑往来外邑，进设伏擒之。金人逼灵山砦，进父子兄弟与之战，溃围至高都，集乡兵七百人，夜行昼伏，五日至洛城，夜半破关入，擒高世由。再捷于伊阳白草坞。都总管孙昭远至洛阳，以进戍渑池界，授下义大夫、阁门宣赞舍人。

　　金人犯白浪隘，将渡河，进破之。未几，洛阳再陷，进在伊阳，哀散亡才千人。金人犯薛封，进选精锐三百人，夜纵火矸其营，焚死者甚众。又战于驴道堰，生擒金将翟海，追至梅花谷。贼冀德、韩清啸聚南阳，进间道击之，德降，继斩清于艾蒿平。勒兵抵龙门，屡与金人夹河战，乘胜入洛阳。或曰："彼砦尚固，城未可守。"不听。金人聚怀、卫、蒲、孟数州之众薄城下，斧诸门入，进率士卒巷战，次子亮死之。迁武功大夫、阁门宣赞舍人，充京西北路兵马都钤辖，寻授马步军副总管，升本路制置使，兼知河南府。

　　会东京留守杜充所招巨寇杨进号"没角牛"者，拥兵数万，残害汝、洛间。进谓其兄兴欲力除之。会杨进遣数百骑绝水犯进营，进乘半渡击之，追贼数十里，破贼四砦，马惊坠堑，为贼所害。赠左武大夫、忠州刺史，官其后五人。

朱跸，湖州安吉人，知钱塘县。建炎三年，金人陷杭州，初犯余杭，守臣康允之退保赭山。跸白允之率弓手、土军前路拒敌，使杭民为逃死计。行二十里，遇金兵，跸两中流矢，左右掖至天竺山，犹能率乡兵御敌。后数日遇害。时兀术自安吉进兵，过独松关，曰：“南朝若以羸兵数百守此，吾岂能遽度哉！”

朱良者，字良伯，吴郡人。世儒科。建炎中，为海盐县尉。金兵入境，良谓僚友曰：“今日乃忠臣义士死国之时也。”被甲执戈，集所部百余人奋而前，击金兵数人死，众为披靡，然力不敌，竟死。事闻，官其子思，后守汉阳。

方允武者，衢州人。武学上舍，补官为常州宜兴巡检。建炎三年，金人入县之金泉乡，允武率土军、乡民迎敌，杀获数级，夺弓箭与旗。后遇金兵梅岭村，力战而没。诏赠两官，官其家二人。

龚楫字济道，兵部侍郎原之孙，世以儒学显。楫懦如不胜衣。建炎初，闻金人陷郡县，辄忿恚不食，念有以自见而不可得。兀术据和州，以偏师万人筑堡新塘，遏绝濡须之路。楫率家僮百余人袭之，乡里从者二千余人，获千户二，系累者数百人，辎重称是。纵遣所掠州民父母妻子，将归于滁、和镇抚司。遇金兵大至，乃取道圩上，金骑兵据其冲，不得前，众多赴水死。楫麾其众曰：“今日斗死亦足为义士，自弃沟渎无益也。”战败，为金人所获，犹挺剑刺其一人，骂不绝口，金人脔割之。年二十二。

金人初至新塘，有蒋子春者，教授里中。金人见其挟书，又人物秀整，喜之，欲命以官，子春怒骂，乃杀之。

李亘者，字可大，兖州乾封人。少好学，有知虑。大观二年进士。

徐处仁当国,擢尚书郎官。建炎末,金人犯淮南,亘不及避,刘豫使守大名。与凌唐佐谋,密陈豫可取状告于朝。募卒刘全、宋万、僧惠钦辈十余,往返事泄,全、万、惠钦为逻者所得,亘坐死。后赠官,立祠曰愍忠。

又有武显大夫孙安道,为应天府兵马钤辖。城陷不得归,谋挺身还朝,为人所告而死。后赠忠州刺史。

凌唐佐字公弼,徽州休宁人。元符三年进士。建炎初,提点京畿刑狱,加直秘阁,知南京。南京陷,刘豫因使为守。唐佐与宋汝为密疏其虚实,遣人持蜡书告于朝。江、淮都督吕颐浩过常州,得唐佐从孙宪,授保义郎、阁门祗候,俾持帛书遗之。宪至睢阳,事泄,豫捕唐佐并其家,宪脱归。唐佐见豫,责以大义,豫怒,斩唐佐境上。李横复颍昌,言于朝,诏赠徽猷阁待制。

杨粹中,真定府人。建炎二年,金人大入,时粹中知濮州,固守不下。粘罕以濮小郡,易之,将官姚端乘其不意,夜捣其营,直犯中军,粘罕跣足走,仅以身免。遂急攻城,凡三十三日而陷,端率死士突出。粘罕入其城,粹中登浮图不下,粘罕嘉其忠义,许以不死,乃以粹中归。粹中竟不屈而死,守御官杜绩亦死之。赠粹中徽猷阁待制。

强霓自金归宋,为武功大夫、阁门宣赞舍人、知环州、环庆路统制军马兼沿边抚使。隆兴间,金兵围环州,与其弟武经大夫、环庆路统领沿边忠义军马震坚守孤城,招诱使降,不屈,城陷死焉。兴州驻札御前诸军统制吴挺言于朝,并赠观察使,立庙西和州,赐额旌忠。

康杰者,权知扶风县,与金将冯宣战,宣爱而欲招之,杰奋曰:"吾今也当死于阵,不能降敌。"宣杀之。

李伸者,知天兴县,坚守不下,城陷,曰:"吾岂使敌杀我。"遂自杀。

郭僎字同升，开封祥符县人。以父任调海州东海县尉，权祥符县尉。时童贯子师闵死，敕葬邑境，僎任道途之役。贯命撤民屋之当道者，僎先籍童氏屋数十间欲毁之，贯遽令勿毁，由是民屋得免。再调滨州招字丞，又为亳州蒙城丞。令以盐科邑民，僎争之不可。郡守以僎丞鹿邑，中贵人杨逢周率军士二百人，以捕寇为名入邑境，所至骚动。僎檄逢周取所受文书，逢周不与，僎令尉讥察之。逢周归，诉于徽宗，诏追僎赴开封府狱，狱以状闻，乃使还任。

辟权咸平县丞。靖康初，勤王兵有剽掠邑界者，僎率民兵击之，得犯者斩以徇。会金人大至，力不敌，其僚欲降之，僎走南京从赵野乞师，不从，恸哭而归。寻知宣城县。苗傅、刘正彦之变，吕颐浩传檄诸郡，僎说郡守刘珏，请募勇士倍道赴难，揭榜复用建炎年号，人皆韪之。

通判全州，权饶州浮梁宰，未行，时有贼张顶花者已逼县境，众止之，僎曰：“安逸则就，艰危则辞，非我所学。”径就道。至县，约束吏士，誓以死战。贼闻之，伪降，入邑为变，邑官窜伏，僎曰：“吾为宰，义不可去。”端坐公署，贼徒责僎，僎大骂不绝口，遂遇害。诏赠承议郎，录其后二人。

郭赞者，汝阳县丞也。建炎二年，金人陷蔡州，守臣阎孝忠闻之，先遣其家，独聚军民守城。金人陷城，孝忠为所执，见其貌陋且侏儒，乃令荷担，因乘间而逃。独赞朝服诟叱不肯降，遂见杀。

王进字纯父，饶州乐平人。乡举恩免，为固始簿，摄邑。绍定中，金兵犯淮，守令望风遁，进度力不能御，怀印自投于井而死。

吴从龙字子云，官至武功郎、建康府统制。绍定兵难，为先锋，援不至，被擒，使至泰州城下诱降，终不屈，死之。庙祀扬、泰二州，赐额褒忠。官其弟从虎，至武经大夫。

司马梦求，叙州人，温国公光之后也。母程，归及门，夫死，誓不它适，旌其门曰"节妇"。梦求，其族子，取以为后。景定三年，举进士。咸淳末，调江陵沙市监镇。沙市距城才十五里，南阻蜀江，北倚江陵，地势险固，为舟车之会，恃水为防。德祐元年，湖水忽涸，北兵横遏中道，乘南风纵火，都统程文亮逆战于马头岸，制置使高达束手不援，文亮降。梦求朝服望阙再拜，自经死。

林空斋，永福人，失其名。父同，官至监丞。空斋举进士，历知县，解官家居。益王立，张世杰围泉州，乃率乡人黄必大、刘全祖即其家开忠义局，起义兵，复永福县。时王积翁以福安送款世杰，然实密约北兵。兵至，屠永福，必大、全祖等走它邑。空斋盛服坐堂上，啮指血书壁云："生为忠义臣，死为忠义鬼。草间虽可活，吾不忍为尔。诸君何为者，自古皆有死。"俄见执，不屈而死。

黄介字刚中，隆兴分宁人。意气卓越，喜兵法。制置使朱祀孙帅蜀，介上攻守策，祀孙爱之，以自随。夏贵辟充广济簿尉，平反死囚，尹不能抗。钱真孙复辟入幕，及与真孙别，诵"南八，男儿死尔"语以勉之。后家居，帅乡民登龙安山为保聚计。德祐元年，北兵至砦，众奔溃，介坚守不去，且射且诟，面中六矢不为动，顾谓家僮陈力曰："尔尽力勿走。"力曰："主在，死生同之。"介身被镞如蝟，面颈复中十三矢，倚栅而死，力亦死。

妻刘被掠，子用中逃，得不死。及壮，求母四方，逾十年，得于京师以归，州里称为黄孝子云。

孙益，扬州泰兴人。少豪侠。绍定中，李全犯扬州，游骑薄泰兴城下，县令王爋募人守御，益起从之。俄贼兵大至，益率众拒之。众见贼势盛，且前且却，益厉声呼曰："王令君募我来，将以守护城邑也。今贼至城下，我辈不为一死，复何面目见令君乎？"遂身先赴敌，死之。

同时顾绪、顾珦惧战死。事闻，赠益保义郎，绪、承节郎，各官其子一人。

王仙，蜀都统也。守涪州，北兵攻围无虚日，势援孤绝。宋亡之二年，城始破，仙自刎，断其亢不殊，以两手自摘其首坠死。

曹琦，蜀进士也。知南平军，亦被执，脱身南归，制置辟主管机宜文字。闻都统赵安以城降，就守御地自经死。

吴楚材名炎，以字行，建昌南城人。

德祐元年，建昌降，明年春，楚材还其乡领村，纠集民兵。时江西制置使黄万石走邵武，遂縣邵武守黎靖德请于万石，乞济师，万石不许，而授楚材迪功郎、权制置司计议官以安之，且戒勿兴兵。楚材不听，二月己亥，自领村率众，晨炊蓐食，将攻城。钲鼓震动，甫至近郊之龟湖，北兵三道蹴之，夺其长梯铁钩，因进攻领村，拒以木栅，不得入。事闻，益王元帅府承制迁楚材宣义郎、带行太社令、知建昌军，俾聚兵图再举。万石匿其命。

楚材既失利，且乏援，大元兵诱降，其众多解去。楚材走光泽，为人所执，及其子应登以献。郡遣录事娄南良讯之曰："汝何为错举？"楚材抗声曰："不错，不错。如府录所为，乃大错尔。府录受宋官爵，今乃为敌用事，还思身上绿袍自何而得？吾一鄙儒，特为忠义所激，为国出力，事虽不成，正不错也。"南良愧而语塞。及吴浚为江西制置、招讨使，斩楚材父子，传首诸邑。益王立于福州，闻而哀之，赠官朝奉郎，即邵武境上立庙，赐名忠勇。

李成大字实夫，南康军建昌人，文定公李迪之从子也。宝祐四年进士。德祐初，知金坛县。北兵至，与寄居官潘大同、大本率民兵巷战，不胜，大同兄弟死之。吏民挟成大降，乃潜与胡用存谋复金坛,事泄系狱,榜掠不屈,遂杀其二子以惧之,终不屈,笑曰:"子为父死,臣为君死。"卒杀之。

事闻,赠朝散大夫、直秘阁,谥忠节。制曰:"外难方炽,拥名城数十而降者,相望也。守封疆之臣,父忠于前,子继于后,如晋卜氏,可无褒乎? 通直郎、知镇江府金坛县兼弓手砦兵正李成大劲气排霄,精忠贯日,壮志弗就,以没其身。遂以大夫之阶,官其二孤,用慰英爽。"

陶居仁,太平之芜湖人,以行义闻州里。仕为镇江录事参军。北兵攻镇江,守臣洪起畏遁,统制官石祖忠举城降,居仁见执,抑使降。居仁曰:"吾固知历数穷而世运更也,讵可失忠义求苟生邪? 得以死报朝廷,夫何憾。"竟不屈,遂见杀。大帅至,闻居仁死时语,叹啧之,为棺敛,使人护以还其家,啼流数百里,不时顷至,人皆异之。乡人为立祠。

宋史卷四五三
列传第二一二

忠义八

高永年　　鞠嗣复　宋旅　丁仲修　项德附

孙昭远　　曾孝序　　赵伯振

王士言　祝公明附　　薛庆　　孙晖　李靓

杨照　丁元附　　宋昌祚　　李政　　姜绶

刘宣　　屈坚　王琦　韦永寿附　　郑覃

姚兴　　张玘　　陈亨祖　　王拱　　刘泰

孙逢　赵俊附　　刘化源　　胡唐老

王俦　朱嗣孟附　　刘晏　　郑振

孟彦卿　　高谈　　连万夫　谢皋附

王大寿　　薛良显　　唐敏求　　王师道

　　高永年,河东蕃官也。为麟州都巡检。王赡取青唐,永年总蕃兵为先锋。赡入湟川,而宗哥叛,永年以千骑直抵其城,开省章峡路,击走叛羌,结阵还青唐。羌攻甚急,复击之去。会苗履、姚雄以援师至,战溪兰宗堡,履少却,永年领劲骑断羌为二,乃退。复与李克保敦谷,又战于乾沟,单马援矛,刺羌酋彪鸡斯万众之中,斩其首,余众宵遁。已而陇拶自乾沟逼鄯州,永年佐赡拒守,及雄弃湟、鄯,皆以永年殿归师。

崇宁初,知岷州。蔡京议复两州,王厚使永年帅兵二万出京玉关,克安川堡,遂至湟,即知州事。自皇城副使进四方馆使、利州刺史,为熙、秦两路兵都统制,将前军驻宗哥北。溪赊罗撒萃精勇据高阜,欲冲官军,永年挥选锋突阵,帅乘之,羌大败,遂平鄯州。迁贺州团练使,知其州。

溪赊罗撒合夏国四监军之众,逼宣威城,永年出御之。行三十里,羌帐下亲兵,皆永年昔所推纳熟户也。永年不之备,羌遽执永年以叛,遂为多罗巴所杀,探其心肝食之,谓其下曰:"此人夺我国,使吾宗族漂落无处所,不可不杀也。"是役也,王厚实主其事,而谋策皆出永年,乃劾永年信任降羌,坐受执缚,故赠恤不及云。

永年略知文义,范纯仁尝令赞所著书诣阙,作《元符陇右录》,不以弃湟、鄯为是,故蔡京用之,虽成功,然竟以此死云。

鞠嗣复,不知何许人。宣和初,知歙州休宁县。方腊尝破县,欲逼使降,面斩二士以怖之,嗣复骂曰:"自古妖贼岂有长久者,尔当去逆从顺,因我而归朝,官爵尚可得,何为胁我使降?"嗣复知必死,不少慑,屡言何不速杀我,贼曰:"我,县人也。明府宰邑有善政,我不忍杀。"乃委之而去。初,嗣复闻难,率吏民修城立门,众赴功,备略就。朝廷知之,进其官二等,加直秘阁,擢知睦州。尝为贼所伤,自力度江乞师于宣抚使,未及行而卒。

宋旅字庭实,莆田人。第进士,累官奉议郎、知剡县。方腊既陷歙、睦、杭、衢、婺五州,且犯越,越盗亦起应之。县吏多遁,旅遣妻子浮海归闽,独与民据守,以忠义激劝,部勒队伍,为豫备计。俄而盗众大至,躬率壮锐,冒知石,虽颇杀获,终以力不敌,遂死之。越帅刘韐上其事,诏赠朝散郎,录其四子。

丁仲修字敏之,温州人。方腊党俞道安陷乐清,将渡江。巡检陈华往捕,死之。先锋将张理同、李振出南门迎敌,渡八接桥,桥断马蹶,溺死。贼至帆游,夏祥遣辅褒迎战数十合,褒死之。仲修帅乡兵御诸乐湾,乡兵失据而散,仲修以余兵与贼战,力屈乃死。

项德,婺州武义人,郡之禁卒也。宣和间,盗发帮源,明年陷婺,而邑随没。德率败亡百人破贼,因据邑之城隍祠。自二月讫五月,东抗江蔡,西拒董举,北捍王国,大小百余战,出则居选锋之先,入则殿后,前后俘馘不可胜计。贼目为“项鹞子”,闻其钲则相率遁去。方谋复永康诸县,而官兵至,德引其众欲会合,贼尽锐邀之黄姑岭下,德战死,邑人哭声震山谷,图其像,岁时祭之。

孙昭远字显叔,其先眉州眉山人。元祐间进士,调长沙尉,辟河东经略司干当公事,历凤翔府天兴县,河北东抚谕盗贼干当公事,寻擢河北、燕山府路转运使。

靖康元年,召为水部员外郎,金人围太原,宋师多溃,钦宗遣折彦质乘传同昭远招集。会洛阳陷,西京留守,西道总管王襄徙治襄、汉,授昭远西道总管,收溃卒至京兆,迁永兴路安抚范致虚会诸军入援,昭远督其进,且檄诸道使出师。环庆帅王似,熙河帅王倚各以师会,泾原帅席贡,秦凤帅赵点、鄜坊使张深皆后师期,昭远二十有八疏劾之。合诸道兵得十万,命马祐昌统之。昭远与致虚同出关,祐昌与金人战败。京师陷,遣使至大元帅府。

建炎元年,迁河南尹、西留守,西道都总管。至洛收集散亡,得义兵万余人,栅伊阳,使民入保。其冬金人来攻,昭远遣将姚庆拒战,军败,庆死。昭远命将官王仔奉启运诸殿神御,间道走行在,金兵益炽,昭远战不利,其下欲拥昭远南还,昭远骂曰:“若等平日衣食县官,不以此时报国,南去何为!”叛兵怒反击昭远,遂遇害。官属无免者,四年,追赠徽猷阁待制。

曾孝序字逢原，泉州晋江人。以荫补将作监主簿，监泰州海安盐仓，因家泰州。

累官至环庆路经略、安抚使。过阙，与蔡京论讲议司事，曰："天下之财贵于流通，取民膏血以聚京师，恐非太平法。"京衔之。时京方行结籴、俵籴之法，尽括民财充数，孝序上疏曰："民力殚矣。民为邦本，一有逃移，谁与守邦？"京益怒，遣御史宋圣宠劾其私事，追逮其家人，锻练无所得，但言约日出师，几误军期，削籍窜岭表。遇赦，量移永州。京罢相，授显谟阁待制、知潭州。复以论徭事与吴居厚不合，落职知衰州，寻复职，再知潭州。

道州徭人叛，乘高恃险，机毒矢下射，官军不得前，于两山间仆巨木，横累以守。孝序夜遣骁锐攀援而上，以大兵继进，破平之。进显谟阁直学士，迁龙图阁直学士、知青州。缮修城池，训练士卒，储峙金谷，有数年之备，金人不敢犯。高宗即位，迁徽猷阁学士，升延康殿学士，召赴行在。既而青州民诣南都借留，许之。

先是，临朐土兵赵晟聚众为乱，孝序付将官王定兵千人捕之，失利而归。孝序责以力战自赎，定乃以言撼败卒，夺门斩关入，孝序出据厅事，瞋目骂之，遂与其子宣教郎讦皆遇害，年七十九。城无主，遂陷。

知临淄县陆有常率民兵拒守，死于阵。知益都县张侃、千乘县丞丁兴宗亦死之。后赠孝序五官，为光禄大夫，谥威愍；子讦承议郎。有常朝散郎，录其家一人。赠侃、兴宗二官，官二子。

赵伯振，太祖八世孙。宣和六年进士。靖康末，为郑州司录，捍御有功。上闻之，就迁直秘阁、通判州事。建炎二年，金人犯郑州，守臣董庠弃城走。越八日城陷，伯振率兵巷战，中流矢坠马，遂遇害。事闻，赠朝请大夫，官其一子。

王士言，武举进士。累立战功，西北服其威名。宣和初，擢河东廉访使者。方腊为寇，诏择材略之士，冯熙载荐为东南第三将，首解嘉兴之围。靖康元年,诏以浙西兵往河东防秋。金人攻泽州,毕力守御,金兵日增,士言分必死,他将力屈,城西南遂陷,乃使亲卒持剑归报,巷战而死。康允之上其事,赠拱卫大夫、忠州团练使,官其后五人。

祝公明,处州丽水人。太原府盂县主簿。靖康间,金人犯河东,令弃官去,公明摄县事,率保甲入援,围守逾年,城陷不屈。子陶,为唐州司户,中原失守,陶亦死官所。建炎中,赠公明承事郎。

薛庆,起群盗,据高邮,兵数万人,多骁隽敢斗,能以少击众,附者日多。张浚闻庆无所系属,欲归麾下,亲往招之。庆感服,因使守高邮,寻迁拱卫大夫、福州观察使、承州天长军镇抚使。金人还自浙,屯天长、六合间,庆率众劫之,得牛数百,悉贱估分畀民之力田者。

金人欲自运河引舟北归,而赵立在楚,庆在承,扼其冲不得进。金左监军昌来见兀术,欲会兵攻楚州,真、扬镇抚郭仲威闻之,约庆俱往迎敌。庆至扬州,仲威殊无行意,置酒高会。庆怒曰:"此岂纵酒时耶?我为先锋,汝当继后。"上马疾驰去,平旦出扬州西门,从骑不满百,转战十余里,亡骑三人,仲威迄不至。庆与其下奔扬州,仲威闭门拒之,庆仓皇坠马,为金追骑所获。马识旧路还,军中见之曰:"马还,太尉其死乎。"金人杀庆,承州陷。讣闻,孙晖,为泗州招信县尉。建炎三年正月,金人陷泗州,州守吕元、阎瑾焚淮桥遁。金人由招信将渡淮,晖将射士民兵御之,沈其数舟。会大雾蔽日,金人莫测其多寡,相持逾半日,以疑兵縻晖,自上流度兵。晖又战且却,城破,竟死于敕书楼。

李靓字彦和,吉州龙泉人。幼孤,母督之学,不肯卒业,母诘之,辞曰:"国家遭女真之变,宇县云扰,士当捐躯为国戡大憝,安能沾嗫章句间,效浅丈夫哉?"岳飞督师平虔寇,挺身从之,未行,奔母丧。服除，走淮南，以策干都督张浚，浚奇之，使隶淮西总管孙晖戏下。累功授承信郎。

绍兴十年，金遣其将翟将军犯境，靓与部曲当其锋，转战至西京天津桥南，俘翟将军，乘胜逐北。会金兵大至，遂死之，年三十一。

杨照者，濠州将官也。金人围城急，照跃上角楼，刺贼之执黑旗者，洞腹抽肠而死。照俄中流矢，卒。有统领丁元者，遇金人十八里洲，被围，元大乎其徒，勉以毋得负国。一舟二百人皆斗死。诏并赠承信郎，录其后。

宋昌祚，和州钤辖也。建炎三年，兀术犯和州，州人推昌祚权领军事，率众坚守，金人围之数匝。禁军左指挥使郑立亦拳勇忠愤，共激士卒，昼夜备御不少息。阅数日，军士胡广发弩中兀术左臂，兀术大怒，飞炮雨集，径登弩发之地，城立破，金人入屠其城。昌祚与唐璟、历阳令蹇誉、司户徐姚、县尉邵元通及立、广皆死谯楼上，磔裂以徇。军士多不降，溃围西出，保麻湖水砦，推乡豪为统领。闻于朝，遂以赵霜为和州镇抚使，昌祚、璟、誉、姚、元通各赠官，录其子弟。

李政，为云骑第六指挥，在京东立战功，补官授河北将官，冀州驻札。靖康二年，知州权邦彦以兵赴元帅府勤王，金兵来攻，政守御有法，纪律严明，军民皆不敢犯。金屡攻城，政皆却之。夜捣其砦，所得财物尽散士卒，无纤毫入私家。号令明，赏罚信，由是人皆用命。俄攻城甚急，有登城者，政呼曰：“事急矣。有能跃火而过者，有重赏。”于是有十数人皆以湿毡裹身，持仗跃火而过，大呼力战，金人惊骇，有失仗者，遂败走。政大喜，皆厚赏之。未几政死，城遂陷。权知州事单某者不降，自经死。

姜绶，处州丽水人。金人再犯京师，内外不相闻。朝廷募忠勇士赍蜡书往南京总管司调兵赴援，绶以忠翊郎应募，乃刲股藏书，缒下南壁，为逻骑所获，历声叱骂，遂被害。建炎中，州上其事，官其子特立承信郎。

刘宣，为秦凤路兵马都监。金人入关、陕，宣遣蜡书密与吴玠相结，且率金将任拱等以所部归朝。约日已定，有告之者，金人取宣缕挲之，其家属配曹州。

屈坚，为右武大夫、忠州防御使。建炎二年，金人围陕府，坚引所部救之。围解，金人执坚，坚曰："始吾所以来，为解围也。城苟全，吾死何憾。"叱金人使速杀之。后赠三官，录其家五人。

王琦，为弓门砦巡检。建炎四年，金人还自熙河，琦御之。金人立招降旗榜，改年号阜昌，众皆拜，琦独不屈。金人执而杀之。

韦永寿者，绍兴三十二年，以统制官与金人战和州，子承节郎世坚救之，同死。张浚以言，赠中卫大夫、融州观察使，世坚赠三官。

郑覃字季厚，明州人。靖康二年贡于乡。建炎四年春，金人陷明州，纵兵大掠，覃挈族辟难山谷间。金人追及，与兄章俱被执，胁以刃，曰："予吾金，即贳死。"覃号泣指所瘗黄金钗遗之，遂见释。而金兵相属，覃挐小舟与其妻董同载去，顾谓章曰："万一不得脱，覃岂北面事异者，兄勉主祭祀。"复为兵所劫去，迫使之降，覃厉辞骂不屈，跃入水中。董哭曰："夫亡矣，与其受辱以生，不如死。"亦自沈。

覃死后，孙、曾多举进士，而清之最显。覃累赠太师、秦国公，董秦国夫人。

姚兴，相州人，靖康中，以州校用。劫杀金人有功，借补承信郎。建炎初，张琪聚兵归东京留守宗泽，兴往从之，又从琪依刘洪道于池州。绍兴元年,琪叛,掠饶州,吕颐浩招降之。琪既听命而中变,执总管巨师古将杀之,兴密谕所部,挟师古同其妻游骑而驰,夜归颐浩。颐浩义之,请于朝,授武义郎,隶张俊军中。复从刘锜守顺昌,复宿、亳,下城父、永城、临涣、蕲县朱家村,迁武略大夫。战淮壖有功,授右武大夫,累迁建康府驻札御前破敌军统制,充荆湖南路兵马副都监。

绍兴三十一年,金人渝盟,兴隶都统王权麾下,遇金兵五百骑于庐州之定林,与战却之,生得女直鹘杀虎。初,金主亮在寿春,江、淮制置使刘锜命权将兵迎敌,权怯懦不进,锜督战益急,权不得已守庐州,及金兵渡淮,权遣兴拒之,而退保和州。兴与金人遇于尉子桥,金人以铁骑进,兴麾兵力战,手杀数百人。权奔仙宗山,严兵自卫,兴告急不应,统领戴皋帅马军引避。初,李二者,尝有私恩于权,因得出入军中,往来两界贸易,间窃权旗帜遗金人。至是,金人立权旗帜以误兴,兴往奔之,父子俱死焉。

事闻,诏赠容州观察使,又特官其后三人,即其砦立庙。既复淮西,又立庙战所,赐额旌忠。开禧元年,户部侍郎赵善坚言:"近守边藩,询访故老,姚兴以四百骑当金人十数万,自辰至午,战数十合,援兵不至,竟死于敌。金人相谓曰:'有如姚兴者十辈,吾属敢前乎?'兴忠勇如此,宜超加爵谥。"于是赐谥忠毅。

张玘字伯玉,世居河南渑池。建炎中,以家财募兵讨金人,从者数千人。时翟兴制置京西,玘以众属焉。金兵长驱渡河,玘御之白浪口,金人不得渡。积功补武翼大夫、成州刺史。董先为制置司前军统制,玘佐之,每战,冒矢石为诸军先。

绍兴元年,金将高琼率众取商州,董先御之,玘乘锐奔击,从骑不能属,单马至四皓庙,金兵数百骑至,玘瞋目大呼,挺刃突击,金兵披靡莫敢向。是日,九战九捷,追至试剑关,争门,蹂践死者百人。明年春,偕先繇蓝田渡渭,规取长安。时伪齐经略使李谔屯渭北,与金将折合孛堇相为声势。玘陈兵华严川,俄白气贯日,吏士欢奋,战于兴平、咸阳、渭河、石瞥谷。

时刘豫据京师，先军乏食，伪降豫，不挈家，妃事其夫人如旧。豫使人迎其妻，先密书报玘勿遣，且述必还意。王倚摄虢州，从伪意坚，玘患之。会别将董震自商州来，倚喜曰：“震与我善，今以兵来，天赞我也。”乃与震谋害玘。震阳许而阴以告。翼日，倚诣玘议事，玘叱下，责以大谊，并推官祁宗儒斩之。先是，豫遣人持诏抚谕，以玘为商虢顺州路兵马都监、同统制军马，玘囚其使，至是并戮之。

于是伪齐河南安抚孟邦雄、总管樊彦直据洛阳，兵直抵长水。玘遣将陈俊守白马山，谢皋守船板山，梁进守锦屏山，尽匿精锐。金兵深入，玘战东关，三砦响应，金兵溃。玘率精骑三千，一日夜驰三百里，黎明抵河南，邦雄就擒，彦直遁去。便宜升霸州防御使。三年春，先自伪齐归，玘还兵柄，退就位，时人义之。

初，翟兴既死，朝廷命其子琮袭，至是琮言于朝，真授玘武翼大夫、果州团练使、河南府孟汝唐州马步军副总管。击金将阎锐于唐、邓间，先登杀获千余人。未几，诏先一行并听神武left军统制。玘从岳飞复京西六州，平湖贼锺子义等，累功进拱卫大夫。入侍卫，始以诛王倚事闻，敕付史馆，赐褒诏，进亲卫大夫。

三十二年，领御营宿卫前军都统，屯泗州。时金人攻海州急，诏玘会镇江都统制张子盖赴之。贼环城数十匝，矢石如雨，玘战于州北三里，麾精骑冲其阵，手杀数十人，歼其长，杀获万计，海州围解。妃中流矢卒，子盖上其功，特赠正任观察使，官其后九人，庙号忠勇。孝宗即位，又命祠于战所，赠清远军承宣使。

子世雄，殁于符离之战，赠武节大夫。

陈亨祖者，淮宁大豪也。绍兴末，官军已复蔡州，亨祖遂领民兵据淮宁，执金知州完颜耶鲁，以其城来归。命为武翼大夫、忠州刺史、知海宁府。金兵攻城，亨祖力战死之，举家五十余人皆死。赠容州观察使，立庙光州，赐额闵忠。

　　王拱，建康府前军统制。从都统邵宏渊收复虹县，进取宿州，屡立奇功。隆兴元年五月，与金人接战，深入营中，自辰至申，力战死。诏赠正任观察使，官其家八人，许奏异姓，赐银三百两，即其砦立庙，赐额忠节。

　　是役也，中亮大夫朱斌亦死之，赠承宣使。

　　刘泰，枢密院忠义前军正将也。慷慨好义，以私财募兵三百，粮储器械一切不资于官。金人犯寿春，泰率所部赴援，转战累日，金人引去，泰身被数十创，一夕死。诏赠武翼郎，官其家三人。

　　孙逢，眉山人。大观四年进士，累官至太学博士。张邦昌僭立，有司趣百僚入贺，逢独坚卧不起。夜既半，同僚强起之，不从，至垂泣与之诀。时祠部员外郎喻汝砺闻变，扪其膝曰："不能为贼臣屈。"遂挂冠去。事毕，有司举不至者，欲以逢与汝砺复于金人，邦昌以毕至告，乃免。逢闻之曰："是必将肆赦迁官以重污我，我其可俟！"遂发疾而卒。

　　李熙靖，晋陵人。提举醴泉观。邦昌使直学士院，熙靖固拒，因忧愤不食，疾且笃，谓友人曰："百官何日再朝天乎？"泣数行下。邦昌又命礼部侍郎谭世勣权直学士院，世勣亦称疾坚卧不起。熙靖寻卒。后并赠延康殿学士。

　　赵俊字德进，南京宋城人。绍圣四年进士，官至朝奉郎。隐居杜门，虽乡里不妄交。刘安世无恙时居河南暇则独一过之。徐处仁与俊厚善，及为丞相，乡人多见用，俊未尝往求，处仁亦忘之，独不得官。

　　建炎末，士大夫皆避地，俊独不肯，曰："但固吾所守尔，死生命也，避将安之？"衣冠奔踣于道者相继，俊晏然不动。刘豫以俊为虞部员外郎,辞疾不受,以告畀其家,卒却之,如是再三,豫亦不复强。凡家书文字,一不用豫僭号,但书甲子。后三年卒。

承直郎姚邦基者,蜀人也。知尉氏县,秩满不复仕,屏居村落间,授徒自给。

时宗室南渡不及者,尚散居民间,豫募人索之,承务郎阎琦匿不以闻,为人所告,豫杖之死。

刘化源,耀州人。绍圣元年进士。建炎初,金人陷关陕,守令以城降者,金人因而命之。化源时知陇州,不肯降,城陷被执。金人使人守之,不得死,遂驱入河北,鬻蔬果、隐民间者十年,终不屈辱。

有米璞者,与化源同乡里,西人皆敬之。璞登政和二年进士第,时通判原州,刘豫欲官之,杜门谢病,卒不污伪命。

有刘长孺者,亦耀州人。时签书博州判官厅公事,与豫书,备陈祖宗德泽,劝以转祸为福。豫怒,追其官,囚之百日,长孺终不屈。豫后复官之,不从。绍兴九年,宣谕使周聿上之朝,诏赴行在,而签书枢密院事楼炤言璞苦风痹,化源、长孺老病,遂命各转两官奉祠;又言新凤翔教授阴晖守节不仕,诏特改令入官。其后金复渝盟,长孺知华阴县,不屈而死。

有李哲者,开封人。宣和六年进士。建炎中,知彭阳县,亦不降,与民移治境上。令执之以献,金人欲官之,凡三辞。其后金人以为归附,命为儒林郎,喜哲于所司曰:“昔为俘获,不敢受归附之赏。”还其牒。刘麟闻其贤,命张中孚以礼招致,哲力拒之。绍兴九年死原州。事闻,赠奉议郎,官其家一人。

胡唐老字俊明,枢密副使宿之曾孙也。崇宁间,与弟世将同登进士第。历南京国子博士,知江陵县,召为秘书省校书郎。靖康元年,擢殿中侍御史。金人再犯京师,攻围日急,唐老请对曰:“城危矣。康王北使,为河朔士民留不得进,殆天意也。请就拜大元帅,俾召天下兵入援。”宰相何㮚是之,遂遣秦仔持蜡书诣相州,拜王河北兵马大元帅。

时朝廷趣西兵入卫，而不立帅。唐老疏："乞命范致虚为宣抚使，节制诸路以进，不然必无功。"不听。后致虚以孤军与金人战淆、渑间，它路兵不至，遂败。

京城破，金人根括金银，分命朝臣董之，以台臣纠察，唐老预焉。出知无为军。朝廷窜逐伪命之臣，坐降二官。先是，金人怒民间多匿金银，杖唐老几死，以疾得免称臣于伪楚。至是，唐老不自言故，例从贬秩。

三年，知衢州。苗傅败走，以乱兵犯城，唐老拒之。会大雨雹，城上矢石俱发，贼不支，遂解去。以功擢秘阁修撰，未几，进徽猷阁待制，充两浙宣抚司参谋官，知镇江府兼浙西安抚使。

杜充降于金，建康失守，溃卒戚方等趣镇江，城壁颓圮，兵不满千，独倚浙西制置韩世忠为重。世忠复去，唐老度力不敌，因抚之。无何，方欲犯临安，妄言赴行在，请唐老部众以行。唐老不从，谕以逆顺祸福，方众环胁之，唐老怒骂方，遂遇害。诏赠徽猷阁直学士，谥定愍。

时安抚司机宜郑凝之亦以兵死，诏官其家一人。凝之，戬孙也。

王俦，以通判真州权通判广德军。建炎末，盗戚方既为刘晏所破，引兵欲趋宣城，道过广德，入其郛。俦不屈，与权判官李唐俊、权司法潘禹、权知广德县韦绩、权丞蒋夔皆死。后赠俦二官，唐俊等皆京秩，录其家一人。

朱嗣孟，饶州乐平人。宣和间进士，为广德司户兼司理。叛卒戚方破镇江，犯广德，守仓皇遣招安，无敢往者，奇嗣孟状貌有胆略，遂以命焉。嗣孟雅自负，不复逊，直诣贼垒，问所以涉吾地何故，为陈逆顺祸福，使自择所处。方以迫己杀之。事闻，赠宣教郎，官其子。

刘晏字平甫，严州人，入辽，举进士，为尚书郎。宣和四年，帅众数百来归，授通直郎。金人犯京师，以晏总管东辽兵，号"赤心队"。建炎初，从刘正彦击淮西贼丁进。进党颇众，晏所提赤心骑才八百，乃为五色旗，使骑兵持之，循山而出，一色尽则以一色易之。贼见官军累日不绝，颜色各异，遂不战而降。迁朝散郎。正彦反，晏谓其部曲曰："吾岂从逆党者耶？"以众归韩世忠。世忠追正彦及苗傅于浦城，以晏骑六百为疑兵于浦山之阳，贼大骇，晏以所部力战。正彦既擒，世忠上其功，迁一官。

金人犯建康，杜充兵溃，世宗退保江阴、晏领赤心百五十骑屯青龙。群寇犯常州，郡守请晏为援，晏以精锐七千人出骑破之。进直龙图阁。保马迹山以捍寇，寇再致，晏选舟师迎战，降其众千五百人，郡人为晏立生祠。

戚方围宣城，急命晏往援，晏至城下，未立营垒，出不意直捣方帐下，方大惊欲走。晏欲生致方，单骑追之，方率其众迎战，晏不能敌，犹手杀数十人，为贼所害。事闻，赠龙图阁待制，官其子四人，于死所立庙曰义烈，岁时祀之。

郑振字亨叔，兴化军仙游人。建炎中，盗杨劲起，邑令檄振纠集民兵以御之。振力战，贼众披靡，一夕遁去。绍兴十三年，群盗曾少龙、周老龙、何白旗、陈大刀众至数万，帅司檄振行，盗素闻振名，不战自屈。十六年，盗詹铁义者，入振井里，振帅众拒之，杀数十人，遂遇害。庙食里中。

有孙知微者，以朝请大夫通判舒州。绍兴元年，贼刘忠入其境，执知微以去，知微不屈，忠怒，脔而食之。

孟彦卿，忠厚从父也，颇知兵。通判潭州。建炎三年，潭城中叛卒焚掠，自东门出，帅臣向子諲命彦卿领兵追之，已而招安其众。未几，溃兵杜彦自袁州入浏阳，遂犯善化、长沙二县。彦卿率民兵拒之，手杀数人，贼势挫，退还浏阳。彦卿追与之战，俄而民兵有自溃者,贼遂乘之,斩彦卿,持其首以告所掠民兵曰:"此善战孟通判首也。"因支解以徇。

　　添差通判赵民彦以民兵赴之,鏖战浏阳城南南流桥,依山为阵,杀伤甚众。偶为间者折其阵中认旗,众惊谓民彦已败,遂溃,民彦为贼所得。邑士谢淳以才勇,众推之帅民兵为前锋,助民彦战。淳手杀数十人,力屈亦被执。贼并杀之。事闻,彦卿、民彦并赠直龙图阁,官其家各三人。淳字景祥,赠成忠郎,官其子晞古。朱熹帅湖南,请为彦卿、民彦立庙,以淳侑之。

　　高谈字景遂,邵武光泽人。绍定二年,旁郡盗作,诸子请避之,谈曰:"昔杨子训问避寇于胡文定公,语之曰:'往岁盗起燕山,则河北、关中可避;入关,则淮南、汉南可避;今惟二广,宁保其无寇乎?吾惟存心以听命尔。'小子识之,此格言也。今南去则汀、剑西去则旴、赣,皆为盗区;东去富、沙,虽有城避,吾闻官吏例弗我纳;北去广信,防夫、守隶利人囊箧,指民为谍,数剿杀之。舍胡公之言未有他策也。"盗入,诸子又请,谈曰:"有庙祏在,将焉之?"

　　盗至,谈出曰:"时和岁丰,何忍为此?"盗曰:"吏贪暴,民无所诉,我为直之。"谈曰:"独不能挝鼓上闻乎?民何辜而杀之。"盗怒,执诸庭。遗之牛酒,不释;遗之金帛,不释。谈曰:"然则将何为?"盗曰:"我欲东破武阳,若得耆老如尔者,率是乡子弟,吾其济乎。"谈曰:"斯言奚为至我。"唾贼大骂,遂遇害,而里人赖以免。

　　谈平居言动,必由礼法,故乡人敬而附之。

　　连万夫,德安人,或曰南夫弟也。补将仕郎。建炎四年,群贼犯应山,万夫率邑人数千保山砦,贼不能犯。寇浪子者以兵至,围之三日,卒破之。贼知万夫勇敢有谋,欲留为用,万夫怒,厉声骂贼,为所害。赠右承务郎,官其家一人。

　　谢皋者,开封人,为镇抚司统制官。李成陷虔州,欲降之,皋指腹示贼曰："此吾赤心也。"自剖其心以死。

王大寿,泉州人,为左翼队将。绍定五年,海寇王子清犯围头,守真德秀遣大寿领卒百人防遏。猝与贼遇,奋前控弦,毙贼十余,后无援者,遂没。从死者五人。贼就俘,剖心祭之。事闻,赠官,恤其家。

薛良显字贵勤,温之瑞安人。登崇宁二年进士第,累官为大宗正丞,出为江东转运使。江宁军校周德作乱,良显闻变,率众与战,斩十余级,力不胜,死之。事闻,赠恤良渥。

唐敏求字好古,太平当涂人。宣和六年进士,调德化主簿。盗起,敏求挺身率众捍贼,度力不能支,谕以祸福,贼愤诋触,噪而前,遂遇害。事闻,加赠升朝官,仍补其子楠将仕郎。

王师道字居中,兖州人。为人沈勇。任吉州栗傅砦巡检。绍兴中,与盗战于吴村,每射辄毙,追击数里,遇贼有伏于民居者,挺身力战,遂死。立庙其地。部使者以闻,官其二子。

王辉者,青州人,亦尝为栗傅砦巡检。靖康初,诏起义兵,辉应募,立奇功,官至正使,寓吉州。淳熙二年,茶寇犯邑,郡以辉骁勇,檄之使行。至胜乡,地险,辉勇于进,士卒不继,为贼所得,以刃加颈欲全之,辉含血大骂,遂死。帅司以闻,赠忠州刺史,与恩泽二人,立庙罗陂。

陈霖者,字傅爹,泉州人。嘉定十三年进士,为瑞金尉。盗起江、闽,霖迎敌力战,盗系之以去,不屈遇害。

宋史卷四五四
列传第二一三

忠义九

赵时赏 赵希泊附　　**刘子荐**　　**吕文信**

钟季玉　　**耿世安**　　**丁黼**　　**米立**

侯晶　　**王孝忠**　　**高应松**　　**黄申**

陈牢　　**萧雷龙**　　**宋应龙**　　**邹沨**

刘子俊　**刘沐**　**孙桌**　**彭震龙**　**萧焘夫**　**陈继周**

陈龙复　**张镗**　**张云**　**张汴**　**吕武**　**巩信**　**萧明哲**

杜浒　**林琦**　**萧资**　**徐臻**　**金应附**　　**何时**

陈子敬附　　**刘士昭**

　　赵时赏字宗白，和州宗室也，居太平州。咸淳元年擢进士第，累官知宣州旌德县。德祐元年，北军至境，时赏拥民兵捍战有功，升直宝章阁、军器太监。从二王入闽中。益王即位，擢知邵武军。未几，言者以弃城论罢之。

　　文天祥开都督府于南剑，奏辟参议军事、江西招讨副使。与宗室孟溁提兵趣赣州，取道石城，复宁都县。数以偏师当一面，战比有胜。时赏风神明俊，议论慷慨，有策谋，尤为天祥所知。及空沆之役，兵败走吴溪，为追兵所执，不屈死之。

时赏在军中时，见同列盛辎重，饰姬侍，叹曰："军行如春游，其能济乎？"及被执，见系累它僚属至者，时赏辄麾去，云："小小签厅官尔，执此何为？"由是得脱者众。

赵希洎，宗室子，居宜春。历官至户部尚书。咸淳中，迕丞相贾似道，出领广东转运使。德祐元年，制置使黄万石檄其勤王，得溃卒数百，道经庐陵，郡守邀其军，遂与从子必向避地赣州。乱定归里，时袁守聂嵩孙，希洎内姻也，勉之内款，不能屈。文天祥兵败，以失言与必向俱被囚，辞节愈厉，家人馈食，则碎器覆诸地，俱不食，据榻而死。

刘子荐字贡伯，吉州安福人。父梦骥，以进士历官知沣州，没于王事。子荐以父任为湘乡尉，以获盗功调抚州司录。有诉王应亨殴死荷檐黄九者，狱成矣，子荐阅受书，疑而驳之。俄烈风迅雷辟狱户，裂吏楔，杀人者实孔目冯汝能，非应亨也。狱遂白，得免死者八人。事闻，颁谕天下之为理官者。改知赣县，监行在左藏库，通判常德府，知融州。陛辞，度宗慰之曰："广郡凋瘵，赖卿抚摩。"子荐对曰："臣当推行德化，以安其民。"至官，以廉静著闻。

主管仙都观，广西经略司檄为参议官。德祐二年十一月，北兵至静江，权经略使马塈遣子荐提徭兵药弩手守城东门，势不支。时瀛国公已入燕，子荐取笏书其上云："我头可断，膝不可屈。"登城北望再拜，取所衣袍瘗之，语左右曰："事急不可为，吾有以死守。"或讽子荐遁去，子荐曰："死事，义也，何以遁为？"竟死之。

有黄文政者，淮人。戍蜀，军溃，间道走静江。马塈邀与同守，城破，文政被执，大诟不屈。大军断其舌，以次剐剔之，文政含胡叱咄，比死不绝声。

吕文信，文德之弟也。仕至武功大夫、沿江副司谘议官。德祐初，帅舟师次南康斛林，夹白鹿矶与北兵遇，战死。特赠定远军承宣使。子师宪，特与带行阁职，与两子承信郎恩泽。仍立庙赐额。

河湖砦巡检张兴宗亦死之。赠武翼郎，赐缗钱三万，仍与一子承信郎恩泽。

钟季玉，饶州乐平人。淳祐七年举进士，调为都大坑冶属，改知万载县。淮东制置使李庭芝荐之，迁审计院，改宗正寺簿，又迁枢密院编修，出知建昌军。会有旨江西和籴，季玉至郡才半年，属岁旱，度其经赋不能办，请于朝，和籴得减三之一。迁提举常平，未几，改转运判官，皆不赴。后以江西转运判官强起之。郡大胥以贿败，前使百计护之，季玉卒穷治，投岭表。俄以秘书丞召还，遭前使构谗而封驳之，改都大提点坑冶。北兵渡江，季玉徙寓建阳，兵至，不屈死之。

有潘方者，温州平阳人。宝祐四年进士，调监庆元府市舶。庆元降附，方不屈赴水死。

耿世安，为武翼大夫、淮东副总管、两淮都拨发官。初，谍报大兵至，制置使贾似道调世安提兵往涟水军增戍。众方犹豫，世安径迎至渔沟，以三百骑入阵鏖击，自午至酉，身被七创，犹能追杀溃兵。收兵还，至数里没。事闻，赠五官，立庙淮安，赐额忠武。

丁黼，成都制置使也。嘉熙三年，北兵自新井入，诈竖宋将李显忠之旗，直趋成都。黼以为溃卒，以旗榜招之，既审知其非，领兵夜出城南迎战，至石笋街，兵散，黼力战死之。方大兵未至，黼先遣妻子南归，自誓死守。至是，从黼者惟幕客杨大异及所信任数人，大异死而复苏。黼帅蜀，为政宽大，蜀人思之。事平，赐额立庙。

米立，淮人，三世为将。从陈奕守黄州，奕降，立溃围出。江西制置使黄万石署为帐前都统制。大兵略江西,立迎战于江坊,被执不降,系狱。行省遣万石谕之曰:"吾官衔一个先牌写不尽,今亦降矣。"立曰:"侍郎国家大臣,立一小卒尔,何足道。但三世食赵氏禄,赵亡,何以生为?立乃生擒之人,与投拜者不同。"万石再三说之,不屈,遂遇害。

赵文义者,郢州都统制。更戍归,与北兵遇,力战死之。初,开州之役,文义兄武义亦死焉。

有杨寿孙者,为云安军主簿兼教参佐忠胜军。端平中,北兵至中江县,与将官何庚、安惟臣、田广泽、歹坤等连战二日,俱死之。寿孙赠通直郎,官一子下州文学。庚等各赠承节,一子进勇副尉。

侯畐字道子,温州乐清人。三贡于乡,两试转运司,皆第一。以武举授合浦尉,柳城令,卫步军司干办公事,侍卫马军行司计议官。宝祐五年制置使贾似道辟通判海州兼河南府计议官。李松寿据山东,突出涟、泗,畐鏖城下,死之,阖室遇害。太学生三十一人言于朝,即海州赐庙旌忠,谥曰节毅,仍立庙其乡。畐所著有《霜厓集》。

王孝忠,为镇江前军统制兼淮东路分,戍淮阴。杨贵叛,孝忠率众迎战,胜气百倍。俄水军统制朱信降贼,孝忠孤军力不敌,死焉。

高应松,开庆元年进士,繇衡州教授通判广德军,召为国子监丞,权礼部员外郎、翰林权直。北兵自涌金门入,举朝奔窜,从官留者九人,应松其一也。迁中书舍人、直学士院,寻迁权工部侍郎,进端明殿学士、签书枢密院事。从瀛国公至燕,绝粒不语,越七日卒。

张山翁字君寿,普州人。景定三年进士。德祐元年,为荆湖宣抚司干官。鄂守张晏然议纳款,山翁以书谯让之。晏然既降,山翁被执军前，谕曰："若降，不失作显官。"山翁酬对不屈。行省官贾思贞义之，贷不杀。后居黄鹄山，聚徒教授而终。有《南纪》、《缙林藏》、《云山》、《相锄》等集。

黄申字酉乡，井研人。开庆元年进士，授德安尉，摄主簿兼提点江西刑狱司签厅，狱事多所辨明。丞相江万里、提刑黄震交荐之，调乐安丞。

申为政廉谨，有治声。以恩升从事郎。大兵拔抚州，下诸县索降状，乐安令率其僚联署以上。申初闻变，悉遣家人远避，至是独抗不往。令遣吏促之，申不动。吏白令，令怒。俄而吏民数百人集于庭，强舆致之，申颠踬于地，若中风然。众捽蹴诟叱曰："为尔不顺，将累我辈。"申阳死为不闻，令无如之何。申有惠爱在民，至暮，众异入置中堂，翼日或食以粥，得免。遂去，隐巴山中以终。

陈牵字肇芳，一字伟节，饶州安仁人。父诗川，以武功沭阳令。咸淳元年，父子同举进士。调滁州司户参军。父丧免，改荆阃粮料院，又以母忧去。调朐山主簿。制置使印应雷辟入幕。德祐元年秋，牵由海道归杭，授南安军教授，不就，还家。

牵少与谢枋得游，会枋得起兵安仁，首拔入幕。执安仁令李景，景，牵里人也。景请得以家赀二万赎罪，牵曰："普天之下，莫非王土。家财独非朝廷钱耶？"声其罪斩之。景子率乡民五千报怨，牵度势不敌，引兵趋信州。会守吏遁去，牵闻于朝，就摄郡事。

益王即位，牵入觐，迁宗正寺簿、太府寺丞、领江东安抚使。出上饶，接应郡县，所部才千余人，屯火烧山。越数月，战溃，被执至豫章，元帅怜其才，羁縻馆留之，遁去。后三年复起兵，寻败入积烟山中，自刭死。所著有《鹤心集》，其诗多讥刺当时之士大夫。弟年同时被执，死焉。

萧雷龙字显辰，建昌新城人。景定三年进士，调临安府学教授，通判衢州。及州守弃城遁,朝命雷龙权知府事。

北兵薄城下,不降,脱去还建昌。建昌已降,雷龙与同里人黄巡检起兵。时大兵四合,雷龙度不可支,与黄巡检及麾下数人奔入闽,未出境,为同安武人徐浚冲获送县。权县尹刘圣仲素与雷龙有怨,杀之。后圣仲北来,泊舟小孤山,有巨舰冲前,建大旗书曰"萧知府兵",继见雷龙坐船上,圣仲大呼,有顷不见,以惊死。

宋应龙者,儒生。通兵,出入行阵三十余年,为谘议官,寓泰州。德祐二年六月甲寅,大兵至泰州,裨校孙贵、胡惟孝、尹端甫、李遇春开门迎降,应龙与其妻自缢于圃中。

是时,提刑谘议褚一正字粹翁,庐州人,武举进士,督战高沙被创,竟没于水。知兴化县胡拱辰,县破,亦死之。

邹沨字凤叔,吉水人,后徙永丰。少慷慨有大志,以豪侠名。从文天祥勤王,补武资至将军。益王立,改寺丞,领江西招谕副使。聚兵宁都,得数万,改授江西安抚副使。复兴国,永丰二县,进兵部侍郎兼江东、西处置副使。及永丰败,继从天祥间关岭道,未几,复出开督府,分司永丰、兴国境上。北兵骤至,大战,沨脱身走至潮州。及天祥被执,沨自杀。

当是时,从天祥勤王死事者,与刘子俊等凡十有九人,因次第其名,附见左方。

刘子俊字民章,庐陵人。尝中漕试。少与文天祥同里闬,相友善。天祥开督府兴国,子俊诣府计事,补宣教郎、带行军器监簿兼督府机宜。空坑兵败,子俊收兵保洞源,接应郡县。寻入广,与大兵遇,战溃,复招集散亡,与邹沨同趋潮州。天祥兵败,子俊被执,自诡为天祥,意使大兵不穷追,天祥可间走也。未几,别队执天祥至,相遇于途,各争真赝,至大将前,始得其实,乃烹子俊。

　　刘沐字渊伯,庐陵人。文天祥邻曲也,少相狎喏,天祥好奕,与沐对奕,穷思忘日夜以为常。及起兵,辟补宣教郎、督府机宜。暨天祥出使,沐领兵还。天祥归,开府南剑,沐收部曲来会,改授太府寺簿,专将一军,为督府亲卫。会空坑兵败,被执至豫章,父子同日死焉。仲子死乱兵,季子复从天祥死岭南。当时江西忠义皆沐所号召。沐性沈实而圜机,昼夜应酬,崒崒不倦云。

　　孙桌字实甫,吉州龙泉人,献简公抃之后,天祥长妹婿也。天祥起兵,檄桌招忠义士,补宣教郎、带行监官告院、知吉州龙泉县。天祥拥兵出赣,里人奉桌复龙泉,拒守不下,寻为叛者所陷,执至隆兴杀之。

　　彭震龙字雷可,永新人,天祥次妹婿也。性跌荡喜事,尝以罪黥。天祥起兵,补宣教郎、带行太社令、知永新县。会天祥出使被执,震龙遁归,吉州已失,乃结峒獠起兵。天祥兵出岭,震龙接应,复永新。大兵至,震龙为亲党所执,至帅府,腰斩之,屠永新。

　　萧焘夫,永新人,与兄敬夫俱天祥客。焘夫为诗有豪俊气。天祥起兵,补从仕郎。及彭震龙谋复其县,焘夫赞之。县受屠,兄弟俱死之。

　　陈继周字硕卿,宁都人。淳祐三年贡于乡。以捕盗功行,未奏名,授廉州司法,南丰县知录,淮东总领干官,藤州观察推官,知吉州永丰县,改知高安县、广东经略司准备差遣、知衡阳县,辟淮东转般仓、江东提点刑狱干办公事。

　　未上,会咸淳十年,诏征勤王,文天祥方守赣州,即日举兵,造继周问计。继周慨然为具言闾里豪杰子弟与凡起兵之处,其为方略甚详。于是留继周幕中,昼夜调度,授继周江西安抚司准备差遣,率赣士以从。继周虽弱不胜衣，而年德有以服人，士视为父兄，进止疾徐惟指呼，无敢先后。诏改继周合入官，带行监文思院，差充江、浙制置司主管机宜。所部夜袭大兵于南栅门，杀伤相当，质明犹战，渴赴水死。

张汴字朝宗，一字次山，蜀人。少客丞相吴潜兄弟门，出入荆阃历年，明习韬略。潜兄弟既失，废斥者十余年。继文天祥起兵，辟为秘阁修撰，领广东提举、督府参谋，左右幕府，知无不为。空坑兵败，为乱兵所杀。处置使邹㵑得其尸葬之。

吕武，太平州步卒也。文天祥出使，武应募从行，偕脱镇江之难，沿淮东走海道，赖武力为多。天祥开府南剑，武以武功补官，遣之结约州县起兵相应。道阻，复崎岖数千里即天祥于汀、梅，挺身患难，化贼为兵。以环卫官将数千人出江西，以遇士大夫无礼，死于横逆，一军挥涕而葬之。武忠梗出天性，不避强御，而好面折人过，多触忌讳，故及于祸云。

巩信，安丰军人。为荆湖都统，沈勇有谋。本隶苏刘义部曲，文天祥开督府，刘义以信，与王福、张必胜诣天祥。信官至团练使、同督府都统制、江西招讨使。初至都府，天祥以义士千人付之，信曰：“此辈徒累人尔。”乃招淮士数千自随，然常怏怏曰：“有将无兵，其如彼何！”天祥自兴国趋永丰，大兵追其后，信战于方石岭，中数矢，伤重不能战，自投石而死。土人葬之，色如生。赠清远军承宣使，立庙旌之。

萧明哲字元甫，太和人。性刚有胆气，明大节。少举进士，天祥开府汀州，辟充督干架阁监军。师出岭，明哲以赣县民义复万安，连结诸砦拒守。兵败，被执不屈，死于隆兴。临刑大骂不绝口，闻者壮之。

杜浒字贵卿,丞相范从子也,少负气游侠。德祐元年,有诏勤王,浒时宰县,纠集民兵得四千人。文天祥开阃平江,往附焉。时陈志道等赞天祥出使,浒力争不可,志道逐之去,已而天祥果见留,志道窃藏逃归。天祥北行,诸客无敢从者,浒独慨然请行。特改兵部架阁。从京口,以计赂守夜刘千户者,得官镫,脱天祥,偕走淮甸,缘海道以达永嘉。

益王即位,授司农卿、广东提举、招讨副使、督府参谋,寻往温、台招集兵财。福安陷,与天祥相失,遂趋行朝。苏刘义疑浒自来,欲杀之,陈宜中、张世杰不可,使人监护之,乃免。久之,奉命复入天祥幕。及空坑兵败,又与跋涉患难以出。天祥移屯潮州,浒议趋海道,天祥不听,使护海舟至官富场。浒惧力单,径趋崖山,兵溃被执,以忧愤感疾卒。

林琦,闽人也。德祐二年,大兵既迫临安,琦于赭山结集忠义数千人,捍御海道。以功补宣教郎、督府主管机宜文字,充检院。文天祥开府南剑,琦佐其幕。琦外文采,内忠实,数涉患难,无怨辞。及潮州移屯,琦俱被执,至惠州遁,复执之北行,赴水,为吏所拔,至建康,以忧愤死。

萧资,天祥幕下书史也。天祥起兵,资于患难中扶持甚至。空坑兵败,以全督府印功,升阁门、路钤辖。资性和厚,临机应变,辑穆将士,总摄细务,任腹心之寄。潮阳移屯,与大兵遇,死之。

徐臻,温州人。父官河南,德祐元年春,臻往省,以道阻。会天祥勤王,臻往依之,以笔札典枢密,小心精练。天祥被执,臻脱难复来,愿从天祥北行,扶持患难,备殚忠款,至隆兴病死。

金应者,性少刚知义。为天祥职书司,入京补承信郎,官路分。

天祥奉使被执,左右皆散,应独无畔志。及脱走镇江,至淮东,以忧愤死焉。

何时字了翁,抚州乐安人,天祥同年进士也。调庐陵尉,寻入江西转运司幕府,还临江军司理参军。郡狱相传,旧斩一寇,尸能行一里许。众神之,塑为肉身皋陶。时至,取故牍阅,此寇尝掠杀数人,曰:"如此可为神乎?"命鞭之,湛于水,人服其明。改知兴国县。

天祥起兵,辟署帅府机宜、带行监文思院。天祥入卫,时任留司,分司吉州。饷运平江,天祥奏时知抚州。吉州下,时脱身归乡里。益王立,天祥开府南剑,时起兵趋兴国接引,以时带行监、江西提刑。时聚兵复崇仁县,未几,大军奄至,兵败,削发为僧,窜迹岭南,卖卜自给,变姓名,自号坚白道人。

又有陈子敬者,赣州人,以赀雄乡里,尝从天祥游。天祥开阃汀州,子敬募集民兵屯皋口,据下流。及天祥攻赣,子敬与合谋,忠效甚著。空坑兵败,复聚兵屯黄塘砦,连结山砦不降。大军以重兵袭其砦,砦溃,子敬不知所终。

刘士昭,太和人,尝为碱工。与乡人同谋复太和县,败,血指书帛云:"生为宋民,死为宋鬼,赤心报国,一死而已。"因以其帛自缢死。

其党入狱,多乞怜苟免。有王士敏者,独慷慨不挠,题其裾:"此生无复望生还,一死都归谈笑间,大地尽为腥血污,好收吾骨首阳山。"临刑叹曰:"恨吾病失声,不能大骂耳。"

同时有赵孟坚者,合州人。登开庆元年第,为金华尉。临安降,与从子由鉴怀太皇太后帛书诣益王,擢宗正寺簿、监军。复明州,战败见获,不屈磔死。

　　方大军驻绍兴,福王与芮从子曰孟松,谋举兵,事泄,被执至临安。范文虎诘其谋逆,孟松诟曰:"贼臣负国厚恩,共危社稷,我帝室之胄,欲一刷宗庙之耻,乃更以为逆乎?"文虎怒,驱出斩之,过宋庙,呼曰:"太祖、太宗列圣之灵在天,何以使孟松至此?"都人莫不陨泪。既死,雷电昼晦者久之。

宋史卷四五五
列传第二一四

忠义十

陈东　欧阳澈　马伸　吕祖俭
吕祖泰　杨宏中　华岳　邓若水
僧真宝　莫谦之　徐道明

　　陈东字少阳,镇江丹阳人。早有隽声,俶傥负气,不戚戚于贫贱。蔡京、王黼方用事,人莫敢指言,独东无所隐讳。所至宴集,坐客惧为己累,稍引去。以贡入太学。钦宗即位,率其徒伏阙上书,论:"今日之事,蔡京坏乱于前,梁师成阴谋于后,李彦结怨于西北,朱勔结怨于东南,王黼、童贯又结怨于辽、金,创开边隙。宜诛六贼,传首四方,以谢天下。"言极愤切。明年春,贯等挟徽宗东行,东独上书请追贯还正典刑,别选忠信之人往侍左右。金人迫京师,又请诛六贼。时师成尚留禁中,东发其前后奸谋,乃谪死。

　　李邦彦议与金和,李纲及种师道主战,邦彦因小失利罢纲而割三镇,东复率诸生伏宣德门下上书曰:

　　　　在廷之臣,奋勇不顾、以身任天下之重者,李纲是也,所谓社稷之臣也。其庸缪不才、忌疾贤能、动为身谋、不恤国计者,李邦彦、白时中、张邦昌、赵野、王孝迪、蔡懋、李棁之徒是也,所谓社稷之贼也。

陛下拔纲列卿之中,不一二日为执政,中外相庆,知陛下之能任贤矣。斥时中而不用,知陛下之能去邪矣。纲任而未专,时中斥而未去,复相邦彦,又相邦昌,自余又皆擢用,何陛下任贤犹未能勿贰,去邪犹未能勿疑乎?今人闻罢纲职事,臣等惊疑,莫知所以。

纲自起庶官,独任大事,邦彦等疾如仇雠,恐其成功,因用兵小不利,遂得乘闲投隙,归罪于纲。夫一胜一负,兵家常势,岂可遽以此倾动任事之臣。窃闻邦彦、时中等尽劝陛下他幸,京城骚动,若非纲为陛下建立,则乘舆播迁,宗庙社稷已为丘墟,生灵已遭鱼肉。赖聪明不惑,特从其请,宜邦彦等谗嫉无所不至。陛下若听其言,斥纲不用,宗社存亡,未可知也。邦彦等执议割地,盖河北实朝廷根本,无三关四镇,是弃河北,朝廷能复都大梁?则不知割太原、中山、河间以北之后,邦彦等能使金人不复败盟乎?

一进一退,在纲为甚轻,朝廷为甚重。幸陛下即反前命,复纲旧职,以安中外之心,付种师道以阃外之事。陛下不信臣言,请遍问诸国人,必皆曰纲可用,邦彦等可斥也。用舍之际,可不审诸!

军民从者数万。书闻,传旨慰谕者旁午,众莫肯去,方昇登闻鼓挝坏之,喧呼震地。有中人出,众脔而磔之。于是亟诏纲入,复领行营,遣抚谕,乃稍引去。

金人既解去,学官观望,时宰议屏伏阙之士,先自东始。京尹王时雍欲尽致诸生于狱,人人惴恐。朝廷用杨时为祭酒,复东职,遣聂山诣学抚谕,然后定。吴敏欲弭谤,议奏补东官,赐第,除太学录。东又请诛蔡氏,且力辞官以归,前后书五上。既归,复预乡荐。

高宗即位五日,相李纲,又五日召东至。未得对,会纲去,乃上书乞留纲而罢黄潜善、汪伯彦。不报。请亲征以还二圣,治诸将不进兵之罪,以作士气;车驾归京师,勿幸金陵。又不报。潜善辈方揭示纲幸金陵旧奏,东言纲在中途,不知事体,宜以后说为正,必速罢潜善辈。

会布衣欧阳澈亦上书言事，潜善遽以语激怒高宗，言不亟诛，将复鼓众伏阙。书独下潜善所。府尹孟庚召东议事，东请食而行，手书区处家事，字画如平时，已乃授其从者曰："我死，尔归致此于吾亲。"食已如厕，吏有难色，东笑曰："我陈东也，畏死即不敢言，已言肯逃死乎？"吏曰："吾亦知公，安敢相迫。"顷之，东具冠带出，别同邸，乃与澈同斩于市。四明李猷赎其尸瘗之。东初未识纲，特以国故，至为之死，识与不识皆为流涕。时年四十有二。

潜善既杀二人，明日府尹白事，独诘其何以不先关白，微示愠色，以明非己意。越三年，高宗感悟，追赠东、澈承事郎。东无子，官有服亲一人，澈一人，令州县抚其家。及驾过镇江，遣守臣祭东墓，赐缗钱五百。绍兴四年，并加朝奉郎、秘阁修撰，官其后二人，赐田十顷。

欧阳澈字德明，抚州崇仁人。年少美须眉，善谈世事，尚气大言，慷慨不少屈，而忧国闵时，出于天性。靖康初，应制条敝政，陈安边御敌十策，州未许发，退而复采朝廷之阙失，政令之乖违，可以为保邦御俗之方、去蠹国残民之贼者十事，复为书，并上闻。已而复论列十事，言："臣所进三书实为切要，然而触权臣者有之，迕天听者有之，或结怨富贵之门，或遗怒台谏之官，臣非不知，而敢抗言者，愿以身而安天下也。"所上书为三巨轴，厩置卒辞不能举，州将为选力士荷之以行。

会金人大入，要盟城下而去，澈闻，辄语人曰："我能口伐金人，强于百万之师，愿杀身以安社稷。有如上不见信，请质子女于朝，身使穹庐，御亲王以归。"乡人每笑其狂，止之不可，乃徒步走行在。高宗即位南京，伏阙上封事，极诋用事大臣，遂见杀，见《陈东传》。死时年三十七。

许翰在政府，罢朝，问潜善处分何人，曰："斩陈东、欧阳澈耳。"翰惊失色，因究其书何以不下政府，曰："独下潜善，故不得以相视。"遂力求罢。为东、澈著哀词。澈所著《飘然集》六卷,会稽胡衍既刻之,丰城范应钤为立祠学中。

马伸字时中,东平人。绍圣四年进士。不乐驰骛,每调官,未尝择便利。为成都郫县丞,守委受成都租。前受输者率以食色玩好蛊讼而败,伸请绝宿弊。民争先输,至沿途假寐以达旦,常平使者孙俟早行,怪问之,皆应曰:"今年马县丞受纳,不病我也。"俟荐于朝。

崇宁初,范致虚攻程颐为邪说,下河南府尽逐学徒。伸注西京法曹,欲依颐门以学,因张绎求见,十反愈恭,颐固辞之。伸欲休官而来,颐曰:"时论方异,恐贻子累,子能弃官,则官不必弃也。"曰:"使伸得闻道,死何憾,况未必死乎?"颐叹其有志,进之。自是公暇虽风雨必日一造,忌媢者飞语中伤之,弗顾,卒受《中庸》以归。

靖康初,孙傅以卓行荐召,御史中丞秦桧迎辟之,擢监察御史。及汴京陷,金人立张邦昌,集百官,环以兵胁之,俾推戴。众唯唯,伸独奋曰:"吾职谏争,忍坐视乎!"乃与御史吴给约秦桧共为议状,乞存赵氏,复嗣君位。会统制官吴革起义,募兵图复二帝,伸预其谋。

邦昌既僭立,贼臣多从臾之,伸首具书请邦昌速迎奉元帅康王。同院无肯连名者,伸独持以往,而银台司视书不称臣,辞不受。伸投袂叱之曰:"吾今日不爱一死,正为此耳,尔欲吾称臣邪?"即缴申尚书省,以示邦昌。其书略曰:

相公服事累朝,为宋辅臣,比不幸迫于强敌,使当伪号,变出非常,相公此时岂以义为可犯,君为可忘,宗社神灵为可昧邪?所以忍须臾死而诡听之者,其心若曰:"与其虚逊于人而实亡赵氏之宗,孰若虚受于己而实存以归之耳。忠臣义士未即就死,阖城民庶未即生变者,亦以相公必能立赵孤也。

今金人北还,相公义当忧惧,自列于朝。康王在外,国统有属,狱讼讴歌,人皆归往。宜即发使通问,扫清宫室,率群臣共迎而立之。相公易服退处,省中庶事皆禀命太后,其敕书施恩惠、收人心等事,日下拘收,俟康王御极施行。然后相公北面引咎,以明身为人臣,昧于防患,遭寇仇胁污,当时不能即死,以待陛下,今复何面目事君,请归死司寇,为人臣失节之戒,伏阙下俟命。如此,则明主必能察相公忠实存国,义非苟生,且弃过而录功矣。今乃谋不出此,时日已多,肆然尚当非据,偃寝禁闼,若固有之。群心狐疑,道路混讻,谓相公方挟强金,使人游说康王,姑令南遁,为久假不归之计。上天难欺,下民可畏。相公若以愚言粗知觉悟,及此改图,犹可转祸为福于匪朝伊夕之间。过此以往,则相公包藏已深,志虑转异,外饰事端,愒日待期,而阴结寇仇,合从为乱,九庙在天,万无成理,伸必不能辅相公为宋朝叛臣也。请先伏死都市,以明此心。”

邦昌得书,气沮谋丧。明日,议迎哲宗后孟氏垂帘,追还伪赦,乃遣冯澥、李回等迎康王。

时王及之等犹请籍龙德宫宝货,斥卖灵沼鱼藕,以资官用。伸复慨然引义檄之曰:“古者人臣去国,三年不反,然后收其田里。君之礼臣如此,臣之报君宜如何?今二圣远狩,犹未出境,天下之人方且北首,欲追挽而还之。君之府藏燕游,忍一朝而毁乎?尔等逆节甚矣!”力争乃止。

高宗即位,伸拜章以城陷不能救,主迁不能死,请就窜削。上知其有忠力于国,擢殿中侍御史,抚谕荆湖、广南,以诛邦昌及其党王时雍等。所过州县,谘察吏之贤否与民利疚,以次列上于朝。

伸自湖、广将入奏黄潜善、汪伯彦不法凡十有七事,草疏已具,朝廷方召孙觌、谢克家,乃先奏:“觌、克家趋操不正,在靖康间与王时雍、王及之等七人结为死党,附耿南仲倡为和议,助成贼谋,有不主和议者,则欲执送金人。觌受金人女乐,草表媚之,极其笔力,乃负国之贼,宜加远窜。”不报。伸又进疏曰:

陛下得黄潜善、汪伯彦以为辅相,委任不复疑。然自入相以来,处事未尝惬当物情,遂使女真日强,盗贼日炽,国本日蹙,威权日削。且三镇未服,汴都言危,前日遽下还都之诏,至今銮舆未能顺动。其不谨诏命如此。草茅对策不如式,考官罚金可矣,一日黜三舍人,乃取沈晦、孙觌、黄哲辈诸群小以掌诰命。其黜陟不公如此。吴给、张闳以言事被逐,邵成章缘上言远窜。其壅塞言路如此。张壳、宗泽、许景衡公忠有才,皆可任重,潜善、伯彦忌之,沮抑至死。其妨功害能如此。祖宗旧制,谏官御史有阙,御史中丞、翰林学士具名以进,三省不敢预,厥有深旨。近拟用台谏,多取亲旧,不过欲为己助。其毁法自恣如此。或责以救焚拯溺之事,则曰难言,盖谓陛下制之不得施设也。或问陈东之死,则曰不知,盖谓其事縡于陛下也。其过则称君、善则称己如此。吕源狂横,陛下逐去,不数月由郡守升发运。其强狠自专如此。御营使虽主兵权,凡行在诸军皆其所统,潜善、伯彦别置亲兵一千人,请给居处,优于众兵。其务收军情如此。广市私恩,则多复祠官之阙;同恶相济,则力庇王安中之罪。撼其所为,岂不辜陛下倚任之重哉?

陛下隐忍不肯斥逐,涂炭遗民固已绝望,二圣还期在何时邪?臣每念此不如无生。岁月如流,时几易失,望速罢潜善、伯彦政柄,别迟贤者,共图大事。

疏入,留中。明日,改卫尉少卿。伸以论事不行,辞不拜,录其疏申御史台,且叠上章言:"臣言可采,即乞施行,若臣言非是,合坐诬罔之罪。"移疾待命。旬日,诏伸言事不实,送吏部责濮州监酒税。时用事者恚甚,必欲杀之,以濮迫寇境,故有是命。趣使上道,伸怡然襆被而行,死道中。或曰王渊在濮,潜善密嗾其不利于伸。天下识与不识皆冤痛之。

明年,金人陷广陵,伸言始验,潜善、伯彦始以误国窜殛,于是台臣奏伸尝论潜善等罪,乃复以卫尉少卿召,实未知其存亡也。寻加直龙图阁。

绍兴初,胡安国上《时政论》,有曰:"伸言潜善、伯彦措置乖方,条其罪状,凡举一事,必立一证,皆众所共知共见,不敢以无为有,以是为非。而当时曾不从用,反以为言事不实而重责之,是罚沮忠说,邪说何由而息,公道何由而明乎?伸既远贬,虽有诏命,邈无来期，君子闵焉。贲以龙图，犹未尽褒劝之典。乞重加追奖，及其子孙，以承天意。”诏赠谏议大夫。

伸天资纯确，学问有原委，勇于为义，而所韫深厚，耻以自名。建炎初，右正言邓肃尝论朝士臣邦昌者，例贬二秩，伸不辨也。凡有建明，辄削其藁，人罕知之。居官，晨兴必整衣端坐，读《中庸》一遍，然后出莅事。每曰：“吾志在行道。以富贵为心，则为富贵所累，以妻子为念，则为妻子所夺，道不可行也。”故在广陵，行箧一檐，图书半之。山东已扰，家尚留于郓。常称：“孔子言：‘志士不忘在沟壑，勇士不忘丧其元。’今日何日，沟壑乃吾死所也。”

有何兑者，昭武人，受学于伸。伸没，兑尝辑其事状。绍兴中，为辰州通判，睹邸报，秦桧自陈其存赵之功，谓它人莫预。兑径取所辑事状达尚书省，桧大怒，下兑荆南诏狱，狱辞皆出吏手，兑坐削官窜真阳。桧死始放还，复其官。寻卒。

吕祖俭字子约，祖谦之弟也，受业祖谦如诸生。监明州仓，将上，会祖谦卒。部法半年不上者为违年，祖俭必欲终期丧，朝廷从之，诏违年者以一年为限，自祖俭始。

终更赴铨，丞相周必大语尚书尤袤招之，祖俭已调衢州法曹而后往见。潘时经略广东，欲辟为属，祖俭辞。寻以侍从郑侨、张杓、罗点、诸葛庭瑞荐，召除籍田令。

中丞何澹所生父继室周氏死，澹欲服伯母服，下太常百官杂议。祖俭贻书宰相曰：“《礼》曰：‘为伋也妻者，是为白也母。’今周氏非中丞父之妻乎？将不谓之母而谓之何？中丞为风宪首，而以不孝令，百僚何观焉。”除司农簿，已而乞补外，通判台州。宁宗即位，除太府丞。

时韩侂胄浸用事，正言李沭论右相赵汝愚罢之。祖俭奏：“汝愚亦不得无过，然未至如言者所云。”侂胄怒曰：“吕寺丞乃预我事邪？”会祭酒李祥、博士杨简皆上书讼汝愚，沭皆劾罢之。祖俭乃上封事曰："陛下初政清明，登用忠良，然曾未逾时，朱熹老儒也，有所论列，则亟使之去；彭龟年旧学也，有所论列，亦亟许之去；至于李祥老成笃实，非有偏比，盖众听所共孚者，今又终于斥逐。臣恐自是天下有当言之事，必将相视以为戒，钳口结舌之风一成而未易反，是岂国家之利邪？"

又曰："今之能言之士，其所难非在于得罪君父，而在忤意权势。姑以臣所知者言之，难莫难于论灾异，然言之而不讳者，以其事不关于权势也。若乃御笔之降，庙堂不敢重违，台谏不敢深论，给、舍不敢固执，盖以其事关贵幸，深虑乘间激发而重得罪也。故凡劝导人主事从中出者，盖欲假人主之声势，以渐窃威权耳。比者闻之道路，左右蝥御，于黜陟废置之际，间得闻者，车马辐凑，其门如市，恃权怙宠，摇撼外庭。臣恐事势势浸淫，政归幸门，不在公室，凡所荐进皆其所私，凡所倾陷皆其所恶，岂但侧目惮畏，莫敢指言，而阿比顺从，内外表里之患，必将形见。臣因李祥获罪而深及此者，是岂矫激自取罪戾哉？实以士气颓靡之中，稍忤权臣，则去不旋踵。私忧过计，深虑陛下之势孤，而相与维持宗社者浸寡也。"

疏既上，束檐待罪。有旨：吕祖俭朋比罔上，安置韶州。中书舍人邓驲缴奏，祖俭罪不至贬。御笔："祖俭意在无君，罪当诛，窜逐已为宽恩。"会楼钥进读吕公著元祐初所上十事，因进曰："如公著社稷臣，犹将十世宥之，前日太府寺丞吕祖俭以言事得罪者，其孙也。今投之岭外，万一即死，圣朝有杀言者之名，臣窃为陛下惜之。"上问："祖俭所言何事？"然后知前日之行不出上意。侂胄谓人曰："复有救祖俭者，当处以新州矣。"众莫敢出口。有谓侂胄曰："自赵丞相去，天下已切齿，今又投祖俭瘴乡，不幸或死，则怨益重，曷若少徙内地。"侂胄亦悟。祖俭至庐陵，将趋岭，得旨改送吉州。遇赦，量移高安。二年卒，诏令归葬。

祖俭之谪也，朱熹与书曰："熹以官则高于子约，以上之顾遇恩礼则深于子约，然坐视群小之为，不能一言以报效，乃令子约独舒愤懑，触群小而蹈祸机，其愧叹深矣。"祖俭报书曰："在朝行闻时事,如在水火中,不可一朝居。使处乡间,理乱不知,又何以多言为哉?"在谪所,读书穷理,卖药以自给。每出,必草履徒步,为逾岭之备。尝言:"因世变有所摧折,失其素履者,固不足言矣;因世变而意气有所加者,亦私心也。"所为文有《大愚集》。祖俭从弟祖泰。

祖泰字泰然,夷简五世孙,寓常之宜兴。性疏达,尚气谊,学问该洽。遍游江、淮,交当世知名士,得钱或分挈以去,无吝色。饮酒至数斗不醉,论世事无所忌讳,闻者或掩耳而走。

庆元初,祖俭以言事安置韶州,既移瑞州,祖泰徒步往省之,留月余,语其友王深厚曰:"自吾兄之贬,诸人箝口,我虽无位,义必以言报国,当少须之,今未敢以累吾兄也。"及祖俭没贬所,嘉泰元年,周必大降少保致仕,祖泰愤之,乃诣登闻鼓院上书,论侂胄有无君之心,请诛之以防祸乱。其略曰:"道学,自古所恃以为国也。丞相汝愚,今之有大勋劳者也。立伪学之禁,逐汝愚之党,是将空陛下之国,而陛下不知悟邪?陈自强,侂胄童孺之师,躐致宰辅。陛下旧学之臣,若彭龟年等,今安在邪?苏师旦,平江之吏胥,以潜邸而得节钺;周筠,韩氏之厮役,以皇后亲属得大官。不识陛下在潜邸时果识师旦乎?椒房之亲果有筠乎?凡侂胄之徒,自尊大而卑朝廷,一至于此也!愿亟诛侂胄及师旦、周筠,而罢逐自强之徒。独周必大可用,宜以代之,不然,事将不测。"书出,中外大骇。

有旨:"吕祖泰挟私上书,语言狂妄,拘管连州。"右谏议大夫程松与祖泰狎友,惧曰:"人知我素与游,其谓预闻乎?"乃独奏言:"祖泰有当诛之罪,且其上书必有教之者,今纵不杀,犹当杖黥窜远方。"殿中侍御史陈谠亦以为言。乃杖之百,配钦州牢城收管。

初,监察御史林采言伪习之成,造端自必大,故有少保之命。祖泰知必死,冀以身悟朝廷,无惧色。既至府廷,尹为好语诱之曰:"谁教汝共为章?汝试言之,吾且宽汝。"祖泰笑曰:"公何问之愚也。吾固知必死,而可受教于人,且与人议之乎?"尹曰:"汝病风丧心邪?"祖泰曰:"以吾观之,若今附韩氏得美官者,乃病风丧心耳。"

祖泰既贬，道出潭州，钱文子为醴陵令，私赆其行。侂胄使人迹其所在，祖泰乃匿襄、郢间。侂胄诛，朝廷访得祖泰所在，诏雪其冤，特补上州文学，改授迪功郎、监南岳庙。丧母无以葬，至都谋于诸公，得寒疾，索纸书曰："吾与吾兄共攻权臣，今权臣诛，吾死不憾。独吾生还无以报国，且未能葬吾母，为可憾耳。"乃卒。尹王柟为具棺敛归葬焉。

杨宏中字充甫，福州人。弱冠补国子生。孝宗崩，光宗以疾不能执丧。时赵汝愚知枢密院，奏请太皇太后迎立宁宗于嘉邸，以成丧礼，朝野晏然。遂命汝愚为右丞相，登进耆德及一时知名之士，有意庆历、元祐之治。韩侂胄窃弄国柄，引将作监李沐为右正言，首论罢汝愚，中丞何澹、御史胡纮章继上，窜汝愚永州。国子祭酒李祥、博士杨简连疏救争，俱被斥。宏中曰："师儒能辨大臣之冤，而诸生不能留师儒之去，于谊安乎？"众莫应，独林仲麟、徐范、张衟、蒋傅、周端朝五人愿预其议。遂上书曰：

自古国家祸乱之由，初非一道，惟小人中伤君子，其祸尤惨。君子登庸，杜绝邪枉，要其处心实在于爱君忧国。小人得志，仇视正人，必欲空其朋类，然后可以肆行而无忌。于是人主孤立，而社稷危矣。党锢敝汉，朋党乱唐，大率由此。元祐以来，邪正交攻，卒成靖康之变，臣子所不忍言，而陛下所不忍闻也。

臣窃见近者谏臣李沐论前宰相赵汝愚数谈梦兆，擅权植党，将不利于陛下。以此加诬，实不其然。汝愚乞去，中外咨愤，而言者以为父老欢呼，蒙蔽天听，一至于此。章颖力辨其非，首遭斥逐，闻者已骇，既而祭酒李祥、博士杨简相继抗论，毅然求去，告假几月，善类皇皇。一旦有外补之命，言者恶其扶植正论，极力觝排，同日报罢，六馆之士为之愤惋涕泣。今李沐自知邪正之不两立，而公议之不直己也，乃欲尽去正人以便其私，于是托朋党以罔陛下之听。臣谓二人之去若未足惜，殆恐君子小人消长之机于此一判，则靖康已然之监，岂堪复见于今日邪?陛下厉精图政,方将正三纲以维人心,采群议以定国是,遽听奸回,概疑善类,此臣等之所未谕也。

臣愿陛下鉴汉、唐之祸,惩靖康之变,精加宸虑,特奋睿断。念汝愚之忠勤,察祥、简之非党,灼李沐之回邪,明示好恶,旌别淑慝,窜李沐以谢天下,还祥、简以收士心,臣虽身膏鼎镬,实所不辞。

书奏不报,则缴副封于台谏、侍从。侂胄大怒,坐以不合上书之罪,六人皆编置,以宏中为首,将窜之岭南。中书舍人邓驲上书救之,不听。右丞相余端礼拜于榻前至数十,丐免远徙。上恻然许之,乃送太平州编管。天下号为“六君子”。

明年,移福州听读。嘉泰三年,宁宗幸学,持旨放参。开禧元年,宏中登进士第,教授南剑州。太守余嵘,故相端礼子,与之相得甚欢。侂胄诛,先以言得罪者悉加褒录。嘉定元年,特迁宏中一秩,亦不拜。六年,以嵘与汪逵、赵彦橚荐,授户部架阁,俄迁太学正。八年夏旱,上封事,指切无隐。迁武学博士,改宣教郎。

时谏官应武论一学官,宏中季试策士及其故,武闻而衔之。秋戊祀武成王,祭酒行事。故事,博士摄亚献,至是不命宏中,宏中白于祭酒。于是武劾宏中与同列竞,且谓其激矫不自爱,遂通判潭州。以亲老请祠,差知武冈军,未受卒,年五十三。

端朝字子静,嘉定三年试礼部第一,终刑部侍郎兼侍讲。徜字用叟,以父任补官,有二子,与端朝同登进士第。仲麟字景仲,傅字象夫,久居学校,忠鲠有闻,咸以不偶死。范自有传。

华岳字子西,为武学生,轻财好侠。韩侂胄当国,岳上书曰:

旬月以来,都城士民彷徨四顾,若将丧其室家;诸军妻子隐哭含悲,若将驱之水火。阛阓籍籍,欲语复噤,骇于传闻,莫晓所谓。臣徐考之,则侍卫之兵日月潜发,枢机之递星火交驰,戎作之役倍于平时,邮传之程兼于畴昔,乃知陛下将有事于北征也。

侂胄以后族之亲,位居极品,专执权柄,公取贿赂,畜养无籍吏仆,委以腹心,卖名器,私爵赏,睥睨神器,窥觎宗社,日益炎炎,不敢向尔。此外患之居吾腹心者也。

朝臣有以庸琐之资,请姻师旦,骤入政府者;有以谀佞之资,附阿侂胄,致身显贵者。陈自强老不知耻,贪不知止,私植党与,阴结门第,凡见诸行事,惟知侂胄,不知君父。此外患之居吾股肱者也。

爽、奕、汝翼诸李之贪懦无谋,倪、僎、倬、杲诸郭之膏粱无用,诸吴之恃宠专僭,诸彭之庸孱不肖,皇甫斌、魏友谅、毛致通、秦世辅之凋瘵军心、疮痍士气,以致陈孝庆、夏兴祖、商荣、田俊迈之徒,皆以一卒之材,各得把麾专制,平日剡膏刻血,包苴侂胄,以致通显,饿寒之士咸愿食其肉而不可得。万一陛下付以大事,彼之首领自不可保,奚暇为陛下计哉?此外患之居吾爪牙者也。

程松之纳妾求知,或以售妹入府,或以献妻入阁,鲁宜之贡子为郎,富宫之庸弩充位。此外患之居吾耳目者也。

苏师旦以秽吏冒节钺,牙侩名爵;周筠以隶卒冒戎钤,市易将相。此外患之扼吾咽喉者也。彼之所谓外患者实未足忧,而此之外患盖已周吾一身之间矣。

"礼乐征伐,自天子出"。所贵乎中国者,皆听命于陛下也。今也与夺之命、黜陟之权,又不出于陛下,而出于侂胄。是吾有二中国也。命又不出于侂胄,而出于苏师旦、周筠。是吾有三中国也。女真以区区之地,犹能逼我淮、汉,曾谓外患之居吾腹心、股肱、耳目、爪牙及吾咽喉,而不冯陵吾之宗庙社稷乎?曾谓一家之中自为秦、越,一舟之中自为敌国,而能制远人乎?比年军皆掊克,而土卒自仇其将佐;民皆侵渔,而百姓自畔其守令,家自为战。此又启吾中国亿万之仇敌也。今不务去吾腹心、股肱、爪牙、耳目、咽喉与夫亿万之仇敌,而欲空国之师竭国之财,而与远人相从于血刃相涂之地,顾不外用其心欤?

　　臣尝推演兵书，自去岁上元甲子，五福太一初度吴分，四神直符对临荆、楚，始击蚩符旁临瓯、粤，青门直使交次于幽、冀，黑杀黄道正按于燕、赵。考之成法，主算最长，客算最短。兵以先发为客，后发为主。自太岁乙丑至庚午六年之间，皆不利于先举。倘其畔盟犯义，挠我疆场，至于事不获已，然后应之，则反主为客，犹曰庶几。万一国家首事倡谋，则将帅内睽，士卒外畔，肝脑万民，血刃千里。此天数之不利于先举也。矧将帅庸愚，军民怨怼，马政不讲，骑士不熟，豪杰不出，英雄不收，馈粮不丰，形便不固，山砦不修，堡垒不设，吾虽带甲百万，军饷千里，而师出无功，不战自败。此人事之不利于先举也。

　　臣愿陛下除吾一身之外患。吾国中之外患既已除，然后公道开明，正人登用，法令自行，纪纲自正，豪杰自归，英雄自附，侵疆自还，中原自复，天下自底于和平，四海自跻于仁寿，何俟乎兵革哉？不然，则乱臣贼子毁冕裂冠，哦九锡隆恩之诗，恃贵不可侔之相，私妾内姬，阴臣将相，鱼肉军士，涂炭生灵，坠百世之远图，亏十庙之遗业。陛下此时虽欲不与之偕亡，则祸迫于身，权出于人，俯首待终，何脐可噬。

　　事之未然，难以取信，臣愿以身属之廷尉，待其军行用师，劳还奏凯，则枭臣之首风递四方，以为天下欺君罔上者之戒。傥或干戈相寻，败亡相继，强敌外攻，奸臣内畔，与臣所言尽相符契，然后令臣归老田里，永为不齿之民。

书奏，侂胄大怒，下大理，贬建宁圜土中。郡守傅伯成怜之，命狱卒使出入毋系。伯成去，又连守李大异，复置狱。

侂胄诛，放还，复入学登第，为殿前司官属，郁不得志。谋去丞相史弥远，事觉，下临安狱。狱具，坐议大臣当死。宁宗知岳名，欲生之，弥远曰：“是欲杀臣者。”竟杖死东市。

　　邓若水字平仲，隆州井研人。博通经史，为文章有气骨。吴曦叛，州县莫敢抗，若水方为布衣，愤甚，将杀县令，起兵讨之。夜刲鸡盟其仆曰："我明日谒知县,汝密怀刃以从,我顾汝,即杀之。"仆佯许诺,至期三顾不发。归责其仆以背盟,仆曰："平人尚不可杀,况知县乎?此何等事,而使我为之。"若水乃仗剑徒步如武兴,欲手刃曦,中道闻曦死,乃还。人皆笑其狂,而壮其志。

登嘉定十三年进士第。时史弥远柄国久,若水对策极论其奸,请罢之,更命贤相,否则必为宗社忧。考官置之末甲。策语播行,都士争诵之。弥远怒,谕府尹使逆旅主人几其出入,将置之罪,或为之解,乃已。

理宗即位,应诏上封事曰:

行大义然后可以弭大谤,收大权然后可以固大位,除大奸然后可以息大难。

宁宗皇帝晏驾,济王当继大位者也,废黜不闻于先帝,过失不闻于天下。史弥远不利济王之立,夜矫先帝之命,弃逐济王,并杀皇孙,而奉迎陛下。曾未半年,济王竟不幸于湖州,揆以《春秋》之法,非弑乎?非篡乎?非攘夺乎?当悖逆之初,天下皆归罪弥远而不敢归过于陛下者,何也?天下皆知仓卒之间,非陛下所得知,亦谅陛下必无是心也,亦料陛下必能扫清妖氛,以雪先帝、济王父子终天之愤。今逾年矣,而乾刚不决,威断不行,无以大慰天下之望。昔之信陛下之必无者,今或疑其有。昔之信陛下不知者,今或疑其知。陛下何以忍清明天日,而以此身受此污辱也?盍亦求明是心于天下,而俾有辞于千古乎?为陛下之计,莫若遵泰伯之至德,伯夷之清名,季子之高节,而后陛下之本心明于天下,此臣所谓行大义以弭大谤,策之上也。

自古人君之失大权,鲜有不自废立之际而尽失之。当其废立之间,威动天下,既立则眇视人主,是故强臣挟恩以陵上,小人怙强以无上,久则内外相为一体,为上者暗默以听其所为,日朘月削,殆有人臣之所不忍言者。威权一去,人主虽欲固其位,保其身,有不可得。宣缯、薛极,弥远之肺腑也;王愈,其耳

目也；盛章、李知孝，其鹰犬也；冯榯，其爪牙也。弥远之欲行某
事，害某人，则此数人者相与谋之，曷尝有陛下之意行乎其间
哉？臣以为不除此数凶，陛下非惟不足以弭谤，亦未可以必安
其位，然则陛下何惮久而不为哉？此臣所以谓收大权以定大
位，策之次也。

次而不行，又有一焉，曰：除大奸然后可以弭大难。李全，
一流民耳，寓食于我，兵非加多，土地非加广，势力非特盛也。
贾涉为帅，庸人耳，全不敢妄动，何也？名正而言顺也。自陛下
即位，乃敢倔强，何也？彼有辞以用其众也。其意必曰：“济王，
先皇帝之子也，而弥远放弑之。皇孙，先皇帝之孙也，而弥远戕
害之。”其辞直，其势壮，是以沿淮数十万之师而不敢睥睨其
锋。虽曰今暂无事，未也，安知其不一日羽檄飞驰，以济王为
辞，以讨君侧之恶为名？弥远之徒，死有余罪，不可复惜，宗社
生灵何幸焉？陛下今日而诛弥远之徒，则全无辞以用其众矣。

上而不得，则思其次，次而不得，则思其下，悲夫！

制置司不敢为附驿，却还之。以格当改官，奏上，弥远取笔横抹之而
罢。

嘉熙间，召为太学博士，当对，草奏数千言，略曰：“宁宗不豫，
弥远急欲成其诈，此其心岂复愿先帝之生哉？先帝不得正其终，陛
下不得正其始，臣请发冢斫棺，取其尸斩之，以谢在天之灵。往年臣
尝上封事，请禅位近属，以洗不义之污，无路自达，今其书尚在，谨
昧死以闻。”

将对前一日，假笔吏于所亲潘允恭，允恭素知若水好危言，谕
笔吏使窃录之。允恭见之，惧并及祸，走告丞相乔行简，亦大骇。翼
日早朝，奏出若水通判宁国府。退朝，召阁门舍人问曰：“今日有轮
对官乎？”舍人以若水对，行简曰：“已得旨补外矣，可格班。”若水袖
其书待庑下，舍人谕使去，若水怏怏而退。自知不为时所容，到官数
月，以言罢，遂不复仕，隐太湖之洞庭山。

贾似道在京湖，闻其名，辟参军事。若水雅思其乡，乃起从其

招,因西归蜀。居山中,有盗夜劫之,若水危坐不动,盗击其首,流血被面,亦不动,乃舍去。若水为学务躬行,耻为空言。削木为主,大书曰"自古以来忠臣孝子义夫节妇之位",岁时祀之。有一子,膂力绝人,筑山砦,以兵捍卫乡井。砦破,举家遇害。

僧真宝,代州人,为五台山僧正。学佛,能外死生。靖康之扰,与其徒习武事于山中。钦宗召对便殿,眷赍隆缛。真宝还山,益聚兵助讨。州不守,敌众大至,昼夜拒之,力不敌,寺舍尽焚。酋下令生致真宝,至则抗词无挠,酋异之,不忍杀也,使郡守刘驹诱劝百方,终不顾,且曰:"吾法中有口回之罪,吾既许宋皇帝以死,岂当妄言也?"怡然受戮。北人闻见者叹异焉。

莫谦之,常州宜兴僧人也。德祐元年,纠合义士捍御乡闾,诏为溧阳尉。是冬,没于战阵,赠武功大夫。
时万安僧亦起兵,举旗曰"降魔",又曰:"时危聊作将,事定复为僧。"旋亦败死。

徐道明,常州天庆观道士也。为管辖,赐紫。德祐元年,北兵围城,道明谒郡守姚訔请曰:"事急矣,君侯计将安出?"曰:"内无食,外无援,死守而已。"道明亟还,慨然告其徒曰:"姚公誓与城俱亡,吾属亦不失为义士。"乃取观之文籍置石函,藏坎中。兵屠城,道明危坐爇香,读《老子》书。兵使之拜,不顾,诵声琅然,以刃胁之,不为动,遂死焉。

宋史卷四五六
列传第二一五

孝 义

李璘 甄婆儿附　徐承珪　刘孝忠

吕昇 王翰附　罗居通 黄德舆附

齐得一　李罕澄　邢神留 沈正附

许祚 李琳等附　胡仲尧 弟仲容附

陈兢　洪文抚　易延庆　董道明

郭琮 毕赞附　顾忻 李琼附　朱泰

成象　陈思道　方纲　庞天祐

刘斌　樊景温 荣恕旻附　初晞

何保之　李玭　侯义　王光济 李祚

周善敏附　江白　裴承询 孙浦等附

常真 子晏 王诠等附　杜谊　姚宗明

邓中和　毛安舆　李访　朱寿昌

侯可　申积中　郝戭　支渐

邓宗古　沈宣　苏庆文 台亨附

仰忻　赵伯深　彭瑜　毛洵 李筹

杨芾附　**杨庆　陈宗　郭义**
申世宁　苟与龄　王珠　颜诩
张伯威　蔡定　郑绮 鲍宗岩附

　　冠冕百行莫大于孝，范防百为莫大于义。先王兴孝以教民厚，民用不薄；兴义以教民睦，民用不争。率天下而由孝义，非履信思顺之世乎。太祖、太宗以来，子有复父仇而杀人者，壮而释之；刲股割肝，咸见褒赏；至于数世同居，辄复其家。一百余年，孝义所感，醴泉、甘露、芝草、异木之瑞，史不绝书，宋之教化有足观者矣。作《孝义传》。

　　李璘，瀛州河间人。晋开运末，契丹犯边，有陈友者乘乱杀璘父及家属三人。乾德初，璘隶殿前散祗候，友为军小校，相遇于京师宝积坊北，玲手刃杀友而不遁去，自言复父仇，案鞠得实，太祖壮而释之。

　　雍熙中，又有京兆雩县民甄婆儿，母刘与同里人董知政忿竞，知政击杀刘氏。婆儿始十岁，妹方襁褓，托邻人张氏乳养。婆儿避仇，徙居赦村，后数年稍长大，念母为知政所杀，又念其妹寄张氏，与兄课儿同诣张氏求见妹，张氏拒之，不得见。婆儿愤怒悲泣，谓兄曰："我母为人所杀，妹流寄他姓，大仇不报，何用生为！"时方寒食，具酒肴诣母坟恸哭，归取条桑斧置袖中，往见知政。知政方与小儿戏，婆儿出其后，以斧斫其脑杀之。有司以其事上请，太宗嘉其能复母仇，特贷焉。

　　徐承珪，莱州掖人。幼失父母，与兄弟三人及其族三十口同甘藜藿，衣服相让，历四十年不改其操。所居崇善乡绢俗里，木连理，瓜瓠异蔓同实，州以闻。乾德元年，诏改乡名义感，里名和顺。承珪尝为赞皇令。

刘孝忠,并州太原人。母病经三年,孝忠割股肉、断左乳以食母;母病心痛剧,孝忠然火掌中,代母受痛。母寻愈。后数岁母死,孝忠佣为富家奴,得钱以葬。富家知其孝行,养为己子。后养父两目失明,孝忠为舐之,经七日复能视。以亲故,事佛谨,尝于像前割双股肉,注油创中,燃灯一昼夜。刘钧闻而召见,给以衣服、钱帛、银鞍勒马,署宣陵副使。开宝二年,太祖亲征太原,召见慰谕。

吕升,莱州人。父权失明,剖腹探肝以救父疾,父复能视而升不死。冀州南宫人王翰,母丧明,翰自抉右目睛补之,母目明如故。淳化中,并下诏赐粟帛。

罗居通,益州成都人。母死,庐墓三年,有甘露降坟树,芝草生其旁。开宝四年,长吏以闻,诏以居通为延长主簿。

大中祥符初,资州人黄德舆葬父母,负土成坟,甘泉涌其侧,降诏旌表。

齐得一,密州诸城人。幼嗜学,及长,能读《五经》,善于教授乡里。士大夫子弟不远百里,皆就之肄业焉。晋末,皇甫晖为密州防御使,得一父为客将。及晖叛归淮南,屡率众剽劫于故郡,民之牛羊犬豕悉取以犒士卒,得一之家被略殆尽。后王万敢为防御使,性贪暴,执乡民十八家,责其尝以牛酒饭贼,尽杀之而取其资产,得一亲属死者十余人,唯得一与兄脱身获免。明年诣阙上诉,朝廷遣使按鞫之得实,万敢削官,判官胡辙坐死。得一乃归乡里,布衣蔬食,不乐仕进。开宝中,诏郡国举廉退孝悌之士,本郡即以得一应诏。至阙,策试中选,授章丘主簿。

李罕澄,冀州阜城人也,七世同居。汉乾祐三年,诏改乡里名及旌其门闾。太平兴国六年，长吏以汉所赐诏书来上，复旌表之。

邢神留，深州陆泽人。父超，逋官租，里胥督租，与超斗，超殴里胥死。神留年十六，诣吏求代父死。州以闻，特诏减死，赐里胥家万钱为棺敛具。

端拱初，泰州海陵人沈正父为屯田院衙官，凶暴无赖，使酒殴平人死，正中途见，父恐慑，述其故，正即号呼褫衣，就殴其尸。巡警者捕送官，狱具，怡然就死，闻者悲之。

许祚，江州德化人。八世同居，长幼七百八十一口。太平兴国七年，旌其门闾。淳化二年，本州言祚家春夏常乏食，诏岁贷米千斛。

又有信州李琳十五世同居，贝州田祚、京兆惠从顺十世同居，庐州赵广、顺安军郑彦圭、信州俞隽八世同居，陕州张文裕六世同居，襄州张巨源刘芳、潭州瞿景鸿、温州陈品、江陵褚彦逢五世同居，徐州彭程四世同居，皆赐诏旌表门闾。巨源素习法律，太平兴国五年，赐明法及第。芳淳化四年来贺寿宁节，赐进士出身。偪事母至孝，赐其母粟帛。彦逢兄弟五人皆年七十余，至道元年，转运使表其事，诏补彦逢教练使。

胡仲尧，洪州奉新人。累世聚居，至数百口。构学舍于华林山别墅，聚书万卷，大设厨廪，以延四方游学之士。南唐李煜时尝授寺丞。雍熙二年，诏旌其门闾。仲尧诣阙谢恩，赐白金器二百两。淳化中，州境旱歉，仲尧发廪减市直以振饥民，又以私财造南津桥。太宗嘉之，除本州助教，许每岁以香稻时果贡于内东门。五年，遣弟仲容来贺寿宁节。召见仲容，特授试校书郎，赐袍笏犀带，又以御书赐之。公卿多赋诗称美。仲尧稍迁国子监主簿，致仕，卒。

仲容字咸和，咸平三年，复至阙贡土物，改大理评事，屡被赐赉。仲容建本县孔子庙，颇为宏敞。后迁光禄丞致仕，天禧中，特赐绯鱼。卒，年七十九。以弟之子用讷为后，试校书郎。仲容弟克顺，端拱二年进士，至都官员外郎、三司户部判官。仲容子用之泊从子用庄、用舟，并进士及第。

陈兢，江州德安人，陈宜都王叔明之后。

叔明五世孙兼，唐右补阙。兼生京，秘书少监、集贤院学士，无子，以从子褒为嗣，褒至盐官令。褒生瓘，高安丞。瓘孙伯宣，避难泉州，与马总善，注司马迁《史记》行于世；后游庐山，因居德安，尝以著作佐郎召，不起，大顺初卒。伯宣子崇为江州长史，益置田园，为家法戒子孙，择群从掌其事，建书堂教诲之。僖宗时尝诏旌其门，南唐又为立义门，免其徭役。崇子衮，江州司户。衮子昉，试奉礼郎。

昉家十三世同居，长幼七百口，不畜仆妾，上下姻睦，人无间言。每食，必群坐广堂，未成人者别为一席。有犬百余，亦置一槽共食，一犬不至，群犬亦皆不食。建书楼于别墅，延四方之士，肄业者多依焉。乡里率化，争讼稀少。开宝初，平江南，知州张齐上请仍旧免其徭役，从之。昉弟之子鸿。太平兴国七年，江南转运使张齐贤又奏免杂科。兢即鸿之弟。淳化元年，知州康戬又上言兢家常苦食不足，诏本州每岁贷粟二千石。

后兢死，其从父弟旭每岁止受贷粟之半，云省啬而食，可以及秋成。属岁俭谷贵，或劝其全受而粜之，可邀善价，旭曰："朝廷以旭家群从千口，轸其乏食，贷以公粟，岂可见利忘义，为罔上之事乎？"至道初，遣内侍裴愈就赐御书，还，言旭家孝友俭让，近于淳古。太宗尝对近臣言之，参知政事张洎对曰："旭宗族千余口，世守家法，孝谨不衰，闺门之内，肃于公府。"且言及旭受贷事。上以远民义聚，复能固谦节，为之叹息。大中祥符四年，以旭为江州助教。旭卒，弟蕴主家事。天圣元年，又以蕴继为助教。蕴卒，弟泰主之。泰弟度，太子中舍致仕。从子延赏、可，并举进士。延赏职方员外郎。

洪文抚,南康建昌人,本姓犯宣祖偏讳,改焉。曾祖谔,唐虔州司仓参军,子孙众多,以孝悌著称。六世义居,室无异爨。就所居雷湖北创书舍,招来学者。至道中,本军以闻,遣内侍裴愈赍御书百轴赐其家。文抚遣弟文举诣阙贡土物为谢,太宗飞白一轴曰“义居人”以赐之,命文举为江州助教。三年八月,又诏表其门闾。自是每岁遣子弟入贡,必厚赐答之。文抚兄子待用,登咸平三年进士第,至都官员外郎。

易延庆字余庆,筠州上高人。父赟,以勇力仕南唐至雄州刺史。延庆幼聪慧,涉猎经史,尤长声律,以父荫为奉礼郎。显德四年,周师克淮南,赟归朝,授道州刺史;延庆亦授大名府兵曹参军,后为大理评事,知临淮县。乾德末,赟卒,葬临淮。延庆居丧摧毁,庐于墓侧,手植松柏数百本,且出守墓,夕归侍母。紫芝生于墓之西北,数年又生玉芝十八茎。本州将表其事,延庆恳辞。或画其芝来京师,朝士多为诗赋,称其孝感。

服阕,延庆以母老称疾不就官。母卒后,藁殡数年,延庆出为大理寺丞。尝司建安市征,及母葬有期,私归营葬,掩圹而返。知军扈继升言擅去职,坐免所居官,复庐墓侧数年。母平生嗜栗,延庆树二栗树墓侧,二树连理,苏易简、朱台符为赞美之。后知端州,卒。子纶,大中祥符元年,进士及第。

董道明,蔡州褒信人。母死出葬,道明潜匿墓中,人瘗之,经三日,家人发冢取之,道明无恙,终身庐于墓侧。

郭琮,台州黄岩人。幼丧父,事母极恭顺。娶妻有子,移居母室。凡母之所欲,必亲奉之。居常不过中食,绝饮酒茹荤者三十年,以祈母寿。母年百岁,耳目不衰,饮食不减,乡里异之。至道三年,诏书存恤孝悌,乡老陈赞率同里四十人状琮事于转运使以闻,有诏旌表门闾,除其徭役。明年,母无疾而终。琮哀号几乎减性,乡闾率金帛以助葬。

又有越州应天寺僧者,幼贫无以养母,剃发乞食以给晨夕。母年一百五岁而终。

潭州长沙人毕赞,仕郡为引赞吏,性至孝,父母皆年八十余。转运使表其事,诏赞解职终养。

顾忻,泰州泰兴人。十岁丧父,以母病,荤辛不入口者十载。鸡初鸣,具冠带率妻子诣母之室,问其所欲,如此五十年,未尝离母左右。母老,目不能睹物,忻日夜号泣祈天,刺血写佛经数卷。母目忽明,烛下能缝纴,九十余无疾而终。

又有杭州仁和人李琼,以鬻缯为业,事母孝,夜常十余起省母。母喜食时新,琼百方求市,得必十倍酬其直。

朱泰,湖州武康人。家贫,鬻薪养母,常适数十里外易甘旨以奉母。泰服食粗粝,戒妻子常候母色。一日,鸡初鸣及山,入明,憩于山足,遇虎搏攫负之而去。泰已瞑眩,行百余步,忽稍醒,厉声曰:“虎为暴食我,所恨母无托尔!”虎忽弃泰于地,走不顾,如人疾驱状。泰匍匐而归。母扶持以泣,泰亦疆举动,不逾月如故。乡里闻其孝感,率金帛遗之,里人目为朱虎残。

成象,渠州流江人。以诗书训授里中,事父母以孝闻。母病,割股肉食之,诏赐束帛醪酒。淳化中,李顺盗据郡县,象父母惊悸而死,烬骨寄浮图舍,象号泣营葬。贼平,乡里率钱三百万赠之。象庐于墓侧,以衰服襟袂筛土于坟上,日三斗。每恸,闻者戚怆。未尝食肉衣帛,或赠之亦不受。虎豹环庐而卧,象无畏色。燕百余集庐中,禾生墓侧吐九穗。服终犹未还家,知礼者为书以谕之,遂归教授,远近目为成孝子。

　　陈思道，江阴人。丧父，事母兄以孝悌闻。鬻醯市侧，以给晨夕，买物不酬价，如所索与之。母病，思道衣不解带者数月，双目疮烂，饮食随母多少。泊母丧，水浆不入口七日。既葬，哀鬻醯之利，得钱十万，奉其兄。结庐墓侧，日夜悲恸，其妻时携儿女诣之，拒不与见。夏日种瓜，以待过客。昼则白兔驯狎，夜则虎豹环其庐而卧，咸平元年，知军上其事，诏赐束帛，旌其门。

　　方纲，池州青阳人。八世同爨，家属七百口，居室六百区，每旦鸣鼓会食。尝出稻五千箓振贷贫民。景德二年，转运使冯亮以闻，诏旌其门。天禧中，侍御史韩亿安抚江南，使还，言纲家税籍钱四百余千，米二千五百斛，同居四百年，而本县科率一无宽假，望蠲其其户杂科，诏从之。

　　庞天祐，江陵人，以经籍教授里中。父疾，天祐割股肉食之；疾愈，又复病目丧明，天祐号泣祈天舐之。父年八十余，大中祥符四年卒，天祐负土封坟，结庐其侧，昼夜号不绝声。知府陈尧咨亲往致奠，上其事，诏旌表门闾。天祐家无儋石储，居委巷中，尧咨为徙里门之右，筑阙表之。

　　刘斌，定州人。父加友，端拱中为从弟志元所杀。斌兄弟皆幼，随母改适人，母尝戒之曰："尔等长，必复父仇。"景德中，斌兄弟挟刀伺志元于道，刺之不殊，即诣吏自陈。州具狱上请，诏志元黥面配隶汝州，释斌等罪。

　　樊景温，陕州芮城人；荣恕旻，雄州归信人。兄弟异居积年。大中祥符中，景温樗树五枝并为一，恕旻家榆树两本自合，两家感其异，复义聚，乡人称雍睦。

　　初晞字坦之，莱州胶水人。淳化三年进士，历度支员外郎、直集贤院。天禧中，出知潍州，母卒，葬于州城之南。昈既解官，就坟侧构小室，号泣守护，蔬食，经六冬，堕足二指。有白鸟白兔驯扰坟侧，州人异之，以状闻。有诏旌美，赐帛三十匹、粟三十石，令长吏每月存问。

何保之，梓州通泉人。业进士，有至行。母卒，负土成坟，庐于其侧。日有群鸟飞集坟上，哀鸣不去，又尝有兔驯于坐隅，人称异焉。大中祥符降诏旌恤。

李玭，大名宗城人。性笃孝，力耕以事母。母卒，让田与其弟坚，遂庐于葬所，昼夜号泣，负土筑坟高丈余。又以二代及诸族父母藁葬者尽礼筑之，凡三年成六坟，皆丈余。不食肉衣帛，不预人事，遑遑然唯恐筑之不及，填成，复留守坟三年。常令兄之子卖药以自给。年六十余，足未尝入县门。乡人目为李孝子。天禧中，知府张知白以状闻，诏赐粟帛，令府县安存之。里中有母在而析产者闻玭被旌，兄弟惭惧复相率同居。

侯义，应天府楚丘人。贫无产，庸田以事母。里人有葬其亲而遽返者，义母过其冢，泣谓义曰：“我死，其若是乎！”义乃感激自誓而不欲言，但慰其母曰：“勿悲，义必不尔。”咸平中，母卒，义力自办葬，不掩坟圹，昼则负土筑坟，夜则恸哭枢侧。妻子困匮不给，田主曹氏哀怜之，资以饩粮。逾年，坟间瓜异蒂、木连理，又有巨蛇绕其侧不暴物，野鸽飞而不去。尝遇盗劫其衣服，既而知是义物，悉还之。

王光济，庐州人。丧母，因刻像日夕奉事如平生，孝道纯笃。咸平二年，本州以孝闻，有诏旌之。

时又有徐州丰人李祚，亲丧，庐墓侧凡二十七年，家人百计勉谕，不听。益州双流人周善敏，丧父，庐于墓侧。母病，又割股肉以啖之，遂愈。大中祥符九年，特诏旌表祚，赐善敏粟帛存慰之。

江白，建昌人，景德二年进士。父禹锡，有节义，高年不仕，躬自教授，大中祥符初，献《东封诗》十五篇，有诏嘉美，赐以粟帛，岁时遣使存问，五年，卒。白自鄞尉罢还，负土营葬，庐于墓侧，藜羹芒履，昼夜号泣，将终制犹然。转运使以其状闻，诏赐帛二十匹，粟麦二十石，醪酒十缸。

裴承询，越州会稽人。居云门山前，十九世无异爨。荫子弟习弦诵，乡里称其敦睦。州以闻，诏旌其门闾。

咸平后，又有保定军孙浦、襄州常元绍、蔡州王美、解州董孝章并十世同居，莫州高珪、永定军朱仁贵、潞州邢浚、相州赵祚八世同居，麟州杨荣、隰州赵友、开封李居正、颍州张可象、卫州张珪、沧州崔谅七世同居，邢州王觉、赵州曹遵六世同居，兖州童升、陈州樊可行、京兆元守全、平定军段德五世同居，开封张仁遇、亳州王子上、建昌军瞿肃四世同居。肃家百五十口，长幼孝悌，乡人化之。又河阴王世及、大名李宗祐、陈州刘闰、宣州汪政、潭州李耕，或聚居至七百口，累数十百年。并所在请加旌表，诏从之，仍蠲其课调。

大中祥符初，东封泰山，判兖州王钦若言曲阜东野宜、乾封窦益合居五六世，有节行。四年，祀汾阴，考制度使马起言陕州张化基、阎用和、杨忠义聚族累世，孝悌可称。并即行在所降诏褒美，各优赐粟帛。

常真，陈州项城人。父母死，庐墓终丧，负土成坟，不茹荤血。周广顺中，诏旌其门闾。开宝七年，本州以闻，诏再加旌表。

真妻病，子晏割股肉以养母，及死，次子守规徒跣，日一食，庐墓三年。太平兴国八年，诏旌表之。

又有齐州王洤、河南李继成、沧州胡元兴，并母死负土成坟，昼夜哭不绝声。州郡继以闻，皆降诏旌其门闾，赐以粟帛。

杜谊字汉臣,台州黄岩人。事父母至孝。父刚严,谊独失爱,惴惴不自容,伺颜色而后进。继丧父母,号恸昼夜不绝,勺水不入口者累日。卜葬,徒跣负土为坟,往来十余里,日渡塘涧,泥水没骭,虽大雨雪未尝少止。手足皲裂血流,以漆涂之。每覆一畚,必三绕坟号而后去。既葬,遂芟舍墓旁,负土终丧,人往视之,辄遣去。日一饭,不荤。虽虎狼交于墓侧,谊泰然无所畏。明年,吴越大水,山皆发洚,推巨石走十数里。台州山最高而水又夜至,旁山之民,居庐、墓田、畜漂坏者甚众,而独不及谊。邑人状其事以闻,诏书嘉奖。

事族父衍甚谨,衍爱之均诸子。以祖垂象荫入官,至赞善大夫。尝知永城县,岁捐奉钱三十万,以收瘗汴渠之溺死者凡四十余。又出奉钱率其下新文宣王庙,两旁为学舍数十区,旦夕讲学于其堂。永城父老称谊之政为不可及。

谊生平敦厚,尚信义,有大志,家贫,不恤有无,常推以济亲友。后通判梓州,卒。子揆绳才十六岁,哭谊墓旁卒。

姚宗明,河中永乐人也。其十世祖栖云。当唐贞元中,调卒戍边,栖云之父语其兄曰:"兄嗣未立,可无往。某幸有子,请代兄行。"遂战没塞上。时栖云方三岁,其母再嫁,栖云养于伯母。既长,事伯母如其母,伯母亡,栖云葬之。又招魂葬其父,痛其父死于边,乃庐于墓次,终身哀慕不衰。县令苏辙以俸钱买地,开阡刻石表之。河中尹浑瑊上其事,诏加优赐,表其门,名其乡曰孝悌,社曰节义,里曰敬爱。

栖云生岳,岳生君儒,君儒生师正,自岳至师正,四世庐墓。五世孙曰厚,六世曰雅,七世曰文,八世敬真,九世曰直,十世曰宗明。当庆历初,有司以姚氏十世同居闻于朝,仁宗诏复其家。十一世孙用和,十二世孙士明,十三世孙德。自宗明至德又三世,自庆历以后又五十余年,而其家孝睦不替。

姚氏世为农,无为学者。家不甚富,有田数十顷,聚族百余人。

子孙躬事农桑，仅给衣食，历三百余年无异辞者。经唐末、五代，兵戈乱离，而子孙保守坟墓，骨肉不相离散，求之天下，未或有焉。

邓中和字祖德，开封长垣人。举《三礼》。景祐、庆历间丧亲，庐墓终其丧，定省往来如事生者二十年，负土累坟高三丈。

毛安舆，嘉州洪雅人。年九岁父死，负土为坟，庐于其侧三年。知益州张方平闻之，遗以酒饩，状其事以闻。

李访，韶州人，业进士。庐父母墓，有虎暴伤旁人而不近访，又有白鸟集墓上。

朱寿昌字康叔，扬州天长人。以父巽荫守将作监主簿，累调州县，通判陕州、荆南，权知岳州。州滨重湖，多水盗。寿昌籍民船，刻著名氏，使相伺察，出入必以告。盗发，验船所向穷讨之，盗为少弭，旁郡取以为法。

富弼、韩琦为相，遣使四出宽恤民力，择寿昌使湖南。或言邵州可置冶采金者，有诏兴作。寿昌言州近蛮，金冶若大发，蛮必争，自此边境恐多事，且废良田数百顷，非敦本抑末之道也。诏亟罢之。

知阆州，大姓雍子良屡杀人，挟财与势得不死。至是，又杀人而赂其里民出就吏。狱具，寿昌觉其奸，引囚诘之曰："吾闻子良与汝钱十万，许纳汝女为妇，且婿汝子，故汝代其命，有之乎？"囚色动，则掋之曰："汝且死，书券抑汝女为婢，指钱为顾直，又不婿汝子，将奈何？"囚悟，泣涕覆面，曰："囚几误死。"以实对。立取子良正诸法。郡称为神，蜀人至今传之。

知广德军。寿昌母刘氏，巽妾也。巽守京兆，刘氏方娠而出。寿昌生数岁始归父家，母子不相闻五十年。行四方求之不置，饮食罕御酒肉，言辄流涕。用浮屠法灼背烧顶，刺血书佛经，力所可致，无不为者。熙宁初，与家人辞诀，弃官入秦，曰："不见母，吾不反矣。"

遂得之于同州。刘时年七十余矣,嫁党氏有数子,悉迎以归。京兆钱明逸以其事闻,诏还就官,由是以孝闻天下。自王安石、苏颂、苏轼以下,士大夫争为诗美之。寿昌以养母故,求通判河中府。数岁母卒,寿昌居丧几丧明。既葬,有白乌集墓上。祔同母弟妹益笃。

又知鄂州,提举崇禧观,累官司农少卿,易朝议大夫,迁中散大夫,卒,年七十。寿昌勇于义,周人之急无所爱,嫁兄弟两孤女,葬其不能葬者十余丧,天性如此。

侯可字无可,华州华阴人。少倜傥不羁,以气节自许。既壮,尽易前好,笃志为学。随计入京,里中醵金赆行。比还,悉散其余与同举者,曰:“此金,乡里所以资应诏者也,不可以为他利。”且行,闻乡人病,念曰:“吾归,则彼死矣!”遂留不去。病者愈,辍以马载之,徒步而归。

孙沔征侬徭,请参军事,奏功得官,知巴州化城县。巴俗尚鬼而废医,唯巫言是用,娶妇必责财,贫人女至老不得嫁。可为约束,立制度,违者有罪,几变其习。再调华原主簿。富人有不占田籍而质人田券至万亩,岁责其租。可晨驰至富家,发椟出券归其主。郡吏赵至诚贪狡凶横,持守以下短长,前后莫能去。可暴其罪,荷校置狱,言于大府诛之,闻者快服。

签书仪州判官。西夏寇边,使者使可按视,即以数十骑涉夏境,猝与之遇,亟分其骑为三四,令之曰:“建尔旗帜,旋山徐行。”夏人循环间见,疑以为诱骑不敢击。韩琦镇长安,荐知泾阳县。说渭源羌酋输地八千顷,因城熟羊以抚之。琦上其功。又议复郑白渠,得召对,旋以微罪罢。官至殿中丞,卒于家,年七十二。

可轻财乐义,急人之急,忧人之忧。与田颜为友。颜病重,千里求医,未归而颜死,目不瞑。人曰:“其待侯君乎?”且敛而可至,祔之乃瞑。颜无子,不克葬,可辛勤百营,鬻衣相役,卒葬之。方天寒,单衣以居,有馈白金者,顾颜之妹处室,举以佐其奁具。一日自远归,家以窭告,适友人郭行扣门曰:“吾父病,医邀钱百千,卖吾庐而不售。"可恻然,计橐中装略当其数,尽与之。关中称其贤。

申积中,成都人。襁褓中,杨绘从其父起求之为子。及长,知非杨氏而绝口不言。年十九,登进士第。事所养父母,尽孝终身。有二弟一妹,为毕婚娶,始归本族,复为申氏,蜀人以纯孝归之。政和六年,以奉议郎通判德顺军。翰林学士许光凝尝守成都,得其事荐诸朝,召赴京师,擢提举永兴军学事,道卒。光凝复与宣和殿学士薛嗣昌、中书舍人宇文黄中表其操行,诏予一子官。

初,光凝所同荐者三人:其一河阳故大理丞陈芳,一门十四世,同居三百年;一邓州王襄,经术登科,年未六十,请老,事嫡嫂如母,养孤甥如子,教诲后进,赒恤乡里贫民,以学行称。乞加奖异。诏表芳门闾,赐襄号"处士"。

郝戬字伯牙,石州定胡人。家贫,竭力营养。或怜伤之,贷以钱数百万,使取息自赡,戬重谢,留钱五六年不用,复返之。举进士,调宛丘尉、舞阳主簿、通山令。时年未五十,以父樵老不第,上书请致仕,为父求官。执政谕使赴官而后请,曰:"如是,则可升朝籍,遇恩及亲矣。"于是留妻子于家,独奉父行,逾岁竟谢事。上官以其治县有绩,惜其去,固留之;耆老拜庭遮道,皆不能止。得太子中允以归,未至乡里而樵卒。自畚土造冢,人有助之者,使置土冢上,去则随撤之。服除,州以状闻,诏赐粟帛。

治平末,以翰林学士吕公著荐,起为奉宁军推官,泾原经略使亦奉辟幕府。戬曰:"向所以未老致仕,欲官及亲也。既不能及,尚庶几以恩得赠,今则无及矣!"姻族语其妻聂氏,使劝戬仕,曰:"吾不德,无以助君子,矧敢强其所不欲以累其高哉。"聂事舅姑亦以孝义著。戬忠信自将,笃行苦节,不仕而卒。司马光为铭其墓。

支渐,资州资阳人。年七十,持母丧,既葬,庐墓侧,负土成坟,蓬首垢面,三时号泣,哀毁瘠甚。白蛇狸兔扰其旁,白雀白乌日集于垅木,五色雀至万余,回翔悲鸣若助哀者。乡人句文鼎自娶妇即与父母离居,睹渐至行,深自悔责,号恸而归,孝养尽志。乡间观感而化者甚众。

邓宗古,简州阳安人。父死,自培土为坟,庐其侧,晨夕号恸,甘露降于墓木。里号为邓孝子。

沈宣,汝州梁人。母亡,既葬,不塞墓门三十有六月,昼负土,夜枹棺而卧,为坟广百尺。妻高氏亦有孝行。

渐以下三人,元丰中,皆褒赐粟帛。

苏庆文、台亨,皆夏县人。庆文事父母以孝闻。母少寡,庆文惧其妻不能敬事,每戒之曰:"汝事吾母,少不谨必逐汝。"妻奉教,母得安其室终身。

亨工画,元丰中,朝廷修景灵宫,调天下画工诣京师,选试其优者待诏翰林,畀以官录,亨名第一。以父老固辞归养,闾里贤之。

仰忻字天觊,温州永嘉人。力学,以笃行称。年五十余,执母丧尽孝礼。躬自负土,庐于墓侧,有慈乌白竹之瑞。绍圣中,郡守杨蟠表其里"孝廉坊"。大观二年,以行取士,郡以忻应诏。未几卒,特赠将仕郎。

赵伯深字逢原。父子俩,宣和间为棣州兵官属。会兵动燕云,子俩被檄往塞上。伯深时尚幼,与其母张留居棣州。既而金人渡河,伯深母子相失。子俩亦隔绝,建炎二年,始得南归。子俩卒,伯深访寻其母二十余年。一旦闻在泸南,伯深徒步入蜀,间关累年。绍兴二十一年,乃得其母,相持号泣,哀感行路。曾慥在夔州,赋诗以美其孝。

彭瑜字君玉，吉之安福人。熙宁间失其母，瑜朝夕焚香祈天，顾知母所在，如是十余年。俄有人言母为泰和倪氏妇，瑜竟迎以归。

毛洵字子仁，吉州吉水人。天圣二年进士，又中拔萃科。性至孝，凡守四官，再以亲疾解任，执药调膳，尝而后进，三月不之寝室。父应佺通判太平州，卒官，母高继卒于池阳舟次。持插荷土以为坟，手胝面黔，亲友不能识，庐于墓凡二十一月，朝夕哭踊，食裁脱粟。诸生请问经义，对之流涕，未尝言文。抱疾归，数日而卒。郡以孝闻，赐其家帛五十匹、米五十斛。兄溥，字文祖，亦以哀毁卒于舟中。

李筹者，洵同县人，字彦良，与弟衡字平国生同乳，二岁丧母，十岁丧父，兄弟每以不逮事亲为恨。政和中，改葬其母于杨山，负土成坟，庐于墓左。未几，庐所产木一本两干，高丈许复合于一，至其末乃分两干五枝，乡人以为瑞。

有杨芾者，亦同县人，字文卿，性至孝，归必市酒肉以奉二亲，未尝及妻子。绍兴五年大饥，为亲负米百里外，遇盗夺之不与，盗欲兵之，芾恸哭曰：“吾为亲负米，不食三日矣。幸哀我。”盗义而释之。

杨庆，鄞人。父病，贫不能召医，乃刲股肉啖之，良已。其后母病不能食，庆取右乳焚之，以灰和药进焉，入口遂差，久之乳复生。宣和三年，守楼异名其坊曰“崇孝”。绍兴七年，守仇念为之请。十二年，诏表其门，复之。念曰：“韩退之作《雩人对》，以毁伤支体为害义。而匹夫单人，身膏草莽，轨训之理未宏，汲引之徒多阙，而乃行成于内，情发自天。使稍知诗书礼义之说，推其所存，出身事主，临难伏节死义，岂减介之推、安金藏哉！”

陈宗，永嘉人。年十六，母蔡病笃，刲股为饵，病愈。已而复病不救，宗一恸而绝，郡守陵德舆云：“陈宗自毁其体，哀恸伤生，虽非孝道之正，而能为人所难为之事，亦天性之至。”官为合葬，榜曰“陈孝子墓”。

　　郭义,兴化军人。早游太学,以操尚称。年四十余,客钱塘,闻母丧,徒跣奔丧,每一恸辄呕血。家贫甚,故人有所馈,不受。聚土为坟,手莳松竹,而庐于其旁。甘露降于墓上,乌鹊驯集。郡上其事,诏旌表其闾,于所居前安绰楔,左右建土台,高一丈二尺,方正,下广上狭,饰白,间以赤,仍植所宜木。

　　申世宁,信州铅山人。绍兴六年,潘达兵袭铅山,父愈年七十,未及出户遇贼,贼意其有藏金,欲杀之。世宁年未冠,亟引颈愿代父死,贼感其孝,两全之。

　　苟与龄字寿隆,滁州来安人。志向高洁,事其亲,生养死葬,力竭而礼尽,乡党称之。母殁,庐墓侧,有芝十九茎生于墓亭。郡县以事闻,旌其门。

　　王珠字仲渊,吉州龙泉人,以孝谨闻。建炎间,居父忧,芝数本生墓侧,倒植竹以为杙,复生柯叶。绍兴间,再罹母丧,复有双竹灵芝之祥。

　　颜诩,唐太师真卿之后。真卿尝谪庐陵,故诩为吉州永新人。诩少孤,兄弟数人,事继母以孝闻。一门千指,家法严肃,男女异序,少长辑睦,匦架无主,厨馔不异。义居数十年,终日怡愉,家人不见其喜愠。年七十余卒。

　　张伯威,大安军人,武翼大夫、御前前军正将祥之子。绍熙元年,武举进士。调神泉尉。大母黄,年九十八,不忍之官。黄得血痢疾濒殆,伯威剔左臂肉食之,遂愈。继母杨因姑病笃,惊而成疾,伯威复剔臂肉作粥以进,其疾亦愈。伯威妹嫁崔均,其姑王疾,妹亦剔左臂肉作粥以进,达旦即愈。知大安军罗植即伯威所居立纯孝坊,崔均所居立孝妇坊。事闻,诏伯威与升擢,倍赐其妹束帛。

蔡定字元应,越州会稽人。家世微且贫。父革,依郡狱吏庸书以生,资定使学,游乡校,稍稍有称。郡狱吏一日坐舞文法被系,革以诖误,年七十余矣,法当免系。鞫胥任泽削其籍年而入之罪,且与狱吏等。案具,府奏上之。方待命于朝,故俱久囚,而革不得独决。定切痛念父当耆年,以非辜堕圄狴,誓将身赎。数诣府号诉,请代坐狱,弗许;请效命于戎行,弗许;请隶五符为兵,又弗许。定知父终不可赎也,仰而呼曰:“天乎!将使定坐视父缠徽缧乎!父老耄,不应连系;庸书,罪不应与狱吏等。理明矣,而无所云诉。父老而刑,定之生其何益乎?定图死矣,庶有司哀怜而释父,则虽死无憾矣!”于是预为志铭其墓,又为状若诣府者结置袂间,皆叙陈致死之由,冀其父之必免也。以建炎元年十二月甲申,自赴河死。府帅闻之,惊曰“真孝”,立命出革,厚为定具棺敛事,而抚周其家。

郑绮,婺州浦江人。善读书,通《春秋谷梁》学。以肃睦治家,九世不异爨。四世孙德珪、德璋,孝友天至,画则联几案,夜则同衾寝。德璋素刚直,与物多迕,宋亡,仇家遂陷以死罪,当会逮扬州。德珪哀弟之见诬,乃阳谓曰:“彼欲害吾也,何预尔事?我往则奸状白,尔去得不死乎!”即治行。德璋追至诸暨道中,兄弟相持顿足哭,争欲就死。德珪默计沮其行,遂绐以无往,夜将半,从间道逸去。德璋复追至广陵,德珪已毙于狱。德璋闻之,恸绝者数四,负骨归葬。庐墓再期,每一悲号,乌鸟皆翔集不食。德珪之子文嗣,幼病偻,德璋鞠之如己子。

有鲍宗岩者,字傅叔,徽州歙人。子寿孙字子寿。宋末,盗起里中。宗岩避地山谷间,为贼所得,缚宗岩树上,将杀之。寿孙拜前愿代父死,宗岩曰:“吾老矣,仅一子奉先祀,岂可杀之?吾愿自死。”盗两释之。

宋史卷四五七
列传第二一六

隐逸上

戚同文　陈抟　种放　万适　李渎
魏野　邢敦　林逋　高怿　徐复
孔旼　何群

中古圣人之作《易》也，于《遁》之上九曰"肥遁，无不利"，《蛊》之上九曰"不事王侯，高尚其事"。二爻以阳德处高地，而皆以隐逸当之。然则隐德之高于当世，其来也远矣。巢、由虽不见于经，其可诬哉。五季之乱，避世宜多。宋兴，岩穴弓旌之招，叠见于史，然而高蹈远引若陈搏者，终莫得而致之，岂非二卦之上九者乎。种放之徒，召对大廷，衅衅献替，使其人出处，果有合于《艮》之君子时止时行，人何讥焉。作《隐逸传》。

戚同文字同文，宋之楚丘人。世为儒。幼孤，祖母携育于外氏，奉养以孝闻。祖母卒，昼夜哀号，不食数日，乡里为之感动。

始，闻邑人杨悫教授生徒，日过其学舍，因授《礼记》，随即成诵，日讽一卷，悫异而留之。不终岁毕诵《五经》，悫即妻以女弟。自是弥益勤劢读书，累年不解带。时晋末丧乱，绝意禄仕，且思见混一，遂以"同文"为名字。悫尝勉之仕，同文曰："长者不仕，同文亦不仕。"悫依将军赵直家，遇疾不起，以家事托同文，即为葬三世数丧。直复厚加礼待，为筑室聚徒，请益之人不远千里而至。登第者五六十人，宗度、许骧、陈象舆、高象先、郭成范、王励、滕涉皆践台阁。

同文纯质尚信义，人有丧者力拯济之，宗族闾里贫乏者周给之，冬月，多解衣裘与寒者。不积财，不营居室，或勉之，辄曰："人生以行义为贵，焉用此为！"由是深为乡里推服。有不循孝悌者，同文必谕以善道。颇有知人鉴，所与游皆一时名士。乐闻人善，未尝言人短。与宗翼、张昉、滕知白为友。生平不至京师。长子维任随州书记，迎同文就养，卒于汉东，年七十三。好为诗，有《孟诸集》二十卷。杨徽之尝因使至郡，一见相善，多与酬唱。徽之尝云陶隐居号坚白先生，先生纯粹质直，以道义自富，遂与其门人追号坚素先生。

二子维、纶。维，建隆二年，以屯田员外郎为曹王府翊善，累官职方郎中，致仕，卒，年八十一。纶自有传。

大中祥符二年，府民曹诚即同文旧居旁造舍百余区，聚书数千卷，延生徒讲习甚盛。诏赐额为本府书院，命纶子奉礼郎舜宾主之，署诚府助教，委本府幕官提举之。

杨悫者，虞城人。力学勤志，不求闻达。

宗翼者，蔡州上蔡人。父为虞城主簿，因家焉。笃孝恭谨，负米养母。好学强记，经籍一见即能默写。欧阳、虞、柳书皆得其楷法。能属文。隐而不仕，家无斗粟，怡怡如也，未尝以贫窭干人。市物不评价，市人知而不欺。尝言"昼夜者，昏晓之辨也"，故既螟未曙，皆不出户。见邻里小儿，待之如成人，未尝欺给。同文尝谓翼曰："子劳谦有古人风，真吾友也。"卒，年八十余。子度，举进士，至侍御史，历京西转运使，预修《太祖实录》。

张昉有史材，历知杂御史、省郎，至殿中少监致仕。子信，自有传。

滕知白善为诗，至刑部员外郎、河北转运使。子涉，为给事中。

高象先父凝祐，刑部郎中，以强干称。象先，淳化中三司户部副使，卒于光禄少卿。

郭成范最有文，为仓部员外郎，掌安定公书记，辞疾，以司封员外郎致仕，卒。

王砺事母甚谨，太平兴国五年进士，至屯田郎中。子涣、浸、渊、冲、泳。涣子稷臣，浸子尧臣，并进士及第。涣子梦臣，进士出身。

陈抟字图南，亳州真源人。始四五岁，戏涡水岸侧，有青衣媪乳之，自是聪悟日益。及长，读经史百家之言，一见成诵，悉无遗忘，颇以诗名。后唐长兴中，举进士不第，遂不求禄仕，以山水为乐。自言尝遇孙君仿、麞皮处士，二人者，高尚之人也，语抟曰："武当山九室岩可以隐居。"抟往栖焉。因服气辟谷历二十余年，但日饮酒数杯。移居华山云台观，又止少华石室。每寝处，多百余日不起。

周世宗好黄白术，有以搏名闻者，显德三年，命华州送至阙下。留止禁中月余，从容问其术，搏对曰："陛下为四海之主，当以致治为念，奈何留意黄白之事乎？"世宗不之责，命为谏议大夫，固辞不受。既知其无他术，放还所止，诏本州长吏岁时存问。五年，成州刺史朱宪陛辞赴任，世宗令赍帛五十匹、茶三十斤赐抟。

太平兴国中来朝，太宗待之甚厚。九年复来朝，上益加礼重，谓宰相宋琪等曰："抟独善其身，不干势利，所谓方外之士也。抟居华山已四十余年，度其年近百岁。自言经承五代离乱，幸天下太平，故来朝觐。与之语，甚可听。"因遣中使送至中书，琪等从容问曰："先生得玄默修养之道，可以教人乎？"对曰："抟山野之人，于时无用，亦不知神仙黄白之事、吐纳养生之理，非有方术可传。假令白日冲天，亦何益于世？今圣上龙颜秀异，有天人之表，博达古今，深究治乱，真有道仁圣之主也。正君臣协心同德、兴化致治之秋，勤行修炼，无出于此。"琪等称善，以其语白上。上益重之，下诏赐号希夷先生，仍赐紫衣一袭，留抟阙下，令有司增葺所止云台观。上屡与之属和诗赋，数月放还出。

端拱初，忽谓弟子贾德升曰："汝可于张超谷凿石为室，吾将憩焉。"二年秋七月，石室成，抟手书数百言为表，其略曰："臣抟大数有终,圣朝难恋,已于今月二十二日化形于莲花峰下张超谷中。"如期而卒,经七日支体犹温。有五色云蔽塞洞口,弥月不散。

抟好读《易》,手不释卷。常自号扶摇子,著《指玄篇》八十一章,言导养及还丹之事。宰相王溥亦著八十一章以笺其指。抟又有《三峰寓言》及《高阳集》、《钓潭集》,诗六百余首。能逆知人意,斋中有大瓢挂壁上,道士贾休复心欲之,抟已知其意,谓休复曰:"子来非有他,盖欲吾瓢尔。"呼侍者取以与之,休复大惊,以为神。有郭沆者,少居华阴,夜宿云台观。抟中夜呼令趣归,沆未决;有顷,复曰:"可勿归矣。"明日,沆还家,果中夜母暴得心痛几死,食顷而愈。

华阴隐士李琪,自言唐开元中郎官,已数百岁,人罕见者;关西逸人吕洞宾有剑术,百余岁而童颜,步履轻疾,顷刻数百里,世以为神仙:皆数来搏斋中,人咸异之。大中祥符四年,真宗幸华阴,至云台观,阅搏画像,除其观田租。

又有许琼者,开封鄢陵人。开宝五年,子永罢卢氏县尉,诣匦上言:"臣年七十五,父琼年九十九,和兄年八十一,次兄年七十九,欲乞近地一官,以就荣养。"上览奏,召永讯之,即命迎其父赴阙。琼得对于讲武殿,上顾问久之,悉能奏对,而词气不衰,言唐末以来事,历历可听。上悦其父子俱享遐寿,赐袭衣、犀带、银鞍勒马、帛三十匹、茶二十斤,授永郾城令。是时,澶密齐沂莱江吉万州、江阴梁山军,各奏八十已上吕继美等二十九人,并赐爵公士。真宗时,凡老人年百岁已上者,州县以名闻,皆诏赐衣帛、米麦,长吏存抚之。

种放字名逸,河南洛阳人也。父诩,吏部令史,调补长安主簿。放沉默好学,七岁能属文,不与群儿戏。父尝令举进士,放辞以业未成,不可妄动。每往来嵩、华间,慨然有山林意。未几父卒,数兄皆干进,独放与母俱隐终南豹林谷之东明峰,结草为庐,仅庇风雨。以讲习为业,从学者众,得束修以养母,母亦乐道,薄滋味。

放得辟谷术,别为堂于峰顶,尽日望云危坐。每山水暴涨,道路阻隔,粮糗乏绝,止食芋栗。性嗜酒,尝种秫自酿,每日空山清寂,聊以养和,因号云溪醉侯。幅巾短褐,负琴携壶,溯长溪,坐盘石,采山药以助饮,往往终日。值月夕或至宵分,自豹林抵州郭七十里,徒步与樵人往返。性不喜浮图氏,尝裂佛经以制帷帐。所著《蒙书》十卷及《嗣禹说》、《表孟子上下篇》、《太一祠录》,人颇称之。多为歌诗,自称"退士",尝作传以述其志。

淳化三年,陕西转运宋惟干言其才行,诏使召之。其母惠曰:"常劝汝勿聚徒讲学。身既隐矣,何用文为?果为人知而不得安处,我将弃汝深入穷山矣。"放称疾不起。其母尽取其笔砚焚之,与放转居穷僻,人迹罕至。太宗嘉其节,诏京兆赐以缗钱使养母,不夺其志,有司岁时存问。咸平元年母卒,水浆不入口三日,庐于墓侧。翰林学士宋湜、集贤院学士钱若水、知制诰王禹偁言其贫不克葬,诏赐钱三万、帛三十匹、米三十斛以助其丧。

四年,兵部尚书张齐贤言放隐居三十年,不游城市十五载,孝行纯至,可励风俗,简朴退静,无谢古人。复诏本府遣官诣山,以礼发遣赴阙,赍装钱五万,放辞不起。明年,齐贤出守京兆,复条陈放操行,请加旌贲。即赐诏曰:"汝隐居丘园,博通今古,孝悌之行,乡里所推,慕古人之遗荣,挹君子之常道。屡览守藩之奏,弥彰遁世之风,载渴来仪,副予延宁。今遣供奉官周旺赍诏,召汝赴阙,赐帛百匹、钱十万。"九月,放至,对崇政殿,以幅巾见,命坐与语,询以民政边事。放曰:"明王之治,爱民而已,惟徐而化之。"余皆谦让不对。即日授左司谏、直昭文馆,赐巾服简带,馆于都亭驿,大官供膳。翌日,表辞恩命。上知放旧与陈尧叟游,令尧叟谕意;又谓宰相曰:"朕求茂异,以广视听,资治道。如放终未乐仕,亦可遂其请也。"中书传诏,放曰:"病居山林,天恩累加礼聘,岩猿溪鸟之性,固不敢以禄仕为意。然主上虚怀待士,旰食忧人之心,亦不敢以羁束为念。"遂诏不听其让。数日,复召见,赐绯衣、象简、犀带、银鱼,御制五言诗宠之,赐昭庆坊第一区,加帷帐什物,银器五百两,钱三十万。中谢日,赐食学士院,自是屡得召对。六年春,再表谢暂归故山,诏许其请。将行,又迁起居舍人,命馆阁官宴饯于琼林苑,上赐七言诗三章,在席皆赋。十月,遣使就山抚问,图其林泉居处以献,优诏趣其入觐,放以疾未平为请。

景德元年十月,来朝,言归山之久,请计月不受奉,诏特给之。尝因观书赋诗,上曰:"放体格高古。闻其归,私居终日,默坐一室。山水之乐,亦天性也。每所询问,皆据经以对,颇多裨益。朕优待之,盖以激浮竞也。"放每至京师,秦雍生徒多就而受业。二年,擢为右谏议大夫。表乞嵩少养疾,许之,令河南府检校。召对资政殿,曲宴学士院,王钦若泊当直学士、舍人、待制悉预。即罢,又赐宴于钦若直庐。表乞免都门置饯之礼。屡遣中使劳问,赐以茶药。是冬,复来朝。三年,以兄丧请告归终南营葬,复召宴赐诗。

放山居草舍五六区,啖野蔬荞麦。表求太宗御书及经史音疏,悉给焉。十月,复至,上谓宰相曰:"放比来高尚其事,每所询问,颇有可采。朝廷虽加爵秩,而未能大用,即物议未厌,所虑放卷而怀之。"即遣内侍任文庆赍诏谕之曰:"朕临御寰区,忧勤旰昃,详延茂异,物色隐沦,思访谠言,用熙庶绩。以卿栖心严窦,屏迹嚣尘,蹑绮皓之遐纵,有曾、颜之至行,特举贲园之典,果无前习之心。每所咨询,备详理道,载观敷纳,蔚有材谋,深简朕怀,颇思大用。然以群情未悉,成命是稽。今四奥来同,万区思乂,方崇政本,庶厚时风。卿必能酌斟化源,丹青王度,恢富国强兵之术,陈制礼作乐之规,返朴还淳,措刑息讼,辅予不逮,驯至太平,登用机衡,弼成寡昧。卿宜体兹眷遇,馨乃诚明,叙经国之大猷,述致君之远略,尽形奏牍,以沃朕心。副凉德之倚毗,赛外朝之观听,乃司枢务,式洽至公。"

放上言曰:"臣读书业文,实自父师之诲,学古嗜退,本求山水之乐。思率天性以奉至道,岂有意于麋鹿,盖无心于绂冕。其所幸者,邦家化成,疆场兵偃,群黎鼓舞,庶汇胥悦。蒲帛之聘,宠涣岩谷,君命荐及,肃听祗受。既朝象魏之下,但愧岩林之贱。奉圣颜于咫尺,聆德音之教论。列迹侍从,峨冠谏净。虽愚者之虑,竭忠规而屡陈;而大君之明,惧瞽言之无补。今又访以礼乐之制,询其刑政之方,且小器微材,欲加大用。盖念沿革之攸宜,历三五而既异,弛张之体，岂一二而可述。国家谋建皇极，跻纳富寿，惟二圣之光宅，总百王之阙漏，岂伊莩匪，敢预论述。方今德义宣明，鸾骥庋止，如臣之才，俨尔骈列。伏望洞知臣之鉴，怜守节之志，俾泛驾无覆压之害，使为器免溢荡之咎，寝此过听，遂其夙心。况臣首献纳之行，不为无位；预清闲之对，不为踪隔。又安敢碌碌而依违，嘿嘿而旷素？愿且齿于谏署，庶少观于朝制，斯亦否能有适，名器无假。唯兹保全之惠，仰繄仁圣之赐。"

时先俾陈尧叟谕旨，尧叟手笔审其意，放云："自被聘召，及迁谏垣，无所补报，为幸多矣。今主上圣明，朝无阙政，处之显位，则是重增其过。"及览表，上曰："放能守分恳让，益可嘉也。"大中祥符元年，命判集贤院，从封泰山，拜给事中。二年四月，求归山，宴饯于龙图阁，命学士即席赋诗，制序。上作诗，卒章云："我心虚伫日，无复醉山中。"初，放作诗尝有"溪上醉眠都不知"之句，故及之。三年正月，复召赴阙，表乞赐告，手诏优答。作歌赐之，乃赍衣服、器币，令京兆府每季遣幕职就山存问。四年正月，复来朝，从祠汾阴，拜工部侍郎。

放屡至阙下，俄复还山，人有诮书嘲其出处之迹，且劝以弃位居岩谷，放不答。放终身不娶，尤恶器杂，故京城赐第为择僻处。然禄赐既优，晚节颇饰舆服。于长安广置良田，岁利甚博，亦有强市者，遂致争讼，门人族属依倚恣横。王嗣宗守京兆，放尝乘醉慢骂之。嗣宗屡遣人责放不法，仍条上其事。诏工部郎中施护推究，会赦恩而止。四月，求归山，又赐宴遣之。所居山林，细民多纵樵采，特诏禁止。放遂表徙居嵩山天封观侧，遣内侍就兴唐观基起第赐之。假逾百日，续给其奉。然犹往来终南，按视田亩。每行必给驿乘，在道或亲诟驿吏，规算粮具之直。时议浸薄之。

尝曲宴令群臣赋诗，杜镐以素不属辞，诵《北山移文》以讥之。上尝语近臣曰："放为朕言事甚众，但外廷无知者。"因出所上《时议》十三篇，其目曰："《议道》、《议德》、《议刑》、《议器》、《议文武》、《议制度》、《议教化》、《议赏罚》、《议官司》、《议军政》、《议狱讼》、

《议征赋》、《议邪正》。

八年十一月乙丑，晨兴，忽取前后章疏稿悉焚之，服道士衣，召诸生会饮于次，酒数行而卒。讣闻，上甚嗟悼，亲制文遣内侍朱允中致祭。归葬终南，赠工部尚书，录其侄世雍同学究出身。

万适字纵之，陈州宛丘人，自号遗玄子。六七岁即为诗。及长，喜学问，精于《道德经》。与高锡族子冕及韩侂交游，酬唱多有警句。不求仕进，专以著述为务，有《狂简集》百卷、《雅书》三卷、《志苑》三卷、《雍熙诗》二百首，《经籍摘科讨论》计四十卷。

淳化中，侂任翰林学士，因召对，上问曰："卿早在嵩阳，当时辈流颇有遗逸否？"侂以适及杨璞、田诰为对，上悉令召至阙下。诏书下而诰卒。璞既至，对于便殿，不愿仕进，上赐以束帛，与一子出身，遣还故郡。适最后至，特授慎县主簿。适素康强无疾，诏下日已病，犹勉强赴朝谢，举止山野，人皆笑之，后数日卒。

田诰者，历城人。好著述，聚学徒数百人，举进士至显达者接踵，以故闻名于朝，宋惟翰、许衮皆其弟子也。诰著作百余篇传于世，大率迂阔。每构思必匿深草中，绝不闻人声，俄自草中跃出，即一篇成矣。

杨璞字契玄，郑州新郑人。善歌诗，士大夫多传诵。与毕士安尤相善，每乘牛往来郭店，自称东里遗民。尝杖策入嵩山穷绝处，构思为歌诗，凡数年得百余篇。璞既被召，还，作《归耕赋》以见志。真宗朝诸陵，道出郑州，遣使以茶帛赐之。卒，年七十八。

李渎，河南洛阳人也。六世祖坦，冯翊令，坦生仲芳，大理司直。仲芳生玄初，福建观察推官。玄初生晋，即渎之曾祖也，字尧封，仕梁，历滑、魏、宋三镇留后，拜崇政使、礼部尚书，后唐天成中，以太子少傅致仕，卒，赠太保。祖延昭，殿中丞。父莹字正白，善词赋，广顺进士，蒲帅张铎辟为记室，因家河中。乾德初，右补阙苏德祥荐为殿中侍御史、度支判官。使江南，坐受李从善赂遗，责授右赞善大夫。卒。

初，莹祷河祠而生浈，故名浈字河神，后改字长源。淳澹好古，博览经史。十六丁外艰，服阕，杜门不复仕进。家世多聚书画，颇有奇妙。王祜典河中，深加礼待，自是多闻于时。往来中条山中，不亲产业，所居木石幽胜。谈唐室已来衣冠人物，历历可听。罕著文。前后州将皆厚遇之。王旦、李宗谔与之世旧，每劝其仕，浈皆不答。所乘马，尝为宗人借，毙于廛间。人有见者以语浈，浈即鬻之，其恶嚣如此。州闾化其俭德。

真宗祀汾阴，直史馆孙冕言其隐操，请加搜采，陈尧叟复荐之。命使召见，辞足疾不起。遣内侍劳问，令长吏岁时存抚。明年，又遣使存问，浈自陈世本儒墨习静避世之意。素嗜酒，人或勉之，答曰："扶羸养疾，舍此莫可。从吾所好，以尽余年，不亦乐乎！"尝语诸子曰："山水足以娱情，苟遇醉而卒，吾之愿也。吾将与尔永诀，尔辈当常在左右。"即设外寝，与诸子同处。一日，忽曰："适有人至床下，诵诗云：'行到水穷处，未知天尽时。'言讫不见，吾当逝矣。"亟取莹集七十编泊书画付诸子，促家人置酒。顷之，卒。时天禧三年十二月三日也，年六十三。

四年春，诏曰："故河中府处士李浈，簪缨传绪，儒雅践方，旷逸自居，恬智交养。迨兹晚节，弥邵清猷，奄及沦亡，良深轸恻。特行赍典，式慰营魂。惟蓬阁之司文，乃儒林之美秩。仍示归生之赗，兼推给复之恩。申饬守臣，优恤其后。岂独旌于泉壤，亦足厚于民风。可特赠秘书省著作佐郎，赐其家帛二十匹，米三十斛，州县常加存恤，二税外蠲其差役。"

魏野字仲先，陕州陕人也。世为农。母尝梦引袂于月中承兔得之，因有娠，遂生野。及长，嗜吟咏，不求闻达。居州之东郊，手植竹树，清泉环绕，旁对云山，景趣幽绝。凿土袤丈，曰乐天洞，前为草堂，弹琴其中，好事者多载酒肴从之游，啸咏终日。前后郡守，虽武臣旧相，皆所礼遇，或亲造谒。赵昌言性尤倨傲，特署宾次，戒阍吏野至即报。野不喜巾帻，无贵贱，皆纱帽白衣以见，出则跨白驴。过客名士往来留题会话，累宿而去。野为诗精苦，有唐人风格，多警策句。所有《草堂集》十卷，大中祥符初契丹使至，尝言本国得其上帙，愿求全部，诏与之。

祀汾阴岁，与李渎并被荐，遣陕令王希招之，野上言曰：陛下告成天地，延聘岩薮，臣实愚戆，资性慵拙，幸逢圣世，获安故里，早乐吟咏，实匪风骚，岂意天慈，曲垂搜引。但以尝婴心疾，尤疏礼节，麋鹿之性，顿缨则狂，岂可瞻对殿墀，仰奉清燕。望回过听，许令愚守，则畎亩之间，永荷帝力。"诏州县长吏常加存抚，又遣使图其所居观之。五年四月，复遣内侍存问。天禧三年十二月，无疾而卒，年六十。州上其状。

四年正月，诏曰："国家举旌赏之命，以辉丘园，申恤赠之恩，用慰泉壤上，所以褒逸民而厚风俗也。故陕州处士魏野，服膺儒素，刻意篇章，顾词格之清新，为士流之推许，而能笃淳古之行，慕肥遁之风。顷属时巡，尝加聘召，恳陈诚志，愿遂《考槃》。及此沦亡，载深嗟悼！兰台清秩，追饰幽扃，厚其赙助之资，宽以复除之命。谅惟优礼，式显令名。魂而有知，歆此殊渥。可特赠秘书省著作郎，赙其家帛二十匹，米三十斛，州县常加存恤，二税外免其差徭。"

渎即野中表兄也。渎卒讣至，野哭之恸，谓其子曰："吾不可去，去必不至。"第遣其子赴之，裁六日而野亦卒，时甚异焉。

邢敦字君雅，不知何许人，家于雍丘，与宋准、赵昌言交游甚厚。太平兴国初，尝举进士不第，慨然有隐遁意。性介僻，不妄交友。耽玩经史，精于术数，工绘画，颇嗜酒。或游市廛，过客询以休咎者，多不之语。里中号邢夫子。大中祥符七年，真宗幸亳回，邑人列上其事，王曾为考制度使，以名闻。诏曰："敦早预词场，勤修天爵，超然处退，亦既累年。属览公车之言，俾参郡学之职，用精儒业，以宠耆年。可许州助教。"敦让而不受。乾兴元年，无疾而卒，年七十四。

　　林逋字君复,杭州钱塘人。少孤,力学,不为章句。性恬淡好古,弗趋荣利,家贫衣食不足,晏如也。初放游江、淮间,久之归杭州,结庐西湖之孤山,二十年足不及城市。真宗闻其名,赐粟帛,诏长吏岁时劳问。薛映、李及在杭州,每造其庐,清谈终日而去。尝自为墓于其庐侧。临终为诗,有"茂陵他日求遗稿,犹喜曾无《封禅书》"之句。既卒,州为上闻,仁宗嗟悼,赐谥和靖先生,赙粟帛。

　　逋善行书,喜为诗,其词澄浃峭特,多奇句。既就稿,随辄弃之。或谓:"何不录以示后世?"逋曰:"吾方晦迹林壑,且不欲以诗名一时,况后世乎!"然好事者往往窃记之,今所传尚三百余篇。

　　逋尝客临江,时李谘方举进士,未有知者,逋谓人曰:"此公辅器也。"及逋卒,谘适罢三司使为州守,为素服,与其门人临七日,葬之,刻遗句内圹中。

　　逋不娶,无子,教兄子宥,登进士甲科。宥子大年,颇介洁自喜,英宗时,为侍御史,连被台移出治狱,拒不肯行,为中丞唐介所奏,降知蕲州,卒于官。

　　高怿字文悦,荆南高季兴四世孙。幼孤,养于外家。十三岁能属文,通经史百家之书。闻种放隐终南山,乃筑室豹林谷,从放受业。放奇之,不敢处以弟子行。与同时张荛、许勃号"南山三友"。

　　会诏举沈沦草泽,知长安寇准闻其名荐之,辞不起。景祐中,录国初侯王后,怿推其弟忻得官。及范雍建京兆府学,召怿讲授诸生,席间常数十百人。杜衍尝请赐处士号,乃命为大理评事,怿固辞。仁宗嘉其守,号安素处士。诏州县岁时礼遇之,给良田五百亩。文彦博表其经术该通,有高世之行,可以励风俗,诏赐第一区。嘉祐中,就除光禄寺丞,复固辞。梦道士持素书聘为白鹿洞主,卒。

　　有韩退者,稷山人。亦师事种放。母死,负土成坟,徒跣终丧,去隐嵩山,吴遵路、石延年论其高节。诏赐粟帛,号安逸处士,以寿终。

徐复字复之，建州人。初游京师，举进士不中。退而学《易》，通流衍卦气法，自筮知无禄，遂亡进取意。游学淮、浙间数年，益通阴阳、天文、地理、遁甲、占射诸家之说。他日听其乡人林鸿范说《诗》，且言《诗》之所以用于乐者，忽若有得。因以声器求之，遂悟大乐，于七音、十二律清浊次序及钟磬侈弇、匏竹高下制度皆洞达。方仁宗留意于乐，诏天下求知乐者，大臣荐胡瑗，瑗作钟磬，大变古法。复笑曰："圣人寓器以声，今不先求其声而更其器，其可用乎！"后瑗制作皆不效。

范仲淹过润州，见复问曰："今以衍卦占之，四夷无变异乎？"复克西方当用兵，推其月日，后无少差。庆历初，与布衣郭京俱召见，帝问天时人事，复对曰："以京房《易卦》推之，今年所配年月日时，当小过也。刚失位而不中，其在强君德乎？"帝又问："明年主何卦？"复曰："《乾》卦用事。"说至九五尽而止。帝又问："前年京师黑风，何所应？"复曰："其兆在内，豫王丧其应也。"明日，命为大理评事，固以疾辞，乃赐号冲晦处士，补其子发试秘书省校书郎。复性高洁，而处世未尝自异，后居杭州十数年卒。

郭京者，少任侠，不事家产，平居好言兵。范仲淹滕宗谅数荐之。

孔旼字宁极，孔子四十六代孙。隐居汝州龙兴县龙山之滍阳城。性孤洁，喜读书。有田数百亩，赋税常为乡里先。遇岁饥，分所余赒不足者，未尝计有无。闻人之善若出于己，动止必依礼法。环所居百余里，人皆爱慕之，见于路，辄敛衽以避。葬其父，庐墓三年，卧破棺中，日食米一溢。壁间生紫芝数十本。州以行义闻，赐粟帛，又给复其家。近臣列荐，授秘书省校书郎致仕。居数年，召为国子监直讲，辞不赴，即迁光禄寺丞。顷之，起知龙兴县，复辞。卒，赠太常丞。

盗尝入旼家，发其禀粟，旼避之，纵其所取。尝逢羸弱者为盗掠夺其赀，旼追盗与语，责之以义，解金畀之，使归所掠。居山未尝逢

毒蛇虎豹，或谓之曰："子毋夜行，此亦可畏。"眕曰："无心则无所
畏。"晚年惟玩《周易》、《老子》，他书亦不复读。为《太玄图》张壁上，
外列方州部家，而规其中心，空之无所书。曰："《易》所谓寂然不动
者，与此无异也。"

　　何群字通夫，果州西充人。嗜古学，喜激扬论议，虽业进士，非
其好也。庆历中，石介在太学，四方诸生来学者数千人，群亦自蜀
至。方讲官会诸生讲，介曰："生等知何群乎？群日思为仁义而已，
不知饥寒之切己也。"众皆注仰之。介因馆群于其家，使弟子推以为
学长。群愈自克厉，著书数十篇，与人言未尝下意曲从，同舍目群为
"白衣御史。"

　　群尝言："今之士，语言说易，举止惰肆者，其衣冠不如古之严
也。"因请复古衣冠。又上书言："三代取士，皆举于乡里而先行义。
后世专以文辞就，文辞中害道者莫甚于赋，请罢去。"介赞美其说。
会谏官御史亦言以赋取士无益治道，下两制议，皆以为进士科始隋
历唐数百年，将相多出此，不为不得人，且祖宗行之已久，不可废
也。群闻其说不行，乃恸哭，取平生所为赋八百余篇焚之。讲官视
群赋既多且工，以为不情，绌出太学。群径归，遂不复举进士。

　　嘉祐中，龙图阁直学士何剡表其行义，赐号安逸处士。群既死，
赵抃守益州，奏群遗稿有益时政，愿诏果州录上之，云："非若茂陵
书起天子侈心也。"寝不下。

宋史卷四五八
列传第二一七

隐逸中

王樵　　张愈　　黄晞　　周启明　　代渊
陈烈　　孙侔　　刘易　　姜潜　　连庶
章詧　　俞汝尚　　阳孝本　　邓孝甫
宇文之邵　　吴瑛　　松江渔翁　　杜生
顺昌山人　　南安翁　　张臮

王樵字肩望，淄州淄川人，居县北梓桐山。博通群书，不治章
句，尤善考《易》。与贾同、李冠齐名，学者多从之。咸平中，契丹游
骑度河，举家被掠。樵即弃妻，挺身入契丹访父母，累年不获，还东
山，刻木招魂以葬，立祠画像，事之如生，服丧六年，哀动行路。又为
属之尊者次第成服，北望叹曰：“身世如此，自比于人可乎！”遂与俗
绝，自称赘世翁，唯以论兵击剑为事。一驴负装，徒步千里，晚年屡
游塞下。画策干何承矩、耿望，求灭辽复仇，不用。乃于城东南隅累
砖自环，谓之“茧室”。铭其门曰：“天生王樵，薄命寡智，材不济时，
道号‘赘世’。生而为室，以备不虞，死则藏形，不虞乃备。”病革，入
室自掩户卒。治平末，职方郎中向宗道知淄州，访茧室，已构屋为民
居。得樵甥牟氏子，乃知改葬。因而即其地复作茧室及祠堂，刻石
以记之。

张愈字少愚，益州郫人，其先自河东徙。愈隽伟有大志，游学四方，屡举不第。宝元初，上书言边事，请使契丹，令外夷相攻，以完中国之势，其论甚壮。用使者荐，除试秘书省校书郎，愿以授父显忠而隐于家。文彦博治蜀，为置青城山白云溪杜光庭故居以处之。丁内艰，盐酪不入口。再期，植所持柳杖于墓，忽生枝叶，后合抱。六召不应。喜奕棋。乐山水，遇有兴，虽数千里辄尽室往。遂浮湘、沅，观浙江，升罗浮，入九疑，买石载鹤以归。杜门著书，未就卒。

妻蒲氏名芝，贤而有文，为之诔曰："高视往古，哲士实殷，施及秦、汉，余烈氤氲。挺生英杰，卓尔逸群，孰谓今世，亦有其人。其人伊何？白云隐君。尝曰丈夫，趋世不偶，仕非其志，禄不可苟，营营末途，非吾所守。吾生有涯，少实多艰，穷亦自固，困亦不颠。不贵人爵，知命乐天，脱簪散发，眠云听泉。有峰千仞，有溪数曲，广成遗趾，吴兴高躅。疏石通迳，依林架屋，麋鹿同群，昼游夜息。岭月破云，秋霖洒竹，清意何穷，真心自得，放言遗虑，何荣何辱？孟春感疾，闭户不出，岂期遽往，英标永隔。抒词哽噎，挥涕泛澜，人谁无死，惜乎材贤。已矣吾人，呜呼哀哉！"

黄晞字景微，建安人。少通经，聚书数千卷，学者多从之游，自号聱隅子。著《歔欷琐微论》十卷，以谓聱隅者梗物之名，歔欷者叹声，琐微者述辞也。石介在太学，遣诸生以礼聘召，晞走匿邻家不出。枢密使韩琦表荐之，以为太学助教致仕。受命一夕卒。

周启明字昭回，其先金陵人，后占籍处州。初以书谒翰林学士杨亿，亿携以示同列，大见叹赏，自是知名。四举进士皆第一。景德中，举贤良方正科，既召，会东封泰山，言者谓此科本因灾异访直言，非太平事，遂报罢。于是归，教弟子百余人，不复有仕进意，里人称为处士。转运使陈尧佐表其行义于朝，赐粟帛。仁宗即位，除试助教，就加廪给。久之，特迁秘书省秘书郎。改太常丞，卒。启明笃学,藏书数千卷,多手自传写,而能口诵之。有古律诗、赋、笺、启、杂文千六百余篇。

代渊字蕴之,本代州人。唐末,避地导江,家世为吏,有阴德。渊性简洁,事亲以孝闻。受学于李畋、张达。年四十,乡人更劝,举进士甲科,得清水主簿。叹曰:"禄不及亲,何所为耶?"还家教授,坐席常满。安抚使举凤州团练推官,不就。知益州杨日严又荐之,遂以太子中允致仕。谢绝诸生,著《周易旨要》《老佛杂说》数十篇。田况上其书,自太常丞改祠部员外郎。晚年日菜食,巾褐山水间,自号虚一子。长吏岁时致问,澹然与对,略不及私。嘉祐二年九月,有疾,召术士择日,云"丙申吉",颔之,是日沐浴而绝。

陈烈字季慈,福州候官人。性介僻,笃于孝友。居亲丧,勺饮不入于口五日,自壮及老,奉事如生。学行端饬,动遵古礼,平居终日不言,御童仆如对宾客。里中人敬之,冠昏丧祭,请而后行。从学者常数百。贤父兄训子弟,必举烈言行以示之。

尝以乡荐试京师不利,即罢举。或勉之求仕,则曰:"伊尹守道,成汤三聘以币;吕望既老,文王载之俱归。今天子仁圣好贤,有汤、文之心,岂无先觉如伊、吕者乎?"仁宗屡诏之,不起。人问其故,应曰:"吾学未成也。"公卿大夫、郡守、乡老交章称其贤。嘉祐中,以为本州教授,欧阳修又言之,召为国子直讲,皆不拜。

已而福建提刑王陶言其为妻林氏所讼,因诋烈贪诈,乞夺所受恩。司马光为谏官,率同列争曰:"臣等每患士无名检,故举烈以励风俗。烈平生操守,出于诚实,虽有迂阔不合中道,犹为守节之士,当保而全之。若夫妇不相谐,则听之离绝,毋使节行之士为横辱所挫。"陶说遂不行。

元祐初,部使者申荐之,诏从其尚,以宣德郎致仕。明年,复教授本州。在职不受廪奉,乡里间遗丝毫无所受;家租有余,则推以济贫乏。卒,年七十六。

孙侔字少述，与王安石、曾巩游，名倾一时。早孤，事母尽孝。志于禄养，故屡举进士。及母病革，自誓终身不求仕。客居江、淮间，士大夫敬畏之。

刘敞知扬州，言其孝弟忠信，足以扶世矫俗，求之朝廷，吕公著、王安石之流也。诏以为扬州教授，辞。敞守永兴，辟入幕府，亦辞。英宗时，沈遘及王陶、韩维连荐之，授忠武军推官、常州推官皆不赴。

少与安石友善，安石为相，过真州与相见，侔待之如布衣交。卒，年六十六。

初，王回、王令、常秩与侔皆有盛名，回、令不寿，秩为隐不竟，唯侔以不仕始终。

刘易，忻州人。性介烈，博学好古，喜谈兵。韩琦知定州，上其所著《春秋论》，授太学助教、并州州学说书，不能屈志仕进，寓居于虢之卢氏，习辟谷术。赵抃复荐其行谊，赐号退安处士。易作诗，琦每为书之石，或不可其意辄涤去，琦亦再书之。尹洙帅渭，延致尊礼，狄青代洙，遇之亦厚。治平末，卒，琦作文祭之云："刚介之性，天下能合者有几？渊源之学，古人不到者甚多。"其敬之如此。熙宁察访定户役，诏易家用处士如七品恩，得减半，示优礼云。

姜潜字至之，兖州奉符人。从孙复学《春秋》。用田况举召试学士院，为明州录事参军。以母思乡求致仕，敕过门下，知封驳司吴奎封还之，而与韩绛共上章以荐，徙兖州录事参军。从奎辟郓州教授，奎升堂拜其母，又荐为国子直讲、韩王宫伴读。谒宗正允弼，吏引趋庭，潜不答，呼马欲去，遂以客礼见。

熙宁初，诏举选人淹滞者与京官凡三十七人，潜在选中。神宗闻其贤，召对延和殿，访以治道何以致之，对曰："有《尧、舜》二典在，顾陛下致之之道何如。"知陈留县，至数月，青苗令下，潜出钱，榜其令于县门,已徙之乡落,各三日无应者。遂撤榜付吏曰:"民不愿矣!"钱以是独得不散。司农、开封疑潜沮格,各使其属来验,皆如令。而条例司劾祥符住散青苗钱,潜知且不免,移疾去,县人诣府请留之,不得。家居卒,年六十六。

连庶字居锡,安州应山人。举进士,调商水尉、寿春令。兴学,尊礼秀民,以劝其俗;开濒淮田千顷,县大治。淮南王旧垒在山间,会大水,州守议取其甓为城典刑也。"垒因是得存。以母老乞监陈州税。尝送客出北门,见日西风尘,而冠盖憧憧不已,慨然有感,即日求分司归。久之,翰林学士欧阳修、龙图阁直学士祖无择言庶文学行义,宜在台阁。以知昆山县,辞不行。累迁职方员外郎,卒。

庶始与弟庠在乡里,时宋郊兄弟、欧阳修皆依之。及二宋贵达,不可其志,退居二十年。守道好修,非其人不交,非其义秋毫不可污也。庶既死,宋郊之孙义年为应山令,缘邑人之意,作堂于法兴僧舍,绘二宋及庶、庠之像祠事之。庠亦登科,敏于政事,号良吏,终都官郎中。

章詧字隐之,成都双流人。少孤,鞠于兄嫂,以所事父母事之。博通经学,尤长《易》、《太玄》,著《发隐》三篇,明用蓍索道之法,知以数寓道之用、三摹九据始终之变。蜀守蒋堂、杨察、张方平、何郯、赵抃咸以逸民荐,一赐粟帛,再命州助教,不就。嘉祐中,赐号冲退处士。王素时为州,因更其所居之乡曰处士,里曰通儒,坊曰冲退。詧由是益以道自裕,尊生养气,忧喜、是非亦不以挠其心形。

尝访里人范百禄,谓曰:"子辟谷二十余年,今强力尚足,子亦尝知以气治疾之说乎?"百禄因从扣《太玄》,詧为解述大旨,再复《摛》词曰:"'人之所好而不足者,善也;所丑而有余者,恶也。君子能强其所不足,而拂其所有余,《太玄》之道几矣。'此子云仁义之心,予之于《太玄》也,述斯而已。若苦其思,艰其言,迂溺其所以为数而忘其仁义之大,是恶足以语夫道哉?"熙宁元年,卒,年七十六。

子祀，亦好古学，尝应行义敦遣诏。仍世有隐德，其所居犹存。

俞汝尚字退翁，湖州乌程人。少时读书于�之昆山。为人温温有礼，议论不苟。不可于意，有所不言，言之未尝妄也。不肯料理生事，不以贫乏挠其怀，滽于势利。闻人善言善行，记不忘，时时为人道之。擢进士第，涉历州县，无少营进取之心。尝知导江县，新繁令卒，使者使承其乏，将资以公田，辞，不许，至则悉以周旧令之家。熙宁初，签书剑南西川判官。赵抃守蜀，以简静为治，每旦退坐便斋，诸吏莫敢至，唯汝尚来辄排闼径入，相对清谈竟暮。

王安石当国，患一时故老不同己，或言汝尚清望，可置之御史，使以次弹击。驿召诣京师，既知所以荐用意，力辞，章再上得免。亲故有责以不能与子孙为地者，汝尚笑曰："是乃所以为其地也。"还家苦贫，未能忘禄养。又从赵抃于青州，遂以屯田郎中致仕。苏轼、苏辙、孙觉、李常皆赋诗文叹美之。

优游数年，当六月徂暑，寝室不可居，出舍于门，妻黄就视之，汝尚曰："人生七十者，希，吾与夫人皆过之，可以行矣。"妻应曰："然则我先去。"后三日卒。汝尚庀其丧，为作铭，召诸子告曰："吾亦从此逝矣。"隐几而终，相去才十日。孙伟，绍兴中敷文阁直学士。

阳孝本字行先，虔州赣人。学博行高，隐于城西通天岩。苏颂、蒲宗孟皆以山林特起荐之。苏轼自海外归，过而爱焉，号之曰玉岩居士，尝直造其室，知其不娶，戏以为元德秀之流。孝本自言为阳城之裔，故轼诗有云："众谓元德秀，自称阳道州。"嘉之也。隐通二十年，一时名士多从之游。崇宁中，举八行，解褐为国子录，再转博士。以直秘阁归，卒，年八十四年。

邓孝甫字成之，临川人。第进士，历陈留尉、万载永明令、知上饶县，积官奉议郎，提点开封府界河渠，坐事去官，遂闭户著书，不复言仕。

元符末,诏求直言。孝甫年八十一,上书云:"乱天下者,新法也,末流之祸,将不可胜言。今宜以时更化,纯法祖宗。"因论熙宁而下,权臣迭起,欺世误国,历指其事而枚数其人。蔡京嫉之,谓为诋讪宗庙,削籍羁筠州。崇宁去党碑,释逐臣,同类者五十三人,其五十人得归,惟孝甫与范柔中、封觉民独否,遂卒于筠。且死,命幼孙名世执笔,口占百余言,其略曰:"予自谓山中宰相,虚有其才也;自谓文昌先生,虚有其词也。不得大用于盛世,亦无憾焉,盖有天命尔。"所论述有《卜世大宝龟》、《伊周素蕴》、《义命杂著》、《太平策要》等,凡二百五十余篇。

宇文之邵字公南,汉州绵竹人。举进士,为文州曲水令。转运以轻缣高其价,使县鬻于民。之邵言:"县下江上山,地狭人贫,耕者亡几,方岁俭饥,羌夷数入寇,不可复困之以求利。"运使怒。

会神宗即位求言,乃上疏曰:"天下一家也。祖宗创业、守成之法具在。陛下方居谅阴,谄谀奸佞之人屏伏未动,正可念五圣之功德,常若左右前后。京师者,诸夏之视效,俗宜敦厚,而险薄浮侈是尚。公卿大夫,民之表也,宜以名节自励,而势利合杂是先。愿以节义廉耻风导之,使人知自重。千里之郡,有利未必兴,有害未必除者,转运使、提点刑狱制之也。百里之邑,有利未必兴,有害未必除者,郡制之也。前日赦令,应在公逋负一切蠲除,而有司操之益急,督之愈甚,使上泽不下流,而细民益困。如择贤才以为三司之官,稍假郡县以权,则民瘵除矣。然后监番、聚、豳、桷之盛以保安外戚,考《棠棣》、《角弓》之义以亲睦九族,兴坠典,拔滞淹,远夸毗,来忠谠。凡所建置,必与大臣共议以广其善,号令威福则专制之。如此,则天下之人思见太平可拱而俟也。"

疏奏不报。喟然曰:"吾不可仕矣。"遂致仕,以太子中允归,时年未四十。自强于学,不易其志,日与交友为经史琴酒之乐,退居十五年而终。司马光曰:"吾闻志不行,顾禄位如锱铢;道不同,视富贵如土芥。今于之邵见之矣。"范镇亦曰:"之邵位下而言高,学富而行笃,少我二十一岁而先我挂冠,使吾慊然。”其为两贤所推尚如此。

吴瑛字德仁,蕲州蕲春人。以父龙图阁学士遵路任补太庙斋郎,监西京竹木务,签书淮南判官,通判池州、黄州,知郴州,至虞部员外郎。治平三年,官满如京师,年四十六,即上书请致仕。公卿大夫知之者相与出力挽留之,不听,皆叹服为不可及,相率赋诗饮饯于都门,遂归。

蕲有田,仅足自给。临溪筑室,种花酿酒,家事一付子弟。宾客至必饮,饮必醉,或困卧花间,客去亦不问。有臧否人物者,不酬一语,但促奴益行酒,人莫不爱其乐易而敬其高。尝有贵客过之,瑛酒酣而歌,以乐器扣其头为节,客亦不以为忤。视财物如粪土,妹婿辄取家财数十万贷人,不能偿,瑛哀之曰:“是人有母,得无重忧!”召而焚其券。门生为治田事历岁,忽谢去,曰:“闻有言某簿书为欺者,谊不可留。”瑛命取前后文书示之,盖未尝发封也。盗入室,觉而不言,且取其被,乃曰:“他物唯所欲,夜正寒,幸舍吾被。”其真率旷达类此。

哲宗朝有荐之者,召为吏部郎中,就知蕲州,皆不起。崇宁三年感疾,即闭阁谢医药,至垂绝不乱。卒,年八十四。

松江渔翁者,不知其姓名。每棹小舟游长桥,往来波上,扣舷饮酒,酣歌自得。绍圣中,闽人潘裕自京师调官回,过吴江,遇而异焉,起揖之曰:“予视先生气貌,固非渔钓之流,愿丐绪言,以发蒙陋。”翁瞪视曰:“君不凡,若诚有意,能过小舟语乎?”裕欣然过之。翁曰:“吾厌喧烦,处间旷,遁迹于此三十年矣。幼喜诵经史百家之言,后观释氏书,今皆弃去。唯饱食以嬉,尚何所事?”裕曰:“先生澡身浴德如此。今圣明在上,盍出而仕乎?”笑曰:“君子之道,或出或处,吾虽不栖隐岩穴,追园、绮之纵,窃慕老氏曲全之义。且养志者忘形,养形者忘利,致道者忘心,心形俱忘,其视轩冕如粪土耳,与子出处异趣,子勉之。”裕曰:“裕也不才,幸闻先生之高义,敢问舍所在。”

曰:"吾姓名且不欲人知,况居室耶!"饮毕,长揖使裕反其所,鼓枻而去。

杜生者,颍昌人。不知其名,县人呼为杜五郎。所居去县三十里,有屋两间,与其子并居,前有空地丈余,即为篱门,生不出门者三十年。

黎阳尉孙轸往访之。其人颇洒落,自陈村人无所能,官人何为见顾。轸问所以不出门之因,笑曰:"以告者过也。"指门外一桑曰:"忆十五年前,亦曾纳凉其下,何谓不出?但无用于时,无求于人,偶自不出耳,何足尚哉。"问所以为生,曰:"昔时居邑之南,有田五十亩,与某兄同耕。迨兄子娶妇,度所耕不足赡,乃尽以与兄,而携妻子至此,蒙乡人借屋,遂居之。唯与人择日,又卖医药以给粥,亦有时不继。后子能耕,荷长者见怜,与田三十亩使之耕,尚有余力,又为人佣耕,自此食足。乡人贫,以医术自业者多。念已食既足,不当更兼他利,由是择日卖药,一切不为。"问常日何所为,曰:"端坐耳。""颇观书否?"曰:"二十年前,曾有人遗一书策,无题号,其间多说浮名经,当时极爱其议论,今忘之,并书亦不知所在矣。"时盛寒,布袍草履,室中枵然,而气韵闲旷,言词精简,盖有道之士也。问其子之为人,曰:"村童也,然性质甚淳厚,不妄言,不敢嬉。唯间一至县买盐酪,可数行迹以待其归,径往径还,未尝旁游一步也。"轸嗟叹,留连久之,乃去。后至延安幕府,为沈括言之。括时理军书,迨夜半,疲极未卧,闻轸谈及此,乃顿忘其劳。

顺昌山人。靖康末,有避乱于顺昌山中者,深入得茅舍,主人风裁甚整,即之语,士君子也。怪而问曰:"诸君何事挈妻孥能至是耶?"因语之故。主人曰:"乱何自而起耶?"众争为言,主人嗟恻久之,曰:"我父为仁宗朝人也,自嘉祐末卜居于此,因不复出。以我所闻,但知有熙宁纪年,亦不知于今几何年矣。"

南安翁者。漳州陈元忠客居南海日，尝赴省试过南安，会日暮，投宿野人家，茅茨数椽，竹树茂密可爱。主翁虽麻衣草履，而举止谈对宛若士人。几案间有文籍散乱，视之皆经、子也。陈叩之曰："翁训子读书乎？"曰："种园为生耳。""亦入城市乎？"曰："十五年不出矣。"问："藏书何用？"曰："偶有之耳。"因杂以他语。少焉，风雨暴作，其二子归，舍锄揖客，人物不类农家子。翁进豆羹享客，不复共谈，迟明别去。

陈以事留城中，翌日，见翁仓遽而行，陈追诘之曰："翁云十五年不出城，何为到此？"曰："吾以急事不容不出。"问之，乃大儿于关外鬻果失税，为关吏所拘。陈为谒监征，至则已捕送郡。翁与小儿偕诣庭下，长子当杖，翁恳白郡守曰："某老钝无能，全藉此子赡给。若渠不胜杖，则翌日乏食矣。愿以身代之。"小儿曰："大人岂可受杖，某愿代兄。"大儿又以罪在己，甘心焉，三人争不决。小儿来父耳旁语，若将有所请，翁叱之，儿必欲前。郡守疑之，呼问所以，对曰："大人元系带职正郎，宣和间累典州郡。"翁急拽其衣使退，曰："儿狂，妄言。"守询诰敕在否，儿曰："见作一束置瓮中，埋于山下。"守立遣吏随儿发取，果得之，即延翁上坐，谢而释其子。次日，枉驾访之，室已虚矣。

张峦字子厚，常州人。登进士甲科。以无他兄弟，独养其亲，不忍斯须去左右。亲友强之仕，乃调青溪主簿，亦不之官。闭户读书四十年，手校数万卷，无一字舛。穷经著书，至夜分不寐。元丰中，近臣荐其高行。至于元祐，大臣复荐之，起教授颍州，辞不就。于是孙觉、胡宗愈、范祖禹交章言曰："峦且死草莱，后世必以为朝廷失士。"苏轼言之尤切。诏拜秘书省校书郎，敕郡县致礼敦遣，竟不出。

峦孝弟修于家，忠信行于友，声名闻于人，蹈中守常，从容不迫，为当时名流所慕，以不造门为耻。崇宁四年，卒。明年，诏以峦隐德丘园，声闻显著，赐谥曰正素先生。

宋史卷四五九
列传第二一八

隐逸下

徐中行　　苏云卿　　谯定　　王忠民
刘勉之　　胡宪　　郭雍　　刘愚
魏掞之　　安世通

卓　行

刘庭式　　巢谷　　徐积　　曾叔卿
刘永一

徐中行，台州临海人。始知学，闻安定胡瑗讲明道学，其徒转相传授，将往从焉。至京师，首谒范纯仁，纯仁贤之，荐于司马光，光谓斯人神清气和，可与进道。会福唐刘彝赴阙，得瑗所授经，熟读精思，攻苦食淡，夏不扇，冬不炉，夜不安枕者逾年。乃归葺小室，竟日危坐，所造诣人莫测也。父死，跣足庐墓，躬耕养母，推其余力，葬内外亲及州里贫无后者十余丧。晚年教授学者，自洒扫应对、格物致知达于治国平天下，不失其性，不越其序而后已。其友罗适持节本路,举以自代,又率部使者以遗逸荐。崇宁中,郡守李谔又以八行荐。时章、蔡窃国柄,窜逐善类且尽,中行每一闻命辄泪下。一日,去之黄岩,会亲友,尽毁其所为文,幅巾藜杖,往来委羽山中。客有诘以避举要名者,中行曰:“人而无行,与禽兽等。使吾得以八行应科目,则彼之不被举者非人类与?吾正欲避此名,非要名也。”客惭而退。陈瓘谪台州,闻名纳交,暨其没,录其行事,谓与山阳徐积齐名,呼为“八行先生”。

子三人,庭筠其季也,童丱有志行,事父兄孝友天至。居丧毁甚,既免丧,不忍娶者十余年。秦桧当国,科场尚谀佞,试题问中兴歌颂,庭筠叹曰:“今日岂歌颂时耶!”疏其未足为中兴者五,见者尤之,庭筠曰:“吾欲不妄语,而敢欺君乎?”

黄岩尉郑伯熊代去,请益,庭筠曰:“富贵易得,名节难守。愿安时处顺,主张世道。”伯熊受其言,迄为名臣。有诏举人尝五上春官者予岳祠。庭筠适应格,所亲咸劝之,庭筠辞曰:“吾尝草封事,谓岳庙冗禄无用。既心非之,可躬蹈耶?

其学以诚敬为主,夜必就榻而后脱巾,旦必巾而后起,居无惰容,喜无戏言,不事缘饰,不苟臧否。闻人片善,记其姓名。遇饥冻者,推食解衣不靳。僦屋以居,未尝戚戚。尤袤为守,闻其名,遣书礼之。

一日,巾车历访旧游,徜徉几月。归感微疾,端坐瞑目而逝,年八十有五。乡人崇敬之,以其父子俱隐遁,称之曰二徐先生。

淳熙间,常平使者朱熹行部,拜墓下,题诗有“道学传千古,东瓯说二徐”之句,且大书以表之曰“有宋高士二徐先生之墓”。

庭筠之兄庭槐、庭兰,皆有父风。孙日升,苦学有守,于是徐氏诗书不绝六世矣。

苏云卿,广汉人。绍兴间,来豫章东湖,结庐独居,待邻曲有恩礼,无良贱老稚皆爱敬之,称曰苏翁。身长七尺,美须髯,寡言笑,布褐草履,终岁不易,未尝疾病。披荆畚砾为圃,艺植耘芟,灌溉培壅,皆有法度。虽隆暑极寒,土焦草冻,圃不绝蔬,滋郁畅茂,四时之品无阙者。味视他圃尤胜,又不二价,市籴者利倍而售速,先期输直。夜织履,坚韧过革舄,人争贸之以馈远。以故薪米不乏,有羡则以周急应贷,假者负偿,一不经意。溉园之隙,闭门高卧,或危坐终日,莫测识也。

少与张浚为布衣交,浚为相,驰书函金币属豫章帅及漕曰:"余乡人苏云卿,管、乐流亚,遁迹湖海有年矣。近闻灌园东湖,其高风伟节,非折简能屈,幸亲造其庐,必为我致之。"帅、漕密物色,曰:"此独有灌园苏翁,无云卿也。"帅、漕乃屏骑从,更服为游士,入其圃,翁运锄不顾。进而揖之,翁曰:"二客何从来耶?"延入室,土锉竹几,地无纤尘,案上有《西汉书》一册。二客恍若自失,默计此为苏云卿也。既而汲泉煮茗,意稍款浃,遂扣其乡里,徐曰:"广汉。"客曰:"张德远广汉人,翁当识之。"曰:"然。"客又问:"德远何如人?"曰:"贤人也。第长于知君子,短于知小人,德有余而才不足。"因问:"德远今何官?"二客曰:"今朝廷起张公,欲了此事。"翁曰:"此恐怕他未便了得在。"二客起而言曰:"张公令某等致公,共济大业。"因出书函金币置几上。云卿鼻间隐隐作声,若自咎叹者。二客力请共载,辞不可,期以诘朝上谒。旦遣使迎伺,则扃户阒然,排闼入,则书币不启,家具如故,而翁已遁矣,竟不知所往。

帅、漕复命,浚拊几叹曰:"求之不早,实怀窃位之羞。"作箴以识之,曰:"云卿风节,高于傅霖。予期与之,共济当今。山潜水杳,邈不可寻。弗力弗早,予罪曷铖。"

谯定字天授,涪陵人。少喜学佛,析其理归于儒。后学《易》于郭曩氏,自"见乃谓之象"一语以入。郭曩氏者,世家南平,始祖在汉为严君平之师,世传《易》学,盖象数之学也。定一日至汴,闻伊川程颐讲道于洛,洁衣往见,弃其学而学焉。遂得闻精义,造诣愈至,浩然而归。其后颐贬涪,实定之乡也,北山有岩,师友游泳其中,涪人名之曰读易洞。

靖康初，吕好问荐之，钦宗召为崇政殿说书，以论弗合，辞不就。高宗即位，定犹在汴，右丞许翰又荐之，诏宗泽津遣诣行在。至惟扬，寓邸舍，婆甚，一中贵人偶与邻，馈之食不受，与之衣亦不受，委金而去，定袖而归之，其自立之操类此。上将用之，会金兵至，失定所在。复归蜀，爱青城大面之胜，栖遁其中，蜀人指其地曰谯岩，敬定而不敢名，称之曰谯夫子，有绘像祀之者，久而不衰。定易学得之程颐，授之胡宪、刘勉之，而冯时行、张行成则得定之余意者也。定后不知所终，樵夫牧童往往有见之者，世传其为仙云。

初，程颐之父珦尝守广汉，颐与兄颢皆随侍，游成都，见治篾箍桶者挟册，就视之则《易》也，欲拟议致诘，而篾者先曰：“若学此乎？”因指“《未济》男之穷”以发问。二程逊而问之，则曰：“三阳皆失位。”兄弟涣然有所省，翌日再过之，则去矣。其后袁滋入洛，问《易》于颐，颐曰：“《易》学在蜀耳，盍往求之？”滋入蜀访问，久无所遇。已而见卖酱薛翁于眉、邛间，与语，大有所得，不知所得何语也。

宪、勉之、滋皆闽人，时行、行成蜀人，郭曩氏及篾叟、酱翁皆蜀之隐君子也。

王忠民，颍阳人，世业医。忠民幼通经史，自靖康以来，数言边言利害于朝，累召弗至。高宗渡江，忠民隐居不出，诸镇翟兴等皆重之，弗能致；张浚授以迪功郎，不受。兴徙治药川，忠民避地南下，遇商虢镇抚使董先于内乡，留军中，事以师礼。

时刘豫僭立，忠民作《九思图》及定乱四象达之金主，及镂板印图散于伪境，以明天下之义。绍兴三年，翟琮荐其忠节于朝，特授宣教郎，诏董先津遣诣行在。既至，宰相吕颐浩、签书枢密院事徐俯见之皆拜，舍于政府。忠民上疏辞官，言：“臣愤金人无道，故三上金主书，乞还二帝，本心报国，非冀名禄。”上不许。忠民以诰置椟中，藏七宝山下，力恳求去。复依董先军中，遂不出。

时又有苏庠者，丹阳人，绅之后，颂之族也。少能诗，苏轼见其

《清江曲》，大爱之，由是知名。徐俯荐其贤，上特召之，固辞；又命守臣以礼津遣，庠辞疾不至，以寿终。

刘勉之字致中，建州崇安人。自幼强学，日诵数千言。逾冠，以乡举诣太学。时蔡京用事，禁止毋得挟元祐书，自是伊、洛之学不行。勉之求得其书，每深夜，同舍生皆寐，乃潜抄而默诵之。谯定至京师，勉之闻其从程颐游，遂《易》学，遂师事之。已而厌科举业，挈诸生归，见刘安世、杨时，皆请业焉。及至家，即邑近郊结草为堂，读书其中，力耕自给，澹然无求于世。与胡宪、刘子翚相往来，日以讲论切磋为事。

绍兴间，中书舍人吕本中疏其行义志业以闻，特召诣阙。秦桧方主和，虑勉之见上持正论，乃不引见，但令策试后省给札而已。勉之知不与桧合，即谢病归。杜门十余年，学者踵至，随其材品，为说圣贤教学之门及前言往行之懿。所居有白水，人号曰白水先生。贤士大夫自赵鼎以下皆敬慕与交。后秦桧益横，鼎窜死，诸贤禁锢，勉之竟不复出。

勉之一介不妄取。妇家富，无子，谋尽以赀归于女，勉之不受，以畀族之贤者，命之奉祀。其友朱松卒，属以后事，且戒其子熹受学。勉之经理其家，而诲熹如子侄。熹之得道，自勉之始。绍兴十九年，卒，年五十九。

胡宪字原仲，居建之崇安。生而静悫，不妄笑语，长从从父胡安国学。平居危坐植立，时然后言，虽仓卒无疾言遽色，人犯之未尝校。绍兴中以乡贡入太学。会伊、洛学有禁，宪独阴与刘勉之诵习其说。既而学《易》于谯定，久未有得，定曰："心为物渍，故不能有见，唯学乃可明耳。"宪喟然叹曰："所谓学者，非克己工夫耶？"自是一意下学，不求人知。一旦，挈诸生归故山，力田卖药，以奉其亲。安国称其有隐君子之操。从游者日众，号籍溪先生，贤士大夫亦高仰之。

折彦质、范冲、朱震、刘子羽、吕祉、吕本中共以其行义闻于朝，上特召之，宪辞母老。及彦质入西府，又言于上，趣召愈急，宪力辞。乃赐进士出身，授左迪功郎，添差建州教授，宪犹不屈。太守魏矼遣行义诸生入里致诏，且为手书陈大义，开譬甚力，宪不得已就职。日与诸生接，训以为己之学。闻者始而笑，中而疑，久而观其所以修身、事亲、接人者，无一不如所言，遂翕然悦服。郡人程元以笃行称，龚何以廉节著，皆迎致俾参学政，学者自是大化。

因七年不徙官，以母年高不乐居官舍，求监岳庙以归。久之，起为福建路安抚使司属官。时帅张宗元榷盐急，私贩者铢两亦重坐。宪告以为政大体，宗元不悦，宪复请祠而去。

秦桧方用事，诸贤零落，宪家居不出。桧死，以大理司直召，未行，改秘书正字。既至，次当奏事，而病不能朝，乃草疏言：“金人大治汴京宫室，势必败盟。今元臣、宿将惟张浚、刘琦在，识者皆谓金果南牧，非此两人莫能当。愿亟起之，臣死不恨。”时两人皆为积毁所伤，未有敢显言其当用者，宪独首言之。疏入，即求去。上嘉其忠，诏改秩与祠归。

初，宪与刘勉之俱隐，后又与刘子翚、朱松交。松将没，属其子熹受学于宪与勉之、子翚。熹自谓从三君子游，而事籍溪先生为久。方宪之以馆职召也，适秦桧讳言之后，宪与王十朋、冯方、查籥、李浩相继论事，太学士为五贤诗以歌之。人始信宪之不苟出，而惜其在位仅半年，不究其底蕴云。绍兴三十二年，卒，年七十七。

郭雍字子和，其先洛阳人。父忠孝，官至太中大夫，师事程颐，著《易说》，号兼山先生，自有传。雍传其父学，通世务，隐居峡州，放浪长杨山谷间，号白云先生。

乾道中，以峡守任清臣、湖北帅张孝祥荐于朝，旌召不起，赐号冲晦处士。孝宗稔知其贤，每对辅臣称道之，命所在州郡岁时致礼存问。后更封颐正先生，令部使者遣官就问雍所欲言，备录缴进。于是，雍年八十有三矣。

淳熙初，学者裒集程颢、程颐、张载、游酢、杨时及忠孝、雍凡七家，为《大易粹言》行于世。其述雍之说曰：

《易》贯通三才，包括万理。伏羲氏之画，得于天而明天。文王之重，得于人而明人。羲画为天，天，君道也，故五之在人为君。文重为地，地，臣道也，故二之在人为臣。以上下二卦别而言之如此。合六爻而言之，则三四皆人道也，故谓之中爻。

《乾》，元亨利贞，初曰四德。后又曰乾元，始而亨者也。利牝马贞，利君子贞。是以四德为二义亦可矣。乾，阳物也。坤，阴物也。由《乾》一卦论之，则元与亨阳之类，利与贞阴之类也。是犹春夏秋冬虽为四时，由阴阳观之，则春夏为阳，秋冬为阴也。天之所谓元亨利贞者，如立天之道，阴与阳之类也。地之所谓元亨利贞者，如立地之道，柔与刚之类也。人之所谓元亨利贞者，如立人之道，仁与义之类也。

又《坤》之六五，坤虽臣道，五实君子位，虽以柔德，不害其为君，犹《乾》之九二，虽有君德，不害其为臣，故乾有两君，德无两君，坤有两臣，德无两臣。六五以柔居尊，下不之君也。江海所以能为百谷王者，以其善下下也。下下本坤德也。黄，中色也，色之至美也；裳，下服也，是以至美之德而下人也。

其发明精到如此。淳熙十四年。卒。

刘愚字必明，衢州龙游人。幼警敏力学。弱冠入太学，有声，受业者甚众。侍御史柴瑾、祭酒颜师鲁、博士林光朝深器重之。瑾每奏对称上意，则曰：“臣客刘愚为臣言。”师鲁尝奏愚行艺，上记曰：“此向者柴瑾所荐也。”上舍释褐，居第一。调江陵府教授，早晚为诸生讲说，同僚相率以听。愚益谦下，与叶适、项安世讲论不倦，每以隐居学道为乐。

岁满，帅王蔺致书剡辟，固辞，贫不能归。外移安乡县令，邑逋赋万计，愚核实数，宽限期，民不见吏而赋自足。会岁歉，出常平米振贷，邑佐持不可，愚曰："有罪不以相累。"出缗钱数千万，召商籴他郡而收元直，米价顿平，犹积廪数千石以备饥旱。邑有范仲淹读书地，为绘像立祠，兴学，士竞知劝。

诸司交荐，改秩，愚雅不乐仕进，遂致仕。丞相余端礼，乡人也，与愚有旧，且召堂审，愚竟拾去不顾。结庐城南，颓垣败壁，蓬蒿萧然。著书自适，《书》、《礼》、《语》、《孟》皆有解。年八十三而卒。故友与其门人私谥曰谦靖先生，后更谥曰靖君，乡郡祠之。

妻徐氏在家时，其母将以嫁姑子之富者，徐泣曰："为富人妻，不愿也。"遂归于愚，居破屋中，一事机杼。愚尝怀白金归，徐怒曰："我以子为贤而若是，亟具归。"愚出书以示，束修得也，乃已。有梁鸿之风焉。

子克、几、凡。克蚤以诗名，叶适尝称其可继陶、韦。

魏掞之字子实，建州建阳人，初字元履。自幼有大志。师胡宪，与朱熹游。两以乡举试礼部不第。尝客衢守章杰所。赵鼎以谪死，其子汾将丧过衢。杰雅憾鼎，又希秦桧意，遣尉翁蒙之领卒掩取鼎平时与故旧来往简牍。蒙之先遣人告汾焚之，逮至一无所得。杰怒，治蒙之，拘汾于兵家所，且以告桧。掞之以书责杰，长揖径归。筑室读书，榜以"艮斋"，自是人称曰艮斋先生。

闽帅汪应辰、建守陈正同知其贤，荐于朝，时相尼之，不果召。乾道中，诏举遗逸，部刺史芮烨与帅、守共表其行谊，特诏召之，掞之力辞。时宰相陈俊卿，闽人也，雅知掞之，招之甚力。乃以布衣入见，极陈当时之务，大要劝上以修德业、正人心、养士气为恢复之本。上嘉纳之，赐同进士出身，守太学录。

先是，学官养望自高，不与诸生接。掞之既就职，日进诸生教诲之，又增葺其舍，人人感动。将释菜，掞之请废王安石父子从祀，追爵程颢、程颐，列于祀典，不报。复言"太学之教宜以德行经术为先，其次则通习世务。今乃专以空言取人"，又不报。遂丐去。

会福州副总管曾觌秩满还，在道，掞之累疏以谏，移疾杜门，遗书陈俊卿责其不能救止,语甚切。遂以迎亲请归,行数日,罢为台州教授。方捴之之未行也,觊至国门外已久,伺捴之去,乃敢入。捴之在朝不能半岁,既归,喟然叹曰:"上恩深厚如此,而吾学不足以感悟圣意。"乃日居艮斋,条理旧闻,以求其所未至。

其居家,谨丧祭,重礼法。从父有客于南者,千里迎养,死葬如礼,而字其孤。建俗生子多不举,为文以戒,全活者甚众。又白于官,请督不葬其亲者,富与期,贫与财,而无主后者掩之。每遇岁饥,为粥以食饥者。后依古社仓法,官米以贷民,至冬取之以纳于仓。部使者素敬捴之,捐米千余斛假之,岁岁敛散如常,民赖以济。诸乡社仓自捴之始。

与人交,嘉其善而救其失,后进以礼来者,苟有寸长,必汲汲推挽成就之。至或訾其近名,则蹙然曰:"使夫人而避此嫌,为善之路绝矣。"病革,母视之,不巾不见。戒其子"毋以僧巫俗礼浼我"。以书召朱熹至,委以后事而诀。卒,年五十八。

后上思其直谅,将召用之,大臣言已死,乃赠直秘阁。熹平日趣向与捴之同。乾道中,熹亦被召,将行,闻捴之去国,乃止。

青城山道人安世通者,本西人。其父有谋策,为武官,数以言干当路不用,遂自沈于酒而终。世通亦隐居青城山中不出。

吴曦反,乃献书于成都帅杨辅曰:"世通在山中,忽闻关外之变,不觉大恸。世通虽方外人,而大人先生亦尝发以入道之门。窃以为公初得曦檄,即当还书,诵其家世,激以忠义,聚官属军民,素服号恸,因而散金发粟,鼓集忠义,闭剑门,檄夔、梓,兴仗义之师,以顺讨逆,谁不愿从?而士大夫皆酒缸饭囊,不明大义,尚云少屈以保生灵,何其不知轻重如此!夫君乃父也,民乃子也,岂有弃父而救子之理?此非曦一人之叛,乃举蜀士大夫之叛也。闻古有叛民无叛官,今曦叛而士大夫皆缩手以听命,是驱民而为叛也。且曦虽叛逆,犹有所忌,未敢建正朔、杀士大夫,尚以虚文见招,亦以公之与否卜民之从违也。今悠悠不决,徒为妇人女子之悲,所谓停囚长智,吾恐朝廷之失望也。凡举大事者,成败死生皆当付之度外。区区行年五十二矣,古人言:'可以生而生,福也;可以死而死,亦福也。'决不忍汗面戴天,同为叛民也。"

辅有重名,蜀中士大夫多劝以举义者,而世通之言尤切至。辅不能决,遂东如江陵,请吴猎举兵以讨曦。未几,曦败,猎使蜀,荐士以世通为首云。

父子有亲,夫妇有别,朋友有信,天下之所共知而共由者也,乃有卓行于斯焉。徐积于其所天,刘庭式于其室家,巢谷于其知己,皆行常人之难。行其所难而安焉,岂非卓乎?曾叔卿之不欺,刘永一之不苟取,皆以一事而人誉之终身,盖有其所矣,其可忽诸!撰《卓行传》。

刘庭式字得之,齐州人,举进士。苏轼守密州,庭式为通判。初,庭式未第时,议娶乡人之女,既约,未纳币。庭式乃及第,女以病丧明,女家躬耕贫甚,不敢复言。或劝纳其幼女,庭式笑曰:"吾心已许之矣,岂可负吾初心哉。"卒娶之。生数子,后死,庭式丧之逾年,不肯复娶。轼问之曰:"哀生于爱,爱生于色。今君爱何从生,哀何从出乎?"庭式曰:"吾知丧吾妻而已。吾若缘色而生爱,缘爱而生哀,色衰爱弛,吾哀亦忘,则凡扬袂倚市,目挑而心招者,皆可以为妻也耶?"轼深感其言。庭式后监太平观,老于庐山,绝粒不食,目奕奕有紫光,步上下峻坂如飞,以高寿终。

巢谷,初名谷,字元修,眉州眉山人。父中,谷传其学,虽朴而博。举进士京师。谷素多力,见举武艺者心好之,遂弃其旧学,蓄弓箭,习骑射,久之业成而不中第。闻西边多骁勇,为四方冠,去游秦凤、泾原间。所至友其秀桀,与韩存宝尤相善,教之兵书。

熙宁中,存宝为河州将,有功,号熙河名将。会泸州蛮乞弟扰边,诸郡不能制,命存宝出兵讨之。存宝不习蛮事,邀谷至军中问焉。及存宝得罪，将就逮，自度必死，谓谷曰："我泾原武夫，死非所惜。顾妻子不免寒饿，橐中有银数百两，非君莫可使遗之者。"谷许诺，即变姓名，怀银步往授其子，人无知者。存宝死，谷逃避江、淮间，会赦乃出。

苏轼责黄州，与谷同乡，幼而识之，因与之游。及轼与弟辙在朝，谷浮沉里中，未尝一来相见。绍圣初，轼、辙谪岭海，平生亲旧无复相闻者，谷独慨然自眉山诵言欲徒步访两苏，闻者皆笑其狂。

元符二年，谷竟往，至梅州遗辙书曰："我万里步行见公，不意自全，今至梅矣，不旬日必见，死无恨矣。"辙惊喜曰："此非今世人，古之人也。"既见，握手相泣，已而道平生，逾月不厌。时谷年七十三，瘦瘠多病，将复见轼于海南，辙愍而止之曰"君意则善，然循至儋数千里，当复渡海，非老人事也。"谷曰："我自视未即死也，公无止我。"阅其橐中无数千钱，辙方困乏，亦强资遣之。舟行会，有蛮隶窃其橐装以逃，获于新州，谷从之至新，遂病死。辙闻，哭之失声，恨不用己言而致死，又奇其不用己言而行其志也。

徐积字仲车，楚州山阳人。孝行出于天禀。三岁父死，旦旦求之甚哀，母使读《孝经》，辄泪落不能止。事母至孝，朝夕冠带定省。从胡翼之学。所居一室，寒一衲裘，啜菽饮水，翼之馈以食，弗受。

应举入都，不忍舍其亲，徒载而西。登进士第，举首许安国率同年生入拜，且致百金为寿，谢却之。以父名"石"终身不用石器，行遇石则避而不践，或问之，积曰："吾遇之则怵然伤吾心，思吾亲，故不忍加足其上尔。"母亡，水浆不入口者七日，悲恸呕血。庐墓三年，卧苦枕块，衰绖不去体，雪夜伏墓侧，哭不绝音。翰林学士吕溱过其庐适闻之，为泣下曰："使鬼神有知，亦垂涕也。"甘露岁降兆域，杏两枝合为干。既终丧，不撤筵几，起居馈献如平生。

中年有聩疾，屏处穷里，而四方事无不知。客从南越来，积与论岭表山川险易、镇戍疏密，口诵手画，若数一二。客叹曰："不出户而知天下，徐公是也。"自少及老，日作一诗，为文率用腹稿，口占授其子。尝借人书,经宿还之,借者绐言中有金叶,积谢而不辨,卖衣偿之。乡人有争讼,多就取决。州以行闻,诏赐粟帛。

元祐初,近臣合言:"积养亲以孝著,居乡以廉称,道义文学,显于东南。今年过五十,以耳疾不能出仕。朝廷方诏举中外学官,如积之贤,宜在所表。"乃以扬州司户参军为楚州教授。每升堂,训诸生曰:"诸君欲为君子,而劳己之力,费己之财,如此而不为,犹之可也;不劳己之力,不费己之财,何不为君子?乡人贱之,父母恶之,如此而不为,可也。乡人荣之,父母欲之,何不为君子?"又曰:"言其所善,行其所善,思其所善,如此而不为君子者,未之有也。言其不善,行其不善,思其不善,如此而不为小人者,未之有也。"闻之者敛衽敬听。

居数岁,使者又交荐之,转和州防御推官,改宣德郎,监中岳庙。卒,年七十六。政和六年,赐谥节孝处士,官其一子。

曾叔卿,建昌南丰人,巩族兄也。家苦贫,即心存不欺。尝买西江陶器,欲贸易于北方,既而不果行。有从之转售者,与之。既受直矣,问将何之,其人曰:"欲效君前策耳。"叔卿曰:"不可。吾闻北方新有灾饥,此物必不时泄,故不以行。余岂宜不告以误子。"其人即取钱去。居乡介洁,非所宜受,一介不取。妻子困于饥寒,而拊庇孤茕,唯恐失其意。起家进士,至著作佐郎。熙宁中,卒。

刘永一,陕州夏县人。孝友廉谨。熙宁初,巫咸水溢入县城,民多溺死。永一持竿立门前,见他人物流入者辄摘出之。有僧寓钱数万于其室,无何而僧死,永一诣县自言,请以钱归其弟子。乡人负债不肯偿,立焚其券。行事类此。兄大为,医助教。居亲丧,不饮酒食肉,终三年。司马光传之,以为今士大夫所难。

宋史卷四六○
列传第二一九

列　女

朱娥　　张氏　　彭列女　　郝节娥

朱氏　　崔氏　　赵氏　　丁氏　　项氏

王氏二妇　　徐氏　　荣氏　　何氏

董氏　　谭氏　　刘氏　　张氏　　师氏

陈堂前　　节妇廖氏　　刘当可母

曾氏妇　　王袤妻　　涂端友妻

詹氏女　　刘生妻　　谢泌妻

谢枋得妻　　王贞妇　　赵淮妾

谭氏妇　　吴中孚妻　　吕仲洙女

林老女　　童氏女　　韩氏女　　王氏妇

刘仝子妻　毛惜惜附

　　古者天子亲耕,教男子力作,皇后亲蚕,教女子治生,王道之本,风俗之原,固有在矣。男有塾师,女有师氏,国有其官,家有其训,然而诗书所称男女之贤,尚可数也。世道既降,教典非古,男子之志四方,犹可隆师亲友以为善;女子生长环堵之中,能著美行垂于汗青，岂易得哉。故历代所传列女，何可弃也？考宋旧史得列女若干人，作《列女传》。

朱娥者，越州上虞朱回女也。母早亡，养于祖媪。娥十岁，里中朱颜与媪竞，持刀欲杀媪，一家惊溃，独娥号呼突前，拥蔽其媪，手挽颜衣，以身下坠颜刀，曰："宁杀我，毋杀媪也。"媪以娥故得脱。娥连被数十刀，犹手挽颜衣不释，颜忿恚，断其喉以死。事闻，赐其家粟帛。其后，会稽令董皆为娥立像于曹娥庙，岁时配享焉。

张氏，鄂州江夏民妇。里恶少谢师乞过其家，持刀逼欲与为乱，曰："从我则全，不从则死。"张大骂曰："庸奴！可死，不可它也。"至以刃断其喉，犹能走，擒师乞，以告邻人。既死，朝廷闻之，诏封旌德县君，表坟曰"列女之墓"，赐酒帛，令郡县致奠。

彭列女，生洪州分宁农家。从父泰入山伐薪，父遇虎，将不脱，女拔刀斫虎，夺其父而还。事闻，诏赐粟帛，敕州县岁时存问。

郝节娥，嘉州娼家女。生五岁母娼苦贫，卖于洪雅良家为养女。始笄，母夺而归，欲令世其娼，娥不乐娼，日逼之，娥曰："少育良家，习织作组纴之事，又辄精巧，粗可以给母朝夕，欲求此身使终为良，可乎？"母益怒，且棰且骂。

洪雅春时为蚕丛祠，娼与邑少年期，因蚕业具酒邀娥。娼与娥徐往，娥见少年，仓皇惊走，母挽捽不使去。不得已留坐中，时时顾酒食辄唾，强饮之，则呕哕满地，少年卒不得侵凌。暮归，过鸡鸣渡，娥度他日必不可脱，阳渴求饮，自投于江以死。乡人谓之"节娥"云。

朱氏，开封民妇也。家贫，卖巾履簪珥以给其夫。夫日与侠少饮博，不以家为事，犯法徙武昌。父母欲夺而嫁之，朱曰："何迫我如是耶？"其夫将行，一夕自经死，且曰："及吾夫未去，使知我不为不义屈也。"吴充时为开封府判官,作《阿朱诗》以道其事。

崔氏,合淝包亿妻。亿枢密副使拯之子,早亡,惟一稚儿。拯夫妇意崔不能守也,使左右尝其心。崔蓬垢涕泣出堂下,见拯曰:"翁,天下名公也。妇得齿贱获,执浣涤之事幸矣,况敢污家乎!生为包妇,死为包鬼,誓无它也。"

其后,稚儿亦卒。母吕自荆州来诱崔欲嫁其族人,因谓曰:"丧夫守子,子死孰守?"崔曰:"昔之留也,非以子也,舅姑故也。今舅殁,姑老矣,将舍而去乎?"吕怒,诅骂曰:"我宁死此,决不独归,须尔同往也。"崔泣曰:"母远来,义不当使母独还。然到荆州傥以不义见迫,必绝于尺组之下,愿以尸还包氏。"遂偕去。母见其誓必死,卒还包氏。

越氏,贝州人。父尝举学究。王则反,闻赵氏有殊色,使人劫致之,欲纳为妻。越日号哭慢骂求死,贼爱其色不杀,多使人守之。赵知不脱,乃绐曰:"必欲妻我,宜择日以礼聘。"贼信之,使归其家。家人惧其自殒,得祸于贼,益使人守视。贼具聘帛,盛舆从来迎。赵与家人诀曰:"吾不复归此矣。"问其故,答曰:"岂有为贼污辱至此,而尚有生理乎!"家人曰:"汝忍不为家族计?"赵曰:"第亡患。"遂涕泣登舆而去。至州廨,举帘视之,已自缢舆中死矣。尚书屯田员外郎张寅有《赵女诗》。

张晋卿妻丁氏,郑州新郑人,参知政事度五世孙也。靖康中,与晋卿避金兵于大隗山。金兵入山,为所得,挟之鞍上。丁自投于地,戟手大骂,连呼曰:"我死即死耳,誓不受辱于尔辈。"复挟上马,再三骂不已。卒乃忿然举梃纵击,遂死杖下。

项氏,吉州吉水人。居永昌里,适同里孙氏。宣和七年,为里胥所逮,至中途欲侵凌之,项引刀自刺而死。郡以闻,诏赠孺人,旌表其庐。

王氏二妇,汝州人。建炎初,金人至汝州,二妇为所掠,拥置舟中,遂投汉江以死。尸皆浮出不坏,人为收葬之城外江上,为双冢以表之。

徐氏,和州人。闺中女也,适同郡张弼。建炎三年春,金人犯惟扬,官军望风奔溃,多肆虏掠,执徐欲污之。徐瞋目大骂曰:"朝廷蓄汝辈以备缓急,今敌犯行在,既不能赴难,又乘时为盗,我恨一女子不能引剑断汝头,以快众愤,肯为汝辱以苟活耶!第速杀我。"贼惭恚,以刀刺杀之,投江中而去。

荣氏,蘉女弟也。自幼如成人,读《论语》、《孝经》,能通大义,事父母孝。归将作监主簿马元颖。建炎二年,贼张遇寇仪真,荣与其姑及二女走惟扬,姑素羸,荣扶掖不忍舍。俄贼至,胁之不从,贼杀其女,胁之益急,荣厉声诟骂,遂遇害。

何氏,吴人。吴永年之妻也。建炎四年春,金兵道三吴,官兵遁去,城中人死者五十余万。永年与其姊及其妻何奉母而逃。母老,待挟持而行,卒为贼所得,将縶其姊及何,何绐谓贼曰:"诸君何不武耶!妇人东西惟命尔。"贼信之。行次水滨,谓其夫曰:"我不负君。"遂投于河,其姊继之。

董氏,沂州滕县人,许适刘氏子。建炎元年,盗李昱攻剽滕县,悦其色,欲乱之,诱谕再三,曰:"汝不我从,当剉汝万段。"女终不屈,遂断其首。刘氏子闻女死状,大恸曰:"列女也。"葬之,为立祠。

三年春,盗马进掠临淮县,王宣要其妻曹氏避之,曹曰:"我闻妇人死不出闺房。"贼至,宣避之,曹坚卧不起。众贼持之,大骂不屈,为所害。

四年,盗祝友聚众于滁州龚家城,掠人为粮。东安县民丁国兵者及其妻为友所掠,妻泣曰:"丁氏族流亡已尽,乞存夫以续其祀。"贼遂释夫而害之。

同时,叛卒杨就寇南剑州,道出小常村,掠一民妇,欲与乱,妇毅然誓死不受污,遂遇害,弃尸道傍。贼退,人为收瘗。尸所枕藉处,迹宛然不灭。每雨则乾,晴则湿,或削去即复见。覆以他土,其迹愈明。

谭氏,英州真阳县人,曲江村士人吴琪妻也。绍兴五年,英州饥,观音山盗起,攻剽乡落。琪窜去,谭不能俱,与其女被执。谭有姿色,盗欲妻之,谭怒骂曰:"尔辈贼也。我良家女,岂若偶耶?"贼度无可奈何,害之。

同时,有南碓李科妻谢氏,保昌故村人,囚于虏盗中,数日,有欲犯之,谢唾其面曰:"宁万段我,不汝徇也。"盗怒,剚之而去。

刘氏,海州朐山人,适同里陈公绪。绍兴末,金人犯山东,郡县震响,公绪倡义来归,偶刘归宁,仓卒不得与偕,惟挈其子庚以行,宋授以八品官,后累功至正使。刘留北方,音问不通。或语之曰:"人言'贵易交,富易妻'。今陈已贵,必他娶矣,盍改适?"曰:"吾知守吾志而已,皇恤乎他?"公绪亦不他娶。子庚浸长,辄思念涕泣,倾家赀,结任侠,奔走淮甸,险阻备尝。如是者十余年,遂得迎母以归。刘在北二十五年,尝纬萧以自给。

张氏,罗江士人女。其母杨氏寡居。一日,亲党有婚会,母女偕往,其典库雍乙者从行。既就坐,乙先归。会罢,杨氏归,则乙死于库,莫知杀者主名。提点成都府路刑狱张文饶疑杨有私,惧为人知,杀乙以灭口,遂命石泉军劾治。杨言与女同榻,实无他。遂逮其女,考掠无实。吏乃掘地为坑,缚母于其内,旁列炽火,间以水沃之,绝而苏者屡,辞终不服。一日,女谓狱吏曰:"我不胜苦毒,将死矣,愿

一见母而绝。"吏怜而许之。既见,谓母曰:"母以清洁闻,奈何受此
污辱。宁死棰楚,不可自诬。女今死,死将讼冤于天。"言终而绝。于
是石泉连三日地大震,有声如雷,天雨雪,屋瓦皆落,邦人震恐。

　　勘官李志宁疑其狱,夕具衣冠祷于天。俄假寐坐厅事,恍有猿
坠前,惊寤,呼吏卒索之,不见。志宁自念梦兆:"非杀人者袁姓乎?"
有门卒忽言张氏馈食之夫曰袁大,明日袁至,使吏执之,曰:"杀人
者汝也。"袁色动,遽曰:"吾怜之久矣,愿就死。"问之,云:"适盗库
金,会雍归,遂杀之。"杨乃得免。时女死才数日也。狱上,郡榜其所
居曰孝感坊。

　　师氏,彭州永丰人。父骧,政和二年省试第一。宣和中,为右正
言十余日,凡七八疏,论权幸及廉访使者之害而去。女适范世雍子
孝纯。建炎初,还蜀,至唐州方城县,会贼朱显终掠方城,孝纯先被
害,贼执师氏欲强之,许以不死。师骂曰:"我中朝言官女,岂可受贼
辱!吾夫已死,宜速杀我。"贼知不可屈,遂害之。

　　陈堂前,汉州雒县王氏女。节操行义,为乡人所敬,但呼曰"堂
前",犹私家尊其母也。堂前年十八,归同郡陈安节,岁余夫卒,仅有
一子。舅姑无生事,堂前敛泣告曰:"人之有子,在奉亲克家尔。今
已无可奈何,妇愿干蛊,如子在日。"舅姑曰:"若然,吾子不亡矣。"
既葬其夫,事亲治家有法,舅姑安之。子日新,年稍长,延名儒训导,
既冠,入太学,年三十卒。二孙曰纲曰绂,咸笃学有闻。

　　初,堂前归陈,夫之妹尚幼,堂前教育之,及笄,以厚礼嫁遣。舅
姑亡,妹求分财产,堂前尽遗室中所有,无靳色。不五年,妹所得财
为夫所罄,乃归悔。堂前为买田置屋,抚育诸甥无异己子。亲属有
贫窭不能自存者,收养婚嫁至三四十人,自后宗族无虑百数。里有
故家甘氏,贫而质其季妇于酒家,堂前出金赎之,俾有所归。子孙遵
其遗训,五世同居,并以孝友儒业著闻。乾道九年,诏旌表其门闾
云。

廖氏，临江军贡士欧阳希文之妻也。绍兴三年春，盗起建昌，号"白毡笠"，过临江，希文与妻共挟其母傅走山中，为贼所追。廖以身蔽姑，使希文负之逃。贼执廖氏，廖正色叱之。贼知不可屈，挥刃断其耳与臂，廖犹谓贼曰："尔辈叛逆至此，我即死，尔辈亦不久屠戮。"语绝而仆。乡人义而葬之，号"廖节妇墓"。

是年，盗彭友犯吉州龙泉，李生妻梁氏义不受辱，赴水而死。

王氏，利州路提举常平司干办公事刘当可之母也。绍定三年，就养兴元。大元兵破蜀，提刑庞授檄当可诣行司议事。当可捧檄白母，王氏毅然勉之曰："汝食君禄，岂可辞难。"当可行，大元军屠兴元，王氏义不辱，大骂投江而死。其妇杜氏及婢仆五人，咸及于难。当可闻变，奔赴江浒，得母丧以归。诏赠和义郡太夫人。

曾氏妇晏，汀州宁化人。夫死，守幼子不嫁。绍定间，寇破宁化县，令佐俱逃，将乐县宰黄埒令土豪王万全、王伦结约诸砦以拒贼，晏首助兵给粮，多所杀获。贼忿其败，结集愈众，诸砦不能御，晏乃依黄牛山傍，自为一砦。

一日，贼遣数十人来索妇女金帛，晏召其田丁谕曰："汝曹衣食我家，贼求妇女，意实在我。汝念主母，各当用命，不胜即杀我。"因解首饰悉与田丁，田丁感激思奋。晏自追鼓，使诸婢鸣金，以作其勇。贼复退败。邻乡知其可依，挈家依黄牛山避难者甚众。有不能自给者，晏悉以家粮助之。于是聚众日广，复与伦、万全共措置，析黄牛山为五砦，选少壮为义丁，有急则互相应援以为掎角，贼屡攻弗克。所活老幼数万人。

知南剑州陈铧遣人遗以金帛，晏悉散给其下；又遗楮币以劳五砦之义丁，且借补其子，名其砦曰万安。事闻，诏特封晏为恭人，仍赐冠帔，其子特与补承信郎。

　　王袤妻赵氏，饶州乐平人。建炎中，袤监上高酒税，金兵犯筠，袤弃官逃去，赵从之行。遇金人，缚以去，系袤夫妇于刘氏门，而入剽掠刘室。赵宛转解缚，并解袤，谓袤曰：“君速去。”俄而金人出，问袤安往，赵他指以误之。金人追之不得，怒赵欺己，杀之。袤方伏丛薄间，望之悲痛，归刻赵像以葬。袤后仕至孝顺监镇。

　　涂端友妻陈氏，抚州临川人。绍兴九年，盗起，被驱入黄山寺，贼逼之不从，以刃加其颈，叱曰：“汝辈鼠窃，命若蜉蝣，我良家子，义岂尔辱！纵杀我，官兵即至，尔其免乎？”贼知不可屈，乃幽之屋壁。居数日，族党有得释者，咸赍金帛以赎其孥。贼引端友妻令归，曰：“吾闻贞女不出闺阁，今吾被驱至此，何面目登涂氏堂！”复骂贼不绝，竟死之。

　　詹氏女，芜湖人。绍兴初，年十七，淮寇号“一窠蜂”倏破县，女叹曰：“父子无俱生理，我计决矣。”顷之贼至，欲杀其父兄，女趋而前拜曰：“妾虽窭陋，愿执巾帚以事将军，赎父兄命。不然，父子并命，无益也。”贼释父兄缚，女麾手使亟去：“无顾我，我得侍将军，何所憾哉。”遂随贼。行数里，过市东桥，跃身入水死。贼相顾骇叹而去。

　　刘生妻欧阳氏，吉州安福人。生居新乐乡，以事出，恶少来欲侵凌之，欧阳不受辱而死。邑人刘宽作诗以吊之，时绍兴十年也。
　　同县有朱云孙妻刘氏，姑病，云孙刲股肉作糜以进而愈。姑复病，刘亦刲股以进，又愈。尚书谢谔为赋孝妇诗。

　　谢泌妻侯氏，南丰人。始笄，家贫，事姑孝谨。盗起，焚里舍杀人，远近逃避。姑疾笃不能去，侯号泣姑侧。盗逼之，侯曰：“宁死不从。”盗刃之，仆沟中。贼退，渐苏，见一箧在侧，发之皆金珠，族妇以为己物，侯悉归之，妇分其一以谢，侯辞曰：“非我有，不愿也。”后夫与姑俱亡，子幼，父母欲更嫁之，侯曰：“儿以贱妇人，得归隐居贤者之门已幸矣，忍去而使谢氏无后乎？宁贫以养其子，虽饿死亦命也。

同县有乐氏女，父以鬻果为业。绍定二年，盗入境，其父买舟挈家走建昌。盗掠其舟，将逼二女，俱不从，一赴水死，一见杀。

谢枋得妻李氏，饶州安仁人也。色美而慧，通《女训》诸书。嫁枋得，事舅姑、奉祭、待宾皆有礼。枋得起兵守安仁，兵败逃入闽中。武万户以枋得豪杰，恐其扇变，购捕之，根及其家人。李氏携二子匿贵溪山荆棘中，采草木而食。至元十四年冬，信兵迹至山中，令曰：“苟不获李氏，屠而墟！”李闻之，曰：“岂可以我故累人，吾出，事塞矣。”遂就俘。明年，徙囚建康。或指李言曰：“明当没入矣。”李闻之，抚二子，凄然而泣。左右曰：“虽没入，将不失为官人妻，何泣也？”李曰：“吾，岂可嫁二夫耶！”顾谓二子曰“若幸生还，善事吾姑，吾不得终养矣。”是夕，解裙带自经狱中死。

枋得母桂氏尤贤达，自枋得迍播，妇与孙幽远方，处之泰然，无一怨语。人问之，曰：“义所当然也。”人称为贤母云。

王贞妇，夫家临海人也。德祐二年冬，大元兵入浙东，妇与其舅、姑、夫皆被执。既而舅、姑与夫皆死，主将见妇晳美，欲内之，妇号恸欲自杀，为夺挽不得死。夜令俘囚妇人杂守之。妇乃阳谓主将曰：“若以吾为妻妾者，欲令终身善事主君也。吾舅、姑与夫死，而我不为之衰，是不天也。不天之人，若将焉用之！愿请为服期，即惟命。苟不听我，我终死耳，不能为若妻也。”主将恐其诚死，许之，然防守益严。

明年春，师还，挈行至嵊青枫岭，下临绝壑，妇待守者少懈，啮指出血，书字山石上，南望恸哭，自投崖下而死。后其血皆渍入石间，尽化为石。天且阴雨，即坟起如始书时。至治中，朝廷旌之曰“贞妇”，郡守立石祠岭上，易名曰清风岭。

　　赵淮妾，长沙人也，逸其姓名。德祐中，从淮戍银树坝。淮兵败，俱执至瓜州。元帅阿术使淮招李庭芝，淮阳诺，至扬城下，乃大呼曰：“李庭芝，男子死耳，毋降也。”元帅怒，杀之，弃其尸江滨。妾俘一军校帐中，乃解衣中金遗其左右，且告之曰：“妾凤事赵运使，今其死不葬，妾诚不能忘情。愿因公言使掩埋之，当终身事相公无憾矣。”军校怜其言，使数兵与如江上。妾聚薪焚淮骨置瓦缶中，自抱持，操小舟至急流，仰天恸哭，跃水而死。

　　谭氏妇赵，吉州永新人。至元十四年，江南既内附，永新复婴城自守。天兵破城，赵氏抱婴儿随其舅、姑同匿邑校中，为悍卒所获，杀其舅、姑，执赵欲污之，不可，临之以刃曰：“从我则生，不从则死。”赵骂曰：“吾舅死于汝，吾姑又死于汝，吾与其不义而生，宁从吾舅、姑以死耳。”遂与婴儿同遇害。血渍于礼殿两楹之间，入砖为妇人与婴儿状，久而宛然如新。或讶之，磨以沙石不灭，又煅以炽炭，其状益显。

　　吴中孚妻，隆兴之进贤人，少寡。景定元年，兵乱，携孤女自沈于县之染步，曰：“义不辱吾夫。”

　　吕仲洙女，名良子，泉州晋江人。父得疾濒殆，女焚香祝天，请以身代，刲股为粥以进。时夜中，群鹊绕屋飞噪，仰视空中，大星烨煜如月者三。越翼日，父瘳。女弟细良亦相从拜祷，良子却之，细良恚曰：“岂姊能之，儿不能耶！”守真德秀嘉之，表其居曰“懿孝”。

　　林老女，永春人，及笄未婚。绍定三年夏，寇犯邑，入山避之。猝遇寇，欲污之，不从。度不得脱，绐曰：“有金帛埋于家，盍同取之？”甫入门，大呼曰：“吾宁死于家，决不辱吾身。”贼怒杀之，越三日面如生。

童八娜，鄞之通远乡建奥人。虎衔其大母，女手拽虎尾，祈以身代。虎为释其大母，衔女以去。始，林栗侍亲官其地，尝目睹之。已而为守，以闻于朝，祠祀之。

韩氏女，字希孟，巴陵人，或曰丞相琦之裔。少明慧，知读书。开庆元年，大元兵至岳阳，女年十有八，为卒所掠，将挟以献其主将。女知必不免，竟赴水死。越三日得其尸，于练裙带有诗曰："我质本瑚琏，宗庙供苹蘩。一朝婴祸难，失身戎马间。宁当血刃死，不作衽席完。汉上有王猛，江南无谢安。长号赴洪流，激烈摧心肝。"

王氏妇梁，临川人。归夫家才数月，会大元兵至，一夕，与夫约曰："吾遇兵必死，义不受于辱。若后娶，当告我。"顷之，夫妇被掠。有军千户强使从己，妇绐曰："夫在，伉俪之情有所不忍，乞归之而后可。"千户以所得金帛与其夫而归之，并与一矢，以却后兵。约行十余里，千户即之，妇拒且骂曰："斫头奴！吾与夫誓，天地鬼神临之，此身宁死不可得也。"因奋搏之，乃被杀。有同掠脱归者道其事。越数年，夫以无嗣谋更娶，议辄不谐，因告其故妻，夜梦妻曰："我死后生某氏家，今十岁矣。后七年，当复为君妇。"明日遣人聘之，一言而合。询其生，与妇死年月同云。

刘全子妻林氏，福州福清人。其父公遇，知名士。全子为福建招抚使起义兵，事见林同传。全子亡命自经死，有司执其妻具反状，林叱曰："林、刘二族，世为宋臣，欲以忠义报国，事不成，天也，何为反乎！汝知去岁有以血书壁而死者乎？是吾兄也。吾与兄，忠义之心则一也，死且求治汝于地下，可生为汝等凌辱耶！"遂遇害。

毛惜惜者，高邮妓女也。端平二年，别将荣全率众据城以叛，制置使遣人以武翼郎招之。全伪降，欲杀使者，方与同党王安等宴饮，惜惜耻于供给，安斥责之，惜惜曰："初谓太尉降，为太尉更生贺。今乃闭门不纳使者，纵酒不法，乃叛逆耳。妾虽贱妓，不能事叛臣。"全怒，遂杀之。越三日，李虎破关，禽全斩之，并其妻子及王安以下预叛者百有余人悉傅以法。

宋史卷四六一
列传第二二○

方技上

赵修己　王处讷　子熙元　苗训
子守信　马韶　楚芝兰　韩显符
史序　周克明　刘翰　王怀隐
赵自化　冯文智　沙门洪蕴
苏澄隐　丁少微　赵自然

　　昔者少皞氏之衰,九黎乱德,家为巫史,神人淆焉。颛顼氏命南正重司天以属神,北正黎司地以属民,其患遂息。厥后三苗复弃典常,帝尧命羲、和修重、黎之职,绝地天通,其患又息。然而天有王相孤虚,地有燥湿高下,人事有吉凶悔吝、疾病札瘥,圣人欲斯民趋安而避危,则巫医不可废也。后世占候、测验、厌禳、崇祫,至于兵家遁甲、风角、鸟占,与夫方士修炼、吐纳、导引、黄白、房中,一切焄蒿妖诞之说,皆以巫医为宗。汉以来,司马迁、刘歆又亟称焉。然而历代之君臣,一惑于其言,害于而国,凶于而家,靡不有之。宋景德、宣和之世,可鉴乎哉! 然则历代方技何修而可以善其事乎? 曰:"人而无恒,不可以作巫医。"汉严君平、唐孙思邈吕才言皆近道,孰得而少之哉。宋旧史有《老释》、《符瑞》二志,又有《方技传》,多言机祥。今省二志,存《方技传》云。

赵修己,开封浚仪人,少精天文推步之学。晋天福中,李守贞掌
禁军,领滑州节制,表为司户参军,留门下。守贞每出征,修己必从,
军中占候多中。奏试大理评事,赐绯。汉乾祐中,守贞镇蒲津,阴怀
异志,修己屡以祸福谕之,不听,遂辞疾归乡里。明年,守贞果叛,幕
吏多伏诛,独修己得免。朝廷知其能,召为翰林天文。

周祖镇邺,奏参军谋。会隐帝诛杨邠、史弘肇等,且将害周祖,
修己知天命所在,密谓周祖曰:"衅发萧墙,祸难斯作。公拥全师,临
巨屏,臣节方立,忠诚见疑。今幼主信谗,大臣受戮,公位极将相,居
功高不赏之地,虽欲杀身成仁,何益于事?不如引兵南渡,诣阙自
诉,则明公之命,是天所与也。天与不取,悔何可追!"周祖然之,遂
决渡河之计。即位,以为殿中省尚食奉御,赐金紫。改鸿胪少卿,迁
司天监。显德中,累加检校户部尚书。尝遣副翰林学士承旨陶谷,
以御衣、金带、战马、器币赐吴越钱俶。

宋初,迁太府卿,判监事,上章告老,优诏不许。建隆三年卒,年
七十一。

王处讷,河南洛阳人。少时有老叟至舍,煮洛河石如面,令处讷
食之,且曰:"汝性聪悟,后当为人师。"又尝梦人持巨鉴,星宿灿然
满中,剖腹纳之,觉而汗洽,月余,心胸犹觉痛。因留意星历、占候之
学,深究其旨。晋末之乱,避地太原,汉祖时领节制,辟置幕府。即
位,擢为司天夏官正,出补许田令,召为国子《尚书》博士,判司天监
事。

周祖尝与处讷同事汉祖,雅相厚善,及自邺举兵入汴,遽命访
求处讷,得之甚喜,因问以刘氏祚短事。对曰:"人君未得位,尝务宽
大;既得位,即思复仇。汉氏据中土,承正统,以历数推之,其载祀犹
永。第以高祖得位之后,多报仇杀人及夷人之族,结怨天下,所以运
祚不长。"周祖蹙然太息。适发兵围汉大臣苏逢吉、刘铢等家,待旦
将行孥戮,遽命止之。逢吉已自杀,止诛刘铢,余悉全活。

广顺中,迁司天少监。世宗以旧历差舛,俾处讷详定。历成未上,会枢密使王朴作《钦天历》以献,颇为精密,处讷私谓朴曰:"此历且可用,不久即奏矣。"因指以示朴,朴深然之。

至建隆二年,以《钦天历》谬误,诏处讷别造新历。经三年而成,为六卷,太祖自制序,命为《应天历》。处讷又以漏刻无准,重定水秤及候中星、分五鼓时刻。俄迁少府少监。太平兴国初,改司农少卿,并判司天事。六年,又上新历二十卷,拜司天监。岁余卒,年六十八。子熙元。

熙元,幼习父业,开宝中,补司天历算。端拱初,改监丞,累迁太子洗马兼春官正,加殿中丞。景德中,同判监事。东封,随经度制置使诣祠所,礼毕,授权知司天少监。祠汾阴,真拜少监。奉诏于后苑缵阴阳事十卷上之,真宗为制序,赐名《灵台秘要》,及作诗纪之。

初,上所修《仪天历》,秋官正赵昭益言其二年后必差,又荧惑度数稍谬,后果验。熙元颇伏其精一。上常对宰相言及历算事,曰:"历象,阴阳家流之大者,以推步天道,平秩人时为功。"且言:"昭益能专其业,人鲜及也。"

玉清昭应宫成,以祇事之勤,授司天监。坐择日差谬,降为少监。以目疾,改将作监,致仕。天禧二年卒,年五十八。

苗训,河中人,善天文占候之术。仕周为殿前散员右第一直散指挥使。显德末,从太祖北征,训视日上复有一日,久相摩荡,指谓楚昭辅曰:"此天命也。"夕次陈桥,太祖为六师推戴,训皆预白其事。既受禅,擢为翰林天文,寻加银青光禄大夫、检校工部尚书。年七十余卒。子守信。

守信,少习父业,补司天历算。寻授江安县主簿,改司天台主簿,知算造。太平兴国中,以《应天历》小差,诏与冬官正吴昭素、主簿刘内真造新历。及成,太宗命卫尉少卿元象宗与明律历者同校定，赐号《乾元历》，颇为精密，皆优赐束帛。雍熙中，迁冬官正。端拱初，改太子洗马、判司天监。淳化二年，守信上言："正月一日为一岁之首。每月八日，天帝下巡人世，察善恶。太岁日为岁星之精，人君之象。三元日，上元天官，中元地官，下元水官，各主录人之善恶。又春戊寅、夏甲午、秋戊申、冬甲子为天赦日，及上庆诞日，皆不可以断极刑事。"下有司议行。未几，转殿中丞、权少监事，立本品之下，俄赐金紫。

至道二年，上以梁、雍宿兵，弥岁凶歉，心忧之，令宰相召守信问以天道咎证所在。守信奏曰："臣仰瞻玄象，及推验太一经历宫分其荆楚、吴越、交广并皆安宁。自来五纬陵犯、彗星见及水神太一临井鬼之间，属秦、雍分及梁、益之地，民罹其灾。水神太一来岁入燕分，岁在房心，正当京都之地，自兹朝野有庆。"诏付史馆。明年，真授少监。咸平三年卒，年四十六。子舜卿，为国子博士。

马韶，赵州平棘人，习天文三式。开宝中，太宗以晋王尹京，申严私习天文之禁，韶素与太宗亲吏程德玄善，德玄每戒韶不令及门。九年冬十月十九日，既夕，韶忽造德玄，德玄恐甚，诘其所以来，韶曰："明日乃晋王利见之辰，韶故以相告。"德玄惶骇，止韶一室，遽入白太宗。太宗命德玄以人防守之，将闻于太祖。及诘旦，太宗入谒，果受遗践阼。韶以赦获免。逾月，起家为司天监主簿。太平兴国二年，擢太仆寺丞，改秘书省著作佐郎。历太子中允、秘书丞，出为平恩令。归朝复守旧任，与楚芝兰同判司天监事，就迁太常博士。淳化五年，坐事，出为博兴令，移长山令。秩满归乡里，卒于家。

楚芝兰，汝州襄城人。初习《三礼》，忽自言遇有道之士，教以符天、六壬、遁甲之术。属朝廷博求方技，诣阙自荐，得录为学生。以占候有据，擢为翰林天文。授乐源县主簿，迁司天春官正、判司天监事。占者言五福太一临吴分，当于苏州建太一祠。芝兰独上言："京师帝王之都，百神所集。且今京城东南一舍地名苏村，若于此为五福太一建宫,万乘可以亲谒,有司便于祗事,何为远趋江外,以苏台为吴分乎?"舆论不能夺,遂从其议,仍令同定本宫四时祭祀仪及醮法。宫成,特迁尚书工部员外郎,赐五品服。淳化初,与马韶同判监,俱坐事,芝兰出为遂平令。卒,年六十。录其子继芳为城父县主簿。

　　韩显符,不知何许人。少习三式,善察视辰象,补司天监生,迁灵台郎,累加司天冬官正。显符专浑天之学,淳化初,表请造铜浑仪、候仪。诏给用度,俾显符规度,择匠铸之。至道元年浑仪成,于司天监筑台置之,赐显符杂彩五十匹。显符上其《法要》十卷,序之云:

　　　伏羲氏立浑仪,测北极高下,量日影短长,定南北东西,观星间广狭。帝尧即位,羲氏、和氏立浑仪,定历象日月星辰,钦授民时,使知缓急。降及虞舜,则璇玑玉衡以齐七政。《通占》又云:"抚浑仪,观天道,万象不足以为多。"是知浑仪者,实天地造化之准,阴阳历数之元,自古圣帝明王莫不用是精详天象,预知差忒。或铸以铜,或饰以玉,置之内庭,遣日官近臣同窥测焉。

　　　自伏羲甲寅年至皇朝大中祥符三年庚戌岁,积三千八百九十七年。五帝之后讫今,明历象之玄,知浑天之奥者,近十余朝,考而论之,臻至妙者不过四五;自余徒夸重于一日,不深图于久要,致使天象无准,历算渐差,占候不同,盈虚难定。陛下讲求废坠,爰造浑仪,漏刻星躔,晓然易辨。若人目窥于下,则铜管运于上,七曜之进退盈缩,众星之次舍远近,占逆顺,明吉凶,然后修福俾顺其度,省事以退其灾,悉由斯器验之。

　　　昔汉洛下闳修浑仪,测《太初历》,云:"后五百年必当重制。"至唐李淳风,果合前契。贞观初,淳风又言前代浑仪得失之差,因令铜铸。七年,太宗起凝晖阁于禁中,俾侍臣占验。既在宫掖,人莫得见,后失其处所。玄宗命沙门一行修《大衍历》,盖以浑仪为证。又有梁令瓒造浑仪木式,一行谓其精密,思出古人,遂以铜铸。今文德殿鼓楼下有古本铜浑仪一,制极疏略,不可施用。且历象之作,非浑仪无以考真伪;算造之士,非占验不能究得失。浑仪之成,则司天岁上细行历,益可致其详密。其制有九,事具《天文志》。自是显符专测验浑仪,累加春官正,又转太子洗马。

大中祥符三年,诏显符择监官或子孙可以授浑仪法者。显符言长子监生承矩善察臐度,次子保章正承规见知算造,又主簿杜贻范、保章正杨惟德皆可传其学。诏显符与贻范等参验之。显符后改殿中丞兼翰林天文。六年卒,年七十四。又诏监丞丁文泰嗣其事焉。

史序字正伦,京兆人。善推步历算,太平兴国中,补司天学生。太宗亲较试,擢为主簿。稍迁监丞,赐绯鱼,隶翰林天文院。雍熙二年,廷试中选者二十六人,而序为之首,命知算造,又知监事。

淳化三年,司天郑昭宴言:"臣测金、水行度须有相犯。今验之天,而火行渐南,金度渐北,有若相避,遂不相犯。"序又言:"木、火、金三星初夜在午,木在东,火在中,金最西,渐北行去火尺余此国家钦崇天道,圣德所感也。"

序后累迁夏官正、河西、环庆二路随军转运、太子洗马。修《仪天历》上之,又尝纂天文历书为十二卷以献,改殿中丞,赐金紫,俄权监事。景德二年迁权知少监,大中祥符初即真。三年卒,年七十六。序慎密勤职,在监三十年,未尝有过,众颇称之。

周克明字昭文。曾祖德扶,唐司农卿。祖杰,开成中进士,解褐获嘉尉,历弘文馆校书郎。中和中,僖宗在蜀,杰上书言治乱万余言。擢水部员外郎,三迁司农少卿。杰精于历算,尝以《大衍历》数有差,因敷衍其法,著《极衍》二十四篇,以究天地之数。时天下方乱,杰以天文占之,惟岭南可以避地,乃遣其弟鼎求为封州录事参军。杰,天复中亦弃官携家南适岭表。刘隐素闻其名,每令占候天文灾变。杰自以年老,尝策名中朝,耻以星历事僭伪,乃谢病不出。

龚袭位,强起之,令知司天监事,因问国祚修短。杰以《周易》筮之,得《比》之《复》,曰:"卦有二土,土数生五,成于十,二五相比,以岁言之,当五百五十。"龚大喜,赏赉甚厚。龚以梁贞明三年僭号,至开宝四年国灭,止五十五年。盖杰举成数以避害尔。大有中,迁太常少卿,卒,年九十余。杰生茂元,亦世其学,事龚至司天少监,归宋授监丞而卒,即克明之父也。

克明精于数术,凡律历、天官、五行、谶纬及三式、风云、龟筮之书,靡不究其指要。开宝中授司天六壬,改台主簿,转监丞,五迁春官正。克明颇修词藻,喜藏书。景德初,尝献所著文十编,召试中书,赐同进士出身。三年,有大星出氐西,众莫能辨;或言自皇妖星,为兵凶之兆。克明时使岭表,及还,亟请对,言:"臣按《天文录》、《荆州占》,其星名曰周伯,其色黄,其光煌煌然,所见之国大昌,是德星也。臣在涂闻中外之人颇惑其事,愿许文武称庆,以安天下心。"上嘉之,即从其请。拜太子洗马、殿中丞,皆兼翰林天文,又权判监事。属修两朝国史,其天文律历事,命克明参之。大中祥符九年,坐本监择日差互,例降为洗马。

天禧元年夏,火犯灵台,克明语所亲曰:"去岁太白犯灵台,掌历者悉被降谴,上天垂象,深可畏也。今荧惑又犯之,吾其不起乎!"八月,疽发背,卒,年六十四。克明久居司天之职,颇勤慎,凡奏对必据经尽言。及卒,上颇悼惜,遣内侍谕其婿直龙图阁冯元,令主丧事,赐赙甚厚。

初,诸僭国皆有纂录,独岭南阙焉。惟胡宾王、胡元兴二家纂述,皆不之备。克明访耆旧,采碑志,孳孳著撰,裁十数卷,书未成而卒。

刘翰,沧州临津人。世习医业,初摄护国军节度巡官。周显德初,诣阙献《经用方书》三十卷、《论候》十卷、《今体治世集》二十卷。世宗嘉之,命为翰林医官,其书付史馆,再加卫尉寺主簿。

太祖北征,命翰从行。建隆初,加朝散大夫、鸿胪寺丞。时太祖求治，事皆核实，故方技之士必精练。乾德初，令太常寺考较翰林医官艺术，以翰为优，绌其业不精者二十六人。自后，又诏诸州访医术优长者籍其名，仍量赐装钱，所在厨传给食，遣诣阙。开宝五年，太宗在藩邸有疾，命翰与马志视之。及愈，转尚药奉御，赐银器、缗钱、鞍勒马。

尝被诏详定《唐本草》，翰与道士马志、医官翟煦、张素、吴复珪、王光祐、陈昭遇同议，凡《神农本经》三百六十种，《名医录》一百八十二种，唐本先附一百一十四种，有名无用一百九十四种，翰等又参定新附一百三十三种。既成，诏翰林学士中书舍人李昉、户部员外郎知制诰王祐、左司员外郎知制诰扈蒙详覆毕上之。昉等序之曰：

《三坟》之书，神农预其一。百药既辨，《本草》序其录。旧经三卷，世所流传。《名医别录》，互为编纂。至梁陶弘景乃以《别录》参其《本经》，朱墨杂书，时谓明白。而又考彼功用，为之注释，列为七卷，南国行焉。逮乎有唐，别加参校，增药余八百味，添注为二十卷。《本经》漏缺则补之，陶氏误说则证之。然而载历年祀，又逾四百，朱字墨字，无本得同；旧注新注，其文互阙。非圣主抚大同之运，永无疆之休，其何以改而正之哉！

乃命尽考传误，刊为定本。类例非允，从而革焉。至如笔头灰，兔毫也，而在草部，今移附兔头骨之下；半天河、地浆，皆水也，亦在草部，今移附土石类之间；败鼓皮，移附于兽名；胡桐泪，改从于木类；紫矿，亦木也，自玉石品而改焉；伏翼，实禽也，由虫鱼部而移焉；橘柚，附于果实、食盐，附于光盐；生姜、乾姜，同归一类；至于鸡肠、蘩蒌、陆英、蒴藋，以类相似，从而附之。仍采陈藏器《拾遗》、李含光《音义》，或穷源于别本，或传效于医家，参而较之，辨其臧否。至如突屈白，旧说灰类，今是木根；天麻根，解似赤箭，今又全异。去非取是，特立新条。自余刊正，不可悉数。

下采众议，定为印板。乃以白字为神农所说，墨字为名医所传,唐附今附,各加显注,详其解释,审其形性。证谬误而辨之者,署为今注;考文意而述之者,又为今按。义既判定,理亦详明。今以新旧药合九百八十三种,并目录二十一卷,广颁天下,传而行焉。

翰后加检校工部员外郎。太平兴国四年,命为翰林医官使,再加检校户部郎中。雍熙二年,滑州刘遇疾,诏翰驰往视之。翰还,言遇必瘳,既而即死,坐责授和州团练副使。端拱初,起为尚药奉御。淳化元年,复为医官使。卒,年七十二。

王怀隐,宋州睢阳人。初为道士,住京城建隆观,善医诊。太宗尹京,怀隐以汤剂祗事。太平兴国初,诏归俗,命为尚药奉御,三迁至翰林医官使。三年,吴越遣子惟浚入朝,惟浚被疾,诏怀隐视之。

初,太宗在藩邸,暇日多留意医术,藏名方千余首,皆尝有验者。至是,诏翰林医官院各具家传经验方以献,又万余首,命怀隐与副使王祐郑奇、医官陈昭遇参对编类。每部以随太医令巢元方《病源候论》冠其首,而方药次之,成一百卷。太宗御制序,赐名曰《太平圣惠方》,仍令镂板颁行天下,诸州各置医博士掌之。怀隐后数年卒。

昭遇本岭南人,医术尤精验,初为医官,领温水主簿,后加光禄寺丞,赐金紫。

赵自化,本德州平原人。高祖常,为景州刺史,后举军陷契丹。父知岩脱身南归,寓居洛阳,习经方名药之术,又以授二子自正、自化。周显德中,偕来京师,悉以医术称。知岩卒,自正试方技,补翰林医学。

会秦国长公主疾,有荐自化诊候者,疾愈,表为医学,再加尚药奉御。淳化五年,授医官副使。时召陈州隐士万适至,馆于自化家。会以适补慎县主簿,适素强力无疾,诏下日,自化怪其色变,为切脉曰:“君将死矣。”不数日,适果卒。

至道中,有布衣郑元辅者,尝依自化之姻吏部令使张崇敏家。元辅时从自化丐索,无所得,心衔之。乃诣检上书,告自化漏泄禁中语及指斥非所宜言等事。太宗初甚骇,命王继恩就御史府鞠之,皆无状,斩元辅于都市。自化坐交游非类,黜为郓州团练副使。未几,复旧职。咸平三年,加正使。

景德初,雍王元份泊晋国长公主并上言:自化药饵有功,请加使秩,领遥郡。上以自化居太医之长,不当复为请求,令枢密院召自化戒之。雍王薨,坐诊治无状,降为副使。二年,复旧官。是冬卒,年五十七。遗表以所撰《四时养颐录》为献,真宗改名《调膳摄生图》,仍为制序。

自化颇喜为篇什,其贬郓州也,有《汉沔诗集》五卷,宋白、李若拙为之序。又尝缵自古以方技至贵仕者,为《名医显秩传》三卷。

冯文智,并州人。世以方技为业。太平兴国中诣都自陈,召试补医学,加乐源县主簿。端拱初,授少府监主簿,逾年转医官,加少府监丞。尝隶并代部署。淳化五年,府州折御卿疾,文智诊疗获愈,御卿表荐之,赐绯,加光禄寺丞。咸平三年,明德太后不豫,文智侍医,既愈,加尚药奉御,赐金紫。六年,直翰林医官院。东封,转医官副使。祀汾阴,又加检校主客员外郎。大中祥符五年卒,年六十。

自建隆以来,近臣、皇亲、诸大校有疾,必遣内侍挟医疗视,群臣中有特被眷遇者亦如之。其有效者,或迁秩、赐服色。边郡屯帅多遣医官、医学随行,三年一代。出师及使境外、贡院锁宿,皆令医官随之。京城四面,分遣翰林祇候疗视将士。暑月,即令医官合药,与内侍分诣城门寺院散给军民。上每便坐阅兵,有被金疮者,即令医官处疗。

咸平中,有军士尝中流矢,自颊贯耳,众医不能取,医官阎文显以药傅之,信宿而镞出。上嘉其能,命赐绯。

又有医学刘赟亦善此术。天武右厢都指挥使韩晸从太祖征晋阳,弩矢贯左髀,镞不出几三十年。景德初,上遣赟视晸,赟傅以药出之,步履如故。赟请见,自陈感激,愿得死所,又极称赟之妙。特赐赟白金,迁医官。

沙门洪蕴,本姓蓝,潭州长沙人。母翁,初以无子,专诵佛经,既而有娠,生洪蕴。年十三,诣郡之开福寺沙门智岊,求出家,习方技之书,后游京师,以医术知名。太祖召见,赐紫方袍,号广利大师。太平兴国中,诏购医方,洪蕴录古方数十以献。真宗在蜀邸,洪蕴尝以方药谒见。咸平初,补右街首座,累转左街副僧录。洪蕴尤工诊切,每先岁时言人生死,无不应。汤剂精至,贵戚大臣有疾者,多诏遣诊疗。景德元年卒,年六十八。

又有庐山僧法坚,亦以善医著名,久游京师,尝赐紫方袍,号广济大师,后还山。景德二年,以雍王元份久被疾,召赴阙,至则元份已薨。法坚复归山而卒。

苏澄隐字楼真,真定人。为道士,住龙兴观,得养生之术,年八十余不衰老。后唐明宗尝下诏召之,又令宰相冯道致书谕旨,历清泰、天福中继有聘命,并辞疾不至。开运末,契丹主兀欲立,求有名称僧道加以恩命,惟澄隐不受。当时公卿自冯道、李崧、和凝而下,皆在镇阳,日造其室与谈宴,各赋诗以赠。周广顺、显德中,诏存问之。

太祖征太原还,驻跸镇阳,召见行宫,命中使掖升殿,谓之曰:"京师作建隆观,思得有道之士居之,师累辞召命,岂怀土耶?"对曰:"大梁帝宅,浩穰繁会,非林泉之士所可寄迹也。"上察其意,亦不强之,赐茶百斤、绢二百匹。又幸其观,问曰:"师年逾八十而气貌益壮,善养生者也。"因问其术,对曰:"臣之养生,不过精思练气尔,帝王养生即异于是。老子曰:'我无为而民自化,我无欲而民自正。'无为无欲,凝神太和,昔黄帝、唐尧享国永年,得此道也。"上大悦,赐紫衣一袭、银器五百两、帛五百匹。年仅百岁而卒。

　　丁少微，亳州真源人。为道士，持斋戒，奉科仪尤为精至。尝隐华山潼谷，密迩陈抟所居，与抟齐名。少微志尚清洁，抟嗜酒适性，其道不同，未尝相往还。少微善服气，多饵药，年百余岁，康强无疾。始，卜居山上，起坛场净室，通夕朝礼，五十余年未尝稍懈。太平兴国三年，召赴阙，以金丹、巨胜、南芝、玄芝为献。留数月，遣还山。七年冬卒。

　　赵自然，太平繁昌人，家荻港旁，以鬻茗为业，本名王九。始十三，疾甚，父抱诣青华观，许为道士。后梦一人状貌魁伟，纶巾素袍，鬓发班白，自云姓阴，引之登高山，谓曰："汝有道气，吾将教汝辟谷之法。"乃出青柏枝令啗，梦中食之。及觉，遂不食，神气清爽，每闻火食气即呕，惟生果清泉而已。岁余，复梦向见老人，教以篆书数百字，寤悉能记。写以示人，皆不能识。或云："此非篆也，乃道家符箓耳。"尝为《元道歌》，言修练之要。知州王洞表其事，太宗召赴阙，亲问之，赐道士服，改名自然，赍钱三十万。月余遣还，住青华观。后因病，饮食如故。大中祥符二年，诏曰："如闻自然颇精修养之术。"委发转使杨覃访其行迹，命内侍武永全召至阙下，屡得对，赐紫衣，改青华观曰延禧。自然以母老求还侍养，许之。

　　大中祥符中，又有郑荣者，本禁军，戍壁州还，夜遇神人谓曰："汝有道气，勿火食。"因授以医术救人。七年，赐名自清，度为道士，居上清宫。所传药能愈大风疾，民多求之，皆刺臂血和饼给焉。

　　又有秦州民家子赵抱一者，常牧牛田间。一夕，有叩门召之者，以杖引行，杖端有气如烟，其香可悦。俄至山崖绝顶，见数人会饮，音乐交奏，与人间无异。抱一骇而不测。会巡检使过其下，闻乐声，疑群盗欢聚，集村民梯崖而上。至则无所睹，抱一独在，援以下之，具言其故。凡经夕，若俄顷。自是不喜熟食，凡火化者未尝历口。茹甘菊、柏叶、果实、井泉，间亦饮酒，貌如婴儿。素不习文墨，口占辞句，颇成篇咏，有道家之趣。遂不亲农或，野行露宿。大中祥符四年，

至京师,犹丱角,诏赐名,度为道士。自是间岁或一至京师,常令居
太一宫,与人言多养生事焉。

宋史卷四六二
列传第二二一

方技下

贺兰栖真　　柴玄通　　甄栖真　　楚衍
僧志言　　僧怀丙　　许希　　庞安时
钱乙　　僧智缘　　郭天信　　魏汉津
王老志　　王仔昔　　林灵素　　皇甫坦
王克明　　莎衣道人　　孙守荣

　　贺兰栖真,不知何许人。为道士,自言百岁。善服气,不惮寒暑,往往不食;或时纵酒,游市廛间,能啖肉至数斤。始居嵩山紫虚观,后徙济源奉仙观,张齐贤与之善。景德二年,诏曰:"师栖身岩壑,抗志烟霞,观心众妙之门,脱屣浮云之外。朕奉希夷而为教,法清静以临民,思得有道之人,访以无为之理。久怀上士,欲观真风,爰命使车,往申礼聘。师其暂别林谷,来仪阙庭,必副招延,无惮登涉。今遣入内内品李怀赟召师赴阙。"既至,真宗作二韵诗赐之,号宗玄大师,赍以紫服、白金、茶、帛、香、药,特蠲观之田租,度其侍者。未几,求还旧居。大中祥符三年卒,时大雪,经三日,顶犹热,人多异之。

　　柴玄通字又玄,陕州阌乡人。为道士于承天观。年百余岁,善辟谷长啸,唯饮酒。言唐末事,历历可听。太宗召至阙下,恳求归本观。真宗即位，屡来京师。召对，语无文饰，多以修身慎行为说。祀汾阴，召至行在，命坐，问以无为之要。所居观即唐轩游宫，有明皇诗石及所书《道德经》二碑。上作二韵诗赐之，并赍以茶、药、束帛。诏为修道院，蠲其田租，度弟子二人。明年春，通玄作遗表，自称罗山太一洞主，遣弟子张守元、李守一诣阙，以龟鹤为献；又召官僚士庶言生死之要。夜分，盥濯，然香庭中，望阙而坐，迟明卒。

时又召河中草泽刘巽、华山隐士郑隐、敷水隐士李宁。巽年七十余，以经传讲授，躬耕自给。授大理评事致仕，赐绿袍、笏、银带。隐以经术为业，遇道士传辟谷炼气之法，修习颇验，居华山王刁岩逾二十年，冬夏常衣皮裘。宁精于药术，老而不衰，常以药施人，人以金帛为报，辄拒之。景德中，万安太后不豫，驿召宁赴阙，未至而后崩。大中祥符四年，赐号正晦先生。上并作诗为赐，加以茶、药、缯帛。独隐辞赐物不受。

甄栖真字道渊，单州单父人。博涉经传，长于诗赋。一应进士举，不中第，叹曰："劳神敝精，以追虚名，无益也。"遂弃其业，读道家书以自乐。初访道于牢山华盖先生，久之出游京师，因入建隆观为道士。周历四方，以药术济人，不取其报。祥府中，寓居晋州，性和静无所好恶，晋人爱之，以为紫极宫主。

年七十有五，遇人，或以为许元阳，语之曰："汝风神秀异，有如李筌。虽老矣，尚可仙也。"因授炼形养元之诀，且曰："得道如反掌，第行之惟艰，汝勉之。"栖真行之二三年，渐反童颜，攀高蹑危，轻若飞举。乾兴元年秋，谓其徒曰："此岁之暮，吾当逝矣。"即宫西北自甃殡室。室成，不食一月，与平居所知叙别，以十二月二日衣纸衣卧砖塌卒。人未之奇也。及岁久，形如生，众始惊，传以为尸解。

栖真自号神光子，与隐人海蟾子者以诗往还。论养生秘术，目曰《还金篇》，凡两卷。

楚衍，开封胙城人。少通四声字母，里人柳曜师事衍，里中以先生目之。衍于《九章》、《缉古》、《缀术》、《海岛》诸算经尤得其妙。明相法及《聿斯经》，善推步、阴阳、星历之数，间语休咎无不中。自陈试《宣明历》，补司天监学生，迁保章正。天圣初，造新历，众推衍明历数，授灵台郎，与掌历官宋行古等九人制《崇天历》。进司天监丞，入隶翰林天文。皇祐中，同造《司辰星漏历》十二卷。久之，与周琮同管勾司天监。卒，无子，有女亦善算术。

僧志言，自言姓许，寿春人。落发东京景寺七俱胝院，事清璪。初，璪诵经勤苦，志言忽造璪，跪前愿为弟子。璪见其相貌奇古，直视不瞬，心异之，为授具戒。然动止轩昂，语笑无度，多行市里，褰裳疾趋，举指昼空，伫立良久；时从屠酤游，饮啗无所择。众以为狂，璪独曰："此异人也。"

人有欲为斋施，辄先知以至，不召，款门指名取供。温州人林仲方自其家以摩衲来献，舟始及岸，遽来取去。仁宗每延入禁中，径登坐结跏，饭毕遽出，未尝揖也。王公士庶召即赴，然莫与交一言者。或阴卜休咎，书纸挥翰甚疾，字体遒壮，初不可晓，其后多验。仁宗春秋渐高，嗣未立，默遣内侍至言所。言所书有"十三郎"字，人莫测何谓。后英宗以濮王第十三子入继，众始悟。太宗正守节请书，言不顾，迫之，得"润州"字。未几，守节薨，赠丹阳郡王。见寺童义怀，抚其背曰："德山、临济。"怀既落发，住天衣，说法，大为学者所宗，其前知多类此。

普净院施浴，夜漏初尽，门扉未启，方迎佛而浴室有人声，往视，则言在焉。有具斋荐鲙者，并食之，临流而吐，化为小鲜，群泳而去。海客遇风且没，见僧操緪引舶而济。客至都下遇言，忽谓之曰："非我，汝奈何？"客记其貌，真引舟者也。与曹州士赵棠善，后棠弃官隐居番禺。人传棠与言数以偈颂相寄，万里间辄数日而达。棠死，亦盛夏身不坏。

言将死，作颂，不可晓。已而曰："我从古始成就，逃多国土，今南国矣。"仁宗遣内侍以真身塑像置寺中，榜曰显化禅师。其后善厚者礼之，见额上荧然有光，就视之，得舍利。

僧怀丙，真定人。巧思出天性，非学所能至也。真定构木为浮图十三级，势尤孤绝。既久而中级大柱坏，欲西北倾，他匠莫能为。怀丙度短长，别作柱，命众工维而上。已而却众工，以一介自从，闭户良久，易柱下，不闻斧凿声。

赵州交河凿石为桥，熔铁贯其中。自唐以来相传数百年，大水不能坏。岁久，乡民多盗凿铁，桥遂欹倒，计千夫不能正。怀丙不役众工，以术正之，使复故。

河中府浮梁用铁牛八维之，一牛且数万斤。后水暴涨绝梁，牵牛没于河，募能出之者。怀丙以二大舟实土，夹牛维之，用大木为权衡状钩牛，徐去其土，舟浮牛出。转运使张焘以闻，赐紫衣。寻卒。

许希，开封人。以医为业，补翰林医学。景祐元年，仁宗不豫，侍医数进药，不效，人心忧恐。冀国大长公主荐希，希诊曰：“针心下包络之间，可亟愈。”左右争以为不可，诸黄门祈以身试，试之，无所害。遂以针进，而帝疾愈。命为翰林医官，赐绯衣、银鱼及器币。希拜谢已，又西向拜，帝问其故，对曰：“扁鹊，臣师也。今者非臣之功，殆臣师之赐，安敢忘师乎？”乃请以所得金兴扁鹊庙。帝为筑庙于城西隅，封灵应侯。其后庙益完，学医者归趋之，因立太医局于其旁。

希至殿中省尚药奉御，卒。著《神应针经要诀》行于世。录其子宗道至内殿崇班。

庞安时字安席，蕲州蕲水人。儿时能读书，过目辄记。父，世医也，授以脉诀。安时曰：“是不足为也。”犹取黄帝、扁鹊之脉书治之，未久，已能通其说，时出新意，辨诘不可屈，父大惊，时年犹未冠。已而病聩，乃益读《灵枢》、《太素》、《甲乙》诸秘书，凡经传百家之涉其道者，靡不通贯。尝曰：“世所谓医书，予皆见之，惟扁鹊之言深矣。盖所谓《难经》者，扁鹊寓术于其书，而言之不详，意者使后人自求之欤！予之术盖出于此。以之视浅深，决死生，若合符节。且察脉之要，莫急于人迎、寸口。是二脉阴阳相应，如两引绳，阴阳均，则绳之大小等。故定阴阳于喉、手，配覆溢于尺、寸，寓九候于浮沉，分四温于伤寒。此皆扁鹊略开其端，而予参以《内经》诸书，考究而得其说。审而用之，顺而治之，病不得逃矣。”又欲以术告后世，故著《难经辨》数万言。观草木之性与五藏之宜，秩其职任，官其寒热，班其奇偶，以疗百疾，著《主对集》一卷。古今异宜，方术脱遗，备阴阳之变，补仲景《论》。药有后出，古所未知，今不能辨，尝试有功，不可遗也，作《本草补遗》。

为人治病，率十愈八九。踵门求诊者，为辟邸舍居之，亲视赵粥药物，必愈而后遣；其不可为者，必实告之，不复为治。活人无数。病家持金帛来谢，不尽取也。

尝诣舒之桐城，有民家妇孕将产，七日而子不下，百术无所效。安时之弟子李百全适在傍舍，邀安时往视之。才见，即连呼不死，令其家人以汤温其腰腹，自为上下拊摩。孕者觉肠胃微痛，呻吟间生一男子。其家惊喜，而不知所以然。安时曰：“儿已出胞，而一手误执母肠不复能脱，故非符药所能为。吾隔腹扪儿手所在，针其虎口，既痛即缩手，所以遽生，无他术也。”取儿视之，右手虎口针痕存焉。其妙如此。

有问以华佗之事者，曰：“术若是，非人所能为也。其史之妄乎！”年五十八而疾作，门人请自视脉，笑曰：“吾察之审矣。且出入息亦脉也，今胃气已绝，死矣。”遂屏却药饵。后数日，与客坐语而卒。

钱乙字仲阳，本吴越王俶支属，祖从北迁，遂为郓州人。父颖善医，然嗜酒喜游，一旦，东之海上不反。乙方三岁，母前死，姑嫁吕氏，哀而收养之，长诲之医，乃告以家世。即泣，请往迹寻，凡八九反。积数岁，遂迎父以归，时已三十年矣。乡人感慨，赋诗咏之。其事吕如事父，吕没无嗣，为收葬行服。

乙始以《颅囟方》著名，至京师视长公主女疾，授翰林医学。皇子病瘈疭，乙进黄土而愈，神宗召问黄土所以愈疾状，对曰："以土胜水，水得其平，则风自止。"帝悦，擢太医丞赐金紫。由是公卿宗戚家延致无虚日。

广亲宗子病，诊之曰："此可毋药而愈。"其幼在傍，指之曰："是且暴疾惊人，后三日过午，可无恙。"其家恚，不答。明日，幼果发痫甚急，召乙治之，三日愈。问其故，曰："火色直视，心与肝俱受邪。过午者，所用时当更也。"王子病呕泄，他医与刚剂，加喘焉，乙曰："是本中热，脾且伤，奈何复燥之？将不得前后溲。"与之石膏汤，王不信，谢去。信宿寝剧，竟如言而效。

士病欬，面青而光，气哽哽。乙曰："肝乘肺，此逆候也。若秋得之，可治；今春，不可治。"其人祈哀，强予药。明日，曰："吾药再泻肝，而不少却；三补肺，而益虚；又加唇白，法当三日死。今尚能粥，当过期。"居五日而绝。

孕妇病，医言胎且坠。乙曰："娠者五藏传养，率六旬乃更。诚能候其月，偏补之，何必坠？"已而母子皆得全。又乳妇因悸而病，既愈，目张不得瞑。乙曰："煮郁李酒饮之使醉，即愈。所以然者，目系内连肝胆，恐则气结，胆衡不下。郁李能去结，随酒入胆，结去胆下，则目能瞑矣。"饮之，果验。

乙本有羸疾，每自以意治之，而后甚，叹曰："此所谓周痹也。入藏者死，吾其已夫。"既而曰："吾能移之使在末。"因自制药，日夜饮之。左手足忽挛不能用，喜曰："可矣！"所亲登东山，得茯苓大逾斗。以法啖之尽，由是虽偏废，而风骨悍坚如全人。以病免归，不复出。

乙为方不名一师，于书无不窥，不靳靳守古法。时度越纵舍，卒与法会。尤邃《本草》诸书，辨正阙误。或得异药，问之，必为言生出本末、物色、名貌差别之详，退而考之皆合。末年挛痹寝剧，知不可为，召亲戚诀别，易衣待尽，遂卒，年八十二。

僧智缘，随州人，善医。嘉祐末，召至京师，舍于相国寺。每察脉，知人贵贱、祸福、休咎，诊父之脉而能道其子吉凶，所言若神，士大夫争造之。王珪与王安石在翰林，珪疑古无此，安石曰："昔医和诊晋侯，而知其良臣将死。夫良臣之命乃见于其君之脉，则视父知子，亦何足怪哉！"

熙宁中，王韶谋取青唐，上言蕃族重僧，而僧结吴叱腊主部帐甚众，请智缘与俱至边。神宗召见，赐白金，遣乘传而西，遂称"经略大师"。智缘有辩口，径入蕃中，说结吴叱腊归化，而他族俞龙珂、禹藏讷令支等皆因以书款。韶颇忌恶之，言其挠边事，召还，以为右街首坐，卒。

郭天信字佑之，开封人。以技隶太史局。徽宗为端王，尝退朝，天信密遮白曰："王当有天下。"既而即帝位，因得亲暱。不数年，至枢密都承旨、节度观察留后。其子中复为阁门通事舍人，许陪进士径试大廷，擢秘书省校书郎。未几，天信觉已甚，乞还武爵，又从之。

政和初，拜定武军节度使、祐神观使，颇与闻外朝政事。见蔡京乱国，每托天文以撼之，且云："日中有黑子。"帝甚惧，言之不已，京由是黜。张商英方有时望，天信往往称于内朝。商英亦欲借左右游谈之助，阴与相结，使僧德洪辈道达语言。商英劝帝节俭，稍裁抑僧寺，帝始敬畏之，而近侍积不乐，间言浸润，眷日衰。京党因是告商英与天信漏泄禁中语言，天信先发端，窥伺上旨，动息必报，乃从外庭决之，无不如志。商英遂罢。御史中丞张克公复论之，诏贬天信昭化军节度副使，单州安置，命宋康年守单，几其起居。再贬行军司马，窜新州，又徙康年使广东。天信至数月，死。京已再相，犹疑天信挟术多能，死未必实，令康年选吏发棺验视焉。

魏汉津，本蜀黥卒也。自言师事唐仙人李良号"李八百"者，授以鼎乐之法。尝过三山龙门，闻水声，谓人曰："其下必有玉。"即脱衣没水，抱石而出，果玉也。皇祐中，与房庶俱以善乐荐，时阮逸方定黍律，不获用。崇宁初犹在，朝廷方协考钟律，得召见，献乐议，言得黄帝、夏禹声为律、身为度之说。谓人主禀赋与众异，请以帝指三节三寸为度，定黄钟之律；而中指之径围，则度量权衡所自出也。又云："声有太有少。太者，清声，阳也，天道也。少者，浊声，阴也，地道也。中声在其间，人道也。合三才之道，备阴阳奇偶，然后四序可得而调，万物可得而理。"当时以为迂怪，蔡京独神之。或言汉津本范镇之役，稍窥见其制作，而京托之于李良云。

于是请先铸九鼎，次铸帝坐大钟及二十四气钟。四年三月鼎成，赐号冲显处士。八月，《大晟乐》成。徽宗御大庆殿受群臣朝贺，加汉津虚和冲显宝应先生，颁其乐书天下。而京之客刘昺主乐事，论太少之说为非，将议改作。既而以乐成久，易之恐动观听，遂止。汉津密为京言："大晟独得古意什三四尔，他多非古说，异日当以访任宗尧。"宗尧学于汉津者也。

汉津晓阴阳数术，多奇中，尝语所知曰："不三十年，天下乱矣。"未几死。京遂召宗尧为典乐，复欲有所建，而为田为所夺，语在《乐志》。后即铸鼎之所建宝成殿，祀黄帝、夏禹、成王、周、召而良、汉津俱配食。谥汉津为嘉晟侯。

有马贲者，出京之门，在大晟府十三年，方魏、刘、任、田异论时，依违其间，无所质正，擢至通议大夫、徽犹阁待制。议者咎当时名器之滥如此。

王老志，濮州临泉人。事亲以孝闻。为转运小吏，不受赂谢。遇异人于丐中，自言吾所谓钟离先生也，予之丹，服之而狂。遂弃妻子，结草庐田间，时为人言休咎。

政和三年，太仆卿王亶以其名闻。召至京师，馆于蔡京第。尝缄书一封至帝所，徽宗启读，乃昔岁秋中与乔、刘二妃燕好之语也。帝由是稍信之，封为洞微先生。朝士多从求书，初若不可解，后卒应者十八九，故其门如市。京虑太甚，颇以为戒；老志亦谨畏，乃奏禁绝之。尝献乾坤鉴法，命铸之。既成，谓帝与皇后他日皆有难，请时坐鉴下，思所以儆惧消变者。

明年，见其师，责以擅处富贵，乃丐归，未得请，病甚，始许其去。步行出，就居，病已失矣。归濮而死。诏赐金以葬，赠正议大夫。

初，王黼未达时，父为临泉令，问黼名位所至，即书"太平宰相"四字。旋以墨涂去之，曰："恐泄机也。"黼败，人乃悟。

王仔昔，洪州人。始学儒，自言遇许逊，得《大洞》、《隐书》豁落七元之法，出游嵩山，能道人未来事。政和中，徽宗召见，赐号冲隐处士。帝以旱祷雨，每遣小黄门持纸求仔昔画，日又至，忽篆符其上，仍细书"焚符汤沃而洗之"。黄门惧不肯受，强之，乃持去。盖帝默祝为宫妃疗赤目者，用其说一沃，立愈。进封通妙先生，居上清宝录宫。献议九鼎神器不可藏于外。乃于禁中建圆象徽调阁以贮之。

仔昔资倨傲，又少戆，帝常待以客礼，故其遇巨阉殆若童奴，又欲群道士皆宗己。及林灵素有宠，忌之，陷以事，囚之东太一宫。旋坐言语不逊，下狱死。仔昔之得罪，宦者冯浩力最多。未死时，书示其徒曰："上蔡遇冤人。"其后浩南窜，至上蔡被诛。

林灵素，温州人。少从浮屠学，苦其师笞骂，去为道士。善妖幻，往来淮、泗间，丐食僧寺，僧寺苦之。

政和末，王老志、王仔昔既衰，徽宗访言士于左道录徐知常，以灵素对。既见，大言曰："天有九霄，而神霄为最高，其治曰府。神霄玉清王者，上帝之长子，主南方，号长生大帝君，陛下是也，既下降于世，其弟号青华帝君者，主东方，摄领之。己乃府仙卿曰褚慧，亦下降佐帝君之治。"又谓蔡京为左元仙伯，王黼为文华吏，盛章、王革为园苑宝华吏，郑居中、童贯及诸巨阉皆为之名。贵妃刘氏方有宠，曰九华玉真安妃。帝心独喜其事，赐号通真达灵先生，赏赉无算。

建上清宝箓宫，密连禁省。天下皆建神霄万寿宫。浸浸造为青华王昼临坛，及火龙神剑夜降内宫之事，假帝诰、天书、云篆，务以欺世惑众。其说妄诞，不可究质，实无所能解。惟稍识五雷法，召呼风霆,间祷雨有小验而已。令吏民诣宫受神霄秘录,朝士之嗜进者,亦靡然趋之。每设大斋,辄费缗钱数万,谓之千道会。帝设幄其侧,而灵素升高正坐,问者皆再拜以请。所言无殊异,时时杂捷给嘲诙以资媟笑。其徒美衣玉食,几二万人。遂立道学,置郎、大夫十等,有诸殿侍晨、校籍、授经,以拟待制、修撰、直阁。始欲尽废释氏以逞前憾,既而改其名称冠服。

灵素益尊重,升温州为应道军节度,加号元妙先生、金门羽客、冲和殿侍晨,出入呵引,至与诸王争道。都人称曰"道家两府"。本与道士王允诚共为怪神,后忌其相轧,毒之死。宣和初,都城暴水,遣灵素厌胜。方率其徒步虚城上,役夫争举梃将击之,走而免。帝知众所恶,始不乐。

灵素在京师四年,恣横愈不悛,道遇皇太子弗敛避。太子入诉,帝怒,以为太虚大夫,斥还故里,命江端本通判温州,几察之。端本廉得其居处过制罪,诏徙置楚州而已死。遗奏至,犹以侍从礼葬焉。

皇甫坦,蜀之夹江人。善医术。显仁太后苦目疾,国医不能愈,诏募他医,临安守臣张俏以坦闻。高宗召见,问何以治身,坦曰:"心无为则身安,人主无为则天下治。"引至慈宁殿治太后目疾,立愈。帝喜,厚赐之,一无所受。令持香祷青城山,还,复召问以长生久视之术,坦曰:"先禁诸欲,勿令放逸。丹经万卷,不如守一。"帝叹服,书"清静"二字以名其庵,且绘其像禁中。

荆南帅李道雅敬坦,坦岁谒道。隆兴初,道入朝,高宗、孝宗问之,皆称皇甫先生而不名。坦又善相人,尝相道中女必为天下母,后果为光宗后。

王克明字彦昭,其始饶州乐平人,后徙湖州乌程县。绍兴、乾道间名医也。初生时,母乏乳,饵以粥,遂得脾胃疾,长益甚,医以为不可治。克明自读《难经》、《素问》以求其法,刻意处药,其病乃愈。始以术行江、淮,入苏、湖,针灸尤精。诊脉有难疗者,必沈思得其要,然后予之药。病虽数证，或用一药以除其本，本除而余病自去。亦有不予药者，期以甘日自安。有以为非药之过，过在某事，当随其事治之。言无不验。士大夫皆自屈与游。

魏安行妻风痿十年不起，克明施针，而步履如初。胡秉妻病内秘腹胀，号呼逾旬，克明视之。时秉家方会食，克明谓秉曰："吾愈恭人病，使预会可乎？"以半硫圆碾生姜调乳香下之，俄起对食如平常。卢州守王安道风禁不语旬日，他医莫知所为。克明令炽炭烧地，洒药，置安道于上，须臾而苏。金使黑鹿谷过姑苏，病伤寒垂死，克明治之，明日愈。及从徐度聘金，黑鹿谷适为先排使，待克明厚甚。克明讶之，谷乃道其故，由是名闻北方。后再从吕正己使金，金接伴使忽被危疾，克明立起之，却其谢。张子盖救海州，战士大疫，克明时在军中，全活者几万人。子盖上其功，克明力辞之。

克明颇知书，好侠尚义，常数千里赴人之急。初试礼部中选，累任医官。五炎宣抚四川，辟克明，不就。炎怒，劾克明避事，坐贬秩。后迁至额内翰林医痊司，赐金紫。绍兴五年卒，年六十七。

莎衣道人，姓何氏，淮阳军朐山人。祖执礼，仕至朝议大夫。道人避乱渡江，尝举进士不中。绍兴末，来平江。一日，自外归，倏若狂者，身衣白襕，昼丐食于市，夜止天庆观。久之，衣益敝，以莎缉之。尝游妙严寺，临池见影，豁然大悟。人无贵贱，问休咎罔不奇中。会有疠者乞医，命持一草去，旬日而愈。众翕然传莎草可以愈疾，求而不得者，或遂不起，由是远近异之。

孝宗一夕梦莎衣人跣哭来吊者，读之，曰："苏人也。"诘其故，不肯言。帝寤，以语内侍。会后及太子薨，帝哀泣，内侍进前勉释，并道前梦。帝乃矍然，因遣使召之，不至。帝念恢复大计，累岁未有所属，后位虚且久，乃焚香默言："何诚能仙顾，必知朕意。"遂遣中官致赞，不言所以。道人见之掉首，吴音曰："有中国即有外夷；有日即有月，不须问。"趣之去。使者归奏，帝甚异之，遂赐号通神先生，为筑庵观中，赐衣数袭，皆不受。好事者强邀入庵大笑而出，复于故处。众日以珍馔饷之,每食于通衢,逮饱即去。

帝岁命内侍即其居设千道斋,合云水之士,施予优普。一岁,偶逾期,众咸讶而请,道人巫起于卧,摇手瞬目而招之曰:“巫来,巫来!”是日内侍至平望,众益服其神。光宗即位,召之,又不至。庆元六年卒。

孙守荣,临安富阳人。生七岁,病瞽。遇异人教以风角、乌占之术,其法以音律推五数,播五行,测度万物始终盛衰之理。凡问者一语顷,辄知休咎。守荣既悟,异人授以铁笛,遂去不复见。守荣因号富春子,吹笛市中,人初不异也。然其术率验。

宝庆间,游吴兴,闻谯楼鼓角声,惊曰:“旦夕且有变,士人当有典郡者。”见王元春,即贺之曰:“作乡郡者,必君也。”元春初不之信。越两月,潘丙作乱,元春以告变功,果典郡。自是富春子之名大显,贵人争延致之。

淮南帅李曾伯荐诸朝。既至,谒丞相史嵩之,阍者以昼寝辞。守荣曰:“丞相方钓鱼园池,何得云尔。”阍者惊异,入白丞相,丞相一见颇喜。自是数出入相府。一日,庭鹊噪,令占之,曰:“来日晡时,当有宝物至。”明日,李全果以玉柱斧为贡。嵩之又尝得李全檄藏袖中,询其事,守荣曰:“此李全诈假布囊二十万尔。”剥封,果如其说。

士大夫咸询履历,守荣不尽答。私谓所知曰:“吾以音推诸朝绅,互有赢缩,宋禄其殆终乎!”后为嵩之所忌,诬以他罪,贬死远郡。

宋史卷四六三
列传第二二二

外戚上

杜审琦　弟审琼　审肇　审进　从子彦圭　彦钧
孙守元　曾孙惟序　　贺令图　杨重进附
王继勋　刘知信　子承宗　　刘文裕
刘美　子从德　从广　孙永年　马季良附
郭崇仁　杨景宗　符惟忠　柴宗庆
张尧佐

　　自西汉有外戚之祸，历代鉴之，崇爵厚禄，不畀事权；然而一失
其驭，犹有肺附之变焉。宋法待外戚厚，其间有文武才谞，皆擢而用
之；怙势犯法，绳以重刑，亦不少贷。仁、英、哲三朝，母后临朝听政，
而终无外家干政之患，将法度之严，礼统之正，有以防闲其过欤？抑
母后之贤，自有以制其戚里欤？作《外戚传》。

　　杜审琦，定州安喜人，昭宪皇太后之兄。太后昆仲五人，审琦最
长，其次审玉，次审琼，次审肇，次审进。世居常山，以积善闻。审琦
仕后唐，为义军指挥使，天成二年卒，年三十五。审玉前一年卒，年
二十二。太祖开国，赠审琦左神武军大将军，以其子彦超为西京作
坊使。彦超卒，赠左领军卫大将军。

审琼，建隆初，授检校国子祭酒。二年，拜左领军卫将军。三年，与其弟审肇、审进皆召赴阙。审琼改左龙武军大将军，迁右卫大将军。乾德初，领富州刺史。三年，以本官权判右金吾街仗事。四年春，步军帅王继勋坐事，诏审琼兼点检侍卫步军司事。是秋，卒，年七十。太祖为废朝三日，发哀成服，赠太保、宁国军节度使，谥恭僖。

审琼性醇质，在公畏慎，宿卫勤谨，徼巡京邑，里闬清肃，人皆称之。景德三年春，加赠审琼太傅，妻吴氏陈留郡太夫人。是秋，改葬陪陵，又赠审琼太师、中书令。子彦圭。

审肇，建隆三年，起家授左武卫上将军、检校左仆射致仕，赐第于京师。乾德初，领潍州刺史。开宝二年，改左卫上将军，仍致仕。三年，起为右骁卫上将军，俄出知澶州。太祖以审肇未尝历郡务，乃命司封郎中姚恕通判州事，以左右之。未几，河大决，东汇于郓、濮数郡，民田罹水害。太祖怒其不即时上言，遣使案鞫，遂论恕弃市，审肇免官归私第。俄复旧官，令致仕，特以潍州刺史月奉优给之。七年，卒，年七十二。太祖废朝二日，素服发哀，赠太保、昭信军节度，谥温肃，遣中使护丧事。景德三年，加赠太傅，妻刘氏东海郡太夫人。子彦遵，至南作坊使。

审进，建隆三年，起家授右神武大将军，改右羽林大将军。乾德元年，领贺州刺史。二年，知陕州。三年，就改保义军节度观察留后。五年，加本军节度。太祖郊祀西洛，审进来朝，颁赉甚厚。太宗嗣位，加检校太傅。太平兴国二年，会许昌裔刺虢州，捃拾使州阙失事上诉，诏右拾遗李干鞫之。干因上言，请支郡不复隶藩镇，皆得专达，从之。

三年秋，以审进妻卒，废朝。十一月郊礼毕，加检校太尉。四年，上亲征河东，审进与岚州团练使周承晋、德州刺史孙方进、成州刺史慕容福起皆上言愿率所部击太原。上以审进者年，不许。五年，来朝。是岁，契丹寇边，出师捍御。上幸大名劳军，留审进警巡，都邑肃然。六年，复归陕，亲王宴饯，供帐甚盛。其年，就加检校太师。九年夏，上以审进年高，不当烦以剧务，授右卫上将军，奉给如故。

雍熙四年，复授静江军节度。端拱元年，上亲耕籍田，审进预其礼，恩赐弥渥，加开府仪同三司。是岁，卒，年七十九。上趣驾临丧，哭之恸，废朝三日，设次成服，亲王公主以下并诣其第举哀。赠中书令，谥恭惠。

审进镇陕二十余年，劝农敦本，民庶便之。虽居位节制，无骄矜之色，人推其醇厚。景德三年，追封京兆郡王，妻赵氏南阳郡太夫人。后赠尚书令。子彦钧、彦彬。彦彬至礼宾副使而卒。

彦圭，起家六宅副使，迁翰林使。开宝五年，领信州刺史。六年，改领饶州团练使，俄加领本州防御使。从征太原，与曹翰、孙继业攻城西面。北征班师，命彦圭与孟玄哲、药可琼、赵延进率兵屯中山，坐市竹木矫制免算，责授洛苑使、饶州刺史，裁数日牵复。余年，迁沙州观察使，出知定州。

雍熙中北伐，命副米信为幽州西北道行营都部署。彦圭不容军士晡食，设阵不整，以致亡夫，坐左迁均州团练副使。雍熙三年，卒于贬所，年五十九，赠归义军节度。景德三年春，加赠中书令。是秋，又赠太师。子守元。

彦钧，起家补供奉官，累迁崇仪使。端拱初，加庄宅使，领罗州刺史。淳化四年，特置昭宣使，以彦钧洎王延德、王继恩为之。未几，加领恩州防御使。西鄙用兵，命为永兴军驻泊钤辖。真宗嗣位，改领颍州防御使，出知河中府，占谢便坐，求解内使之职，可之。历知邠、庆、延、凤四州。景德中，为天雄军副都部署。车驾驻澶渊，为驾前东面贝冀路副都部署。契丹骑兵攻月城，彦钧率兵击走之，以劳优加封邑。召还，再任河中。

彦钧由戚里进，保位而已。会有言政事不举者，徙西京水南北都巡检使。大中祥符五年，复知莫州。马知节为颍州防御使，彦钧换秦州。九年,拜密州观察使,出为并代副都部署。天禧元年,卒,赠安化军节度。录其子赞文为供奉官,赞宁为殿直,孙宗寿为三班奉职。

守元,开宝中,补左班殿直,得侍便殿,带御器械,迁供奉官、莫州监军。契丹入边,与州将固守城壁,出兵邀击,获生口羊马,以功加崇仪副使。未几,改正使秩。历如京、洛苑使。至道三年,领梧州刺史,连为并代、镇、定、高阳关钤辖。大中祥符二年,副赵稹使契丹,复莅镇定。顷之属疾,诏遣其子殿直惟庆挟太医乘驿诊候,既至而卒,年五十八。

惟序字舜功,自三班奉职累迁知惠州、莫州,以供备库使为梓夔路钤辖。徙环庆路,知邠州,又权庆州。会任福败,以骑兵数千由怀安路破贼三砦,斩首数百级,获牛马千计。以功领忠州刺史,为泾原钤辖,敕巡警边州。

久之,改六宅使、知雄州。时契丹勒兵燕、蓟间,遣使求割地。未至,而惟序购得其草,先以闻,徙知沧州,又徙定州。再迁东上阁门使、知泾州。改四方馆使、知瀛州,复知沧州。入朝,为祁州团练使,出知恩州,徙大名府路总管,改乾州团练使,卒。

贺令图,开封陈留人。父怀浦,孝惠皇后兄也,仕军中为散指挥使。太平兴国初,出为岳州刺史,领兵屯三交。雍熙三年,从杨业北征,死于阵。

令图少谨愿,隶太宗左右,泊即位,补供奉官,改绫锦副使、知莫州,迁崇仪使、知雄州。雍熙二年,领平州刺史,充幽州行营壕砦使,以所部下固安、新城两县,克涿州。会父战死,起家为六宅使,领本州团练使,护瀛州屯兵。

先是,令图握兵边郡十余年,恃藩邸旧恩,每岁入奏事,多言边塞利害,及幽蓟可取之状。上信之,故有岐沟之举。既而师败,议者皆咎其贪功生事。

令图轻而无谋，契丹将耶律逊宁号于越者，使谍绐令图曰："我获罪本国，且夕愿归南朝，无路自拔，幸君侯少留意焉。"令图不虞其诈，私遗以重锦十两。是年十二月，于越率众入寇，大将刘廷让与战于君子馆，令图为先锋，被围数重。于越传言军中"愿得见雄州贺使君"，令图尝为所绐，意其来降而终获大功，即引麾下数十骑逆之。将至其帐数步外，于越据床骂曰："汝常好经度边事，乃今送死来邪！"麾左右尽杀其从骑，反缚令图而去。

令图与其父首谋北伐，一岁中父子皆陷焉。令图时年三十九。是役也，武州防御使、高阳关部署杨重进死之。

重进，太原人。少有膂力，周祖镇大名，以隶帐下。广顺初，补卫士。宋初，累迁至内殿直都虞候。太平兴国初，改龙卫军都校，领徐州刺史。从征太原，出为莱州刺史。随曹彬北征，为右厢排阵使，改武州防御使、高阳关部署。会契丹兵至，与之力战，遂没于阵。年六十五。

王继勋，彰德节度饶之子，孝明皇后同母弟也。生时，其母见一人赤发，状貌怪异，入室中，遂生继勋。及长，美风仪，性凶率无赖。以后故，为内殿供奉官、都知、溪州刺史。建隆二年，加领恩州团练使，又改龙捷右厢都指挥使，寻领永州防御使。四年，收复湖南，改领彭州防御使。是秋，将讨西蜀，命继勋戒期，将大阅。继勋素与大校马仁瑀不协，阴勒部下市白梃，将以相图。太祖知之，为出仁瑀密州。俄迁保宁军节度观察留后，领虎捷左右厢都虞候、权侍卫步军司事。

继勋所为多不法。会新募兵千余隶雄武，将遣出征，多无妻室，太祖谓继勋曰："此必有愿为婚者，不须备聘财，但酒炙可也。"继勋不能谕上旨，纵令掠人子女，京城为之纷扰。上闻大惊，遣捕斩百余人，人情始定。时后已崩，上追念后，故不之罪也。

　　乾德四年，继勋复为部曲所讼，诏中书鞫之。解兵柄，为彰国军留后，奉朝请。继勋自以失职，常怏怏，专以脔割奴婢为乐，前后多被害。一日，天雨墙坏，群婢突出，守国门诉冤。上大骇，命中使就诘之，尽得继勋所为不法事。诏削夺官爵，勒归私第，仍令甲士守之。俄又配流登州，未至，改右监门率府副率。

　　开宝三年，命分司西京。继勋残暴愈甚，强市民家子女备给使，小不如意，即杀食之，而棺其骨弃野外。女侩及鬻棺者出入其门不绝，洛民苦之而不敢告。太宗在藩邸，颇闻其事。及即位，人有诉者，命户部员外郎、知杂事雷德骧乘传往鞫之。继勋具伏，自开宝六年四月至太平兴国二年二月，手所杀婢百余人。乃斩继勋洛阳市，及为强市子女者女侩八人、男子三人。长寿寺僧广惠常与继勋同食人肉，令折其胫而斩之。洛民称快。

　　其后家寓西洛颍阳，孙惟德不肖，不能自立，丐食以给。真宗闻而悯之，授惟德汝州司士参军。

　　刘知信字至诚，邢州人。父迁，晋天福末凤翔帐前军使，改滑州奉国军校，从骁将皇甫晖御边有功，早卒。母即昭宪太后之妹也，乾德初，封京兆郡太君，六年，进本郡太夫人，开宝三年十月，卒。太祖废朝发哀，追封齐国太夫人，陪葬安陵，赠迁太保。

　　知信三岁而孤，宣祖怜其敏慧。建隆三年，起家授供奉官，丁内艰，转六宅副使。开宝五年，迁军器库使，掌武德司。六年，领锦州刺史。属郊祀西洛，为行宫使，驻洛中，又为西京武德、皇城、宫苑等使。车驾出郊，又充大内留守。

　　太宗即位，进领本州团练使，拜武德使。从征河东，又为行宫使。太平兴国五年，坐遣亲信市竹木于秦、陇，矫制吏所过算缗，入官多取其直，左授军器库使，领锦州刺史，俄复为武德使。会改武德为皇城司，即为皇城使。七年，坐秦王廷美事，改右卫将军。是秋，出为静难军节度行军司马。九年，起为左卫将军，领营州刺史。

　　雍熙初，改左神武军将军，寻领檀州团练使，护屯兵于镇州。会大举北伐,与六宅使符昭寿为押阵都监。师还,诸将失道,知信独整所部以归。俄知定州兼兵马钤辖,押大阵右偏。一日,宴犒将士,契丹骑乘间至,知信不介而出,追之数十里,斩获甚众,以功就拜邕州观察使。四年,召入,改并州路副都部署。端拱中,代还,知杭州。淳化四年,又知天雄军府。太宗崩,充修奉永熙陵部署。

咸平初,拜建武军节度观察留后,知永平军府。契丹犯边,复知天雄军。真宗北巡,充驾前副都部署,历知河阳、升州。景德元年,车驾幸澶渊,命为东京都巡检使,复知定州。二年,以疾求还京,至镇州卒,年六十三。废朝,赠太尉、天平军节度。

知信以戚里致贵,尤被亲任,中外践历,最为旧故。虽无显赫称,亦以循谨闻于时。子承宗、承渥。

承宗,幼善射,兼习书数,以荫补殿直,寄班祗候。咸平初,转供奉官、镇定高阳关三路承受公事,还,掌军器库。会真宗临幸,见其整肃,面授阁门祗候。知信卒,转内殿崇班。未几,为河北缘边安抚都监。大中祥符初,就加内殿承制,历如京、文思二副使,徙河东缘边安抚,又知保州。俄拜东染院使、知定州。副薛瑛使契丹,使还,归本任,又兼镇定路兵马钤辖,俄改宫苑使、知雄州、河北缘边安抚使。在郡有治迹,诏书嘉奖,召归。时灵昌决河初塞,择守臣,以承宗为皇城使、知滑州。未几,复代还。

会西边言吐蕃唃斯啰作文法,颇为边患。命副龙图阁直学士陈尧咨为鄜延、邠宁环庆、泾原仪渭、秦州路巡抚使,诏令尧咨等所至军州犒官吏将校,谘访民间利害、郡官使臣能否功过以闻。或有陈诉屈抑,经转运、提点司区断不当,即按鞫诣实,杖以下依法区理,徒以上驿闻。仍取系囚躬亲录问,催促论决。既行,就命尧咨知秦州,承宗为西上阁门使,充钤辖。乾兴初,进东上阁门使,徙鄜延都钤辖而卒。中使护枢至京师,赐以葬地。

承渥荫补殿直,累任使,喜为条奏,至供奉官、阁门祗候。承宗子永钊,右侍禁、阁门祗候。

刘文裕字以宁，保州保塞人。祖正，晋幽州营田使兼平州刺史。父审奇，武牢关使。简穆皇后即文裕祖姑也。审奇三子，长文远，建隆中为供奉官，与并人战万善而没。次即文裕，开宝四年，起家补殿直。八年，权管云骑员僚直，预讨江南，中弩矢，神色自若。太宗在藩邸，多得亲接。太平兴国二年，擢为内弓箭库副使，特封其母张氏清河县太君，出为秦、陇巡检。

有李飞雄者，太保致仕磷之孙，秦州节度判官若愚之子。性凶险，不为其家所容，常往来京师、魏博间，与无赖恶少游处，纵酒蒲博为务。以其父故，尽知秦州仓库所积，及地形险易、兵籍多少。又有妻父张季英为凤翔周至尉，飞雄自京师往省之，因乘季英马诈为使者，夜抵厩置呼卒索马。卒秉炬出迎，飞雄以私市马缨示之，卒不能辨，即授以马。一卒乘一马前导，以巡边为名，因矫诏率巡驿殿直姚承遂，至陇州率监军供奉官五守定，至吴山县率县尉卢赞，皆从行。先是，秦州内属，羌人为寇，朝廷遣周承瑶、田仁朗、王侁、梁崇赞、韦韬、马知节及文裕领兵屯清水县，飞雄至，称制尽缚之。承瑶等见姚承遂数辈同至，不觉其诈。仁朗独号泣求诏书，飞雄叱之曰："我受密旨，以若辈逗挠不用命，令尽诛。汝岂不闻封州杀李鹤邪？诏书汝岂得见！"先是，上即位，分命亲信于诸道廉官吏善恶密以闻。岭南使者言封州李鹤不奉法，诬奏军吏谋反，诏即诛之。故飞雄引以为言。将械承瑶等诣秦州戮之，因据城叛，遂驱承瑶等行。

初，飞雄诈宣制时，自言我上南府时亲吏，文裕因哀告飞雄曰："我亦尝依晋邸，使者岂不营救之乎？"飞雄低语谓文裕曰："尔能与我同富贵否？"文裕觉其诈，伪许之。飞雄即命左右释文裕缚。文裕策马前附耳语仁朗，仁朗佯坠马，若卒中风眩状。飞雄共前视之，又释其缚。仁朗奋起搏飞雄，与文裕共擒之。飞雄尚呼云："田仁朗等谋反杀使者。"送秦州狱鞫得实，飞雄、承遂、守定、赞坐要斩，夷飞雄家。捕先与飞雄善者何大举等数辈，悉弃市，厩置卒亦夷其族。因下诏：中外臣庶之家，子弟或有乖检，甚为乡党所知，虽加戒勖曾不

悛改者,并许本家尊长具名闻,州县遣吏锢送阙下,当配隶诸处。敢
有藏匿不以名闻者,异时丑状彰露,期功以上悉以其罪罪之。

文裕后迁军器库使。四年,车驾征太原,命文裕与通事舍人王
伋分兵控石岭关。六年,领儒州刺史。明年,为高阳关都监。会契
丹万余骑入,文裕与大将崔彦进击却之。雍熙初,徙屯三交,加领顺
州团练使。会李继迁率折遇也寇边,初诏田仁朗与王伋等讨之,仁
朗坐逗遛,命文裕代仁朗。继迁等遁去。

从潘美北征,坐陷失骁将杨业,削籍,配隶登州,事具《业传》,
岁余,上知业之陷由王伋,召文裕还。俄起为右领军卫大将军,领端
州团练使,封其母清河郡太夫人,赐翠冠霞帔,授其弟文质殿直。逾
月,文裕迁容州观察使,出为镇州兵马部署。端拱元年,卒于屯所,
年四十五。上甚悼惜,赠宁远军节度,命中使护丧归葬京师。弟文
晶至供奉官、阁门祗候,文质至内园使、连州刺史。

刘美字世济,并州人。四世祖质,绛州刺史。曾祖维岳,不仕。
祖延庆,右骁卫将军。父通,宋初掌禁旅,从潘美征广南,又累战北
面,积劳至虎捷都指挥使,领嘉州刺史,太平兴国中,扈跸太原,卒
于师,赠颍州防御使。长女为真宗德妃,加赠定国军节度兼侍中。大
中祥符五年,德妃正位中宫,又赠维岳忠正军节度、检校太傅,延庆
彰德军节度、检校太尉,通永兴军节度兼中书令,追封曾祖母宋氏
吴国太夫人,祖母河南县君元氏许国太夫人,母庞氏徐国太夫人。
初,通之卒,窆京城西。天禧二年,诏赠太师、尚书令,谥武懿,七月,
遣升王府谘议参军张士逊具卤簿鼓吹,改葬于祥符邓公原。皇后亲
临奠,真宗御制祭文置灵坐右。

美即后之兄也。初事真宗于藩邸,以谨力被亲信,即位,补三班
奉职,再迁右侍禁。咸平中,傅潜失律流房州,择美监军,及徙潜颍
州,又为自京至陈、颍巡检。石保吉在陈州大治廨舍,修城壁,不以
闻,僮奴辈假威扰民。会有言者,遣美廉其状,美曰:“保吉世受国
恩,拥高赀,列藩阃,营缮过度,拙于检下,诚或有之,自余保无他

患。"上意乃解。归朝,充阁门祗候。

大中祥符二年,护屯兵于汉州,历迁供奉官,徙嘉州。士卒有病皆给医药,亲察视抚循之。召还,改内殿崇班,提点在京仓场、东西八作司,以举职闻,迁洛苑副使。八年,预修大内,以劳改南作坊使、同勾当皇城司。天禧初,迁洛苑使,领勤州刺史,与周怀政联职。怀政奸恣,美未尝阿附,怀政左右有过,必痛绳之。亲从卒侦逻者多不时更易,美按籍分番次均使焉。上屡欲委之兵柄,以皇后恳让故,中辍者数四。三年,授龙、神术四厢都指挥使,领昭州防御使,改侍卫马军都虞候。五年,加武胜军节度观察留后。卒,年六十。废朝三日,赠太尉、昭德军节度,录其子从德供备库使,从广内殿崇班,旁亲迁补者数人,追封美亡妻宋氏河内郡夫人。

仁宗嗣位,尊皇后为皇太后,赠维岳镇宁军节度兼侍中,延庆建雄军节度兼中书令,通彭城郡王,曾祖母宋氏陈国太夫人,祖母元氏卫国太夫人,母庞氏郓国太夫人,美亦赠侍中。天圣二年,郊祀,加赠维岳彰信军节度兼中书令,延庆镇安军节度兼中书令,通郑王,宋氏楚国太夫人,元氏韩国太夫人,庞氏魏国太夫人。五年,再郊,又赠维岳天平军节度、中书令兼尚书令,延庆彰化军节度、许国公,通开府仪同三司、魏王,宋氏安国太夫人,元氏齐国太夫人,庞氏晋国太夫人,从德和州刺史,从广内殿承制。有龚知进者,即通之友婿也,亦赠卫尉卿,其妻追封南安郡君。

从德子复本,父美卒,年十四,自殿直迁至供备库副使,弟从广是岁始生,亦补西头供奉官,迁内殿崇班。太后临朝,从德以崇仪使真拜恩州刺史,改和州,又迁蔡州团练使,出知卫州,改恩州兵马都总管,知相州。从德齿少无才能,特以外家故,恩宠无比。其在卫州,县吏李熙辅者善事从德,乃荐其才于朝。太后喜曰:"儿能荐士,知所以为政矣。"即日擢熙辅京官。从事郑骧因缘从德亦擢美官。从德妻,嘉州王蒙正女也。蒙正家豪右,以厚赂结纳至郎官,为郡守。既而从德病,召还,道卒,年二十四。赠保宁军节度使,封荣国公,谥康怀。太后悲怜之尤甚,录内外姻戚门人及僮隶数十人。从德娣婿龙图阁直学士马季良、母越国夫人钱氏兄惟演子集贤校理暧及蒙正皆迁二官。尚书屯田员外郎戴融尝佐从德卫州，以为三司度支判官。御史曹修古、杨偕、郭劝、推直官段少连上疏论之，皆坐贬。子永年。

从广字景元，少出入禁中，侍仁宗左右，太后爱之如家人子。太后崩，真拜崇州团练使。娶荆王元俨女。为滁州防御使。时年十七。赵元昊反，从广自言待罪行间，不能捍患疆场，坐耗县官，愿上所给公使钱，帝嘉纳之。为群牧都监，改副使。

从广自为防御使十年不迁，特拜宣州观察使、同勾当三班院，请补外自效，以知洺州。漳水溢，从广穿隋故渠以杀水势，洺人便之。徙邢州，籍乡军之罢老者听引子弟自代，著为令。召还，复领三班院。出知襄州，徙真定府路马步军副都总管。卒，赠昭庆军节度使，谥良惠。从广性谨饬，然喜交士大夫，时颇称之。

永年字君锡，生四岁，授内殿崇班，许出入两宫。仁宗使赋《小山诗》，有"一柱擎天"之语。帝误投金杯瑶津亭下，戏谓左右曰："能取之乎？"永年一跃持之而出，帝拊其首曰："奇童子也。"常置内中，年十二，始听出外。累迁廉州团练使，为陕州都监。郭邈山等为盗，永年密遣壮士夜渡河，杀其凶桀二十余人，众遂散。迁钤辖，代还召见，问破贼状，擢干办皇城司，改单州团练使、永兴军路总管。

契丹遣使来请帝绘像，选副张升报使。契丹以未得志，夜取巨石塞驿门，众皆恐，永年素有力，手掷弃之，契丹惊以为神。

出知泾州，帝赐诗宠之。郡兵岁以香药为折支，三司不时辇致。振武卒素骄，突入通判听事，请以他物代给喧哗语不逊。永年召至庭下数其罪，斩为首二人，余不敢动。同提举在京诸司库务。凡三除防御使，皆为言者所论而寝。

知代州。契丹取西山木积十余里，辇载相属于路，前守不敢遏，永年遣人焚之，一夕尽。上其事，帝称善。契丹移檄捕纵火盗，永年曰："盗固有罪,然发在我境,何预汝事?"乃不敢复言。帝尝问御戎策,对合旨,书"忠孝"字以赐。

英宗立,迁沂州防御使,复知代州。历步军马军殿前都虞候、太原定州路副都总管。王师征安南,永年请先士卒,度富良江取贼以献,不许。迁邕州观察使、步军副都指挥使。卒,赠崇信军节度使,谥曰庄恪。

马季良字元之,开封府尉氏人。家本茶商,娶刘美女。初补越州上虞尉,改秘书省校书郎,知明州鄞县,入为刑部详覆官。太后临朝,迁光禄寺丞。顷之,擢秘阁校理、同判太常礼院,再迁太子中允、判三司度支勾院,以太常丞、直史馆提举在京诸司库务,擢龙图阁待制。三丞充近职,非故事也。迁尚书工部员外郎、龙图阁直学士、同知审官院。刘从德卒,遗表季良迁二官,辞不就,而请以其子直方为馆阁读书。

会江南旱,出为安抚使,再迁兵部郎中。太后崩,换濠州防御使,赴本州。御史中丞范讽言季良徼幸得官,降屯卫将军,滁州安置。开封府劾奏季良冒立券,庇占富民刘守谦免户役,诏许季良自陈,以地给还。岁余,徙寿州,致仕,还京师卒。

季良因缘以进,无他行能,在礼院尝建言,摄祠事官致斋三日无供帐饮食,非所以重祠事也。自是翰林、仪鸾司供帐,大官给食于祠所云。

郭崇仁字永年,守文之子,章穆皇后弟也。淳化四年,补左班殿直,迁东头供奉官、阁门祗候。契丹入寇,斋密诏谕河北诸将,还奏称旨,累迁崇仪副使兼阁门通事舍人。章穆崩,特除庄宅使、康州刺史,再迁宫苑使、昭州团练使。丁母忧,起复云麾将军,拜解州团练使,改蔡州,擢捧日天武四厢都指挥使、贺州防御使、高阳关路马步军副都总管。以疾落军职,改磁州防御使。卒,赠彰德军节度观察留后。

崇仁虽外戚,朝廷未尝过推恩泽,其为解州团练使十年不迁,尝除知相、卫二州,皆辞不行,盖性慎静,不乐外官也。

杨景宗子正臣,章惠皇太后从父弟。少蒲博无赖,客京师,以罪黜隶致远务。章惠入宫为美人,奏补茶酒班殿侍,累迁西头供奉官、阁门祗候,坐事降左侍禁、郓州兵马都监。未久复官,累迁东染院副使。章惠为太后,进崇仪使,领连州刺史、扬州兵马钤辖。未几,授秦州刺史,徙滑州钤辖,迁舒州团练使,为兵马总管。

章惠崩,迁成州防御使,坐入临皇仪殿被酒喧噪,出为兖州总管,改天雄军副都总管。时吕夷简守魏,常以官属礼饬戒之,而景宗肆志不悛,遂以不法奏。贬齐州都监,徙卫州,又徙郓州钤辖。召还,同勾当景灵宫、提举四园苑。章献、章懿二后升祔太庙,帝念章惠,故特拜景宗徐州观察使,给留后奉。逾年,领军头引见司,出知磁州,为建宁军节度观察留后、知潞州,给节度使奉。领皇城司,坐卫士入禁中谋为乱,贬徐州观察使、知济州。还,提举万寿观,复建宁军留后,复领军头引见。又坐从卒王安挟刃入皇城,谪左监门卫大将军,均州安置,起为汝州钤辖。祀明堂覃恩,愿还所改官,求为郡。帝谓辅臣曰:“景宗性贪虐,老而益甚,郡不可予也。”乃复以为建宁军留后、提举四园苑,改提举在京诸司库务。卒,赠安武军节度使兼太尉,谥庄定。

景宗起徒中,以外戚故至显官,然暴戾,所至为人患。复使酒任气,在滑州尝殴通判王述仆地。帝深戒毋饮酒,景宗虽书其戒坐右,顷之辄复醉。其奉赐亦随费无余。始,宰相丁谓方盛,筑第敦教坊,景宗为役卒负土第中,后谓败,仁宗以其第赐景宗,居三十年乃终。

符惟忠字正臣,彦卿曾孙也。以外祖母贤靖大长公主荫,为三班奉职,后擢阁门通事舍人、勾当东排岸司。三司使寇瑊绳下急,漕米数不足纲,吏卒率论以自盗。惟忠争曰:“在法,欠下满四百者不坐,若以自盗论,则计直八百即当坐徒矣。”瑊怒曰:“敢抗三司使邪?"惟忠曰:"职有当辨,非抗也。"珹益怒,惟忠争愈力,如所议乃已。

以西染院副使权提举仓草场、提点开封府界县镇公事。开封主簿乐诰,宰相王曾外孙也。或风使荐之,惟忠不从,曰:"诰无善状,安可以势使我。"既而诰果以赃败。时吴奎为长垣尉,惟忠厚遇奎,白府共荐之。

惠民河与刁河合流,岁多决溢,害民田,惟忠自宋楼镇碾湾、横陇村置二斗门杀水势,以接郑河、圭河,自是无复有水害。陕西用兵,除泾原路兵马钤辖兼知泾州。三司使郑戬奏留都大管勾汴河使,建议以为渠有广狭,若水阔而行缓,则沙伏而不利于舟,请即其广处束以木岸。三司以为不便,后卒用其议。再迁西上阁门副使。契丹遣使求地,惟忠副富弼往报使,迁阁门使,至武强县,疽发背卒。赠客省使、眉州防御使。

柴宗庆字天祐,大名人。祖禹,镇宁军节度使。父宗亮,太子中舍。宗庆尚太宗女鲁国长公主,升其行为禹锡子,拜左卫将军、驸马都尉,领恩州刺史。禹锡卒,真拜康州防御使,改复州。

旧制,诸公主宅皆杂买务市物,宗庆遣家僮自外州市炭,所过免算,至则尽鬻之,复市于务中。自是诏杂买务罢公主宅所市场。从祀汾阴,为行宫四面都巡检,进泉州管内观察使。又自言陕西市材木至京师,求蠲所过税。真宗曰:"向谕汝毋私贩以夺民利,今复尔邪!"既而河东提点刑狱劾宗庆私使人市马不输税,贷不问。授武胜军节度观察留后,历拜彰德军节度使。

仁宗即位,徙静难军,又徙永清、彰德军,拜同中书门下平章事,徙节武成军,出知澶州,未行,改陕州、潞州。后判郑州,以纵部曲扰民,召还奉朝请,岁减公用钱四百万。久之,出判济州,用御史中丞贾昌朝言,留不遣,尽停本使公使钱。卒,赠中书令,谥曰荣密。主累封楚国大长公主,先宗庆没。

宗庆历官多过失,性极贪鄙,积财钜万,而薄于自奉,甚至优人以为戏，宗庆虽知，莫能改也。无子。及终，愿以赀产送官，仁宗以其女尚幼，不许。人谓宗庆选尚荣贵逾四十，晚上积奉以裨军用，盖亦追补前过云。

张尧佐字希元，河南永安人，温成皇后世父也。举进士，历宪州、筠州推官。吉州有道士与商人夜饮，商人暴死，道士惧而遁，为逻者所获，捕击百余人。转运使命尧佐覆治，尽得其冤。改大理寺丞、知汜水县，迁殿中丞、知犀浦县。犀浦地狭民繁，多田讼。尧佐正其疆界，条众敝以晓之，讼遂简。知开州，还，判登闻鼓院。

时温成方为修媛，欲以门阀自表异，故尧佐稍进用，权开封府推官，又提点府界公事。谏官余靖言："用尧佐不宜太遽，顷者郭后之祸起于杨尚，不可不监。"未几，迁三司户部判官，又为副使。擢天章阁待制、吏部流内铨，累迁兵部郎中、权知开封府，加龙图阁直学士，迁给事中、端明殿学士，拜三司使。

明年，谏官包拯、陈升之、吴奎言："此年以来，水冒城郭，地震河溢，盖小人道盛。天下皆谓尧佐主大计，诸路困于诛求，内帑烦于借助，法制刓敝，实自尧佐。臣等窃惟亲昵之私，圣人不免，惟处之道，使不践危机，斯为得矣。"仁宗祀明堂，改户部侍郎，寻拜淮康军节度使、群牧制置使、宣徽南院使、景灵宫使、赐二子进士出身。拯等复言："陛下即位仅三十年，未有失道败德之事，乃五六年来擢用尧佐，群口窃议，以谓其过不在陛下，在女谒、近习与执政大臣也。盖女谒、近习知陛下继嗣未立，既有所私，莫不潜有趋向；执政大臣不能规谏，乃从谀顺旨，高官要职惟恐尧佐不满其意，致陷陛下于私昵后宫之过。制下之日，阳精晦塞，氛雾蒙字，宜断以大义，亟命追寝。必不得已，宣徽、节度择与一焉。如此，则合天意，顺人情矣。"御史中丞王举正留百官班，欲廷议，不许。乃诏曰："近台谏官乞罢尧佐三司，及言不可用为执政，若优与之官，于体为善，朕用其言，遂有是命。今复以为不可，前后反覆，于法当黜。其令中书戒谕之。自今言事官，相率上殿，先取旨。"是日，尧佐辞宣徽、景灵使，从之。

　　未几，复以宣徽使判河阳，举正又抗章论之，至于三。时吴育判西京留台，河阳民讼有不决者多诣育，育于状尾判曲直。尧佐畏恐，即奉行之。召还，徙镇天平军。卒，赠太师，赐其家僦舍钱日三千。

　　尧佐起寒士，持身谨畏，颇通吏治，晓法律，以戚里进，遂至崇显，恋嫪恩宠，为世所鄙。子山甫，引进副使、枢密副都承旨。

　　从弟尧封，孝谨好学，举进士，为石州推官卒。次女，即温成皇后也。累赠至中书令、清河郡王，谥曰景思。

宋史卷四六四
列传第二二三

外戚中

王贻永　　李昭亮　　李用和　子璋

玮珣　李遵勖　子端懿　端愿　端悫　端愿

子评　曹佾　从弟偕　子评　诱　高遵裕

弟遵惠　从侄士林　士林子公纪　公纪子世则

向传范　从侄经　综　经子宗回　宗良

张敦礼　任泽

　　王贻永字季良,溥之孙也。性清慎寡言,颇通书,不好声技。初生十余岁时,其舅魏咸信见而奇之,曰:"后当类我。"

　　咸平中,尚郑国公主,授右卫将军、驸马都尉。从封泰山,领高州刺史,再迁右监门卫大将军,奖州团练使。求外补,得知单州。真宗戒之曰:"和众静治,卿所当先也。"真拜洺州团练使,徙徐州。河决滑州,徐大水,贻永作堤城南以御之。改卫州团练使,进怀州防御使,知澶、定二州,徙成德军。

　　会有告曹汭变者,贻永奏治之。迁耀州观察使,复知澶州。历彰化、武定军节度使观察留后,拜安德军节度使。出知天雄军,徙保宁军节度使、知郓州。州自咸平中徙城,而故治为通衢,介梁山,春夏多水患,贻永相度地势,为筑东西道三十余里,民便之。复徙定州,又徙成德军。擢同知枢密院事,改副使,加宣徽南院使,进枢密院使。久之,拜同中书门下平章事,遂加兼侍中。

徙节镇海,以疾求罢,手诏抚谕,遣上医诊视。帝临问,颁尚方珍药,手取糜粥食之。贻永自言宠禄过盛,愿罢枢管,解使相还第。帝冀其愈也,乃听罢侍中,徙彰德节度使,同平章事、枢密使如故。疾稍间,入见,命其子道卿掖登垂拱殿。仍赐五日一朝,遇朝参起居,许休于殿侧。至和初,复以疾辞,拜尚书右仆射、检校太师兼侍中、景灵宫使。卒,赠太师、中书令,谥康靖。

当时无外姻辅政者,贻永能远权势,在枢密十五年,迄无过失,人称其谦静。

子道卿,西上阁门使。

李昭亮字晦之,明德太后兄继隆子也。四岁,补东头供奉官,许出入禁中。继隆北征契丹,遣诏亮持招军中,问方略及营阵众寡之势,昭亮年虽少,还奏称旨。累迁西上阁门使。出为潞州兵马钤辖,徙领麟府路军马事,寻为管勾军头引见司瘗三司衙司。军士有逃死而冒请官廪数百人,昭亮按发之。领高州刺史,知代州。以四方馆使复领麟府路军马事。迁引进使,领贺州团练使。历知瀛定二州、成州团练使、宁州防御使、延州观察使、感德军节度观察留后。擢殿前都虞候、秦凤路马步军副都总管、经略招讨副使。徙永兴路马步军副都指挥使、并代州路副都总管、安抚招讨副使。未几,守代州,再徙真定路都总管。

保州兵叛,杀官吏,诏遣王果招降之,叛者乘埤呼曰:"得李步军来,我降矣。"于是遣昭亮,昭亮从轻骑数十人,不持甲盾弓矢,叩城门呼城上曰:"尔辈第来降,我保其无虞也。不尔,几无噍类矣。"卒稍稍缒城下。明日,相率开城门降。改淮康军节度观察留后,复知定州,敕使存劳,赐黄金三百两,给节度使奉,以褒其功。都转运使欧阳修言:"昭光入保州,以叛卒女口分隶诸军,有辄私入其家者。"置不问。

明年，拜武宁军节度使，代李用和为殿前副都指挥使。时承平久，将士多因循乐纵弛。昭亮本将家子，虽以恩泽进，然习军中事，既统宿卫，政尚严，多所建请。万胜、龙猛军蒲博争胜负，撤屋椽相击，士皆惶骇，昭亮捕斩之，杖其主者，诸军为之股栗。帝祠南郊，有骑卒亡所挟弓，会赦，当释去，昭亮曰："宿卫不谨，不可贷。"卒配隶下军，禁兵自是顿肃。

以宣徽北院使判河阳，徙延州。以南院使判澶州，徙并州，成德军，拜同中书门下平章事，判大名府。仁宗以涂金纹罗书曰："李昭亮亲贤勋旧"，命其子惟贤持以赐。徙定州，改天平、彰信、泰宁军节度使。在定州数言老疾不任边事，愿还京师，乃以为景灵宫使，又改昭德军节度使。卒，赠中书令，谥良僖。

昭亮为人和易，练习近事，于吏治颇通敏，善委任僚佐，以故数更藩镇无他过。昭亮妻早亡，内嬖三妾迭预家政，莫能制也。

子惟贤，字宝臣，以父荫为三班奉职，后为阁门祗候、通事舍人。累迁西上阁门使，寻领高州刺史，知莫州，州仓粟陈腐，戍兵大噪，弗肯受，州人皆恐，惟贤驰往谕曰："边兵众则积粟多，廪数多且积久，能无陈腐乎？欲尽取新，则陈者何所归？"遂斩首恶一人，流十人，军中帖然。召还，提举诸司库务，领荣州团练使，知冀州。会迁补禁军，自隶籍后犯赃污者皆绌为下军，惟贤曰："武士何可责以廉节？且抵罪在昔，今不可以新令绳之。"帝为更其制。徙恩州，后迁四方馆使，卒。惟贤善宣辞令，习朝仪，仁宗颇爱之。

李用和字审礼，章懿皇太后弟也。少穷困，居京师凿纸钱为业。刘美求用和于民间，奏为三班奉职。累迁右侍禁、阁门祗候、权提点在京仓草场、考城县兵马都监。

太后崩，诏赴丧。既葬，迁礼宾副使，领八作司。迁礼宾使，同领皇城司。迁崇仪使、贺州刺史。改葬太后于永安，领捧日、天武兵护梓宫。

明年春,又诏乘传行太后陵。还,授宁州刺史。历迁泽州团练、庆州陈御、鄜州观察使。既而擢殿前都虞候、鄜延路马步军副都总管。未行,拜永清军节度观察留后,改真定府、定州路。旧制,刺史以上所赐公使钱得私入,而用和悉用为军费。历侍卫亲军步军马军副都指挥使,拜建武军节度使、殿前副都指挥使。以老乞罢军职,拜宣徽北院使。逾月,改彰信军节度使、同中书门下平章事、景灵宫使。以疾苦,仁宗临问,赐银饰肩舆,进兼侍中。

初,未有居第,诏寓馆芳林园,用和固辞,又假以惠宁坊之官第。病革,帝入见卧内,擢其次子珣为阁门使,赐所居第,并日给官舍僦钱五千。既卒,帝哭之恸,赠太师、中书令、陇西郡王,辍朝五日,制服禁中,谥恭僖。帝撰神碑,书曰“亲贤之碑”。其妻卒,亦辍朝成服。

初,仁宗以太后不逮养,故外家褒宠特厚。用和列位将相,能小心静默,推远权势,论者以此称之。子璋。

璋字公明,以章懿皇后恩,补三班借职,积官为天平军节度观察留后,知澶州。护塞商胡,会河涨,讻言水且至,璋据厅事自若,人心乃安,河亦不溢。使曹州观察使,累迁武胜军节度使、殿前都指挥使。仁宗书“忠孝李璋”字并秘书赐之。宴近臣群玉殿,酒半,命大盏二,饮韩琦及璋,如有所属。帝崩,执政欲增京城甲士,璋曰:“例出累代,不宜辄易。”时禁卫相告乾兴故事,内给食物中有金,既而果赐食,众视食中,璋曰:“天子未临政已优赏,汝何功复云云,敢宣者斩!”众乃定。

以武成军节度使知郓州。京东盗白日杀县令,略人道中,璋信赏罚擒捕,盗为衰止。岁大雨水,竞以船筏邀利,多溺死者,璋一切籍之,约所胜载如黄河法。发卒城州西关,调夫修路数十里,夹道西柳,人指为“李公柳”。知邓州,坐失举,改节振武军,知郓州。还朝,道卒,年五十三。赠太尉,谥曰良惠。弟玮、珣。

　　玮,选尚兖国公主,积官濮州团练使。以朴陋与主不协,所生母又忤主意,主入诉禁中,玮皇恐自劾,坐罚金。后数年,终不协,主还宫。玮自安州观察使降建州,落驸马都尉,知卫州。未几,主徙封岐国,复玮都尉。主薨,以奉主亡状,贬郴州团练使,陈州安置。遇赦还京师,至建武军节度使、检校太师。卒,哲宗临奠,哭之,赠太师、中书令。

　　珣字公粹,以荫为阁门祗候。时兄璋为阁门副使,珣又求通事舍人,仁宗曰:“爵赏所以与天下共也,傥尽用亲戚,何以待勋旧乎?”后一年乃命之。

　　车驾视用和疾,自西上阁门副使累迁均州防御使,知相州,赐御制诗、飞白字宠其行。未几,迁相州观察使。时刘永年亦同除官,知制诰杨畋以为不可侥幸之门,诏他舍人草制,御史范镇复论之,命遂寝。

　　使契丹,预钓鱼会,获多。契丹遗以金器,使还,悉上之,更赐黄金及“李珣忠孝”字。

　　熙宁中,迁宣州观察使,知颍州。哲宗初,进泰宁军留后、提举万寿观。故事,正任遇覃恩止移镇,唯宗室乃迁官。至是,珣与李端愿皆特迁,戚里一覃恩迁官自此始。复知相州。卒,年七十四。

　　李遵勖字公武,崇矩孙,继昌子也。生数岁,相者曰:“是当以姻戚贵。”少学骑射,驰冰云间,马逸,坠崖下,众以为死,遵勖徐起,亡恙也。

　　及长,好为文词,举进士。大中祥符间,召对便殿,尚万寿长公主。初名勖,帝益“遵”字,升其行为崇矩子。授左龙武将军、驸马都尉,赐第永宁里。主下嫁,而所居堂甃或瓦甓多为鸾凤状,遵勖令镵去;主服有龙饰,悉屏藏之;帝欢喜。

　　领澄州刺史,坐私主乳母,谪均州团练使,徙蔡州。逾年,起为太子左卫率府副率,复左龙武军将军,领宏州团练使,真拜康州团练使,给观察使禄。时继昌官刺史,遵勖请班其下,许之。后继昌守泾州,暴感风眩,遵勖驰省不俟命,帝遣使令乘驿赴之。既还,上表自劾,帝使辅臣慰谕之。

迁泽州防御使,又迁宣州观察使。求补郡自试,出知澶州,赐宴长春殿。在郡,会河水溢,将坏浮梁,遵勖督工徒,七日而堤成。迁昭德军节度观察留后,拜宁国军节度使,徙镇国军,知许州。水军多不练习而隶籍,遵勖命部校按劾,拔去十七八。后以疾请援唐韦嗣立故事,求山林号,诏不许。

初,天圣间,章献太后屏左右问曰:"人有何言?"遵勖不答。太后固问之,遵勖曰:"臣无他闻,但人言天子既冠,太后宜以时还政。"太后曰:"我非恋此,但帝少,内侍多,恐未能制之也。"尝上三说五事以论时政。晋国夫人林氏,以太后乳母多干预国事,太后崩,遵勖密请置之别院,出入伺察之,以厌服众论。其补助居多类此。

所居第园池冠京城。嗜奇石,募人载送,有自千里至者。构堂引水,环以佳木,延一时名士大夫与宴乐。师杨亿为文,亿卒,为制服。及知许州,奠亿之墓,恸哭而返,又与刘筠相友善,筠卒,存恤其家。通释氏学,将死,与浮图楚圆为偈颂。卒,赠中书令,谥曰和文。有《间宴集》二十卷、《外馆芳题》七卷。子端懿。

端懿字元伯,性和厚,喜问学,颇通阴阳、医术、星经、地理之学。七岁,授如京副使。侍真宗东宫,尤所亲爱,尝解方玉带赐之。稍长,出入宫禁如家人。

七迁济州防御使,为群牧副使。杜衍为枢密,择外戚子弟试外官,乃以端懿知冀州。为政循法度,民爱其不扰。转运使移州捕妖人李教,教已死。恩州王则据城叛,人有言教不死,在贼军中。遂降单州团练使、知均州,改滑州兵马钤辖。贼平,实无李教者,乃以为汝州防御使、提举在京诸司库务。

迁蔡州观察使、同勾当三班院。徙华州观察使。以母丧,起复为镇国军节度观察留后,愿终制,许之,仍给全奉。服除,提举集禧观,出知郓州兼京东西路安抚使。是岁,京东水,民多饥,大发仓廪以赈之。置弓手局,教以战斗,遂如精兵。治汶阳堤百余里,以却水患,民便之。

寻除宁远军节度使、知澶州。御史中丞韩绛奏端懿无功,不当得旄节,不拜。以留后赴澶州,数月卒。讣闻,帝方宴禁中,为撤乐,赠其家黄金三百两,赠感德军节度使,谥良定,再赠兼侍中。

端懿能自刻厉,闻善士,倾身下之,以故士大夫与之游,甚得名誉。弟端愿。

端愿子公谨,以穆献公主恩,七岁授如京副使,四迁为恩州团练使。仁宗以岁旱,御便殿虑囚,放宫女。端愿上疏,谓:"纵释有罪,小人之幸;放宫女为宦者专制,反失所归,何以弭灾变?"

累进邢州观察使、镇东军留后,知襄、郓二州。本路转运使献羡财数十万被赏,端愿言常赋三折,其民不堪,即上其事。帝怒,夺转运使赏,申折变之禁。移卢州,富弼谓曰:"肥上之政何以减于襄阳?"端愿曰:"初官喜事,饰厨传以干名,则誉者至;更事既久,知抑豪强、制猾吏,故毁随之。"弼深然其言。

英宗初,同提举在京诸司库务。帝以疾拱默,端愿求对,进曰:"陛下当躬揽权纲,以系人心,不宜退托,失天下望。"拜武康军节度使、知相州。请归,除醴泉观使。

神宗即位,遣使就其家录取异时章奏,赐诏褒之。河东城啰兀,端愿手写赵普《谏太宗北伐疏》以闻。

连年请老,以太子少保致仕。凡大礼成,赐金带、器币,品数视执政。哲宗嗣位,进太子太保。钦圣皇后以甥舅之故,尝幸其第,致礼于献穆祠堂,命近侍掖端愿勿拜。元祐六年,卒,帝辍朝临奠,赙典加等,赠开府仪同三司。弟端悫,子评。

端悫字守道,官左藏库使,执献穆丧,辞起复,诏特给奉。累迁东上阁门使、干办三班院。尝侍宴群玉殿,仁宗独赐珠花、飞白字,宠顾特异。知邢、冀、卫三州，至蔡州，至蔡州观察使。元祐中，以安德军留后卒，赠昭德军节度使，谥曰恭敏。

兄端懿，在嘉祐时尝密请进储，人无知者，卒于澶渊，端悫走护其丧以归。元丰间因进对，袖旧稿上，神宗叹曰："近世之贤戚也。"由是端悫之名益著。

评字持正，由东头供奉官八迁皇城使。以父告老，授西上阁门使，为枢密都承旨。出使陕西、河东，还，言鄜延之人皆谓城啰兀非便，乞速毁撤，解一路之患。师出安南，调兵及河东，又言王师南征，而取卒于西北，使蛮闻之，得以窥我。所论事颇多，或见施行。然天资刻薄，招权不忌，多布耳目，采听外事自效以为忠。侥幸进用，中外仄目。

以荣州刺史出知颍州，还，干当三班院。副韩缜报聘契丹，且分画河东地界，凡二年乃决。赐袍带、金帛以赏劳。进成州团练使，知蔡州。卒，年五十二。赠冀州观察使，赐白金千两。

评少涉书传，尝以公主遗奏召试学士院，改殿中丞，意不满，辞之。后二年再召试，复止迁一官，愈不悦，至上书辨论。及卒，人无怜者。

曹佾字公伯，韩王彬之孙，慈圣光献皇后弟也。性和易，美仪度，通音律，善奕射，喜为诗。自右班殿直累进殿前都虞候、安化军留后。言者谓年未四十毋典军，出知澶、青、许三州，徙河阳。以建武军节度使为宣徽北院使，知郓州，改保静保平军节度使、同中书门下平章事、景灵宫使，加兼侍中，封济阳郡王。

神宗每咨访以政，然退朝终日，语不及公事。帝谓大臣曰："曹王虽用近亲贵，而端拱寡过，善自保，真纯臣也！"进对未尝名。元丰中以疾告，既愈入谢，帝曰："舅久不亲太皇太后，宜少憩内东门，朕当自启。"已而召入，历上下儒释道五阁、大椿蟠桃亭，再升殿乃退。

以护国军节度使、司徒兼中书令为中太一宫使,给朱衣双引骑吏前马。

慈圣丧终,请郡,帝曰:“时见舅如面庆寿宫,奈何欲远朕,得无礼遇有不至乎?”俏皇恐。即城南为园池,给八作兵庀役,疏惠民河水灌之,且将为筑三百楹第,固辞乃止。高丽献玉带,为秋芦白鹭纹极精巧,诏后苑工以黄金仿其制,为带赐俏。生日,赍予如宰相、亲王,用教坊乐工服色衣侑酒,以示尊宠。

哲宗即位,加少保。坤成节献寿,特级宰相班,优诏减拜。卒,年七十二,赠太师,追封沂王。从弟偕,子评、诱。

偕字光道,少读书知义,以节侠自喜。为许州都监,幕客史沇倾险劫持为不法,上下畏之。偕从容置酒,对客数沇十罪,将击杀之,沇起拜谢,偕骂曰:“复不改,必杀汝。”沇为敛迹。累迁东上阁门使、带御器械。知雄州,议者欲废塘泺为田,偕曰:“何承矩、李允则营此累年,所以限契丹,废之不可。”进华州防御使,知相州,徙河阳总管,卒。尝从梅尧臣学诗,尧臣称之,为序其诗。

评字公正,以父任累官至引进使,知审官西院,积迁温州防御使。元祐中,提举万寿观,丐外,枢密院白为真定路钤辖,哲宗曰:“先帝待慈圣家极厚,其以为总管。”徽宗即位,迁相州观察使,历龙神卫捧日天武都指挥使、殿前都虞候、马步军副都指挥使、宁远军留后、平海军节度使、佑神观使。使契丹者四,馆伴者十二。在阁门十二年,预修仪制,多所增损。

性喜文史,书有楷法。慈圣命书屏以奉,神宗即赐玉带旌其能。尤善射,左右手如一,夜或灭烛能中。伴契丹使者射,尝双破的,客惊竦。在戚里号为湛厚。卒,年六十六,赠开府仪同三司。

诱字公善,以荫至左藏军副使。熙宁中,父俏以疾告入谢,神宗面授诱阁门通事舍人。元祐中,以东上阁门使为真定府、定州路兵马钤辖,迁文州刺史。

　　使契丹,至其宫门,馆客者下马邀诱同入,诱曰:"北朝使至,及朝堂门,两朝积好久,无妄生事。"卒乘马入。使还,为枢密副都承旨。徽宗时,进都承旨。历庆州团练、恩州防御、晋州观察使、保庆军留后。大观中,进安德军节度使、醴泉观使。与兄评同日拜,立双节堂于家,戚里荣之。

　　性谨密,习熟典故。卒,年六十五,赠开府仪同三司,谥曰忠定。

　　高遵裕字公绰,忠武军节度使琼之孙也。以父任累迁供备库副使、镇戎军驻泊都监。夏人寇大顺城,琼祚中矢遁。会英宗晏驾,遣遵裕告哀,抵宥州下宫,夏人遣王盥受命,以吉服至,遵裕切责之,遂易服。既而具食上宫,语及大顺城事,盥曰:"剽掠辈耳。"遵裕曰:"若主寇边,扶伤而遁,斯言非妄邪!"夏人以为辱,亟遣人代对,终食不敢发口,辄忿怒曰:"王人蔑视下国,弊邑虽小,控弦十数万,亦能躬执橐鞬,与君周旋。"遵裕瞑目曰:"主上天纵神武,毋肆狂蹶,以干诛夷。"时谅祚觇于屏间,摇手使止。神宗闻而嘉之,擢知保安军。

　　横山豪欲向化,帝使遵裕谕种谔图之,谔遂取绥州。帅怒谔擅发兵,欲正军法,谔惧,称得密旨于遵裕,故谔被罪,遵裕亦降为乾州都监。迁通事舍人,主管西路羌部,驻古渭砦,分所部羌兵为三等,教以军法。

　　熙宁初,朝廷用王韶复洮、陇,命为秦凤路沿边安抚,以遵裕副之。寻以古渭为通远军,命知军事。明年,持附顺羌部图籍及绘青唐、武胜形势入献,擢引进副使、带御器械,俾归治师。师次庆平堡,夜行,晨至野人关,羌人旅拒,引亲兵一鼓破之,进营武胜城下,羌众逃去,遂据其城。诏建为镇洮军,又命知军事。寻以熙、河、洮、岷、通远为一路,进西上阁门使、荣州刺史、充总管,复知通远军。

　　明年,韶欲取河州,遵裕曰:"古渭举事,先建堡砦,以渐而进,故一举拔武胜。今兵与粮未备,一旦越数舍图人之地,使彼阻要害,我军进退无所矣。"詔与李宪笑曰："君何遽相异邪?"檄使守临洮。詔攻河州,果不克。帝善帝遵裕议,令专管洮、岷、叠、岩未款附者。

遵裕以俞龙珂地有盐井,遂筑盐川砦。瞎吴叱率诸羌胁青唐,欲扰边,诏遣张玉攻讨。遵裕曰:"青唐无罪,第为生羌所胁耳。"遣裨将与龙珂率众御之。青唐人见龙珂泣诉,瞎吴叱知不附己,溃去。从詔取岷州,下之,令士众曰:"生获老幼与得级同。"全活者以数万。捷闻,加岷州刺史。

明年,羌乘景思立之败,团河、岷二州,道路不通者几月。或请退保,遵裕曰:"敢议此者斩!"岷城军缺,守者恐,遵裕登西门,命将纵击,别选精骑由南门噪而出,合击之,羌败走。时朝廷以岷城远难守,议弃之。诏至,贼已溃矣。以功进团练使、龙神卫都指挥使,知熙州。坐荐张穆之为转运使,而穆之有罪,罢知颍州。未几,徙庆州,又坐事黜知淮阳军。

元丰四年,复知庆州。诏与诸路讨夏国,请济师,得东兵十一将,骑不足用,以群牧马益之。又令节制泾原兵,刘昌祚先至灵州,几得城,遵裕嫉之,故不用其计,遂以溃归,语在《昌祚传》。贬郢州团练副使。

哲宗即位,复右屯卫将军,主管中岳庙。卒,年六十,赠永州团练使。绍圣中,崇赠奉团军节度观察留后。从弟遵惠。

遵惠字子育,以荫为供奉官。熙宁中,试经义中选,换大理寺评事。历三班院主簿、军器丞。

元祐初,上疏言:"法度更张,事有当否,如先帝所施设,未可轻议。"擢太仆少卿,进太府卿,出知河中府。改河北路都转运使,未行,拜工部侍郎,以集贤殿修撰知郓州、河南颍昌府,加宝文阁待制。知成德军。召为户部侍郎,以龙图阁学士知庆州。卒,年五十八,赠枢密直学士。

方宣仁后临朝,绳检族人一以法度,乃举家事付遵惠,遵惠躬表率之,人无间言。亦能远嫌自保,故不罹绍圣之祸。从侄士林。

士林字才卿，宣仁圣烈皇后之弟也。累官内殿崇班、殿直，英宗书"谨守法律"四字诲之曰："能此则为良吏矣。"每欲进擢，后屡辞辄止。喜儒学，涉阅经史，通大义，尤有巧智。尝监扬州召伯闸税，木旧用火印，士林改刃其印文，凿以为识，尤简便，傍郡皆效焉。卒，赠德州刺史。神宗立，加赠昭德军节度使。绍兴初，追封普安郡王。子公纪。

公纪字君正，历阁门祗候、通事舍人，累进宁州刺史、团练使、永州防御使、集庆留后。性俭约，珍异声伎无所好，奉禄多以给诸族，得任子恩，均及孤远。持宣仁后丧未终，卒，赠感德军节度使，谥曰怀僖。绍兴初，追封新兴郡王。子世则。

世则字仲贻，幼以恩补左班殿直，至内殿崇班。复用父遗表恩为阁门祗候，后除亲卫郎。以通经典，转内殿承制。累迁康州防御使，知西上阁门事。

宣和末，金泛使至，徽宗命世则掌客。世则记问该洽，应对有据，帝闻，悦之，自是掌客多命世则。金人军城下，又命世则使其军，还，进秩二等，迁知东上阁门使。金遣燕人吴孝民请和，孝民邀宰执、亲王诣军前议事，高宗在康邸，请行。是日，世则入对，遂除计议副使以从。康王复使河北，世则改华州观察使，充参议官。召对，赐金带。

当高宗艰难中，世则尝在左右，寝处不少离。大元帅府建，改元帅府参议官，因请布檄诸路，以定人心。进遥郡承宣使，不拜。高宗承制，转越州观察使。及即位，除保静军承宣使，提举万寿观。诏令编类元帅府事迹付史馆，召为枢密都承旨兼提举京畿监牧，再提举万寿观。

世则居温州，帝遣中使谕守臣以时给奉禄，凡积二万缗，因请以裨郡费。常病疡，艰于据鞍，又以旧所御肩舆赐焉。帝每念宣仁

圣烈皇后保祐三朝，中遭诬诋，外家班秩无显者，制以为感德军节
度使，充万寿观使，进开府仪同三司，奉朝请，赐第临安。除景灵宫
使，兼判温州。寻以病丐罢，复为万寿观使。十四年，召入觐，进少
保，恳求还。卒，年六十五，赠太傅，赐田三十顷，谥曰忠节。

　　向传范字仲模，尚书左仆射敏中之子。以父任为卫尉丞。娶南
阳郡王惟吉女，改内殿崇班、带御器械，历知相、恩、邢三州。入管干
客省、阁门、皇城司。知陕州，仁宗赐诗以宠其行。

　　熙宁初，知郓州兼京东西路安抚使。谏官杨绘言：“传范领安抚
使，无以杜外戚侥求之源。”枢密使文彦博曰：“传范累典郡，非缘外
戚。”神宗曰：“得谏官如此言，甚善，可以止他日妄求者。”以密州观
察使卒，赠昭德军节度使，谥曰惠节。

　　传范，宰相子，联戚里，所至有能称。以橐中赀千余万葬族人在
殡者六十四丧。从侄经、综。

　　经字审礼，以荫至虞部员外郎。神宗为颍王，选经女为妃，改庄
宅使。帝即位，妃为皇后，进光州团练使。

　　以潍州防御使知陈州，岁中阅囚，活重辟三人。西华令掠人至
死，诬以疾，吏畏令，莫敢言。经得其情，卒穷治如法。岁大雪，辄弛
公私僦钱以宽民，有司持不可，经曰：“上使我守陈，民穷盖我责，我
自为此，不尔累也。”方镇别赐公使钱，例私以自奉，去则尽入其余，
经独斥归有司，唯以供享劳宾客军师之用。知河阳，会旱蝗，民乏
食，经度官廪岁用无余，乃先以圭田租入振救之，富人争出粟，多所
济活。

　　徙徐州，迁明州观察使。召还，提举景灵宫。进定国军留后，复
出知青州。既行，官给车徒，三宫皆遣使送之，车马相属于道。未逾
岁，得疾还，卒于淄州，年五十四。诏内侍迎其丧，皇后出哭于新昌
第。丧至，庆寿、宝慈宫交遣谒者予酹，后临于国门之外。赠侍中，
谥曰康懿。将葬，遣近臣典护穿复土，给太常卤簿。帝出郊奠之，周

视其枢。葬三日,后临于墓下,赐篆碑首曰"忠勤懿戚"。

经所至勤吏治,事皆自省决,颇欲以才见于用,故数请外补。尝因太祖忌日,百官班开元殿下,后召经见行幄,勉以尽忠朝廷,经亦以善事三宫为言,不及其家事。子宗回、宗良。

综字君章,知歙县,籍闾里恶少年,有盗发,用以推迹辄得。通判桂州、常州,知随、鼎、漳、汾、密、隶、沂七州。沂阻山多盗,综请用重法绳禁,岁断大辟减半。兵久惰,会初置官提举,教之急,众不悦,监兵夜排阋告变,综疑有他谋,就寝自若。明日大阅,申严号令,赏其高强,罚其不进者,卒亦无事。性宽裕,善治剧,于奸恶不少恕。官累中散大夫,卒。

宗回字子发,累官相州观察使。徽宗立,进彰德军留后。历安国、保信、镇南、保平军节度使,检校司空,封永阳、宁海、安康、汉东郡王,开府仪同三司。崇宁初,有告其阴事者,诏开封府鞫实,御史中丞吴执中临问,宗回惶惧,上还印绶,以太子少保致仕。言者不已,削官爵流郴州。行二日,听家居省咎。逾年,尽还其故官。

宗回少骄恣,有小才,尝权群牧都监,数以蕃息被赏。出知蔡州,擒剧贼,歼其党类。岁饥,发廪兴力役,饥者得济,而官舍祭廪一新。钦圣后服除,起奉朝请,继命止朝朔望。卒,年六十二,帝制服苑中,赠检校少师,谥曰荣纵。

宗良字景弼,历秀州刺史、利州观察使、昭信军留后,奉国、清海、镇东、武宁、宁海军节度使,永嘉郡王,开府仪同三司。钦圣后临朝时,尝为陈瓘论其与蔡京相结。及预政事,亦能恪共自守。宣和中,卒,年六十六,赠少保。

张敦礼,熙宁元年选尚英宗女祁国长公主,授左卫将军、驸马都尉,迁密州观察使。元祐初,疏言:"变法易令,始于王安石,成于蔡确。近者退确进司马光,以臣观之,所得多矣。"进武胜军留后。

章惇为政,言:"敦礼忘德犯分,愧正朋邪。密封章疏,诋毁先烈。引誉罪首,谓当褒崇,欲其党俦尽见收用。"乃责授左千牛卫大将军,勒止朝参。徽宗立,有司以敦礼在贵籍,奏审恩赐,帝与钦圣后皆以为当与。惇等执前疏,钦圣曰:"戚里何必预知朝廷事,当时罚亦太重矣。"复和州防御使,进保信军留后。

崇宁初,拜宁远军节度使。谏官王能甫言:"敦礼以匹夫之贱,一日而富贵具焉。神宗亲爱隆厚,礼遇优渥,而敦礼诋毁盛德,罪大谪轻。今复与之节钺,无乃伤陛下'绍述'之志乎!"乃夺节,仍为集庆军留后。大观初,复节度宁远军,徙雄武。卒,赠开府仪同三司。

任泽字天锡,仙游夫人母弟也。英宗入继大统,召至延和殿,授西头供奉官,赐第一区,宠赉甚厚。神宗时,累迁皇城使,领昌州刺史。护仙游枢迁祔于濮园,真拜嘉州刺史。卒,赠崇信军节度使,谥曰恭僖,赐墓寺,寺额为"旌孝"。泽起田里,际会恩宠,能自安绳检。帝欲广其居,固辞。当任子,弗请,其笃谨如此。

宋史卷四六五
列传第二二四

外戚下

孟忠厚　韦渊　钱忱　邢焕
潘永思　吴益 弟盖 李道
郑兴裔　杨次山

　　孟忠厚字仁仲，隆祐太后兄、追封咸宁郡王彦弼子也。后退居
瑶华宫，哲宗恩眷不衰，故忠厚得以仕进。宣和中，官至将作少监。
靖康元年，知海州，召权卫尉卿。金人围城，后宫火，出居忠厚家，由
是免北迁。金兵退，张邦昌迎后听政，后遣忠厚持书遗康王。王即
位，将迎后，授忠厚徽猷阁待制，提举一行事务，寻兼干办奉迎太庙
神主事。

　　帝幸扬州，除显谟阁直学士，台谏交章论列，帝以太后故，难
之。后闻，即命易武秩，遂授常德军承宣使，干办皇城司。未几，奉
太后幸杭州。苗傅乱平，赵鼎谓张浚曰："太后复辟，其功甚大，当推
恩外家。"浚乃奏忠厚宁远军节度使。寻奉太后幸南昌，归至越，以
母忧解职。

　　顷之，后崩，以祔庙恩，起复镇海军节度使，开府仪同三司。及
后大祥，封信安郡王，充礼仪使，奉太后神御幸温州。绍兴九年，判
镇江府，改判明州兼安抚使，改判婺州。既而帝以太后攒会稽，乃命

忠厚判绍兴府兼修奉攒宫事,加少保。三梓宫归,充迎护使。及营佑陵,秦桧当为总护使,惮往,乃除忠厚枢密使以代其行。桧与忠厚僚婿也,然心实忌之。山陵事毕,忠厚欲归枢密府,桧讽言路引故事论列,遂判福州。

时海寇狮獚,帝忧忠厚不能弭其患,改判建康府,又改判绍兴府。会郊赦加恩,谢表有"本无时才,出为世用"语。中丞詹大方希桧意,论忠厚表辞轻侮,谓今日不足与有为,遂罢为醴泉观使。桧死,召还行在,授保宁军节度使,判平江府,再改判绍兴府,过阙入见,复诏充万寿观使,提举秘书省。二十七年,卒,赠太保。

忠厚奉昭圣太后训,避远权势,不敢以私干朝廷。明受之变,太后垂帘,忠厚乞裁节本家恩泽,如有贪缘,令三省执奏。御史劾秦桧当国,亲姻扳援以进,忠厚独与之忤。自越入见,语所善王铚曰:"忠厚与桧虽有亲好,每怀疑心,今欲求一不伤时忌对札。"铚教之,但言乞免提举学事而已,然亦见废。帝以太后拥佑功,故眷忠厚特优。后在瑶华三十年,恩泽未尝陈请,诏赐忠厚田三十顷以赏之。既奉内祠,金使至,特命押班,且令月过局,如宰执例。及卒,三子皆除直秘阁,亲属六人各进以一官。

韦渊,显仁太后季弟也。靖康末,官至拱卫大夫、忠州防御使、勾当军头引见司。金人退,张邦昌遣渊持书遗康王于济南。王即位,迁亲卫大夫、宁州观察使、知东上阁门事,言:"横行五司尚未遵元丰旧制,乞并引进司归客省,东西上阁门合而为一,以省冗费。"从之。遂命同管客省、四方馆、阁门事。

渊性暴横,不循法度,帝虑其有过,难于行法,遂迁福建路副总管。渊引疾丐祠,许之。渊乃言,自宣和及今,十二年未尝磨勘,乞迁秩。吏部言,在法,横行无以年劳磨勘者,帝遂不许。久之,落阶官,除德庆军节度使。召赴行在,除开府仪同三司。会建康军帅边顺疾笃,留守吕愿浩奏以渊代,帝不欲以戚里管军,不许。渊陈乞恩数,帝询太后家故例,赐田五十顷,房缗钱日二十千。帝久不予渊官，闻太后将入境，乃封平乐郡王，令逆于境上。既从后归，即令致仕。又诏奉朝请，迁少师。渊在内不得逞，乞致仕，任便居住。从之。

未几，帝恐其肆横于外，复诏落致仕，还居赐第。太后朝景灵宫，渊见后，出言诋毁，诏侍御史余尧弼即其家鞫治，渊具伏诬罔，责授宁远军节度副使，袁州安置。数年复故职，累迁太保、太傅。卒，赠太师。子三人：讯、谦、说。

讯，绍兴中，官至达州刺史，坐过，用太后旨降武德郎，与岭外监当。谦好学能诗，官至建康军节度使。

谦字璞，淳熙末，仕至太府少卿。高宗崩，擢司农少卿，为金国告哀使。金主锡宴，其馆使欲用乐，璞不可，自朝至夜漏下三十刻，金人不能夺。及入见，其阁门令璞吉服入，璞又不可。日将中，乃以凶服见。绍熙初，除焕章阁，论者以为非祖宗旧制，遂换授明州观察使，十年不还。宁宗嘉其恬退，授清远军节度使，致仕。卒，赠太尉。

钱忱字伯诚，吴越王俶五世孙。父景臻，尚仁宗第十女秦鲁国大长公主，生忱，神宗命赐名，除庄宅副使、骑都尉。

帝尝谕景臻曰："主贤，宜有子，为择嘉配。"娶唐介孙女，又晁迥外孙。忱从三家游，伯父勰在翰苑，因得识一时名卿。

哲宗爱之，常使侍左右。徽宗覃八宝恩，为邕州观察使，迁武宁军观察留后。喜其靖共，除泸川节度使。钦宗加检校少保，寻纳节。高宗立，复拜检校少侣、泸州节度使、中太一宫使，御书"忠孝之家"四字赐之，进开府仪同三司。绍兴十五年，以秦鲁主终丧，除少保，封荣国公。三十年，迁少师，仍旧节，致仕，给真奉。明年卒，年八十余，赠太师。子端礼，自有传。

邢焕字文仲，开封人。以父任调孟州氾水县主簿，监在京药局、平准务、茶场，以劳改宣德郎、莫州司录。移知开封府阳武县，都大提举开德、大名府堤埽。历开封府士、工、仪曹。

诏纳其女为康王妃。靖康初，主管亳州明道宫。王即位，升右文殿修撰，进徽猷阁待制。谏议大夫卫肤敏言，后父不当班从臣，遂改光州观察使，除枢密都承旨。焕屡奏马伸言事切当，宗泽忠劳可倚，黄潜善、汪伯彦误国，其言多所裨益。

迁保静军承宣使。苗、刘之变，焕自度不能争，乃病免。兼提举万寿观，求去不已，改江州太平观，遂徙居忠州。

绍兴二年，入对，首陈川、陕形势利害，请幸荆南，分兵以图恢复，凡数百言，帝甚嘉之。复以为都承旨，引疾不拜。擢庆远军节度使，提举洞霄宫。

焕涉学有文，节俭自持，未尝恃恩私请，识者取焉。是年，卒，赠开府仪同三司，谥恭简，加赠少师，追封嘉国公。

潘永思，贤妃叔父也。妃初进封，诏以梁师成第赐永思。建炎初，为阁门宣赞舍人、带御器械。

元祐太后在虔，帝遣永思迎归，权三省、枢密事。卢益颇与之交结，为谏官吴表臣所论，范宗尹请出永思，帝曰："未可，姑罢禄以困之，庶知悔过。"遂夺职。既而辛企宗言永思尝捕魔贼有功，复为带御器械。

未几，大理推治伪告，事连永思，帝曰："永思虽戚里，既有过，安可废法！"乃罢职就逮。狱成，追一官。寻复为阁门宣赞舍人，迁同知阁门事。永思乞增给餐钱，户部言其不应格法，乃止。绍兴八年，自右武郎擢右武大夫，知阁门事，寻卒。

吴益字叔谦，盖字叔平，俱宪圣皇后弟也。益，建炎末，以恩补官，累迁干办御辇院、带御器械。盖，绍兴五年，以恩补官，累迁宣赞舍人。帝与后皆喜翰墨，故益、盖兄弟师法，亦有书名。后受册推恩，益加成州团练使，盖加文州刺史。帝为置皇后宅大小学教授，以王镃为之。镃明经，善训导，益、盖折节事之。

益娶秦桧长孙女，又与王继先交相荐引，故三家姻族皆趋美官。益历官至保康军节度使，加太尉、开府仪同三司。初既建节，以桧故，授文资，直秘阁。桧进徽宗御制，辞免加恩，帝乃特命赐益三品服，累加秘阁修撰，直徽猷阁。以桧提举编修宽恤诏令，又加益直宝文阁。桧死，其子熺复请于帝，又长敷文阁待制。中丞汤鹏举言，益以庸琐之才，恃亲昵之势，乞褫职名，以示至公。帝谓："鹏举所论甚切当，然朕于奠桧日，谕桧妻子，许以保全其家，今若遽出其婿则伤恩，臣僚无得更有论列。"自是不复迁。显仁太后葬，为攒营总护使，始进少保。孝宗嗣立，进少傅，又进太师，封太宁郡王。乾道七年，卒，年四十八，谥庄简，追封卫王。

盖官至宁武军节度使，亦累升太尉、开府仪同三司、少保，封新兴郡王。乾道二年，卒，年四十二年。赠太傅，追封郑王。

益子琚，习吏事，乾道九年，特授添差临安府通判，其后历尚书郎、部使者，换资至镇安军节度使，复以才选，除知明州兼沿海制置使。宁宗初，乃得祠，奉朝请。寻知鄂州，再加庆元府，位至少师，判建康府兼留守，卒。方孝宗崩，光宗以疾不能执丧，大臣请太后垂帘，册立宁宗，琚言于后曰："垂帘可暂不可久。"后遂以翌日彻帘。琚尝使金，金人嘉其信义。琚死后，宋遣使至金议和，屡不合，金人言南使中惟吴琚言为可信。

琚弟瑃，仕至保静军节度使。盖子环，亦至昭化军节度使。

李道字行之，相州人。其中女为光宗后。初，道与兄旺聚众归宗泽，泽因事斩旺，命道掌其军。泽薨，道引军依襄阳镇抚使桑仲，仲以为副都统制兼知随州，奏于朝，授武义郎、阁门宣赞舍人。仲为霍明所杀，道与统制李横率兵缟素围明于郢，明亡去。

刘豫遣人持书招道，道不从，执其使以闻，诏嘉奖之。豫怒，遣将穆楷攻道，道拒破之。除邓、随州镇抚使兼知邓州。时李横已命别将守邓，道惮横，不敢受，遂命仍知随州。枢密院以道能察军情，不受镇抚之命，理宜褒赏。诏领荣州团练使，进武义大夫。

胡安中守唐州，势孤不能自立，遂附豫。道招之，安中复来归。会李成入寇，镇抚使李横弃襄阳去，道亦弃随南归，至江州。诏道属岳飞为选锋军统制,入唐州,擒伪将,除唐邓郢州、襄阳都统制。从飞收复襄阳等郡,授行营护军。累至复州防御使、果州观察使。戍鄂州,加中侍大夫、武胜军承宣使,又升御前诸军统制。

武兴蛮杨再兴连岁寇掠,道破其众,擒再兴及其二子,迁保宁军承宣使。群盗朱持等聚桂阳,诏道移军衡州经理,道遣高仲等击平之。落阶官,加龙、神卫四厢都指挥使,迁镇南军承宣使。

金将渝盟,命道以所部戍荆南府。帅臣刘锜奏改为御前前军、右军,就命道统之。锜召奏事,道代为御前诸军都统制。金将刘士萼屯光化境,道掩击,焚其舟,萼遂遁去。寻因大将言道与鄂帅不协;罢。逾中,起授捧日、天武四厢都指挥使,知荆南府。

隆兴初,湖北诸词劾其过,帝曰:"道恃戚里妄行,可罢。"久之,再为湖北副总管。及卒,乃拜庆远军节度使,赠太尉,谥忠毅。后既贵,进封楚王。孙孝友、孝纯,皆至节度使。

郑兴裔字光锡,初名兴宗,显肃皇后外家三世孙也。曾祖神,封乐平郡王。祖翼之,陆海军节度使。父蕃,和州防御使。兴裔早孤,叔父藻以子字之,分以余赀,兴裔不受,请立义庄赡宗族。及藻没,遂解官致追报之义。初以后恩授成忠郎,充干办祗候库。圣献后葬,充攒宫内外巡检,累至江东路钤辖。

乾道初,建康留司讲治行宫备巡幸,兴裔奏劳人费财,乞罢其役,且言都统及马军帅皆非其人。徙福建路兵马钤辖。过阙入见,询以守令臧否,兴裔条析以对。帝曰:"卿识时务,习吏事,行当用卿。"会复置武臣提刑,就命为之,加遥领高州刺史。郡县积玩,检验法废,兴裔创为格目,分畀属县,吏不得行其奸,因著为令。

建、剑、汀、邵盐荚屡更,漕臣请易纲运为钞法,兴裔极言其不可。海寇倏去忽来,调兵常无及,兴裔请置澳长,寇至径率民兵御之。又言禁兵事艺不精,多充私役,乞行禁止;尉以捕盗改秩,多伪,当加审实。帝善其数论事,诏加成州团练使。

时传闻金欲败盟,召兴裔为贺生辰副使以觇之,使还,言无他,卒如所料。累差浙东、浙西、江东提刑，请祠以归。寻诏知阁门事兼干办皇城司，又兼枢密副都承旨。军妇杨杀邻舍儿，取其臂钏而弃其尸，狱成，刑部以无证左，出之。命兴裔覆治得实，帝喜，赐居第。丁母忧去官，服阕，复故职，除均州防御使。

再使金，还，迁潭州观察使。复请祠，起知庐州，移知扬州。扬与庐为邻。初，兴裔在庐尝却邻道互送礼，至是按郡籍，见前所却者有出无归，遂奏严其禁。扬有重屯，粮乏，倒籴他境，兴裔搜括渗漏以补之，食遂足。民旧皆茅舍，易焚，兴裔贷之钱，命易以瓦，自是火患乃息。又奏免其偿，民甚德之。修学宫，立义塚，定部辖民兵升差法，郡以大治。楚州议改筑城，有谓韩世忠遗基不可易者，命兴裔往视，既至，阙地丈余增筑之。帝阅奏，喜曰："兴裔不吾欺也。"

绍熙元年，迁保静军承宣使，召领内祠，充明堂大礼都大主管大内公事。宁宗即位，除知明州兼沿海制置使。告第，授武泰军节度使。卒，年七十四，赠太尉，谥忠肃。

兴裔历事四朝，以材名结主知，中兴外族之贤，未有其比。子三人：挺以横行团练使历淮、襄两道帅，损登进士甲科，与抗皆有位于朝。

杨次山字仲甫，恭圣仁烈皇后兄也，其先开封人。曾祖全，以材武奋，靖康末，捍京城死事。祖渐，以遗泽补官，仕东南，家于越之上虞。

次山仪状魁伟，少好学能文，补右学生。后受职宫中，次山遂沾恩得官，积阶至武德郎。后为贵妃，累迁带御器械、知阁门事。丏祠，除吉州刺史，提举佑神观。后受册，除福州观察使，寻拜岳阳军节度使。后谒家庙，加太尉。韩侂胄诛，加开府仪同三司。寻进少保，封永阳郡王。南郊恩加少傅，充万寿观使。致仕，加太保，授安德军、昭庆军节度使，改封会稽郡王。

次山能避权势，不预国事，时论贤之。嘉定十二年，卒，年八十一，赠太师，追封冀王。子二人。

谷至太傅、保定军节度使,充万寿观使、永宁郡王。

石字介之,乾道间入武学,以恭圣仁烈后贵,赐第。庆元中,补承信郎,差充阁门看班祗候,寻带御器械。嘉泰四年,充贺正旦接伴使。时金使颇骄倨,自矜其善射,石从容起,拘弦三发三中的,金使气沮。嘉定改元,除扬州观察使、知阁门事,进保宁承宣使。久之,授保宁节度使,提举万寿观,奉朝请,进封信安郡侯。十五年,以检校少保进封开国公。

宁宗崩,宰相史弥远谋废皇子竑而成国公昀,命石与谷白后,后不可,曰:"皇子,先帝所立,岂敢擅变。"谷、石凡一夜七往反以告,后终不听。谷等拜泣曰:"内外军民皆已归心,苟不从,祸变必生,则杨氏且无噍类矣!"后默然良久,曰:"其人安在?"弥远等召昀入,遂矫诏废竑为济王,立昀,是为理宗。授开府仪同三司,充万寿观使。

时宝庆垂帘,人多言本朝世有母后之圣。石独曰:"事岂容概言?昔仁宗、英宗、哲宗嗣位,或尚在幼冲,或素由抚育,军国重事有所未谙,则母后临朝,宜也。今主上熟知民事,天下悦服,虽圣孝天通,然不早复政,得无基小人离间之嫌乎?"乃密疏章献、慈圣、宣仁所以临朝之由,远及汉、唐母后临朝称制得失上之,后览奏,即命择日撤帘。进石少保,封永宁郡王。以寿明慈睿仁福三册太后宝,进至太傅。

石性恬澹,每拜爵命必力辞。恭圣祔庙,除太师。兄谷疑于辞受,石力言曰:"吾家非有元勋盛德,徒以恭圣故致贵显,曩吾父不居是官,吾兄弟今偃然受之,是将自速颠覆耳。矧恭圣抑远族属,意虑深远,言犹在耳,何可遽忘?"乃合疏恳辞,至再三,不受。及属疾,除彰德、集庆节度使,进封魏郡王。卒,年七十一,赠太师。

宋史卷四六六
列传第二二五

宦者一

窦神宝　王仁睿　王继恩

李神福 弟神祐　刘承规　阎承翰

秦翰　周怀政　张崇贵　张继能

卫绍钦　石知颙 孙全彬　邓守恩

　　宋世待宦者甚严。太祖初定天下,掖庭给事不过五十人,宦寺中年方许养子为后。又诏臣僚家毋私蓄阉人,民间有阉童孺为货鬻者论死。去唐未远,有所惩也。

　　厥后,太宗却宰相之请,不授王继恩宣徽;真宗欲以刘承规为节度使,宰相持不可而止。中更主幼母后听政者凡三朝,在于前代,岂非宦者用事之秋乎!祖宗之法严,宰相之权重,貂珰有怀奸慝,旋踵屏除,君臣相与防微杜渐之虑深矣。

　　然而宣政间童贯、梁师成之祸,亦岂细哉!南渡苗、刘之逆,亦宦者所激也。《坊记》曰:"君子之道,辟则坊与!太为之坊,民犹逾之。"可不戒哉!作《宦者传》。

　　窦神宝,父思俨,五代时为内侍,宋初皇城使。兄神兴,左领军卫大将军致仕。神宝初为黄门,太平兴国中,从征太原,擐甲登城,中流矢，稍迁入内高品，监并州戍兵。屡出袭贼，前后破砦三十六，斩千余级，大获铠甲、牛马、橐驼，因筑三砦。诏褒之。九年，命与尹宪屯夏州，时发伽罗腻等十四族久叛，神宝率兵大破之，焚其庐帐，斩千余级，虏获甚众。

雍熙中，朝廷遣使绥、宥、麟、府州，募边部愿攻契丹者，赐以金帛。神宝上言："狼子野心，由此或生边隙。"乃止。俄转殿头高品。淳化中，使河东，阅视堡栅兵骑。慕容德丰自刑台徙延州，未至郡，诏神宝乘传权州事。环州近边内扰，与陈德玄讨之，破牛家族二十八部，且规度通远入灵武路，就命环庆同驻泊。牛家族复结众叛，又破之，歼余党于极泉镇，获其渠帅九人。西戎寇鄜，以援之之劳，迁供奉官，与田绍斌部送灵州刍粮，即命驻泊。

李继迁入寇，与慕容德丰袭破其堡砦，焚帐幕，获人畜数万计。连诏嘉奖，迁内殿崇班。至道初，继迁再寇灵武，神宝遣人间道告急阙下。贼围之岁余，地震二百余日，城中粮糗皆竭，潜遣人市籴河外，宵运以入。间出兵击贼，贼引去，以功拜西京作坊副使。又命于浦洛河、清远军援刍粮，与杨允恭议造小车三千，运粮至环州。三年，迁西京左藏军副使。出使灵武，还，奏对称旨，面授供备库使。

咸平中出为高阳关钤辖，徙贝、冀巡检。会原州野俚族三千余众徙帐于顺成谷，大虫堪与熟魏族接战，诏神宝和洽之，至则定其经界，遣悉还旧地。入为内侍右班副都知。真宗朝陵，留与刘承珪同掌大内事。大中祥符初，勾当三班院，又掌诸王宫事。迁西京左藏库使、领密州刺史兼掌往来国信。

神宝莅职精恪，性吝啬，畜货钜万。天禧初，以皇城使罢内职。三年，卒，年七十一。录其子守志为入内供奉官。

王仁睿，不知何许人。年十余岁，事太宗于晋邸，服勤左右，甚淳谨；及即位，宣传指挥颇称旨。历入内小底都知、洛苑副使。命典宫闱出纳之命，最居亲近。尝与柴禹锡等发秦邸阴事。雍熙四年被疾，遣太医诊视。卒，年四十一，特赠内侍省内侍。

国朝以来，内侍都知、押班不领他职。淳化、至道后，皆内殿崇班以上兼充，多至诸司使，有领观察使者，没皆有赠官，官给葬事。

旧制，内侍人许养一子，以充继嗣。开宝四年，以其争财起讼，诏自今满三十无养父者，始听养子，仍以其名上宣徽院，违者准前诏抵死。咸平中，徐志通为温、台等州巡检，坐取李欢男四人为假子，又纵卒略民家小儿，致其母抱儿投海死，决杖配扫洒班，复申前诏以戒厉之。

王继恩，陕州陕人。周显德中为内班高品。初养于张氏，名德钧。开宝中求复本宗，太祖召见，许之，因赐名焉。累为内侍行者。

会讨江南，与窦神兴等部禁兵及战船抵采石。九年春，改里面内班小底都知，赐金紫。十月，加武德使。太祖崩，副杜彦圭案行陵地，寻充永昌陵使。太平兴国三年，迁宫苑使。久之，领河州刺史，掌军器弓枪库。

雍熙中，王师克云、朔，命继恩率师屯易州，又为天雄军驻泊都监。自岐沟关、君子馆败绩之后，河朔诸路为契丹所扰，城垒多圮。四年，诏继恩与翟守素、田仁朗、郭延浚分路按行增筑之。及遣将北伐，又为排阵都监，屯中山。改皇城使。端拱初，领本州团练使，又为镇、定、高阳关两路排阵钤辖。淳化初，赐甲第一区。五年，加昭宣使，勾当皇城司。

李顺乱成都，命为剑南两川招安使，率兵讨之。军事委其制置，不从中覆。管内诸州系囚，非十恶正赃，悉得以便宜决遣。二月，命马步军都军头王杲趣剑门、崇仪使尹元由峡路分遣讨贼，并受继恩节度。诏前军所至，其贼党敢抗王师者，即须杀戮；如本非同恶，受制凶徒，先被胁从今能归顺者，悉释其罪。四月，继恩由小剑门路入研石砦破贼，斩首五百级，逐北过青强岭，平剑州，进破贼五千于柳池驿，斩千六百级，贼众望风奔走，杀戮溺死者不可胜计。又克阆、绵二州。五月，至成都，破贼十万余，斩首三万级，获顺及铠甲、僭伪服用甚众。

　　朝议赏功,中书欲除宣徽使。太宗曰:"朕读前代史书,不欲令宦官预政事。宣徽使,执政之渐也,止可授以他官。"宰相力言继恩有大功,非此任无足以为赏典。上怒,深责相臣,命学士张洎、钱若水议别立宣政使,序位昭宣使上以授之。进领顺州防御使。

　　继恩握重兵,久留成都,转饷不给,专以宴饮为务。每出入,前后奏音乐。又令骑兵执博局棋枰自随,威振郡县。仆使辈用事恣横,纵所部剽掠子女金帛,军士亦无斗志。余贼进伏山谷间,州县有复陷者。太宗知之,乃命入内押班卫绍钦同领其事。又遣枢密直学士张鉴、西京作坊使冯守规乘传督其捕贼。议分减师徒出蜀境,以便粮运。

　　高品王文寿者,隶继恩麾下,继恩遣领虎翼卒二千,分遂州路追讨。文寿即下严急,士卒皆怨。一夕卧帐中,指挥使张嶙遣卒排闼入,斩文寿首以出。会夜昏黑,嶙犹疑其非,然炬照之,曰:"是也。"时嘉州贼帅张余有众万余,嶙即以所部与之合,贼势甚盛。初奏至,太宗欲尽诛军人妻子,近臣或请勿杀,悉索营中书,遣帅招抚,谕以释罪,亲属皆全,必自引来归,因可破贼。上然之,令巡检程道符谕旨。亡卒斩嶙,函首送继恩,皆自拔来归。因使为向导击贼,悉平之。

　　至道二年春,布衣韩拱辰诣阙上言:"继恩有平贼大功,当秉机务,今止得防御使,赏甚薄,无以慰中外之望。"上大怒,以拱辰惑众,杖脊黥面配崖州。俄召继恩。太宗崩,命与李神福按行山陵,加领桂州观察使。

　　继恩初事太祖,特承恩顾。及崩夕,太宗在南府,继恩中夜驰诣府邸,请太宗入,太宗忠之,自是宠遇莫比。喜结党邀名誉,乘间或敢言荐外朝臣,由是士大夫之轻薄好进者从之交往,每以多宝院僧舍为期。有潘阆者能诗咏,卖药京师,继恩荐之,召见,赐进士第。寻察其狂妄,追还诏书。

　　及真宗初,继恩益豪横,颇欺罔,漏泄机事,与参知政事李昌龄缄题往来,多请托,至有连宫禁者。素与胡旦善,时将加恩,密诱其为褒辞。又士人诗颂盈门。上恶其朋结，黜为右监门卫将军，均州安置，籍没赀产，多得蜀土僭拟之物。昌龄责忠武军节度行军司马，且削籍，长流寻州。诏中外臣僚曾与继恩交识及通书尺者，一切不问。

咸平二年，卒于贬所，遣使将其家属还京师，假官舍处之。四年，听归葬。大中祥符三年，特诏追复官爵，以白金千两赐其家。子怀珪，转入内高班。

李神福，开封人。父继美，仕后唐为内侍，显德初为御厨都监。时内臣止以服色为贵，太祖特赐紫，后至右领军卫将军。神福少给事晋王府，谨恪解上意，未尝少怠。太宗即位，授入内高品。从征太原，攻城之际，往来梯冲间宣传诏命，即行在所迁殿头。太平兴国六年，擢入内高品押班，迁副都知、勾当翰林司，转入内内班都知，兼勾当祗候内品班。淳化四年，迁崇仪副使、勾当皇城司。属初易黄门之号，转入内黄门都知，俄加宫苑使。太宗好笔札，神福每侍侧，多获别本之赐。及不豫，神福朝夕左右，躬侍药膳。

真宗即位，迁皇城使、内侍省入内内侍都知，领恩州团练使、勾当永熙陵行宫事。时模写太宗圣容，以神福立侍。未几，求罢都知，加昭宣使、勾当皇城司，赐第宫城侧，遣修内工为葺之。咸平二年秋，阅兵东郊，以神福为大内都部署。是冬，幸大名，与王继英并为行宫使。四年，勾当三班，部修含光殿，赐赍甚优。景德初，兼领亲王诸宫使。三年，改宣政使。从谒诸陵，复为行宫使。

进幸西京，赐醋，命福福主其事。

大中祥符初，天书降夕，神福与刘承珪、邓永迁、李神祐、石知颙、张景宗、蓝继宗同直禁中，赐以器币、缗钱。京师醮会，又令神福与白文肇、阎承翰同典之。是岁封泰山，与曹利用同经度行宫道路。及车驾进发，又为行宫使。礼毕，授宣庆使，领昭州防御使，整肃禁卫。先是，诸司使止于宣政，故特置使额以宠之。三年，卒，年六十四。赠润州观察使。

神福性恭愿和易，每为卫绍钦所诟骂，皆引避不校。在禁闼五十年，称为长者。然久掌三班，无规制，远近失叙，有请托者不能拒之，人讥其所守。子怀斌、怀赟。弟神祐。

神祐，初以父任授殿头高品。太祖将纳孝章皇后，命神祐奉聘礼于华州。乾德五年，征太原，负御宝从行。开宝二年，又从征太原，时有诏缘边和市军储，车驾在潞州闻之，且虑扰民，令神祐驰驿止之。时诏下已五日，神祐一夕而及晋阳。一日，甲士既阵，贼潜纵火焚梯冲，亟命神祐部卫兵为援，斩贼甚众，余悉溃去。王师伐广州，随军赏给。刘𬭚平，先部帑藏之物赴京师。及土寇周琼等叛，又副尹崇珂讨平之。六年，随曹彬南征。克关城，擒伪将朱令赟，命神祐驰入献捷书，赐锦袍、金带。

太宗即位，迁南作坊副使。钱俶归朝，命神祐往按府藏之积。再征太原，领工徒千人随驾，以备缮完甲兵。刘继元表纳降款，太宗陈仪卫城北台以受之，继元移时未至，神祐驰单骑入城，俄顷，引继元至。及北伐燕蓟，命与刘廷翰统精骑为大阵之援。车驾还，又令率兵屯定州以备契丹。太平兴国六年，滑州治河防，材苇未具，命神祐驰往垣曲，伐薪蒸四百万以济其用。七年，契丹寇边，命领兵屯瀛州，俄改崇仪使，提点左右藏库，迁洛苑使。至道初，西鄙不宁，命为灵、环排阵都监，率众至乌白池而还。俄驻永兴，复护粮运抵朔方。

真宗嗣位，转内园使、邠州都监。车驾北巡，改天雄军都监、子城内巡检。时北兵充斥，道途阻塞，命神祐单骑谕密旨于诸将。敌骑数百忽至，神祐乃周麾而呼，若召伏兵，敌惧而逃，遂达其命。俄充邢州排阵都监，勾当西八作司。景德初，上幸澶州，领随驾壕砦。

三年，迁入内都知。从东封还，迁南作坊使。时内侍将迁秩，有扈从升山、不升山或不预从祀者，令神祐第其勤状，上亲阅而叙迁之。有范守逊、皇甫文、史崇贵、张延训等，皆尝有谴累而互陈劳效，且言神祐等品第非当，泣诉于上，止而复来者数四。守逊等先改内常侍，上怒，悉停其官。神祐泪石知颙、副都知张景宗、蓝继宗并坐削职。寻掌御厨七年，卒，年六十六。大中祥符六年，录其孙永和为三班奉职。神祐性谨愿，晓音律，颇好篇咏。

子怀岊，太宗时尝请为道士，后复内侍。多屯边郡，常持大铁鞭以斗贼，屡中流矢，至供奉官。怀俨为内殿崇班。

刘承规字大方，楚州山阳人。父延韬，内班都知。承规，建隆中补高班，太宗即位，超拜北作坊副使。时泉帅陈洪进归朝，遣承规疾置封其府库。会土民啸聚为寇，承规与知州乔维岳率兵讨定之。太平兴国四年，命与内衣库使张绍勍等六人率师屯定州，以备契丹，又护滑州决河。雍熙中，勾当内藏库兼皇城司，出为鄜延路排阵都监，改崇仪使，迁洛苑使。至道中，与周莹同签书提点枢密、宣徽诸房公事，仍加六宅使。承规恳辞，帝虽不许而嘉其退让。

真宗立，莹为宣徽使，以承规领胜州刺史、签书宣徽院公事。寻让宣徽之务，加庄宅使。咸平三年，迁北作坊使。时边境未宁，议修天雄军城垒，命承规乘传经画，又命提举内东、崇政殿等诸门，迁宫苑使。上询承规西事，请益环州木波镇戍兵，以为诸路之援，从之。俄兼勾当群牧司。

景德二年，与李允则使河间，按视尝经战阵等处将卒之劳。是岁，置官提举京师诸司库务，以承规领之。所创局署，多所规制。改皇城使。与林特、李溥议更茶法。四年，三司上言新课增羡，承规以劳加领昭州团练使。

大中祥符初，议封泰山，以掌发运使迁昭宣使、长州防御使。会修玉清昭应宫，以承规为副使。祀汾阴，复命督运。议者以自京至河中，由陆则山险，具舟则湍悍，承规决议水运，凡百供应，悉安流而达。自朝陵、东封及是皆留掌大内。礼成，当进秩，表求休致，手诏敦勉，仍作七言诗赐之。拜宣政使、应州观察使。

五年，以疾求致仕。修宫使丁谓言承规领宫职，藉其督辖，望勿许所请，第优赐告诏，特置景福殿使名以宠之，班在客省使上。仍改新州观察使，上作歌以赐。承规以廉使月禀归于有司，手诏褒美，复定殿使奉以给之。本名承珪，以久疾羸瘵，上为取道家易名度厄之义，改珪为规。疾甚，请解务还私第，听之。仍许皇城常务上印日，内藏库有创制，就取商度。又再表求罢，官检校太傅、左骁卫上将军、安远军节度观察使留后致仕。七月卒，年六十四。废朝，赠左卫上将军、镇江军节度，谥曰忠肃。

承规事三朝，以精力闻，乐较簿领，孜孜无倦。自掌内藏仅三十年，检察精密，动著条式。又制定权衡法，语在《律历志》。性沈毅徇公，深所倚信，尤好伺察，人多畏之。上崇瑞命，修祠祀，饰宫观，承规悉预闻。作玉清昭应宫，尤为精丽。屋室有少不中程，虽金碧已具，必毁而更造，有司不敢计所费。二圣殿塑配飨功臣，特诏塑其像太宗之侧。承规遇事亦或宽恕，铸钱工常诉本监前后盗铜瘗地数千斤，承规佯为不纳，因密遣人发取送官，不问其罪。咸平中，朱昂、杜镐编次馆阁书籍，钱若水修祖宗实录，其后修《册府元龟》、国史及编著仇校之事，承规悉典领之。颇好儒学，喜聚书，间接文士质访故实，其有名于朝者多见礼待，或密为延荐。

自寝疾惟以公家之务为念，遗奏求免赠赙诏葬，上甚嗟惜之，遣内臣与鸿胪典丧，亲为祭文。玉清昭应宫成，加赠侍中，遣内侍邓守恩就墓告祭。子从愿，为西染院使。

阎承翰，真定人。周显德中为内侍。入宋事太祖，以谨愿称。太宗时擢为殿头高品，稍迁内侍供奉官、内殿崇班。先是，八作司材木颇有隐弊，承翰建议于都城西置事材场，治材以给之。雍熙中，知广州徐休复奏转运使王延范不轨状，遣承翰驰往同逮捕下狱，就鞫之，考掠过苦，延范遂坐诛。李顺乱蜀，命为川峡招安都监。贼平，授西京作坊副使。会增募金吾兵，以承翰及刘承蕴分充左右金吾都监兼街仗司事，俄罢之。

真宗即位，改西京作坊使、内侍左班副都知。咸平三年，河决郓州王陵埽，遣承翰护塞。时议徙郓州以避河患，又诏承翰与工部郎中陈若拙乘传规度，徙于旧治之东南。五年，入内都知韩守英为镇、定、高阳关三路排阵都钤辖，上以其素无执守，议别择人，因谓宰相曰：“承翰虽无武勇，然莅事勤恪。”乃令代守英。时中山屯兵甚众，艰于飞挽，承翰请凿渠，计引唐河水自嘉山至定州三十二里，又至蒲阴东六十二里，合沙河经边吴泊入界河以济馈运，亦可旁为方田，上嘉而从之。渠成，人以为便，优诏褒之。

景德初，契丹谋寇顺安军，承翰奉诏发雄、霸精兵，与荆嗣、张延同筑垒御之，俄又遣诣德清军规度重修城垒。车驾北征，承翰先在澶州北城，奏契丹兵在近，请不度河，上不听，促驾度浮桥。二年，加领廉州刺史，勾当群牧司，多条上马政，遂兼群牧副使。时契丹结好，始置国信司主交聘之事，以承翰领之，多所规置。

大中祥符初，改西京左藏库使，充夏州赵德明加恩官告使。还，请于浦洛河置馆，以待夏台进奉使，上以荒琼劳役，不许。四年，迁内园使、左班都知，领奖州团练使。

有西京左藏库副使赵守伦久典厩牧，至是又掌估马，与承翰联职任，虽素为姻家，然不相得，遂各讼诉，并付御史台。承翰坐擅用群牧司钱，当赎金三十斤；守伦坐违制移估马司，当免所居官；典吏当杖脊。诏宽其罚：承翰赎金十斤，守伦赎金二十斤，典吏亦降从杖。群牧都监张继能、判官陈越田珏、勾当骐骥院杨保用、估马杨继凝皆释之，制置使陈尧叟特免按问。

六年，上制《内侍箴》赐之，承翰表请刻石省中。明年，建应天府为南京，作鸿庆宫，设太祖、太宗像，遣承翰自京奉往。授南作坊使、入内都知。未几，卒，年六十八。赠怀州防御使。

承翰性刚强，所至过于检察，乏和懿之誉。子文应，西京左藏库使。

秦翰字仲文，真定获鹿人。十三为黄门，开宝中迁高品。太平兴国四年，崔彦进领众数万击契丹，翰为都监，以善战闻。太宗因加赏异，谓可属任。雍熙中出为瀛州驻泊，仍管先锋事，迁入内殿头高品、镇、定、高阳关三路排阵都监。淳化四年，补入内押班。

　　赵保忠叛，命李继隆率师问罪，翰监护其军。次延州，翰虑保忠遁逸，即乘驿先往，矫诏安抚以缓其阴计。王师至，翰又讽保忠以地主之礼郊迎，因并驱而出，保思遂就擒，以功加崇仪副使。至道初，为灵环庆州、清远军四路都监。真宗即位，加洛苑使、入内副都知。咸平中，河朔用兵，以为镇、定、高阳关排阵都监，败契丹于莫州东，追斩数万，尽夺所掠老幼。诏褒之，徙定州行营钤辖。

　　王均之乱，为川峡招安巡检使。时上官正与石普不协，翰恐生事，为晓譬和解之。亲督众击贼，中流矢不却，五战五捷，遂克益州，上手札劳间。翼日，进至广都，斩首千余级，获马数千匹。归朝，迁内园使，领恩州刺史。

　　出为镇、定、高阳关前阵钤辖，又徙后阵，破契丹二万众于威虏军西，俘其铁林大将等十五人。又为邠宁、泾原路钤辖兼安抚都监，率所部按行山外，召戎落酋帅，谕以恩信，凡三千余帐相率内附。未几，康奴族拒命，翰与陈兴、许均深入击之，斩级数千，焚其庐帐，获牛马甚众。复与陈兴、曹玮袭杀章埋军主于武延碛泊川。诏书加奖，赐锦袍、金带、白金五百两、帛五百匹。

　　景德初，车驾将北巡，先遣翰乘传往澶、魏裁制兵要，许便宜从事。俄充邢洺路钤辖，与大军会德清军，张掎角之势。又召为驾前西面排阵钤辖，管勾大阵。翰即督从环城浚沟备以拒契丹。功毕，契丹兵果暴至，翰不脱甲胄七十余日，契丹乞和，凯旋，留泊澶州。月余，令率所部兵还京师，加宫苑使、入内都知。出为泾原仪渭钤辖。先是，西鄙无藩篱之蔽，翰规度要害，凿巨堑，计工三十万，役卒数年而成，不烦于民。就迁皇城使、入内都知。以翰在边久，宣力勤尽，特置是名以宠异焉。翰表让，不听。

　　大中祥符初，求从东封，手诏谕以西垂委任之异。改昭宣使，又为群牧副使，祀汾阴。是岁，夏州属户有扰境上者，即日遣翰往雕上按视，遍巡边部。及翰至，事宁，复还扈从，凡行在诸司细务，悉令裁决，不须中覆。礼毕，加领平州团练使，奉祀亳州，掌如汾阴。八年，营葺大内，诏翰参领其事。闰六月，暴卒于内庭之廨，年六十四。上甚悼惜,为之泣下。赠贝州观察使,赙襚加等。修内毕,诏遣使以袭衣、金带赐其家。

翰倜傥有武力,以方略自任。前后战斗,身被四十九创。李继迁之未宾也,翰因使常出入其帐中,无疑间,尝白太宗曰:"臣一内官不足惜,愿手刺此贼,死无所恨。"太宗深嘉其忠。

翰性温良谦谨,接人以诚信,群帅有刚狠不和者,翰皆得其欢心。轻财好施,与将士同休戚,能得众心,皆乐为用。其殁也,禁旅有泣下者。

九年,重赠彰国军节度,诏杨亿撰碑文,亿以其不蓄财,表辞所赉物,虽朝廷不许,而时论美之。子怀志,内殿崇班。

周怀政,并州人。父绍忠,以黄门事太宗,从征河东,得怀政于乱尸间,养为子。给事禁中,累至入内高品。大中祥符初,真宗东封,命修行宫顿递。及奉泰山天书驰驿赴阙,转殿头。天书每出宫,与皇甫继明并为夹侍。东封礼成,与内殿崇班康宗元留泰山,修圜台,转入内西头供奉官。祀汾阴,转东头。六年,刘承规卒,擢内殿崇班、入内押班、勾当皇城司。会朝谒太清宫,与阎承翰等同管勾大内事。七年,奉天书摹刻于乾元殿,为刻玉都监,又为修兖州景灵宫、太极观都监,俄迁内殿承制。是冬,命起居舍人、知制诰盛度为会真宫醮告使,怀政为都监。还,为玉清昭应宫都监兼掌景灵宫、会灵观使。刻玉成,迁如京副使。九年,建资善堂,以怀政为都监。寿丘宫观成,优赐袭衣、金带,迁崇仪使。天禧大礼,又为修奉宝册都监,加领长州刺史,是冬迁洛苑使。二年春,迁左藏库使。仁宗为皇太子,命为入内副都知、管勾左右春坊,转左骐骥使。三年,领英州团练使,加昭宣使。

怀政日侍内廷,权任尤盛,于是附会者颇众,往往言事获从,同列位望居右者,必排抑之。中外帑库皆得专权,因多入其家。性识凡近,酷信妖妄。有朱能者,本单州团练使田敏厮养,为人凶狡,遂赂怀政亲信,得见,因与侍卒姚斌妄谈神怪以讠犬之。怀政大惑,援能至御药使、领阶州刺史。俄于终南山修道观，与刘益辈造符使，托神言国家休咎，否臧大臣。时寇准镇永兴，能为巡检，倚准旧望，欲实其事。准好胜，喜其附己，多依违之。

朝臣屡言怀政之妄，真宗含忍不斥，然渐疏远之。怀政忧惧，时吏小黄门自禁中出，诈称宣召，入内东门，坐别室，久之而还，以欺同类。会准为相，逾年而罢，怀政愈畏获谴，不自安。

四年七月，与弟礼宾副使怀信谋潜召客省使杨崇勋、内殿承制杨怀吉、阁门祗候杨怀玉会皇城司，期以二十五日窃发，杀丁谓等，复相寇准，奉真宗为太上皇，传位太子。前夕，崇勋、怀吉诣丁谓第密告之，谓即夜偕崇勋、怀吉至曹利用第计议。翌日，利用入奏，真宗怒，命收怀政，令宣徽北院使曹玮与崇勋于御药院鞫讯，具伏。帝坐承明殿临问，怀政但祈哀而已，命斩于城西普安寺。父内殿承制绍忠及怀信并杖配复岳州，子侄勒停，赀产没官。朱能父左武卫将军致仕谭、母周氏，罚铜百斤，子守昱、守吉分配邵、蔡、道州。怀政仆使、亲从并杖配海岛、远州，部下使臣贬秩有差。怀政之未败也，绍忠尝诟之曰："斫头竖子终累我！"怀信谓之曰："兄前事必败，宜早诣上首实，庶获轻典。"及其谋乱，又泣拜止之，不听，故皆得免死。

右街僧录澄远以预闻妖诈，决杖黥配郴州。内供奉官谭元吉、高品王德信、高班胡允则、黄门杨允文与怀政协同妖妄，皆杖配远州。入内押班郑志诚与能书问往还，削两任，配房州。入内供奉官石承庆，尝为怀政所召，夜二鼓不下皇城门钥以待黄守忠见之，戒门卒勿纳，至是言其事，承庆坐削两任，配宿州。杨怀玉次日始诣枢密院自陈，责授侍禁、杭州都监。擢崇勋内客省使、桂州观察使，怀吉如京使，赐以金带、金银。

怀政既诛，亟遣入内供奉官卢守明、邓文庆驰驿永兴，捕朱能。刘益、李贵、康玉、唐信、道士王先、张用和悉免死，配远州。能侦知使者至，衷甲出，杀守明以叛。诏遣内殿承制江德明、入内供奉官于德润发兵捕之，能入桑林自缢死。永兴、乾耀都巡检供奉官李兴、本军十将张顺断能及其子首以献,补兴阁门祗候,顺牢城都头。以刘益等十一人党能害中使,磔于市。王先、李贵、唐信、张用和八人皆处斩。能母妻子弟皆决杖配隶,阁门祗候穆介、知永兴军府朱巽、转运使梅询刘楚、知凤翔府臧奎等坐与怀政、能交结相称荐,皆论罪。降寇准太常卿,再贬道州。凡朝士及永兴、凤翔官吏与准厚善者,悉降黜焉。

张崇贵,真定人。太祖时为内中高品,稍迁殿头。太平兴国中,以善射选为御带。钱俶纳土,命驰往阅城防储偫之数。亲征太原,从崔彦进、李汉琼先路视水草。端拱初,补内供奉官。

淳化四年,命乘传之延州招羌戎之内附者,发库钱犒给,以金币赐酋领。将行,转内班右班押班,就命管勾鄜延屯兵,李继隆讨李继迁,诏崇贵以延安兵掎角进讨。及擒赵保忠,留崇贵与石霸守绥州,徙平夏民以实之。继迁扼橐驼路,驱胁内属戎人,崇贵与田敏率熟仓族虬遇战于双堆,杀二千余级,掠牛羊、橐驼、铠甲甚众,连诏褒谕。继迁走漠中,遣其将佐赵光祚、张浦求纳款,会于石堡砦,崇贵椎牛醼酒犒谕之,给以锦袍带。会改内班为黄门,命为黄门右班押班,仍加内殿崇班,又改黄门为内侍,职随易焉。既而继迁贡橐驼、名马待罪,遣崇贵往赐器币、茶药、衣物。

至道元年,进崇仪副使、内侍右班副都知。时继迁复叛,劫刍馈于浦洛河。二年,诏李继隆大发师进讨。贼围灵州急,太宗将弃之,廷议未决,命崇贵与冯讷乘传往议其事,乃益兵固守,就命为灵环庆州、清远军路监军,又为排阵都监。

真宗立,拜洛苑使、右班都知、管勾并州军马。自至道后,五路讨贼,兵战相继,卒无成功。及是,保吉复修贡,诏以定难节度授之,命崇贵持诏命、衣带、器币以赐。使还,加六宅使。

咸平元年,又命管勾鄜延屯兵,泊延安,改驻泊都监,又为钤辖。其后继迁复与熟户李继福为隙,因缘内扰,崇贵与张守恩击之,焚庐舍,获赀畜、器甲、生口甚众。又与王荣御贼,获具装马数十匹,

再诏褒饬。四年,诏归。俄领奖州刺史,复莅鄜延,仍制置沿边青白
盐事。与卫超领军入敌境,焚庐舍帐幕,获虏粮、牛羊,复被诏奖。崇
贵屡诇契丹事传递以闻,愿身当一队马前锋,诏不允。

景德元年,保吉死,其子德明尚幼,崇贵移书谕朝廷恩信,德明
请俟释服禀命。诏书慰抚,以向敏中为缘边安抚使。自是边防事宜,
经制小大,皆崇贵专主之。筑台保安北十里许,召戎人会议,与之盟
约。二年春,召赴阙面授方略,许德明以定难节度、西平王,赐金帛
缗钱各四万、茶二万斤,给内地节度奉,听回图往来,放青盐禁,凡
五事。而令德明纳灵州土疆,止居平夏,遣子弟入宿卫,送略去官
吏,尽散蕃汉兵及质口,封境之上有侵扰者禀朝旨,凡七事。德明悉
如约,惟以子弟入质及纳灵州为难,故亦禁盐如旧,不许回图。

三年九月,以德明誓表来上,崇贵因请入朝,许之。以功拜皇城
使、内侍左右班都知,领博州团练使。又持旌节诰命授德明,太常博
士赵湘为之副。四年,使还,会车驾上陵,次琼林苑,崇贵对于苑中,
即命为行宫使。是秋,复还延安。供奉官曹信时监边军,信善琴,崇
贵与石普军中宴集,令信奏之,信以久废为辞;崇贵与普因摭其他
过以闻,真宗知其诬奏,不问。大中祥符元年,加昭宣使。

崇贵久在边,善识羌戎情伪,西人畏服。每德明有所论述及境
上交侵,皆先付裁制。夏州趣边有二路,其文移至环庆者,皆付延州
议焉。尝请置缘边安抚使,如北面之制。上曰:"西鄙别无经营,苟
德明能守富贵,无虑朝廷失恩信也。增置署局,徒为张皇,不若委卿
静制之。"二年,上言久去乡里,愿得告归葬父母。许之,赐与甚厚。
复命为都钤辖,提举榷场。崇贵乞留京师,面谕委属之意,听岁入奏
事。四年八月,卒,年五十七。帝悼惜之,赠丰州观察使,内侍护丧
还京师。子承素,东染院副使。

张继能字守拙,并州太原人。父赞,晋末为内班。继能,建隆初
以黄门事禁中,太平兴国初为内品。从征河东,命主城南洞屋,以劳
迁高品。契丹入寇,命为高阳、镇、定路先锋都监,从崔彦进战长城

口,多所俘馘。明年,又与彦进败契丹于唐兴口,转殿头高品。

雍熙中,夏州叛,命李继隆为银、夏都部署,以继能监军。俄徙护定州屯兵,领骁捷卒三千,屯五回岭。端拱初,迁入内殿头,从赵保忠讨李继迁。保忠荐其有材,命与保忠同经略其事。代还,掌内弓箭库。淳化三年,与白承睿护刍粟入灵武。会继迁复寇边,命继能、承睿与知灵州侯延广领骁卒五千,同主军务,俄留为本州都监。及郑文宝议城威州、清远军,继能护其役。工毕,命与西京作坊副使张延洲同知军事,又与田绍斌同掌积石砦。就迁内供奉官、灵环庆、清远军后阵都监,与西人转门,败走之。复还清远。诣阙奏事,迁内殿崇班。未几,拜供备库副使,复遣护环州屯兵,徙泾原仪渭都巡检使。

真宗即位,迁崇仪使、灵环十州军兵马都监兼巡检安抚使。咸平三年王均之乱,命为川峡两路招安巡检使。成都平,留为利州招安巡检,寻召归。会银、夏寇警,复为邠宁驻泊都监。夏人寇清远军,营于积石河,继能与杨琼、冯守规在庆州逗遛,不时赴援,致陷城堡,又焚弃青冈砦,特诏下御史府,免死,长流儋州。景德二年,会赦,还,为内侍省内常侍,又为陕西捕贼巡检,获千余人,改内殿崇班。从朝陵,为行宫四面巡检。

四年,宜州卒陈进为乱。初,知州刘永规驭下严酷,课澄海卒伐木葺州廨,数不中程即杖之,至有率妻孥趣山林以采者,虽甚风雨,不停其役。故进因众怨,杀永规及监军国钧,拥判官卢成均为帅,据其城。

七月奏至,诏东上阁门使忠州刺史曹利用、供备库使贺州刺史张煦为广南东、西路安抚使,如京副使张从古及继能副之,虞部员外郎薛颜同勾当转运事,发荆湖、蕲黄州兵讨之。上语近臣曰:"番禺宝货雄富,贼若募骁果,立谋主,沿流东下趣广州,则为患深矣。"遣内侍高品周文质使广州,监屯兵,会邻路巡检使控要路,集东西海战棹,扼端州峡口。贼悉众来攻柳城县,殿直韩明、许贵、郝惟和以所部兵千余御敌,明、贵死之,惟和仅以身免,成均奉宜州印遣使诣舒贲求赦罪。是夕，进复陷柳城，官军退保象州。贼又寇怀远军，知军殿直任吉与邕桂巡检、殿直张崇宝、侍禁张守荣击走之。贼退而复集者累日，吉辈固守，屡与门，大获其器甲。又攻天河砦，砦兵甚少，监军奉职钱吉部分严整，一战败之。贼众屡岫，颇溃去，众心携贰，将弃宜州，以家属之悼耄者五百人陨江中，率其众裁三千趣柳、象，将入容管。初至柳州，限江不能渡。知州王昱望贼遁走，城遂陷。

朝廷以诏书四十分揭要路，谕贼归顺者悉释其罪。贼挈族居思顺州，分兵攻象州。利用命入内高班于德润以千兵倍道袭逐，利用等继至，遇贼武仙县之李练铺。贼初不知觉，惟进率众来拒，直犯前军，前军寄班侍班郭志言麾骑士左右纵击。贼衣顺水甲、执标牌以进，飞矢攒锋不能却，前军即持棹刀巨斧破其牌，史崇贵登山大呼曰："贼走矣，急杀之！"贼心动，众遂溃。逐北至象州城下，贼砦犹有据长竿瞰城中者，成均始挈其族以诏书来降，乃斩进并其党，生擒贼帅六十余人，斩首级、获器甲战马甚众。

利用分兵捕余寇，遣于德润驰奏其事。授利用引进使，煦如京使，从古庄宅副使，继能供备库使，志言供备库使。又以御前忠佐马步军副都军头郭全丰为都军头，领勤州刺史。归远军士手杀进者李昊、刘宗、赵敏并补本军都头，张守荣为供奉官、阁门祗候，张崇宝、任吉并为供奉官，钱吉为右侍禁。又以知象州大理寺丞何郲最有劳，优拜祠部员外郎，赐绯。又赐郲三子知道、知古、知常出身，郲之亲属同捍寇者悉甄叙之。升象州为防御使。

初，贼攻象州，城在高丘上，素无井，闭垒之日，皆以乏水虑。赖天雨，停水将竭而雨复下，如是者两月，汲之以济。山中无烽候，每欲破贼，即祷于城西神祠，或见巨蟒吞龟，是日果有克获，众以为神灵助顺之应。张守荣俄病瘴，遣尚医驰往视之，未至而卒，赠如京使，录其子官。

十二月，余寇悉平。东封，留继能为京旧城内巡检钤辖，俄加东染院使。

　　大中祥符二年，入内都知李神祐等坐事悉罢，擢继能入内内侍省副都知。时宗室多召侍讲说书，上嘉其勤学，令讲诵日别给公膳，专遣继能主之。俄又与内殿承制岑保正提点郡县主诸院事。三年，兼群牧都监。祀汾阴，留掌大内兼旧城内巡检钤辖，俄领会州刺史。谒太清宫，为天书扶侍都监。七年，以疾求解职，不许。命为泾原仪渭镇戎军路钤辖。未几，徙鄜延都钤辖。先是，内属户杀汉口者止罚孳畜，继能则丽于常法，由是西人畏而不敢犯。德明虽受朝命，而羌部不绝寇境。继能日课卒截竹为签，署字其上，且言以备将士记杀获功状，贼闻之甚惧。归朝，复莅群牧。仁宗在储宫，尝亲书一幅赐之。继能以闻，真宗亦为标题其末，人以为荣。九年，坐前护修庄穆皇后陵摧陷，左授西染院使，掌往来国信。

　　天禧初，复西京左藏库使。国信司吏陈诚者，颇巧黠，继能欲援置群牧司，而诚先隶群牧，坐事停职。至是，群牧吏左宗抉其宿负，白制置使曹利用，故诚不遂所求。继能怒宗之沮己，密遣亲事卒贞宗。会宗弟元丧妻，宗尝为假敦骏军校马送葬，及还，元抵饮肆与酒保相殴，系府中，而假马之事未发。诚即白继能，请属府中并劾其事。知府乐黄目受属，狱未就，为群牧副使杨崇勋所发，继能坐罢内职，降授西京作坊使，出为邠宁钤辖。继能自陈不愿外任，得掌瑞圣园，寻领往来国信所。三年，复为西京左藏库使、内侍右班副都知。未几，迁崇仪使，以衰老求解职，转内园使，掌琼林苑。五年，卒，年六十五。特赠汀州团练使，录其子怀忠为大理寺丞，孙逊为三班奉职，逊为借职、春坊祇候。

　　继能性沉密知兵，颇勇敢，喜读书，然好治生。晚年急于聚蓄，众以此少之。

　　何郏后归朝，知磁州而卒。一子知崇裁十余岁，特补太庙斋郎。又徙其侄平夷尉知古为滏阳尉。省郎无赏延之例，犹以城守劳，故甄录焉。

　　卫绍钦，开封人。父汉超，内侍高品。绍钦始以中黄门给事晋

邸,太宗即位,补入内高品,甚被亲倚。从征太原,命督诸将攻城,刘
继元降,命领骁卒先入城,烧其营栅,迁殿头高品。雍熙二年,擢入
内西头供奉官。淳化中,部修皇城,功毕,授入内押班。五年,加崇
仪副使。

李顺之乱,王师致讨,与王继恩同领招安捉贼事,遇贼,斗学射
山南。又攻清水坝,破双流砦,招降数万众,斩千余级。顺死,余党
保险为寇,又与杨琼先扼要路以邀之,擒斩万余人,获器甲枪槊千
余。遣别将曹习领兵捕余贼于安国镇,斩三百级。时嘉、眉二州贼
尚扰城郭,又遣内殿崇班宿翰讨之。两川平,召还,深被褒劳。

真宗嗣位,拜宫苑使,领爱州刺史,充入内副都知、修奉永熙都
监,既复土,遂为陵使。景德元年,改皇城。从幸河朔,命为车驾
前后行宫四面都巡检。次澶渊,命领扈驾兵守河桥。三年,加昭宣
使。朝诸陵,复为行宫巡检。驻洛阳,命为皇城内外都巡检。历掌
三班院、皇城仪鸾翰林司。卒,年五十六。

绍钦苛愎少恩,不为众所附。太平兴国中,江东有僧诣阙请修
天台寿昌寺,且言寺成愿焚身以报。太宗允其请,命绍钦往督营缮。
既讫役,遽积薪于廷,请僧如愿,僧言欲见至尊面谢,绍钦曰:“昨朝
辞日,亲奉德音,不烦致谢。”僧惴怖偃蹇,顾道俗望有救之者,绍钦
即促令跻薪上,火既盛,倍欲投下,绍钦遣左右以义抑按而焚之。子
承庆,至内殿承制。

石知颙,真定人。曾祖承渥,梁尚食使。祖守忠,晋内供奉官。
父希铎,高品。

知颙形貌甚伟,建隆中授内中高品。太宗即位,改供奉官。雍
熙中,诸将征幽蓟,以知颙随军。归,掌仪鸾司。

淳化中,明州初置市舶司,与蕃商贸易,命知颙往经制之。转内
殿崇班、亲王诸宫都监。从王继恩平蜀寇,就迁西京作坊副使。

咸平初,迁正使、带御器械。契丹犯边,上北巡,命为天雄军、澶
州巡检使,俄改德、博等州缘河巡检使兼安抚,加领长州刺史。三

年,戍镇、定、高阳关三路,押大阵。是冬,改高阳关驻泊行营钤辖。归朝,复掌亲王诸宫事。

景德中,自京抵泗,遣徒治河堤,命总其役。初计工累月,及是,浃日而毕。上面加褒谕,赐白金千两,授入内都知。

大中祥符初,迁内园使。俄以定内侍迁秩品第不当,为其列所诬,坐罢都知。三年,为并、代州钤辖,迁庄宅使,徙镇、定、高阳关钤辖。四年,命与内殿崇班张继能、供奉官侍其旭同修太祖神御殿。上封求觐阙下,复掌群牧司、三班院、亲王诸宫事。

天禧二年,为并、代州钤辖兼管勾麟府路军马事。三年,卒,年六十九。孙全彬。

全彬字长卿,以知颙奏补入内小黄门,累迁西头供奉官。仁宗使致香币于南海,密诏察所过州县吏治民俗。还,具以对,帝以为忠谨。陕右群盗杀凤州巡检,遣往擒灭之。

元昊叛,全彬监鄜州兵救延州,解围去。经略使明镐言其勇略善将,得边人情,除并、代州都监,加内侍押班。进钤辖,徙鄜延,还,为押班。

侬智高寇广南,以为湖南、江西路安抚副使。出桂林,请于宣抚使狄青,愿独当一队以自效。于是使将左方兵,力战于邕州。南方平,领绵州防御使。

张贵妃居宁华殿阁,命全彬提举。妃薨,治丧过制,皆刘沆、王洙与全彬共为之。数月,进宫苑使、利州观察使,给两使留后奉。俄为入内副都知,知制诰刘敞封还词命,居三月,复授之。转领信武军留后,为永昭陵钤辖。时去永定复土四十二年,有司多亡其籍,全彬以心计办治。迁福延宫使,提点奉先院。

熙宁中,卒,年七十六。赠太尉、定武军节度使,谥曰恭僖。

邓守恩,并州人。十岁以黄门事太宗。

淳化中,盗起成都,从王继恩往讨之。至道初,就护西蜀屯兵。

咸平初,为入内高班。契丹入寇,命石保吉为镇、定都部署,以守恩为都监。逾年,入掌骐骥院。会龙骑叛卒剽劫环、庆,遣守恩擒蕲之。景德初,为澶、濮都巡检。又使环、庆及戎、泸等州巡察边事。

大中祥符初,按狱于濮州,雪冤人十余。预监修玉清昭应宫、会灵观。七年,又兼修真游殿、景灵宫。累迁入内高品、供奉官。宫成,迁内殿承制。八年,预修大内,改西京作坊副使。九年,营造皆毕,授东染院使,充会灵观都监。

天禧二年,掌军头引见司,又修祥源观成,迁崇仪使。三年,授入内押班。河决滑州,命为修河钤辖。郊祀,召为行宫使,改如京使,复还本任。四年春,河复故道,迁文思院使。归朝,加领昭州刺史。是秋,掌皇城、国信二司,整肃禁卫,迁入内副都知。会建天章阁,命领其事。又勾当资善堂兼太子左右春坊司。

守恩长七尺余,状貌甚伟,莅事干敏,以强果称于时。五年,卒,年四十八。赠淄州防御使。录其子官。

宋史卷四六七
列传第二二六

宦者二

杨守珍　　韩守英　　蓝继宗　　张惟吉
甘昭吉　　卢守勤　　王守规　　李宪
张茂则　　宋用臣　　王中正　　李舜举
石得一　　梁从吉　　刘惟简

　　杨守珍字仲宝,开封祥符人。为入内黄门,习书史,学兵家方略。善射,家僮过堂下,一发贯髻,人服其精。选为环庆路走马承受公事。契丹谋入塞,为镇、定、高阳关行营同押先锋事。会许民周继宗为人诬告与外夷交通,干证者六十人,辞服,遣守珍覆问,悉辨理出之。徙真定、保、赵等州驻泊都监,邕、桂等十州安抚都监。从曹克明降抚水州蛮,筑二栅以扼其要。

　　天禧初,擒盗于青灰山。累迁西京作坊使、带御器械、永兴军兵马钤辖,徙真定、邠宁路。为内侍省内侍押班,提点内弓箭军器库。进内园使、右班都知、领端州刺史。尝侍仁宗苑中,命乘马驰射,赏其便习,赐锦袍卮酒。卒,赠原州防御使。

　　韩守英字德华,开封祥符人。初为入内商品,从征河东,数奉诏至石岭关督战,取隆州,迁殿头。久之,以西头供奉官擢入内内侍押

班，迁副都知。随王继恩招安西川，为先锋，战于剑门有功，迁西京
作坊使、剑门都监。还，勾当三班院，进入内内侍都知。历定州、镇
定高阳关、并代路兵马钤辖。契丹围岢岚军，守英与钤辖张志言、知
府州折惟昌帅所部渡河，抵朔州，以牵贼势。遂破狼水砦，俘数百
人，获马牛羊铠甲以数万计，贼乃解去。赐锦袍金带。俄领会州刺
史，解都知，再迁昭宣使，复领三班。

出为鄜延路都钤辖，徙并代路。建言："本路宿兵多，百姓困于
飞挽，今幸边鄙无事，请留骑军千，余人悉徙内地。"真宗曰："边臣
能体朝廷恤民之意，宜诏诸路视此行之。"

提举在京诸司库务，勾当皇城司，为赵德明官告使。历宣政、宣
庆二使，内侍左班都知，领奖州团练使、雅州防御使，入内都知，管
勾修国史。书成，进景福殿使，又为延福宫使、入内都知，复提举诸
司库务。卒，赠定国军节度观察留后。

蓝继宗字承祖，广州南海人。事刘鋹为宦者，归朝年十二，迁为
中黄门。从征太原，传诏营陈间，多称旨。

秦州并边有大、小洛门砦，自唐末陷西羌，雍熙中，温仲舒谕酋
豪使献其地，徙众渭北。言者以为生事，请罢仲舒。太宗遣继宗往
按视，还奏二砦据要害，产良木，不可弃。帝悦，复使继宗劳赐仲舒。
累迁西京作坊副使、勾当内东门。

元德太后、章穆皇后葬，为按行园陵使。车驾北征，勾当留司、
皇城司。车驾谒诸陵，近陵旧乏水，继宗疏泉陵下，百司从官皆取以
济。擢入内副都知，为天书扶侍郎监。诏与李神祐第东封扈从内臣
之劳，而入内供奉官范守逊等诉其不公，罢都知。祀汾睢，复为天书
扶侍都监，再迁东染院使。

明年，领会州刺史，进崇仪使、勾当皇城司。修玉清昭应宫，与
刘承珪典工作。宫成，迁洛苑使、高州团练使，充都监。坐章穆皇后
陵隧垫，贬如京使。典修景灵宫，进南作坊使，复修会灵、祥源观。车
驾幸亳州，管勾留司、大内公事，提举在京诸司军务，勾当三班院，

修国史院。为赵德明加恩使，德明与继宗射，继宗每发必中，德明遗以所乘名马。为内侍省右班都知，迁入内都知。

仁宗即位，迁左骐骥使、忠州防御使、永定陵修奉钤辖。历昭宣、宣政、宣庆使。累上章求致仕，特免入朝拜舞及从行幸。顷之，复固请罢都知，以景福殿使、邕州观察使家居养疾。卒，赠安德军节度使，谥僖靖。

继宗事四朝，谦谨自持，每领职未久，辄请罢。家有园池，退朝即亟归，同列或留之，继宗曰："我欲归种花卉，弄游鱼为乐尔。"景福殿置使，自大中祥符间至继宗，授者才三人。养子元用、元震。元用终左藏库使、梓州观察使。

元震以兄荫补入内黄门，转高班，给事明肃太后。禁中夜火，后拥仁宗登西华门，左右未集，元震独传呼宿卫，以功迁高品。为三陵都监，条列防守法，其后诸陵以为式。历群牧都监，监三馆秘阁，积官皇城使。累迁入内副都知、忠州防御使。仙韶院火，元震救护，火以时息。诏褒之，赐袭衣金带。卒，赠镇海军留后。元震养子五人，不畜阉子。

张惟吉字佑之，开封人。初补入内黄门，迁殿头、高阳关路走马承受公事。护塞滑州天台埽役，迁西头供奉官，监在京榷货务。知嘉州张约以赃败，诏与御史王镇往劾其狱。还，领内东门司，为修奉章献、章懿太后二陵承受。时议复用李谘榷茶算缗法，乃以惟吉为内殿崇班，复监榷货务。凡内侍领内东门，次迁勾当御药院，而惟吉才进官，众以为薄，惟吉欣然就职。再期，以羡余迁承制。

为赵元昊官告使，还言元昊骄僭，势必叛，请预饬边备。及元昊寇延州，遣按视延鄜、环庆两路器甲，并访攻守利害。敌既退，夏竦、韩琦谋自鄜延深入，乘虚击之，命惟吉募并、汾骁勇，副以土兵，轻赍赴河外。惟吉以为我师当持重伺变，不宜驰赴不测以自困。已而元昊果引去，还奏称旨。领皇城司，迁内侍省押班、群牧都监，简陕西冗兵，领军头引见司，迁供备库使，尽汰军头司军校之罢癃者。同提举在京诸司库务，领恩州刺史，为入内都知。

商湖决，为澶州修河都钤辖。转运使施昌言请亟塞，崔峤以为岁灾民困，役宜缓，命惟吉按视，言河可塞而民诚困，财用不足，宜少待之。从其议。迁如京使、果州团练使，复领皇城司，卒。

惟吉任事久。颇见亲信，而言弗阿狥。张贵妃薨，将治丧皇仪殿，诸宦官皆以为可，独惟哇曰："此事干典礼，须翌日问宰相。"既而宰相不能执议，惟吉深以为非。赠昭信军节度观察留后。逾月，又赠保顺军节度使，谥忠安。

养子若水，字益之，以惟吉奏补小黄门，给事章惠太后殿，转入内高品。王师平贝州，征侬贼，皆以干敏选为走马承受。贼平，以劳进官，三迁环庆路钤辖。讨环州解乜白族复有功，历带御器械、内侍押班、副都知。

熙宁初，造神臂弓成，神宗御延和殿临阅，置铁甲七十步，俾卫士射，未有中者。若水自请射，连中彻札。建庆寿、宝慈两宫，典领工作，再迁嘉州防御使。以病薪解职，领辉州观察使，提举四园苑诸司军务。卒，赠天平军留后。

甘昭吉字祐之，开封人。初以内侍殿头为英、韶州巡检，捕盗有功，再迁内殿崇班、京东路都巡检。齐州武卫小校冯坦率营卒二百突入州厅事，欲为变，昭吉单骑驰往，戒所从将士操兵在外，先独见乱卒，谕以福祸，令推首恶自赎，众疑沮不敢动。已而操兵者皆入，即共执十余人，告曰："此诱我者也。"昭吉立杀之，纵其余去，州以无事。特迁供备库副使、带御器械。后内侍省押班阙，仁宗记前功，特以授之。迁入内副都知。

英宗即位之夕，昭吉直禁中，翊卫有劳，自文思副使超迁供备库使、康州刺史。昭吉奏曰："臣本孤微，无左右之举，而先帝知臣朴直，自小官拔用至此，分当从葬，今愿得洒扫陵寝足颖。"帝爱其忠，特授永昭陵使，加如京使。还朝，表辞职，以左龙武军大将军致仕，卒。昭言敦实慎密，人士称之。

卢守勤字君锡，开封祥符人。自入内内品累迁礼宾使、邠宁环庆路钤辖，还为入内内侍省押班、领昌州刺史。明道中，改葬章懿太后，而旧藏有水，以守勤尝典葬事，罢为永兴军兵马钤辖，徙鄜延路。再迁六宅使，加贵州团练使，进荣州防御使兼邠宁环庆路安抚都监。元昊寇保安军，守勤率兵击走之，特迁左骐骥使，移陕西钤辖。

初，刘平、石元孙被执，守勤抚膺涕泣不敢出，又尝易蕃官马。延州通判计用章劝范雍弃城，将保鄜州，雍欲遣安抚都监李康伯往说贼，不肯行，贼去而守勤、用章更相论奏。知制诰叶清臣以守勤拥兵观望，请正其罪，并按二人。守勤夺防御使，为湖北都监；用章除籍，配雷州本城；康伯，均州都监。

久之，复恩州防御使，迁利州观察使，历真定府、定州、北京路钤辖。以左卫大将军致事，卒，赠保顺军节度使，谥安恪。养子昭序。

王守规，真定栾城人，入内都都知守忠之弟。守忠事真定宗，谨愿慎密，眷遇最厚。明道时，守规为小黄门，禁中夜半火，守规先觉，自寝殿至后苑皆击去其锁，乃奉仁宗及皇太后至延福宫，回视所经处已成煨烬。翌日，执政候起居，帝曰："非王守规导朕至此，几不与卿等相见。"以功迁入内殿头。选治京城水，决汴河于公贾村，决蔡河于四里桥，水患以息。加带御器械。积官至宣庆使、康州防御使、内侍右班副都知。卒，年六十七，赠昭武军留后。

李宪字子范，开封祥符人。皇祐中，补入内黄门，稍迁供奉官。神宗即位，历永兴、太原符路走马承受，数论边事合旨，干当后苑。王韶上书请复河湟，命宪往视师，与韶进收河州，加东染院使，干当御药院。复战牛精谷，拔珂诺城，为熙河经略安抚司干当公事。按视鄜延军制，行至蒲中，会木征合董毡、鬼章之兵攻破踏白城，杀景思立，围河州，诏趣赴之，宪驰至军。先是，朝廷出黄旗书敕谕将士，如用命破贼者倍赏。于是宪晨起帐中，张以示众曰："此旗，天子所赐也，视此以战，帝实临之。"士争呼用命以进。督诸将傍山焚族帐即日通路至河州。贼余众保踏白，官军出与战，大破之。进至余川，又破贼堡十余，木征率酋长八十余人诣军门降。捷闻，以功加昭宣使、嘉州防御使。还，为入内内侍省押班、干当皇城司。

安南叛，副赵离招讨，未行，离建言："朝廷置招讨副使，军事须共议，至节制号令即宜归一。"宪衔之。由是屡纷辨，遂罢宪而令乘驿计议秦凤、熙河边事，诸将皆听节度。于是御史中丞邓润甫、御史周尹蔡承禧彭汝砺极论其不可，又言："鬼章之患小，用宪之患大；宪功不成其祸小，有成功其祸大。"章再上，弗听。冷鸡朴诱山后生羌扰边，木征请自劾，众以为不可。宪曰："何伤乎！羌人天性畏服贵种。"听之往。木征盛装以出，众耸视，皆无斗志，师乘之，杀获万计，斩冷鸡朴。董毡惧，即遣使奉赞劾顺。加宣州观察使、宣政使、入内副都知，又迁宣庆使。时用兵连年，度支调度不继，诏宪兼经制财用，裁冗费什六，岁运西山巨木给京师营缮。赐瑞应坊园宅一区。

元丰中，五路出师讨夏国，宪领熙、秦军至西市新城。复兰州，城之，请建为帅府。帝又诏宪领兵直趣兴、灵，董毡亦称欲往，宜乘机协力入扫巢穴，若兴、灵道阻，即过河取凉州。乃总兵东上，平夏人于高川石峡。进至屈吴山，营打啰城，趋天都，烧南牟府库，次葫芦河而还。

宪即不能至灵州，董毡亦失期，师无功。宪欲以开兰、会邀功弭责，同知枢密院孙固曰："兵法，期而后至者斩。况诸路皆至而宪独不行，不可赦。"帝以宪犹有功，但令诘擅还之由，宪以馈饷不接为辞，释弗诛。复上再举之策，兼陈进筑五利，且从之。会李顺举入奏，具陈师老民困状，乃罢兵。趣宪赴阙，道赐银帛四千。为泾原经略安抚制置使，给卫三百。进景福殿使、武信军留后，使复还熙河，仍兼秦凤军马。

夏人入兰州，破西关，降宣庆使。宪以兰州乃西人必争地，众数至河外而相羊不进,意必大举,乃增城守堑壁,楼橹具备。明年冬,夏人果大入,围兰州,步骑号八十万众,十日不克,粮尽引去。又诏宪遣间谕阿里骨结等,且选骑渡河,与贼遇,破之。坐妄奏功状,罢内省职事。

哲宗立,改永兴军路副都总管,提举崇福宫。御史中丞刘挚论宪贪功生事,一出欺罔,避兴、灵会师之期,顿兵以城兰州,遗患至今,永乐之围,逗留不急赴援。降宣州观察使,又贬右千牛卫将军,分司南京,居陈州。卒,年五十一。绍圣元年,赠武泰军节度使,初谥敏恪,改忠敏。

宪以中人为将,虽能拓地降敌,而罔上害民,终贻患中国云。

张茂则字平甫,开封人。初补小黄门,五迁至西头供奉官,干当内东门,禁庭夜有盗,茂则首登屋以入,既获贼,迁领御药院。

仁宗不豫,中夜促召,茂则迁入扶卫,左右或欲掩宫门,茂则曰:"事无可虑,何至使中外生疑耶?"帝疾间,欲处以押班,恳求补外,转宫苑使、果州团练使,为永兴路兵马钤辖。入为内侍押班,再迁副都知。熙宁初,同司马光相视恩、冀、深、瀛四州生堤及六塔、二股河利害,进入内都知。

上元夜,宫中火,督众即扑灭。诏曰:"宫禁不惊,帑藏如故,惟忠与力,予固嘉之。"赐以窄衣金带。累乞退休,言受国厚恩,廪食过量,积而未请者七年,乞令三司毁券。诏褒之,仍进其官。哲宗即位,迁宁国军留后,加两省都都知。卒,年七十九。

茂则性俭素,食不重味,衣装累十数年不易。绍圣论元祐人,以茂则尝预任使,追贬左监门卫将军,崇宁中入党籍。

宋用臣字正卿,开封人。为人有精思强力,以父荫隶职内省。神宗建东、西府,筑京城,建尚书省,起太学,立原庙,导洛通汴,凡大工役,悉董其事。性敏给,善传诏令,故多访以外事。同列悉籍以进,朝士之乏廉节者,往往诏附之,权势震赫一时。积劳至登州防御使,加宣政使。元祐初，言者论其罪，降为皇城使，谪监滁州、太平州酒税。四年，主管灵仙观。绍圣初，召为内侍押班，进瀛州刺史。

徽宗即位，迁蔡州观察使、入内副都知。为永泰陵修奉钤辖，卒陵下，赠安化军节度使，谥僖敏。谥议谓用臣为广平宋公，有"天子念公之劳，久徙干外"之语。丰稷论奏，以为凡称公者皆须耆宿、大臣与乡党有德之士，其曰"念公之劳，久徙于外"，斯乃古周公之事，于用臣非所宜言也。止令赐谥，论者是之。

王中正字希烈，开封人。因父任补入内黄门，迁赴延福宫学诗书、历算。仁宗嘉其才，命置左右。庆历卫士之变，中正援弓矢即殿西督捕射，贼悉就擒，时年甫十八，人颇壮之。迁东头供奉官，历干当御药院、鄜延、环庆路公事，分治河东边事。破西人有功，带御器械。

神宗将复熙河，命之规度。还言："熙河譬乳虎抱玉，乘扑牙未备可取也。"遂从王韶入熙河，治城壁守具，以功迁作坊使、嘉州团练使，擢内侍押班。

吐蕃围茂州，诏率陕西兵援之，围解。自石泉至茂州，谓之陇东路，土田肥美，西羌据有之，中正不能讨。乃因吐蕃入寇，言："其路经静州等族，榛僻不通，迩年商旅稍往来，故外蕃因以乘闻。县至绵与茂，道里均，而龙安有都巡检，缓急可倚仗。请割石泉隶绵，而窒其故道。"从之，陇东遂不可得。还，使熙河经画鬼章，埋昭宣使、入内副都知。

元丰初，提举教畿县保甲将兵捕贼盗巡检，献民兵伍保法，请于村疃及县以时阅习，悉行其言。复往鄜延、环庆经制边事，诏凡所须用度，令两路取给，无限多寡。既行，又称面受诏，所过募禁兵，愿从者将之，主者不敢违。

问罪西夏，以中正签书泾原路经略司事。诏五路之师皆会灵州，中正失期，粮道不继，士卒多死，命权分屯鄜延并边城砦，以俟后举。自请罢省职，迁金州观察使、提举西太一宫，坐前败贬秩。元祐初，言者再论其将王师二十万，公违诏书之罪，刘挚比中正与李宪、宋用臣、石得一为四凶，又贬秩两等。久之，提举崇福宫。绍圣初，复嘉州团练使。卒，年七十一。

李舜举字公辅，开封人。世为内侍，曾祖神福，事太宗以信谨终始。舜举少补黄门，仁宗使督工冶金为器，既成，有羡数并上之，帝嘉其不欺。出为秦凤路走马承受。

英宗立，奏事京师。会帝不豫，内谒者止之宫门，舜举曰："天子新即位，使者从边方来，不得一见而去，何以慰远人！"谒者以闻，亟召对，帝意良悦。因言："承受公事，以察守将不法为职，而终更论最，乃使帅臣保任，乞免之。"遂删旧制。

熙宁中，历干当内东门、御药院、讲筵阁、实录院。郭逵讨交州，以为广西干当公事，军中之政得与讲画，或疾置入朝，禀受成算。会逵贬，亦降左藏军副使，以文思院使领文州刺史、带御器械。进内侍押班，制置泾原军马。

五路师出无功，议再举，李宪督馈粮，言受密诏，自都转运使以下乏军兴者皆听斩。民惩前日之役多死于冻馁，皆惮行，出钱百缗不能雇一夫，相聚立栅山泽不受调。吏往逼呼，辄殴击，解州至械县令以督之，不能集。舜举入奏其事，乃罢兵。退诣中书，王珪迎劳之曰："朝廷以边事属押班及李留后，无西顾之忧矣。"舜举曰："四郊多垒，此卿大夫之辱，相公当国，而以边事属二内臣，可乎？内臣正宜供禁庭洒扫之职，岂可当将帅之任！"闻者代珪惭焉。

转嘉州团练使。沈括城永乐，遣舜与计议，被围急，断衣襟作奏曰："臣死无所恨，顾朝廷勿轻此贼。"寻以死闻，赠昭信军节度使，谥曰忠敏。

舜举资性安重，与人言未尝及宫省事。颇览书传，能文辞笔札。在御药院十四年，神宗尝书"李舜举公忠奉上，恭勤检身，始终惟一，以安以荣。"十九字赐之。

石得一，开封人。为内侍黄门，累官内殿承制。神宗时，带御器械、管干龙图天章宝文阁、皇城司，四迁入内副都知。元祐初，领成州团练使，罢内省职。御史刘挚言："得一顷管皇城，恣其残刻，纵遣逻者，所在棋布，张阱设网，以无为有，以虚为实。朝廷在吏及富家小人，飞语朝上，暮入狴犴，上下惴恐，不能自保，至相顾以目者殆十年。"坐降左藏库使，卒。绍圣中，赠随州观察使。

梁从吉字君祐，开封人。补入内高班。王则反，奉命宣慰，还言："小寇无多虑，诸将之兵足以翦除，若得重臣统其事，不崇朝可平矣。"于是仁宗以文彦博为安抚招讨使。贼平，又奏请分河北为路，每路以一帅府统之，遂建魏、镇、定、瀛四帅。熙宁初，为邠宁环庆路驻泊兵马钤辖。夏人寇大顺城，围庆州七砦，从吉率兵八百余人与战，获其酋领。又讨平宁州叛卒，以功升都钤辖，累官皇城使。从高遵裕至灵武，督士卒攻城，身被创甚，进入内押班，迁永州团练使，为副都知。元祐中卒，赠成德军节度使，谥曰敏恪。

刘惟简，开封人，由入内黄门积官至昭宣使、康州刺史、高阳关路兵马都监，为入内押班。哲宗初立，惟简自河北来朝，请对寝门，内谒者难之，独引见皇太后。惟简立福宁殿下，雨沾衣不退，帝起坐帏中，望见呼问曰："诸路如汝者几人，何以独来？"对曰："陛下新即位，臣来自边塞，未瞻天表，不敢辄还，不知其他。"帝叹曰："小臣知所守如此。"识其姓名屏间。他日，神宗览所题屏，擢干当延福宫，自是蒙亲信。

交人叛，诏驰驿至桂州审视事势，还言："帅臣刘彝贪功生事，罪当诛。乾德狂童，颈不足系。"帝信之。郭逵、赵离南征，以为行营承受。逵、离被谪，惟简亦夺一宫。

陕西五路师还，受命抚犒士卒，以疾先还者不赐。惟简心知其不便，至庆州，疏言："士卒不幸，以将臣上违圣略，粮食不继，逃生以归，其情可贷。今同立庭中而不预赐，恐患生仓卒。"帝用其言，均予之。又使案阅河北保甲，振济京西水灾，参定诸陵荐献。既而为言者所劾，摈不用。哲宗在藩时，惟简奔奏服勤，及亲政，召至左右。以内侍押班卒，赠昭化军留后。

宋史卷四六八
列传第二二七

宦者三

李祥　　陈衍　　冯世宁　　李继和
高居简　　程昉　　苏利涉　　雷允恭
阎文应　　任守忠　　童贯 _{方腊附}
梁师成　　杨戬

　　李祥，开封人，为入内黄门。资骁锐，善骑射，用材武中选，授泾原仪渭同巡检。从景思立于河、湟，以功迁内殿崇班，为河州驻泊兵马都监。从郭达讨交阯，驻富民江，贼兵大至，与泾原将姚兕力战，败之。迁皇城使、镇戎军沿边都巡检使。从刘昌祚征灵武，议功加沂州团练使。或言所部兵失亡多，降简州刺史，权熙河兰会路都监，总岷州兵。夏人攻兰州，祥赴援，保险待变，数日，虏彻围去。复团练使，进阶州防御使。从种谊袭鬼章有功，升兵马都钤辖。在熙河二十余年，以宣庆使、内侍押班卒。

　　陈衍，开封人。以内侍给事殿庭，累官供备库使。梁惟简荐诸宣仁圣烈皇后，主管高韩王宅，领御药院、内东门司。宣仁山陵，为按行使。俄以左藏库使、文州刺史出为真定路都监。
　　御史来之邵方力诋元祐政事，首言："衍在垂帘日，怙宠骄肆，交结戚里，进退大臣，力引所私，俾居耳目之地。”张商英亦论："衍交通宰相，御服为之赐珠；结托词臣，储祥为之赐膳。"盖指吕大防、苏轼也。衍坐贬，监郴州酒税务。惟简以援引，张士良、梁知新以党附，皆得罪。已又编管白州，徙配朱崖。

　　章惇起狱，诬元祐诸老、大臣，云结衍辈以谋废立。士良尝与衍同在宣仁后阁，自郴州召之，使实其说。士良至，但言宣仁弥留之际，衍尝可否二府事及用御宝付外而已。锻炼无所得，安惇、蔡京乃奏衍疏隔两宫，斥随龙内侍十余人于外，以剪除人主腹心羽翼，意在动摇，大逆不道。乃诏处死，令广西转运使程节莅其刑。

　　冯世宁字静之，以入内黄门累迁昭宣使、忠州团练使、入内押班。扬国公主寝疾，哲宗欲夜出问讯，世宁执言不可，帝虽微忤，卒为之改容。再迁景福殿使、明州观察使，至副都知。崇宁新官名，世宁首知入内内侍省事。禁中夜火，使宿卫士扑灭之，既定，令自他途也，盖不欲使知宫省曲折也。徽宗赏叹。进感德军留后。政和初，以内客省使、彰化军留后致仕。

　　世宁出入禁闼六十年，循谨无过。卒，年六十七，赠开府仪同三司，谥曰恭节。

　　李继和，开封人。以父任为内侍黄门。庆历中，为河北西路承受。保州兵叛，塞城门距守，官军重围之，不得入。继和独上南关门，密呼所结内应者，谕以祸福。众言："俟李昭亮至，即斩关自归。"已而果然。贼平，迁两秩。王则反贝州，为城下走马承受。

　　沙苑阙马，诏秦州置场以券市之，继和领职不数月，得马千数，而人不扰。旧制，内侍入仕三十年始得磨勘，至是，乃令以劳进官者无拘于年。

　　环州弓箭手岁时给酒，州将不与，众喧诉，讻阗府门不敢出，继和步入众中譬晓之曰："汝曹为一杯酒，遂丧躯命乎！"众悟散去。事闻，擢带御器械。累迁宣庆使、文州团练使、入内副都知，卒。子从善援例求赠官,神宗曰:"此弊事也!继和无军功,何必赠?"自是为定制云。

高居简字仲略,世本番禺人。以父任为入内黄门。护作温成原庙奉神物,以精办称,超转殿头,领后苑事。坐奉使梓奁路多占驿兵,降高品。历领龙图天章宝文阁、内东门司,干当御乐院。

神宗即位,御史张唐英言其资性憸巧善迎合取容。中丞司马光亦言其"久处近职,罪恶已多。祖宗旧制,干当御药院官至内殿崇班以上,即须出外。今陛下独留四人,中外以此窃议。况居简顷在先朝,依凭城社,物论切齿。及陛下继统,乃复先自结纳,使宠信之恩过于先帝。愿明治其罪,以解天下之惑"。于是罢为供备库使。稍迁带御器械,进内侍押班。以文思使领忠州刺史,卒,赠辉州观察使。

居简闻外廷议论,必以入告,省中目为"高直奏"。仁宗时,尝使南海,遇广州火,救者不力,居简督众护军资甲仗二库,赖以获全。事闻,诏褒之。

程昉,开封人。以小黄门积迁西京左藏库副使。

熙宁初,为河北屯田都监。河决枣强,酾二股河导之使东,为锯牙,下以竹落塞决口。加带御器械。河决商胡北流,与御河合为一。及二股东流,御河遂浅淀。昉以开浚功,迁宫苑副使。又塞漳河,作浮梁于洺州。兼外都水丞,诏相度兴修水利。河决大名第五埽,昉议塞之,因疏塘水溉深州田。又导葫芦河,自乐寿之东至沧州二百里。塞孟家口,开乾宁军直河,作桥于真定之中渡。又自卫州王供埽导沙河入御河,以广运路。累迁达州防御使,制置河北防水利。

御史盛陶言:"昉挟第五埽之功,专为己力。假朝廷威福,恐动州县。所开共城河,颇废人户水硙,久无成功。又议开沁河,因察访官按行,始知不便。漳河、滹沱之役,水占邢、洺、赵、深、祁五州之田,王广廉、孔嗣宗、钱繰、赵子几皆尝论奏其奸欺之状,则多置挞口,指决河所侵便为淤田。其事权之盛,则举官废吏,惟其所欲。悖慢豪横,则受圣旨者三,受提点刑狱司牒者十二,故有违拒。小人误当赏擢,骄暴自肆。愿遣官代还,仍行究治。”神宗曰:“王安石以昉知河事,故加任使,令开漳河,用工七百万,滹沱八九百万,已议体量矣。”

始,安石欲兴水利,骤用昉,昉挟安石势而慢韩琦,后安石觉其虚诞,亦疏之。以忧死,赠辉州观察使。遂罢都大制置河防水利司。

苏利涉字公济。祖保迁,自广州以阉人从刘铄入朝。利涉初为入内内品。庆历中卫士之变,以护卫有劳,赏激加等。英宗为皇子,利涉给事东宫。及即位,迁东头供奉官,欲以为颍王府都监,力辞。干当御药院,迁供备库使。帝不豫,侍医药最勤,言辄流涕。及帝崩,乞与医官同贬,三上表待罪,不许。

神宗即位,授达州刺史。历内侍押班、副都知,转海州团练使。仙韶院火,营救甚力,赐袭衣、金带。卒,年六十四,赠奉国军节度使,谥曰勤僖。

利涉尝干当皇城司,循故事,厢卒逻报不皆以闻。后石得一代之,事无巨细悉以奏,往往有缘飞语受祸者,人始以利涉为贤。

雷允恭,开封人。初为黄门,颇慧黠,稍迁入内殿头,给事东宫。周怀政伪为天书,允恭豫发其事,怀政死,擢内殿崇班,迁承制。再迁西京作坊使、普州刺史、入内内侍省押班。

章献后初临政,丁谓潜结允恭,凡机密事令传达禁中,由是允恭势横中外。山陵事起,允恭请效力陵上,章献后曰:“吾虑汝有妄动,恐为汝累也。”乃以为山陵都监。允恭驰至陵下,司天监邢中和为允恭言:“今山陵上百步,法宜子孙,类汝州秦王坟。”允恭曰:“何不就?”中和曰:“恐下有石与水尔。”允恭曰:“上无他子,若如秦王坟,何不可?”中和曰:“山陵事重,踏行覆按,动经月日,恐不及七月之期耳。”允恭曰:“第移就上穴,我走马入见太后言之。”允恭素贵横，人不敢违，即改穿上穴。入白其事，章献后曰："此大事，何轻易如此？"允恭曰："使先帝宜子孙，何惜不可？"章献后意不然，曰："出与山陵使议可否？"时丁谓为山陵使，允恭具道所以，谓唯唯而已。允入奏曰："山陵使亦无异议矣。"既而上穴果有石，石尽水出。允恭竟以是并坐盗金宝赐死，籍其家。中和流沙门岛。谓寻窜海上。

阎文应，开封人。给事掖庭，积迁至入内副都知。仁宗初亲政，与宰相吕夷简谋，以张耆、夏竦、陈尧佐、范雍、赵积、晏殊、钱惟演皆章献后所任用，悉罢之。退以语郭后，后曰："夷简独不附太后邪？但多机巧，善应变耳。"由是并夷简罢。

夷简素与文应相结，使为中调。久之，乃知事由郭后，夷简遂怨后。及再相，杨、尚二美人方宠，尚美人于仁宗前有语侵后，后不胜忿，批其颊，仁宗自起救之，误中其颈，仁宗大怒。文应乘隙，遂与谋废后，且劝以爪痕示执政，夷简以怨，力主废事，因奏仁宗出谏官，竟废后为净妃，以所居宫名瑶华，皆文应为夷简内应也。

郭后既废，杨、尚二美人益宠专夕，仁宗体为之弊，或累日不进食，中外忧惧。杨太后亟以为言，仁宗未能去。文应早暮入侍，言之不已，仁宗厌其烦，强应曰："诺"。文应即以毡车载二美人出，二美人涕泣，词说云云不肯行。文应骂曰："官婢尚何言？"驱使登车。翌日，以尚氏为女道士，居洞真宫；杨氏别宅安置。既而仁宗复悔废郭后，有复之之意，文应大惧。会后有小疾，挟太医诊视数日，乃言后暴崩，实文应为之也。

累至昭宣使、恩州团练使。时谏官劾其罪，请并其子士良出之。以文应领嘉州防御使，为秦州钤辖，改郓州；士良罢御药院，为内殿崇班。

始杨、尚二美人之出宫也，左右引陈氏女入宫，父号陈子城，杨太后尝许以为后，宋绶不可。王曾、吕夷简、蔡齐相继论谏。陈氏女将进御，士良闻之，遽见仁宗。仁宗披百叶择日，士良曰："陛下阅此，岂非欲纳陈氏女为后邪？"仁宗曰："然。"士良曰："子城使，大臣家奴仆官名也,陛下纳其女为后,无乃不可乎!"仁宗遽命出之。文应后徙相州钤辖,卒,赠皎州观察使。

任守忠字稷臣,荫人内黄门,累转西头供奉官,领御药院,坐事废。久之,复故官,稍迁上御药供奉。初,章献后听政,守忠与都知江德明等交通请谒,权宠过盛。仁宗亲政,出为黄州都监,又谪监英州酒税,稍迁潭州都监,徙合流镇。西鄙用兵,又为秦凤、泾原路驻泊都监,以功再迁东染院使、内侍押班。出为定州钤辖,加内侍副都知。累迁宣政使、洋州观察使,为入内都知。

仁宗未有嗣,属意英宗,守忠居中建议,欲援立昏弱以徼大利。及英宗即位,拜宣庆使、安静军留后。守忠又语言诞妄,交乱两宫。于是知谏院司马光论守忠离间之罪,为国之大贼,民之巨蠹,乞斩于都市。英宗犹未行,宰相韩琦出空头敕一道,参政欧阳修已签,赵槩难之,修曰:"第书之,韩公必自有说。"琦遂坐政事堂,立守忠许下,曰:"汝罪当死,贬保信军节度副使,蕲州安置。"取空头敕填与之,即日押行,琦意以为少缓则中变也。

守忠久被宠幸,用事于中,人不敢言其过,及贬,中外快之。久之,起为左武卫将军,致仕。卒,年七十九。

童贯,少出李宪之门。性巧媚,自给事宫掖,即善策人主微指,先事顺承。徽宗立,置明金局于杭,贯以供奉官主之,始与蔡京游。京进,贯力也。京既相,赞策取青唐,因言贯尝十使陕右,审五路事宜与诸将之能否为最悉,力荐之。合兵十万,命王厚专阃寄,而贯用李宪故事监其事。至湟川,适禁中火,帝下手札,驿止贯毋西兵。贯发视,遽纳靴中。厚问故,贯曰:"上趣成功耳。"师竟出,复四州。擢景福殿使、襄州观察使,内侍寄资转两使自兹始。

未几,为熙河兰湟、秦凤路经略安抚制置使,累迁武康军节度使。讨溪哥臧征,复积石军、洮州,加检校司空。颇恃功骄恣,选置将吏,皆捷取中旨,不复关朝廷,浸咈京意。除开府仪同三司,京曰:

"使相岂应授宦官?"不奉诏。

政和元年,进检校太尉,使契丹。或言:"以宦官为上介,国无人乎?"帝曰:"契丹闻贯破羌,故欲见之,因使觇国,策之善者也。"使还,益展奋,庙谟兵柄皆属焉。遂请进筑夏国横山,以太尉为陕西、河东、河北宣抚使。俄开府仪同三司,签书枢密院河西北两房。不三岁,领院事。更武信武宁护国河东山南东道剑南东川等九镇、太傅、泾国公。时人称蔡京为公相,因称贯为媪相。

将秦、晋锐师深入河、陇,薄于萧关古骨龙,谓可制夏人死命。遣大将刘法取朔方,法不可,贯逼之曰:"君在京师时,亲授命于王所,自言必成功,今难之,何也?"法不得已出塞,遇伏而死。法,西州名将,既死,诸军汹惧。贯隐其败,以捷闻,百官入贺,皆切齿,然莫敢言。关右既困,夏人亦不能支,乃因辽人进誓表纳款。使至,授以誓诏,辞不取,贯强馆伴使固与之,还及境,弃诸道上。旧,熟羌不授汉官,贯故引拔之,有至节度使者。弓箭手失其分地而使守新疆,禁卒逃亡不死而得改隶他籍,军政尽坏。

政和元年,副郑允中使于辽,得燕人马植,归荐诸朝,遂造平燕之谋,选健将劲卒,刻日发命。会方腊起睦州,势甚张,改江、浙、淮南宣抚使,即以所聚兵帅诸将讨平之。

方腊者,睦州青溪人也。世居县堨村,托左道以惑众。初,唐永徽中,睦州女子陈硕真反,自称文佳皇帝,故其地相传有天子基、万年楼,腊益得凭籍以自信。县境梓桐、帮源诸峒皆落山谷幽险处,民物繁夥,有漆楮、杉材之饶,富商巨贾多往来。

时吴中困于朱勔花石之扰,比屋致怨,腊因民不忍,阴聚贫乏游手之徒。宣和二年十月,起为乱,自号圣公,建元永乐,置官吏将帅,以巾饰为别,自红巾而上凡六等。无弓矢、介胄,唯以鬼神诡秘事相扇诱,焚室庐,掠金帛子女,诱胁良民为兵。人安于太平,不识兵革,闻金鼓声即敛手听命,不旬日聚众至数万,破杀将官蔡遵于息坑。十一月陷青溪,十二月陷睦、歙二州。南陷衢,杀郡守彭汝方;

北掠新城、桐庐、富阳诸县，进逼杭州。郡守弃城走，州即陷，杀制置使陈建、廉访使赵约，纵火六日，死者不可计。凡得官吏，必断脔支体，探其肺肠，或熬以膏油，丛镝乱射，备尽楚毒，以偿怨心。

警奏至京师，王黼匿不以闻，于是凶焰日炽。兰溪灵山贼朱言吴邦、剡县仇道人、仙居吕师囊、方岩山陈十四、苏州石生、归安陆行儿皆合党应之，东南大震。

发运使陈亨伯请调京畿兵及鼎、澧枪牌手兼程以来，使不至滋蔓。徽宗始大惊，亟遣童贯、谭稹为宣抚制置使，率禁旅及秦、晋蕃汉兵十五万以东，且谕贯使作诏罢应奉司。三年正月，腊将方七佛引众六万攻秀州，统军王子武乘城固守，已而大军至，合击贼，斩首九千，筑京观五，贼还据杭。二月，贯、稹前锋至清河堰，水陆并进，腊复焚官舍、府库、民居，乃宵遁。诸将刘延庆、王禀、王涣、杨惟忠、辛兴宗相继至，尽复所失城。四月，生擒腊及妻邵、子毫二太子、伪相方肥等五十二人于梓桐石穴中，杀贼七万。四年三月，余党悉平。进贯太师，徙国楚。

腊之起，破六州五十二县，戕平民二百万，所掠妇女自贼峒逃出，倮而缢于林中者，由汤岩、椔岭八十五里间，九村山谷相望。王师自出至凯旋，四百五十日。

腊虽平，而北伐之役遂起。既而以复燕山功，诏解节钺为真三公，加封徐、豫两国。越两月，命致仕，而代以谭稹。明年复起，领枢密院，宣先河北、燕山。宣和七年，诏用神宗遗训，能复全燕之境者胙本邦，疏王爵，遂封广阳郡王。

是年，粘罕南侵，贯在太原，遣马扩、辛兴宗往聘以尝金，金人以纳张觉为责，且遣使告兴兵，贯厚礼之，谓曰：“如此大事，何不素告我？”使者劝贯速割两河以谢，贯气褫不能应，谋遁归。太原守张孝纯诮之曰：“金人渝盟，王当令天下兵悉力枝梧，今委之而去，是弃河东与敌也。河东入敌手。奈河北乎？”贯怒叱之曰：“贯受命宣抚，非守土也。君必欲留贯，置帅河为？”孝纯拊掌叹曰：“平生童太师作几许威望，及临事乃蓄缩畏慑，奉头鼠窜，何面目复见天子乎？"

贯奔入都，钦宗已受禅，下诏亲征，以贯为东京留守，贯不受命而奉上皇南巡。贯在西边募长大少年号胜捷军，几万人，以为亲军，环列第舍，至是拥之自随。上皇过浮桥，卫士攀望号恸，贯唯恐行不速，使亲军射之，中矢而踣者百余人，道路流涕，于是谏官、御史与国人议者蜂起。初贬左卫上将军，连谪昭化军节度副使，窜之英州、吉阳军。行未至，诏数其十大罪，命监察御史张澂迹其所至，莅斩之，及于南雄。既诛，函首赴阙，枭于都市。

贯握兵二十年，权倾一时，奔走期会过于制敕。尝有谕其过者，诏方劾往察，劾一动一息，贯悉侦得之，先密以白，且陷以他事，劾反得罪，逐死。贯状魁梧，伟观视，颐下生须十数，皮骨劲如铁，不类阉人。有度量，能疏财。后宫自妃嫔以下皆献饷结内，左右妇寺誉言日闻。宠煽熏赫，庭户杂遝成市，岳牧、辅弼多出其门，厮养、仆圉官诸使者至数百辈。穷奸稔祸，流毒四海，虽葅醢不偿责也。

梁师成字守道，慧黠习文法，稍知书。初隶贾详书艺局，详死，得领睿思殿文字外库，主出外传道上旨。政和间，得君贵幸，至窜名进士籍中，积迁晋州观察使、兴德军留后。建明堂，为都监，既成，拜节度使、加中太一、神霄宫使。历护国、镇东、河东三节度，至检校太傅，遂拜太尉，开府仪同三司，换节淮南。

时中外泰宁，徽宗留意礼文符瑞之事，师成善逢迎，希恩宠。帝本以隶人畜之，命入处殿中，凡御书号令皆出其手，多择善书吏习仿帝书，杂诏旨以出，外廷莫能辨。师成实不能文，而高自标榜，自言苏轼出子。是时，天下禁诵轼文，其尺牍在人间者皆毁去，师成诉于帝曰："先臣何罪？"自是，轼之文乃稍出。以翰墨为己任，四方隽秀名士必招致门下，往往遭点污。多置书画卷轴于外舍，邀宾客纵观，得其题识合意者，辄密加汲引，执政、侍从可阶而升。王黼父事之，虽蔡京父子亦陷附焉，都人目为"隐相"，所领职局至数十百。

黼造伐燕议，师成始犹依违，卒乃赞决，又荐谭稹为宣抚。燕山平，策勋进少保。益通贿谢，人士入钱数百万，以献颂上书为名，令赴廷试，唱第之日，侍于帝前，嗫嚅升降。其小吏储宏亦豫科甲，而执厮养之役如初。李彦括民田于京东、西，所至倨坐堂上，监司、郡守不敢抗礼。有言于帝，师成适在旁，抗声曰："天人虽微，序于诸侯之上，岂足为过？"言者惧而止。师成貌若不能言，然阴贼鸷，遇间即发。

家居与黼邻，帝幸黼第，见其交通状，已怒，朱勔又以应奉与黼轧，因乘隙攻之。帝罢黼相，师成由是益绌。郓王楷宠盛，有动摇东宫意，师成能力保护。钦宗立，嬖臣多从上皇东下，师成以旧恩留京师。于是太学生陈东、布衣张炳力疏其罪。炳指之灾李辅国，且言宦官表里相应，变恐不测。东复论其有异志，攘定策功，当正典刑。帝迫于公议，犹未诵言逐之。师成疑之，寝食不离帝所，虽奏厕亦侍于外，久未有以发。会郑望之使金营还，帝命师成及望之以宣和殿珠玉器玩复往。先令望之诣中书谕宰相，至则留之，始诏暴其罪，责为彰化军节度副使。开封吏护至贬所。行次八角镇，缢杀之，以暴死闻，籍其家。

杨戬，少给事掖庭，主掌后苑，善测伺人主意。自崇宁后，日有宠，知入内内侍省。立明堂，铸鼎彝，起大晟、龙德宫，皆为提举。

政和四年，拜彰化军节度使，首建期门行幸事以固其权，势与梁师成埒。历镇安、清海、镇东三镇，由检校少保至太傅，遂谋撼东宫。

有胥吏杜公才者献策于戬，立法索民田契，自甲之乙，乙之丙，展转究寻，至无可证，则度地所出，增立赋租。始于汝州，浸淫于京东西、淮西北，括废堤、弃堰、荒山、退滩及大河淤流之处，皆勒民主佃。额一定后，虽冲荡回复不可减，号为"西城所"。筑山泺古钜野泽，绵亘数百里，济、郓数州，赖其蒲鱼之利，立租算船纳直，犯者盗执之。一邑率于常赋外增租钱至十余万缗，小旱蠲税，此不得免。擢公才为观察使。宣和三年，戬死，赠太师、吴国公，而李彦继其职。

彦天资狠愎，密与王黼表里，置局汝州，临事愈剧。凡民间美田，使他人投牒告陈，皆指为天荒，虽执印券皆不省。鲁山阛县尽括为公田，焚民故券，使田主输租佃本业，诉者辄加威刑，致死者千万。公田既无二税，转运使亦不为奏除，悉均诸别州。京西提举官及京东州县吏刘寄、任辉彦、李士渔、王浒、毛孝立、王随、江惇、吕坯、钱械、宋宪皆助彦为虐，如奴事主，民不胜忿痛。前执政冠带操笏，迎谒马首献媚，花朝夕造请，宾客径趋谒舍，不敢对之上马，而彦处之自如。

发物供奉，大抵类朱勔，凡竹数竿用一大车、牛驴数十头，其数无极，皆责办于民，经时阅月，无休息期。农不得之田，牛不得耕垦，殚财靡刍，力竭饿死，或自缢辕轭间。如龙鳞薜荔一本，辇致之费逾百万。喜赏怒刑，祸福转手，因之得美官者甚众。颍昌兵马钤辖范寥不为取竹，诬刊苏轼诗文于石为十恶，朝廷察其掯撼，亦令勒停。当时谓朱勔结怨于东南，李彦结怨于西北。

靖康初，诏追戬所赠官爵；彦削官赐死，籍其家；刘寄以下十人皆停废；复范寥官。

宋史卷四六九
列传第二二八

宦者四

邵成章　蓝珪　康履附　冯益
张去为　陈源　甘昇　王德谦
关礼　董宋臣

邵成章，钦宗朝内侍也。帝入青城，命成章卫皇太子赴宣德门稍制行事。太子北去，成章留于汴。康王将即位，元祐太后遣成章奉乘舆、服御至南京，从幸扬州。

金人掠陕西、京东诸郡，群盗起山东，黄潜善、汪伯彦匿不以闻。及张遇焚真州，去行在六十里，帝亦不之知也。成章上疏条具潜善、伯彦之罪曰，必误国，且申潜善等使闻之。帝怒，除名，南雄州编管。侍御史马伸言成章缘上书得罪，今是何时，以言为讳。

久之，帝思成章忠直，召赴行在，其徒忌之，谮于帝曰："邵九百来，陛下无欢乐矣！"遂止之于洪州。金人入洪，闻其名，访求得之，谓之曰："知公忠正，能事吾主，可坐享富贵。"成章不应，胁之以威，亦不从。金人曰："忠臣也，吾不忍杀。"遗之金帛而去。

蓝珪、康履，初皆为康王府都监、入内东头供奉官，尝从康王使金人行营。及开元帅府，并主管机宜文字。朝廷遣人趣师入援，履等请王留相州，王叱之而行。既即位，二人俱恃恩用事，履尤妄作威福，大将如刘光世等多曲意事之。帝知之，诏内侍不许与统兵官相见，违者停官编隶。履终无所忌惮，与内侍曾择凌忽诸将，或踞坐洗足，立诸将于左右，声喏甚至马前，故疾之者众。俄迁内侍省押班，金州观察使。

帝在扬州，金兵卒至，帝驰马出门，百官不戒备，从行者惟履等五六人。自是履等益自衒愈有轻外朝心。及幸浙，道吴江，其党竞以射鸭为乐。比至杭州，江下观潮，中官供帐，赫然遮道。统制苗傅等切齿曰：“此辈使天子至此，犹敢尔邪？”傅幕客王世修亦疾中官恣横，以告武功夫刘正彦，正彦曰：“会当共除之。”王渊跻枢管，正彦以为由宦者所荐，愈不平，谋遂决。伏兵斩渊，遣兵团履家，分捕中官，凡无须者皆杀之。

履驰入白帝，傅等至，厉声曰：“陛下信任中官，凡中官所主者皆得美官。王渊遇贼不战，交康履得枢密。中官在外者已诛，更乞康履、蓝珪、曾择等诛之，以谢三军。”帝不忍，除傅等官以安之。傅等曰：“欲迁官，第须控两匹马与内侍，何必至此！”帝问百官，策安出？主管浙西机宜文字时希孟曰：“中官之为患，至此极矣。不除之，天下之患未已。”军器监叶宗谔言：“陛下何惜一康履，不以慰三军？”帝不得已，遣人执履至，履望帝呼曰：“大家何独杀臣？”遂以付傅，即腰斩之，枭其首。帝幸睿圣宫，傅等留内侍十五人奉左右。寻捕珪、择等，皆编置远州；择，昭州，行一程，追还斩之。

傅等诛，赠履官，谥荣节，召珪等还。中书舍人季陵言：“中官复召，其党与相贺，气焰益张，中外切齿。”不报。珪至，自武功大夫擢内侍省押班。慈宁宫建，命提点事务，寻升内侍省都知。及迎太后，命充都大主管。太后既还宫，珪奏应下补授恩，乞听慈宁宫施行。从之。珪初与履同进，而骄横不及履，故幸以寿终。

有安石者，与珪同姓，为内侍省副都知，至景福殿使、湖州观察使。卒，赠保宁军节度使，谥良恪。渡江后，中官赠谥自安石始。

又有与履同姓者名谔，为内侍省押班，亦亲幸用事，与知阁门事蓝公佐善，每邀公佐至其直舍，必纵饮大醉，薄莫乃归，尝漏泄禁中语。刘光远被劾，谓与内侍陈永锡受其金，力为营救。言官劾之，帝诏永锡与祠，谓送吏部。后累官至均州观察使。卒，赠保信军节度使，谥忠定。

冯益，康王邸旧人也。王即位，自入内东头供奉官迁至干办御药院，寻兼干办皇城司。恃旧恩骄恣。帝幸浙东，益与御前右军都统制张俊争渡，以语侵俊，且诉于帝。事下御史台，侍御史赵鼎言："明受之变，起于内侍，覆辙不可不戒。"事乃已。

绍兴三年，授武功大夫、康州防御使、带御器械。时帝用侍御史常同言，诏皇城司并隶台察，益言非祖宗旧制，帝为追寝前诏。特迁宣政使。益自言藩邸旧吏，乞加恩，遂升明州观察使。内厩旧有骐骥院官，益请别置御马院，自领其事，又擅穿皇城便门。侍御史沈与求以为言，赵鼎等皆患之。

会刘豫揭榜山东，言益遣人收买飞鸽，因有不逊语。张浚请斩益以释谤，帝不许。鼎言事关国体，当解职加罚。帝喜曰："闻益交关外事，渐不可长。"与祠放归。浚意未息，鼎解之。益自是家居廪祠者十四年。

先是，伪柔福帝姬之来，自称为王贵妃季女，益自言尝在贵妃阁，帝遣之验视，益所诈，遂以真告。及事觉，益坐验视不实，送昭州编管，寻以与皇太后连姻得免。十九年，卒于家。

张去为，内侍张见道养子也。初为韦太后宅提点官，累迁至安德军承宣使、带御器械，又迁内侍者押班。时见道为入内内侍省押班，父子并充是福殿使。去为浸有宠，请以一官回授见道，帝嘉而许之。其后见道以保康军承宣使致仕，而去为与秦桧、王继先俱用事，升延福宫使，累迁至入内内侍者都知，恃恩干外朝谋议。

金兵将至，遣使来，出慢言以相惧。去为阴沮用兵，进幸蜀之计，宰相陈康伯力非之，帝悟而止。侍御史杜莘老乞斩去为，以作士气。先是，去为取御马院西兵二百人，髡其顶发，都人骇之，莘老复劾其罪。帝不得已，令去为致仕，莘老亦出补外。

及内禅，诏落致仕，提举德寿宫，行移如内侍者，仍铸印赐之。修宫有劳，又特迁安庆军承宣使。初，安恭后入宫，去为实进之。后崩，上皇又遣去为传旨，立谢贵妃为后，故亦贵重，然至死不复涉朝廷事。

陈源，淳熙中提举德寿宫，颇有宠。俄带浙西副总管，给事中赵汝愚言，内侍不当干军政，遂罢。源恃恩颛恣，本宫书史徐彦通者，为源掌冢务，不数岁官至经武大夫；甄士昌，源厮役也，工理发，奏补承信郎；又补临安府都吏李庚以官，使之窥伺府事。孝宗闻而恶之。十年春，诏源应奉日久，特落阶官，与京祠。给事中宇文价封还录黄，改外祠。台官黄洽等又劾之，乃谪源建州居住，籍其赍进德寿宫。彦通除名，道州编管，士昌、庚皆抵罪。言者犹未已，移源郴州。源有园名小隐，其制视禁筑有加，高宗以赐王才人。

光宗即位，复召还。绍熙四年，自拱卫大夫、永州防御使除入内内侍省押班。帝以疾不朝重华宫，源与内侍杨舜卿、林亿年数有间言。宁宗即位，命三人俱事光宗于泰安宫。御史章颖论其离间君亲，乞行诛窜，以慰寿皇在天之灵。诏罢源等官，源抚州、亿年常州居住，舜卿任便居住。庆元二年，以生皇子恩，源、亿年许自便，舜卿与内祠。给事中汪义端驳之，乃移源婺州，亿年湖州。义端再驳舜卿内祠，反坐外补，其后源等卒听自便。亿年养娼女以别业，源在贬所与妓滥，俱以淫媟闻，人疑其非宦者云。

甘昪，内侍者押班泽之子。泽之死，昪累迁亦至押班。乾道中，帝颇亲昪，昪以此用事。临安尹胡与可为小官时，丐贷于临安富民马氏，不如欲，衔之。至是，马经鬻官盐逾格系狱，与可讽有司以私盐论，御史陈升卿决狱，平反之。昪之子妇，与可女也，乃阴为与可地，谮升卿于帝前，谓为豪民马请事，所得至万缗。上疑，遂谕罪，马流严州,升卿由是罢去。

时曾觌以使弼领京祠,王抃以知阁门兼枢密都承旨,升为入内押班,相与盘结,士大夫无耻者争附之。既而觌死抃出,独昪在,朱熹力言之,帝曰:"昪乃德寿宫所荐,谓有才耳。"熹曰:"奸人无才,何以动人主?"昪用事二十年,招权市贿,黄由对策,亦颇及之。后帝察其奸,遂抵之罪,籍其赀,竟以废死。

弟昺淳熙末,干办内东门司、带御器械。光宗朝,累迁至亲卫大夫、保康军承宣使、提举佑神观。庆元初,为内侍省都知。帝过寿康宫,昺有力焉。迁官二秩,颇贵宠。

王德谦,初为嘉邸都监,颇亲幸。

孝宗大渐,光宗以疾久不朝重华宫。黄由时为王府赞读,奏请嘉王诣重华宫问疾,既得旨,德谦固请覆奏,王斥之,遂行。孝宗崩,王在丧次,中外汹汹,王以告直讲彭龟年。龟年以为建储则人心安,须白中宫乃可。即谕德谦奏之皇太后,德谦不敢,强之,既而无报。

王即位,德谦累迁昭庆军承宣使、内侍省押班,赐居第。骄恣逾法,服食拟乘舆,出入或以导驾灯笼自奉。为人求官,赃以巨万计,泄其事者祸立至,故外朝多附之。

中书舍人吴宗旦事之尤谨,夜则易服造谒。德谦求为节度使,先荐宗旦为刑部侍郎、直学士院,将使草麻。宗旦先备草示之,引天宝、同光为比,德谦喜。制出,参政何澹不肯署,谏议大夫刘德秀率台谏谕列,宰相京镗复以为言,命遂寝。

韩侂胄与德谦争用事,德谦屡以计胜,侂胄挤之,诏与外祠,台谏又交章论驳。侍御史姚愈言吴宗旦尝草德谦制,遂罢其官。愈又率同列力攻德谦,诏送广德军居住。寻以临安尹劾其赃滥僭拟,诏降团练使,移居抚州,他事勿问。中书舍人高文虎请改为安置,台谏复言其奸诡,乞自今不以赦移,虽特旨亦许执奏,帝用其言,德谦遂坐废斥以死。

关礼,高宗朝宦者。淳熙末,积官至亲卫大夫、保信军承宣使。孝宗颇亲信之,后命提举重华宫。

孝宗崩,光宗疾,不能执丧,枢密赵汝愚等请建储以安人心,光宗御批又有"念欲退闲"语,丞相留正惧,纳禄去,人心愈摇。汝愚遣戚里韩侂胄因内侍张宗尹以禅位之议奏,太皇太后曰:"此岂可易言!"明日,汝愚再遣侂胄附宗尹以奏,未获命而侂胄退,与礼遇,礼知其意,问之,侂胄不以告。礼指天自誓不言,侂胄遂白其事,礼即入宫,泣告太后以时事可忧之状,且曰:"留丞相已去,所恃者赵知院耳。今欲定大计而无太皇太后之命,亦将去矣。"太后惊曰:"知院,同姓也,事体与他人异。"礼曰:"知院未去,恃有太后耳。今有请不许,计无所出,亦惟有去而已。知院去,天下将若何?"太后悟。遂命礼传旨侂胄以谕汝愚,约明日太后垂帘上其事。又明日,嘉王入行禫祭,汝愚即帘前进呈御批,太后遂命王即皇帝位。寻除礼入内内侍省都知,又差兼重华、慈福宫承受,充提举皇城司,迁中侍大夫。

礼不以功自居,乞致仕,不许;乞免推恩,又不许。南渡后,内侍可称者惟邵成章与礼云。

董宋臣,理宗朝宦者。淳祐中,以睿思殿祗候特转横行官。宝祐三年,兼干办佑圣观。侍御史洪天锡劾之,不报,天锡坐左迁大理少卿。开庆初,大元兵驻江上,京师大震。宋臣赞帝迁幸宁海军,签判文天祥上疏乞诛宋臣,又不报。

景定四年,自保康军承宣使除入内内侍省押班,寻兼主管太庙、往来国信所,同提点内军器库、翰林院、编修敕令所、都大提举诸司,提点显应观,主管景献太子府事。会天祥以著作佐郎兼献景府教授,义不与宋臣联事,上书求去,天祥出知瑞州。

言者论宋臣不置,帝曲为谕解庇之。秘书少监汤汉上封事,亦言:"宋臣十余年来声焰薰灼,其力能去台谏、排在臣,至结凶渠以致大祸。中外惶惑切齿,而陛下方为之辨明,大臣方为之和解,此过计也。愿收还押班等除命，不胜宗社之幸。"疏入，帝亦不之省。六月，命主管御前马院及酒库。既卒，帝犹命特转节度使，其见宠爱如此。

宋史卷四七○
列传第二二九

佞　幸

弭德超　侯莫陈利用　赵赞　王黼
朱勔　王继先　曾觌 龙大渊附
张说　王抃　姜特立 谯熙载附

人君生长深宫之中,法家、拂士接耳目之时少,宦官、女子共启处之日多,二者,佞幸之梯媒也。刚明之主亦有佞幸焉,刚好专任,明好偏察,彼佞幸者一投其机,为患深矣。他日败阙,虽能殄除,隳城以求狐,灌社以索鼠,亦曰殆哉!宋世中材之君,朝有佞幸,所不免也。太宗有弭德超、赵赞,孝宗有曾觌、龙大渊,二君固不可谓非刚明之主也。作《佞幸传》。

弭德超,沧州清池人。李符、李琪荐之,给事太宗晋邸。太宗即位,补供奉官。太平兴国三年,迁酒坊使、杭州兵马都监,又为镇州驻泊都监。

初,太宗念边戍劳苦,月赐士卒银,谓之月头银。德超乘间以急变闻于太宗曰:“枢密使曹彬秉政岁久,得士众心;臣从塞上来,闻士卒言:‘月头银曹公所致,微曹公我辈馁死矣。’又巧诬彬他事。上颇疑之,出彬为天平军节度。以王显为宣徽南院使,德超为宣徽北院使：并兼枢密副使。

德超谮曹彬事成，期得枢密使，乃为副使；又柴禹锡与德超官同，先授，班在其上。故德超视事月余，称病请告，居常怏怏。一日诉显及禹锡曰："我言国家大事，有安社稷功，止得线许大官。汝等何人，反在我上，更令我效汝辈所为，我实耻之。"又大骂曰："汝辈当断头，我度上无守执，为汝辈所眩惑。"显告之，太宗怒，命膳部郎中、知杂滕中正就第鞫德超，具伏，下诏夺官职，与其家配隶琼州禁锢，未几死。

侯莫陈利用，益州成都人，幼得变幻之术。太平兴国初，卖药京师，言黄白事以惑人。枢密承旨陈从信白于太宗，即日召见，试其术颇验，即授殿直，累迁崇仪副使。雍熙二年，改右监门卫将军，领应州刺史。三年，诸将北征，以利用与王侁并为并州驻泊都监，擢单州刺史。四年，迁郑州团练使。前后赐与甚渥，依附者颇获进用，遂横恣无复畏惮。其居处服玩皆僭乘舆，人畏之不敢言。

会赵普再入中书，廉知杀人及诸不法，尽奏之。太宗遣近臣案得奸状，欲贷其死，普固请曰："陛下不诛，是乱天下法。法可惜，此何足惜哉！"遂下诏除名，配商州禁锢。初籍其家，俄诏还之。

赵普恐其复用，因殿中丞窦諲尝监郑州榷酤，知利用每独南向坐以接京使，犀玉带用红黄罗袋；澶州黄河清，郑州用为诗题试举人，利用判试状，言甚不逊。召諲至中书诘实，令上疏告之。又京西转运副使宋沆籍利用家，得书数纸，言皆指斥切害，悉以进上。太宗怒，令中使裔杀之，已而复遣使贷其死，乘疾置至新安，马旋泞而踣，出泞换马，比追及之，已为前使诛矣。

赵赞，并州人，性险诐辩给，好言利害。初为军小吏，与都校不协，因诬营中谋叛，刘继元屠之无遗类，稍署赞右职。太原平，隶三司为走吏，又许本司补殿直，太宗颇任之。迁供奉官、阁门祗候，提举京西、陕西数州钱帛，发摘甚众。又自乞捕盗，至永兴，得兵士盗钱二百,欲磔诸市,知府张齐贤夺而释之。太宗命御史台按问,停赞官数月。复令专钩校三司簿,令赞自选吏十数人为耳目,专伺中书、枢密及三司事,乘间白之。太宗以为忠无他肠,中外益畏其口。会改三司官属,以赞为西京作坊副使、度支都监。

时又有郑昌嗣者,宜州人,亦起三司役吏,稍迁侍禁。奉使西川,回奏在官不治者数十人,太宗嘉其直。会市物吏因缘为奸,列肆屡谒开封诉之,乃置杂买务,使昌嗣监之。昌嗣乞著籍便殿门,许非时入奏,与赞亲比相表里,累迁至西上阁门副使、盐铁都监。二人既得联事,由是益横恣,所为皆不法。太宗颇知之,以问左右,皆畏二人,无敢言其恶。

至道元年上元节,京城张灯,太宗以上清宫成,临幸。赞与昌嗣邀其党数人,携妓乐登宫中玉皇阁,饮宴至夜分;掌舍宦者不能止,以其事闻。太宗大怒,并摭诸事,下诏夺赞官,许携家配隶房州禁锢,即日驿遣之。昌嗣黜唐州团练副使,不署事。既数日,并赐死于路。

太宗谓侍臣曰:"君子小人如芝兰荆棘,不能绝其类,在人甄别耳。苟尽君子,则何用刑罚焉?"参知政事寇准对曰:"帝尧之时,四凶在庭,则三代之前,世质民淳,已有小人矣。今之衣儒服、居清列者,亦颇朋附小人,为自安计。如赞、昌嗣之类奔走贱吏,不足言也。"

王黼字将明,开封祥符人。初名甫,后以同东汉宦官,赐名黼。为人美风姿,目睛如金,有口辩,才疏隽而寡学术,然多智善佞。中崇宁进士第,调相州司理参军,编修《九域图志》何志同领局,喜其人,为父执中言之,荐擢校书郎,迁符宝郎、左司谏。张商英在相位,浸失帝意,遣使以玉环赐蔡京于杭;黼觇知之,数条奏京所行政事,并击商英。京复相,德其助己,除左谏议大夫、给事中、御史中丞,自校书至是财两岁。

黼因执中进,乃欲去执中,使京颛国,遂疏其二十罪,不听。俄兼侍读,进翰林学士。京与郑居中不合,黼复内交居中,京怒,徙为户部尚书,大农方乏,将以邦用不给为之罪。既而诸班禁旅赍犒不如期,诣左藏鼓噪,黼闻之,即诸军揭大榜,期以某月某日,众读榜皆散,京计不行。还为学士,进承旨。

遭父忧,阅五月,起复宣和殿学士,赐第昭德坊。故门下侍郎许将宅在左,黼父事梁师成,称为恩府先生,倚其声焰,逼许氏夺之,白昼逐将家,道路愤叹。复为承旨,拜尚书左丞、中书侍郎。宣和元年,拜特进、少宰。由通议大夫超八阶,宋朝命相未有前比也。别赐城西甲第,徙居之日,导以教坊乐,供张什器,悉取于官,宠倾一时。

蔡京致仕,黼阳顺人心,悉反其所为,罢方田,毁辟雍、医、算学,并会要、六典诸局,汰省吏,减遥郡使、横班官奉入之半,茶盐钞法不复比较,富户科抑一切蠲除之,四方翕在称贤相。

既得位,乘高为邪,多蓄子女玉帛自奉,僭拟禁省。诱夺徽猷阁待制邓之纲妾,反以罪窜之纲岭南。加少保、太宰。请置应奉局,自兼提领,中外名钱皆许擅用,竭天下财力以供费。官吏承望风旨,凡四方水土珍异之物,悉奇取于民,进帝所者不能什一,余皆入其家。御史陈过庭乞尽罢以御前使唤为名冗官,京西转运使张汝霖请罢进西路花果,帝既纳,黼复露章劾之,两人皆徙远郡。

睦寇方腊起,黼方文太平,不以告,蔓延弥月,遂攻破六郡。帝遣童贯督秦甲十万始平之。犹以功转少傅,又进少师。贯之行也,帝全付以东南一事,谓之曰:"如有急,即以御笔行之。"贯至吴,见民困花石之扰,众言:"贼不亟平,坐此耳。"贯即命其僚董耘作手诏,若罪己然,且有罢应奉局之令,吴民大悦。贯平贼归,黼言于帝曰:"腊之起由茶盐法也,而贯入奸言,归过陛下。"帝怒,贯谋起蔡京以间黼,黼惧。

是时朝廷已纳赵良嗣之计,结女真共图燕,大臣多不以为可。黼曰:"南北虽通好百年,然自累朝以来,彼之慢我者多矣。兼弱攻昧,武之善经也。今弗取,女真必强,中原故地将不复为我有。"帝虽向其言,然以兵属贯,命以保民观衅为上策。黼复折简通诚于贯曰:

"太师若北行,愿尽死力。"时帝方以睦寇故悔其事,及黼一言,遂复治兵。

黼于三省置经抚房,专治边事,不关之枢密。括天下丁夫,计口出算,得钱六千二百万缗,竟买空城五六而奏凯。率百僚称贺,帝解玉带以赐,优进太傅,封楚国公,许服紫花袍,驺从仪物几与亲王等。黼议上尊号,帝曰:"此神宗皇帝所不敢受者也。"却弗许。

始,辽使至,率迁其驿程,燕犒不示以华侈。及黼务于欲速,令女真使以七日自燕至都,每张宴其居,辄陈尚方锦绣、金玉、瑰宝,以夸富盛,由是女真益生心。身为三公,位元宰,至陪扈曲宴,亲为俳优鄙贱之役,以献笑取悦。

钦宗在东宫,恶其所为。郓王楷有宠,黼为阴画夺宗之策。皇孙谌为节度使、崇国公,黼谓但当得观察使,召宫臣耿南仲谕指,使草代东宫辞谌官奏,竟夺之,盖欲以是撼摇东宫。

帝待遇之厚,名其所居阁曰"得贤治定",为书亭、堂榜九。有玉芝产堂柱,乘舆临观之。梁师成与连墙,穿便门往来,帝始悟其交结状。还宫,黼眷顿熄,寻命致仕。

钦宗受禅,黼惶骇入贺,阁门以上旨不纳。金兵入汴,不俟命,载其孥以东。诏贬为崇信军节度副使,籍其家。吴敏、李纲请诛黼,事下开封尹聂山,山方挟宿怨,遣武士蹑及于雍丘南辅固村,戕之,民家取其首以献。帝以初即位,难于诛大臣,托言为盗所杀。议者不以诛黼为过,而以天讨不正为失刑云。

朱勔,苏州人。父冲,狡狯有智数。家本贱微,庸于人,梗悍不驯,抵罪鞭背。去之旁邑乞贷,遇异人,得金及方书归,设肆卖药,病人服之辄效,远近辐凑,家遂富。因修葺园圃,结游客,致往来称誉。

始,蔡京居钱塘,过苏,欲建僧寺阁,会费钜万,僧言必欲集此缘,非朱冲不可。京以属郡守,郡守呼冲见京,京语故,冲愿独任。居数日,请京诣寺度地,至则大木数千章积庭下,京大惊,阴器其能。明年召还,挟勔与俱,以其父子姓名属童贯窜置军籍中,皆得官。

　　徽宗颇垂意花石,京讽勔语其父,密取浙中珍异以进。初致黄杨三本,帝嘉之。后岁岁增加,然岁率不过再三贡,贡物裁五七品。至政和中始极盛,舳舻相衔于淮、汴,号"花石纲",置应奉局于苏,指取内帑如囊中物,每取以数十百万计。延福宫、艮岳成,奇卉异植充牣其中。勔擢至防御使,东南部刺史、郡守多出其门。

　　徐铸、应安道、王仲闳等济其恶,竭县官经常以为体。所贡物,豪夺渔取于民,毛发不少偿。士民家一石一木稍堪玩,即领健卒直入其家,用黄封表识,未即取,使护视之,微不谨,即被以大不恭罪。及发行,必彻屋抉墙以出。人不幸有一物小异,共指为不祥,唯恐芟夷之不速。民预是役者,中家悉破产,或鬻卖子女以供其须。斫山辇石,程督峭惨,虽在江湖不测之渊,百计取之,必出乃止。

　　尝得太湖石,高四丈,载以巨舰,役夫数千人,所经州县,有拆水门、桥梁,凿城垣以过者。既至,赐名"神运昭功石"。截诸道粮饷纲,旁罗商船,揭所贡暴其上,篙工、柁师倚势贪横,陵轹州县,道路相视以目。广济卒四指挥尽给挽士犹不足。京始患之,从容言于帝,愿抑其太甚者。帝亦病其扰,乃禁用粮纲船,戒伐冢藏、毁室庐,毋得加黄封帕蒙人园囿花石,凡十余事。听勔与蔡攸等六人入贡,余进奉悉罢。自是勔小戢。

　　既而呆甚。所居直苏市中孙老桥,忽称诏,凡桥东西四至壖地室庐悉买赐予己,合数百家,期五日尽徙,郡吏逼逐,民嗟哭于路。遂建神霄殿,奉青华帝君像其中,监司、都邑吏朔望皆拜庭下,命士至,辄朝谒,然后通刺诣勔。主赵霖建三十六浦闸,兴必不可成之功,天方大寒,役死者相枕藉。霖志在媚勔,益加苛虐,吴、越不胜其苦。徽州卢宗原竭库钱遗之,引为发运使,公肆掊克。园池拟挽纂,服饰器用上僭乘舆。又托挽舟募兵数千人,拥以自卫。子汝贤等召呼乡州官寮,颐指目摄,皆奔走听命,流毒州郡者二十年。

　　方腊起,以诛勔为名。童贯出师,承上旨尽罢去茶木进奉,帝又黜勔父子弟侄在职者,民大悦。然寇平,勔复得志,声焰熏灼。衺人秽夫,候门奴事,自直秘阁至殿学士,如欲可得,不附者旋踵罢去,时谓东南小朝廷。帝末年益亲任之，居中白事，传达上旨，大略如内侍，进见不避宫嫔。历随州观察使、庆远军承宣使。燕山奏功，进拜宁远军节度使、醴泉观使。一门尽为显官，驺仆亦至金紫，天下为之扼腕。

靖康之难，欲为自全计，仓卒拥上皇南巡，且欲邀至其第。钦宗用御史言，放归田里，凡由勔得官者皆罢。籍其赀财，田至三十万亩。言者不已，羁之衡州，徙韶州、循州，遣使即所至斩之。

王继先，开封人。奸黠善佞。建炎初以医得幸，其后浸贵宠，世号王医师。至和安大夫、开州围练使致仕。寻以覃恩，改授武功大夫，落致仕。给事中富直柔奏："继先以杂流易前班，则自此转行无碍，深恐将帅解体。"帝曰："朕顷冒海气，继先诊视有奇效，可特书读。"直柔再驳，命乃寝。既而特授荣州防御使。

太后有疾，继先诊视有劳，特补其子悦道为阁门祗候。寻命继先主管翰林医官局，力辞。是时，继先用事，中外切齿，乃阳乞致仕，以避人言。诏迁秩二等，许回授。俄除右武大夫、华州观察使，诏余人毋得援例。吴贵妃进封，推恩迁奉宁军承宣使，特封其妻郭氏为郡夫人。

继先遭遇冠绝人臣，诸大帅承顺下风，莫敢少忤，其权势与秦桧埒。桧使其夫人诣之，叙拜兄弟，表里引援。迁昭庆军承宣使，又欲得节钺，使其徒张孝直等校《本草》以献，给事中杨椿沮之，计不行。继先富埒王室，子弟通朝籍，总戎寄，姻戚党与盘据要途，数十年间，无能摇之者。

金兵将至，刘锜请为战备，继先乃言："新进主兵官，好作弗靖，若斩一二人，和好复固。"帝不怿曰："是欲我斩刘锜乎？"

侍御史杜莘老劾其十罪，大略谓："继先广造第宅，占民居数百家，都人谓之'快乐仙宫'；夺良家妇女为侍妾；镇江有娼妙于歌舞，矫御前索之；渊圣成丧，举家燕饮，令妓女舞而不歌，谓之'哑乐'；自金使来，日辇重宝之吴兴，为避走计；阴养恶少，私置兵甲；受富民金，荐为阁职；州县大狱，以赂解免；诬姊奸淫，加之黜隶；又于诸处佛寺建立生祠，凡名山大刹所有，太半入其家。此特举其大者，其余擢发未足数也。”

奏入，诏继先福州居住。其子安道，武泰军承宣使；守道，朝议大夫、直徽猷阁；悦道，朝奉郎、直秘阁；孙锜，议郎、直秘阁：并勒停。放还良家子为奴婢者凡百余人。籍其赀以千万计，鬻其田园有金银，并隶御前激赏库。其海舟付李宝，天下称快。

方继先之怙宠奸法，帝亦知之，故晚年以公议废之，遂不复起。孝宗即位，诏任便居住，毋至行在。淳熙八年，卒。

曾觌字纯甫，其先汴人也。用父任补官。绍兴三十年，以寄班祗候与龙大渊同为建王内知客。孝宗受禅，大渊自左武大夫除枢密副都承旨，而觌自武翼郎除带御器械，干办皇城司。谏议大夫刘度入对，首言二人潜邸旧人，待之不可无节度，又因进故事，论京房、石显事。大渊遂除和阁门事，而觌除权知阁门事。度言：“臣欲退之，而陛下进之，何面目尚为谏官？乞赐贬黜。”中书舍人张震缴其命至再，出知绍兴府。殿中侍御史胡沂亦论二人市权，既而给舍金安节、周必大再封还录黄。时张焘新拜参政，亦欲以大渊、觌决去就，力言之，帝不纳。焘辞去，遂以内祠兼侍读。刘度夺言职，权工部侍郎，而二人仍知阁门事。必大格除目下不，寻与祠，二人除命亦寝。未几，卒以大渊为宜州观察使、知阁门事；觌，文州刺史、权知阁门：皆兼皇城司。不数月间，除命四变。刘度出知建宁府，寻放罢。

群臣既以言二人得罪去，侍御史周操章十五上，不报。自是觌与大渊势张甚，士大夫之寡耻者潜附丽之。帝尝令大渊抚慰两淮将士，侍御史王十朋言大渊衔命抚师，非出朝廷论选之公，有轻国体。时又有内侍押班梁珂者，三人表里用事。及珂以罪出，右正言龚茂良入对，首论：“二人害政甚珂百倍，陛下罢行一政事，进退一人才，必掠美自归，谓为己力。或时有少过，昌言于外，谓尝争之而不见聪。群臣章疏留中未出，间得窥见，出以语人。有司条陈利害，示以副封，公然可否。若夫交通贿赂，干求差遣，特其小者耳。愿特出威断，并行罢去。”

先是，江、浙大水，诏侍从、台谏陈阙政。著作郎刘夙上封事曰：“陛下与觌、大渊辈觞咏唱酬，字而不名。罢宰相，易大将，待其言而后决。严法守，裁侥幸，当自宫掖近侍始。”茂良时为监察御史，亦言：“水至阴，其占为女宠，为嬖佞，为小人，盖专指左右近习也。”帝谕以二人皆潜邸旧人，非近习比；且俱有文学，敢谏诤，杜门不出，不预外事，宜退而访问。茂良再上疏言：“德宗不知卢杞之奸邪，此其所以奸邪也。大渊、觌所为，行道之人能言之，特陛下未之觉耳。”疏入不报。茂良待罪，除太常少卿，五辞不拜，出知建宁府。

一日，右史洪迈过参政陈俊卿曰：“闻将除右史，迈迁西掖，信乎？”俊卿曰：“何自得之？”迈以二人告。俊卿即以语宰相叶颙、魏杞，而己独奏之，且以迈语质之帝前，帝怒，即出二人于外。于是迁大渊为江东总管，觌为淮西副总管，中外快之。寻改大渊浙东、觌福建。乾道四年，大渊死，觌尚在福建。帝邻，欲召之，枢密刘珙奏曰：“此曹奴隶尔，厚赐之可也。引以自近而待以宾友，使得与闻政事，非所以增圣德、整朝纲也。”帝纳珙言，命遂寝。

既而觌垂满，俊卿恐其入，预请以浙东总管处之。台臣上疏论之，不报。太学录魏掞之亟上封事论列，且见俊卿切责之，掞之得台州教官以出。觌至龙山已久，伺掞之去，然后入国门。会虞允文使蜀还，与俊卿同奏觌不可留。帝曰：“然，留则累朕。”卒除浙东副总管。未几，以墨诏进觌一官为观察使，中书舍人缴还，不因事除拜，必有人言。帝不听。俊卿曰：“不尔，亦须有名。”会汪大犹为贺金正旦使，俾觌副之。比还，迁一秩，而竟申浙东之命，且戒阁门吏趣朝辞，觌由是怏怏而去。

六年夏，俊卿罢政。十月，觌以京祠召。七年，立皇太子，觌以伴读劳，升承宣使。八年，姚宪为贺金国尊号使，觌副之。归，除武泰军节度使，提举万寿观。淳熙元年，除开府仪同三司。四年，觌欲以文资官其子孙，帝遣中使至洛中具使相奏补法，龚茂良时以参政行丞相事，遽以文武官各随本色荫补法缴进，觌大怒。茂良退朝，觌从骑不避，茂良执而挞之，待罪乞出，不许。户部员外郎谢廓然忽赐出身，除侍御史。廓然首论茂良，以资政殿学士知镇江；章再上，镌罢；言之不已，贬英州：皆觌所使也。觌前虽顶事，未敢肆，至是责逐大臣，士始侧目重足矣。廓然既以擅权罪茂良，从班有韩彦古者，觌之姻，廓然之党，遂献议助之，使人主疑大臣而信近习，至是益甚。

六年二月，帝幸佑圣观，召宰臣史治及觌同赐酒。是岁，加觌少保、醴泉观使。时周必大当草制，人谓其必不肯从，及制出，乃有"敬故在尊贤之上"之语，士论惜之。

觌与龙大渊相朋，及大渊死，则与王抃、甘昪相蟠结，文武要职多出三人之门。叶衡自小官十年至宰相。徐本中由小使臣积阶至刺史、知阁门事，换文资为右文殿修撰、枢密都承旨、赐三品服，俄为浙西提刑，寻以集英殿修撰奉内祠。是二人者，皆觌所进也。

著作郎胡晋臣因转对，极论近习怙权之害，遂出知濮州。南康守朱熹应诏上书，其言尤力，有曰："一二近习之人，盅惑陛下心志，所谓宰相、师傅、宾友、谏诤之臣，或反出入其门墙，承望其风旨。"疏入，帝怒，谕令分析，丞相赵雄言之，事遂止。陈俊卿守金陵，过阙入见，首言曾觌、王抃招权纳赂，荐进人才，皆以中批行之。帝曰："琐细差遣，或勉循之。至于近上之除，此辈何敢预。"俊卿入辞，又曰："向来士大夫奔觌、抃之门，十才一二，尚畏人知，今则公然趋附，十已八九，大非朝廷美事也。"帝感悟。觌用事二十年，权震中外，至于潜逐大臣，贬死岭外。自是浸觉其奸，尝谓左右曰："曾觌误我不少。"遂稍疏觌。

觌忧恚，疽发于背。七年三月，侍帝宴于翠寒堂，退为记以进。十二月，卒。于是凡前论觌得罪者皆录赠，胡晋臣起至执政，魏掞之赠直秘阁，龚茂良悉还其职名恩数云。

张说，开封人。父公裕，省吏也，为和州防御使，建炎初有军功。说受父任为右职，娶寿圣皇后女弟，由是累迁知阁门事。隆兴初，兼枢密副都承旨。乾道初,为都承旨,加明州观察使。

七年三月,除签书枢密院事。时起复刘珙同知枢密院,珙耻与之同命,力辞不拜。命既下,朝论哗然不平,莫敢颂言于朝者。惟左司员外郎张栻在经筵力言之,中书舍人范成大不草词。寻除说安远军节度使,奉祠归第。不数月,出知袁州。说既奉祠,语人曰:"张左司平时不相乐,固也。范致能亦胡为见攻?"指所坐亭材植曰:"是皆致能所惠也。"

八年二月,复自安远军节度使提举万寿观,签书枢密院事。侍御史李衡、正正言王希吕交章论之,起居郎莫济不济录黄,直院周必大不草答诏,于是命权给事中姚宪书读行下,命翰林学士王旸草答诏。未几,旸升学士承旨,宪赠出身,为谏议大夫。诏希吕合党邀名,持论反覆,责远小监当。衡素与说厚,所言亦婉,止罢言职,迁左史,而济、必大皆与在外宫观,日下出国门。国子司业刘焞移书责宰相,言说不当用,即为言者所论,出为江西转运判官。于是说势赫然,无敢撄之者。九年春,说露章荐济、必大,于是二人皆予郡,必大卒不出。

淳熙元年,帝廉知说欺罔数事,命侍御史范仲芑究之,遂罢为太尉,提举玉隆宫。谏官汤邦彦又劾其奸赃,乃降为明州观察使,责居抚州。三年,许自便。七年,卒于湖州。帝犹念之,诏复承宣使,给事中陈岘缴之,乃止。其子荐,文州刺史;嶷,明州观察使。说败,荐亦贬郴州。

先是,南丹州莫延葚表乞就宜州市马,比横山省三十程,说在枢管以闻,枢属有论其不便,说不听。说既贬,遂罢其议。说又尝建议欲郎官、卿监通差武臣,中书舍人留正以为不可,遂止。与右相梁克家议使事不合,克家罢去而说留,其窃政权、倾大臣类如此。

王抃,初为国信所小吏。金人求海、泗、唐、邓、商、秦地,议久不决。金兵至,遣抃往使,许以地,易岁贡为岁币而还。乾道中,积官至知阁门事,帝亲信之。金使至,议国书礼不合,抃以宰执虞允文命，绐其使曰："两朝通好自有常礼，使人何得妄生事，已牒知对境。"翌日，金使乃进书。帝以为可任，遣诣荆襄点阅军马。

淳熙中，兼枢密都承旨，建议以殿、步二司军多虚籍，请各募三千人。已而殿司辄捕市人充军，号呼满道，军士乘隙掠取民财。帝专以罪殿前指挥使王友直，而命抃权殿前司事。

时抃与曾觌、甘升相结，恃恩专恣，其门如市。著作郎胡晋臣尝论近习怙权，帝令执政赵雄询其人，雄惮抃等，乃令晋臣舍抃等，指其位卑者数人以对，晋臣竟外补。校书郎郑鉴、宗正丞袁枢因转对，数为帝言之，帝犹未之觉也。吏部侍郎赵汝愚力疏抃，言："陛下即位之初，宰相如叶颙等皆惧陛下左右侵其权，日夜与之为敌。陛下察数年已来，大臣还有与陛下左右角是非者否？盖其势积至此也。今将帅之权尽归王抃矣。"

先是，抃绐金使取国书，及使归，金主诛之。嗣岁，金使至，帝以德寿宫之命，为离席受国书，寻悔之。淳熙八年，金贺正旦使至，复要帝起立如旧仪，帝遽入内，抃擅许金使用旧仪见。翌日，汝愚侍殿士，帝不怿数日。汝愚因亟攻抃，帝遂出抃外祠，不复召。淳熙十一年，以福州观察使卒。

姜特立字邦杰，丽水人。以父绶恩，补承信郎。

淳熙中，累迁福建路兵马副都监。海贼姜大獠寇泉南，特立以一舟先进，擒之。帅臣赵汝愚荐于朝，召见，献所为诗百篇，除阁门舍人，命充太子宫左右春坊兼皇孙平阳王伴读，由是得幸于太子。太子即位，除知阁门事，与谯熙载皆以春坊旧人用事，恃恩无所忌惮，时人谓曾、龙再出。

留正为右相，执政尚阙人，特立一日语正曰："帝以丞相在位久，欲迁左揆，就二尚书中择一人执政，孰可者？"明日，正论其招权纳贿之状，遂夺职与外祠。帝念之，复除浙东马步军副总管，诏赐钱二千缗为行装。正引唐宪宗召吐突承璀事，乞罢相，不许。正复言："臣与特立势难两立。"帝答曰："成命已班，朕无反汗，卿宜自处。"

正待罪国门外,帝不复召,而特立亦不至。

宁宗受禅,特立迁和州防御使,再奉祠,俄拜庆远军节度使,卒。

熙载亦为平阳邸伴读,累官至忠州防御使、知阁门事。绍熙中卒,较之特立颇廉勤。

熙载子令雍,以恩补承信郎、平阳郡王府干办,寻充王府内知客,小有才。王尝与论《春秋》褒贬齐宣王易朱、秦穆公悔过事,令雍郎为三诗以献,王甚爱重之。及即位,除知阁门事,累迁至扬州承宣使。谢事,拜保成军节度使。初赐居第,帝亲书“依光”二字赐之。至是,复书“得闲知止”四字以名其堂。宝玺归,覃恩进检校少保,仍转太尉致仕。卒,赠开府仪同三司。

宋史卷四七一
列传第二三〇

奸臣一

蔡确　邢恕　吕惠卿　章惇　曾布 安惇

《易》曰："阳卦多阴，阴卦多阳。"君子虽多，小人用事，其象为阴；小人虽多，君子用事，其象为阳。宋初，五星聚奎，占者以为人才众多之兆。然终宋之世，贤哲不乏，奸邪亦多，方其盛时，君子秉政，小人听命，为患亦鲜。及其衰也，小人得志，逞其狡谋，壅阏上听，变易国是，贼虐忠直，屏弃善良，君子在野，无救祸乱。有国家者，正邪之辨，可不慎乎！作《奸臣传》。

蔡确字持正，泉州晋江人，父徙陈。确有智数，尚气，不谨细行。第进士，调邠州司理参军，以贿闻。转运使薛向行部，欲按治，见其仪观秀伟，召与语，奇之，更加延誉。韩绛宣抚陕西，见所制乐语，以为材，荐于弟开封尹维，辟管干右厢公事，维去而确至。旧制当庭参，确不肯，后尹刘庠责之，确曰："唐藩镇自置掾属，故有是礼。今辇毂下比肩事主，虽故事不可用。"遂乞解职。

王安石荐确，徙为三班主簿。用邓绾荐，为监察御史里行。王韶开熙河，多贷公钱，秦帅郭逵劾其罪，诏使杜纯鞫治得实。安石却其牍，更遣确，确希意直韶，逵、纯获谴。确善观人主意，与时上下，知神宗已厌安石，因安石乘马入宣德门与卫士竞，即疏其过以贾直。加直集贤院，迁御史知杂事。

范子渊浚河之役，知制诰熊本按行以为非是，为子渊所讼，确劾本附文彦博，黜之，代为知制诰、知谏院兼判司农寺。三司使沈括谒宰相吴充论免役法，确言括为近臣，见朝廷法令未便，不公言之而私语执政，意王安石既去，新法可摇耳。括坐黜知宣州。

开封鞫相州民讼，事连判官陈安民，安民令其甥文及甫求援于充之子安持，及甫，充婿也。确言事关大臣，非开封可了，遂移御史台。时狱起皇城，卒事多不仇。中丞邓润甫，御史上官均按之，与府狱同。王珪奏遣确诣台参治，确锻炼为狱，润甫、均不能制，密奏确惨掠诸囚。确伺知之，即劾二人庇有罪，且诈使吏为使者虑问，囚称冤，辄苦辱之。帝颇疑其滥，连遣谏官及内侍审直，皆怖畏，言不冤，由是润甫、均皆罢，而确得中丞，犹领司农，凡常平、免役法皆成其手。

太学生虞蕃讼学官，确深探其狱，连引朝士，自翰林学士许将以下逮捕械系，令狱卒与同寝处，饮食旋溷共为一室，设大盆于前，凡羹饭饼蔌举投其中，以杓混搅，分饲之如犬豕。久系不问，幸而得问，无一事不承。遂劾参知政元绛有所属请，绛出知亳州，确代其位。确自知制诰为御史中丞、参知政事，皆以起狱夺人位而居之，士大夫交口咄骂，而确自以为得计也。

吴充数为帝言新法不便，欲稍去其甚者，确曰："曹参与萧何有隙，至代为相，一遵何约束。今陛下所自建立，岂容一人挟怨而坏之。"法遂不变。

元丰五年，拜尚书右仆射兼中书侍郎。时富弼在西京，上言蔡确小人不宜大用。确既相，屡兴罗织之狱，缙绅士大夫重足而立矣。初议官制，盖仿《唐六典》，事无大小，并中书取旨，门下审覆，尚书受而行之，三省分班奏事，柄归中书。确说王珪曰："公久在相位，必得中书令。"珪信不疑。确乃言于帝曰："三省长官位高，不须置令，但令左右仆射分兼两省侍郎足矣。"帝以为然。故确名为次相，实颛大政，珪以左仆射兼门下，拱手而已。帝虽以次叙相珪、确，然不加礼重，屡因微失罚金，每罚辄门谢。宰相罚金门谢，前此未有，人皆耻之。

哲宗立，转左仆射。韩缜入相中书，用其两侄为列卿，确风御史中丞黄履劾缜。始诏三省，凡取旨事及台谏官章疏，并执政同进拟，不专属中书。盖确畏失权，又复改制也。

为永裕山陵使，灵驾发引之夕，不宿于次，在道又不扈从，还，又不亏去。御史刘挚、王岩叟连击之，言确有十当去，"在熙宁、元丰时，冤狱苛政，首尾预其间。及至今日，稍语于人曰：'当时确岂敢言。'此其意欲固窃名位，反归曲于先帝也。"司马光、吕公著进用，蠲除烦苛，确言皆已所建白，公论益不容，太皇太后犹不忍即退斥。元祐元年闰二月，始罢为观文殿学士、知陈州。明年，坐弟硕事夺职，徙安州，又徙邓。

初，神宗疾革，王珪议建储事，确与同列皆在侧，知状。确自见得罪于世，阴与章惇、邢恕等合志邪谋，谓珪实怀异意，赖己拥护，故不得逞。确奉使陵下，韩缜白发其端，事浸籍籍。既失势，愈怨望，恕又益为往来造言，识者以为忧，未有以发也。

确在安陆，尝游车盖亭，赋诗十章，知汉阳军吴处厚上之，以为皆涉讥讪，其用郝处俊上元间谏高宗欲传位天后事，以斥东朝，语尤切害。于是左谏议大夫张耒、右谏议大夫范祖禹、左司谏吴安诗、右司谏王岩叟、右正言刘安世，连上章乞正确罪。诏确具析，确自辨甚悉。安世等又言确罪状著明，何待具析，此乃大臣委曲为之地耳。遂贬光禄卿，分司南京，再责英州别驾，新州安置。宰相范纯仁、左丞王存坐廉前出语救确，御史李常、盛陶、翟恩、赵挺之、王彭年坐不举劾，中书舍人彭汝砺坐封还词命，皆罢去。确后卒于贬所。

绍圣元年，冯京卒，哲宗临奠。确子渭，京婿也，于丧次中阑诉。明日，诏复正议大夫。二年，赠太师，谥曰忠怀，遣中使护其葬，又赐第京师。崇宁初，配飨哲宗庙庭。蔡京请徽宗书"元丰受遗定策殊勋宰相蔡确之墓"赐其家。京与太宰郑居中不相能，居中以忧去，京惧其复用,而居中,王珪婿也。时渭更名懋,京使之重理前事,以沮居中,遂追封确清源郡王,御制其文,立石墓前。擢懋同知枢密院事,次子庄为从官,弟硕,赠待制,诸女超进封爵,诸婿皆得官,贵震当世。

高宗即位,下诏暴群奸之罪,贬确武泰军节度副使,窜懋英州,凡所与滥恩,一切削夺,天下决之。

吴处厚者,邵武人,登进士第。仁宗屡丧皇嗣,处厚上言:“臣尝读《史记》,考赵氏废兴本末,当屠岸贾之难,程婴、公孙杵臼尽死以全赵孤。宋有天下,二人忠义未见褒表,宜访其墓域,建为其祠。”帝览其疏矍然,即以处厚为将作丞,访得两墓于绛,封侯立庙。

始,蔡确尝从处厚学赋,及作相,处厚通笺乞怜,确无汲引意。王珪用为大理丞。王安礼、舒亶相攻,事下大理,处厚知安礼与珪善,论亶用官烛为自盗。确密遣达意救亶,处厚不从,确怒欲逐之,未果。珪请除处厚馆职,确又沮之。珪为永裕山陵使,辟掌笺奏。确代使,出知通利军,又徙知汉阳,处厚不悦。

元祐中,确知安州,郡有静江卒当戍汉阳,确固不遣,处厚怒曰:“尔在庙堂时数陷我,今比郡用守,犹尔邪?”会得确《车盖亭诗》,引郝甑山事,乃笺释上之,云:“郝处俊封甑山公,会高宗欲逊位武后,处俊谏止,今乃以比太皇太后。且用沧海扬尘事,此盖时运之大变,尤非佳语。讥谤切害,非所宜言。”确遂南窜。擢处厚知卫州,然士大夫由此畏恶之,未几卒。绍兴间,追贬歙州别驾。

邢恕字和叔,郑州阳武人。博贯经籍,能文章,喜功名,论古今成败事,有战国纵横气习。从程颢学,因出入司马光、吕公著门。登进士第,补永安主簿。公著荐于朝,得崇文院校书。王安石亦爱之,因宾客谕意,使养晦以待用,恕不能从,而对其子雱语新法不便。安石怒,谏官亦言新进士未历官而即处馆阁,开奔竞路,出知延陵县。县废不复调,浮湛陕、洛间者七年,复为校书。

　　吴充用为馆阁校勘,历史馆检讨、著用佐郎。蔡确代充相,尽逐充所用人,恕深居惧及。神宗见其《送文彦博诗》,称于确,乃进职方员外郎。帝有复用光、公著意,确以恕于两人为门下客,亟结纳之。恕亦深自附托,乃为确画策,稍收召名士,于政事微有更革,自是相与如素交。

　　帝不豫,恕与确成谋,密语宣仁后之侄公绘、公纪曰:"家有白桃著华,道书言可疗上疾。"邀与归视之。至则执其手曰:"蔡丞相令布腹心,上疾不可讳,延安冲幼,宜早有定论,雍、曹皆贤王也。"公绘惊曰:"此何言?君欲祸吾家邪!"急趋出。恕计不行,则反宣言太后属意雍王,与王珪表里。导确约珪入问疾,阳钩致珪语,使知开封府蔡京伏剑士于外,须珪小持异则执而诛之。既而珪言上自有子,定议立延安。恕益无所施,犹自谓有定策功,传播其语。

　　哲宗立,迁右司员外郎、起居舍人。又为公绘具奏,乞尊崇朱太妃,为高氏异日计。后诘之曰:"汝素不识字,谁为之者?"公绘不得隐,以恕对,且上其稿,时恕方召试中书,遂黜知随州,改汝襄、河阳。恕久斥外,蓄怒愤,间道谒确于邓,绪成前恶,绐司马光子康手书,持以取信。会确得罪,恕亦责监永州酒。

　　绍圣初,擢宝文阁待制、知青州。章惇、蔡卞得政,将甘心元祐诸人,引恕自助,召为刑部侍郎,再迁吏部尚书兼侍读,改御史中丞。恕既处风宪,遂诬宣仁后有废立谋,引司马光言北齐娄后宣训事,讪高遵裕之子士京追讼其父在日,王珪令其兄士充来谋立雍王,遵裕非之。又教蔡懋上文及甫私牍为廋词,历诋梁焘、刘挚,云阴图不轨,且加司马光、吕公著以凶悖名。惇使蔡京置狱于同文馆,组织万端,将悉陷诸人于族罪,既而无所得,乃已。

　　恕内怀猜猾,而外持正论。尝于经筵读宝训,至仁宗谕辅臣,以为人君当修举政事,则日月薄食、星文变见为不足虑。恕言仁宗之旨虽合于荀卿书,然自古帝王孰肯自谓不修政事者,如此则天变遂废矣。帝嘉纳之,数登对。惇恐其朋用,切忌之。恕亦揣帝稍薄惇,屡白其短,竟为惇所陷,出知汝州。未几,徙应天府。惇复摭其暴过,移知南安军。徽宗初,言者论其矫诬,责为少府少监,分司西京,居均州。

蔡京当国,经营湟、鄯,以开边隙,欲使恕立方面之勋,起为鄜延经略安抚使,旋改泾原,擢至龙图阁学士。恕乞筑萧关,采其里人许彦圭车战法,为浅攻计。又欲使熙河造船,直抵兴、灵,以空夏国巢穴,其谋皆迂诞。转运使李复言恕所为类儿戏,不可用,帝亦烛其妄,京力主之。已而夏人寇镇戎,欲欲趋渭州,警奏至京师日五六,京惧,始徙恕太原,连徙永兴、颍昌、真定,寻夺职。久之,复显谟阁待制。卒,年七十。

恕本从程门得游诸公间,一时贤士争与之交。恕善为表襮,早致声名,而天资反覆,行险冒进,为司马光客即陷光,附章惇即背惇,至与三蔡为腹心则之死弗替。上谤母后,下诬忠良,几于祸及宗庙。建炎元年,与蔡确同追贬而恕为常德军节度副使。子居实、俣。

居实有异材,八岁为《明妃引》,黄庭坚、晁补之、张耒、秦观、陈师道皆见而爱之。从恕守随,作《南征赋》,苏轼读之,叹曰:“此足以藉手见古人矣。”卒时年十九,有遗文曰《呻吟集》。

俣及恕在时为司农丞,靖康初至少卿,奉诏馆金国使。是时,肃王使斡离不军,为所质,朝廷议亦留其使以相当,于是逾月不遣。都管赵伦,燕人也,性猾狯,惧不得归,乃诈以情告俣曰:“金国有余睹金吾者,尚领契丹精锐甚众,贰于金人,愿归大国,可结之以图二酋。”俣以闻,大臣信之,即为赐余睹诏书授伦,纳衣领中,厚与伦金帛。伦献其书黏罕,黏罕大怒,以闻金主,报令深入攻讨,遂复提兵南下。俣时出知岳州,诏责其始祸,削籍停官,既而京阙失守云。

吕惠卿字吉甫,泉州晋江人。父璹习吏事,为漳浦令。县处山林蔽翳间,民病瘴雾蛇虎之害,璹教民焚燎而耕,害为衰止。通判宜州,侬智高入寇,转运使檄璹与兵会,或劝勿行,不听。将二千人蹑贼后以往,得首虏为多。为开封府司录,鞫中人史志聪役卫卒伐木事,吏多为之地,玮穷治之,志聪以谪去。终光禄卿。

惠卿起进士,为真州推官。秩满入都,见王安石,论经义,意多合,遂定交。熙宁初,安石为政,惠卿方编校集贤书籍,安石言于帝曰:"惠卿之贤,岂特今人,虽前世儒者未易比也。学先王之道而能用者,独惠卿而已。"及设制置三司条例司,以为检详文字,事无大小必谋之,凡所建请章奏皆其笔。擢太子中允、崇政殿说书、集贤校理,判司农寺。

司马光谏帝曰:"惠卿憸巧非佳士,使安石负谤于中外者皆其所为。安石贤而愎,不闲世务,惠卿为之谋主,而安石力行之,故天下并指为奸邪。近者进擢不次,大不厌众心。"帝曰:"惠卿进对明辨,亦以美才。"光曰:"惠卿诚文学辨慧,然用心不正,愿陛下徐察之。江充、李训若无才,何以能动人主?"帝默然。光又贻书安石曰:"谄谀之士,于公今日诚有顺适之快,一旦失势,将必卖公自售矣。"安石不悦。

会惠卿以父丧去,服除,召为天章阁侍读,同修起居注,进知制诰,判国字监,与王雱同修《三经新义》。又知谏院,为翰林学士。安石求去,惠卿使其党变姓名,日投匦上书留之。安石力荐惠卿为参知政事,惠卿惧安石去,新法必摇,作书遍遗监司、郡守,使陈利害。又从容白帝下诏,言终不以吏违法之故,为之废法。故安石之政,守之益坚。议罢制科,冯京争之不得。

弟升卿无学术,引为侍讲。又用弟和卿计,制五等丁产簿,使民自供手实,尺椽寸土,检括无遗,至鸡豚亦遍抄之。隐匿者许告,而以赀三之一充赏,民不胜其困。又因保甲正长给散青苗,使结甲赴官,不遗一人,上下骚动。

郑侠疏惠卿朋奸壅蔽,惠卿怒,又恶冯京异己,而安石弟安国恶惠卿奸诡,面辱之。于是乘势并陷三人,皆获罪。安石以安国之故,始有隙。惠卿既叛安石,凡可以害王氏者无不为。韩绛为相不能制,请复用安石。安石至,犹与共事。御史蔡承禧论其恶,邓绾又言其兄弟强借秀州富民钱买田,出知陈州。久之,以资政殿学士知延州。

　　始，陕西缘边汉蕃兵各自为军，每战则以蕃部为先锋，而汉兵城守，伺便乃出战。惠卿始合之为一，先搜补守兵而出其选以战，随屯置将，具条约上之，边人及议者多言不可。路都监高永亨，老将也，争之力，奏斥之。蕃部屈全乜将入寇，惠卿以近世帅臣多养威持重，乃将牙兵按边，启师于东郊，遂趋绥德，抵无定河，历十有八日而还。

　　俄丁母忧，诏于本奉外特给五万，惠卿更请添支万五千，御史劾之，将下扬州取奉历，帝曰："惠卿固贪冒，然尝为执政，治之伤体，姑责以义可也。"但削其误奉，惠卿犹自辨。御史又论其方居丧，不应有言，诏勿问。

　　元丰五年，加大学士、知太原府。入见，将使仍镇鄜延。惠卿云："陕西之师，非唯不可以攻，亦不可以守，要在大为形势而已。"帝曰："如惠卿言，是为陕西可弃也，岂宜委以边事？"数其轻躁矫诬之罪，斥知单州，明年复知太原。哲宗即位，敕疆吏勿侵扰外界。惠卿遣步骑二万袭夏人于聚星泊，斩首六百级，夏人遂寇鄜延。

　　惠卿见正人汇进，知不容于时，恳求散地。于是右司谏苏辙条奏其奸曰："惠卿怀张汤之辨诈，有卢杞之奸邪，诡变多端，敢行非度。王安石强很傲诞，于吏事宜无所知，惠卿指插教导，以济其恶。又兴起大狱，欲株连蔓引，涂污公卿。赖先帝仁圣，每事裁抑，不然，安常守道之士无噍类矣。安石于惠卿有卵翼之恩，父师之义。方其求进则胆固为一，及势力相轧，化为敌雠，发其私书，不遗余力。犬彘之所不为，而惠卿为之。昔吕布事丁原则杀丁原，事董卓则杀董卓；刘牢之事王恭则反王恭，事司马元显则反元显：故曹操、桓玄终畏而诛之。如惠卿之恶，纵未正典刑，犹当投畀四裔，以御魑魅。"中丞刘挚数其五罪，以为大恶。乃贬为光禄卿，分司南京。再责建宁军节度副使，建州安置。中书舍人功轼当制，备载其罪于训词，天下传讼称快焉。

　　绍圣中，复资政殿学士、知大名府，加观文殿学士、知延州。夏人复入寇，将以全师围延安，惠卿修米脂诸砦以备。寇至，欲攻则城不可近，欲掠则野无所得，欲战则诸将按兵不动，欲南则惧腹背受敌，留二日即拔栅去，遂陷金明。惠卿求诣阙，不许。以筑威戎、威羌城，加银青光禄大夫，拜保宁、武胜两军节度使。

徽宗立，易节镇南。因曾布有宿憾，徙为杭州，而用范纯粹帅延，治其上功罔冒事，夺节度。布去位，复武昌节度使，知大名。数岁，又以上表引喻失当，还为银青光禄大夫，令致仕。崇宁五年，起为观文殿学士、知杭州。坐其子渊闻妖人张怀素言不告，渊配沙门岛，惠卿责祁州团练副使，安置宣州，再移庐州。复观文殿学士，为醴泉观使，致仕。卒，赠开府仪同三司。

始，惠卿逢合安石，骤致执政，安石去位，遂极力排之，至发其私书于上。安石退处金陵，往往写"福建子"三字，盖深悔为惠卿所误也。虽章惇、曾布、蔡京当国，咸畏恶其人，不敢引入朝。以是转徙外服，讫于死云。

章惇字子厚，建州浦城人，父前徙苏州。起家至职方郎中，致仕，用惇贵，累官银青光禄大夫，年八十九卒。

惇豪俊，博学善文。进士登名，耻出侄衡下，委敕而出。再举甲科，调商洛令。与苏轼游南山，抵仙游潭，潭下临绝壁万仞，横木其上，惇揖轼书壁，轼惧不敢书。惇平步过之，垂索挽树，摄衣而下，以漆墨濡笔大书石壁曰："苏轼、章惇来。"既还，神彩不动，轼拊其背曰："君他日必能杀人。"惇曰："何也？"轼曰："能自判命者，能杀人也。"惇大笑。召试馆职，王陶劾罢之。

熙宁初，王安石秉政，悦其才，用为编修三司条例官，加集贤校理、中书检正。时经制南、北江群蛮，命为湖南、北察访使。提点刑狱赵鼎言，峡州群蛮苦其酋削刻，谋内附，辰州布衣张翘亦言南、北江群蛮归化朝廷，遂以事属惇。惇募流人李资、张竑等往招之，资、竑淫于夷妇，为酋所杀，遂致攻讨，由是两江扇动。神宗疑其扰命，安石戒惇勿轻动，惇竟以三路兵平懿、洽、鼎州。以蛮方据潭之梅山，遂乘势而南。转运副使蔡烨言是役不可亟成，神宗以为然，专委于烨，安石主惇，争之不已。既而烨得蛮地，安石恨烨沮惇，乃薄其赏，进惇修起居注，以是兵久不决。

召惇还，擢知制诰、直学士院、判军器监。三司火，神宗御楼观之，惇部役兵奔救，过楼下，神宗问知为惇，明日命为三司使。吕惠卿去位，邓绾论惇同恶，出知湖州，徙杭州。入为翰林学士。元丰三年，拜参知政事。朱服为御史，惇密使客达意于服，为服所白。惇父冒占民沈立田，立遮诉惇，惇击之开府。坐二罪，罢知蔡州，又历陈、定二州。五年，召拜门下侍郎。丰稷奏曰：“官府肇新而惇首用，非稽古建官意。”稷坐左迁。谏官赵彦若又疏惇无行，不报。

哲宗即位，知枢密院事。宣仁后听政，惇与蔡胡矫唱定策功。确罢，惇不自安，乃驳司马光所更役法，累数各言。其略曰：“如保甲、保马一日不罢，有一日害。若役法则熙宁之初遽改免役，后遂有弊。今复为差役，当议论尽善，然后行之，不宜遽改，以贻后悔。”吕公著曰：“惇所论固有可取，然专意求胜，不顾朝廷大体。”光议既行，惇愤恚争辨帘前，其语甚悖。宣仁后怒，刘挚、苏辙、王觌、朱光庭、王岩叟、孙升交章击之，黜知汝州。七八年间，数为言者弹治。

哲宗亲政，有复熙宁、元丰之意，首起惇为尚书左仆射兼门下侍郎，于是专以“绍述”为国是，凡元祐所革一切复之。引蔡卞、林希、黄履、来之邵、张商英、周秩、翟思、上官均居要地，任言责，协谋朋奸，报复仇怒，小大之臣，无一得免，死者祸及其孥。甚至诋宣仁后，谓元祐之初，老奸擅国。又请发司马光、吕公著冢，断其棺。哲宗不听，惇意不惬，请编类元祐诸臣章疏，识者知祸之未弭也。遂治刘安世、范祖禹谏禁中雇乳媪事，又以文及甫诬语书导蔡渭，使告刘挚、梁焘有逆谋，起同文馆狱，命蔡京、安惇、蹇序辰穷治，欲覆诸人家。又议遣吕升卿、董必察访岭南，将尽杀流人。哲宗曰：“朕遵祖宗遗制，未尝杀戮大臣，其释勿治。”然重得罪者十余人，或至三四谪徙，天下冤之。

惇用邢恕为御史中丞，恕以北齐娄太后宫名宣训，尝废孙少主立子常山王演，托司马光语范祖禹曰："方今主少国疑，宣训事犹可虑。"又诱高士京上书，言父遵裕临死屏左右谓士京曰："神宗弥留之际，王珪遣高士充来问曰：'不知皇太后欲立谁。'我叱士充去之。"皆欲诬宣仁后，以此实之。惇遂追贬司马光、王珪，赠遵裕奉国军留后。结中官郝随为助，欲追废宣仁后，自皇太后、太妃皆力争之。哲宗感悟，焚其奏，随觇知之，密语惇与蔡卞。明日惇、卞再言，哲宗怒曰："卿等不欲朕入英宗庙乎？"惇、卞乃已。

惇又以皇后孟氏，元祐中宣仁后所立，迎合郝随，劝哲宗起掖秘狱，托以左道，废居瑶华宫。其后哲宗颇悔，乃叹曰："章惇坏我名节。"惇又结刘友端相表里，请建刘贤妃于中宫。

初，神宗用王安石之言，开熙河，谋灵、夏，师行十余年不息。迨闻永乐之败，神宗当宁恸哭，循致不豫，故元祐宰辅推本其意，专务怀柔外国。西夏请故地，以非要害城砦，还之。惇以蹙国弃地，罪其帅臣，遂用浅攻挠耕之说，肆开边隙，绝夏人岁赐，进筑汝遮等城，陕西诸道兴役五十余所，败军覆将，复弃青唐，死伤不可计。知天下怨己，欲塞其议，请诏中外察民妄语者论如律。优立赏逻，告讦之风浸盛。民有被酒狂讟者，诏贷其死，惇意论杀之。用刑愈峻，然不能遏也。

哲宗崩，皇太后议所立，惇厉声曰："以礼律言之，母弟简王当立。"皇太后曰："老身无子，诸王皆是神宗庶子。"惇复曰："以长则申王当立。"皇太后曰："申王病，不可立。"惇尚欲言，知枢密院事曾布叱之曰："章惇，听太后处分。"皇太后决策立端王，是为徽宗。迁惇特进，封申国公。

为山陵使，灵举限泽中，逾宿而行。言者劾其不恭，罢知越州，寻贬武昌军节度副使，潭州安置。右正言任伯雨论其欲追废宣仁后，又贬雷州司户参军。初，苏辙谪雷州，不许占官舍，遂僦民屋，惇又以为强夺民居，下州追民究治，以僦券甚明，乃已。至是，惇问舍于是民，民曰："前苏公来，为章丞相几破我家，今不可也。"徙睦州，卒。

惇敏识加人数等,穷凶稔恶,不肯以官爵私所亲,四子连登科,独季子援尝为校书郎,余皆随牒东铨仕州县,讫无显者。

妻张氏甚贤,惇之入相也,张病且死,属之曰:“君作相,幸勿报怨。”既祥,惇语陈瓘曰:“悼亡不堪,奈何?”瓘曰:“与其悲伤无益,曷若念其临绝之言。”惇无以对。

政和中,追赠观文殿大学士。绍兴五年,高宗阅任伯雨章疏,手诏曰:“惇诋诬宣仁后,欲追废为庶人,赖哲宗不从其请,使其言施用,岂不上累泰陵?贬昭化军节度副使,子孙不得仕于朝。”诏下,海内称快,独其家犹为《辨诬论》,见者哂之。

曾布字子宣,南丰人。年十三而孤,学于兄巩,同登第,调宣州司户参军、怀仁令。

熙宁二年,徙开封,以韩维、王安石荐,上书言为政之本有二,曰:厉风俗,择人才。其要有八,曰:劝农桑,理财赋,兴学校,审选举,责吏课,叙宗室,修武备,制远人。大率皆安石指也。

神宗召见,论建合意,授太子中允、崇政殿说书,加集贤校理,判司农寺,检正中书五房。凡三日,五受敕告。与吕惠卿共创青苗、助役、保甲、农田之法,一时故臣及朝士多争之。布疏言:“陛下以不世出之资,登延硕学远识之臣,思大有为于天下,而大臣玩令,倡之于上,小臣横议,和之于下。人人窥伺间隙,巧言愧诬,以哗众罔上。是劝沮之术未明,而威福之用未果也。陛下诚推赤心以待遇君子而厉其气,奋威断以屏斥小人而消其萌,使四方晓然皆知主不可抗,法不可侮,则何为而不可,何欲而不成哉?”布欲坚神宗意,使专任安石以威胁众,使毋敢言。故骤见拔用,遂修起居注、知制诰,为翰林学士兼三司使。韩琦中疏极论新法之害,神宗颇悟,布遂为安石条析而驳之,持之愈固。

七年,大旱,诏求直言,布论判官吕嘉问市易掊克之虐,大概以为:“天下之财匮乏,良由货不流通;货不流通,由商贾不行;商贾不行,由兼并之家巧为摧抑。故设市易于京师以售四方之货,常低印其价,使高于兼并之家而低于倍蓰之直,官不失二分之息,则商贾自然无滞矣。今嘉问及差官于四方买物货,禁客旅无得先交易,以息多寡为诛赏殿最,故官吏、牙驵惟衰之不尽而息之不夥,则是官自为兼并,殊非市易本意也。"事下两制议,惠卿以为沮新法,安石怒,布遂去位。

惠卿参大政,置狱举劾,黜布知饶州,徙潭州。复集贤院学士、知广州。元丰初,以龙图阁待制知桂州,进直学士、知秦州,改历陈、蔡、庆州。元丰末,复翰林学士,迁户部尚书。司马光为政,谕令增损役法,布辞曰:"免役一事,法令纤悉皆出己手,若令遽自改易,义不可为。"元祐初,以龙图阁学士知太原府,历真定、河阳及青、瀛二州。绍圣初,徙江宁,过京,留为翰林学士,迁承旨兼侍读,拜同知枢密院,进知院事。

初,章惇为相,布草制极其称美,冀惇引为同省执政,惇忌之,止荐居枢府,故稍不相能。布赞惇"绍述"甚力,请甄赏元祐臣庶论更役法不便者,以劝敢言。惇遂兴大狱,陷正人,流贬锢废,略无虚日,布多阴挤之。掖庭诏狱成,付执政蔽罪,法官谓厌魅事未成,不当处极典。布曰:"驴媚蛇雾,是未成否?"众皆瞿然,于是死者三人。

惇以士心不附,诡情饰过,荐引名士彭汝砺、陈瓘、张庭坚等,乞正所夺司马光、吕公著赠谥,勿毁墓仆碑,布以为无益之事。又奏:"人主操柄,不可倒持,今自丞弼以至言者,知畏宰相,不知畏陛下。臣如不言,孰敢言者?"其意盖欲倾惇而未能。会哲宗崩,皇太后召宰执问谁可立,惇有异议,布叱惇使从皇太后命。

徽宗立,惇得罪罢,遣中使召蔡京镵院,拜韩忠彦左仆射。京欲探徽宗意,徐请曰:"麻词未审合作专任一相,或作分命两相之意。"徽宗曰:"专任一相。"京出,宣言曰:"子宣不复相矣。"已而复召曾肇草制,拜布右仆射,其制曰:"东西分台,左右建辅。"忠彦虽居上,然柔懦,事多决于布,布犹不能容。时议以元祐、绍圣均为有失,欲以大公至正消释朋党,明年,乃改元建中靖国,邪正杂用,忠彦遂罢去。布独当国，渐进"绍述"之说。

明年，又改元崇宁，召蔡京为左丞，京与布异。会布拟陈佑甫为户部侍郎，京奏曰："爵禄者，陛下之爵禄，奈何使宰相私其亲？"布婿陈迪，佑甫子也。布忿然争辨，久之，声色稍厉。温益叱布曰："曾布，上前安得失礼？"徽宗不悦而罢。御史遂攻之，罢为观文殿大学士、知润州。

京积憾未已，加布以赃贿，令开封吕嘉问逮捕其诸子，锻炼讯鞫，诱左证使自诬而贷其罪。布落职，提举太清宫，太平州居住。又降司农卿，分司南京。又以尝荐学官赵谂而谂叛，责散官，衡州安置。又以弃湟州，责贺州别驾，又责廉州司户。凡四年，乃徙舒州，复太中大夫、提举崇福宫。大观元年，卒于润州，年七十二。后赠观文殿大学士，谥曰文肃。

安惇字处厚，广安军人。上舍及第，调成都府教授。上书论学制，召对，擢监察御史。哲宗初政，许察官言事，谏议大夫孙觉请汰其不可者，诏刘挚推择，罢惇为利州路转运判官，历夔州、湖北、江东三路。

绍圣初，召为国子司业，三迁谏议大夫。章惇、蔡卞造同文谤狱，使蔡京与惇杂治，二人肆其忮心，上言："司马光、刘挚、梁焘、吕大防等交通陈衍之徒，变先帝成法，惧陛下一日亲政，必有欺君之诛，乃密为倾摇之计。于是疏隔两宫，斥随龙内侍，以去陛下之腹心；废顾命大臣，以翦陛下之羽翼。纵释先帝之所罪，收用先帝之所弃。无君之恶，同司马昭之心；擅事之迹，过赵高指鹿为马。比询究本末，得其情状，大逆不道，死有余责。"帝曰："元祐人果如是乎？"惇、京曰："诚有是心，特反形未具耳。"帝为诛衍，锢挚、焘子孙。迁御史中丞。

刘后之受册也，百官仗卫陈于大庭，是日天气清晏，惇巍立班中，倡言曰："今日之事，上当天心，下合人望。"朝士皆笑其奸佞。又鞫邹浩事，檄广东使者钟正甫摄治之于新州，士大夫或千里会逮，踵袭序辰初议,阅诉理书牍,被祸者七八百人,天下怨疾,为二蔡、二惇之谣。徽宗雅恶之。邹浩还朝,惇言:"浩若复用,虑彰先帝之失。"帝曰:"立后,大事也。御史中丞不言而浩独敢言之,何为不可复用?"惇惧而退。陈瓘请曰:"陛下欲开正路,取浩既往之善,惇乃诖惑主听,规骋其私,若明示好恶,当自惇始。"乃以宝文阁待制知潭州,寻放归田里。

蔡京为相,复拜工部侍郎、兵部尚书。崇宁初,同知枢密院。卒,赠特进。

长子郊,后坐指斥诛。流其次子邦于涪而追贬惇单州团练副使,其祀遂绝。人以为惇平生数陷忠良之报云。

宋史卷四七二
列传第二三一

奸臣二

蔡京　弟卞　子攸僚　赵良嗣　张觉
郭药师附

蔡京字元长，兴化仙游人。登熙宁三上进士第，调钱塘尉、舒州推官，累迁起居郎。使辽还，拜中书舍人。时弟卞已为舍人，故事，入官以先后为序，卞乞班京下。兄弟同掌书命，朝廷荣之。改龙图阁待制，知开封府。

元丰末，大臣议所立，京附蔡确，将害王珪以贪定策之功，不克。司马光秉政，复差役法，为期五日，同列病太迫，京独如约，悉改畿县雇役，无一违者。诣政事堂白光，光喜曰："使人人奉法如君，何不可行之有！"已而台、谏言京挟邪坏法，出知成德军，必瀛州，徙成都。谏官范祖禹论京不可用，乃改江、淮、荆、浙发运使，又改知扬州。历郓、永兴军，迁龙图阁直学士，复知成都。

绍圣初，入权户部尚书。章惇复变役法，置司讲议，久不决。京谓惇曰："取熙宁成法施行之尔，何以讲为？"惇然之，雇役遂定。差雇两法，光、惇不同。十年间京再莅其事，成于反掌，两人相倚以济，识者有以见其奸。

卞拜右丞，以京为翰林学士兼侍读，修国史。文及甫狱起，命京穷治，京捕内侍张士良，令述陈衍事状，即以大逆不道论诛，并刘挚、梁焘劾之。衍死，二人亦贬死，皆锢其子孙。王岩叟、范祖禹、刘安世复远窜。京凯执政，曾布知枢密院，忌之，密言卞备位承辖，京不可以同升，但进承旨。

徽宗即位，罢为端明、龙图两学士，知太原，皇太后命帝留京毕史事。逾数月，谏官陈瓘论其交通近侍，瓘坐斥，京亦出知江宁，颇怏怏，迁延不之官。御史陈次升、龚夬、陈师锡交论其恶，夺职，提举洞霄宫，居杭州。

童贯以供奉官诣三吴访书画奇巧，留杭累月，京与游，不舍昼夜。凡所画屏幛、扇带之属，贯日以达禁中，且附语言论奏至帝所，由是帝属意京。又太学博士范致虚素与左街道录徐知常善，知常以符水出入元符后殿，致虚深结之，道其平日趣向，谓非相京不足以有为。已而宫妾、宦者合为一词誉京，遂擢致虚右正言，起京知定州。崇宁元年，徙大名府。韩忠彦与曾布交恶，谋引京自助，复用为学士承旨。徽宗有意修熙、丰政事，起居舍人邓洵武党京，撰《爱莫助之图》以献，徽宗遂决意用京。忠彦罢，拜尚书左丞，俄代曾布为右仆射。制下之日，赐坐延和殿，命之曰："神宗创法立制，先帝继之，两遭变更，国是未定。朕欲上述父兄之志，卿何以教之？"京顿首谢，愿尽死。二年正月，进左仆射。

京起于逐臣，一旦得志，天下拭目所为，而京阴托"绍述"之柄，箝制天子，用条例司故事，即都省置讲议司，自为提举，以其党吴居厚、王汉之十余人为僚属，取政事之大者，如宗室、冗官、国用、商旅、盐泽、赋调、尹牧，每一事以三人主之。凡所设施，皆由是出。用冯澥、钱通之议，复废元祐皇后。罢科举法，令州县悉仿太学三舍考选，建辟雍外学于城南，以待四方之士。推方田于天下。榷江、淮七路茶，官自为市。尽更盐钞法，凡旧钞皆弗用，富商巨贾尝斋持数十万缗，一旦化为流丐，甚者至赴水及缢死。提点淮东刑狱章綡见而哀之，奏改法误民，京怒夺其官；因铸当十大钱，尽陷綡诸弟。御史沈畸等用治狱失意，羁削者六人。陈瓘子汇以上书黥置海岛。

南开黔中，筑靖州。辰溪徭叛，杀溆浦令，京重为赏，募杀一首领者赐之绢三百，官以班行，且不令制究本末。荆南守马瑊言："有生徭，有省地徭，今未知叛者为何种族，若计级行赏，惧不能无枉滥。"蒋之奇知枢密院，恐忤京意，白言瑊不体国，京罢瑊，命舒宣代之，以剿绝群徭为期。西收湟川、鄯、廓，取牂牁、夜郎地。

擢童贯领节度使，其后杨戬、蓝从熙、谭稹、梁师成皆踵之。凡寄资一切转行，祖宗之法荡然无余矣。又欲兵柄士心皆归己，建澶、郑、曹、拱州为四辅，各屯兵二万，而用其姻昵宋乔年、胡师文为郡守。禁卒干掫月给钱五百，骤增十倍以固结之。威福在手，中外莫敢议。累转司空，封嘉国公。

京既贵而贪益甚，已受仆射奉，复创取司空寄禄钱，如粟、豆、柴薪与僮从粮赐如故，时皆折支，亦悉从真给，但入熟状奏行，帝不知也。

时元祐群臣贬窜死徙略尽，京犹未慊意，命等其罪状，首以司马光，目曰奸党，刻石文德殿门，又自书为大碑，遍班郡国。初，元符末以日食求言，言者多及熙宁、绍圣之政，则又籍范柔中以下为邪等。凡名在两籍者三百九人，皆锢其子孙，不得官京师及近甸。五年，进司空、开府仪同三司、安远军节度使，改封魏国。

时承平既久，帑庾盈溢，京倡为丰、亨、豫、大之说，视官爵财物如粪土，累朝所储扫地矣。帝尝大宴，出玉盏、玉卮示辅臣曰："欲用此，恐人以为太华。"京曰："臣昔使契丹，见玉盘盏，皆石晋时物，持以夸臣，谓南朝无此。今用之上寿，于礼无嫌。"帝曰："先帝作一小台财数尺，上封者甚众，朕甚畏其言。此器已就久矣，倘人言复兴，久当莫辨。"京曰："事苟当于理，多言不足畏也。陛下当享天下之奉，区区玉器，何足计哉！"

五年正月，彗出西方，其长竟天。帝以言者毁党碑，凡其所建置，一切罢之。京免为开府仪同三司、中太乙宫使。其党阴援于上，大观元年，复拜左仆射。以南丹纳土，躐拜太尉；受八宝，拜太师。

三年，台谏交论其恶，遂致仕。犹提举修《哲宗实录》，改封楚国，朝朔望。太学生陈朝老追疏京恶十四事，曰：渎上帝，罔君父，结奥援，轻爵禄，广费用，变法度，妄制作，喜导谀。箝台谏，炽亲党，长奔竞，崇释老，审土木，矜远路。乞投畀远方，以御魑魅。其书出，士人争相传写，以为实录。四年五月，彗复出奎、娄间，御史张克公论京辅政八年，权震海内，轻锡予以蠹国用，托爵禄以市私恩，役将作以葺居第，用漕船以运花石。名为祝圣而修塔，以壮临平之山；托言灌田而决水，以符"兴化"之谶。法名退送，门号朝京。方田扰安业之民，圜土聚徙郡之恶。不轨不忠，凡数十事。先是，御史中丞石公弼、侍御史毛注数劾京，未允，至是，贬太子少保，出居杭。

政和二年，召还京师，复辅政，徙封鲁国，三日一至都堂治事。京之去也，中外学官颇有以时政为题策士者。提举淮西学士苏栻欲自售，献议请索五年间策问，校其所询，以观向背，于是坐停替者三十余人。

初，国制，凡诏令皆中书门下议，而后命学士为之。至熙宁间，有内降手诏不由中书门下共议，盖大臣有阴从中而为之者。至京则又患言者议己，故作御笔密进，而冒徽宗亲书以降，谓之御笔手诏，违者以违制坐之。事无巨细，皆托而行，至有不类帝札者，群下皆莫敢言。由是贵戚、近臣争相请求，至使中人杨球代书，号曰"书杨"，京复病之而亦不能止矣。"

既又更定官名，以仆射为太，少宰，自称公相，总治三省。追封王安石、蔡确皆为王，省吏不复立额，至五品阶以百数，有身兼十余奉者。侍御史黄葆光论之，立窜昭州。拔故吏魏伯刍领权货，造料次钱券百万缗进入，徽宗大喜，持以宗左右曰："此太师与我奉料也。"擢伯刍至徽猷阁待制。

京每为帝言，今泉币所积赢五千万，和足以广乐，富足以备礼，于是铸九鼎，建明堂，修方泽，立道观，作《大晟乐》，制定命宝。任孟昌龄为都水使者，凿大伾三山，创天成、圣功二桥，大兴工役，无虑四十万。两河之民，愁困不聊生，而京侗然自以为稷、契、周、召也。又欲广宫室求上宠媚，召童贯辈五人，风以禁中逼侧之状。贯俱听命，各视力所致，争以侈丽高广相夸尚，而延福宫、景龙江之役起，浸淫及于艮岳矣。

　　子攸、儵、脩,攸子行,皆至大学士,视执政。脩尚茂德帝姬。帝七幸其第,赍予无算。命坐传觞,略用家人礼。厮养居大官,媵妾封夫人,然公论益不与,帝亦厌薄之。

　　宣和二年,令致仕。六年,以朱勔为地,再起领三省。京至是四当国,目昏眊不能事事,悉决于季子脩。凡京所制,皆脩为之,且代京入奏,每造朝,侍从以下皆迎揖,咕嗫耳语,堂吏数十人,抱案后从,由是恣为奸利,窃弄威柄,骤引其妇兄韩梠为户部侍郎,媒蘖密谋,斥逐朝士,创宣和库式贡司,四方之金帛与府藏之所储,尽拘括以实之,为天子之私财。宰臣白时中、李邦彦惟奉行文书而已,既不能堪,史攸亦发其事,上怒,欲窜之,京力丐免,特勒停侍养,而安置韩梠黄州。未几,褫脩侍读,毁赐出身敕,而京亦致仕。方时中等白罢脩以撼京,京殊无去意。帝呼童贯使诣京,令上章谢事,贯至,京泣曰:“上何不容京数年,当有相谗谮者。”贯曰:“不知也。”京不得已,以章授贯,帝命词臣代为作三表请去,乃降制从之。

　　钦宗即位,边遽日急,京尽室南下,为自全计。天下罪京为六贼之首,侍御史孙觌等始极疏其奸恶,乃以秘书监分司南京,连贬崇信、庆远军节度副使,衡州安置,又徙韶、儋二州。行至潭州死,年八十。

　　京天资凶谲,舞智御人,在人主前,颛狙伺为固位计,始终一说,谓当越拘挛之俗,竭四海九州之力以自奉。帝亦知其奸,屡罢屡起,且择与京不合者执政以柅之。京每闻将退免,辄入见祈哀,蒲伏扣头,无复廉耻。燕山之役,京送攸以诗,阳寓不可之意,冀事不成得以自解。见利忘义,至于兄弟为参、商,父子如秦、越。暮年即家为府,营进之徒,举集其门,输货僮隶得美官,弃纪纲法度为虚器。患失之心无所不至,根株盘结,牢不可脱。卒致宗社之祸,虽谴死道路,天下犹以不正典刑为恨。

　　子八人,儵先死,攸、脩伏诛,脩流白州死,脩以尚帝姬免窜,余子及诸孙皆分徙远恶郡。

卞字元度,与京同年登科,调江阴主簿。王安石妻以女,因从之学。元丰中,张璪荐为国子真讲,加集贤校理、崇政殿说书,擢起居舍人,历同知谏院、侍御史。居职下久,皆以王安石执政嫌辞。拜中兼舍人兼侍讲,进给事中。

哲宗立,迁礼部侍郎。使于辽,辽人颇闻其名。卞适有寒疾,命载以白驰车,典客者曰:"此君所乘,盖异礼也。"使还,以龙图阁待制知宣州,徙江宁府,历扬、广、越、润、陈五州。广州宝具丛凑,一无所取。及徙越,夷人清其去,以蔷薇露洒衣送之。

绍圣元年,复为中书舍人,上疏言:"先帝盛德大业,卓然出千古之上,发扬休光,正在史策。而实录所纪,类多疑似不根,乞验索审订,重行刊定,使后世考观,无所迷惑。"诏从之。以卞兼国史条撰。初,安石且死,悔其所作日录,命从子防焚之,防诡以他书代。至是,卞即防家取以上,因芟落事实,文饰奸伪,尽改所修实录、正史,于是吕大防、范祖禹、赵彦若、黄庭坚皆获深谴。迁翰林学士。

四年,拜尚书左丞,专托"绍述"之说,上欺天子,下胁同列。凡中伤善类,皆密疏建白,然后请帝亲札付外行之。章惇虽钜奸,然犹在其术中。惇轻率不思,而卞深阻寡言,论议之际,惇毅然主持,卞或嚅下启齿。一时论者以为惇迹易明,卞心难见。

徽宗即位,谏官陈瓘任伯雨、御史龚夬疏其兄弟奸恶,瓘并数卞尊私史以厌宗庙之罪,伯雨言"卞之恶有过于惇。去年封事,数千人皆乞斩惇、卞,公议于此可见矣。"遂阵其大罪有六,曰:"诬罔宣仁圣烈保佑之功,欲行追废,一也;凡绍圣以来窜逐臣僚,皆卞启而后行,二也;宫中厌胜事作,哲宗方疑,未知所处,惇欲召礼法官通议,卞云:'既犯法矣,何用礼法官议?'皇后以是得罪,三也;编排元祐章牍,姜菲语言,被罪者数千人,议自卞出,四也;邹浩以言忤旨,卞激怒哲宗,致之远谪,又请治其亲故送别之罪,五也;蹇序辰建看详诉理之议,章惇迟疑未应,卞即以二心之言迫之,惇默不敢对,即日置局,士大夫得罪者八百三十家,凡此皆卞谋之而惇行之,六也。

愿亟正典刑，以谢天下。"诏以资政殿学士知江宁府，连贬少府少监，分司池州。

才逾岁，起知大名府，徙扬州，召为中太乙宫使，擢知枢密院。时京居相位，卞礼辞，不许。帝谋复湟、鄯，问于卞，卞以王厚、高永年对。与京合谋，竭府藏以事边，募商人运粮，不复问其直贵贱。鄯、廓至斗米钱四千，束刍钱千二百，秦中骚困。及取三州，进金紫光禄大夫，永年竟为帐下执去以降。自是西方交兵，连年不息，追仇任伯雨所言，曲自辨理。至欲会狱证治，诸人坐贬。

卞居心倾邪，一意以妇公王氏所行为至当。兄晚达而位在上，致己不得相，故二府政事时有不合。京以中旨用童贯为陕西制置使，卞言不宜用宦者，右丞张康国引李宪故事以对，卞曰："用宪已非美事，宪犹稍习兵，贯略无所长，异时必误边计。"帝令中书行之。京于帝前诋卞，卞求去，以天章阁大学士知河南。

妖人张怀素败，卞素与之游，谓其道术通神，尝识孔子、汉高祖，至称为大士，坐降职。旋加观文殿学士，拜昭庆军节度使，入为侍读，进检校少保、开府仪同三司，易节镇东。

政和末，谒归上冢，道死，年六十。赠太傅，谥曰文正。高宗即位，追责为宁国军节度副使。绍兴五年，又贬单州团练副使。

攸字居安，京长子也。元符中，监在京裁造院。徽宗时为端王，每退朝，攸适趋局，遇诸涂，必下马拱立，王问左右，知为蔡承旨子，心善之。及即位，记其人，遂有宠。

崇宁三年，自鸿胪丞赐士出身，除秘书郎，以直秘阁、集贤殿修撰，编修《国朝会要》，三年间至枢密直学士。京再入相，加龙图阁学士兼侍读，详定《九域图志》，修《六典》，提举上清宝录宫、秘书省两街道录院、礼制道。史局官僚合百人，多三馆隽游，而攸用大臣子领袖其间，懵不知学，士论不与。初置宣和殿，命为大学士，赐毬文方团金带，改淮康军节度使。

帝将去京，先逐其党刘昺、刘焕等，使御史中丞王安中劾之。攸通籍禁庭,闻其事,亟请间百拜以恳,帝意遂解。其后与京权势日相轧,浮薄者复间之,父子各立门户,遂为仇敌。攸别居赐第,尝诣京,京正与客语,使避之,攸甫入,遽起握父手为胗视状,曰:"大人脉势舒缓,体中得无有不适乎?"京曰:"无之。"攸曰:"禁中方有公事。"即辞去。客窃窥见,以问京,京曰:"君固不解此,此儿欲以为吾疾而罢我也。"阅数日,京果致仕。以季弟絛钟爱于京,数请杀之,帝不许。

攸历开府仪同三司、镇海军节度使、少保,进见无时,益用事,与王黼得预宫中秘戏,或侍曲宴,则短衫窄裤,涂抹青红,杂倡优侏儒,多道市井淫媟谑浪语,以蛊帝心。妻宋氏出入禁掖,子行领殿中监,视执政,宠信倾其父。帝留意道家者说,攸独倡为异闻,谓有珠星璧月、跨凤乘龙、天书云篆之符,与方士林灵素之徒争证神变事。于是神霄、玉清之祠遍天下,咎端自攸兴矣。

童贯伐燕,以攸副宣抚,攸童骏不习事,谓功业可唾手致。入辞之日,二美嫔侍上侧,攸指而请曰:"臣成功归,乞以是赏。"帝笑而弗责。涿州留守郭药师拥所部八千人举涿、易二州降,进攸少傅。王师入燕,进少师,封英国公。还,领枢密院。王黼罢政,帝欲大用攸,既而悔之,但进太保,徙封燕。帝欲内禅,亲书"传位东宫"字授李邦彦,邦彦欲立不敢承,遂以付攸。攸退,属其客给事中吴敏,议遂定。

靖康元年,从上皇南下。及还都,始责为大中大夫,继而安置永州,连徙浔、雷。京死,御史言攸罪不减乃父,燕山之役祸及宗社,骄奢淫泆载籍所无,当窜诸海岛。诏置万安军,寻遣使者随所至诛之。

絛初以恩泽为亲卫郎、秘书丞,至保和殿学士。宣和中,拜礼部尚书兼侍讲。时絛弟兄亦知事势日异,其客傅墨卿、孙傅等复语之曰:"天下事必败,蔡氏必破,当亟为计。"絛心然之,密与攸议,稍持正论,故与京异。然皆蓄缩不敢明言,遂引吴敏、李纲、李光、杨时等用之,以挽物情。寻加大学士,提举醴泉观。

钦宗立，脩上募兵陕西策，自请行，又劝西幸，帝颇采纳，俾知京兆府。计垂就，攸忌其功成，会金破浚州，徽宗南幸，攸假徽宗旨，请脩守镇江，改责政殿大学士。或谓脩前计已乖，宜勿行。脩幸得去，不复辞。流言至京师，谓将复辟于镇江。帝趣迎上皇还，而责脩昭信军节度副使。

攸之诛也，御史陈述且行，帝取诏批其尾曰：“脩亦然。”于是并诛。

喬者，京族子也。性矫妄，善谈鬼神事。当承门荫，固推与庶兄，宗族称为贤。崇宁初，京党以学行修饬闻诸朝，与泉州布衣吕注皆著道士服。召入谒，累官拜给事中兼侍读。

京去位，为言者所攻，以显谟阁待制提举崇福宫。言者复论其不学无文，结豪民，规厚利，持道家吐纳之说以为论思，侍立集英瞬目自若为不恭，遂夺职。陈正汇上京变事，置狱京师，具陈在杭州时，日闻喬盛言京有后福，狱上，诏削其籍。京复相，徽宗戒毋得用喬，但复集英殿修撰，旋还待制，提点洞霄宫。宣和中，卒。

赵良嗣。本燕人马植，世为辽国大族，仕至光禄卿。行污而内乱，不齿于人。政和初，童贯出使，道卢沟，植夜见其侍史，自言有灭燕之策，因得谒。童贯与语，大奇之，载与归，易姓名曰李良嗣。荐诸朝，即献策曰：“女真恨辽人切骨，而天祚荒淫失道。本朝若遣使自登、莱涉海，结好女真，与之相约攻辽，其国可图也。”议乾谓社腙以来，虽有此道，以其地接诸藩，禁商贾舟船不得行，百有余年矣。一旦启之，惧非中国之利。徽宗召见，问所来之因，对曰：“辽国必亡，陛下念旧民遭涂炭之苦，复中国往昔之疆，代天谴责，以治伐乱，王师一出，必壶浆来迎。万一女真得志，先发制人，后发制于人，事不侔矣。”帝嘉纳之，赐姓赵氏，以为秘书丞。图燕之议自此始。迁直龙图阁，提点万寿观，加右文殿修撰。

宣和二年二月，使于金国，见其主阿骨打，议取燕云。使还，进徽猷阁待制。自是将命至六七,颇能缓颊尽心,与金争议,进龙图阁直学士。既得弱山,又加延康殿学士、提举上清宫,官至光禄大夫。

良嗣言:"顷在北国,与燕中豪士刘范、李奭及族兄柔吉三人结义同心,欲拔幽蓟归朝,沥酒于北极祠下,祈天为约,俟他日功成,即挂冠谢事,以表本心,初非取功名而徽富贵也。赖陛下威灵,今日之事幸而集,顾前日之约岂可欺哉?愿许臣致仕,使得买田归耕,令有识者曰:'此平燕首谋之人,得请闲退,天下美事也。'不然,则臣为敢欺神明,何所不至?"凡三上章,诏不许。既而朝廷纳张觉,良嗣争之云:"国家新与金国盟,如此必失其欢,后不可悔。"不听。坐夺职,削五阶。

靖康元年四月,御史胡舜陟论其结成边患,败契丹百年之好,使金寇侵陵,祸及中国,乞戮之于市。时已窜郴州,诏广西转运副使李升之即所至枭其首,徙妻子于万安军。

张觉,平州义丰人也。在辽国第进士,为辽兴军节度副使。镇民杀其节度使萧谛里,觉拊定乱者,州人推领州事。燕王淳死,觉知辽必亡,籍丁壮五万人,马千匹,练兵为备。萧后遣时立爱来知州,拒弗纳。

金人入燕,访觉情状于辽故臣康公弼,公弼言彼何能为,当示以不疑,乃以为临海军节度使,任知平州。辽相左企弓等将归东,粘罕欲先遣兵擒觉,公弼曰:"如此是趣之叛也,我请使焉而观之。"遂往见觉。觉曰:"契丹八路皆陷,今独平州存,敢有异志。所以未释甲者,防萧干耳。"厚赂公弼使还。公弼道其语,粘罕信之,升平州为南京,加觉同中书下平章事。企弓、公弼与曹勇义、虞仲文皆东选。

时燕民尽徙,流离道路,或诣觉诉:"公弼、企弓等不能守燕,致吾民如是。能免我者,非公而谁?"觉召僚属议,皆曰:"近闻天祚复振于松漠,金人所以急趋山西者,畏契丹议其后也。公能仗大义,迎故主以图兴复,责企弓等之罪而杀之,纵燕人归燕,南朝宜无不纳。倘金人西来,内用营、平之兵,外藉南朝之援,何所惧乎?"觉又访于翰林学士李石，亦以为然。乃杀企弓等四人，复称保大三年，绘天祚像于厅事，每事告而后行。呼父老谕曰："女真，雠也，岂可从？"指其像曰："此非汝主乎？岂可背？当相约以死，必不得已则归中国。"燕人尚义，皆景从。于是悉遣徙民归。

石更名安弼，偕故三司使高党往燕山说王安中曰："平州自古形胜之区，地方数百里，带甲十余万，觉攻武全才，若为我用，必能屏翰王室。苟为不然，彼西迎天祚，北通萧干，将为吾肘腋患矣。"安中深然之，具奏于朝，愿以身任其责，令安弼、党诣京师。徽宗以手札付詹度曰："本朝与金国通好，信誓甚重，岂当首违？金人昨所以不即讨觉者，以兵在关中而觉抗榆关故也。今既已东去，他日西来，则觉蕞尔数城，恐未易当。为今之计，姑当密示羁縻足矣。"而度数诱致之，讽令内附。

宣和五年六月，觉遣书至安抚司云："金虏恃虎狼之强，驱徙燕京富家巨室，止留空城以塞盟誓，缅想大朝，亦非得已。遗民假道当管，冤痛之声，盈于衢路。州人不忍，金谓宜抗贼命，以存生灵，使复父母之邦，且为大朝守御之备，已尽遣其人过界，谨令掌书记张钧、参谋军事张敦固诣安抚司听命。"

金人闻觉叛，遣阇母国王将三千骑来讨，觉帅兵迎拒之于营州，阇母以兵少，不交锋而退，大书于门，有"有今复来"之语，觉遂妄以大捷闻，朝廷建平州为泰宁军，拜觉节度使，以安弼、党、钧、敦固皆为徽猷阁待制，宣抚司犒以银绢数万。诏命至，觉喜，远出迎。金人谍知，举兵来，觉不得返，同其弟挟所被诏敕奔燕。母妻先寓营州，为金人所得，弟闻之，亟往降，献其诏敕。金人围平州，觉之从弟及侄固守，金人以纳叛为责，且求饷粮，凡攻击数月，州民数千溃围走，莫肯降。

金人既平二州，始来索觉，王安中讳之。索愈急，乃斩一大貌类者去。金人曰："此非觉也。觉匿于王宣抚甲仗库，若不与我，我自以兵取之。"安中不得已，引觉出，数其过，使行刑，觉语殊不逊。既死，函首送之，燕之降将及常胜军皆泣下，郭药师曰："若来索药师，当奈何?"自是解体,金人终用是启衅云。

郭药师,渤海铁州人也。辽之将亡,燕王淳募辽东饥民为兵,使之报怨于女真,目曰"怨军",药师为之渠首。明年,其两营叛,药师杀叛者罗青。都统萧干留二千人为四营,以药师及张令徽、刘舜仁、甄五臣为将。淳建号于燕,改"怨军"为"常胜军",擢药师至诸卫上将军、涿州留守。淳死,萧后立,萧干专,国人贰。

宣和四年九月,药师拥所部八千人奉涿、易二州来归,诏以为恩州观察使。王师北讨,刘延庆与干军于卢沟,药师曰:"干以全师抗我,燕城必虚,选劲骑袭之,可得也。"延庆遣药师与诸将帅兵六千,夜半渡河,倍道而进。质明,甄五臣领五千骑夺迎春门以入,大军继至,下令纳燕人降而尽杀契丹杂虏。药师遣人谕萧后,使趣降,后密诏萧干还战于三市,药师失马,几为所擒,遂以败还,犹进安远军承宣使。十二月,拜武泰军节度使。五年正月,加检校少保,同知燕山府。诏入朝,徽宗礼遇甚厚,赐以甲第姬妾。张水嬉于金明池,使观之,命贵戚大臣更互设宴。又召对于后苑延春殿,药师拜廷下,泣言:"臣在虏,闻赵皇如在天上,不谓今日得望龙颜。"帝深褒称之,委以守燕,对曰:"愿效死。"又令取天祚以绝燕人之望,变色而言曰:"天祚,臣故主也,国破出走,臣是以降。陛下使臣毕命他所,不敢辞,若使反故主,非所以事陛下,愿以付他人。"因涕泣如雨。帝以为忠,解所御珠袍及二金盆以赐。药师出,谕其下曰:"此非吾功,汝辈力也。"即翦盆分给之。加检校少傅,归镇。

萧干犯塞,药师破其众于峰山,生擒阿鲁太师,获耶律德光尊号宝剑检、涂金印,干寻为部下所杀。策勋加检校太傅。

初,王安中知燕山府,詹度与药师同知,药师自以节钺,欲居度上。度称御笔所书有序,药师不从。加以常胜军肆横,药师右之,度不能制,告于朝廷。虑其交恶,命度与河间蔡靖两易。靖至,坦怀待之,药师亦重靖,稍为抑损,安中但诣事之,朝廷亦曲徇其意,所请无不从。良械精甲,多遣部曲贸易他道,为奇巧之物以奉权贵宦侍,于是誉言日闻。专制一路,增募兵号三十万,而不改左衽,朝论颇以为虑。亟拜太尉,召入朝,辞不至。

帝令童贯行边,阴察其去就,不然,则挟之偕来。贯至燕,药师迎于易州,再拜帐下,贯避之,曰:"汝今为太尉,位视二府,与我等耳,此礼何为?"药师曰:"太师,父也。药师唯拜我父,焉知其他?"贯释然。遂邀贯视师,至于迥野,略无人迹,药师下马,当贯前掉旗一挥,俄顷,四山铁骑耀日,莫测其数。贯众皆失色。归为帝言,药师必能抗虏,蔡攸亦从中力主之。金使贺天宁节归,送伴使见药师兵,遇之于道,金使为之敛马引避。乡兵或持柔揭取其羊羜,皆不敢争,奏言药师威声远振,攸益谓其可倚,故内地不复防制。屡有告变及得其通金国书,辄不省。

七年十二月,詹度言:"药师瞻视不常,趣向怀异,蜂目鸟喙,怙宠恃功,逆节已萌,凶横日甚。今闻与金人交结,背负朝廷,兴祸不远,愿早为之虑。"始诏遣官究实,而金兵已南下破檀、蓟,至玉田。蔡靖遣药师、张令徽、刘舜仁帅师出御,其夕,令徽遁归,靖与部使者诣药师计事,药师欲降,靖曰:"靖誓死报国,此何言邪?"引佩刀将自刭,药师抱持之,并诸使者悉锁于家。斡离不及郊,药师率军官迎拜,遂从以南。叛报至,帝犹秘其事,议封为燕王,割地与之,使世守,而已无及。

斡离不至庆源,闻天子内禅,欲回军,药师曰:"南朝未必有备,不如姑行。"其后趋趋京城,诘索宫省与邀取宝器服玩,皆药师导之也。

宋史卷四七三
列传第二三二

奸臣三

黄潜善　汪伯彦　秦桧

黄潜善字茂和,邵武人。擢进士第,宣和初,为左司郎。陕西、河东地大震,陵谷易处,徽宗命潜善察访陕西,因往视。潜善归,不以实闻,但言震而已。擢户部侍郎,坐事谪亳州,以徽猷阁待制知河间府。

靖康初,金人入攻,康王开大元帅府,檄潜善将兵入援。张邦昌僭位,潜善趋白于帅府,王承制拜潜善为副元帅。

二年,高宗即位,拜中书侍郎。时上从人望,擢李纲为右相,纲将奏逐潜善及汪伯彦,右丞吕好问止之。未几,潜善拜右仆射兼中书侍郎,纲遂罢。御史张所言潜善奸邪,恐害新政,左迁所尚书郎,寻谪江州。太学生陈东论李纲不可去,潜善、伯彦不可任,潜善恚。会欧阳澈上书诋时事,语侵宫掖,帝谓其言不实,潜善乘间启杀澈并东诛之,识与不识皆为之垂涕,帝悔焉。

明年,金人攻陕西,京东、山东盗起,潜善、伯彦匿不以闻。张遇焚真州,距行在六十里,内侍邵成章疏潜善、伯彦误国,成章坐除名。御史马伸亦以劾潜善、伯彦得罪,谪监濮州酒税,道卒。

潜善进左仆射兼门下侍郎。郓、濮相继陷没,宿、泗屡警,右丞许景衡以扈卫单弱,请帝避其锋,潜善以为不足虑,率同列听浮屠克勤说法。俄泗州奏金人且至,帝大惊,决策南渡。御舟已戒,潜善、伯彦方共食,堂吏大呼曰:"驾行矣。"乃相视苍黄鞭马南驰。都人争门而出,死者相枕藉,人无不怨愤。会司农卿黄锷至江上,军士闻其姓以为潜善也,争数其罪,挥刃而前,锷方辩其非是,而首已断矣。

帝渡瓜州,幸镇江,敌兵已蹑其后。潜善、伯彦联疏言艰难之时,不敢具文求退。中丞张澂劾之,乃罢潜善为观文殿大学士,知江宁府,落职居衡州。郑毂又论潜善、伯彦均于误国,而潜善之恶居多,王庭秀继以为言,责置英州。谏官袁植乞斩之都市,帝不许。寻卒于梅州。

潜善猥持国柄,嫉害忠良。李纲既逐,张悫、宗泽、许景衡辈相继贬死,宪谏一言,随陷其祸,中外为之切齿。高宗末年有旨,潜善、余深、薛昂皆复官录后。谏官凌哲言深、昂朋附蔡京,潜善专恣误国,今尽复三人恩数,恐政刑失平,忠义解体。诏以潜善尝任副元帅,特复元官,录一子。

汪伯彦字廷俊,徽之祁门人。登进士第,积官为虞部郎官。靖康改元,召见,献河北边防十策,直龙图阁、知相州。是冬,金人陷真定,诏徙真定帅司于相,俾伯彦领之。

高宗以康王使金至磁,时金骑充斥,尝有甲马数百至城下,踪迹王所在。伯彦亟以帛书请王还相,躬服橐鞬,部兵逆王于河上。王劳之曰:"他日见上,当首以京兆荐公。"其受知自此始矣。未几,王奉蜡书,开天下兵马大元帅府,以伯彦为副将。王引兵渡河,谋所向,言人人殊,伯彦独曰:"非出北门济子城不可。"王喜曰:"廷俊言是也。"既济,由大名历郓、济达于京,奏为集英殿修撰。

北兵薄京城,钦宗诏:金人见议通和,康王将兵,毋得轻动。伯彦以为然。宗泽曰:"女真狂谲,是欲款我师尔。如即信之,后悔何及乎!宜亟进兵。"伯彦等难之。及城破,金人逼二帝北行,张邦昌僭立,王闻之涕泣。明年春,王承制除伯彦显谟阁待制,升元帅,进直学士。高宗即位,擢知枢密院事。未几,拜右仆射。

　　方高宗初政，天下望治。伯彦、潜善逾年在相位，专权自恣，不能有所经画。御史谏官，下至韦布内侍，皆劾奏之。罢伯彦为观文殿大学士、知洪州，改提举崇福宫，寻落职居永州。绍兴初，复职，知池州、江东安抚大使。言者弗置，乃诏以旧职奉祠，寻知广州。四年，帝追赠陈东、欧阳澈。舍人王居正论伯彦、潜善不已，复褫前职。

　　七年，帝谓辅臣曰："元帅旧僚，往往沦谢，惟汪伯彦实同艰难。朕之故人，所存无几，宜与牵复。"秦桧、张浚曰："臣等已议曰郊恩取旨，更得天笔明其旧劳，庶几内外孚信。"始伯彦之未第也，受馆于王氏，桧尝从之学，而浚亦伯彦所引，故共赞焉。九年，知宣州，过阙，帝谓桧曰："伯彦便令之官，庶免纷纭。"又曰："伯彦潜藩旧僚，去国七年。汉之高、光不忘丰沛、南阳故旧，皆人情之常。"伯彦上所著《中兴日历》五卷，拜检校少傅、保信军节度使。十年，请祠，从之。明年五月，卒，赠少师，谥忠定。

　　初，伯彦既去相州，金人执其子军器监丞似，使割地以至相州，守臣赵不试固守不下，遂拘而北，久之乃还。或云似之得归，伯彦实使人赎之。似后更名召嗣。

　　秦桧字会之，江宁人。登政和五年第，补密州教授。继中词学兼茂科，历太学学正。靖康元年，金兵攻汴京，遣使求三镇，桧上兵机四事：一言金人要请无厌，乞止许燕山一路；二言金人狙诈，守御不可缓；三乞集百官详议，择其当者载之誓书；四乞馆金使于外，不可令入门及引上殿。不报。除职方员外郎。寻属张邦昌为干当公事，桧言："是行专为割地，与臣初议矛盾，失臣本心。"三上章辞，许之。

　　时议割三镇以弭兵，命桧借礼部侍郎与程瑀为割地使，奉肃王以往。金师退，桧、瑀至燕而还。御史中丞李回、翰林承旨吴开共荐桧，拜殿中侍御史，迁左司谏。王云、李若水见金二酋归，言金坚欲得地，不然，进兵取汴京。十一月，集百官议于延和殿，范宗尹等七十人请与之，桧等三十六人持不可。未几，除御史中丞。

闰十一月，汴京失守，二帝幸金营。二年二月，莫俦、吴开自金营来，传金师命推立异姓。留守王时雍等召百官军民共议立张邦昌，皆失色不敢答，监察御史马伸言于众曰："吾曹职为争臣，岂容坐视不吐一辞？当共入议状，乞存赵氏。"时桧为台长，闻伸言以为然，即进状曰：

桧荷国厚恩，甚愧无报。今金人拥重兵，临已拔之城，操生杀之柄，必欲易姓，桧尽死以辨，非特忠于主也，且明两国之利害尔。赵氏自祖宗以至嗣君，百七十余载。顷缘奸臣败盟，结怨邻国，谋臣失计，误主丧师，遂致生灵被祸，京都失守，主上出郊，求和军前。两元帅既允其议，布闻中外矣，且空竭帑藏，追取服御所用，割两河地，恭为臣子，今乃变易前议，人臣安忍畏死不论哉？

宋于中国，号令一统，绵地万里，德泽加于百姓，前古未有。虽兴亡之命在天有数，焉可以一城决废立哉？昔西汉绝于新室，光武以兴；东汉绝于曹氏，刘备帝蜀；唐为朱温篡夺，李克用犹推其世序而继之。盖基广则难倾，根深则难拔。

张邦昌在上皇时，附会权幸，共为蠹国之政。社稷倾危，生民涂炭，固非一人所致，亦邦昌为之也。天下方疾之如仇雠，若付以土地，使主人民，四方豪杰必共起而诛之，终不足为大金屏翰。必立邦昌，则京师之民可服，天下之民不可服；京师之宗子可灭，天下之宗子不可灭。桧不顾斧钺之诛，言两朝之利害，愿复嗣君位以安四方，非特大宋蒙福，亦大金万世利也。

金人寻取桧诣军前。三月，金人立邦昌为伪楚。邦昌遗金书请还孙傅、张叔夜及桧，不许。初，二帝北迁，桧与傅、叔夜、何㮚、司马朴从至燕山，又徙韩州。上皇闻康王即位，作书贻粘罕，与约和议，俾桧润色之。桧以厚赂达粘罕。会金主吴乞买以桧赐其弟挞懒为任用，挞懒攻山阳，建炎四年十月甲辰，桧与妻王氏及婢仆一家，自军中取涟水军水砦航海归行在。丙午，桧入见。丁未，拜礼部尚书，赐以银帛。

　　桧之归也，自言杀金人监己者奔舟而来。朝士多谓桧与㮚、傅、朴同拘，而桧独归；又自燕至楚二千八百里，逾河越海，岂无讥诃之者，安得杀监而南？就令从军挞懒，金人纵之，必质妻属，安得与王氏偕？惟宰相范宗尹、同知枢密院李回与桧善，尽破群疑，力荐其忠。未对前一日，帝命先见宰执。桧首言"如欲天下无事，南自南，北自北"，及首奏所草与挞懒求和书。帝曰："桧朴忠过人，朕得之喜而不寐。盖闻二帝、母后消息，又得一佳士也。"宗尹欲处之经筵，帝曰："且与一事简尚书。"故有礼部之命。从行王安道、冯由义、水砦丁禩及参议官并改京秩，舟人孙靖亦补承信郎。始，朝廷虽数遣使，但且守且和，而专与金人解仇议和，实自桧始。盖桧在金庭首唱和议，故挞懒纵之使归也。

　　绍兴元年二月，除参知政事。七月，宗尹罢。先是，范宗尹建议讨论崇宁、大观以来滥赏，桧力赞其议，见帝意坚，反以此挤之。宗尹既去，相位久虚。桧扬言曰："我有二策，可耸动天下。"或问何以不言，桧曰："今无相，不可行也。"八月，拜右仆射、同中书门下平章事兼枢密院事。九月，吕颐浩再相，桧同秉政，谋夺其柄，风其党建言："周宣王内修外攘，故能中兴，今二相宜分任内外。"颐浩遂建都督府于镇江。帝曰："颐浩专治军旅，桧专理庶务，如种、蠡之分职可也。"

　　二年，桧奏置修政局，自为提举，参知政事翟汝文同领之。未几，桧面劾汝文擅治堂吏，汝文求去；谏官方孟卿一再论之，汝文竟罢。监察御史刘一止，桧党也，言："宣王内修，修其所谓外攘之政而已。今簿书狱讼、官吏差除、土木营缮俱非所当急者。"屯田郎曾统亦谓桧曰："宰相事无不统，何以局为？"桧皆不听。既而有议废局以摇桧者，一止及检讨官林待聘皆上疏言不可废。七月，一止出台，除起居郎，盖自叛其说，识者笑之。

　　颐浩自江上还，谋遂桧，有教以引朱胜非为助者。诏以胜非同都督。给事中胡安国言胜非不可用，胜非遂以醴泉观使兼侍读。安国求去，桧三上章留之，不报。颐浩寻以黄龟年为殿中侍御史，刘棐

为右司谏,盖将逐桧。于是江跻、吴表臣、程瑀、张焘、胡世将、刘一
止、林待聘、楼炤并落职予祠,台省一空,皆桧党也。桧初欲倾颐浩,
引一时名贤如安国、焘、瑀辈布列清要。颐浩问去桧之术于席益,益
曰:"目为党可也。今党魁胡安国在琐闼,宜先去之。"盖安国尝问人
材于游酢,酢以桧为言,且比之荀文若。故安国力言桧贤于张浚诸
人,桧亦力引安国。至是,安国等去,桧亦寻去。桧再相误国,安国
已死矣。黄龟年始劾桧专主和议,沮止恢复,植党专权,渐不可长,
至比桧为莽、卓。八月,桧罢,乃为观文殿学士,提举江州太平观。

前一日,上召直学士院綦崈礼入对,示以桧所陈二策,欲以河
北人还金国,中原人还刘豫。帝曰:"桧言'南人归南,北人归北'。朕
北人,将安归?桧又言'为相数月,可耸动天下',今无闻。"崈礼即以
上意载训辞,播告中外,人始知桧之奸。龟年等论桧不已,诏落职,
榜朝堂,示不复用。三年,韩肖胄等使还,泊金使李永寿、王翊偕来,
求尽还北俘,与桧前议吻合。识者益知桧与金人共谋,国家之辱未
已也。

五年,金主既死,挞懒主议,卒成其和。二月,复资政殿学士,仍
旧宫祠。六月,除观文殿学士、知温州。六年七月,改知绍兴府。寻
除醴泉观使兼侍读,充行宫留守,孟庾同留守,并权赴尚书、枢密院
参决庶事。时已降诏将行幸,桧乞扈从,不许。帝驻跸平江,召桧赴
行在,用右相张浚荐也。十二月,桧以醴泉观兼侍读赴讲筵。七年
正月,何藓使金还,得徽宗及宁德后讣,帝号恸发丧,即日授桧枢密
使,恩数视宰臣。四月,命王伦使金国迎奉梓宫。

九月,浚求去,帝问:"谁可代卿?"浚不对。帝曰:"秦桧何如?"
浚曰:"与之共事,始知其暗。"帝曰:"然则用赵鼎。"鼎于是复相。台
谏交章论浚,安置岭表。鼎约同列救解,与张守面奏,各数千百言,
桧独无一语。浚遂谪永州。始,浚、鼎相得甚,浚先达,力引鼎。尝
共论人才,浚剧谈桧善,鼎曰:"此人得志,吾人无所措足矣!"浚不
以为然,故引桧,共政方知其暗,不复再荐也。桧因此憾浚,反谓鼎
曰:"上欲召公,而张相迟留。"盖怒鼎使挤浚也。桧在枢府惟听鼎,

鼎素恶桧，由是反深信之，卒为所倾。鼎与浚晚遇于闽，言及此，始知皆为桧所卖。

十一月，奉使朱弁以书报粘罕死，帝曰："金人暴虐，不亡何待？"桧曰："陛下但积德，中兴固有时。"帝曰："此固有时，然亦须有所施为，然后可以得志。"

八年三月，拜右仆射、同中书门下平章事兼枢密使。吏部侍郎晏敦复有忧色，曰："奸人相矣。"五月，金遣乌陵思谋等来议和，与王伦偕至。思谋即宣和始通好海上者。议以吏部侍郎魏矼馆伴，矼辞曰："顷任御史，尝言和议之非，今不可专对。"桧问矼所以不主和，矼备言敌情。桧曰："公以智料敌，桧以诚待敌。"矼曰："第恐敌不以诚待相公尔。"桧乃改命。六月，思谋等入见。帝愀然谓宰相曰："先帝梓宫，果有还期，虽待二三年尚庶几。惟是太后春秋高，朕旦夕思念，欲早相见，此所以不惮屈己，冀和议之速成也。"桧曰："屈己议和，此人主之孝也。见主卑屈，怀愤不平，此人臣之忠也。"帝曰："虽然，有备无患，使和议可成，边备亦不可弛。"

十月，宰执入见，桧独留身，言："臣僚畏首尾，多持两端，此不足与断大事。若陛下决欲讲和，乞颛与臣议，勿许群臣预。"帝曰："朕独委卿。"桧曰："臣亦恐未便，望陛下更思三日，容臣别奏。"又三日，桧复留身奏事，帝意欲和甚坚，桧犹以为未也，曰："臣恐别有未便，欲望陛下更思三日，容臣别奏。"帝曰："然。"又三日，桧复留身奏事如初，知上意确不移，乃出文字乞决和议，勿许群臣预。

鼎力求去位，以少傅出知绍兴府。初，帝无子。建炎末，范宗尹造膝有请，遂命宗室令廛择艺祖后，得伯琮、伯玖入宫，皆艺祖七世孙。伯琮改名瑗，伯玖改名璩。瑗先建节，封建国公。帝谕鼎专任其事。又请建资善堂，鼎罢，言者攻鼎，必以资善为口实。及鼎、桧再相，帝出御札，除璩节度使，封吴国公。执政聚议，枢密副使王庶见之，大呼曰："并后匹嫡，此不可行。"鼎以问桧，不答。桧更问鼎，鼎曰："自丙辰罢相，议者专以此藉口，今当避嫌。"约同奏面纳御笔，及至帝前，桧无一语。鼎曰："今建国在上，名虽未正，天下之人

知陛下有子矣。今日礼数不得不异。"帝乃留御笔俟议。明日,桧留
身奏事。后数日,参知政事刘大中参告,亦以此为言。故鼎与大中
俱罢。明年,璩卒授保大军节度使,封崇国公。故鼎入辞,劝帝曰:
"臣去后,必有以孝弟之说胁制陛下者。"出见桧,一揖而去,桧亦憾
之。

鼎既去,桧独专国,决意议和。中朝贤士,以议论不合,相继而
去。于是,中书舍人吕本中、礼部侍郎张九成皆不附和议,桧谕之使
优游委曲,九成曰:"未有枉已而能正人者。"桧深憾之。殿中侍御史
张戒上疏乞留赵鼎,又陈十三事论和议之非,忤桧。王庶与桧尤不
合,自淮西入枢庭,始终言和议非是,疏凡七上,且谓桧曰:"而忘东
都欲存赵氏时,何遗此敌邪?"桧方挟金人自重,尤恨庶言,故出之。

枢密院编修官胡铨上疏,愿斩桧与王伦以谢天下。于是上下汹
汹。桧谬为解救,卒械遂铨贬昭州。陈刚中以启贺铨,桧大怒,送刚
中吏部,差知赣州安远县。赣有十二邑,安远滨岭,地恶瘴深,谚曰:
"龙南、安远,一去不转。"言必死也。刚中果死。寻以铨事戒谕中外。
既而校书郎许忻、枢密院编修官赵雍同日上疏,犹祖铨意,力排和
议。雍又欲正南北兄弟之名,桧亦不能罪。曾开见桧,言今日当论
存亡,不当论安危。桧骇愕,送出之。司勋员外郎朱松、馆职胡珵张
扩、凌景夏、常明、范如圭同上一疏言:"金人以和之一字得志于我
者十有二年,以覆我王室,以弛我边备,以竭我国力,以懈缓我不共
戴天之仇,以绝望我中国讴吟思汉之赤子,以诏谕江南为名,要陛
下以稽首之礼。自公卿大夫至六军万姓,莫不扼腕愤怒,岂肯听陛
下北面为仇敌之臣哉!天下将有仗大义,问相公之罪者。"后数日,
权吏部尚书张焘、吏部侍郎晏敦复魏矼、户部侍郎李弥逊梁汝嘉、
给事中楼照、中书舍人苏符、工部侍郎萧振、起居舍人薛徽言同政
入奏,极言屈己之礼非是。新除礼部侍郎尹焞独上疏,且移书切责
桧,桧始大怒,焞于是固辞新命不拜。奉礼郎冯时行召对,言和议不
可信,至引汉高祖分羹事为喻。帝曰:"朕不忍闻。"辈蹙而起。桧及
谪时行知万州,寻亦抵罪。中书舍人勾龙如渊抗言于桧曰:"邪说横

起,胡不择台官击去之。"桧遂奏如渊为御史中丞,首劾铨。

金使张通古、萧哲以诏谕江南为名,桧犹恐物论咎己,与哲等议,改江南为宋,诏谕为国信。京、淮宣抚处置使韩世忠凡四上疏力谏,有"金以刘豫相待"之语,且言兵势重处,愿以身当之,不许。哲等既至泗州,要所过州县迎以臣礼,至临安日,欲帝待以客礼,世忠益愤,再疏言:"金以诏谕为名,暗致陛下归顺之义,此主辱臣死之时,愿效死战以决胜败。若其不克,委曲从之未晚。"亦不许。哲等既入境,接伴使范同再拜问金主起居,军民见者,往往流涕。过平江,守臣向子諲不拜,乞致仕。哲等至淮安,言先归河南地,且册上为帝,徐议余事。

桧至是欲上行屈己之礼,帝曰:"朕嗣守太祖、太宗基业,岂可受金人封册。"会三衙帅杨沂中、解潜、韩世良相率见桧曰:"军民汹汹,若之何?"退,又白之台谏。于是勾龙如渊、李谊数见桧议国书事,如渊谓得其书纳之禁中,则礼不行而事定。给事中楼照亦举"谅阴三年不言"事以告桧,于是定桧摄冢宰受书之议。帝亦切责王伦,伦谕金使,金使亦惧而从。帝命桧即馆中见哲等受其书。金使欲百官备礼,桧使省吏朝服导从,以书纳禁中。先一日,诏金使来,将尽割河南、陕西故地,又许还梓宫及母兄亲族,初无需索。以参知政事李光素有时望,俾押和议榜以镇浮言。又降御札赐三大将。

九年,金人归河南、陕西故地,以王伦签书枢密院事,充迎奉梓宫、奉还两宫、交割地界使,蓝公佐副之。判大宗正事士㒟、兵部侍郎张焘朝八陵。帝谓宰执曰:"河南新复,宜命守臣专抚遗民,劝农桑,各因其地以食,因其人以守,不可移东南之财,虚内以事外。"帝虽听桧和而实疑金诈,未尝弛备也。

时张浚在永州,驰奏,力言以石晋、刘豫为戒,复遗书孙近,以"帝秦之祸,发迟而大"。徐俯守上饶,连南夫帅广东,岳飞宣抚淮西,皆因贺表寓讽。俯曰:"祸福倚伏,情伪多端。"南夫曰:"不信亦信,其然岂然?虽虞舜之十二州,皆归王化;然商于之六百里,当念尔欺!"飞曰:"救暂急而解倒悬,犹之可也;欲长虑而尊中国,岂其然乎?"他如秘书省正字汪应辰、樊光远,澧州推官韩纠、临安府司户参官毛叔庆,皆言金人叵测;迪功郎张行成献《询荛书》二十篇,大意言自古讲和,未有终不变者,条具者皆豫备之策。桧悉加黜责,纠贬循州。

七月,兀术杀其领三省事宗磐及左副元帅挞懒,拘王伦于中山府。盖兀术以归地为二人所主,将有他谋也。伦尝密奏于朝,桧不之备,但趣伦进。时韩世忠有乘懈掩击之请,桧言《春秋》不伐丧,与帝意合,遂已。

十年,金人果败盟,分四道入侵。兀术入东京,葛王褒取南京,李成取西京,撒离喝趋永兴军。河南诸郡相继陷没。帝始大怪,下诏罪状兀术。御史中丞王次翁奏曰:"前日国是,初无主议。事有小变,则更用他相,后来者未必贤,而排黜异党,纷纷累月不能定,愿陛下以为至戒。"帝深然之。桧力排群言,始终以和议自任,而次翁谓无主议者,专为桧地也。于是桧位复安,据之凡十八年,公论不能撼摇矣。

六月,桧奏曰:"德无常师,主善为师。臣昨见挞懒有割地讲和之议,故赞陛下取河南故疆。今兀术戕其叔挞懒,蓝公佐归,和议已变,故赞陛下定吊伐之计。愿至江上谕诸帅同力招讨。"卒不行。闰六月,贬赵鼎兴化军,以王次翁受桧旨,言其规图复用也。言者不已,寻窜潮州。

时张俊克亳州,王胜克海州,岳飞克郾城,几获兀术。张浚战胜于长安,韩世忠胜于泇口镇,诸将所向皆奏捷,而桧力主班师。九月,诏飞还行在,沂中还镇江,光世还池州,锜还太平。飞军闻诏,旗靡辙乱,飞口呿不能合。于是淮宁、蔡、郑复为金人有。以明堂恩封桧莘国公。十一年,兀术再举,取寿春,入庐州,诸将邵隆、王德、关师古等连战皆捷。杨沂中战拓皋,又破之。桧忽谕沂中及张俊遽班师。韩世忠闻之,止濠州不进;刘锜闻之,弃寿春而归。自是不复出兵。

四月,桧欲尽收诸将兵权,给事中范同献策,桧纳之。密奏召三

大将论功行赏,韩世忠、张俊并为枢密使,岳飞为副使,以宣抚司军
隶枢密院。六月,拜左仆射、同中书门下平章事兼枢密使,进封庆国
公。《徽宗实录》成,迁少保,加封冀国公。先是,莫将、韩恕使金,拘
于涿州。至是,兀术有求和意,纵之归。桧复奏遣刘光远、曹勋使金,
又以魏良臣为通问使。未几,良臣偕金使萧毅等来,议以淮水为界,
求割唐、邓二州。寻遣何铸报聘,许之。

十月,兴岳飞之狱。桧使谏官万俟卨论其罪,张俊又诬岳旧将
张宪谋反,于是飞及子云俱送大理寺,命御史中丞何铸、大理卿周
三畏鞫之。十一月,贬李光藤州,范同罢参知政事。同虽附和议,以
自奏事,桧忌之也。十二月,杀岳飞。桧以飞屡言和议失计,且尝奏
请定国本,俱与桧大异,必欲杀之。铸、三畏初鞫,久不伏;卨入台,
狱遂上。诬飞尝自言"己与太祖皆三十岁建节"为指斥乘舆,受诏不
救淮西罪,赐死狱中。子云及张宪杀于都市。天下冤之,闻者流涕。
飞之死,张俊有力焉,语在《飞传》。

十二年,胡铨再编管新州。八月,徽宗及显肃、懿节二梓宫至行
在。太后还慈宁宫。九月,加太师,进封魏国公。十月,进封秦、魏
两国公。桧以封两国与蔡京、童贯同,请改封母为秦、魏国夫人。子
熺举进士,馆客何溥赴南省,皆为第一。熺本王唤薁子,桧妻唤妹,
无子,唤妻贵而妒,桧在金国,出熺为桧后。桧还,其家以唤见,桧喜
甚。桧幸和议复成,益咎前日之异己者。先是,赵鼎贬潮州,王庶贬
道州,胡铨再贬新州。至是,皆遇赦永不检举。曾开、李弥逊并落职。
张俊本助和议,居位岁余无去意,桧讽江邈论罢之。

十三年,贺瑞雪,贺雪自桧始。贺日食不见,是后日食多书不
见。彗星常见,选人康倬上书言彗星不足畏,桧大喜,特改京秩。楚
州奏盐城县海清,桧请贺,帝不许。知虔州薛弼言木内有文曰"天下
太平年",诏付史馆。于是修饰弥文,以粉饰治具,如乡饮、耕籍之类
节节备举,为苟安余杭之计,自此不复巡幸江上,而祥瑞之奏日闻
矣。

洪皓归自金国,名节独著,以致金酋室撚语,直翰苑不一月逐

去。室撚者，粘罕之左右也。初，粘罕行军至淮上，桧尝为之草檄，为室撚所见，故因皓归寄声。桧意士大夫莫有知者，闻皓语，深以为憾，遂令李文会论之。胡舜陟以非笑朝政下狱死，张九成以鼓唱浮言贬，累及僧宗杲编配，皆以语忤桧也。张邵亦坐与桧言金人有归钦宗及诸王后妃意，斥为外祠。十四上，贬黄龟年，以前尝论桧也。闽、浙大水，右武大夫白锷有"燮理乖谬"语。刺配万安军。太学生张伯麟尝题壁曰"夫差，尔忘越王杀尔父乎！"杖背刺配吉阳军。故将解潜罢官闲居，辛永宗总戎外郡，亦坐不附和议，潜窜南安死，永宗编置肇庆死。赵鼎、李光皆再窜过海。皓之罪由白锷延誉，光以在藤州唱和有讽刺及桧者，为守臣所告也。

先是，议建国公出阁，吏部尚书吴表臣、礼部尚书苏符等七人论礼与桧意异，于是表臣等以讨论不详、怀奸附鼎皆罢。始，桧为上言：赵鼎欲立皇太子，是待陛下终无子也，宜俟亲子乃立。遂嗾御史中丞詹大方言鼎邪谋密计，深不可测，与范冲等咸怀异意，以徼无妄之福。冲尝为资善翊善，故大方诬之。其后监察御史王铣言帝未有嗣，宜祠高禖，诏筑坛于圜丘东，皆桧意也。

台州曾惇献桧诗称"圣相"。凡投献者以皋、夔、稷、契为不足，必曰"元圣"。桧乞禁野史。又命子熺以秘书少监领国史，进建炎元年至绍兴十二年《日历》五百九十卷。熺因太后北还，自颂桧功德凡二千余言，使著作郎王扬英、周执高上之，皆迁秩。自桧再相，凡前罢相以来诏书章疏稍及桧者，率更易焚弃，日历、时政亡失已多，是后记录皆熺笔，无复有公是非矣。冬十月，右正言何溥指程颐、张载遗书为专门曲学，力加禁绝，人无敢以为非。

十五年，熺除翰林学士兼侍读。四月，赐桧甲第，命教坊乐导之入，赐缯钱金绵有差。六月，帝幸桧第，桧妻妇子孙皆加恩。桧先禁私史，七月，又对帝言私史害正道。时司马伋遂言《涑水记闻》非其曾祖光论著之书，其后李光家亦举光所藏书万卷焚之。十月，帝亲书"一德格天"篇其阁。十六年正月，桧立家庙。三月，赐祭器，将相赐祭器自桧始。

先是，帝以彗星见求言。张浚上疏，言今事势如养大疽于头目心腹之间，不决不止，愿谋为豫备。不然，异时以国与敌者，反归罪正议。桧久憾浚，至是大怒，即落浚节钺，贬连州，寻移永州。

十七年，改封桧益国公。五月，移贬洪皓于英州。八月，赵鼎死于吉阳军。是夏，先有赵鼎遇赦永不检举之旨，又令月申存亡，鼎知之，不食而卒。自鼎之谪，门人故吏皆被罗织，虽闻其死而叹息者亦加以罪。又窜吕颐浩子摭于藤州。十二月，进士施锷上《中书颂》、《行都赋》及《绍兴雅》十篇，永免文解。自此颂咏导谀愈多。赐百官喜雪御筵于桧第。

十八年，熺除知枢密院事，桧问胡宁曰："外议如何？"宁曰："以为公相必不袭蔡京之迹。"五月，李显忠上恢复策，落军职，与祠。六月，迪功郎王廷珪编管辰州，以作诗送胡铨也。闰八月，福州言民采竹实万斛以济饥。十一月，胡铨自新州移贬吉阳军，以作颂谤讪也。

十九年，帝命绘桧像，自为赞。是岁，湖、广、江西、建康府皆言甘露降，诸郡奏狱空。帝尝语桧曰："自今有奏狱者，当令监司验实。果妄诞，即按治，仍命御史台察之。苟不惩戒，则奏甘露瑞芝之类，崇虚饰诞，无所不至。"帝虽眷桧，而不可蔽欺也如此。十二月，禁私作野史，许人告。

二十年正月，桧趋朝，殿司小校施全刺桧不中，磔于市。自是每出，列五十兵持长梃以自卫。是月，曹泳告李光子孟坚省记光所作私史，狱成，光窜已久，诏永不检举；孟坚编置峡州，朝士连坐者八人，皆落职贬秩；胡寅窜新州。泳由是骤用。五月，秘书少监汤思退奏以桧存赵氏本末付史馆。六月，熺加少保。郑炜告其乡人福建安抚司机宜吴元美作《夏二子传》，指蚊、蝇也；家有潜光亭、商隐堂，以亭号潜光，有心于党李、堂名商隐，无意于事秦。故桧尤恶之。编管右迪功郎安诚、布衣汪大圭，斩有荫人惠俊、进义副尉刘允中，黥径山僧清言，皆以讪谤也。时桧疾愈，朝参许肩舆，二孙扶掖，仍免拜。二十一年，朝散郎王扬英上书荐熺为相，桧奏扬英知泰州。

二十二年，又兴王庶二子之奇之荀、叶三省、杨炜、索敏求四大狱，皆坐谤讪。炜又以尝登李光、萧振之门，言时事也。于是光永不检举，振贬池州。二十三年，桧请下台州于谢伋家取綦崇礼所受御笔缴进。桧初罢相，上有责桧语，欲泯其迹焉。是岁，进士黄友龙坐谤讪，黥配岭南；内侍裴咏坐指斥，编管琼州。二十四年二月，王炬以弟炜旧累死宾州，炬编管邕州。何兑讼其师马伸发端上金人书乞存赵氏，为分桧功，兑编管英州。三月，桧孙敷文阁待制埙试进士举，省殿试皆为第一，桧从子炜焞、姻党周夤沈兴杰皆登上第，士论为之不平。考官则魏师逊、汤思退、郑仲熊、沈虚中、董德元也。师逊等初知贡举，即语人曰："吾曹可以富贵矣。"及廷试，桧又奏思退为编排，师逊为详定。埙与第二人曹冠策皆攻专门之学，张孝祥策则主一德元老且及存赵事。帝读埙策，皆桧、熺语，于是擢孝祥为第一，降埙第三。未几，埙修撰实录院，宰相子孙同领史职，前所无也。

　　六月，以王循友前知建康尝罪桧族党，循友安置藤州。八月，王趯为李光求内徙，趯编管辰州。郑玘、贾子展以会中有嘲谑讲和之语，玘窜容州，子展窜德庆府。方畴以与胡铨通书，编置永州。十二月，魏安行、洪兴祖以广传程瑀《论语解》，安行编置钦州，兴祖编置昭州。又窜程纬，以其慢上无礼也。

　　帝尝谕桧曰："近轮对者，多谒告避免。百官轮对，正欲闻所未闻，可令检举约束。"桧擅政以来，屏塞人言，蔽上耳目，凡一时献言者，非诵桧功德，则讦人语言以中伤善类。欲有言者恐触忌讳，畏言国事，仅论销金铺翠、乞禁鹿胎冠子之类，以塞责而已。故帝及之，盖亦防桧之壅蔽也。

　　衢州尝有盗起，桧遣殿前司将官辛立将千人捕之，不以闻。晋安郡王因入侍言之，帝大惊，问桧，桧曰："不足上烦圣虑，故不敢闻，盗平即奏矣。"退而求其故，知晋安言之，遂奏晋安居秀王丧不当给俸，月损二百缗，帝为出内帑给之。

　　二十五年二月，以沈长卿旧与李光启讥和议，又与芮烨共赋《牡丹诗》，有"宁令汉社稷，变作莽乾坤"之句，为邻人所告，长卿编置化州，烨武冈军。静江有驿名秦城，知府吕愿中率宾僚共赋《秦城王气诗》以媚桧，不赋者刘芮、李彀、罗博文三人而已。愿中由此得召。又张扶请桧乘金根车，又有乞置益国官属及议九锡者，桧闻之安然。十月，由禁专门之学。以太庙灵芝绘为华旗，凡郡国所奏瑞木、嘉禾、瑞瓜、双莲悉绘之。

赵令衿观桧《家庙记》，口诵"君子之泽，五世而斩"，为汪召锡所告。御史徐嚞又论赵鼎子汾与令衿饮别厚赆，必有奸谋，诏送大理，拘令衿南外宗正司。桧于一德格天阁书赵鼎、李光、胡铨姓名，必欲杀之而后已。鼎已光而憾之不置，遂欲孥戮汾。桧忌张浚尤甚，故令衿之狱，张宗元之罢，皆波及浚。浚在永州，桧又使其死党张柄知潭州，与郡丞汪召锡共伺察之。至是，使汾自诬与浚及李光、胡寅谋大逆，凡一时贤士五十三人皆与焉。狱成，而桧病不能书。

是月乙未，帝幸桧第问疾，桧无一语，惟流涕而已。熺奏请代居相位者，帝曰："此事卿不当与。"帝遂命直学士院沈虚中草桧父子致仕制。熺犹遣共子埙与林一飞、郑柟夜见台谏徐嚞、张扶谋奏请已为相。丙申，诏桧加封建康郡王，熺进少师，皆致仕，埙、堪并提举江州太平兴国宫。是夜，桧卒，年六十六。后赠申王，谥忠献。

桧两据相位，凡十九年，劫制君父，包藏祸心，倡和误国，忘雠致伦。一时忠臣良将，斥锄略尽。其顽钝无耻者，率为桧用，争以诬陷善类为功。其矫诬也，无罪可状，不过曰谤讪，曰指斥，曰怨望，曰立党沽名，甚则曰有无君心。凡论人章疏，皆桧自操以授言者，识之者曰："此老秦笔也。"察事之卒，布满京城，小涉讥议，即捕治，中以深文。又阴结内侍及医师王继先，伺上动静。郡国事惟申省，无一至上前者。桧死，帝方与人言之。

桧立久任之说，士淹滞失职，有十年不解者。附己者立与擢用。自其独相，至死之日，易执政二十八人，皆世无一誉。柔佞易制者，如孙近、韩肖胄、楼照、王次翁、范同、万俟卨、程克俊、李文会、杨愿、李若谷、何若、段拂、汪勃、詹大方、余尧弼、巫伋、章夏、宋朴、史才、魏师逊、施钜、郑仲熊之徒，率拔之冗散，遽跻政地，既共政，则拱默而已。又多自言官听桧弹击，辄以政府报之，由中丞、谏议而升

者凡十有二人，然甫入即出，或一阅月，或半年即罢去。惟王次翁阅
四年，以金人败盟之初持不易相之论，桧德之深也。开门受赂，富敌
于国，外国珍宝，死犹及门。人谓熺自桧秉政无日不锻酒具，治书
画，特其细尔。

　　桧阴险如崖阱，深阻竟叵测。同列论事上前，未尝力辨，但以一
二语倾挤之。李光尝与桧争论，言颇侵桧，桧不答。及光言毕，桧徐
曰："李光无人臣礼。"帝始怒之。凡陷忠良，率用此术。晚年残忍尤
甚，数兴大狱，而又喜谀佞，不避形迹。

　　然桧死熺废，其党祖述余说，力持和议，以窃据相位者尚数人，
至孝宗始荡涤无余。开禧二年四月，追夺王爵，改谥谬丑。嘉定元
年，史弥远奏复王爵、赠谥。

宋史卷四七四
列传第二三三

奸臣四

万俟卨　韩侂胄　丁大全　贾似道

万俟卨字元忠，开封阳武县人。登政和二年上舍第。调相州、颍昌府教授，历太学录、枢密院编修官、尚书比部员外郎。绍兴初，盗曹成掠荆湖间，卨时避乱沅、湘，帅臣程昌寓以便宜檄卨权沅州事。成奄至城下，卨召土豪、集丁壮以守，成食尽乃退。除湖北转运判官，改提点湖北刑狱。岳飞宣抚荆湖，遇卨不以礼，卨憾之。卨入观，调湖南转运判官，陛辞，希秦桧意，谮飞于朝。留为监察御史，擢右正言。

时桧谋收诸将兵权，卨力助之，言诸大将起行伍，知利不知义，畏死不畏法，高官大职，子女玉帛，已极其欲，盍示以逗遛之罚，败亡之诛，不用命之戮，使知所惧。

张俊归自楚州，与桧合谋挤飞，令卨劾飞对将佐言山阳不可守。命中丞可铸治飞狱，铸明其无辜。桧怒，以卨代治，遂诬飞与其子云致书张宪令虚申警报以动朝廷，及令宪措置使还飞军；狱不成，又诬以淮西逗遛之事。飞父子与宪俱死，天下冤之。大理卿薛仁辅、寺丞李若朴、何彦犹言飞无罪，卨劾之；知宗正寺士㒟请以百口保飞，卨又劾之，士㒟瘐死建州。刘洪道与飞有旧，卨劾其足恭媚飞，闻飞罢宣抚，抵掌流涕。于是洪道抵罪，终身不复。参政范同为

桧所引，或自奏事，桧忌之，离劾罢，再论同罪，谪居筠州。又为桧劾
李光鼓倡，孙近朋比，二人皆被窜谪。

和议成，离请诏户部会计用兵之时与通和之后所费几何，若减
于前日，乞以羡财别贮御前激赏库，不许他用，蓄积稍实，可备缓
急。梓宫还，以离为攒按行使，内侍省副都知宋唐卿副之，离请与唐
卿同班上殿奏事，其无耻如此。张浚寓居长沙，离妄劾浚卜宅逾制，
至拟五凤楼。会吴秉信自长沙还朝，奏浚宅不过众人，常产可办，浚
乃得免。

除参知政事，充金国报谢使。使还，桧假金人誉己数千言，嘱离
以闻，离难之。他日奏事退，桧坐殿庐中批上旨，辄除所厚者官，吏
钤纸尾进，离曰：“不闻圣语。”即不视。桧大怒，自是不交一语。言
官李文会、詹大方交章劾离，离遂求去。帝命出守，桧愈怒。给事中
杨愿封还词头，遂罢去，寻谪居归州。遇赦，量移沅州。

二十五年，召还，除参知政事，寻拜尚书右仆射、同中书门下平
章事。纂次太后回銮事实，上之。张浚以离与沈该居相位不厌天下
望，上书言其专欲受命于金。离书大怒，以为金人未有衅，而浚所奏
乃若祸在年岁间，浚坐窜谪。离提举刊修《贡举敕令格式》五十卷、
《看详法意》四百八十七卷，书进，授金紫光禄大夫，致仕。卒，年七
十五，谥忠靖。

离始附桧，为言官，所言多出桧意；及登政府，不能受钳制，遂
忤桧去。桧死，帝亲政，将反桧所为，首召离还。离主和固位，无异
于桧，士论益薄之。

韩侂胄字节夫，魏忠献王琦曾孙也。父诚，娶高宗宪圣慈烈皇
后女弟，仕至宝宁军承宣使。侂胄以父任入官，历阁门祗候、宣赞舍
人、带御器械。淳熙末，以汝州防御使知阁门事。

孝宗崩，光宗以疾不能执丧，中外汹汹，赵汝愚议定策立皇子
嘉王。时宪圣太后居慈福宫，而侂胄雅善慈福内侍张宗尹，汝愚乃
使侂胄介宗伊以其议密启太后。侂胄两至宫门，不获命，彷徨欲退，

遇重华宫提举关礼问故，入白宪圣，言甚恳切，宪圣可其议。礼以告侂胄，侂胄驰白汝愚。日已向夕，汝愚亟命殿帅郭杲以所部兵夜分卫南北内。翌日，宪圣太后即丧次垂帘，宰臣传旨，命嘉王即皇帝位。

宁宗既立，侂胄欲推定策恩，汝愚曰："吾宗臣也，汝外戚也，何可以言功？惟爪牙之臣，则当推赏。"乃加郭杲节钺，而侂胄但迁定州观察使兼枢密都承旨。侂胄始觖望，然以传导诏旨，浸见亲幸，时时乘间窃弄威福。朱熹白汝愚当用厚赏酬共劳而疏远之，汝愚不以为意。右正言黄度欲劾侂胄，谋泄，斥去。朱熹奏其奸，侂胄怒，使优人峨冠阔袖象大儒，戏于上前，熹遂去。彭龟年请留熹而逐侂胄。未几，龟年与郡；侂胄进保宁军承宣使，提举佑神观。自是，侂胄益用事，而以抑赏故，怨汝愚日深。

雪川刘弼者，曩与侂胄同知阁门事，颇以知书自负。方议内禅时，汝愚独与侂胄计议，弼弗得与闻，内怀不平，至是，谓侂胄曰："赵相欲专大功，君岂惟不得节度，将恐不免岭海之行矣。"侂胄愕然，因问计，弼曰："惟有用台谏尔。"侂胄问："若何而可？"弼曰："御笔批出是也。"侂胄悟，即以内批除所知刘德秀为监察御史，杨大法为殿中侍御史；罢吴猎监察御史，而用刘三杰代之。于是言路皆侂胄之党，汝愚之迹始危。

侂胄欲逐汝愚而难其名，谋于京镗，镗曰："彼宗姓，诬以谋危社稷可也。"庆元元年，侂胄引李沐为右正言。沐尝有求于汝愚不获，即奏汝愚以同姓居相位，将不利于社稷。汝愚罢相。始，侂胄之见汝愚，徐谊实荐之，汝愚既斥，遂并逐谊。朱熹、彭龟年、黄度、李祥、杨简、吕祖俭等以攻侂胄得罪，太学生杨宏中、张衟、徐范、蒋傅、林仲麟、周端朝等又以上书论侂胄编置，朝士以言侂胄遭责者数十人。

已而侂胄拜保宁军节度使、提举佑神观。又设伪学之目，以网括汝愚、朱熹门知名之士。用何澹、胡纮为言官。澹言伪学宜加风厉，或指汝愚为伪学罪首；纮条奏汝愚有十不逊，且及徐谊。汝愚谪永州，谊谪南安军。虑他日汝愚复用，密谕衡守钱鍪图之，汝愚抵衡暴薨。留正旧在都堂众辱侂胄，至是，刘德秀论正引用伪党，正坐罢斥。吏部尚书叶翥要侍郎倪思列疏论伪学，思不从，侂胄乃擢翥执政而免思官。侂胄加开府仪同三司。时台谏迎合侂胄意，以攻伪学为言，然惮清议，不欲显斥熹。侂胄意未快，以陈贾尝攻熹，召除贾兵部侍郎。未至，亟除沈继祖台察。继祖诬熹十罪，落职罢祠。三年，刘三杰入对，言前日伪党，今变而为逆党。侂胄大喜，即日除三杰为右正言，而坐伪学逆党得罪者五十有九人。王沇献言令省部籍记伪学姓名，姚愈请降诏严伪学之禁，二人皆得迁官。施康年、陈谠、邓友龙、林采皆以攻伪学久居言路，而张釜、张岩、程松率由此秉政。

四年，侂胄拜少傅，封豫国公。有蔡琏者尝得罪，汝愚执而黥之。五年，侂胄使琏告汝愚定策时有异谋，具其宾客所言七十纸。侂胄欲逮彭龟年、曾三聘、徐谊、沈有开下大理鞫之，范仲艺力争乃止。其年迁少师，封平原郡王。六年，进太傅。婺州布衣吕祖泰上书言道学不可禁，请诛侂胄，以周必大为相。侂胄大怒，决杖流钦州。言者希侂胄意，劾必大首植伪党，降为少保。一时善类悉罹党祸，虽本侂胄意，而谋实始京镗。逮镗死，侂胄亦稍厌前事，张孝伯以为不弛党禁，后恐不免报复之祸。侂胄以为然，追复汝愚、朱熹职名，留正、周必大亦复秩还政，徐谊等皆先后复官。伪党之禁浸解。

三年，拜太师。监惠民局夏允中上书，请侂胄平章国政，侂胄缪为辞谢，乞致其仕，诏不许，允中放罢。时侂胄以势利蛊士大夫之心，薛叔似、辛弃疾、陈谦皆起废显用，当时固有困于久斥，损晚节以规荣进者矣。若陈自强则以侂胄童子师，自选人不数年致位宰相，而苏师旦、周筠又侂胄厮役也，亦皆预闻国政，超取显仕。群小阿附，势焰熏灼。侂胄凡所欲为，宰执慑息不敢为异，自强至印空名敕札授之，惟所欲用，三省不预知也。言路厄塞，每月举论二三常事而已，谓之月课。

或劝侂胄立盖世功名以自固者，于是恢复之议兴。以殿前都指挥使吴曦为兴州都统，识者多言曦不可，主西师必叛，侂胄不省。安丰守厉仲方言淮北流民愿归附，会辛弃疾入见，言敌国必乱必亡，愿属元老大臣预为应变计，郑挺、邓友龙等又附和其言。开禧改元，进士毛自知廷对，言当乘机以定中原，侂胄大悦。诏中外诸将密为行军之计。先是，杨辅、傅伯成言兵不可动，抵罪；至是，武学生华岳叩阍乞斩侂胄、苏师旦、周筠以谢天下，谏议大夫李大异亦论止开边。岳下大理劾罪编置，大异斥去。

陈自强援故事乞命侂胄兼领平章，台谏邓友龙等继以为请，侂胄除平章军国事。萧逵、李壁时在太常，论定典礼，三日一朝，因至都堂，序班丞相之上，三省印并纳其第。侂胄昵苏师旦为腹心，除师旦安远军节度使。自置机速房于私第，甚者假作御笔，升黜将帅，事关机要，未尝奏禀，人莫敢言。

四年，以薛叔似为京湖宣谕使；邓友龙为两淮宣谕使；程松为四川宣抚使，吴曦副之。徐邦宪自处州召见，以弭兵为言，忤侂胄意，削二秩。于是左司谏易袚、大理少卿陈景俊、太学博士钱廷玉皆起而言恢复之计矣。诏侂胄日一朝。友龙、叔似并升宣抚使。吴曦兼陕西、河东招抚使，皇甫斌副之。时镇江武锋军统制陈孝广复泗州及虹县，江州统制许进复新息县，光州孙成复褒信县。捷书闻，侂胄乃议降诏趣诸将进兵。

未几，皇甫斌兵败于唐州；秦世辅至城固军溃；郭倬、李汝翼败于宿州，敌追围倬，倬执统制田俊迈以遗敌，乃获免。事闻，邓友龙罢，以丘崈代为宣抚使。侂胄既丧师，始觉为师旦所误。侂胄招李壁饮酒，酒酣，语及师旦，壁微摘其过，侂胄以为然。壁乃悉数其罪，赞侂胄斥去之。翌日，师旦谪韶州，斩郭倬于京口，流李汝翼、王大节、李爽于岭南。

已而金人渡淮，攻庐、和、真、扬，取安丰、濠，又攻襄阳，至枣阳，乃以丘崈金书枢密院事，督视江、淮军马。侂胄输家财二十万以助军，而谕丘崈募人持书币赴敌营，谓用兵乃苏师旦、邓友龙、皇甫斌所为，非朝廷意。金人答书辞甚倨，且多所要索，谓侂胄无意用兵，师旦等安得专。侂又遣书许还河北流民及今年岁币，金人乃有许意。

　　会招抚使郭倪与金人战，败于六台；金人攻蜀，吴曦叛，受金命称蜀王。侂乞移书敌营伸前议，且谓金人指太师平章为首谋，宜免系衔。侂胄忿，侂坐罢。曦反状闻，举朝震骇。侂胄亟遣曦书，许以茅士之封，书未达而安丙、杨巨源已率义士诛曦矣。侂胄连方遣信孺使北请和，以林拱辰为通谢使。金人欲责正隆以前礼略，以侵疆为界，且索犒军银凡数千万，而缚送首议用兵之臣。信孺归，白事朝堂，不敢斥言，侂胄穷其说，乃微及之。侂胄大怒，和议遂辍。起辛弃疾为枢密都承旨。会弃疾死，乃以殿前副都指挥使赵淳为江、淮制置使，复锐意用兵。

　　自兵兴以来，蜀口、汉、淮之民死于兵戈者，不可胜计，公私之力大屈，而侂胄意犹未已，中外忧惧。礼部侍郎史弥远，时兼资善堂翊善，谋诛侂胄，议甚秘，皇子荣王入奏，杨皇后亦从中力请，乃得密旨。弥远以告参知政事钱象祖、李壁。御笔云："韩侂胄久任国柄，轻启兵端，使南北生灵枉罹凶害，可罢平章军国事，与在外宫观。陈自强阿附充位，不恤国事，可罢右丞相。日下出国门。"仍令权主管殿前司公事夏震以兵三百防护。象祖欲奏审，壁谓事留恐泄，不可。翌日，侂胄入朝，震呵止于途，拥至玉津园侧殂杀之。

　　先一日，周筠谓侂胄，事将不善，侂胄与自强谋用林行可为谏议大夫，尽击谋侂胄者。是日，行可方请对，自强坐待漏院，语同列曰："今日大成上殿。"俄侂胄先驱至，象祖色变。寻报侂胄已押出，象祖乃入奏。有诏斩苏师旦于广东。嘉定元年，金人求函侂胄首，乃命临安府斫侂胄棺，取其首遗之。

　　侂胄用事十四年，威行宫省，权震寓内。尝凿山为园，下瞰宗庙。出入宫闱无度。孝宗畴昔思政之所，偃然居之，老宫人见之往往垂涕。颜棫草制，言共得圣之清。易袚撰答诏，以元圣褒之。四方投书献颂者，谓伊、霍、旦、奭不足以似其勋，有称为"我王"者。余嚞请加九锡，赵师𬸚乞置平原郡王府官属。侂胄皆当之不辞。所嬖妾张、谭、王、陈皆封郡国夫人,号"四夫人",每内宴,与妃嫔杂坐,恃势骄倨,掖庭皆恶之;其下,受封者尤众。至是,论四夫人罪,或杖或徒,余数十人纵遣之。有司籍其家,多乘舆服御之饰,其僭窃极矣。

始,侂胄以导达中外之言,遂见宠任。朱熹、彭龟年既以论侂胄去,贵戚吴琚语人曰:"帝初无固留侂胄意,使有一人继言之,去之易尔。"而一时台谏及执政大臣多其党与,故稔其恶以底大僇。开禧用兵,帝意弗善也。侂胄死,宁宗谕大臣曰:"恢复岂非美事,但不量力尔。"

侂胄娶宪圣吴皇后侄女,无子,取鲁訔子为后,名玙,既诛侂胄,削籍流沙门岛云。

丁大全字子万,镇江人。面蓝色。嘉熙二年举进士,调萧山尉。上谒帅阃,安抚使史岩之俟众宾退,独留大全,款曲甚至,期以他日必大用。大全为戚里婢婿,夤缘以取宠位。事内侍卢允升、董宋臣。累官为大理司直、添差通判饶州。入为太府寺簿,调尚书茶盐所检阅江州分司,复兼枢密院编修官。拜右正言兼侍讲,辞。改右司谏,拜殿中侍御史。

升侍御史兼侍读。劾奏丞相董槐,章未下,大全夜半调隅兵百余人,露刃围槐第,以台牒驱迫之出,绐令舆槐至大理寺,欲以此恐之,须臾,出北关,弃槐,聒呼而散。槐徐步入接待寺,罢相之命下矣。自是志气骄傲,道路以目。

寻为右谏议大夫,进端明殿学士、金书枢密院事,封丹阳郡侯,进同知枢密院事兼权参知政事。宝祐六年,拜参知政事。四月,拜右丞相兼枢密使,进封公。初,大全以袁玠为九江制置副使,玠贪且刻,逮系渔湖土豪,督促输钱甚急。士豪怒,尽以鱼舟济北来之兵。太学士陈宗、刘黻、黄镛、陈宜中、林则祖等六人,伏阙上书讼大全。台臣翁应弼、吴衍为大全鹰犬,钤制学校,贬逐宗等。

开庆元年九月,罢相,以观文殿大学士判镇江府。中书舍人洪芹缴言："大全鬼蜮之资，穿窬之行，引用凶恶，陷害忠良，遏塞言路，浊乱朝纲。乞追官远窜，以伸国法，以谢天下。"侍御史沈炎、右正言曹永年相继论罢。监察御史朱貔孙复论："大全奸回险狡，狠毒贪残，假陛下之刑威箝天下之口，挟陛下之爵禄以笼天下之财。"监察御史饶虎臣又论大全四罪：绝言路，坏人才，竭民力，误边防。再削其官。景定元年，诏守中奉大夫致仕。臣僚言"乞远窜使不失刑"。诏送南康军居住。台臣复以为言，追三官，移送南安军居住。

明年，监察御史刘应龙请加窜，追削两宫，移窜贵州团练使。与州守游翁明失色杯酒间，翁明愬大全阴造弓矢，将通蛮为不轨。朱禩孙以闻于朝。又明年，移置新州。太常少卿兼权直舍人院刘震孙缴奏乞移徙海岛。四年正月，将官毕迁护送，舟过藤州，挤之于水而死。

大全知淮西，总领郑羽富甲吴门，始欲结姻，羽不从。遂令台臣卓梦卿弹之，籍其家。为子寿聘妇，见其艳，自取为妻，为世所丑。

贾似道字师宪，台州人，制置使涉之子也。少落魄，为游博，不事操行。以父荫补嘉兴司仓。会其姊入宫，有宠于理宗，为贵妃，遂诏赴廷对，妃于内中奉汤药以给之。擢太常丞、军器监。益恃宠不检，日纵游诸妓家，至夜即燕游湖上不反。理宗尝夜凭高，望西湖中灯火异常时，语左右曰："此必似道也。"明日询之果然，使京尹史岩之戒敕之。岩之曰："似道虽有少年气习，然其材可大用也。"寻出知澧州。

淳祐元年，改湖广总领。三年，加户部侍郎。五年，以宝章阁直学士为沿江制置副使、知江州兼江西路安抚使。一岁中，再迁京湖制置使兼知江陵府，调度赏罚，得以便宜施行。九年，加宝文阁学士、京湖安抚制置大使。十年，以端明殿学士移镇两淮，年始三十余。宝祐二年，加同知枢密院事、临海郡开国公，威权日盛。台谏尝论其二部将，即毅然求去。孙子秀新除淮东总领，外人忽传似道已密奏不可矣，丞相董槐惧，留身请之，帝以为无有，槐终不敢遣子秀,以似道所善陆錾代之,其见惮已如此。四年,加参知政事。五年,加知枢密院事。六年,改两淮宣抚大使。

自端平初,孟珙帅师会大元兵共灭金,约以陈、蔡为界。师未还而用赵范谋,发兵据殽、函,绝河津,取中原地,大元兵击败之,范仅以数千人遁归。追兵至,问曰:"何为而败盟也?"遂纵攻淮、汉,自是兵端大启。

开庆初,宪宗皇帝自将征蜀,世祖皇帝时以皇弟攻鄂州,元帅兀良哈鬻由云南入交阯,自邕州蹂广西,破湖南,传檄数宋背盟之罪。理宗大惧,乃以赵葵军信州,御广兵;以似道军汉阳,援鄂,即军中拜右丞相。十月,鄂东南隅破,宋人再筑,再破之,赖高达率诸将力战。似道时自汉阳入督师。十一月,攻城急,城中死伤者至万三千人。似道乃密遣宋京诣军中请称臣,输岁币,不从。会宪宗皇帝晏驾于钓鱼山,合州守王坚使阮思聪踔急流走报鄂,似道再遣京议岁币,遂许之。大元兵拔砦而北,留张杰、阎旺以遍师候湖南兵。明年正月,兵至,杰作浮梁新生矶,济师北归。似道用刘整计,攻断浮梁,杀殿兵百七十,遂上表以肃清闻。帝以其有再造功,以少傅、右丞相召入朝,百官郊劳如文彦博故事。

初,似道在汉阳,时丞相吴潜用监察御史饶应子言,移之黄州,而分曹世雄等兵以属江闻。黄虽下流,实兵冲。似道以为潜欲杀己,衔之。且闻潜事急时,每事先发后奏,帝欲立荣王子孟启为太子,潜又不可。帝已积怒潜,似道遂陈建储之策,令沈炎劾潜措置无方,致全、衡、永、桂皆破,大称旨。乃议立孟启,贬潜循州,尽逐其党人。高达在围中,恃其武勇,殊易似道,每见其督战,即戏之曰:"巍巾者何能为哉!"每战,必须劳始出,否即使兵士讹于其门。吕文德诒似道,即使人呵曰:"宣抚在,何敢尔邪!"曹世雄、向士璧在军中,事皆不关白似道,故似道皆恨之。以核诸兵费,世雄、士璧皆坐侵盗官钱之贬远州。每言于帝欲诛达,帝知其有功,不从。寻论功,以文德为第一,而达居其次。

明年,大元世祖皇帝登极,遣翰林侍读学士、国信使郝经等持书申好息兵，且征岁币。似道方使廖莹中辈撰《福华编》称颂鄂功，通国皆不知所谓和也。似道乃密令淮东制置司拘经等于真州忠勇军营。

时理宗在位久，内侍董宋臣、卢允升为之聚敛以媚之。引荐奔竞之士，交通贿赂，置诸通显。又用外戚子弟为监司、郡守。作芙蓉阁、香兰亭宫中，进倡优傀儡，以奉帝为游燕，窃弄权柄，台臣有言之者，帝宣谕去之，谓之"节贴"。

似道入，逐卢、董所荐林光世等，悉罢之，勒外戚不得为监司、郡守，子弟门客敛迹，不敢干朝政。由是权倾中外，进用群小。取先朝旧法，率意纷更，增吏部七司法。买公田以罢和籴，浙西田亩有直千缗者，似道均以四十缗买之。数稍多，予银绢；又多，予度牒告身。吏又恣为操切，浙中大扰。有奉行不至者，提领刘良贵劾之。有司争相迎合，务以买田多为功，皆缪以七八斗为石。其后，田少与硗瘠、亏租与佃人负租而逃者，率取偿田主。六郡之民，破家者多。包恢知平江，督买田，至以肉刑从事。复以楮贱作银关，以一准十八界会之三，自制其印文如"贾"字状行之，十七界废不用。银关行，物价益踊，楮益贱。秋七月，彗出柳，光烛天，长数十丈，自四更见东方，日高始灭。台谏、布韦皆上书，言此公田不便，民间愁怨所致。似道上书力辩之，且乞罢政。帝勉留之曰："公田不可行，卿建议之始，朕已沮之矣。今公私兼裕，一岁军饷，皆仰于此。使因人言而罢之，虽足以快一时之议，如国计何！"有太学生萧规、叶李等上书，言似道专政。命京尹刘良贵捃摭客观存在罪，悉黥配之。后又行推排法。江南之地，尺寸皆有税，而民力弊矣。

理宗崩，度宗又其所立，每朝必答拜，称之曰"师臣"而不名，朝臣皆称为"周公"。甫葬理宗，即弃官去，使吕文德报北兵攻下沱急，朝中大骇，帝与太后手为诏起之。似道至，欲以经筵拜太师，以典故须建节，授镇东军节度使，似道怒曰："节度使粗人之极致尔！"遂命出节，都人聚观。节已出，复曰："时日不利。"亟命返之。宋制：节出，有撤关坏屋，无倒节理，以示不屈。至是，人绵骇叹。然下沱之报实无兵也。三年，又乞归养。大臣、侍从传旨留之者日四五至，中使加赐赍者日十数至，夜即交卧第外以守之。除太师、平章军国重事，一月三赴经筵，三日一朝，赴中书堂治事。赐第葛岭，使迎养其中。吏抱文书就第署，大小朝政，一切决于馆客廖莹中、堂吏翁应龙，宰执充位署纸尾而已。

似道虽深居，凡台谏弹劾、诸司荐辟及京尹、畿漕一切事，不关白不敢行。李芾、文天祥、陈文龙、陆达、杜渊、张仲微、谢章辈，小忤意辄斥，重则屏弃之，终身不录。一时正人端士，为似道破坏殆尽。吏争纳赂求美职，其求为帅阃、监司、郡守者，贡献不可胜计。赵溍辈争献宝玉，陈奕至以兄事似道之玉工陈振民以求进，一时贪风大肆。五年，复称疾求去。帝泣涕留之，不从，令六日一朝，一月两赴经筵。六年，命入朝不拜。朝退，帝必起避席，目送之出殿廷始坐。继又令十日一入朝。

时襄阳围已急，似道日坐葛岭，起楼阁亭榭，取宫人娼尼有美色者为妾，日淫乐其中。惟故博徒日至纵博，人无敢窥其第者。其妾有兄来，立府门，若将入者，似道见之，缚投火中。尝与群妾踞地门蟋蟀，所狎客入，戏之曰："此军国重事邪？"酷嗜宝玩，建多宝阁，日一登玩。闻余玠有玉带，求之，已徇葬矣，发其冢取之。人有物，求不予，辄得罪。自是，或累月不朝，帝如景灵宫亦不从驾。八年，明堂礼成，祀景灵宫。天大雨，似道期帝雨止升辂。胡贵嫔之父显祖为带御器械，请如开禧故事，却辂，乘逍遥辇还宫，帝曰平章云云，显祖绐曰："平章已允乘逍遥辇矣。"帝遂归。似道大怒曰："臣为大礼使，陛下举动不得预闻，乞罢政。"即日出嘉会门，帝留之不得，乃罢显祖，涕泣出贵嫔为尼，始还。

似道既夺恣日甚，畏人方己，务以权术驾驭，不爱官爵，牢笼一时名士，又加太学养钱，宽科场恩例，以小利啗之。由是言路断绝，威福肆行。

自围襄阳以来，每上书请行边，而阴使台谏上章留己。吕文焕以急告，似道复申请之，事下公卿杂议。监察御史陈坚等以为师臣出，顾襄未必能及淮，顾淮未必能及襄，不若居中以运天下为得。乃就中书置机速房以调边事。时物议多言高达可援襄阳者，监察御史李旺率朝士入言于似道。似道曰："吾用达，如吕氏何？"旺等出，叹曰："吕氏安则赵氏危矣。"文焕在襄，闻达且入援，亦不乐，以语其客。客曰："易耳，今朝廷以襄阳急，故遣达援之，吾以捷闻，则达必不成遣矣。"文焕大以为然。时襄兵出，获哨骑数人，即缪以大捷奏，然不知朝中实无援襄事也。襄阳降，似道曰："臣始屡请行边，先帝皆不之许，向使早听臣出，当不至此尔。"

十月，其母胡氏薨，诏以天子卤簿葬之，起坟拟山陵，百官奉襄事，立大雨中，终日无敢易位。寻起复入朝。

度宗崩。大兵破鄂，太学诸生亦群言非师臣亲出不可。似道不得已，始开都督府临安，然惮刘整，不行。明年正月，整死，似道欣然曰："吾得天助也。"乃上表出师，抽诸路精兵以行，金帛辎重之舟，舳舻相衔百余里。至安吉，似道所乘舟胶堰中，刘师勇以千人入水曳之不能动，乃易他舟而去。至芜湖，遣还军中所俘曾安抚，以荔子、黄甘遗丞相伯颜，俾宋京如军中，请输岁币称臣如开庆约，不从。夏贵自合肥以师来会，袖中出编书示似道曰："宋历三百二十余年。"似道俯首而已。时一军七万余人，尽属孙虎臣，军丁家洲。似道与夏贵以少军军鲁港。二月庚申夜，虎臣以失利报，似道仓皇出，呼曰："虎臣败矣！"命召贵与计事。顷之，虎臣至，抚膺而泣曰："吾兵无一人用命也。"贵微笑曰："吾尝血战当之矣。"似道曰："计将安出？"贵曰："诸军已胆落，吾何以战？公惟入扬州，招溃兵，迎驾海上，吾特以死守淮西尔。"遂解舟去。似道亦与虎臣以单舸奔扬州。明日，败兵蔽江而下，惟道使人登岸扬旗招之，皆不至，有为恶语慢骂之者。乃檄列郡如海上迎驾，上书请迁都，列郡守于是皆遁，遂入扬州。

陈宜中请诛似道，谢太后曰："似道勤劳三朝，安忍以一朝之罪，失待大臣之礼。"止罢平章、都督，予祠官。三月，除似道诸不恤民之政，放还诸窜谪人，复吴潜、向士璧等官，诛其幕官翁应龙，廖莹中、王庭皆自杀。潘文卿、季可、陈坚、徐卿孙皆似道鹰犬，至是交章劾之。四月，高斯得乞诛似道，不从。而似道亦自上表乞保全，乃命削三官，然尚居扬不归。五月，王爚论似道既不死忠，又不死孝，太皇太后乃诏似道归终丧。七月，黄镛、王应麟请移似道邻州，不从。王爚入见太后曰："本朝权臣稔祸，未有如似道之烈者。缙绅草茅不知几疏，陛下皆抑而不行，非惟付人言于不恤，何以谢天下！"始徙似道婺州。婺人闻似道将至，率众为露布逐之。监察御史孙嵘叟等皆以为罚轻，言之不已。又徙建宁府。翁合奏言："建宁乃名儒朱熹故里，虽三尺童子粗知向方，闻似道来呕恶，况见其人！"时国子司业方应发权直舍人院，封还录黄，乞窜似道广南，中书舍人王应麟、给事中黄镛亦言之，皆不从。侍御史陈文龙乞俯从众言，陈景行、徐直方、孙嵘叟及监察御史俞浙并上疏，于是始谪似道为高州团练使，循州安置，籍其家。

福王与芮素恨似道，募有能杀似道使者送之贬所，有县尉郑虎臣欣然请行。似道行时，侍妾尚数十人，虎臣悉屏去，夺其宝玉，撤轿盖，暴行秋日中，令舁轿夫唱杭州歌谑之，每名斥似道，辱之备至。似道至古寺中，壁有吴潜南行所题字，虎臣呼似道曰："贾团练，吴丞相何以至此？"似道惭不能对。嵘叟、应麟奏似道家畜乘舆服御物，有反状，乞斩之。诏遣鞫问，未至。八月，似道至漳州木绵庵，虎臣屡讽之自杀，不听，曰："太皇许我不死，有诏即死。"虎臣曰："吾为天下杀似道，虽死何憾？"拉杀之。

宋史卷四七五
列传第二三四

叛臣上

张邦昌　　刘豫　　苗傅 刘正彦附　　杜充
吴曦

　　宋失其政，金人乘之，俘其人民，迁其宝器，效辽故事，并其臣为君，冠屦易位，莫甚斯时。高宗南渡，国势弗振，悍仆狂奴，欺主衰败，易动于恶。兵虽凶器，尤忌残忍，将用忍人，先无仁心，视背君亲犹反掌耳。世将之子使握重兵，居之阨塞之地，岂非召乱之道乎？大义昭明，旋踵殄灭，盖天道也。扶纲常，遏乱略，作《叛臣传》。

　　张邦昌字子能，永静军东光人也。举进士，累官大司成，以训导失职，贬提举崇福宫，知光、汝二州。政和末，由知洪州改礼部侍郎。首请取崇宁、大观以来瑞应尤殊者增制旗物，从之。宣和元年，除尚书右丞，转左丞，迁中书侍郎。钦宗即位，拜少宰。

　　金人犯京师，朝廷议割三镇，俾康王及邦昌为质于金以求成。会姚平仲夜斫金人营，斡离不怒责邦昌，邦昌对以非出朝廷意。俄进太宰兼门下侍郎。既而康王还，金人复质肃王以行，仍命邦昌为河北路割地使。

　　初，邦昌力主和议，不意身自为质，及行，乃要钦宗署御批无变割地议，不许；又请以玺书付河北，亦不许。时粘罕兵又来侵，上书者攻邦昌私敌，社稷之贼也。遂黜邦昌为观文殿大学士、中太一宫使，罢割地议。其冬，金人陷京师，帝再出郊，留青城。

明年春，吴玠、莫俦自金营持文书来，令推异姓堪为人主者从军前备礼册命。留守孙傅等不奉命，表请立赵氏。金人怒，复遣玠、俦促之，劫傅等召百官杂议。众莫敢出声，相视久之，计无所出，乃曰：“今日当勉强应命，举在军前者一人。”适尚书员外郎宋齐愈至自外，众问金人意所主，齐愈书“张邦昌”三字示之，遂定议，以邦昌治国事。孙傅、张叔夜不署状，金人执之置军中。

王时雍时为留守，再集百官诣秘书省，至即闭省门，以兵环之，俾范琼谕众以立邦昌，众意唯唯。有太学生难之，琼恐沮众，厉声折之，遣归学舍。时雍先署状，以率百官。御史中丞秦桧不书，抗言请立赵氏宗室，且言邦昌当上皇时，专事燕游，党附权奸，蛊国乱政，社稷顷危实由邦昌。金人怒，执桧。玠、俦持状赴军前。

邦昌入居尚书省，金人趣劝进，邦昌始欲引决，或曰：“相公不前死城外，今欲涂炭一城耶？”适金人奉册宝至，邦昌北向拜舞受册，即伪位，僭号大楚，拟都金陵。遂升文德殿，设位御床西受贺，遣阁门传令勿拜，时雍率百官遽拜，邦昌但东面拱立。

外统制官、宣赞舍人吴革耻屈节异姓，首率内亲事官数百人，皆先杀其妻孥，焚所居，谋举义金水门外。范琼诈与合谋，令悉弃兵仗，乃从后袭杀百余人，捕革并其子皆杀之，又擒斩十余人。

是日，风霾，日晕无光。百官惨沮，邦昌亦变色。唯时雍、玠、俦、琼等欣然鼓舞，若以为有佐命功云。即以时雍权知枢密院事领尚书省，玠权同知枢密院事，俦权签书枢密院事，吕好问权领门下省，徐秉哲权领中书省。下令曰：“比缘朝廷多故，百官有司皆失其职。自今各遵法度，御史台觉察以闻。”见百官称“予”，手诏曰“手书”。独时雍每言事邦昌前，辄称“臣启陛下”，邦昌斥之；劝邦昌坐紫宸、垂拱殿，吕好问争之，乃止。邦昌以嗣位之初，宜推恩四方，以道阻先赦京城，选郎官为四方密谕使。

金人将退师，邦昌诣金营祖别，服柘袍，张红盖，所过设香案，起居悉如常仪，时雍、秉哲、开、俦皆从行，士庶观者无不感怆。二帝北迁，邦昌率百官遥辞于南薰门，众恸哭，有仆绝者。

金师既还，邦昌降手书赦天下。吕好问谓邦昌："人情归公者劫于金人之威耳，金人既去，能复有今日乎？康王居外久，众所归心，曷不推戴之？"又谓曰："为今计者，当迎元祐皇后，请康王早正大位，庶获保全。"监察御史马伸亦请奏迎康王。邦昌从之。王时雍曰："夫骑虎者势不得下，所宜熟虑，他日噬脐，悔无及已。"徐秉哲从旁赞之，邦昌弗听，乃册元祐皇后曰宋太后，入御延福宫。遣蒋师愈赍书于康王自陈："所以勉循金人推戴者，欲权宜一时以纾国难也，敢有他乎？"王询师愈等，具知所由，乃报书邦昌。邦昌寻遣谢克家献大宋受命宝，复降手书请元祐皇后垂帘听政，以俟复辟。书既下，中外大说。太后始御内东门小殿，垂帘听政。邦昌以太宰退处内东门资善堂。寻遣使奉乘舆服御物至东京，既而邦昌亦至，伏地恸哭请死，王抚慰之。

王即皇帝位，相李纲，徙邦昌太保、奉国军节度使，封同安郡王。纲上书极论："邦昌久与机政，擢冠宰司。国破而资之以为利，君辱而攘之以为荣。异姓建邦四十余日，逮金人之既退，方降赦以收恩。是宜肆诸市朝，以为乱臣贼子之戒。"时黄潜善犹左右之。纲又力言："邦昌已僭逆，岂可留之朝廷，使道路目为故天子哉？"高宗乃降御批曰："邦昌僭逆，理合诛夷，原其初心，出于迫胁，可特与免货，责授昭化军节度副使，潭州安置。"

初，邦昌僭居内庭，华国靖恭夫人李氏数以果实奉邦昌，邦昌亦厚答之。一夕，邦昌被酒，李氏拥之曰："大家，事已至此，尚何言？"因以赭色半臂加邦昌身，披入福宁殿，夜饰养女陈氏以进。及邦昌还东府，李氏私送之，语斥乘舆。帝闻，下李氏狱，词服。诏数邦昌罪，赐死潭州，李氏杖脊配车营务。时雍、秉哲、开、俦等先已远窜，至是，并诛时雍。

刘豫字彦游，景州阜城人也。世业农，至豫始举进士，元符中登第。豫少时无行，尝盗同舍生白金盂、纱衣。政和二年，召拜殿中侍御史，为言者所击，帝不欲发其宿丑，诏勿问。未几，豫累章言礼制局事，帝曰："刘豫河北种田叟，安识礼制？"黜豫两浙察访。宣和六年，判国子监，除河北提刑。

金人南侵，豫弃官避乱仪真。豫善中书侍郎张悫，建炎二年正月，用悫荐除知济南府。时盗起山东，豫不愿行，请易东南一郡，执政恶之，不许，豫忿而去。是冬，金人攻济南，豫遣子麟出战，敌纵兵围之数重，郡倅张柬益兵来援，金人乃解去。因遣人啗豫以利，豫惩前忿，遂畜反谋，杀其将关胜，率百姓降金，百姓不从，豫缒城纳款。三年三月，兀术闻高宗渡江，乃徙豫知东平府，充京东西、淮南等路安抚使，节制大名开德府、濮、滨、博、棣、德、沧等州，以麟知济南府，界旧河以南，俾豫统之。

四年七月丁卯，金人遣大同尹高庆裔、知制诰韩昉册豫为皇帝，国号大齐，都大名府。先是，北京顺豫门生瑞禾，济南渔者得鳝，豫以为己受命之符，遣麟持重宝赂金左监军挞辣求僭号。挞辣许之，遣使即豫所部咨军民所宜立，众未及对，豫乡人张浃越次请立豫，议遂决，乃命庆裔、防备玺绶宝册以立之。九月戊申，豫即伪位，赦境内，奉金正朔，称天会八年。以张孝纯为丞相，李孝扬为左丞，张柬为右丞，李俦为监察御史，郑亿年为工部侍郎，王琼为汴京留守，子麟为太中大夫、提领诸路兵马兼知济南府。孝纯始坚守太原，颇怀忠义，高宗以王衣雅厚孝纯，俾衣招之，会粘罕遣人自云中送归豫，遂失节于贼。

豫还东平，升为东京。改东京为汴京，降南京为归德府。以弟益为北京留守，寻改汴京留守。复降淮宁、颍昌、顺昌、兴仁府悉为州。自以生景州，守济南，节制东下，僭位大名，乃起四郡丁壮数千人，号"云从子弟"。下伪诏求直言。十月，册其母翟氏为皇太后，姜钱氏为皇后。氏钱氏，宣和内人也，习宫掖事，豫欲有所取则，故立之。十一月，改明年元阜昌。

方豫未僭号时，数遣人说东京副留守上官悟，及赂悟左右乔思恭与共说悟令降金,悟并斩之。又招知楚州赵立,立不发书,斩其使。复遣立友人刘�以榜旗诱之,且曰:"吾君之故人也。"立曰:"我知有君父,不知有故人。"烧杀偲。博州判官刘长孺以书劝豫反正,豫囚之十旬,不屈;欲官之,不受。豫大索宋宗室,承务郎阎琦匿之,豫杖死琦。召迪功郎王宠,不至。文林郎李哲、尉氏令姚邦基皆弃官去。朝奉郎赵俊书甲子不书僭年,豫亦无知之何。洪皓久陷于金,粘罕劝皓仕豫,不从,窜皓冷山。处士尹惇闻豫召,逃出谷间,走蜀中。国信副使宋汝为以吕颐浩书勉豫忠义,豫曰:"独不见张邦昌乎?业已然,尚何言哉!"沧州进士邢希载上豫书乞通宋朝,豫杀希载。

是月,豫立陈东、欧阳澈庙于归德,如唐张巡、许远双庙制。

绍兴元年五月,张俊讨李成败之,成逃归豫。雄州大侩王友直尝抵豫书招李成,谓刘光世、吕颐浩非中兴将相才,后为人所诉,诏鞫而刑之。六月,豫以麟为兵马大总管、尚书左丞相。置招受司于宿州,诱宋遁逃。金人既立豫,以旧河为界,恐两河民之陷没者逃归,下令大索,或转鬻诸国,或系送云中,实防豫也。十月,豫入寇,遣其将王世冲以蕃、汉兵攻卢州,守臣王亨诱斩世冲,大败其众。十一月,帅臣叶梦得招降豫将王才。伪秦凤帅郭振入寇,王彦、关师古败之。伪知海州薛安靖及通判李汇以州来归。

二年二月,知商州董先以商、虢二州叛附于豫。襄阳镇抚使桑仲上疏请正豫罪。朝廷寻命仲兼节制应援京城军马,量度事势,复豫所陷郡。仍命河南翟兴、荆南解潜、金房王彦、德安陈规、蕲黄孔彦舟、庐寿王亨相为应援,毋失事机。三月,仲为其将霍明所杀,高宗闻之,授仲二子将仕郎。河南镇抚使翟兴屯伊阳山,豫患之,使人招兴,许以王爵。兴焚伪诏并戮其使。豫乃阴结兴麾下杨伟图之。伟杀兴,持兴首降豫。

四月丙寅,豫迁都汴。因奉祖考于宋太庙,尊其祖曰徽祖毅文皇帝,父为衍祖睿仁皇帝。亲巡郊社。是日,暴风掷旗,屋瓦皆震,士民大恐。豫曲赦汴人,与民约曰:"自今不肆赦,不用宦官,不度僧道。文武杂用,不限资格。"时河、淮、陕西、山东皆驻北军,麟籍乡兵十余万为皇子府十三军。分置河南、汴京淘沙官,两京冢墓发掘殆尽。赋敛烦苛,民不聊生。

五月,豫闻桑仲死,遣人招随州李道、邓州李横,皆不受,执其使以闻。六月,蕲、黄镇抚使孔彦舟叛降豫,其将陈彦时率众千余来归。直徽猷阁凌唐佐、尚书郎李直、国信副使宋汝为留伪庭,久谋疏豫虚实蜡书以闻,事泄,豫杀唐佐,亘亦遇害。豫以知东平府李邺为尚书右丞,河南镇抚司都统制董先为大总府先锋将。十二月,襄阳镇抚使李横败豫兵于扬石,乘胜趣汝州,伪守彭玘以城降。豫遣刘夔与金帅撒离曷侵蜀。执进士薛笵送豫,笵勉豫:"早图反正,庶或全宗,孰与他日并妻子磔东市?"豫怒,欲兵之,赖张孝纯获免。

三年正月庚申,李横破颍顺军,伪守兰和降。壬戌,败豫兵于长葛。甲子,横引兵至颍昌府,伪安抚赵弼固守,急攻下之,弼遁,复颍昌。二月,河南镇抚司统制官李吉败豫将梁进于伊阳台,殪之。三月,豫闻横入颍昌,求援于金人。粘罕遣兀术赴之。豫亦遣将李成率师二万逆战于京城西北之牟驼冈。横败积,复陷颍昌。横军本群盗,恃勇无律,胜则争取子女金帛,故及于败。四月,陷虢州。镇抚司统制官谢皋指腹示贼曰:"此吾赤心也!"自剖心以死。皋,开封人。是月,明州守州徐文以所部海舟六十艘、官军四千余人浮海抵盐城,输款于豫。文言沿海无备,二浙可袭取。豫大喜,以文知莱州,益海舰二十,俾寇通、泰间。

五月,朝廷遣韩肖胄、胡松年使伪齐。豫欲以臣礼见,肖胄无以应,松年曰:"均为宋臣。"遂长揖不拜,豫不能屈。因问主上如何,松年曰:"圣主万寿。"复问帝意所向,松年曰:"必欲复故疆耳。"豫有惭色。

时豫悉有梁、卫之地,翟琮屯伊阳之凤牛山,不能孤立,突围奔襄阳。九月,杨政遣川陕将官吴胜破豫兵于莲花城。十月己亥,贼将李成陷邓州,以齐安守之,癸卯,陷襄阳,李横奔荆南,知随州李道弃城走。成据襄阳,以王嵩知随州。甲辰,陷郢州,守臣李简遁,豫以荆超知州事。贼将王彦先自亳引兵至寿春,将窥江南。刘光世驻军建康,扼马家渡,遣郦琼领所部驻无为军,为濠、寿声援,贼乃还。

十一月,金人遣李永寿、王翊来报聘。永寿等骄倨,请还豫俘及西北士民之流寓者,复要画江以益豫。监广州盐税吴伸上书请讨豫,谓“金人虽强,实不足虑,贼豫虽微,实为可忧。今敌使在廷,宜阳许而阴图之,乘其不疑,可一战擒也。”

四年正月,翰林学士綦崇礼言:“豫父子倚重金人,且永寿等从豫所来,画江之请必出于豫。观其奸谋,在窥吾境土。恐既通使,人情必解弛,宜戒将帅愈益置守。纵和议成,亦未可弛备。”既而朝廷遣章谊使金,至云中。粘罕答书约毋驻军淮南,谊不屈,还过汴,豫欲留之,以计获免。熙河路马步军总管关师古与豫兵战于左要岭,败绩,遂降贼。洮、岷之地尽归豫矣。

二月,豫策进士。五月,知寿春府罗兴叛降豫。舒、蕲等州制置使岳飞复襄阳,李成遁,寻复唐州。六月,复随州,磔伪守王嵩于襄阳市。七月,复邓州。诏在《飞传》。豫闻岳飞取襄、邓,遂乞师于金人。伪奉议郎罹诱上南征策,豫大喜。夺民舟五百载战具,以徐文为前军,声言攻定海。九月,豫下伪诏,有“混一六合”之言,遣子麟入寇,及诱金人宗辅、挞辣、兀术分道南侵,步兵自楚、承进,骑兵由泗趋徐。复遣伪知枢密院卢纬请师于金主,金主集诸将议,粘罕、希尹难之,独宗辅以为可。乃以宗辅权左副元帅,挞辣权右副元帅,调渤海、汉军五万应豫。以兀术尝渡江,习知险易,俾将前军。豫以麟领东南道行台尚书令。朝廷震恐。或劝帝他幸,赵鼎曰:“战而不捷,去未晚也。”张俊曰:“避将安之?”遂决意亲征。壬申,豫兵与金人分道渡淮,楚州守臣樊序弃城走,淮东宣抚使韩世忠自承州退保镇江。

十月丙子朔,诏张俊援世忠,刘光世移军建康。世忠复还扬州。起张浚为侍读。戊子,韩世忠战于大仪,己丑,解元战于承州,皆捷。丙申,豫露榜有窥江之言。戊戌,帝发临安。十一月壬子,下诏讨豫,始暴豫罪恶，士气大振，欲济江决战。赵鼎曰："退固不可，渡江亦非策。豫犹不亲来，至尊岂可与逆雏决胜负哉？"淮西将王师晟、张琦合兵复南寿春府，执伪知州王靖。十二月壬辰，岳飞遣将牛皋、徐庆败金人于庐州。庚子，金人退师，遣使告麟，麟弃辎重宵遁。语在《世忠传》。

五年正月，淮西将郦琼复光州，伪守许约降。闰二月，豫将商元攻信阳军，知军事舒继明死之。七月，豫废明堂为讲武殿，暴风连日。八月，陷光州。十月，豫令民鬻子依商税法许贯陌而收其算。豫献《海道图》及战船木样于金主亶。

六年正月，豫聚兵淮阳，韩世忠引兵急围之。贼守将连举六烽，兀术与刘猊合兵来援，皆为世忠所败。六月，筑刘龙城以窥淮西，王师晟破之，执华知刚，俘其众而还。九月，豫罢沿海互市。张孝纯谓豫曰："闻南人我治舟，一旦乘风北济，将不利于我。"豫惧，故罢之。

豫闻帝亲征，告急于金主亶，领三省事宗磐曰："先帝立豫者，欲豫辟疆保境，我得按兵息民也。今豫进不能取，退不能守，兵连祸结，休息无期。从之则豫收其利，而我实受弊，奈保许之！"金主报豫自行，姑遣兀术提兵黎阳以观衅。

豫于是以麟领东南道行台尚书令，李邺行台右丞，冯长宁行台户部，许清臣兵马大总管，李成、孔彦舟、关师古为将、籍民兵三十万，分三道入寇。麟总中路兵，由寿春犯庐卅；猊率东路兵，取紫荆山出涡口以犯定远；西兵趋光州寇六安，彦舟统之。十月，猊兵阻韩世忠不得前，还顺昌。麟兵从淮西系三浮桥以济，贼认十万次濠、寿间。江东安抚使张俊拒战，诏并以淮西属俊，命殿帅杨沂中至泗州与俊合，比至濠而刘光世已弃合肥矣。张浚遣人星驰采石谕光世曰："敢济者斩。"光世不得已还庐州，与沂中相应。统制王德、郦琼出安丰，遇贼三将军皆败之。猊众数万过定远，欲趋宣化犯建康。沂中遇猊兵于越家坊，破之；又遇于藕塘，大破之。猊遁，麟闻亦拔砦走，麟兵有自书乡贯姓名而缒者，豫由此失人心。金人闻麟等败，诘豫罪状，始有废豫意矣。豫觉，请立麟为太子，以觇其意。金人乃答豫曰："徐当遣人咨访河南百姓。"

七年春，豫策进士。遣谍纵火淮甸，燔刘光世帑藏。二月，又焚镇江。豫自麟败，意沮气夺。中原遗民，日望王师。三月，帝进驻建康。八月，统制郦琼执吕祉，以兵三万叛降豫，寻杀祉。豫闻琼降大喜，御文德殿见之，授琼静难军节度使，知拱州。琼劝豫入寇，豫复乞师金人，且言琼欲自效。金人恐豫兵众难制，欲以计除之，乃佯言琼降恐诈，命散其兵。

金人业已废豫，而豫日益请兵，遂以女真万户束拔为元帅府左都监屯太原，渤海万户大挞不也为右都监屯河间。于是尚书省奏豫治国无状，当废。十一月丙午，废豫为蜀王。

初，金主先令挞辣、兀术伪称南侵至汴，绐麟出至武城，麾骑翼而擒之，因驰至城中。豫方射讲武殿，兀术从三骑突入东华门，下马执其手，偕至宣德门，强乘以羸马，露刃夹之，囚于金明池。翼日，集百官宣诏责豫，以铁骑数千团宫门，遣小校巡闻巷间，扬言言："自今不金汝为军，不取汝免行钱，为汝敲杀貌事人，请汝旧主少帝来此。"由是人心稍安。置行台尚书省于汴，以张孝纯权行台左丞相。伪丞相张昂知淄州，李邺知代州，李成、孔彦舟、郦琼、关师古各予一郡。以女真胡沙虎为汴京留守，李俦副之。诸军悉令归农，听宫人出嫁。得金一百二十余万两、银一千六百余万两、米九十余万斛、绢二百七十万匹、钱九千八百七十余万缗。

豫求哀，挞辣曰："昔赵氏少帝出京，百姓然顶炼臂，号泣之声闻于远迩。今汝废，无一人怜汝者，何不自责也。"豫语塞，迫之行，愿居相州韩琦宅，许之。后并其子麟徙于临潢，封豫为曹王，赐田以居之。绍兴十三年六月卒，是年金皇统三年也。豫僭号凡八年，废时年六十五。先是，齐地数见怪异，有枭鸣于后苑，龙撼宣德门灭"宣德"二字，有星陨于平原镇。识者谓祸不出百日，豫怒杀之。未几果废。

初，伪麟府路经略使折可求以事抵云中，左监军撒离曷密谕可求代豫。后挞辣有归疆之议，恐可求缺望，酖杀之。

豫之僭逆也，马定国进《君臣名分论》，祝简献《迁都》、《国马赋》，语多指斥；又如许清臣毁景灵宫，孟邦雄发永安陵，蹠犬吠尧，盖无责焉。

苗傅，上党人。大父授，父履。授在元丰中为殿前都指挥使。康王建元帅府，信德守臣梁扬祖以兵万人至，傅与张俊、杨沂中、田师中皆隶麾下。隆祐太后南渡，傅为统制官，以所部八千人扈卫，驻于杭州。

有刘正彦者，不知何许人。父法，政和间为熙河路经略使，死王事。正彦由阁门祗候易文资至朝奉大夫，后以事责降。会法部曲王渊为御营都统制，正彦归之。渊以法故，荐正彦于朝，复为武德大夫、知濠州，擢御营右军副都统制，渊分精兵三千与之。以平丁进功，进武功大夫、威州刺史。初，正彦讨进，请刘晏偕行。晏本严陵人，陷辽登第，宣和中率众来归。正彦用晏计易旗帜为疑兵，遂降进。晏自通直郎迁朝请郎，正彦耻己赏薄而晏狱峻迁，由是觖望，乃散所赐金帛与将士，寻被命从六宫、皇子至杭州。

建炎三年二月壬戌，高宗从王渊议，由镇江幸杭州。时诸大将如刘光世、张俊、杨沂中、韩世忠分守要害，扈卫者独苗傅。

先是，王渊装大船十数，自维扬来杭，杭人相谓曰："船所载，皆渊平陈通时杀夺富民家财也。"内侍省押班康履颇用事，威福由己出，其徒夺民居，肆为暴横。傅等恨之，曰："天子颠沛至此，犹敢尔耶！"其党张逵复激怒诸军曰："能杀渊及内侍，则人人可富，朝廷岂能遍罪哉！"

三月辛巳，拜王渊同签书枢密院事。初，渊建幸杭州议，内侍实左右之。及渊躐跻枢管，众谓荐由内侍。傅自负宿将，疾渊骤贵。正彦虽由渊进，渊檄取所予兵，亦怨之。于是傅积不能平，与王世修、张逵、王钧甫、马柔吉等谋作乱。钧甫等皆燕人，所将号"赤心军"。傅部分既定，乃绐渊以临安县有盗，意欲使渊出其兵于外。

康履得黄卷小文书，有两统制作"田"、"金"字署卷末，田乃苗，金乃刘也。于是颇泄贼谋，以告渊，渊伏兵天竺。明日，贼党亦伏兵城北桥下，俟渊退朝，诬以结宦官谋反，正彦手杀渊，以兵围履第，分捕内官，凡无须者尽杀之，揭渊首，引兵犯阙。中军统制吴湛守宫门，潜与傅通，导其党入奏曰：“苗傅不负国，止为天下除害。”

知杭州康允之闻变，率从官扣阍，请帝御楼，百官皆从。殿帅王元大呼圣驾来，傅见黄屋，犹山呼而拜。帝凭兰呼二贼问故，傅厉声曰：“陛下信任中官，军士有功者大赏，私内侍者即得美官。黄潜善、汪伯彦误国，犹未远窜。王渊遇敌不战，因友康履得除枢密。臣立功多，止作遥郡团练。已斩渊首，更乞斩康履、蓝珪、曾择以谢三军。”帝谕以当流海岛，可与军士归营，且曰：“已除傅承宣使、御营都统制，正彦观察使、御营副都统制。”

贼不退。帝问百官计安出，浙西安抚司主管机宜文字时希孟曰：“祸由中官，不悉除之，祸未已也。”帝曰：“朕左右可无给使耶？”军器监叶宗谔曰：“陛下何惜康履。”遂命吴湛捕履，得于清漏阁承尘中。傅即楼下腰斩履。

傅犹肆恶言，谓“帝不当即大位，渊圣来归，何以处也？”帝使朱胜非缒楼下曲谕之。傅请隆祐太后同听政及遣使与金议和。帝许诺，即下诏请太后垂帘。贼闻诏不拜，曰：“自有皇太子可立。”张逵曰：“今日之事，当为百姓社稷计。”时希孟曰：“宜率百官死社稷，否则从三军之请。”通判杭州事章谊叱之曰：“何可从三军邪！”帝徐谓胜非曰：“朕当退避，须太后命。”胜非谓不可。颜岐曰：“得太后亲谕之，则无词矣。”

时寒甚，门无帘帏，帝坐一竹椅。既请太后，即起立楹侧。太后御肩舆出立楼前，二贼拜曰：“今日百姓无辜，肝腊涂地，望太后主张。”太后曰：“道君皇帝任蔡京、王黼，更祖宗法，童贯起边衅，所以致金人之祸。今皇帝圣孝，无失德，止为黄潜善、汪伯彦所误，已加窜逐，统制独不知邪？”傅曰：“臣等定议，必欲立皇子。”后曰：“今强敌在外，使吾一妇人帝前抱三岁儿，何以令天下？”正彦等号泣固请,因呼其众曰:"太后既不允,吾当受戮。"遂作解衣状,后谕止之。傅曰:"事久不决,恐三军生变。"愿谓胜非曰:"相公何无一言?"胜非不能答。适颜岐至自帝前,奏曰:"皇帝令臣奏知太后,已决意从傅请矣,乞太后宣谕。"后犹不许,傅等语益不逊。

太后还入门,帝遣人奏禅位,胜非泣曰:"臣主义当死,乞下诘二凶。"帝屏左右语曰:"当为后图,事不成,死未晚。"胜非曰:"王钧甫,贼腹心也,适语臣曰:'二将忠有余,学不足。'此可为后图耳。"

是日,帝幸显忠寺。甲申,太后垂帘,降赦,号帝为睿圣仁孝皇帝,以显忠寺为睿圣宫,留内侍十五人,余悉编置。

丙戌,赦至平江府,张浚知有变,不拜。丁亥,至江宁,制置吕颐浩遗浚书,痛述事变。浚乃举兵。戊子,御营前军统制张俊至平江,浚谕以起兵,俊泣奉命。

初,胜非奏,垂帘当二臣同对,今属时艰,乞许独对。恐贼疑,乃日引其徒一人与俱。傅入对,后劳勉之。贼喜,无所疑,故臣僚入对,得谋复辟。

胜非深结王世修,将处以从官,俾通二凶。

傅欲改元,正彦欲迁都建康,太后谓胜非曰:"二事如俱不允,恐贼有他变。"己丑,改元明受。张浚遗书二凶,奖其忠义以慰安之。庚寅,百官朝睿圣宫。以傅为武当军节度使。

辛卯,张浚遣进士冯轓赴行在,请帝亲总要务;复抵书马柔吉、王钧甫宜早反正,以解天下之惑。

浚既遣轓,即檄诸路,约吕颐浩、刘光世会平江。傅以堂帖趣张俊赴秦州,命赵哲领俊军,哲不从;改命陈思恭,思恭亦不从。

壬辰,以谏议大夫郑瑴为御史中丞。贼以武功大夫王彦为御营司统制,瑴面折二凶,彦佯狂,即日致仕。

癸巳,韩世忠引兵至常熟。辛道宗谓张浚曰:"贼万一邀驾入海,何以为计!"浚乃声言防遏海寇,奏道宗为节制司参议官,措置海船以避贼。

甲午,贬曾择、蓝珪于岭南,傅追斩择。贼欲以所部代禁卫守睿圣宫，又欲邀帝幸徽、越，张澂、胜非曲谕止之。

冯轓说二凶反正，傅按剑瞋目视轓，正彦解之，曰："须张侍郎来，乃可。"即遣归朝官赵休与轓共招浚。

乙未，吕颐浩勤王兵至丹阳，刘光世引所部来会。丙申，韩世忠兵至平江，即欲进兵。浚曰："已遣冯轓甘言诱贼矣。投鼠忌器，不可太亟。"

贼遣张彦、王德声言防淮，德伺彦醉，并其军，自采石济江归刘光世，彦寻为人所杀。戊戌，浚以世忠兵少，分张俊兵二千益之，发平江。

冯轓至平江，浚复遣入责贼以大义，谕以祸福，期虽死无悔。傅等初闻浚集兵，未之信，及得浚书，始悟见讨，奏请诛浚以令天下。诏责浚黄州团练副使，郴州安置。郑毂上疏谓浚不当责，密遣所亲谢向变姓名告浚宜持重缓进，贼当自遁，浚然之。

是日，贼遣苗瑀、马柔吉将赤心队及王渊旧部曲驻临平，以拒勤王之师。冯轓至临平，见马柔吉，同缒入城。诘朝，与傅等议，傅曰："尔尚敢来邪？"欲拘轓。浚逆知之，谬为书遗轓言客自杭来，知二公于朝廷初无异心，殊悔前书失于轻易。贼得浚遗轓书，大喜，乃释轓。

壬寅，浚得谪命，恐将士解体，绐曰："趣召之命也。"是日，吕颐浩至平江，与浚对泣曰："事不谐，不过赤族。"乃命幕客李承造草檄告四方讨贼。贼闻勤王之兵大集，即呼冯轓、胜非议复辟。癸卯，张俊发平江，刘光世继之。贼亦遣兵三千屯湖州小林。丙午，颐浩、浚以大兵发平江。诏以浚为知枢密院事。

丁未，胜非召二凶至都堂议复辟，率百官三上表以请。夏四月戊申朔，帝还宫，都人大说。帝御前殿，诏尊太后曰隆祐皇太后，立嗣君为皇太子。辛酉，徙傅淮西制置使，正彦副之。庚戌，诏复建炎号。

是日，颐浩、浚军次临平，苗翊、马柔吉以兵阻河。韩世忠率先锋力战，俊、光世乘之，翊败走。勤王兵进北关。二凶诣都堂，趣得所赐铁券，引精兵二千，夜开涌金门遁。辛亥，颐浩、浚引勤王兵入城。世忠手执王世修以属吏。

苗傅犯富阳，统制官乔仲福追击之。癸丑，犯桐庐。甲寅，斩吴湛。时希孟编管吉阳军。丙辰，傅等至白沙渡，所过燔桥以阻官军。丁巳，犯寿昌县，黥民充军。庚申，犯衢州，守臣胡唐老拒却之。丙寅，犯常山。世忠请任讨贼。丁卯，以世忠为江、浙制置使，自衢、信追击贼。戊辰，贼犯玉山县。辛未，贼屯沙溪镇。统制关师古自江东讨贼还，与乔仲福、王德会信州。贼闻之，还屯衢、信间。

五月戊寅朔，世忠发杭州。庚辰，贼党张翼斩钧甫及柔吉父子首以降，江、浙制置使周望受之以闻。贼寇浦城县，夹溪而屯，据险设伏，以邀官军，统制官马彦溥死之。贼乘胜犯中军，世忠瞋目大呼，挥兵直前，正彦堕马，生擒之。贼将江池杀孟皋、擒苗翊降，众悉解甲。张逵收余兵入崇安，乔仲福追杀之。

傅弃军变姓名夜遁建阳，土豪詹标觉之，执送世忠，槛车赴行在。壬寅，诏班师。

秋七月辛巳，世忠军还，俘傅、正彦以献，磔于建康市。张逵、苗瑀及傅二子俱已前死。诏释余党。

杜充字公美，相人也。喜功名，性残忍好杀，而短于谋略。绍圣间，登进士第，累迁考功郎、光禄少卿，出知沧州。靖康初，加集英殿修撰，复知沧州。时金人南侵，郡中侨寓皆燕人来归者，充虑为敌内应，杀之无噍类。

建炎元年，进天章阁待制、北京留守，迁枢密直学士。提刑郭永尝画三策以献充，充不省。永诮之曰："人有志而无才，好名而无实，骄蹇自用而得声誉，以此当大任，鲜克有终矣。"二年，宗泽卒，充代为留守，兼开封尹。三年，以户部尚书兼侍读召，未至，改资政殿学士，节制淮南、京东西路，依前京城留守，寻知宣武军节度使。

七月，以同知枢密院召还，至，即拜尚书右仆射、同平章事、御营史。初，宗泽要结豪杰，图迎二帝。泽卒，充短于抚御，人心疑阻，两河忠义之士往往皆引去，留守判官宗颖尝疏其失。朝廷谓充有威望，可属大事，吕颐浩、张浚亦荐之，故有是命。时诸路各拥重兵，率骄蹇不用命。张俊方白事，谒未入，俊遽前，充怒戮其使，诸将稍稍慴服。

高宗将幸浙西，命韩世忠屯太平，王瓊屯常州。以充为江、淮宣抚使，留建康，使尽护诸将。光世、世忠惮充严急，不乐属充。诏移光世江州、世忠常州。时江、浙倚充为重，而充日事诛杀，无制敌之方，识者寒心。

金人窥江，充遣裨将王民、张超分守诸渡，乘高据岸，以神臂弓射却之。金人复逼硼砂，时以轻舟薄南岸，官军奋击，或沉其舟。一日当昼，金人对江列阵而佯退，众信之，守益懈。敌谍知无备，夜乃乘数十舟横江直济，众不能御，敌遂登岸。充亟命统制官陈淬尽领岳飞诸裨校合二万人邀击于马家渡，约王瓊俱进。敌气锐甚，淬战殁，瓊引兵遁，充军溃。

金人陷建康，充渡江保真州。充尝痛绳诸将，诸将衔之，伺其败，众将甘心焉。充不敢归，乃北约泗州刘位、徐州赵立，欲合兵邀敌归路。诏遣内侍任源赐亲札激厉，俾为后图。源至常州，道阴未得进，募健士先达上意，充诡词自饬以报源。

充居真州长芦寺，守臣向子忞劝充由通、泰入浙，欲与偕行，充畜异志，不听。始，京畿提刑凌唐佐在南京，守臣孟庾归朝，以府事委之，唐佐遂降于金为所用。唐佐雅善充，以书招之。完颜宗弼复遣人说充曰："若降，当封以中原，如张邦昌故事。"充遂叛降金。事闻，高宗谓辅臣曰："朕待充不薄，何乃至是哉？"下制削充爵，徙其子嵩岩昆、婿韩汝惟于广州。

是冬，充至云中，粘罕薄之，久之，命知相州。充猜阻肆威，同列多不协。绍兴二年，其孙自徙所间走归充，其副胡景山诬充阴通朝廷。粘罕下充吏，炮掠备至，不服，释之，因问充曰："汝欲复归南朝邪？"充曰："元帅敢归，充不敢也。"粘罕哂之。七年，命充为燕京三司使。八年，同签书燕京行台尚书省事。九年，迁行台右丞相。十一年,和议成而充死矣。

吴曦,信王璘之孙,节度挺之中子。以祖任补右丞奉郎。淳熙五年,换武德郎,除中郎将,后省言其太骤。改武翼郎。累迁高州刺史。绍兴元年,挺卒,起复濠州团练使。庆元元年冬,由建康军马都统制除知兴州兼利西路安抚使。四年,宪圣园陵成,以劳迁武宁军承宣使。六年,光宗攒陵成,迁太尉。

会韩侂胄谋开边,曦潜畜异志,因附侂胄求还蜀。枢密何澹觉其意,力沮之。陈自强纳曦厚赂,阴赞侂胄,遂命曦兴州驻札御前诸军都统制,兼知兴州、利州西路安抚使。从政郎朱不弃上侂胄书,谓曦不可主西师,侂胄不报。曦至镇,谮副都统制王大节,罢之。更不除副帅,而兵权悉归于曦。开禧二年,朝廷议出师,诏曦为四川宣抚副使,仍知兴州,听便宜行事。自绍兴末,王人出总蜀赋,移牒宣司,势均礼敌。而侂胄以总计隶宣司,副使得节制安劲,而财赋之权又归于曦。未几,兼陕西、河东招抚使。

曦与从弟晛及徐景望、赵富、米修之、董镇共为反谋,阴遣客姚淮源献关外阶、成、和、凤四州于金,求封为蜀王。侂胄日夜望曦进兵,曦阳为持重,按兵河池不进,潜为金人地以困王师,侂胄不之觉。会正使程松至,曦不庭参,松不敢诘;曦复多摘取松卫兵,松亦不悟。

金人犯西和,王喜、鲁翼拒之。战方急,曦传令退保黑谷,军遂溃。乃焚河池,退壁青野原。曦时已布腹心于金,将士未之知,犹力战,敌人窃笑之。曦退壁鱼关,招集忠义,厚赐以收众心。兴元都统制毋思以重兵守大散关,曦因撤蓦关之戍,敌由版闸谷绕出思后,思遁。金遂陷大散关,曦退屯置口。举人陈国饰投匦上书,言曦必叛,侂胄不省。

十二月,兴州见两日相摩。金遣吴端持诏书、金印至置口,封曦蜀王,曦密受之。李好义败金人于七方关,曦不上其捷,还兴州。是夜,天赤如血,光烛地如昼。翌日,曦召幕属谕意,谓东南失守,车驾幸四明,今宜从权济事,众失色。王翼、杨骙之抗言曰:"如此,则相公八十年忠孝门户,一朝扫地矣"曦曰:"吾意已决。"即诣甲仗库,集兵将官语故,禄禧、禇清、王喜、王大中等皆称贺听命。曦北向受印。遣徐景望为四川都转运使、禇青为左右军统制,趋益昌,夺总领所仓库。程松闻变,弃兴元去。

三年正月,曦遣将利吉引金兵入凤州,以四郡付之,表铁山为界。曦乘黄屋左纛,僭王位于兴州,即治所为行宫,称是月为元年。使人告其伯母赵氏,赵怒绝之。叔母刘昼夜号泣,骂不绝口,曦扶出之。族子僎为兴元统制,见伪檄,色甚不平。

曦既僭位,议行削发左衽之令。遣董镇至成都治宫殿,将徙居之。曦所统军七万并程松军三万,分隶十统帅。遣禄祁、房大勋戍万州,泛舟下嘉陵江,声言约金人夹攻襄阳。祁寻至夔,遣兵扼巫山得胜、罗护等砦,以遏王师。侂胄闻曦反,不知所为,或劝不如因而封之,侂胄纳其说。吴晛为曦谋,宜收用蜀名士以系民心。于是陈咸自髡其发,史次秦涂其目,杨震仲饮药卒,王翊、家拱辰皆不受伪命,杨修年、詹久中、家大酉、李道传、邓性善、杨泰之悉弃官去。薛九龄谋举义兵。

兴州合江仓官杨巨源倡义讨逆,未有以发,遂与随军转安丙共谋诛曦。会李好义与兄好古、李贵等皆有谋,交相结纳。二月甲戌夜,漏尽,巨源、好义首率勇敢七十人斧门以入。李贵即曦室斩其首,裂其尸。丙分遣将士收其二子及叔父柄、弟晫、从弟眊、贼党姚淮源、李珪、郭仲、米修之、郭澄等皆诛之。时吴端犹卧后阁,亦伏诛。徐景望、赵富、吴晓、董镇、郭荣、禄禧等皆在外,遣人就诛之。函曦首献于朝。

诏曦妻子处死,亲昆弟除名勒停,吴璘子孙并徙出蜀,吴玠子孙免连坐,通主璘祀。曦败时年四十六。

宋史卷四七六
列传第二三五

叛臣中

李全上

李全者，潍州北海农家子，同产兄弟三人。全锐头蜂目，权谲善下人，以弓马矫捷，能运铁枪，时号"李铁枪"。

初，大元兵破中都，金主窜汴，赋敛益横，遗民保岩阻思乱。于是刘二祖起泰安，掠淄、沂。二祖死，霍仪继之，彭义斌、石珪、夏全、时青、裴渊、葛平、杨德广、王显忠之。杨安儿起，掠莒、密，展徽、王敏为谋主，母舅刘全为帅，汲君立、王琳、阎通、董友、张正忠、孙武王等附之，余寇蜂起。大元兵至山东，全母及其兄死焉。全与仲兄福聚众数千，刘庆福、国安用、郑衍德、田四、于洋、洋弟潭等咸附之。

大元兵退，金乃遣完颜霆为山东行省，黄掴为经历官，将花帽军三千讨之，败安儿于兰阑滴水，断其南路。安儿轻舸走即墨，金人募其头千金，舟人斩以献。安儿无子，从子友伪称"九大王"，不闲军务。安儿妹四娘子狡悍善骑射，刘全收溃卒奉而统之，称曰"姑姑"，众尚万余，掠食至磨旗山，全以其众附，杨氏通焉，遂嫁之。全合军与霆战，又败。霆骁将张惠望见全，跃马赴之，枪及全，若有萦其马足而止者。全得收余众保东海，刘全分军驻岠上。霍仪攻沂州不下，霆自清河出徐州，斩仪，溃其众。彭义斌归李全。黄岘者，即阿鲁达。

霆即李二措，赐姓完颜。惠号"赛张飞"，燕侠士也。此数人者，出没岛屿，宝货山委而不得食，相率食人。

有沈铎者，镇江武锋卒也，亡命盗贩山阳，诱致米商，斗米辄售数十倍，知楚州应纯之偿以玉货，北人至者辄舍之。又说纯之以归铜钱为名，弛度淮之禁，来者莫可遏。安儿之未败也，有意归宋，招礼宋人。定远民季先者，尝为大侠刘佑家厮养，随佑部纲客山阳，安儿见而说之，处以军职。安儿死，先至山阳，寅缘铎得见纯之，道豪杰愿附之意。时江、淮制置李珏、淮东安抚崔与之皆令纯之沿江增戍，恐不能御，乃命先为机察，谕意群豪；叙复铎为武锋军副将，辟楚州都监，与高忠皎各集忠义民兵，分二道攻金。先遂以李全五千人附忠皎，合兵攻克海州，粮援不继，退屯东海。全分兵袭破莒州，擒金守蒲察李家，别将于洋克密州，兄福克青州，始授全武翼大夫、京东副总管。纯之见北军屡捷，密闻于朝，谓中原可复。时频岁小稔，朝野无事，丞相史弥远凿开禧之事，不明招纳，密敕珏及纯之慰接之，号"忠义军"，就听节制。于是有旨依武定军生券例，放钱粮万五千人，名"忠义粮"。于是东海马良、高林、宋德珍等万人辐凑涟水，铎纳之，全与刘全俱起羡心焉。

嘉定十一年五月己丑，全军至涟水，邀先白事楚城，取器甲金谷，议再攻海州，纯之厚劳全金玉器用及其下有差。六月，全围海城，金经略阿不罕、纳不剌等固守不下。七月，合郓、单、邳、徐兵来援，全与战于高桥，不胜，退守石秋，分兵袭密州，擒黄掴，械至楚城。是冬，徙屯淮阴之龟山。

十二年，山东来归者不止，权楚州梁丙无以赡。先恳丙请预借两月，然后帅所部五千并良等万人往密州就食，不许；请速遣全代领其众，又不许。丙以石珏权军务，珏乃夺运粮之舟，二日庚辰，率军二万度淮大掠。丙调王显宗、高友、赵邦永以兵逆之，至南度门，显臣败，友、邦永遇珏，下马与作山东语，皆不复战。丙窘，乃遣全出谕之。时金人围淮西急，马司都统李庆宗戍濠，出战，丧骑三千，珏及张春皆有亡失。帅司调全与先、珏军援盱眙。全亦欲自试，亲往东海点军赴之。癸亥，遇金人于嘉山，战小捷。三月，先军进驻天长，全进驻盱眙，鼎立以待金人。乙酉，全至涡口，值金将乞石烈牙吾答名"卢鼓槌"者将济，全与其将鹿仙掩之，金兵溺淮者数千，俘获甚众。壬辰，与阿海战于化陂湖，大捷，杀金数将，得其金牌，追至曹家庄而还。三围俱解，全丧失亦众。阿海者，金所谓四驸马也。全进达州刺史，妻杨氏封令人。

六月，金元帅张林以青、莒、密、登、莱、潍、淄、滨、棣、宁海、济南十二州来归。始，林心存宋，及掴败，意决而未能达。会全还潍州上冢，揣知林意，乃薄兵青州城下，陈说国家威德，劝林早附。林恐全诱己，犹豫未纳。全约挺身入城，惟数人从，林乃开门纳之，相见甚欢，谓得所托，置酒结为兄弟。全既得林要领，附表奉十二州版籍以归。表辞有云："举诸七十城之全齐，归我三百年之旧主。"表，冯垍所作也。秋，授林武翼大夫、京东安抚兼总管，其余授官有差。进全广州观察使、京东总管，刘庆福、彭义斌皆为统制，增放二万人钱粮，徙屯楚州。先是，制置使贾涉以朝命督战，许杀金太子者，赏节度使；杀亲王，承宣使；杀驸马，观察使。全致所得金牌于涉，云杀四驸马所获者。涉上于朝，乞如约赏之，故全有是受，而四驸马实不死也。

十一月，大雨雪，淮冰合。全请于制府曰："每恨泗州阻水，今如平地矣，请取东西城自效。"制府遣就盱眙刘琸议，琸集诸将燕全，时青、夏全咸愿以长枪三千人从。夜半度淮，潜向泗之东城，将踏濠冰傅城下，掩金人不备。俄城上获炬数百齐举，遥谓曰："贼李三！汝欲偷城耶？"天黑，故以火烛之。全知有备，引去。

十三年，赵拱以朝命谕京东，过青崖峒，严实求内附。拱与定约，奉实款至山阳，举魏、博、恩、德、怀、卫、开、相九州来归。涉再遣拱往谕，配兵二千，全亦请往，涉不能止，乃帅楚州及盱眙忠义万余人以行。拱说全曰："将军提兵度河，不用而归，非示武也，今乘势取东平，可乎？"于是全合林军得数万，袭东平之城南。金参政蒙古刚帅众守东平，全以三千人金银甲、赤帜，绕濠跃马索战。时大暑，全

见城阻水，矢石不能及，乃与林夹汶水而砦，中通浮梁来往。一夕，
汶水溢，漂大木，断浮梁，全首尾几绝，盖金人堰汶水而决之也。诘
旦，金骑兵三百奄至，全欣然上马，帅帐前所有骑赴之，杀数人，夺
其马，逐北抵山谷。上有龙虎上将军者，贯银甲，挥长槊，盛兵以出，
旁有绣旗女将驰枪突斗。会诸将至，拔全以出，乃退保长清县，精锐
丧失太半，统制陈孝忠死焉。林兵还青州。全所携镇江军五百人多
怨愤，全乃分隶拱，使先归，而以余众道沧州，假盐利以慰赡之。龙
虎上将军者，东平副帅干不搭；女将者，刘节使女也。

　　全至楚州，属召先赴行在。全自涡口之捷，有轻诸将心，独先尝
策战勋，威望不下己，患之。乃阴结制帅所任吏莫凯，使潜先，先卒，
全喜而心益贰。涉乘先死，欲收其军，辍统制陈选往涟水以总之。先
党裴渊、宋德珍、孙武正及王义深、张山、张友拒而不受，潜迎石珪
于盱眙，奉为统帅。珪道楚城，涉不知觉，及选还，涉耻之，乃谋分珪
军为六，请于朝，出修武、京东路钤辖印告各六授渊等，使之分统，
谓可散其纵。渊等阳受命，涉即闻于朝，谓六人已顺从，珪无能为
矣。其后有教令皆不纳，然后知渊等犹主珪，涉恐甚。全结府吏伺
知之，乃见涉，请讨珪，涉未有处。议者请以全军布南度门，移淮阴
战舰陈于淮岸，以示珪有备，然后命一将招珪军，来者增钱粮，不至
罢支，众心一散，珪党自离。涉用其策，珪技果穷。珪素通好于大元，
至是杀渊而挟武正、德珍与其谋主孟导归大元。涟水军未有所属，
全求并将之。客有请以附淮将者，曰：“使南将主北军，则淮、楚为
一。”涉然之，且曰：“先在时有三千虚籍，今当遣明亮核实，因可省
费。”全闻之即献计曰：“全若朝将此军，夕与核除虚籍。”因卑辞献
珍具以自结，涉不能却，遂以付全。翼日，复命曰：“初谓有虚额，昨
夕细点，万五千人之外尚溢十数名。”涉始悟全见给，他日议更遣幕
属点之。吏亟报全，全忽状自涉：“昨夕三鼓，涟水告警云金人万余
在邳州。全思涟水去邳咫尺，既无险阻，城壁复弊，一被攻劫，则直
临淮面，罪在全矣。深夜不敢惊制使，已调七千人迎敌矣。”涉知全
诈，因寝点军之议。全又白制府请于朝，以刘全为总管驻扬州，分数

千兵从之,而将其众。十一月丁未,全游金山,作佛事,以荐国殇。知镇江府乔行简方舟逆之,大合乐以飨之。总领程覃迭为主礼,务夸北人以繁盛。全请所狎娼,覃不与,全归语其徒曰:"江南佳丽无比,须与若等一到。"始造舭艖舟,谋发舟楫之利焉。

十四年正月,金人将南来,全请于涉,欲与刘琸共图泗州,以伐其谋,涉许之。全兵至盱眙度淮,攻克泗州之西城,入城布守。琸徙盱眙仓粟以实之,防城之具俱撤以往,为必守之计。未几,卢鼓槌来取西城,全盛兵出战,大败,统制赖兴死,全闭城自守。明日复战不胜,全遁归,资粮器械悉以委敌。金人既陷蕲州,扈再兴、赵范有其弟葵邀击于天长。全随行袭金人后,谒而贺曰:"二盛军已立大功,乞以余寇付全追之。"然全追之不甚力,亦以是进承宣使。

十五年二月,琸再取西城,卢鼓槌背城力战,戒惠必获全,不获则斩。惠数尝败全于山东,而不能获,每叹曰:"天假此贼,事未可量。"及闻卢鼓槌言,自度进未必获,退复受戮,即陈跃马奔全壁,弃所执兵请降。全掖而起之,相与欢甚。不数日,惠戏下数千人皆潜至,全与惠归,请于制置司官之,令自总一军。

胶西当登、宁海之冲,百货辐凑,全使其兄福守之,为窘宅计。时互市始通,北人尤重南货,价增十倍。全诱商人至山阳,以舟浮其货而中分之,自淮转海,达于胶西。福又具车辇之,而税其半,然后从听往诸郡贸易,车、夫皆督办于林,林不能堪。林财计仰六盐场,福恃其弟有大造于林,又欲分其半,林许福恣取盐,而不分场。福怒曰:"若背恩耶?待与都统提兵取若头尔!"林惧,愬于制置司。涉密召林戏下问之,福伏兵于途以伺,林觉不逌。于是李马儿说林归大元,福狼狈走楚州。冬,加全招信军节度。林犹遗涉书诋全,明己非叛。涉以咎全,全请为朝廷取之,乃提师驻海州以迫林。涉间道遣黥胥王翊、阎琼劳林,林立涕道其故。翊归,全使人杀诸途。全攻林急,林走,全遂入青州。

十六年二月,涉劝农出郊,暮归入门,忠义军遮道,涉使人语杨氏,杨氏驰出门,佯怒忠义而挥之,道开,涉乃入城。自是以疾求去甚力。五月被召，卒。秋，全新置忠义军籍。初，涉屯镇江副司八千人于城中，翟朝宗统之；分帐前忠义万人，屯五千城西，赵邦永、高友统之；屯五千淮阴，王晖及于潭统之，所以制北军也。全轻镇江兵，且以利啗其统制陈选及赵兴，使不为己患；唯忌帐前忠义，乃数称高友等勇，遇出军必请以自随，涉不许。全每燕戏下，并召涉帐前将校，帐前亦愿隶焉，然未能合也。及丘寿迈摄帅事，全忽请曰："忠义乌合，尺籍卤莽。莫若别置新籍，一纳诸朝，一申制阃，一留全所，庶功过有考，请给无弊。"寿迈善而诺之。全乃合帐前忠义悉籍之，尽统其军，时人莫悟。

十一月，许国自武阶换朝议大夫、淮东安抚制置使，命下，闻者惊异。先是，国奉祠家食，数言全必反，欲倾涉而代之。会召国奏事，国疏全奸谋甚深，反状已著，非有豪杰不能消弭，盖自鬻也。至是，乔行简为吏部侍郎，上疏论国望轻，不宜帅淮，不报。山阳参幕徐晞稷雅意开阃，及闻国用，晞稷觖望，乃誊国奏注释以寄全，全得报不乐。是冬，金将李二措及邳州守致书海州，欲附宋，全戏下周岊得之，即以报全。全喜，遣王喜儿以兵二千应接，而己继之。二措纳喜儿而囚之。全兵欲攻邳，四面阻水，二措积劲弩备之，全不得进，合兵索战。全败，欲还楚州，会滨、棣有乱，乃引兵趋山东。

十七年正月，国之镇，杨氏郊迓，国辞不见，杨氏惭以归。国既视事，痛抑北军，有与南军竞者，无曲直偏坐之，犒赉十裁七八。全自山东致书于国，国夸于众曰："全仰我养育，我略示威，即奔走不暇矣。"全固留青州，国不能致。四月，全遣小吏致再书，国喜，曲加劳接，即日真补承信郎，冀结其心。小吏曰："小吏奉书而遽得命，诸将校谓何？"不受，归语其徒以为笑。国见全无来期，数致厚馈，邀全议事。会刘庆福亦使人觇国意向，国左右知之，语觇者曰："制置无害汝等意。"庆福以报全，全集将校曰："我不参制阃，则曲在我。今不计生死必往见。"八月，全上谒，宾赞戒全曰："节使当庭趋，制使必免礼。"及庭趋，国端坐纳全拜，不为止。全退，怒曰："庭参亦常礼，全归本朝，拜人多矣，但恨汝非文臣，本与我等。汝向以淮西都统谒贾制帅,亦免汝拜。汝有何勋业,一旦位我上,便不相假借耶?全赤心报朝廷,不反也。"国继设盛会宴全,遗劳加厚,全终不乐。国之客章梦先主幕议,庆福谒见,梦先责客将,令隔帘貌唶,庆福不能堪。国以名马十余嗷遗全,不受。国固遗,全俟其允斥阶庭,伺候移时,而复却之。如是者半月,卒不受。

全欲入青州,惧国苛留,自计曰:"彼所争者拜也,拜而得志,吾何爱焉!"更折节为礼。因会,席间出札白事,国见其细致,判从之,全即席再拜谢。自是动息必请,得请必拜,国大喜,语家人曰:"吾折伏此虏矣。"义斌求赵邦永来山东,全为白之,国诺。邦永乘间告国曰:"邦永若去,制使谁与处?"国曰:"我自能兵,尔毋过虑。"邦永泣而辞之。全遂往青州。十一月,国集两淮马步军十三万,大阅楚城之外,以挫北人之心。杨氏及军校留者恐其图己,内自为备。

宝庆元年,湖州人潘甫与其从弟丙、壬起兵,密告全党于山阳,全党欲坐致成败,然其谋而不助之力。甫归,阴勒部曲及聚贩盐资至千余,结束如北军,率众扬言自山阳来拥立济王,事见《竑传》。时,全图国之意已决,遣庆福还楚城,使为乱。或教杨氏畜一妄男子,间指谓人曰:"此宗室也。"至语郡僚曰:"会令汝为朝士。"潜约盱眙四军相应。忠义统领王文信有众八百,涉徙刺扬州强勇军。国之聚兵大阅,文信在焉,庆福与谋,令归袭扬州,别遣将劫宝应,事济即挥众度江。盱眙四将不从,于是庆福等谋中辍,止欲快意于许国焉。计议官苟梦玉知之,以告国,国曰:"但使反,反即杀,我岂文儒不知耶?"梦玉惧祸及己,求檄往盱眙,复告庆福曰:"制帅欲图汝。"两为自结之计。乙卯,国晨起莅事,忽露刃充庭,客骇定,国厉声曰:"不得无礼!"矢已及额,流血蔽面,国走。乱兵悉害其家,大纵火,焚官寺,两司积蓄尽入贼。亲兵数十人翼国登城楼,縋城走,伏道堂中宿焉。时四明人姚翀通判青州,全豫令还山阳,及涟水而复止之。至是,拥翀入城,与通判宋恭喝犒南北军,使归营。是日,庆福首杀梦先以报貌唶之辱,戒诏军毋害苟梦玉家,护以五十兵。初,国倚扬州强勇军统制彭兴及淮西亲兵将赵社、朱虎等为腹心,到是首降贼，且助为乱。惟丁胜、张世雄、沈兴、杜靖毗、富道不屈，或与贼巷战，兴手杀贼将马良。贼党得志，更相贺，独张正忠叹曰："若曹不识事体，朝廷岂置汝耶？"王文信复献计庆福曰："我伪作重伤，提本部军归扬州，扬守必不疑，我生缚守，以其城献。"庆福喜，夜饮而遣之。丙辰，许国缢于途。

丁巳，文信将至扬州，其徒有亡入城告变者时扬之兵皆在楚，知州兼提点刑狱汪统会同官议，钤辖赵拱曰："若不纳，则文信必曰：'我归营，何故见拒？'将借是以鱼肉城外之民。拱素善文信，请说止其兵，而以单骑入，俟入城而杀之，然后抚其兵，领往盱眙，分隶张、范戏下。"统喜，遣之。遇文信于十四里头，置酒相劳苦，文信伪为裹创状。拱曰："忠义反楚州，扬州人见忠义暮归，岂不相疑？不若暂驻兵城外，然后同见提刑，提刑急欲知楚州事也。"文信不疑，联骑入城，坐客次。拱先入，劝统收戮之，统踌躇不敢发。刘全知其谋，帅甲士突入郡堂，厉声曰："王统领好人，提刑不必疑，请出受参。"统不得已，出而馘之。刘以兵翼之出，馆其家。诘旦，统未有处。拱又请引文信出城，与议回屯楚州。文信知事泄，拱就出，刘全亦请从。至平山堂，文信责拱卖己，欲杀之，拱曰："尔谋如此，三城人命何辜！我已存三城人，身死无憾。然我死，汝八百家老幼在城，岂得生耶？"文信及其众动色，文信、刘全遂还楚州。

时盱眙总管夏全闻山阳得志，亦怀异图，刘琸之，乃止。及文信乱，琸惧夏全复动，乃使卞整将兵三千视之，使不敢动。整以邀文信为辞，引兵还扬州，因伪言盱眙失守，卞整为乱，于是扬州复震，城门昼闭。

弥远惧激他变，欲姑事涵忍而后图之。谋帅莫可，以徐晞稷尝倅楚州、守海州，得全欢心，晞稷亦勇往，乃授淮东制置使，令屈意抚全。时庆福以事济报全，全又牒义斌等曰："许国谋反，已伏诛矣，尔军并听我节制。"义斌得牒大骂曰："逆贼背国厚恩，擅杀制使。此事皆因我起，我必报此仇。"呼赵邦永曰："赵二，汝南人，正须尔明此事。"乃斩赍牒人，南向告天誓众，见者愤激。全自青州至楚城，佯责庆福不能弹压,致忠义之哄,斩数人,请待罪,朝廷未之诘。赵范时知扬州兼提点刑狱,得制罪印于溃卒中,以授晞稷。全遣骑逆晞稷。已卯,晞稷入楚城。刘全跃马登郡厅,晞稷迎之,全及门下马,拜庭下,晞稷降等止之,贼众乃悦。

四月,潘壬变姓名至楚州,将度淮而北,小校明亮获之,械送行在伏诛。

甲午,时青使人伪为金兵,道邳州,出涟水,夺全田租而伏骑八百。翼旦,全引二百骑广淮与门,伏发,全败,围之,庆福以兵往拔全出。全与庆福俱重伤,归楚州。丁胜、张世雄欲乘全败举兵追北军,晞稷止之。全后知其谋,对晞稷诘之,二人不为屈。然惧祸及己,晞稷乃潜授世雄雄胜军统制,教使逃而阳索之。北军追世雄,世雄且战且走,得达扬州。晞稷初至楚,缓急相济,如囚赵社,逐朱虎,贼尚知畏。屡令全还战马、军器于制司,全唯唯。退招姚翀及将校饮,酒酣,全曰:“制司追我战马、军器,若何?”忽有将校曰:“当时忠义只百十人,其他军皆南军乘势将带,若溃将何以还?”一人曰:“制司必欲追之,不若有官者弃官,无官者归山东为百姓。”一人抵掌愤然,使全反,全阳骂之。翀以告晞稷。翼日,全见晞稷求纳官,晞稷抚之而去。自是不复谁何,其后至以“恩府”称全、“恩堂”称杨氏,而手足倒置矣。军器库止余枪干数千,全复取去。全欲战舰,晞稷使择二艘。全移出淮河,使军习之。

初,楚城之将乱也,有吏窃许国书箧二以献庆福,皆机事。庆福赏盗箧者五百千,未之阅。全始发缄,使家僮读之,有庙堂遗国书令图全省,全大怒;又有苟梦玉书,即以庆福谋告国者,全始恶梦玉反覆。梦玉知之,时已被堂召,亟辞全如京。已卯,全馈钱梦玉如平时,潜殪诸十里之郊,复出榜捕害梦玉者。全往青州。

五月丁卯,全取东平,不克。戊寅,刘全以券易制司钱,不如欲,复谋乱,杨氏出二千缗解之,乃止。全引兵攻恩州。明日,义斌出兵与全斗,全败。义斌以千五百骑追之,获马二千匹,皆扬州强勇军马也。庆福往救,又败。全退保山崮,抽山阳忠义以北。杨氏及刘全

皆欲亲赴之，会全遣人求晊稷书与义斌连和，乃止。义斌纳全降兵，
兵势大振，进攻真定，降金将武仙，众至数十万，致书沿江制置使赵
善湘曰："不诛逆全，恢复不成。但能遣兵扼淮，进据涟、海以蹙之，
断其南路，如此贼者，或生擒，或斩首，惟朝廷所命。贼平之后，收复
一京三府，然后义斌战河北，盱眙诸将、襄阳骑士战河南，神州可复
也。"时四总管亦各遣计议官致书，乞助讨贼，范亦以为言，不报。全
贻书制置司，诬义斌叛，晊稷缴达之。时朝廷知义斌之功，惮全，未
欲行赏。未几，义斌俟命不至，拓地而北，与大元兵战于内黄之五马
山。大元兵说之降，义斌厉声曰："我大宋臣，且河北、山东皆宋民，
义岂为他臣属耶！"遂死之。戏下王义深等复归全。

　　全使人说时青附己，馈金五百两。青见义斌死，乃附全，自移屯
淮阴。全招青入城饮，折俎铜券二千，他馈称是，恩遍麾下，人人喜
悦。晊稷宴青，全馈折俎如前。全将往山东，以南军七百从，官犒铁
钱券人五千，全犒铜钱三倍，许携南货免税。于是请行者不已，得千
人以俱，晊稷又以千八百人继之。

　　二年春，赵范奉祠，林珙知扬州、权提点刑狱。全北剽山东，南
假宋以疑大元，且仰食。会金与大元争大名，全得往来经理。三月
丙辰朔，大元兵攻青州，全大小百战，终不利，婴城自守。大元筑长
围，夜布狗砦，粮援路绝。全遣小校周兴祖缒城，杂樵采者走楚州发
援兵，终不能支。全与福谋，福曰："二人俱死无益也，汝身系南北轻
重，我当死守孤城，汝间道南归，提兵赴援，可寻生路。"全曰："数十
万勍敌，未易支也。全朝出则城夕陷，不如兄归。"于是全止而福行。

　　朝廷初以力未能讨，故用晊稷调护，及传全被围，稍欲图贼。晊
稷畏懦，幸全未归以苟岁月。朝廷方谋易帅，刘琸久在盱眙，雅意建
阃；又见贼势稍孤，意功名可立，使镇江副都统彭忔延誉京师，自
谓："素抚镇江，三万人足用，且得四总管欢心，讨贼有余力。"朝廷
信之，忔亦垂涎代琸，从更尤力。九月，以琸知楚州兼淮东制置使，
忔代知盱眙，晊稷不知也。乙亥，晊稷以户部侍郎召，未几，出知袁
州。

　　十一月壬子朔，琸至楚州，心知不能制驭四总管，惟以镇江兵
自随。时青在淮阴，琸怨其移屯叛己，不召也。夏全请从，琸素畏全
狡，亦俾留盱眙。炈自揣资望视琸更浅，曰："琸之止夏全，是欲遗患
盱眙也。琸犹惮夏全，我何能用？"乃激夏全曰："楚城贼党不满三
千，健将又在山东，刘制使图之，收功在旦夕。太尉曷不往赴事会，
何端坐为？"夏全欣然领兵径入楚城，青亦自淮阴复移屯城内。琸且
骇且恐，势不容却，复就二人谋焉。时传全已死，福欲分兵赴援，兵
少，卒不往。甲子，琸令夏全盛陈兵楚城，贼党震恐，杨氏遣人赂夏
全求缓师，乃止。

宋史卷四七七
列传第二三六

叛臣下

李全下

宝庆三年二月，杨氏使人行成于夏全曰："将军非山东归附耶？狐死兔泣，李氏灭，夏氏宁独存？愿将军垂盼。"全诺。杨氏盛饰出迎，与按行营垒，曰："人传三哥死，吾一妇人安能自立？便当事太尉为夫，子女玉帛、干戈仓廪，皆太尉有，望即领此，诚无多言也。"夏全心动，乃置酒欢甚，饮酺，就寝如归，转仇为好，更与福谋逐琸矣。

辛卯，夏全令贼党围州治，焚官民舍，杀守藏吏，取货物。时琸精兵尚万余，窘束不能发一令，太息而已，夜半缒城，仅以身免。镇江军与贼战死者太半，将校多死，器甲钱粟悉为贼有。琸步至扬州，借州兵自卫，犹札扬州造旗帜。林拱缴奏于朝，闻者大笑。夏全既逐琸，暮归，杨氏拒之，意杨氏反目图己，明日大掠，趋盱眙欲为乱，张惠、范成进闭门，不得入，翱翔淮上。惠、成进出兵欲剿之，夏全狼狈归金，金人纳之。是举也，张正忠不从乱，经妻女于庭，并己自焚。报至，中外大恐，刘琸自劾，未几，死。

初，姚翀从贾涉辟楚州推官，全喜其附己，为引重当路，得改秩，全请以通判青州。国之死，全借翀抚定以诳众，以功入朝。三月，以翀为军器少监、知楚州兼制置。翀辟郑子恭、杜耒等为幕客，留母及其子于京，买二妾以行。至城东，舣舟以治事。间入城见杨氏，用晞稷故事而礼过之。杨许翀入城,乃入,寄治僧寺,极意娱之。

时全在围一年,食牛马及人且尽,将自食其军。初军民数十万,至是余数千矣。四月辛亥,全欲归于大元,惧众异议,乃焚香南向再拜,欲自经,而使郑衍德、田四救之,曰:"譬如为衣,有身,愁无袖耶?今北归蒙古,未必非福。"全从之,乃约降大元。大元兵入青州,承制授全山东行省。

庆福在山阳,自知已为厉阶,怀不自安,欲图福以自赎。福知之,亦谋去庆福。二人互相猜贰,不相见。福伪病旬余,诸将问疾,庆福不往。张甫者,素厚庆福,惧福疑己,乃劝庆福往。后庆福约甫同往,及寝,遥见福卧不解衣,心恐,不得已至床前,见床头鞘刀,庆福口问疾而手按鞘,惧福先发。福疑庆福就刀见害,乃跃起拔刀伤庆福,庆福徒手不支,甫救之,左右群起杀庆福及甫。

甫本金元帅,封高阳公,最善驭众。金亡河北,甫据雄、霸、清、莫、河间、信安不下。信安出白沟,距燕二百里而阻巨涨,大元兵不能涉,甫每潜师窥伺。大元将偪砦奴屡欲灭甫以取雄、霸。骁将窝罗虎者,归甫,甫纳之。其后窝罗虎遁去,且窃甫千里马以献偪砦奴。偪砦奴喜,待遇益厚。尝会饮燕京之大悲阁,窝罗虎醉偪砦奴而推使投阁,几毙焉。窝罗虎乃佯醉下楼,复乘所献马以归甫,追者莫及,人始服甫之用间焉。其后归全。

福以庆福头纳翀,翀大喜,耒曰:"庆福首祸,一世奸雄,今头落措大手耶!"飞报于朝,遣子恭继奏捷。琮之败,储积扫地,纲运不续,贼党籍籍,谓福所致。福数见翀及金幕促之,皆谢以朝廷拨降未下,福曰:"朝廷若不养忠义,则不必建阃开幕,今建阃开幕如故,独不支忠义钱粮,是欲立制阃以困忠义也。"六月,福乘众怒,与杨氏谋,召翀饮。翀至而杨氏不出,就坐宾次,左右散去。福与翀命召诸幕客,以杨氏命召翀二妾。诸幕客知有变,不得已往。耒朝服至八字桥,福兵腰戮之,耒南望再拜就毙。二妾之入,翀及见之。福兵欲害翀,郑衍德救之得免,去须鬓,缒城西夜走,徒步归明州,未几,死。

　　朝廷以淮乱相仍,遣帅必毙,莫肯往来。始欲轻淮而重江,楚州不复建阃,就以帅杨绍云兼制置,改楚州名淮安军,命通判张国明权守,视之若羁縻州然。贼徒党塞南门,开北门,支邑民田皆以少价抑买之,自收赋以赡军,钱粮不继如故。贼将国安用、阎通叹曰:"我曹米外日受铜钱二百,楚州物贱可以乐生,而刘庆福为不善,怨仇相寻,使我曹无所衣食。"张林、邢德亦谓:"尝受宋恩,中遭全间隙,今归于此,岂可不与朝廷立事?"王义深亦尝遭全屈辱,且谓:"我本贾帅帐前人,与彭安抚举义不成而归。"五人相谓曰:"朝廷不降钱粮,为有反者未除耳!"乃共议杀福及杨氏以献,于是众帅兵趋杨氏家。福出,德手刃之,相屠者数百人。有郭统制者,杀全次子。通杀一妇人,以为杨氏,函其首并福首驰献于绍云。绍云驿送京师,倾朝甚喜。檄彭忔、张惠、范成进、时青并兵往楚州,便宜尽戮余党。未几,传杨氏故无恙,妇人头乃全次妻刘氏也。

　　忔轻儇,每供四总管弄戏,得檄不敢自决,力逊。惠、成进二人即提兵入楚城,与林等五人欢宴,议分北军为五,使五人分掌之,每军无过千人,一屯南渡门,一屯平河桥,一屯北神镇,城中城西各一;在山东人老幼并绝钱粮,出淮阴战舰,陈淮岸以断全归路,请制府及朝廷处之。庙议谓青望重,惟听青区画。省檄之下,不及惠、成进。青亦恐祸及,密遣人报全于青州,迁延不决。惠等归盱眙,贼党复振。绍云赴枢密禀议,淮东总领岳珂摄制府事。

　　惠、成进既归,钱粮缺乏,密约降金,卢鼓椎许之。时镇江军及滁州虎儿军在盱眙者尚众,二人绐忔曰:"南北军易致激变,宜令军人出入无得带刃。"又劝早发虎儿军折洗,忔从之。二人每宴忔,必遍迨皂隶,忔皆不悟,方感其拒夏全之功,转两军官资。二人同戏下合辞曰:"不愿得官,欲得钱粮。"八月辛酉,惠、成进燕忔,忔左右知有谋,多不往,忔往如平时。酒半,缚忔,忔从者无寸铁,且醉,皆就缚。即日渡淮输款,以盱眙附卢鼓椎于泗州。金兵至,开门接之,诸军不战皆降。于是塞南门,开北门,导淮水以通泗之东西域焉。卢鼓椎与惠释憾连姻,金官惠有加,俾专制河南,以拒大元。自是金人窥淮东益急，朝廷调京湖制置司兵万人屯青平山以备全。

全得青报恸哭，力告大元大将，求南归，不许；断一指示归南必畔，许之。承制授山东、淮南行省，得专制山东，而岁献金币。十月丙辰，全与大元张宣差并通事数人至楚州，服大元衣冠，文移纪甲子而元号。义深走金，安用杀林、德自赎。丁巳，全邀青及张国明于淮阴，国明辞疾，青父子同至。全推杀其子者郭统制斩之，又收田成瑶、田之昂、李英等八人下狱，云："非朝廷杀我妻子，吾惟问汝。"李英，全腹心，狡而密，与李平皆山东胥吏。全之乍逆乍顺，二人所教也。平又数致全书至庙堂，以觇朝廷。青缴所授檄于全曰："我素推尊相公，岂肯为此！"全亦恶青反覆。辛酉，与登城南楼饮，杀青，驰骑往给青妻，言青病，见与祷禳。青妻至，尽杀之。遂并青军，擢小校胡义为将，徙其半于涟、海。

绍定元年春，全厚募人为兵，不限南北，宋军多亡应之。天长民保聚为十六砦，比岁失业，官振之，不能继，壮者皆就募。射阳湖浮居数万家，家有兵仗，侵掠不可制，其豪周安民、谷汝砺、王十五长之，亦蜂结水砦，以观成败。翟朝宗知扬州，权制置。全厚赏捕赵邦永，邦永乃变名必胜。全知东南利舟师，谋习水战，米商至，悉并舟籴之，留其柁工，一以教十。又遣人泛江湖市桐油粘筏，厚募南匠，大治舠舣船，自淮及海相望。于是善湘禁桐油粘筏下江，严甚。朝宗市粘木往扬州，善湘亦闻于朝，请以松木易留之。全不得已，代以榆板，舟成多重滞。六月，试舟射阳湖，善湘恐其乘便捣通、泰，亟牒池州求通、泰入湖之路。七月壬辰，全使衍德提兵三万如海州。乙未，全及杨氏大阅战舰于海洋。八月，全趋青州，为严实及石小哥邀击，败走。小哥，珪子也。遂夺青崖嵓，据之。九月，全归海州，治舟益急，驱诸嵓人习水。十一月，全至楚州。全山东经理未定，而岁贡于大元者不缺，故外恭顺于宋以就钱粮，往往贸货输大元。宋得少宽北顾之忧，遣饷不辍。全纵游说于朝，不若复建山阳制置司。全双与金合纵，约以盱眙与之，金亦遣靳经历者聘全，皆不遂。

二年四月，全以粮少为词，遣海舟自苏州洋入平江、嘉兴告籴，实欲习海道，觇畿甸也。六月，全资淮安牛马验赵五啸合亡命，杂北军分往盱眙略牛马。九月，全往涟、海视战舰，阳言归东平葬方士许先生。未几，还。尝燕张国明等，忽曰："我乃不忠不孝之人。"众曰："节使何为有是言也？"全曰："糜费朝廷钱粮至多，乃杀许制置，不忠；我兄被人杀，不能报复，不孝。二月二十五日事，吾之罪也。十一月十三日事，谁之罪耶？"盖指琸与夏全也。全密遣军掠高邮、宝应、天长之间，知高邮军叶秀发遣宗雄武领民兵捍御，为贼所败。

　　三年二月壬寅，御前军器库火。得纵火者，楚州军穆椿也。全欲销宋兵备，故使椿行，且伏奸于外，谋入为乱，以不得入而止。于是先朝兵甲尽丧。椿临刑笑曰："事济矣。"全欲先据扬州以渡江，分兵徇通、泰以趋海。诸将皆曰："通、泰，盐场在焉，莫若先取为家计，且使朝廷失盐利。"全欲朝廷不为备，且虽反而难遽绝钱粮，乃挟大元李、宋二宣差恫疑虚喝，而使国明达诸朝，而大元实未尝资全兵。有识李宣差者，曰："此青州卖药人也。"七月，召国明禀议，全以宝玉资其行，宾从所过，扬言："李相公英略绝伦，其射五百步，朝廷莫若裂地王之，与增钱粮，使当边境。"遍馈要津，求主其说。既见庙堂，以百口保全不叛。

　　八月，全将阅舟师，风不顺，焚香祷曰："使全有天命，当反风。"语毕风反。大阅数日。会全籴麦舟过盐城县，朝宗嗾尉兵夺之。全怒，以捕盗为名，庚午，水陆数万径捣盐城，戍将陈益、楼强皆遁，全入城据之。知县陈遇逾城走，公私盐货皆没于全。朝宗仓皇遣干官王节入盐城，恳全退师；又遣使吏曾玠、李易入山阳，求杨氏里言之助，皆不答。朝宗乃遣卞整领兵扼境。全留郑祥、董友守盐城，提兵往楚。整与麾军道左，击柝声诺。全言于朝，称遣兵捕盗过盐城，令自弃城遁去，虑军民惊扰，未免入城安众。乃加全两镇节，令释兵，命制置司干官耶律均往谕之。全曰："朝廷待我如小儿，啼则与果。"不受。朝廷为罢朝宗，谋再用绍云，绍云辞以官卑不能制；命郑损，损辞。通判扬州赵敬夫暂摄事。

　　全造舟益急，至发冢取黏板，炼铁钱为钉鞠，熬人脂捣油灰，列炬继晷，招沿海亡命为水手。又给敌夫以大元为词，邀增五千人钱粮，求誓书铁券。朝廷犹遣饷不绝。全得米，即自转输淮海入盐城以赡其众。他军士见者曰："朝廷惟恐贼不饱，我曹何力杀贼！"射阳湖人至有"养北贼戕淮民"之语，闻者太息。

王十五附全，全又遣人以金牌诱胁周安民等，造浮梁于谕口，以便盐城来往；又开马挞港、寿河，引淮船入湖，为攻挠水砦计。复言于制置司云："全复归三年，淮甸宁息，虽荷大丞相力主安靖之说，深有覆护之恩，奈何赵制置、岳总管、二赵兄弟人自为政，使全难处！全欲决定去就，亲往盐城存札。若有疾全者、疑全者，如赵知府之辈，便可提兵决战。如能灭全，高官重禄任彼取之；倘不能灭，方表全心。"善湘见之甚愤，范亦请调兵。

时弥远多在告，执政无可否，举朝率谓："大丞相老于经纶，岂不善处？"独参知政事郑清之深忧之，密与枢密袁韶、尚书范楷议，二人所见合。清之乃约韶见帝，韶历言全状，帝有忧色。清之即力赞讨全，帝意决。清之退，以帝意告弥远，弥远意亦决。乙巳，金字牌进善湘焕章阁学士、江淮制置大使，范直徽猷阁、知扬州、淮东安抚副使，葵直宝章阁、淮东提点刑狱兼知滁州，俱节制军马，全子才军器监簿、制置司参议官。下诏曰：

君臣，天地之常经；刑赏，军国之大枋。顺斯柔抚，逆则诛夷。惟我朝廷兼爱南北，念山东之归附，即淮甸以绥来。视尔遗黎，本吾赤子，故给资粮而脱之饿殍，赐爵秩而示以宠荣，坐而食者逾十年，惠而养之如一日，此更生之恩也，何负汝而反耶？蠢兹李全，侪于异类，蜂屯蚁聚，初无横草之功；人面兽心，曷胜擢发之罪！缪为恭顺，公肆陆梁。因馈饷之富，以啸集徒徒；挟品位之崇，以胁制官吏。凌蔑帅阃，杀逐边臣，虔刘我民，输掠其众。狐假威以为畏己，犬吠旁若无人。姑务包含，愈滋猖獗，遂夺攘于盐邑，继掩袭于海陵，用怨酬恩，稔恶恣暴。为封豕以洊食，贪婪无厌；怒螳螂而当军，灭亡可待。故神人之共愤，岂覆载之所容！舍是弗图，孰不可忍！李全可削夺官爵，停给钱粮。敕江、淮制臣，整诸军而讨伐；因朝野佥议，坚一意以剿除。蔽自朕心，诞行天罚。

　　肆予众士，久衔激愤之怀；暨尔边氓，期洗沈冤之痛。益勉思于奋厉，以共赴于功名。凡曰胁从，举宜效顺，当察情而宥过，庸加惠以褒忠。爰饬邦条，式孚群听：应擒斩到全者，赏节度使，钱二十万，银绢二万匹；同谋人次第擢赏。能取夺见占城壁者，州，除防御使；县，除团练使；将佐官民以次推赏。逆全头目兵卒皆我遗黎，岂甘从叛？谅由劫制，必非本心。所宜去逆来降，并与原罪；若能立功效者，更加异赏。郑衍德、国安用虽与逆全管兵，然屡效忠款，乃心本朝；冯垍、于世珍虽为逆全信用，然俱通古今，宜晓逆顺，如率众来降，当加擢用。四方士人流落淮甸，一时陷城，实非本心，如能相率来归，当与赦罪。海州、涟水军、东海县等处有为逆全守城壁者，举城来降，当各推恩。时青以忠守境，屡立骏功；彭义斌以忠拓境，大展皇略，亦为逆全谋害，俱加赠典，追封立庙。

　　噫，以威报虐，既有辞于苗民；惟断乃成，斯克平于淮、蔡。布告中外，咸使闻知。

诏词，清之所代也。促荆襄、淮西诸军赴援。

　　壬子，全兵突至湾头，瞰夫恐，欲走，副都统丁胜劫阃者止之。全攻城南门，都统赵胜自堡砦提劲弩赴大城注射，全稍退。全遣刘全奄至堡砦西城下，欲夺之以瞰大城。先是，赵胜屯西城，见濠浅，每曰："设有寇至，未围大城，先袭堡砦，何可不备？"盛暑中督军浚濠，人皆苦之，翟朝宗亦以为笑。既浚，胜决断塘水注焉。及是，刘全不能进。胜又浚市河，人尤谓不急。全至，胜开水门纳贾舟千余艘，活者数千人，粮货不与焉。

　　时朝廷虽下诏讨全，而犹有内图战守、外用调停之说。是日，瞰夫得弥远书，许增万五千人粮，劝全归楚州。瞰夫亟遣刘易即全垒授全。全笑曰："丞相劝我归，丁都统与我战，非相绐耶？"掷书不受，惟留省札。瞰夫始知全绐己，亟发牌印迓范。癸丑，全塞泰州城濠。

于邦杰、宗雄武通全，戒守者无得发矢，俟薄城而蹬之，全得距堙。宋济恐，令县尉某如全垒，全以增粮省檄示之，尉复出，献钱二百万以降。乙卯，邦杰、雄武开门导全，济帅僚吏出迎。全入坐郡治，济发帑出所献钱，全曰："献者，献汝私藏耶？若泰州府库，则我固有，何假汝献为！"乃舍济金判厅，入郡堂，尽收子女货币。

庚申，全闻范、葵既入，鞭衍德曰："我计先取扬州渡江，尔曹劝我先取通、泰，今二赵入扬州矣，江其可渡耶？"莫敢对。既而曰："今惟有径捣扬州耳。"甲子，全配兵守泰州，悉出众宜陵。丙寅，至湾头立砦，据连河之冲。使胡义将先锋马驻平山堂，伺三城机便。丁卯，全攻城东门不利，贼将张友呼城东请见葵，全隔濠立马相劳苦，葵切责之，全弯弓抽矢向葵而去。戊辰，张玶、戴友龙、王铨、张青以天长制勇三军至，阻全不得前，遣人请援。范、葵亲出堡塞西门，列阵待之，全不敢动，玶等乃入城。庚午，全晨率步骑五千余攻堡塞西门，赵胜出兵，战不利，范、葵以兵益之。全兵亦增，葵击却之。辛未，贼引兵三万沿州城东向西门，李虎、赵必胜、张玶、崔福力战，自巳至申，全乃沿东门以归，丁胜、王鉴、于俊击走之。襄兵万人至真州上坝，统制张达、监军张大连不设备，鱼贯而行。全哨马帅田四击之为数截，歼者五千，达、大连死之；淮西援兵至，亦遇全统领桑青力战，城中俱不知也。襄兵败，全凶焰益振，每曰："我不要淮上州县，渡江浮海，径至苏、杭，孰能当我！"甲戌，复引轻骑犯州城南门，且欲破堰泄濠水，统制陈达率劲弩射之，范、葵出军迎击，乃去。是日，金玶等距淮安十里，焚全砦栅，全将刘全出战，玶军不利，退屯宝应。

全志吞三城，而兵每不得傅城下，宗雄武献全计曰："城中素无薪，且储蓄为总所支借殆尽，若筑长围，三城自困。"乙亥，全悉众及驱乡农合数十万列砦围三城，制司总所粮援俱绝。范、葵命三城诸门各出兵劫砦，举火为期，夜不纵兵冲击，歼贼甚众。自是贼一意长围，以持久困官军，不复薄城。戊寅，全张盖奏乐平山堂，布置筑围，指挥闲暇。范、葵令诸门以轻兵牵制，亲帅将士出堡砦西，全分路麾战,自辰至未,杀伤相当。庚辰,范出师大战,珌等破全将张友于都仓,获粮船数十艘。甲申,葵出战,贼大败。

　　四年正月辛卯,全兵浚围城堑,范、葵遣诸将出城东门掩击,全走土城,官军蹑之,蹂溺甚众。是日,珌破全将郑祥,获粮百艘。甲午,全兵千余犯州城东门,城中出兵应之,全即引去。乙未,李虎出南门,杨义出东门,王鉴出西门,崔福出北门,各径扼贼围,开土城数处,范、葵提兵策应,全步骑数千出战,诸军奋击,俘馘甚众。夜,贼复合所开城。丁酉,赵胜遣统制陆昌、孙举立桥堡砦于北门,贼步骑分道来战,胜击退之。范陈于西门,贼闭垒不出。葵曰:“贼俟我收兵而出尔。”乃伏骑破垣门,收步卒诱之。贼兵数千果趋濠侧,虎力战,城上矢石雨注,贼退。有顷,贼别队自东北驰至,范、葵挥步骑夹浮桥、吊桥并出,为三迭阵以待之,自巳至未,贼与大战;别遣虎、显广、必胜、义以马步五百出贼背,而葵帅轻兵横冲之,三道夹击,用范所制长枪,果大利,贼败走。翼日,全遣步卒三百余向城西门,乍进乍退,以诱扬州兵,复驱壮丁增濠面,培鹿角。范、葵遣骑将出,夹城东西牵制之,亲出州城西门,分三道以进,贼望风溃,乃募勇力赍薪炮,焚其楼橹十余。贼自平山堂麾骑下救,道遇于俊军而归。

　　始,全反计虽成,然多顾忌,且惧其党不皆从逆。边陲好进喜事者,欲挟贼为重,或阴赞之,谓激作愈甚,朝廷愈畏,则钱粮愈增,又许身任调停之责。故全兵将举而张国明先召,全之托词陈遇弃城,及归过三赵图己,盖成谋也。及三赵用,宋师集,诸阃易,国明沮,削全官爵,罢支钱粮,攻城不得,欲战不利,全始自悔,忽忽不乐。或令左右抱其臂曰:“是我手否?”人皆怪之。

　　时正月望,城中放灯张乐,姑示整暇。全见之,亦往海陵载妓女,张灯平山堂,矫情自肆。是晚,燕大元宣差,宣差激全曰:“相公服饰器用多南方物,乃心终在南耳!”全乃取诰敕,朝服南向,历述平生梗概,再拜褫服,焚之,叹曰:“国明误我。”泪下如雨,收泪就坐强欢。有朐山于道士者,老矣,全迎致之,初见全即叹曰:“我业债合以此偿耶?”占事多验,尊为军师。及见全焚诰命,谓人曰:“相公死明日，我死今日矣!"人问之，曰:"朝廷以安抚、提刑讨逆，然为逆者，节度使也。岂有安抚、提刑能擒节度使哉?诰敕既焚，则一贼尔。盗固安抚、提刑所得捕，不死何为!"入见全曰:"相公明日出帐门必死。"全怒以为厌已，斩之。

范、葵夜议诘朝所向，葵曰:"东向利，不如出东门。"范曰:"西出尝不利，贼必见易，因其所易而图之，必胜。不如出堡塞西门。"壬寅，全置酒高会平山堂，有堡塞候卒识其枪垂双拂为号，以报，范喜谓葵曰:"此贼勇而轻，若果出，必成擒矣。"乃悉精锐数千而西，取官军素为贼所易者，张其旗帜以易之。全望见，喜谓宣差曰:"看我扫南军。"官军见贼突斗而前，亦不知其为全也。范麾军并进，葵亲搏战，诸军争奋。贼始疑非前日军，欲走入土城，李虎军已塞其瓮门。全窘，从数十骑北走，葵率诸将以制勇、宁淮军蹙之，贼趋新塘。新塘自决水后，淖深数尺，会久晴，浮战尘如燥壤，全骑陷淖不能拔。制勇军奋长枪三十余乱刺之，全曰:"无杀我，我乃头目。"先是，令诸阵上，众获头目无得争以为献，故群卒碎其尸，而分其鞍马器甲，并杀三十余人，类非卒伍，俱不暇问。

甲辰，贼军全椒人周海请降，报全已杀，余党议溃去。未几，闻安用叹恨饮泣，初议推一人为首，以竟其逆，莫肯相下，欲还淮安奉杨氏主之。范夜上捷书制置司，议翼日追贼。乙巳早，安用引五百骑径南门趋湾头，范伏弩射之，贼呼曰:"尔襄阳援兵已败走，汝知之乎?"城中应曰:"汝李全已为戮，汝何不降?"贼不应，诸将欲追贼，范惧有伏兵，先分兵烧围城楼橹，夜半火光烛天，命东南诸门皆出兵，范、葵继提精兵进。四鼓，贼大溃。丙午黎明，葵追及贼于湾头，一战又破之，俘斩及夺回粮畜蔽野。别将追至大仪，不及。葵使人瘗新塘骸骨，得左掌无一指，盖全支解也。先是，全乞灵茅司徒庙无应，全怒，断神像左臂。或梦神告曰:"全伤我，全死亦当如我。"至是果然。

扬州平，善湘以露布上，帝惊喜，太后举手加额。国明辈惧祸及己，唱论云全未死，至有资游士吴大理等助煽之。及泰州凯奏继上，浮言始定。朝中皆拟随表入贺，弥远以小寇就平，谢止之。甲寅，善湘来犒师。二月，命胡颖部所获贼猷二十人献俘于朝，且定奇功二十有九人及其余，促行赏；又遣赵楷往禀庙算。

三月庚寅，祸祭，有枭鸣于牙，占之吉，别遣全子才率王旻等将万五千人，与于玠椅角取盐城。癸巳，步骑十万发扬州，留胜权守。庚子，盐城贼董友、王海以兵围卞整砦，玠击却之。癸卯，遣总辖韩亮、戚永升率多桨船及民船四百入射阳湖，击贼于谕口。丁未，亮破贼于崔沟。己酉，范、葵分兵进至平河桥，剿贼甚多。壬子，玠、整败贼将王国兴于冈门，斩首千级。四月丁巳，败贼于十里亭，贼兵争门，坠濠如蚁。庚申，别将范胜、赵兴破贼砦于寿河，拔农民胁从者万家。

壬戌，范、葵遣诸军薄淮安城下，贼大败，死者万余，焚二千家，城中哭声振天。甲子，子才自他道进攻，贼将董友拒之，大战于港口，败之。庚辰，舟师过涟水，战胜，达淮安。五月丙戌朔，天大雾，官兵攻上城，贼守者尚卧，仓皇起斗。官军互踏肩为梯，前者或坠，后者继至，自丑至未，五城俱破，斩首数千级，生擒数百人。兵士有故隶楚州左右军者，家属数为贼虐，至是泄愤，无老幼皆杀之，烧砦栅万余家，腥焰蔽天。余寇争桥入大城，重濠皆满。淮北贼归赴援，舟师又剿击，焚其水栅，夷五城余址，贼始惧。己亥，子才率赵必胜、王旻军移砦西门，道遇贼大战，至夜不解。子才为锐阵左右救，乃胜。

杨氏谕郑衍德等曰："二十年梨花枪，天下无敌手，今事势已去，撑拄不行。汝等未降者，以我在故尔。杀我而降，汝必不忍。若不图我，人谁纳降？今我欲归老涟水，汝等宜告朝廷，本欲图我来降，为我所觉，已驱之过淮矣。以此请降可乎？"众曰："诺。"翼日，杨氏绝淮而去。贼党即遣伪计议冯埙、潘于款于军门，范等密闻于朝，朝论不可，范曰："若明谕朝旨，是坚贼志，不如阳许以误之，我自为必讨之计。"乃遣范用吉入城谕曰："朝廷已许纳降，但令安抚交过北军。"衍德等遣潘于随用吉报谢，许献玉带、犒军黄金四千两。范

曰:"我欲款贼,贼更来款我。"于归,郑衍德等自知降亦不免,始送
款于金。至是,金遣其副统军许奕、万户兀林答以其京东元帅牒来
言曰:"此贼不降,能为两国患,请与大国夹攻之,各勿受降。"范怪
其来无故,而难于阴绝,遣王贵报之,不从其请。

六月己未,大战于河古三砦,贼大败,杨氏归涟水。壬戌,贼先
遣妻孥过淮,军争欲往,斩之不能禁,反有起杀头目者。甲子,复大
战,淮安遂平,议乘胜复淮阴,兵未行,淮阴降金。继得探报云:宋师
迟一宿攻城,淮安亦为金有矣。于是全所据州悉平。杨氏窜归山东,
又数年而后毙。

全之寇泰州,官属十有九人皆迎降,独教授高梦月不污,诏赠
三官。

全子坛。

宋史卷四七八
列传第二三七

世家一

南唐李氏

　　唐自安、史之乱，藩镇专制，百有余年，浸成割据。及巢贼蹂躏，郡邑丘墟。降臻五季，豪杰蜂午，各挟智力，擅为封疆，自制位号，以争长雄。天厌祸乱，授宋大柄。太祖命将出师，十余年间，南平荆、楚，西取巴、蜀，刘铢既俘，李氏纳款。至于太宗，吴越请吏，潭、泉来归，薄伐太原，遂偾北汉，而海内一矣！王偁《东都事略》用东汉隗嚣、公孙述例，置孟昶、刘铢等于列传，旧史因之。今仿欧阳修《五代史记》，列之世家。凡诸国治乱之原，天下离合之势，有足鉴者，悉著于篇。其子孙诸臣事业有可考者，各书本国之下。作《列国世家》。

　　南唐李景，本名景通，后改为璟。避周庙讳，复改为景。父升，吴杨行密将徐温养子，冒姓徐氏，名知诰，《五代史》有传。景十余岁，以父任驾部郎中、诸卫将军。后唐天成二年，温卒，升遂专吴政。升将出镇，欲以国事付景，拜兵部尚书、参知政事。升出镇金陵，迁景司徒、平章事、知内外左右诸军事。顷之，亦赴金陵，为中外诸军副都统。升受吴禅，国号大齐，改元升元，僭帝号，居金陵。自云唐宗室建王恪之后，下令复姓李氏。国号唐。封景吴王、诸道元帅、录尚书事，改封齐王。

升立七年卒,景袭位,改元保大,尊母宋氏为皇太后,立妻钟氏为皇后,用宋齐丘、周宗为宰相,郊祀天地。天福末,遣其将祖思全、何洙侵福建漳、泉之地。汉乾祐初,李守贞以河中叛,潜遣舒元、杨讷间道求援于景,景命其将李金全、郭全义出师应之。金全以声势不接,初不愿行,景固遣之。至沭阳,闻守贞败,乃还。周广顺初,景又遣其将边镐平湖湘,寻复失之。

显德二年,周世宗征淮南,破景众于正阳,遂进围寿州。太祖时总禁兵,破景将何延锡于涡口,又擒皇甫晖于滁州,景大惧,遣其臣钟谟、李德明奉表愿为附庸。未几,又遣其臣孙晟、王崇质奉表献濠、寿、泗、楚、光、海六州之地,愿罢兵,世宗未之许。

四年春,世宗大破景军于紫金山,降其将朱元,克寿州。冬,又克濠、泗二州。五年春,改元中兴。未几,又改元交泰。是春,周师克楚州,又进克扬州,将议济江,景大惧,请尽割江北之地,画江为界,称臣于中朝,岁贡土物数十万,世宗许之,始禀周之正朔,上表称唐国主。世宗答书用唐报回纥可汗之制,云"皇帝恭问江南国主,"临汴水置怀信驿以待其使。景又上言世宗,请传位于世子冀,世宗赐书勉谕之乃止。景既失淮南之地,颇躁愤,恶其大臣宋齐丘、陈觉、李微吉,皆杀之,六年十月,冀卒,命御厨使张延范充使吊祭。

建隆元年,太祖受命,即遣使以书谕景。初,显德中,江南将校相继来降,周成等三十四人皆在京师,至是遣归。三月,景遣使贡绢二万匹、银万两,贺登极。及泽、潞平,景又贡银五千两为贺,七月还京,又贡金器五百两、银器三千两,罗纨千匹,绢五千匹,又遣其礼部郎中龚慎仪贡乘舆服御物。每岁冬、正、端午、长春节,皆以土产珍异、金银器用、缯帛、片茶为贡。每景及钱俶遣亲属入贡,皆御前殿曲宴以宠之。景生日,遣使赐以金币及赐羊万口、马三百疋、骆驼三十,以为常制。是年,亲征李重进,驻跸广陵,遣其左仆射严续来犒师。俄遣其子蒋国公从镒朝行在所,又遣其户部尚书冯延鲁贡金买宴,并伶官五十人作乐上寿,又贡金银器、金玉鞍勒、银装兵器及钱银、绫绢,皆有加常数,太祖亦厚赐之。

初，景之袭父位也，属中原多故，卢文进、李金全、皇甫晖之徒皆奔于景。跨据江、淮三十余州，擅鱼盐之利，即山铸钱，物力富盛，当试贡士《高祖入关诗》，颇有窥觎中土之意。自世宗平淮甸，浸以衰弱，及太祖平扬州，日习马舫战舰于京城之南池，景惧甚。其小臣杜著颇有辞辨，伪作商人，由建安渡来归；又彭泽令薛良坐事责授池州文学，亦挺身来奔，献《平南策》，景闻之益惧，太祖命斩著于下蜀市，良配隶庐州衙校，景乃安。终以国境蹙弱，不遑宁居，遂迁于豫章。上遣通事舍人王守正持诏抚之。

俄而景卒，其臣桂阳郡公徐邈奉遗表来上，太祖废朝五日，遣鞍辔库使梁义吊祭，赠赙绢三千匹。子煜又遣其臣冯谧奉表，愿追尊帝号，许之，煜乃谥景为明道崇德文孝皇帝，庙号元宗，陵号顺陵。

煜字重光，景第六子也，本名从嘉。少聪悟，喜读书，属文，工书画，知音律，初封安定郡公，累迁诸卫大将军、副元帅，封郑王。

景始嗣位，以弟齐王景遂为元帅，居东宫，燕王景达为副元帅，就升枢前盟约，兄弟相继，中外庶政，并委景遂参决。景长子冀为东都留守，后又立景遂为太弟，景达为齐王、元帅。冀为燕王、副元帅，冀镇京口，周师征淮，吴越围常州，冀部将败之。景达屯濠州，兵衄遁还，及割地后，出景遂为洪州元帅，封晋王，景达抚州元帅，立冀为太子，景遂寻卒，数月冀亦卒，乃立从嘉为吴王。

建隆二年，景迁洪州，立为太子监国，是秋袭位，居建康，改名煜，立母钟氏为圣尊后，以钟氏父名泰章故也，妻周氏为国后，遣户部尚书冯谧来贡金器二千两、银器二万两、纱罗缯彩三万匹。且奉表陈绍袭之意曰：

　　臣本于诸子，实愧非才，自出胶庠，心疏利禄。被父兄之荫育，乐日月以优游，思追巢、许之余尘，远慕夷、齐之高义，继倾恳悃，上告先君，固匪虚词，人多知者。徒以伯仲继没，次第推迁，先世谓臣克习义方，既长且嫡，俾司国事，遽易年华，及乎暂赴豫章,留居建业,正储副之位,分监抚之权,惧弗克堪,常深自励,不谓掩丁艰罚,遂玷缵承,因顾肯堂,不敢灭性,然念先世君临江表垂二十年,中间务在倦勤,将思释负。臣亡兄文献太子从冀将从内禅,已决宿心,而世宗敦劝既深,议言因息,及陛下显膺帝箓,弥笃睿情,方誓子孙,仰酬临照,则臣向于脱屣,亦匪邀名,既嗣宗枋,敢忘负荷,唯圣臣节,上奉天朝。若曰稍易初心,辄萌异志,岂独不遵于祖祢,实当受谴于神明。方主一国之生灵,遐赖九天之覆焘。况陛下怀柔义广,煦妪仁深,必假清光,更逾曩日,远凭帝力,下抚旧邦,克获宴安,得从康泰。

然所虑者,吴越国邻于弊土,近似深仇,犹恐辄向封疆,或生纷扰。臣即自严部曲,终不先有侵渔,免结衅嫌,挠干旒扆。仍虑巧肆如簧之舌,仰成投杼之疑,曲构异端,潜行诡道,愿回鉴烛,显谕是非,庶使远臣得安危恳。

太祖诏答焉。自景画江内附,周世宗贻书于景,至是,因煜之立,始下诏而不名。

会昭宪太后葬,煜遣户部侍郎韩熙载、太府卿田霖来贡。三年,诏煜应朝廷横海、飞江、水斗、怀顺诸军亲属有在江表者,悉遣令渡江。煜每闻朝廷出师克捷及嘉庆之事,必遣使犒师修贡。其大庆,即更以买宴为名,别奉珍玩为献。吉凶大礼,皆别修贡助。煜有母妻之丧,亦遣使往吊。乾德元年,煜上表乞呼名,诏不许。二年,又诏江北,许诸州民及诸盐亭户缘江采捕及过江贸易。先是,江北置榷场,禁商人渡江及百姓缘江樵采。是岁,以江南荐讥,特弛其禁。三年,献银二万两,金银龙凤茶酒器数百事。开宝四年,又以占城、睹婆、大食国所送礼物来上,又遣弟从谦奉珍宝器用金帛为贡,且买宴,其数皆倍于前。是冬,以将郊祀,又遣弟从善来贡。

会岭南平,煜惧,上表,遂改唐国主为江南国主,唐国印为江南国主印。又上表请所赐诏呼名,许之,煜又贬损制度,下书称教;改中书门下省为左右内史府,尚书省为司会府,御史台为司宪府,翰林为文馆,枢密院为光政院;降封诸王为国公,官号多所改易。五年，长春节，别贡钱三十万，遂以为常，太祖以从善为泰宁军节度，赐第留京师。是岁，煜又贡米麦二十万石。虽外示畏服，修藩臣之礼，而内实缮甲募兵，潜为战备，太祖虑其难制，令从善谕旨于煜，使来朝，煜但奉方物为贡。六年，赐米麦十万斛，振其饥民。

七年秋，遂诏煜赴阙，煜称疾不奉诏，冬，乃兴师致讨，以宣徽南院使、义成军节度曹彬为西南面行营都部署，山南东道节度潘美为都监。煜初闻大兵将举，甚惶惧，遣其弟从镒及潘慎修来买宴，贡绢二十万匹，茶二十万斤及金银器用乘舆服物等。及至，遂留于别馆。王师克池洲，又破其众二万于采石矶，擒其龙骧都虞候杨收等，获马三百匹。江表无战马，朝廷岁赐之。及是所获，观其印文，皆岁赐之马也。初，将有事江表，江南进士樊若水诣阙献策，请造浮梁以济师。太祖遣高品石全振往荆湖造黄黑龙船数千艘，又以大舰载巨竹絙，自荆渚而下。及命曹彬等出师，乃遣八作使郝守浚等率丁匠营之。议者以为古未有作浮梁渡大江者，恐不能就。乃先试于石脾口，移置采石，三日而成，渡江若履平地，煜初闻朝廷作浮梁，语其臣张洎，洎对曰：载籍已来，长江无为梁之事。煜曰：吾亦以为儿戏耳。

王师渡江，煜委兵柄于皇甫继勋，委机事于陈乔、张洎，又以徐温诸孙元㭋等为传诏，每军书告急，多不时通。八年春，王师傅城下，煜犹不知。一日登城，见列栅于外，旌旗遍野，始大惧，知为近习所蔽，遂杀继勋，召朱令赟于上江，令连巨筏载甲士数万人顺流而下，将断浮梁，未至，为刘遇所破。又募勇士五千余人谋袭官军，皆素不习战，以暮夜人秉一炬来攻袭北砦。宋纵继其至，击之，歼焉，获其将师，悉佩印符。

初，彬之南征也，太祖亲谕之曰："卿至彼慎勿暴略，可示以兵威，俾自归顺，不必急攻。"及彬军围城，又命左拾遗、知制诰李穆送从镒还本国，谕以手诏，促其降。会润州平，煜危迫甚，遣其臣徐铉、周惟简奉方物来贡，手书奏目以来，哀恳求罢兵，太祖不许。俄复遣铉等入贡，仍乞缓师，又不答，但厚赐遣之。初，从镒之还，诏诸将罢攻城，而煜终惑左右之言，犹豫不决，遂诏进兵。

八年冬，城陷，曹彬等驻兵于宫门，煜率其近臣迎拜于门，彬等上露布，以煜并其宰相汤悦等四十五人上献。太祖御明德楼，以煜尝奉正朔，诏有司勿宣露布，止令煜等白衣纱帽至楼下待罪。诏并释之，赐冠带、器币、鞍马有差。下诏曰：

上天之德本于好生，为君之心贵乎含垢。自乱离之云瘼，致跨据之相承，谕文告而弗宾，申吊伐而斯在。庆兹混一，加以宠绥。

江南伪主李煜，承奕世之遗基，据偏方而窃号。惟乃先父早荷朝恩，当尔袭位之初，未尝禀命，朕方示以宽大，每为含容。虽陈内附之言，罔效骏奔之礼，聚兵峻垒，包蓄日彰。朕欲全彼始终，去其疑间，虽颁召节，亦冀来朝，庶成玉帛之仪，岂愿干戈之役。蹇然弗顾，潜蓄阴谋。劳锐旅以徂征，傅孤城而问罪。洎闻危迫，累示招携，何迷复之不悛，果覆亡之自掇。

昔唐尧光宅，非无丹浦之师；夏禹泣辜，不赦防风之罪。稽诸古典，谅有明刑。朕以道在包荒，恩推恶杀。在昔骡车出蜀，青盖辞吴，彼皆闰位之降君，不预中朝之正朔，及颁爵命，方列公侯。尔实为外臣，庚我恩德，比禅与皓，又非其伦。特升拱极之班，赐以列侯之号，式优待遇，尽舍尤违。可光禄大夫、检校太傅、右千牛卫上将军，仍封违命侯。

召升殿抚问。妻周氏封郑国夫人，又以其子神武右厢都指挥使仲寓为左千牛卫大将军，弟宣州节度使从镒为左领军卫大将军，江州节度使谦为右领军卫大将军，神武统军从度为左监门卫大将军，神武左厢都指挥使从信为右监门卫大将军，侄户部尚书仲还为左骁卫将军，刑部尚书仲兴为右武卫将军，礼部尚书仲伟为右屯卫将军，宗正卿季操为左武卫将军，殿中监仲康为右领卫将军，殿中少监仲宣为监门卫将军。仍赐其弟侄宅各一区。

太宗即位，始去违命侯，加特进，封陇西郡公。太平兴国二年，煜自言其贫，诏增给月奉，仍赐钱三百万。太宗尝幸崇文院观书，召煜及刘铢，令纵观，谓煜曰："闻卿在江南好读书，此简策多卿之旧物，归朝来颇读书否？"煜顿首谢。三年七月，卒，年四十二。废朝三日，赠太师，追封吴王。

先是，江南自后汉以来，民间有服玩侈靡者，人询之，必对曰：此物属赵宝子。又煜之妓妾尝染碧，经夕未收，会露下，其色愈鲜明，煜爱之。自是宫中竞收露水，染碧以衣之，谓之"天水碧"。及江南灭，方悟"赵"，国姓也；"宝"年号也；"天水"赵之望也。

从善字子师，伪封郑王，累迁太尉、中书令，后降封南楚国公，开宝四年春，奉方物来贡，授泰宁军节度、兖海沂等州观察等使，留京师。时太祖平刘铢，将召煜入朝，故授从善节制，仍赐汴阳坊甲第一区。煜手疏求遣从善归国，优诏不许。七年，推恩将佐，以掌书记江直木为司门员外郎、同判兖州，衙内都指挥使兼左都押衙崔光习为右千牛卫将军，衙内都虞候兼右都押衙子再兴为右千牛卫中郎将，并同正。又封从善母凌氏吴国太夫人。

江南平，改右神武大将军。雍熙初，再迁右千牛卫上将军，出为通许监军。四年，卒，年四十八。

子仲翊，大中祥符初，赐同进士出身。二年，复召试，除楚州推官，累迁殿中丞，坐事免。次子仲猷，景德中，特录为三班借职。

从谦本名从谦，伪封吉王，后降封鄂国公。随煜归朝，为右领军卫大将军，迁右龙武大将，历知随、复、成三州。上表改名。淳化五年，上言贫不能自给，求外任。以本官充武胜军行军司马，月给奉钱三万。子仲偓，大中祥符八年，举进士。

季操，升从父弟伪江王遏之子也。从煜入朝，后为右神武将军，累迁左卫大将军，领康州刺史，出为单州都监。历知淮阳涟水二军、蔡舒二州。大中祥符四年，卒。

仲寓字叔章，少聪慧，能属文，多才艺。伪封清源郡公，归朝为千牛卫大将军。煜卒，太宗赐仲寓积珍坊第一区、白金五千两。仲寓宗族百余口，犹贫不能给，上书自陈。太宗怜之，授郢州刺史，在郡迨十年，为政宽简，部内甚治。淳化五年，卒，年三十七。

子正言，景德三年，特补供奉官。早卒无嗣，淮一女孤幼，真宗悯之，赐绢百匹、钱二百万，以备聘财，仍遣内臣主其事。

煜有土田在常州，官为检校。上闻其宗属贫甚，命鬻其半，置资产以赡之。

舒元，颖州沈丘人。少倜傥好学，与道士杨讷讲习于嵩阳，通《左氏》及《公》、《谷》二传。与讷同诣河中李守贞，与语奇之，俱馆于门下。守贞谋叛，遣元与纳间道乞师江南。江南遣大将军皇甫晖等率众数万次沭阳，为之声援。会守贞败，元与讷留江南。元易姓朱，杨讷更姓名为李平。

元事李景，历江宁令、驾部员外郎、文理院待诏，尝坐事左迁。世宗征淮南，诸郡多下，元求见言兵事，景大悦，遣率兵攻舒州，复之，即以为团练使。又平历阳，景以元为淮南北面招讨使。

周师围寿春，景以其弟齐王景达为元帅，率兵来救，以陈觉为监军，总军政。元素与觉有隙，觉密表谮元于景，信之，立遣大将杨守忠代元。元愤怒，自以战功高，又不忍负景，欲自杀，门下客宋泪谏曰：“大丈夫何往不取富贵，岂必为妻子死哉！”元听之，将其众归世宗，景尽诛其妻子。世宗素知元骁果，得之甚喜，以为检校太保、蔡州防御使。淮南平，改濠州防御使。

宋初，从平李重进，改沂州防御使。为滑州巡检使，与节帅不协，诬奏元为同产妹婿宋玘请求。事得释，诏元复姓舒氏。开宝五年，为白波兵马都监。太平兴国二年，卒，年五十五，特赠武泰军节度。

元辩捷强记，治郡日，或奏其不亲狱讼，事多冤滞。太祖面诘问之，凡所诘，元必具诵款占，指述曲直，太祖甚嘉叹之。子知白、知雄、知崇。

知白至作坊使，知雄初补殿直，雷有终荐授供奉官、鄜延路驻泊都监，后辞疾居嵩山。知白尝奏事太宗，语及之，即召出，授西京作坊副使、泉福都巡检使。真宗初，恳请入道，归嵩阳旧隐。复为王嗣宗、李元则所荐，授供备库使，历知棣州、麟府鄜延钤辖，又知虔州。复求入道，面赐紫冠服，号崇玄大师。尝献《字母图》，有诏褒奖。乾兴元年，卒，年八十一。知崇累历内职，至供备库使。尝为广州钤辖、河北安抚副使，卒。

知白子昭远，大中祥府五年，任大理评事，因对自陈，改大理寺丞，赐进士第。至太常博士。

韩熙载字叔言，潍州北海人。后唐同光中，举进士，名闻京、洛。父光嗣，为平卢军节度副使。同光末，青州军乱，逐其帅符习，推光嗣为留后。明宗即位，诛光嗣，熙载奔江南，历伪吴滁、和、常三州从事。

李升替号，为秘书郎，令事其子景于东宫。景嗣位，迁虞部员外郎、史馆修撰。熙载自言：“受升知遇，不得显位，是以我属嗣君也。”遂上章，言事切直，景嘉纳之。又改吉凶仪礼不如式者十数事，大为宋齐丘、冯延己所忌。

升将葬，以熙载知礼，令兼太常博士。时江左草创，典礼多阙，议者以升继唐昭宗之后，庙号合称宗。熙载建议，以为古者帝王己失之，己得之，谓之反正；非我失之，自我复之，谓之中兴，中兴之君庙号称祖。以为升兴既坠之业，请号烈祖。景由是益加恩礼，擢知制诰。熙载性懒慢，朝直多阙，未几罢去。

晋天福末，中原多事，江南方盛，其臣陈觉、冯延鲁建讨福州，师败而还，景释不问罪。熙载与徐铉同上疏，请置于法。觉、延鲁，宋齐丘之党也。熙载为齐丘所排，贬和州司马，语在《徐铉传》。久之，召为虞部郎中、史馆修撰，拜中书舍人。

世宗平淮甸，景患国用不足，熙载请铸铁钱。及煜袭位，卒行其议，以熙载为兵部尚书，充铸钱使。钱货益轻，不胜其弊，熙载颇亦自悔。

熙载善为文，江东士人、道释载金帛以求铭志碑记者不绝，又累获赏赐，由是畜妓妾四十余人，多善音乐，不加防闲，恣其出入外斋，与宾客生徒杂处。煜以其尽忠言事，垂欲相之，终以帷簿不修，责授右庶子，分司洪州。熙载尽斥诸妓，单车即路，煜留之，改秘书监，俄而复位。向所斥之妓稍稍而集，顷之如故。煜叹曰：“吾亦无如之何”！迁中书侍郎、光政殿学士承旨。开宝三年，卒，年六十。煜痛惜之，赠左仆射、平章事，谥文靖，葬于梅顶冈谢安墓侧，命徐锴集其遗文。

熙载才气俊逸，机用周敏，性高简，无所卑屈，未尝拜人。虽被遣逐，终不改节，江左号为“韩夫子。”显德中，熙载来朝廷，归，景问中国大臣，时太祖方典禁兵，熙载对曰：“赵点检顾视不常，不可测也。”及太祖登极，景益重之。颇以文章自负，好大言。初，乾德丁卯年，五星连珠于奎，奎主文章，又在鲁分，时太宗镇兖、海，中国太平之符也。是岁，熙载著《格言》五卷，自序其事云：“鲁无其应，韩子《格言》成之。”人多笑之。

冯谧本名延鲁，字叔文，其先彭城人，唐末南渡，家于新安。李升僭号，立子景为太子，谧与兄延已俱以文学得幸。及景嗣位，累迁至中书舍人。

晋开运末，闽越大乱，景遣谧与谏议大夫陈觉乘传安抚，谧遂矫诏发数郡兵攻福州。及败引佩刀自刺，亲吏制之，不死，长流舒州。会赦叙用，复为中书舍人，改工部侍郎。

江南以扬州为东都，命谧副留守。周世宗下扬州，谧髡发为僧，匿于佛寺，为官军所获。世宗释之，授太常卿，赐与甚厚。数年，拜刑部侍郎，放还，为户部尚书，建隆三年，煜遣来贡，因表求舒州田宅，诏赐之。后改常州观察使而卒。

子伉归中朝，兴兄仪、价并登进士第。伉文辞清丽，尝著《平晋颂》，时人称之。累迁殿中侍御史，历典藩郡，皆有治迹。咸平三年，知福州，卒。特赐钱十万，录其子玄应同学究出身。

潘佑，南唐散骑常侍处常之子。少介僻，杜门读书，不交人事。及长，善属文，尤长于论议。陈乔、韩熙载、徐铉等共荐于景，为秘书省正字、直崇文馆。煜袭位，迁虞部员外郎、史馆修撰。未几，知制诰，为内史舍人。

有李平者，本嵩山道士杨讷，依河中帅李守贞。汉乾祐中，守贞反，遣讷与舒元乞师江南。守贞败，讷遂易姓名，江南以为员外郎，迁卫尉少卿、蕲州刺史、户部侍郎。平好神仙修养之事，动作妖妄，自言常与神接。佑亦好神仙，遂相善。二家皆置净室，图神像，常被发裸袒处室中，家人亦不得至。佑尝建议复井田，及依《周礼》置牛籍，荐平判司农寺以督之。事行，百姓大挠，未几而罢。佑自以为众所排，因愤怒，历诋大臣与握兵者两为朋比，将谋反叛，又言国将亡，非己为相不可救。江南政事多在尚书省，因荐平知省事，又荐星官杨熙澄为枢密使，小校侯英典禁兵，煜不纳。佑益忿，抗疏请诛宰相汤悦等数十人，煜手书教戒之。佑不复朝谒，乃于家上书曰："臣闻'三军可夺帅也，匹夫不可夺志也。'近者连上表章指陈奸恶，何面目以见士人乎！"遂自缢死。

皇甫继勋，江州节度使晖之子。幼以父荫为军校，父死难于徐州，累迁将军、池饶二州刺史，勤于吏事。入为诸军都虞候，迁神卫统军都指挥使。诸老将相次皆死，而继勋尚少，遂为大将。赀产优赡，营第舍、车服，畜妓乐，洁饮食，极游宴之好。

及宋师至，诸军多败衄，继勋欲煜之速降，每众中流言，颇道国中蹙弱。俍绍杰亦以继勋故为巡检。常令绍杰入见煜，陈归命之计。会有风雹，继勋又密陈灭亡之兆。偏裨或有募勇士欲夜出营邀宋师者，辄鞭而拘之。又因请出煜亲兵千余守阙城，为宋师所掩。

一日，煜躬自巡城，见宋师列栅城外，旌旗遍野，始惊惧，知为左右所蔽。及巡城还，继勋从至宫，煜乃责其流言惑众及不用命之状，收付大理。始出，军士悉集，脔割其肉，顷刻都尽。绍杰亦被诛。煜皆赦其妻子。

周惟简，饶州鄱阳人。隐居，好学问，明《易》义。煜召为国子博士、集贤侍讲。顷之，以虞部郎中致仕。宋师围金陵，煜求能使交兵者，张洎荐惟简有远略，可以谈笑和解之。召为给事中，与徐铉奉使至京师。太祖召见诘责，惟简惶恐，反言曰："臣本居山野，无仕进之意，李煜强遣来耳。臣素闻终南山多灵药，事宁后，原得栖隐。"太祖许之。

江南平，以惟简为国子《周易》博士、判监事。开宝九年，上书述前志，求解官，盖不得已，非其心也。改虞部郎中，致仕。以其子缙为京兆府鄠县主簿，俾就养。

太平兴国初，惟简自终南至阙下，求入见。有司以致仕官非有诏召无求对之制，乃还。岁馀，复上表自求用，除太常博士，迁水部员外郎，卒。缙后举进士，至都官员外郎。

宋史卷四七九
列传第二三八

世家二

西蜀孟氏

　　西蜀孟昶，初名仁赞，及僭位改焉。其先邢州龙冈人。父知祥，事后唐武皇，武皇以弟之子妻之，是为琼华长公主。同光初，知祥为太原尹、知留守事。三年，平蜀。四年。以知祥为剑南西川节度副大使、知节度事。明宗即位，命知祥讨平东川，知祥自领两川节度，明宗即以授之。长兴四年，封蜀王，许行墨制。五年，闵帝立，乃称帝于蜀，改元明德，时清泰元年也。事具《五代史》。昶母李氏，本庄宗嫔御，以赐知祥，天祐十六年己卯十一月，生昶于太原。初，知祥镇西川，不及以族行，天成元年，奏遣衙校迎家太原，明宗因令部送长公主及昶与所生母至蜀。公主以长兴三年卒。

　　知祥初署昶两川节度行军司马，僭号，以昶为检校太保、同平章事、崇圣宫使、东川节度。知祥疾，立为皇太子，权监军国。明德元年七月，知祥卒，昶袭位，年始十六，止称明德年号，委政于赵季良、张知业、李仁罕等。二年，尊其母李氏为皇太后。四年，改元广政。后以事诛仁罕、知业，乃亲政事。十三年，加号睿文英武仁圣明孝皇帝。

　　晋末，秦州节度使何建、凤州防御使石奉頵俱以城降昶。时契丹乱华，汉祖起并门，中土蝗旱连岁，昶益自大，开贡部，行郊祀礼，自此君臣奢纵。及周世宗克秦、凤，昶始惧，放还先所获濮州刺史胡立，致书世宗，称大蜀皇帝，且言家世邢台，愿敦乡里之分。世宗怒其无礼，不答。昶愈不自安，乃于剑门、夔、峡多积刍粟，增置师旅。用度不足，遂铸铁钱。禁境内铁，凡器用须铁为之者，置场鬻之，以专其利。

立其子玄喆为太子，用王昭远、伊审徵、韩保正、赵崇韬等分掌机要，总内外兵柄。母李氏谓昶曰："吾尝见庄宗跨河与梁军战，又见尔父在并州捍契丹及入蜀定两川，当时主兵者非有功不授，故士卒畏服。如昭远者，出于微贱，但自尔就学之年，给事左右；又保正等皆世禄之子，素不知兵，一旦边疆警急，此辈有何智略以御敌？高彦俦是尔父故人，秉心忠实，多所经练，此可委任。"昶不能遵用其言。

及太祖下荆、楚，昶欲遣使朝贡，昭远等固止之。太祖诏蜀之邸吏、将卒先在江陵者并放还，仍给赐钱帛以遣。乾德二年，昶遣孙遇、杨蠲、赵彦韬为谍至京师。彦韬昶潜取昶与并州刘钧蜡丸帛书以告，其书云："早岁曾奉尺书，远达睿听。丹素备陈于翰墨，欢盟已保于金兰。洎传吊伐之嘉音，实动辅车之喜色。寻于褒、汉，添驻师徒，只待灵旗之济河，便遣前锋而出境"。先是，太祖已有西伐意而未发，及览书，喜曰："吾用师有名矣。"即命忠武军节度王全斌充凤州路行营前军兵马都部署，武信军节度、侍卫步军都指挥使崔彦进充副都部署，枢密副使王仁瞻充都监，龙捷右厢都指挥使史延德充马军都指挥使，虎捷右厢都指挥使张方友充军都指挥使，陇州防御使张凝充先锋都指挥使，左神武大将军王继涛充濠砦使，内染院使康延泽充马军都监，翰林副使张煦充步军都监，供奉官田仁朗充濠砦都监，殿直郑絮充先锋都监，步军都军头向韬充先锋都军头，宁江军节度、侍卫马步军都指挥使刘廷让充归州路行营前军兵马副都部署，内客省使、枢密承旨曹彬充都监，客省使武怀节充战棹部署，龙捷左厢都指挥使李进卿充步军都指挥使，前阶州刺史高彦晖充先锋都指挥使，右卫将军白廷诲充濠砦使，御厨副使朱光绪充马

军都监,仪鸾副使折彦赟充步军都监,八作副使王令岩充先锋都
监,供奉官郝守浚充濠砦都监,马步军都军头杨光美充战棹左右厢
都指挥使,供奉官药守节充战棹左厢都监,殿直刘汉卿充战棹右厢
都监,率禁兵三万人,诸州兵二万人分路讨之。诏令孙遇等指画江
山曲折之状,及兵砦戍守之处道里远近,俾画工图之,以授全斌等。
因谓曰:"西川可取否"?全斌等对曰:"臣等仗天威,遵庙算,刻日可
定。"龙捷右厢都校史延德前奏曰:"西川一方,傥在天上,人不能
到,固无可奈何。若在地上,以今之兵力,到即平矣"。上壮其言,谓
之曰:"汝等果敢如此,我何忧乎"!又谓全斌等曰:"凡克城砦,止借
其器甲刍粮,悉以钱帛分给战士"。

　　及兵至,昶遣王昭远、赵崇韬、韩保正、李进等来拒战。昭远等
相继就擒,昶大惧,出金帛募兵,令其子玄哲统之,李廷圭、张惠安
为其副,以守剑门。玄吉素不习武,廷圭、惠安皆庸懦无识。玄哲离
成都,但携姬妾、乐器及伶人数十辈,晨夜嬉戏,不恤军政。至绵州,
闻宋师已破剑门,遂遁归东川,所过焚庐舍仓廪而去。昶益惶骇,问
计于左右。有老将石斌,对以宋师远来,势不能久,请聚兵固守以老
之。昶曰:"吾父子以丰衣美食养士四十年,及遇敌,不能为我东向
发一矢。今若固垒,何人为我效命?"

　　三年正月,昶遣其通奏伊审征赍表诣全斌请降,且言:"中外骨
肉二百余人,有亲年几七十,愿终于甘旨之养,免赐睽离之责,则祖
宗血食庶获少延。"末援刘禅、陈叔宝故事以请封号。全斌等既受其
降,遣马军都监康延泽先以百骑入城见昶,谕以恩信,留三日,尽封
府库而还。

　　昶又遣其弟赟诣阙上表言:

　　　　先臣受命唐室,建牙蜀川,因时事之变更,为人心之拥迫。
先臣即世,臣方龀年,猥以童昏,缪承馀绪。乖以小事大之礼,
阙称藩奉国之诚,染习偷安,因循积岁。所以上烦宸算,远发王
师,势甚疾雷,功如破竹。愿惟懦卒,焉敢当锋?寻束手以云归,
止倾心而俟命。

今月七日,已令私署通奏使、宣徽南院使伊审徵奉表归降,以缘路寇攘,前进不得。臣寻更令兵士援送,至十一日,尚恐前表未达,续遣供奉官王茂隆再赍前表。至十二日以后,相次方到军前,必料血诚,上达睿听。臣今月十九日,已领亲男诸弟,纳降礼于军门,至于老母诸孙,延余喘于私第。

陛下至仁广覆,大德好生,顾臣假息于数年,所望全躯于此日。今蒙元戎,慰恤,监护抚安,若非天地之垂慈,岂见军民之受赐,臣亦自量过咎,尚切尤疑,谨遣亲弟诣阙奉表,待罪以闻。

太祖诏曰:

朕以受命上穹,临制中土,姑务保民而崇德,岂思右武以佳兵?至于临戎,盖非获已。矧惟益部,僻处一隅,靡思僭窃之愆,辄肆窥觎之志,潜结并冠,自启衅端,爰命偏师,往申吊伐,灵旗所指,逆垒自平。

朕尝中宵忾然,兆民何罪!屡驰驲骑,严戒兵锋,务宣拯溺之怀,以尽招携之礼。而卿果能率官属而请命,拜表疏以祈恩,托以慈亲,保其宗祀,悉封库府,以待王师。追咎改图,将自求于多福;匿瑕含垢,当尽涤于前非。朕不食言,尔无他虑。

昶乃举族与官属由峡江而下,至江陵,上遣皇城使窦思俨迎劳之。四月初,昶与母至襄汉,复遣使赍诏赐茶药。所赐诏不名,仍呼昶母为国母。昶将至,命太宗劳于近郊。昶率子弟素服待罪阙下,太祖御崇元殿,备礼见之,赐昶袭衣、玉带、黄金鞍勒马、金器千两、银器万两、锦绮千段、绢万匹;又赐昶母金器三百两、银器三千两、锦绮千匹、绢千匹;子弟及其官属等袭衣、金玉带、鞍勒马、车乘、器币有差;又遣使分诣江陵、凤翔赐其家属钱帛,疾病者给以医药。即日宴于大明殿。先是诏有司于右掖门外,临汴水起大第五百间以待昶,供帐悉备,至是赐之,又为其官属各营居第。

翌日,诏曰:

伯禹导川,黑水本梁州之域;《河图》括象,岷山直井络之墟。是曰坤维，素为王土。属中原多故，四海群飞，遂剖裂于山河，竞僭窃于位号。朕削平宇县，载整皇纲，复周、汉之旧疆，宠绥群后；采唐、虞之大训，协和万邦。六年于兹，百揆时叙。礼乐征伐之柄，尽出朝廷；蛮夷山海之君，咸修职贡。一昨顺长庚而授律，法时雨以兴师，先申诞告之文，以慰徯来之众。

咨尔伪蜀主孟昶，克承徐绪，保据一隅，擅正朔以自尊，历岁时而滋久。属王师致讨，察天道之恶盈，体此绥怀，思于效顺，尽率群吏，降于军门。抗手疏以陈诚，伏天阍而请命。是用昭示大信，尽涤疵瑕，度越彝章，升于崇秩。冠紫微之近署，以奉内朝；剪鹑首之奥区，为之封邑。率从异数。式洽殊私。尔宜钦承，往践厥位。可开府仪同三司、检校太师兼中书令、秦国公，给上镇节度使秦禄。徐官除拜有差。

昶数日卒，年四十七。太祖废朝五日，素服发哀于大明殿。赐尚书令，追封楚王，谥恭孝，赙布帛千匹，葬事官给。后数日，其母李氏亦卒。

初，李氏随昶至京师，太祖数命肩舆入宫，谓之曰：“母善自爱，无戚戚怀乡土，异日当送母归。”李氏曰：“使妾安往”？太祖曰：“归蜀尔”。李氏曰：“妾家本太原，倘得归老并土，妾之愿也”。时晋阳未平，太祖闻其言大喜，曰：“俟平刘钧，即如母所愿。”因厚加赐赉。及昶卒，不哭，以酒酹地曰：“汝不能死社稷，贪生以至今日，吾所以忍死者，以汝在尔。今汝既死，吾何生焉”！因不食，数日卒。太祖闻而伤之，赙赠加等。令鸿胪卿范禹偁护丧事，与昶俱葬洛阳，诏发奉义甲士千人护送。

七月，正衙备礼册命昶，其文曰：

维乾德二年，岁次乙丑，七月己巳朔，二十四日戊子，皇帝若曰：

咨尔故检校太师兼中书令、秦国公孟昶，册赠之典，所以彰世祚而纪勋伐，继绝之义，所以旌异域而表来庭。苟匪全功，宁兼二者。

　　国家乘乾抚运,括地开图。稽至德于勋、华,体深仁于汤、禹。既定壶关之乱,复剪淮夷之凶,既荆及衡,洗荡逋秽。以为君人之道,先德而后刑;王者之师,有征而无战。兵威震叠,寰宇来同,以至薄伐两川,徂征三峡。

　　惟尔昶袭乃堂构,据有巴庸,而能祗畏皇灵,保全宗绪,知机识变,委顺图全。驰子牟魏阙之心,奉伯禹涂山之会。朕自闻献款,良切虚怀,舟车欣至止之初,邸第锡非常之制。封崇异数,祈保永年。景命不融,奄然殂谢。

　　于戏!尔有及亲之孝,特异常伦;尔有达上之情,所期终养。何高穹之不祐,与幽壤之同归!斯朕所以当宁兴悲,撤县永叹。询于史氏,申命礼官,今遣使起复云麾将军、检校太傅、右神武统军、兼御史大夫、上柱国、平昌县开国伯食邑七百户孟仁赞持节,册赠尔为尚书令,仍追封楚王。于戏!式备哀荣,载光简牒。南宫峻秩,全楚大邦,并示追崇,迥超彝制。始终之分,朕无愧焉。

　　仍赠昶坟庄一区,给守坟人米千石,钱五万。

　　初昶在蜀专务奢靡,为七宝溺器,他物称是。每岁除,命学士为词,题桃符,置寝门左右。末年,学士幸寅逊撰词,昶以其非工,自命笔题云:新年纳余庆,嘉节号长春。以其年正月十一日降,太祖命吕馀庆知成都府,而“长春”乃圣节名也。又昶袭位后,民质钱取息者,将徙居,必署其门曰:“召主收赎”。周世宗平淮甸,克关南,即议讨蜀而未果,至太祖乃平之。

　　昶三子:玄哲、玄玉、玄宝。玄宝先卒,僭赠遂王。昶弟:仁贽、仁裕、仁操。

　　昶既降,宁江军节度、同平章事伊审徵,检校太尉兼侍中韩保正,山南西道节度、同平章事王昭远,工部侍郎幸寅逊,武信军节度、保宁军都巡检使李廷圭来阙下。审徵授静难军节度,昭远授左领军卫大将军,寅逊授右庶子,廷圭授右千牛卫上将军。韩保正未授官卒。保正、昭远、廷圭,川中各有田宅,诏各赐钱三百万。又成都人王处琼，少孤，有司籍其金宝，昶降，辇送阙下，太祖闻之，令计其直还焉。

玄哲字遵圣，幼聪悟，善读书。年十四，僭封秦王、检校太尉、同平章事、判六军诸卫事。尝自书姚崇《口箴》，刻诸石。昶赐以银器、锦彩。广政二十一年，领武德军节度。二十四年，加兼侍中。二十五年，立为皇太子。宋师将至，以玄哲为元帅，精卒万余，旌旗用文绣，以锦绸其杠。是日微雨，玄哲虑沾湿，令解去，俄雨止，复施之。旌帜数千皆倒系杠上，识者异之。及闻剑门陷，遂奔东川。数日，弃军遁归。

入朝，与昶同日宣制检校太尉、泰宁军节度。昶卒。赐玄哲羊五百口、酒五百壶。玄哲献马二百匹、白玉水晶鞍勒副之。移镇贝州，在镇十余年，亦有治迹。太平兴国初，移镇定州。三年，加开府仪同三司。四年，从平太原，就命为镇州驻泊兵马钤辖。又从征幽州，率所部攻城之西面。会班师，遣与军器库使药可琼、深州刺史念金锁、左龙武将军赵延进、殿前都虞候崔翰、四方馆使梁迥、翰林使杜彦圭帅兵归屯定州。俄契丹入寇，玄哲与诸将校破之徐河，以功封滕国公，入为左龙武军统军，判右金吾卫仗。未几，知滑州。淳化初，病求换濒淮一小郡养疾。移知滁州，卒。年五十五。赠侍中。

初，玄哲在贝州，凡民输税者皆令出商算，规其余羡，以备留使之用，人颇苦之。景德中，都官员外郎孔揆使河北，表论其事，诏除之。有子十五人：隆纪、隆诂、隆说、隆诠，并进士及第。

玄珏初封王，与玄哲并日封拜，仍检校太保。少端敏。常侍昶射，双箭连中的，昶奇之，赐钱三十万。时玄珏方就学，为选起居舍人陈鄂为教授。至是，自陈愿以钱赐鄂，昶嘉而许焉。鄂尝仿唐李浣《蒙求》、高测《韶对》为《四库韶对》四十卷以献，玄珏益赏之。广政二十三年，玄珏领阆州保宁军节度。久之。加检校太傅。

归朝，为千牛卫上将军。乾德五年，迁右神武统军。代玄哲判金吾卫仗。太平兴国九年，出为宋、曹、兖、郓都巡检，又改右屯卫上将军。淳化元年四月，复为右神武统军。六月，出知滑州。三年，卒。

仁贽字忠美,初为左威卫将军同正。广政十三年,封雅王、检校太尉。二十年,领阆州保宁军节度。二十四年,加检校太尉。及昶降,遣仁贽奉表诣阙,太祖召见广德殿,赐袭衣、玉带、鞍勒马。俄授右神武统军。丁母忧,起复,领大同军节度、西京都巡检使。开宝四年,卒,年四十四,赠太子太师。

仁裕子鸣谦,初为左威卫将军同正,与仁贽同日封彭王、检校太傅。广政二十年,领黔州武泰军节度。二十四年,加检校太尉。归朝,授检校太傅、右监门卫上将军,迁右羽林军。开宝三年,卒,年四十四,赠太子太傅。

仁操,初为右领军卫将军同正,与仁贽同日封嘉王、检校太傅。广政二十一年,领果州永宁军节度。尝侍昶射于栀子园,仁操连中的者三。二十四年,加检校太尉。尤奉释氏,深究其理。归朝,授右监门卫上将军,累迁右龙武统军。雍熙三年,卒。

伊审徵字申图,并州人。父延瑰,随知祥入蜀。知祥僭位,以女妻延瑰,僭封崇华公主。延瑰历陵、嘉、眉三州刺史。审徵幼以孝闻,母病,割股肉啖之。以父任,历蜀州刺史、云安榷盐使。广政十四年,高延昭求解机务,急召为通奏使、知枢密院事。久之领蜀州刺史。秦、凤兴师,命检校城砦,俄领武泰军节度。选其子崇度尚公主。又改宁江军节度、同平章事,与王昭远俱掌机务。昶事无大小,一以咨之。常自以康济经略为己任。属宋师入境,审徵首奉降表诣军前。昭远时统军,败走。时人笑之。

审徵归朝,授静难军节度。乾德六年,移镇延安。开宝末入朝,改右屯卫上将军。太平兴国二年,判右金吾卫仗。雍熙五年,卒,年七十五。

韩保正字永吉,潞州长子人。父昭运,人知祥入蜀。及知祥僭号,署珍州刺史。保正初事知祥为押衙,及僭位,以为丰德库使兼广义库使、眉州刺史、枢密副使。复刺汉州,拜宣徽北院使。会凤翔侯益归款,以保正为北路行营都监,以图岐阳。时晋昌赵赞亦谋归蜀,为王景崇所逼,弃城东奔。伪将军李廷圭先退师,保正次陈仓,与大将军张虔钊、庞福诚谋议不叶,益亦中变,遂还成都。俄为雄武节度,领兵出新关,至陇州,汉兵固守,保正无功而还。复屯雄武。广政十四年,赴成都,其亲吏杨虔范讼保正不法,昶令斩虔范,释保正不问。俄改夔州宁江军节度。李昊让度支,以保正代之。未几,加宣徽南院使、山南节度、左卫圣步军节度指挥使,迁奉銮肃卫马步军都指挥使,又选其子崇遂尚主。

宋初。荆南高继冲纳士,昶闻之,以保正为峡路都指挥制置使,屯夔州,以经画边事。迁检校太尉兼侍中。闻太祖将加兵,以保正为山南节度、兴元武定缘边诸砦屯驻都指挥使。及王全斌至,保正弃兴元,保西县。王师进围之,保正懦惧不敢出,遣人依山背城结阵以自固,为史延德所破。保正以麾下遁,延德追擒之,送全斌。全斌驿置阙下,太祖召升殿劳问,赐袍笏、金带、茵褥鞍、勒马,仍赐甲第。未及命官而卒,赠右千牛卫上将军。

王昭远,益州成都人。幼孤贫。年十三,依东郭僧智諲为童子。知祥镇蜀,一日饭僧于府署,昭远持巾履从智諲,得入。时昶方就学,知祥见昭远聪慧,留给事昶左右。

昶嗣位,以昭远为卷帘使、茶酒库使。会枢密使王处回出知梓州,昶以枢密事权太重,乃以昭远及普丰库使高延昭为通奏使、知枢密院事,机务一以委之,府库财帛恣其取不问。加领眉州刺史,出为永平军节度。不数月,会昭武李继勋以目疾不能视事,议以闲地处之,昭远遽以永平让继勋。岁余,为夔州宁江军节度。昶母常言昭远不可用,昶不从。未几,兼领山南西道节度、同平章事。及入谢,求解通奏职,遂以左街使张仁贵为副使、知枢密以代之。

　　昭远好读兵书，颇以方略自许。宋师入境，昶遣昭远与赵崇韬率兵拒战。始发成都，昶遣其宰相李昊等饯郊外。昭远酒酣，攘臂曰："是行也，非止克敌，当领此二三万雕面恶少儿，取中原如反掌耳。"及行，执铁如意指麾军事，自方诸葛亮。将至汉源，闻剑门已破，昭远股栗，发言失次。崇韬布阵将战，昭远据胡床，皇恐不能起。俄崇韬败，乃免胄弃甲走投东川，匿仓舍下，悲嗟流涕，目尽肿，惟诵罗隐诗云："运去英雄不自由"。俄为追骑所执，送阙下，太祖释之，授左领军卫大将军。广南平，奉使交阯。开宝八年，卒。

　　赵崇韬，并州太原人。父廷隐，随知祥入蜀。廷隐拳勇有智略，知祥麾下无及者。东川董璋袭成都，廷隐大破之。璋奔归，为部下所杀，知祥遂有其地。及僭号，以廷隐总亲军，为卫圣诸军马步军指挥使，累迁至太师、中书令、宋王。卒，谥忠武。

　　崇韬骁果有父风。昶自置殿直四番，取将家及死事孤子为之，始命李仁罕子继宏、赵季良子元振、张知业子继昭、侯洪实子令钦及崇韬，分为都知领之。后累迁至客省使。周世宗克秦、凤，将入蜀境，为崇韬拒退。历左右卫圣步军都指挥使。选其子文亮尚公主。加领洋州武定军节度、山南武定缘边诸砦都指挥副使。汉源之战，独策马先登，及蜀军败，犹手击杀十数人，为宋师所擒。

　　高彦俦，并州太原人。父晖，宣威军使。彦俦从知祥入蜀，累历军校，为昭武军监押。昶嗣位，迁邛州刺史，改马步军使。会汉兵入大散关，克安都砦，彦俦以所部先进，汉人烧砦毁阁遁去，彦俦尽锐追之，复其砦而还。未几，彦俦领赵州刺史。俄为奉銮肃卫都指挥副使，改右骁锐马军都指挥使，加光圣马军都指挥使，真拜源州武定军节度。

　　周显德初，向训攻凤州，昶令彦俦出兵解围，未至，闻败军于唐仓，因溃归；判官赵玼闭关不纳，以城归朝廷。彦俦遁归成都，昶不之罪，以为右奉銮肃卫都指挥使，改功德使。

广政二十二年,出授夔州宁江军都巡检制置、招讨使,加宣徽北院事、利州昭武军节度。及宋师至,彦俦谓副使赵崇济、监军武守谦曰:北军涉远而来,利在速战,不如坚壁以待之。守谦不从,独领麾下以出。时大将刘廷让顿兵白帝庙西,遣骑将张廷翰等引兵与守谦战猪头铺,守谦败走。廷翰等乘胜登其城,廷让率大军继至。彦俦以所部将出拒战,宋师已乘城而入。彦俦惶骇失次,不知计所出。判官罗济劝令单骑归成都,彦俦曰:“我昔已失天水,今复不能守夔州,纵不忍杀我,亦何面目见蜀人哉”!济又劝其降,彦俦曰:“老幼百口在成都,若一身偷生,举族何负? 吾今日止有死耳”! 即解符印授济,具衣冠望西北再拜,登楼纵火自焚。

后数日,廷让得其骨煨烬中,以礼收葬。初,昶母语昶惟彦俦可任,及是,果能死难。

赵彦韬,兴州顺政人,为本州义军裨校。乾兴中,昶遣与兴国军讨击使孙遇及杨蠲为谍至都下,彦韬潜取昶与并州蜡丸帛书以告,因言伐蜀之状。太祖并赦遇、蠲,出师西讨,并以为乡导。克兴州,以为本州步军都指挥使。蜀平,迁本州刺史,移沣州。性凶率,所为不法,部民有诉被盗劫财物,鞫之不宝,彦韬手杀之,探取其心肝。民家诣阙诉冤,太祖怒,令杖配蔡州。

龙景昭,夔州奉节人。少有武勇,事蜀为义军裨校,以功迁战棹都将。久之,擢为施州刺史。乾德中,诸将伐蜀,分兵由峡路入,将压其境。景昭率官吏以牛酒犒宋师,迎入城。太祖闻之,甚悦。蜀平,即授永州刺史。秩满入朝,改右千牛卫将军。开宝三年,卒。

昶之入朝也,为左羽林将军、景昭弟处瑭等四人随行,卒于道,太祖怜之,以其男补供奉官殿直。

幸寅逊,蜀人。初仕昶为茂州录事参军。昶好击球,虽盛暑不已。寅逊上章极谏,深被赏纳,迁新都令,拜司门郎中、知制诰、中书舍人。出知武信军府,加史馆修撰,改给事中,预修《前蜀书》,拜翰林学士,加工部侍郎,判吏部三铨事,领简州刺史。

随昶归朝,授右庶子。尝上疏谏猎,太祖嘉之,召见赐帛。开宝五年,为镇国军行军司马,罢职,年九十馀,尚有仕进意,治装赴阙,未登路而卒。

李廷圭,并州太原人。七岁隶知祥帐下,后从入蜀。知祥僭号,补军职,累迁奉銮肃卫都虞候。赏拔阶州之功,领眉州刺史。会图取凤翔,令廷圭领兵二万出子午谷赴援。始出谷,闻赵赞为王景崇所逼,遂退军。以廷圭权知兴元。俄召归,授捧圣控鹤都指挥使,领蜀州刺史,拜雅州永平军节度,改右光圣都指挥使,领山南节度,改阆州保宁节度、护圣控鹤都指挥使。

周师攻秦州,以廷圭为北路行营都统。秦、成、阶三州竟为周所取,廷圭奉章待罪,昶释之,以为左右卫圣诸军马步军都指挥使。分卫圣、光圣步骑为左右十军,以武定节度吕彦珂为之使,并隶廷圭总领之。时论以廷圭不能救援阶州,不当复总兵柄,廷圭亦自陈求解,许之。俄加兼侍中、蜀成都巡检使,改遂州武信军节度,领本镇及保宁军都巡检使。

王全斌之下剑关也,昶遣廷圭与其太子玄哲将兵来拒宋师,至绵、汉与全斌遇,狼狈而还。玄哲与廷圭谋,所经州县尽焚其储蓄。

及全斌等入成都,行营都监王仁瞻案籍诘所在军须,廷圭惧,以告马军都监康延泽。延泽曰:“王公志在声色,苟得其所欲,则置而不问矣。”廷圭素俭约,不畜妓乐,遂求于姻戚家,得女妓四人,复假贷金帛直数百万以遗仁瞻,由是犹免。归阙,为右千牛卫上将军。乾德五年,卒。

先是,廷圭及王昭远、韩保正川中各自有田宅,昶降后奉表上献,诏各赐钱三百万以赏其直。

李昊字穹佐,自言唐相绅之后。祖乾祐,建州刺史。父羔,容管从事。昊生于关中,幼遇唐末之乱,随父避地至奉天。值昭宗迁洛,岐军攻破奉天,父及弟妹皆为乱兵所杀。是时年十三,独得免,遂流寓新平十数年。

会刘知俊领岐军围州城,昊逾城出,为候骑所得,知俊与语,甚器之,置于门下,以其女妻之。

知俊归蜀,伪署遂州武信军节度,以昊为从事。王建使知俊出师,令昊主留务。会建杀知俊,昊亦罢职。王衍袭伪位,授彭州导江令,历中书舍人、翰林学士。岐军之难,昊母独无恙。至是十九年,昊仕独显达,乃遣心膂张金、王彦间道迎其母。昊请告境上奉迎,衍赐以金勒名马。昊至青泥岭见母,母抚昊首号恸,哀感行路。

蜀亡入洛,明宗授昊检校兵部郎中,诏西川孟知祥、三川制置使赵季良同于榷盐、度支、户部院间授昊一职,昊至蜀,久无所授。会知祥奏季良为西川节度副使,昊辞归洛,知祥始辟为观风推官,迁掌书记。知祥称帝,擢为礼部侍郎、翰林学士。

昶立,领汉州刺史,迁兵部侍郎,出知武德军府,加承旨。尝欲命昊二子官,昊固让,且言:“遂州判官石钦若、苏涯前蜀时,同在刘知俊幕下,愿回授钦若等子。”昶嘉叹,许之,仍授昊二子官。

俄加尚书左丞,拜门下侍郎兼户部尚书、同平章事、监修国史。因请置史官,乃以给事中郭廷钧、职方员外郎赵元拱为修撰,双流令崔崇构、成都主簿王中孚为直馆。

俄加昊左仆射。昶令就知祥真容院图文武三品以上于东西廊,以昊有参佐功,特画于殿内。自知祥领蜀,凡章奏书檄皆出昊手,至是集为百卷曰《经纬略》以献,昶赉昊以珍器、锦彩。俄命判度支户部。

广政十四年,修成昶《实录》四十卷。昶欲取观,昊曰:“帝王不阅史,不敢奉诏。”丁母忧,裁百日,起复。俄修《前蜀书》,命昊与赵元拱、王中孚及左谏议大夫乔讽、给事中冯侃、知制诰贾玄圭幸寅逊、太府少卿郭微、右司郎中黄彬同撰,成四十卷上之。以判史办集,封赵国公。俄加司空,领遂州武信军节度,出判盐铁,加弘文馆大学士,修奉太庙礼仪使。

昶尝召四孙,悉授太子司仪郎舍人,并赐绯。昊又改判度支使。其子孝连尚昶女凤仪公主,累迁太常少卿、资州刺史。长子孝逢,给事中。

蜀平,随昶入朝,太祖忧待之,拜昊工部尚书,赐第,以孝逢为膳部郎中,孝连为将作少监。亲属乘舟自峡下,至夷陵,妻死,昊闻,悲怆成疾而卒,年七十三。赠右仆射。

昊前后仕蜀五十年。昶之世,位兼将相,秉利权,资货岁入巨万,奢侈尤甚,后堂妓姜曳罗绮数百人。昶与江南李景通好,遣其臣赵季札至江南,购得李绅武宗朝入相制书,还以遗昊。昊结彩楼置其中,尽召成都声妓,昊朝服前迎归私第,大会宾客宴饮,所费无算。以帛二千匹谢季札。

初,王衍降庄宗,昊草其表,昶之降也,其表亦昊所为,蜀人潜署其门曰:“世修降表李家”,见者哂之。有集二十卷,目为《枢机应用集》。

孝连后至司农少卿。昊孙德镆至国子博士,德镈进士及第。

毋守素字表淳,河中龙门人。父昭裔,伪蜀宰相、太子太师致仕。守素弱冠起家,伪授秘书郎,累迁户部员外郎、知制诰,真拜中书舍人、工部侍郎,出为云安榷盐使。召见其二子克温、克恭,并赐绯;以次子克恭尚昶女,授检校水部员外郎。

广政二十年,拜工部尚书。时昭裔判盐铁,衰老不能亲职,委其务于判官李光远,事多留滞,昶患之,命守素代判使务。父子相代,时颇荣之。俄改判度支,领彭州刺史,又判盐铁。

守素奉亲颇勤至,虽隆暑暮归,必朝服执简以申昏定之礼。蜀亡入朝,授工部侍郎,籍其蜀中庄产茶园以献,诏赐钱三百万以充其直,仍赐第于京城。岁余,为兄之子岳州司法正己讼其居父丧娶妾免,正己亦坐夺一官。开宝初,起为国子祭酒。

太祖征河东,命权知赵州,及平岭表,移知容州,兼本营诸州水陆转运使。先是,部民有逋赋者,或县吏代输,或于兼并之家假贷,则皆纳其女以为质,守素表其事,即日降诏禁止。六年,卒。年五十三。

昭裔性好藏书,在成都令门人勾中正,孙逢吉书《文选》、《初学记》、《白氏六帖》镂板,守素赍至中朝,行于世,大中祥符九年,子克勤上其板,补三班奉职。次子克恭,尚昶女崇国公主,仕为光绿少卿,归宋,至左监门卫将军

欧阳迥益州华阳人。父珏通泉令。迥少事王衍,为中书舍人。后唐同光中,蜀平,随衍至洛阳,补秦州从事。知祥镇成都,迥复来入蜀。知祥僭号,以为中书舍人。广政十二年,拜翰林学士。明年,知贡举、判太常寺。迁礼部侍郎。领陵州刺史,转吏部侍郎,加承旨。二十四年,拜门下侍郎兼户部尚书,平章事、监修国史。尝拟白居易讽谏诗五十篇以献,昶手诏嘉美,赍以银器、锦彩。

从昶归朝,为右散骑常侍,俄充翰林学士,就转左散骑常侍。岭南平,议遣迥祭南海,迥闻之称病不出。太祖怒,罢其职,以本官分司西京。开宝四年,卒,年七十六,赠工部尚书。

迥性坦率,无检操,雅善长笛。太祖常召於偏殿,令奏数曲。御史中丞刘温叟闻之叩殿门求见,谏曰:"禁署之职,典司诰命,不可作伶人之事。"上曰:"朕尝闻孟昶君臣溺于声乐,迥至宰司尚习此技,故为我所擒,所以召迥,欲验言者之不诬也"。温叟谢曰:"臣愚不识陛下鉴戒之微旨"。自是不复召。

迥好为歌诗,虽多而不工,掌诰命亦非所长,但在蜀日,卿相以奢靡相尚,迥犹能守俭素,此其可称也。

宋史卷四八〇
列传第二三九

世家三

吴越钱氏

　　吴越钱俶字文德,杭州临安人,本名弘俶,以犯宣祖偏讳去之。祖镠,因黄巢之乱,据有吴越,昭宗授以杭、越两藩节制,封彭城郡王,历梁、后唐,加吴越国王,卒,子元瓘嗣,元瓘卒,子佐嗣。佐卒,弟倧嗣,为其大将胡进思所废,遂迎立俶,事具《五代史》,俶即元瓘之第九子也,母越国恭恣夫人吴氏。

　　晋开运中,为台州刺史。数月,有僧德诏语俶曰:"此地非君为治之所,当速归,不然不利。俶从其言,即求归国,未几,有进思之变。

　　汉乾祐初,授东南面兵马都元帅,镇海镇东军节度使、开府仪同三司、检校太师兼中令书、杭越等州大都督、吴越国王,赐号翊圣广运同德保定功臣,赐以金印、玉册。三年,江南遣其将查文徽攻福州,俶发兵擒文徽,献捷加尚书令。

　　周广顺初,授诸道兵马元帅。二年,授天下兵马元帅,改赐推诚保德安邦致治忠正功臣,六月,丁母忧,起复。世宗即位,授天下兵马都元帅,显德三年,世宗征淮南,令俶以所部分路进讨。俶遣偏将吴程围毗陵,陷关城,擒刺史赵仁泽;路彦珠围宣城。俄俶军战败,复失常州。会李景上表求割地内附,诏俶班师。五年夏四月,杭州炎，府舍悉为煨烬，将延及仓庾，俶命酒祝曰："食为民天，若尽焚之，民命安仰"！火遂止，世宗闻之，遣内侍赍诏恤问。是岁，淮南内属，遣翰林学士陶谷，司天监赵修己使俶，赐羊马骆驼，自是以为常。七月，又遣阁门使曹彬赐俶兵甲、旗帜。六年，恭帝嗣位，赐崇仁昭德宣忠保庆扶天翊亮功臣。

建隆元年，授天下兵马大元帅，俶舅宁国军节度吴延福有异图，左右劝俶诛之，俶曰："先夫人同气，安忍置于法？"言讫呜咽流涕，但黜延福于外，终全母族。自太祖受命。俶贡奉有加常数。二年，遣使赐俶战马二百、羊五千、骆驼三十。乾德元年，以白金万两、犀牙各十株、香药一十五万斤、金银真珠瑇瑁器数百事来贡，改赐承家保国宣德守道忠正恭顺功臣。是冬，效祀，遣其子惟浚入贡。

开宝五年，改赐开吴镇越崇文耀武宣德守道功臣，封其妻孙氏为贤德顺穆夫人。未几，遣幕吏黄夷简入贡，上谓之曰："汝归语元帅，常训练兵甲，江南强倔不朝，我将发师讨之，元帅当助我，无惑人言云'皮之不存，毛将安傅。'"特命有司造大第于薰风门外，连亘数坊，栋宇宏丽，储偫什物无不悉具，因召进奉使钱文赟谓之曰："朕数年前令学士承旨陶谷草诏，比来城南建离宫，令赐名'礼贤宅'，以待李煜及汝主，先来朝者以赐之。"诏以草示文赟，遂遣文赟赐俶战马及羊，谕旨于俶。

七年五月，赐俶袭衣、玉带、玉鞍、勒马、金器二百两、银器三千两、锦绮千段。是冬，讨江南，遣内客省使丁德裕赍诏，以俶为升州东面招抚制置使，赐战马二百匹，旌旗剑甲；令德裕以禁兵步骑千人为俶前锋，尽护其军，李煜贻书于俶，其略曰："今日无我，明日岂有君？一旦明天子易地酬勋，王亦大梁一布衣耳。"俶不答，以书来上。

八年，俶率兵拔常州，加守太师，诏俶归国。俶遣大将沈承礼等率兵水陆随王师平润州，遂进讨金陵。上尝召进奏使任知果，令谕旨于俶曰："元帅克毗陵有大功，俟平江南，可暂来与朕相见，以慰延想之意，即当遣还，不久留也，朕三执圭币以见上帝，岂食言乎？"

江南平,论功以俶大将沈承礼、孙承祐并为节度使,为防御使者一人刺史六人。

九年二月,俶与其妻孙氏、子惟濬、平江军节度使孙承祐来朝,上遣皇子兴元尹德昭至睢阳迎劳。俶将至,车驾先幸礼贤宅,按视供帐之具。及至,诏俶居之。对于崇德殿,贡白金四万两,绢五万匹,赐袭衣、玉带、金器千两、白金三千两,罗绮三千段、玉勒马。即日宴长春殿,俶又贡白金二万两,绢三万匹、乳香二万斤,贺平江左,贡白金五万两、钱十万贯、绵百八十万两、茶八万五千斤、犀角象牙二百株、香药三百斤。车驾幸其第,又贡白金十万两,绢五万匹、乳香五万斤,以助郊祭。

三月庚午,诏曰:"古者宗工大臣特被隆眷,或剑履上殿,或书诏不名,率由丰功,待以殊礼。今我兼其命数,用奖勋贤,辉映古今,允为忧异,咨尔吴越国王钱俶,德隆宠茂,器识深远,抚奥区于吴会,勒洪伐于宗彝。昨以江表不庭,王师致讨,委方面之兵柄,克常、润之土宇,辅翼帝室,震叠皇灵,而乃执圭来庭,垂绅就列,罄事君之诚悫,为群后之表仪。爰峻徽章,以旌元老,可特赐剑履上殿,书昭不名"。以俶妻贤德穆夫人孙氏为吴越国王妃,令惟濬赍诏赐之。宰相以为异姓诸侯王妻无封妃之典,太祖曰:"行自我朝,表异恩也。"俶献白金六万两、绢六万匹为谢。

太祖数诏俶与其子惟濬宴射苑中,惟诸王预坐,每宣谕俶,俶拜谢,多令内侍掖起,俶感泣。又尝一日召宴,独太宗、秦王侍坐、酒酣,太祖令俶与太宗、秦王叙昆仲之礼,俶伏地叩头,涕泣固让,乃止。会将以四月幸西京,亲雩祀,俶恳请扈从,不许,留惟濬侍祠、令俶归国,太祖宴饯于讲武殿,赐窄衣、玉束带、玉鞍勒马、玳瑁鞭、金银锦彩二十餘万、银装兵八百事,谓俶曰:"南北风土异宜,渐及炎暑,卿可早发。"俶涕泣言愿三岁一朝,太祖曰:"川陆迁远,当俟诏旨,即来觐也。"俶将发京师,特赐导从仪卫之物,率皆鲜丽,令自礼贤宅陈列至迎春苑。自俶之至,逮于归国,太祖所赐金器万两、白金器又数万两、白金十餘万两、锦绮绫罗绸绢四十餘万匹、马数百匹,他物不可胜计。俶既归国，尝视事功臣堂，一日命坐于东偏，谓左右曰：“西北者神京在焉，天威不违颜咫尺，俶岂敢宁居乎？”

太宗即位，加食邑五千户，俶贡御衣，通天犀带，绢万匹，金器、玳瑁器百馀事，金银扣器五百事，涂金银香台、龙脑檀香床、银假果、水晶花凡数千计，价值钜万；又贡犀角象牙三十株，香药万斤，乾姜五万斤、茶五万斤。俶又请岁增常贡，诏不许。太平兴国二年正月，孙氏卒，遣给事中程羽吊祭。九月，上言乞所赐诏书呼名，不许。

三年三月，来朝，遣判四方馆事梁迥至泗州迎劳；惟浚先在阙下，上遣至睢阳候俶，俶先遣孙承祐入奏事，上即遣承祐护诸司供帐劳俶于郊，又命齐王廷美宴于迎春苑。俶至，对于崇德殿，赐袭衣、玉带、金银器、玉鞍勒马、锦彩万匹、钱千万；宾佐崔仁冀等赐金银带、器币鞍马有差。即日宴俶长春殿。令刘鋹、李煜预坐。俶贡白金五万两、钱万万、绢十万匹、绫二万匹、绵十万，屯茶十万斤，建茶万斤，乾姜万斤，越器五万事，锦缘席千，金银画舫三、银饰龙舟四，金饰鸟楄木御食案，御床各一，金樽罍盏斝各一，金饰玳瑁器三十事，金扣藤盘二、金扣雕象俎十，银假果树十事、翠毛真珠花三丛，七宝饰食案十、银樽罍十，盏斝副焉，金扣越器百五十事、雕银俎五十，密假果、剪罗花各二十树，银扣大盘十，银装鼓二、七宝饰胡琴五铉筝各四，银饰箜篌方响羯鼓各四、红牙药器二十二事，乳香万斤，犀角象牙各一百株，香药万斤、苏木万斤。上又尝召俶及其子惟浚宴后苑，泛舟池中，上手酌酒以赐俶，俶跪饮之。其恩待如此。

四月，会陈洪进纳土，俶上言曰：“臣伏有悃诚，贮于肺腑，幸因入觐辄敢上闻。盖虞神道之害盈，必冀天慈之从欲。臣近蒙朝廷赐以剑履上殿，诏书不名，仍以本道领募卒徒，尝营戈甲，特建国王之号，俾增师律之严，皆所以假其宠名，托于邻敌。方今幅员无外，名数洞分，岂可冒居，自羁公议？合从省罢，以正等威，除本道军士、器甲臣已曾奏纳外，其所封吴越国王及天下兵马大元帅职名，望皆许解罢。凡颁诏命，愿复名呼，庶圣朝无虚授之恩，微臣免疾颠之祸。"优诏不许。

五月乙酉，俶再上表："臣庆遇承平之运，远修肆觐之仪，宸眷弥隆，宠章皆极。斗筲之量实觉满盈，丹赤之诚辄兹披露。臣伏念祖宗以来，亲提义旅，尊戴中京，略有两浙之土田，讨平一方之僭逆，此际盖隔朝天之路，莫谐请吏之心，然而禀号令于阙庭，保封疆于边徼，家。独臣一邦僻介江表，职贡虽陈于外府，版籍未归于有司，尚令山越之民，犹隔陶唐之化，太阳委照，不及葵家，春雷发声，兀为聋俗，则臣实使之然也，罪莫大焉，不胜大愿，愿以所管十三州献于阙下执事，其间地里名数别具条析以闻。伏望陛下念奕世之忠勤，察乃心之倾向，特降明诏允兹至诚。"

诏答曰："卿世济忠纯志遵宪度，承百年之堂构，有千里之江山。自朕纂临，聿修觐礼，睹文物之全盛，喜书轨之混同，愿亲日月之光，遽忘江海之志。甲兵楼橹既悉上于有司，山川土田又尽献于天府，举宗效顺，前代所无，书之简编，永彰忠烈。所请宜依。"

丁亥，诏曰："汉宠功臣，聿著带河之誓；周尊元老，遂分表海之邦，其有奄宅勾吴，早绵星纪，包茅入贡，不绝于累朝，羽檄出兵，备尝于百战，适当辑瑞而来勤，爰以提封而上献。宜迁内地，别锡爰田。弥昭启土之荣，俾增书社之数。吴越国王钱俶天资纯懿，世济忠贞，兆积德于灵源，书大勋于策府。近者庆冲人之践阼，奉国珍而来朝，齿革羽毛既修其常贡，土田版籍又献于有司，愿宿卫于京师，表乃心于王室。眷兹诚节，宜茂宠光，是用列西楚之名区，析长淮之奥壤，建兹大国，不远旧封，载疏千里之疆，更重四征之寄。畴其爵邑，施及子孙，永夹铺于皇家，用对扬于休命，垂厥百世，不其伟欤！其以淮南节度管内封俶为淮海国王，仍改赐宁淮镇海崇文耀武宣德守道功臣，即以礼贤宅赐之。惟浚为节度使兼侍中，惟治为节度使，惟演为团练使，惟愿暨侄郁、昱并为刺史，弟仪、信并为观察使，将校孙承祐，沈承礼并为节度使，体貌隆盛，冠绝一时。

是岁七月中元，京城张灯。令有司于俶宅前设灯山、陈声乐以宠之。八月，令两浙发俶缌麻以上亲及管内官事吏悉归朝，凡舟一千四十四艘，所过以兵护送。杭州贡俶乐人凡八十有一人，诏以三十六人还杭州，四十五人赐俶，俶上表谢，上亲画付中书送史馆"。

四年二月宴苑中，俶被病拜不能起，上命以银装肩舆送归，因以赐之。四月，从征太原，赐羊三百，酒十斛。俶小心谨恪，每晨趋行阙，人未有至者，俶必先至，假寐以待旦。上知之，谓俶曰："卿已中年，宜避风冷，自今入谒不须太早也。"特辍御前二大烛以赐之，令先赴前顿。上尝赐从臣食于中路顿，并赐卫士羊臂臑、卮酒，观其饮啖。上见其雄壮，因顾俶，俶进曰："所谓'如虎如貔、如熊如罴'者也。"会刘继元降，上御连城台诔军中先亡命太原者，顾谓俶曰："卿能保全一方以归于我，不致血刃，深可嘉也。俶顿首谢。俶中途被足疾。车驾亲临问，令太医然艾以灸，疾寻愈。还京策勋。宰相进拟加食邑万户，实封千户，上即改白麻，倍加食邑二万户，实封二千户。

五年八月，俶被病，上临问，赐白金万两、钱千万、绢万匹、金器千两、赐其子惟浚、惟治白金各万两。是冬，车驾幸大名府，诏俶乘肩舆即路。六年，又被病，赐告久之，上遣中使赐俶文楸棋局、水精棋子，乃谕旨曰："朕机务之馀，颇曾留意，以卿在假，可用此遣日。"

八年十二月，上言曰："臣以蕞尔之躯，蒙被恩宠，赋绿百万，兼职数四，元帅之任实本于兵权，国王之号盖屏于帝室，尚书总揆百之重，中书掌八柄之繁，维师冠于上台，开府当于极品，臣之屑琐，罔克负荷。邦国之制式著等威，名器之间固有涯分，徒速罪戾，以取颠隮。伏望圣旨特从省罢。"不许。表三上，下诏曰："分茅胙土，所以彰世及之荣；大辂繁缨，所以表名器之重。至若褒宠勋德，度越典常，咨于旧章，爰推异数，乃有体好谦之德，形固让之辞，敦谕再三，确乎不拔，用曲至公之论，式光知止之风，淮海国王钱俶方岳柄灵，风云通感，奄有勾吴之地，不忘象魏之心，扫境来朝，举宗宿卫，籍其土宇，入于朝廷，式昭职员，胙之淮海，居天子二老之任，启真王万户之封，并加宠章，用答忠顺。而乃屡形表疏，愿避官荣，发于深衷,诚不可夺。若以灵台偃伯,武库橐兵,天下一家,书轨之无外,五侯九伯,征伐之不行,愿寝元帅之名,勉循由衷之请。其乃世祚明德,存于带砺之盟,帝赍良弼,宠以台辅之任。极驭贵之爵,增衍食之封,非足酬庸,适以昭德,勉应渥泽,克副眷怀。可罢天下兵马大元帅,馀如故。"

雍熙元年,改封汉南国王。四年春,出为武胜军节度,改封南阳国王。俶久被病,诏免入辞,将发,赐玉束带、金唾壶、碗盎等,俶四上表让国王,改封许王。端拱元年春,徙封邓王。会朝廷遣使赐生辰器币,与使者宴饮至暮,有大流星坠正寝前,光烛一庭,是夕暴卒,年六十。

俶以天成四年八月二十四日生,至是八月二十四日卒,复与父元瓘卒日同,人皆异之。上为废朝七日,追封秦国王,谥忠懿,仍正衙备礼发册曰:

皇帝若曰:昊穹眷祐,贤哲挺生,禀象纬之纯精,负经纶之盛业,作民父母,为国翰垣。其存也冠中台而长诸侯,其没也峻徽章而崇礼命。咨尔故安时镇国崇文耀武宣德守道功臣、武胜军节度、邓州管内观察、处置等使、开府仪同三司、守太师、尚书令兼中书令、使持节邓州诸军事、行邓州刺史、上柱国、邓王、食邑九万七千户、食实封一万六千九百户、赐剑履上殿、诏书不名钱俶,嗣祖考之令德,奠东南之奥区,开国承家,本仁祖义,以忠孝而保社稷,以廉让而化人民,勤翊戴于累朝,克惠绥于一境,世传威略,志慕声明。

当武库戢兵,洞阅诗书之府,洎秣陵问罪,雄张掎角之师。致区宇之同文,赖忠良之协力。逮于纂绍,益享崇高,蕴明哲而保身,务倾输而竭节,尽献土壤,来归阙庭,予嘉乃功,荐锡殊宠。而道隆简退,志尚廉冲,屡辞却谷之权,难夺范宣之让。朕深惟勋旧,俾就养颐,爰出殿于大邦,庶聿臻于眉寿,式繄元老,永辅眇躬。

何天道之难谌,而梁木之斯坏?长沙既往,空存甲令之勋;

征房云亡，但见云台之像，赗赙从于异等，嗟悼废于临朝；宁酬柱石之勋，未极群臣之分。庸加典则，以厚始终。

今遣使太中大夫，尚书工部侍郎、上柱国、汾阳郡开国侯、食邑一千户、赐紫金鱼袋郭贽持节册赠尔为秦国王。呜呼！德无不报，予敢忘于格言；魂而有知，尔尚钦于天命。呜呼哀哉！命中使护其丧归葬洛阳。

自镠至俶世有吴越之地仅百年，管内诸州皆子弟，将校授任而后请命于明，有至使相者，俶任太师，尚书令兼中书令四十年，为元帅三十五年。及归朝卒，子惟演、惟济皆童年，召见慰劳，并起家诸卫将军。善始令终，穷极富贵，福履之盛，近代无比。

然甚俭素，自奉尤薄，常服大帛之衣，帏帐茵褥皆用紫绨，食不重味，颇知书，雅好吟咏。在吴越日，自编其诗数百首为《正本集》，因陶谷奉使至杭州，求为之序。性谦和，未尝忤物。在藩日，每朝廷使至，接遇勤厚。所上乘舆，服物、器玩，制作精妙，每遣使修贡，必罗列于庭，焚香再拜，其恭谨如此。崇信释氏，前后造寺数百，归朝又以爱子为僧。善草书，上一日遣使谓曰："闻卿善草圣，可写一二纸进来。"俶即以旧所书绢图上之。诏书褒美，因赐玉砚金匣一，红绿象牙管笔，龙凤墨、蜀笺、盈丈纸皆百数。

属久病家居，有黄门赵海被酒造其第求见，因出药数丸谓俶曰："此颇疗目疾，愿王即饵之。"俶即饵焉。既去，家人皆惶骇不测，俶曰："此但醉耳，又何疑哉？"后数日，上闻大惊，捕海系狱，决杖流海岛。

初，俶为胡进思所立，废其兄倧，徙越州，资给丰厚。进思屡请除之，恐为后患，俶泣曰："若杀吾兄，吾终不忍，汝欲行其志，吾当退避贤路。"进思惭而退。俶虑进思害倧，遣亲将薛温为倧守卫，戒之曰："委汝以保全废王，苟有非常，汝当以死捍之。"温至越旬馀，有二卒夜持刃逾坦入，倧阖户拒之，呼声达于外，温领徒而入，毙二卒于庭中，乃进思之所遣也。进思因忧惧，疽发背，卒，后左右屡有以倧为言，俶终拒之。倧居越州二十余年卒。

俶自建隆已来贡奉不绝，及用兵江左，所贡数十倍，先是镠与战士多赐己姓，后俶归朝，皆称同宗。淳化三年，诏令复本姓。又浙中刘氏避镠讳，改为金氏，亦令还故。景德中，有司请以礼贤宅为司天监，真宗以先朝所赐，不许。大中祥符八年，子惟演等复表上之，诏赐钱五万贯，仍各赐第一区。

子惟浚、惟治、惟演、惟灏、惟涍、惟济。惟演至韶州团练使，惟灏贺州团练使，惟涍至左龙武将军、奖州刺史。惟演自有传。

惟浚字禹川，俶嫡子也。裁数岁，俶表授镇海、镇东两军节度副大使、检校太保、钤辖两浙管内土客诸军事。建隆元年，加检校太傅。三年，领建武军节度。乾德初，加检校太尉。是年冬，来朝，因侍祠南郊。六年，复来朝，侍郊祀，命兵部员外郎、知制诰卢多逊迎劳之。开宝二年，授镇东等军节度，浙江东西道观察处置，两浙制置营田发运等使。未几，来朝，太祖召宴苑中，令黄门奏《箫韶》乐，与诸王同席而坐，赐白玉带、珠缀衣、水精鞍勒御马，赐赍钜万计。月余遣归，辞日，又赐袭衣、玉带、金鞍勒马，四年，又来朝，因侍祠南郊，宠待殊等。及大兵征金陵，惟浚从父下毗陵，以功加平章事。九年，随俶入朝，俶先归，留惟浚扈从郊祀西洛。

太宗即位，加兼侍中。太平兴国二年，丁母妃孙氏忧，起复加镇东大将军、右金吾卫大将军，员外置同正。俶将入朝，惟浚先奉方物来贡，诏户部郎中侯涉至泗州迎劳之，赐赍无算，并增其食邑。三年，随俶来朝，俶尽献浙右之地，改封淮海国王，徙惟浚淮南节度。是冬，郊祀恩，加检校太师，从平太原及从征幽蓟，又从幸大名。雍熙元年，郊祀，改山南东道节度。四年，徙镇安州。惟浚虽再移镇，常留京师。端拱初，籍田，封萧国公。俄俶薨，起复，加兼中书令。

惟浚与俶诸子共进钱金、绫罗、犀玉带笏、犀角、象牙、丁香、金玉马脑鞍勒、金玉珠翠首饰、乐器、博具、器皿什物、马骆驼牛驴车凡数十万计。俶妻俞氏又进金银十余万、犀二十株、通犀颒犀玉带二十二条、水晶佛像十二事。惟浚又进女乐十人，上不纳，各赐锦彩三十段遣还之。淳化初,杭州以钱氏家庙所藏唐、梁以来累朝所赐玉册竹册各三副、铁券一来上,上悉以赐惟浚。明年春,得疾暴卒,年三十七。废朝二日,追封邠王,谥安僖,中使典丧事。

子守吉、守让。守吉至西京作坊使。守让字希仲,以荫累迁供备库使,天禧四年,录诸国之后,加领荣州刺史,改东染院使,卒。守让颇勤学为文章,退居多闭关续书,屡献歌颂,真宗优诏褒奖。有集二十卷。子恕,娶曹王元偓女长安县主。

惟治字和世,废王倧之长子,倧初迁于越而惟治生,俶爱之,养为己子。幼好读书,八岁授两浙牙内诸军指挥使。判军粮营田事,又改德化军使,迁检校太保、台州团练使。乾德四年四月,制授宁远军节度、检校太傅,仍兼衔职,与惟浚节旄同日而至,国人荣之。

王师讨江南,惟治从俶率兵下常州,策勋改奉国军节度。俶入朝,命惟治权发遣军国事。俶还,令奉币入贡,抚谕命赐甚厚。惟治又献涂金银香师子、香鹿凤鹤孔雀、宝装鬃合、扣金瓷器万事,吴缭绫千匹。辞日,赐袭衣玉带、涂金鞍、勒马、金银器、缯彩逾万计。

太宗嗣位,进检校太尉。太平兴国三年,俶再入觐,又权国事。一夕厩中火,惟治率兵临高下视。令亲信十数辈仗剑申令。敢后顾者斩,顷之火息。妻族有隶帐下者恃亲犯法,惟治命杖背于府门。俶既纳土,朝廷命考功郎中范旻知杭州,惟治奉兵民图籍、帑廪管钥授旻,与其弟惟渲、惟灏归朝。次近郊,遣内侍护诸司供帐迎劳至京师,即日召对长春殿,赐衣服、金带、鞍勒马、器币,改领镇国军节度。五年八月,车驾幸俶第,召见惟治,赐白金万两。

惟治善草隶,尤好二王书,尝曰:“心能御手,手能御笔,则法在其中矣。”家藏书帖图书甚众,太宗知之,尝谓近臣曰:“钱俶儿侄多工草书。”因命翰林学士贺丕显诣其第,遍取视之曰:“诸钱皆效浙僧亚栖之迹,故笔力软弱,独惟治为工耳。”惟治尝以钟繇、王羲之、唐玄宗墨迹凡七轴为献,优诏褒答。

雍熙三年,大出师征幽州,命惟治知真定军府兵兼兵马都部署。前一日曲宴内殿，惟治献诗，帝览之悦，酒半，遣小黄门密谕北面之寄。至则训兵享士，颇勤政务，设厨馔于城门以待使传。

初惟浚虽俶嫡嗣，然俶其以放荡无检，故器惟治，再俾权国务，尝一夕俶暴疾，孙妃悉敛符钥付惟治，后惟浚知之，甚恚恨。泊入朝，惟浚止奉朝请，而委惟治藩任焉。俶薨召还，起复检校太师，移疾就第百日，有司请罢奉，特诏续给，累上表请罢节镇，优诏不许。

惟治既病，心恍惚，家事不肃。咸平初，僮奴以奸私杀人于庭，事连闺阃，真宗为停按鞫，止授右监门卫上将军，其子丕责授郢州团练副使，晚年颇贫匮。景德中，其弟惟演献文，上对宰相称其公王之后，能苦心翰墨，令记其名，因曰："钱氏继世忠顺，子孙可念，如闻惟治颇贫乏，尤可轸恻。"特转右武卫上将军，月给奉十万。累加左骁卫上将军，左神武统军。大中祥符七年七月，卒，年六十六，赠太师。初，有司援统军陈承昭、孟玨例，当赠东宫保傅，上以俶奉土归国，优其赠典。又闻群臣家贫乏者不欲官给丧事，为罢诏葬。录其四子官，及外弟、子婿、亲校并甄擢之。

惟治好学，聚图书万余卷，多异本，慕皮、陆为诗，有集十卷。书迹多为人藏秘，晚年虽病废，犹或挥翰，真宗尝语惟演曰："朕知惟治工书，然以疾不欲遣使往取，卿为求数辐进来"。翌日，写圣制诗数十章以献，赐白金千两。

初镇四明，尝梦神人披甲，自称"西岳神"谓惟治曰："公面有缺文"，即捧土培之，后领华州节钺二十年。

子丕字简之，幼好学，雍熙中，俶上言欲求举进士，太宗以其世家子，特召试内署，授秘书丞，赐金紫，累迁驾部郎中。尝知新淦县，又知衡州。惟治卒，以将作少监起复，俄为三司户部判官，卒于光绿少卿。

惟济字岩夫。生七岁，俶封汉南王，奏补本府元从指挥使，压诸卫将军，领恩州刺史，改东染院使，真拜封州刺史，真宗祀汾阴还，燕近臣苑中，命惟济射，一发中的。故事，刺史射不解箭，帝赐解之，且赐袭衣、金带。

其后请试郡,命知绛州。民有条桑者,盗夺桑不能得,乃自创其臂,诬桑主欲杀人,久系不能辨,惟济取盗与之食,视之,盗以左手举匕筋,惟济曰:"以右手创人者上重下轻,今汝创特下重,正用左手伤左臂,非尔自为之邪?"辞遂服。帝闻之,谓宰相向敏中曰:"惟济试守郡辄明辨,后必为能吏矣!"

徙潞州。民相惊有外寇,奔城而仆者相枕藉,惟济从容行视,从骑甚省,民乃安。迁永州团练使,改知成德军。仁宗即位,加检校司空。民有伪作白金质取缗钱者。其家来告,惟济曰:"第声言被盗,示以重购,质者当来责余直,即得之矣。"已而果然,乃杖配之。

以吉州防御使留再任,迁虔州观察使,知定州。有妇人待前妻子不仁,至烧铜钱灼臂,惟济取妇人所生儿置雪中,械妇人往视儿死。其惨毒多此类。迁武昌军节度观察留后,改保静军留后。

惟济喜宾客,丰宴犒,家无余赀,帝赐白金二千两,所负公使钱七百余万。卒,赠平江节度使,谥宣惠,遣使护葬事,赐赗钱二百万、绢千匹。有《玉季集》二十卷,惟济有吏干,能戢下而性苛忍,所至牵蔓满狱。重囚弃市,或断手足,探肝胆,用以威众。观者色动,而惟济自若也。

俨字诚允,俶之异母弟也。本名信,淳化初改焉。幼为沙门,及长,颇谨慎好学。俶袭国封,命为镇东军安抚副使。周显德四年,奏署衢州刺史。

太祖平扬州,俶遣俨入贺,命阁门副使武怀节赍诏迎劳,赐赍甚厚。及归,又赐玉带、名马、锦彩、器皿。开宝三年,代兄惟知湖州,充宣德军安抚使。俶奉诏攻毗陵,命俨督漕运。太平兴国二年,从俶之请,授新、妫、儒等州观察使,仍知湖州。俨兄仪为慎、瑞、师等州观察使。入朝,以俨为随州观察使,仪为金州观察使。侍祠郊宫,特召升俨班于节度使之次。仪卒,俨换金州,常从幸天驷监,会赐从官马,太宗敕有司曰:"钱俨儒者,宜择驯马给之。"未几,出判和州,在职十七年，咸平六年，卒，年六十七，赠昭化军节度。

俨嗜学，博涉轻史。少梦人遗以大砚，自是乐为文辞，颇敏速富赡，当时国中词翰多出其手。归京师，与朝廷文士游，歌咏不绝。淳化初，尝献《皇猷录》，咸平又献《光圣录》，并有诏嘉答。所著有前集五十卷，后集二十四卷《吴越备史》十五卷、《备史遗事》五卷、《忠懿王勋业志》三卷，又作《贵溪叟自叙传》一卷。

善饮酒，百厄不醉，居外郡尝患无敌，或言一军校差可伦拟，俨问其状，曰："饮益多，手益恭"。俨曰："此亦变常，非善饮也。"

昱字就之，忠献王佐之长子，佐薨，昱尚幼，国人立倧，遂以昱为咸宁、大安二宫使。俶嗣国，承制授秀州刺史。

太祖受禅，俶遣昱入贡，与江南使同侍宴射于后苑，江南使先中的，令昱解之，昱应弦而中，赐以玉带。及平蜀，复来贺。归国，为台州刺史。昱得福州，命昱守之。王师讨江南，为东面水陆行营应援使。从俶入朝，授白州刺史。

昱好学，多聚书，喜吟咏，多与中朝卿大夫唱酬。尝与沙门赞宁谈竹事，选录所记，昱得百余条，因集为《竹谱》三卷。俄献《太平兴国录》。求换台省官，令学士院召试制诰三篇，改秘书监，判尚书都省。时新葺省署，昱撰记奏御，又尝以钟、王墨迹八卷为献，有诏褒美。

出知宋州，改工部侍郎，历典寿、泗、宿三州，率无善政。至道中，郊祀，当进秩，太宗曰："昱贵家子无检操，不宜任丞郎"。以为郢州团练使，咸平二年，表入朝，以病不及陛见，卒，年五十七。

昱善笔札，工尺牍，太祖尝取观赏之，赐以御书金花扇及《急就章》，昱聪敏能覆棋，工琴画，饮酒至斗余不乱。善谐谑，生平交旧终日谈宴，未曾犯一人家讳。有集二十卷。然贪猥纵肆，无名节可称。生子百数。涉，雍熙中进士及第。绛，至内殿承制、阁门祗候，累典郡，颇以干力称。

俶群从又有台州刺史仰之子昭序，字著明，好学喜聚书，多亲写。知通利军，以勤干闻，至如京副使，衢州刺史偓之子昭度，字九龄，至供奉官。俊敏工为诗，多警句，有集十卷，苏易简为序行于世。

孙承祐，杭州钱塘人。俶纳其姊为妃，因擢处要职，累迁浙江东道盐铁副使、镇海镇东两军节度副使，知静海军节度事。

开宝初，随俶子惟浚入贡，诏授光绿大夫、检校太保、镇东镇海等军行军司马。俶又私署中吴军节度。七年，俶复遣承祐入贡，赐袭衣玉带、鞍勒马、黄金器五百两、银器三千两、杂彩五千匹，且令谕旨于俶，将有事于江表。及王师渡江，命内客省使丁德裕率步骑一千。诏俶以所部与德裕会攻常、润。承祐从俶克毗陵，功居多，诏改中吴军为平江军，真授承祐节。太平兴国中，俶来朝，尽献其地，徙承祐泰宁军节度使。五年，从幸大名，留知府事，雍熙二年，改知滑州，数月卒，赠太子太师，中使护葬。

承祐在浙右日，冯藉亲宠，恣为奢侈，每一饮宴，凡杀物命千数，常膳亦数十品方下箸，所居室中，爇龙脑日不下数两。从车驾北征，以骆驼负大斛贮水养鱼自随。至幽州南村落间，日已旰，西京留守石守信与其子驸马都尉保吉及近臣十数人尚未朝食，适遇承祐，即延所止幕舍中，脍鱼具食，穷极永陆，人皆异之。

承祐少时，尝梦人以蓍草一本，增其一而授之。既寤，以语所亲曰："'大衍之数五十，其用四十有九'，今增其一，我寿止于此乎"。果五十而卒。

子诱，至驾部郎中，出为淮南节度行军司马。

沈承礼，湖州乌程人，钱镠辟置幕府，署处州刺史。镠子元瓘以女妻之。署为府中右职，出为台州刺史。元瓘卒，子佐嗣，以承礼掌亲兵，俶袭位，命知威武军节度事，充两浙都钤辖使。

王师征江南，俶遣承礼率水陆数万人助平毗陵，因攻润州。城中兵夜出焚外栅，诸将皆欲驰救，承礼曰："古人有言击东南而备西北者，此之谓也。"命士皆擐甲蓐食，坚壁不动。他垒不设备者悉惊

扰,独承礼所部敌人不敢窥,丹阳平,遂率兵抵建业,李煜归朝,录
其功,真授福州节制。太平兴国初,俶尽献浙右地,徙承礼镇密州。
八年,卒,年六十七,废朝二日,赠太子太师,中使护葬。

　　初秦王廷美之败也,有司按验,俶、惟浚、孙承祐及陈洪进皆尝
有赠遗,独承礼无焉。

宋史卷四八一
列传第二四〇

世家四

南汉刘氏

　　南汉刘𬬮其先蔡州上蔡人,高祖仁安,仕唐为潮州刺史,因家岭表。仁安生谦,为广州牙校。累迁封州刺史、贺水镇遏使。谦生隐,谦卒,隐代领其任,唐昭宗以薛王知柔镇南海,辟为行军司马,委以兵柄。及宰相徐彦若代知柔,以为节度副使。时唐室已季,彦若威令不振,事皆决于隐。彦若卒,遗表荐隐自代,昭宗不从,以崔远代之。远至江陵,迁延不进,乃以隐为留后,未几,授以节旄,梁开平初,兼静海军节度使,封南海王。隐卒,弟陟袭位。贞明三年,僭帝号,国称大汉,改元乾亨,行郊祀礼,改名岩,又改龚,终改"䶮","䶮"读为"俨",字书不载,盖其妄作也。晋天福七年,卒,子玢嗣,为弟晟所杀,晟遂自立,性尤酷暴,周显德五年,卒,事具《五代史》。

　　𬬮即晟长子也,初名继兴,封卫王,袭父位,改今名,改元大宝,性昏懦,委政宦官龚澄枢及才人卢琼仙,每详览可否,皆琼仙指之。日与宫人、波斯女等游戏。内官陈延受引女巫樊胡入宫,言玉皇遣樊胡命𬬮为太子皇帝,乃于宫中施帷幄,罗列珍玩,设玉皇坐。樊胡远游冠、紫衣、紫霞裙,坐宣祸福,令𬬮再拜听命。尝云琼仙、澄枢、延受皆玉皇遣辅太子皇帝,有过不得治。又有梁山师、马媪、何拟之徒出入宫掖。宫中妇人皆具冠带,领外事。

初，龚虽宠任中官，其数裁三百余，位不过掖庭，诸局令丞。至晟时千余人，稍增内常侍，诸谒者之称。至晟渐至七千余，有为三师、三公，但其上加"内"字，诸使名不翅二百，女官亦有师傅、令仆之号。目百官为门外人，群臣小过及士人、释、道有才略可备问者，皆下蚕室，令得出入宫闱。作烧煮剥剔，刀山剑树之刑，或令罪人斗虎抵象。又赋敛烦重，邑民入城者人输一钱，琼州米斗税四五钱。置媚川都，定其课，令入海五百尺采珠，所居宫殿以珠、玳瑁饰之。陈延受作诸淫巧，日费数万金。宫城左右离宫数十，铱游幸常至月余或旬日，以豪民为课户，供宴犒之费。

乾德中，太祖命师克郴州，获其内品十余人，有余延业者，人质么麽，太祖问曰："尔在岭南为何官？"对曰："为扈驾弓箭手官。"命授之弓矢，延业极力控弦不开。太祖因笑问铱为治之迹，延业备言其奢酷，太祖惊骇曰："吾当救此一方之民。"

先是，晟因湖南马氏之乱，袭取桂、郴、贺等州。开宝初，铱又举兵侵道州，刺史王继勋上言，铱为政昏暴，民被其毒，请讨之。太祖难其事，令江南李煜遣使以书谕铱使称臣，归湖南旧地。铱不从。煜又遣其给事中龚慎仪遗书曰：

煜与足下叨累世之睦，继祖考之盟，情若弟兄，义敦交契，忧戚之患，曷尝不同。每思会面而论此怀，抵掌而谈此事，交议其所短，各陈其所长，使中心释然，利害不惑，而相去万里，斯愿莫伸，凡于事机不得款会，屡达诚素，冀明此心，而足下视之，谓书檄一时之仪，近国梗概之事，外貌而待之，泛滥而观之，使忠告确论如水投石，若此则又何必事虚词而劳往复哉？殊非宿心之所望也。

今则复遣人使罄申鄙怀，又虑行人失辞，不尽深素，是以再寄翰墨，重布腹心，以代会面之谈与抵掌之议也。足下诚听其言如交友谏争之言，视其心如亲戚急难之心，然后三复其言，三思其心，则忠乎不忠，斯可见矣，从乎不从，斯可决矣。

昨以大朝南伐，图复楚疆，交兵已来，遂成衅隙。详观事势，深切抚怀，冀息大朝之兵，求契亲仁之愿，引领南望，于今累年。昨命使臣入贡大朝，大朝皇帝果以此事宣示曰："彼若以事大之礼而事我，则何苦而伐之；若欲兴戎而争我，则以必取为度矣。见今点阅大众，仍以上秋为期，令弊邑以书复叙前意，是用奔走人使，遽贡直言。深料大朝之心非有唯利之贪，盖怒人之不宾而已；足下非有不得已之事与不可易之谋，殆一时之忿而已。

观夫古之用武者，不顾小大强弱之殊而必战者有四；父母宗庙之仇，此必战也；彼此乌合，民无定心，存亡之机以战为命，此必战也；敌人有进，必不舍我，求和不得，退守无路，战亦亡，不战亦亡，奋不顾命，此必战也；彼有天亡之兆，我怀进取之机，此必战也，今足下与大朝非有父母宗庙之仇也，非同乌合存亡之际也，既殊进退不舍、奋不顾命也，又异乘机进取之时也。无故坐受天下之兵，将决一旦之命，既大朝许以通好，又拒而不从，有国家、利社稷者当若是乎？

夫称帝称王，角立杰出，今古之常事也，割地以通好，玉帛以事人，亦古今之常事也。盈虚消息、取与翕张，屈伸万端，在我而已，何必胶柱而用壮，轻祸而争雄哉？且足下以英明之姿抚百越之众，北距五岭，南负重溟，籍累世之基，有及民之泽，众数十万表里山川，此足下所以慨然而自负也。然违天不祥，好战危事，天方相楚，尚未可争。恭以大朝师武臣力，实谓天赞也。登太行而伐上党，士无难色，绝剑阁而举庸蜀，役不淹时。是知大朝之力难测也，万里之境难保也。十战而九胜，亦一败可忧；六奇而五中，则一失何补！

况人自以我国险，家自以我兵强，盖揣于此而不揣于彼，经其成而未经其败也。何则？国莫险于剑阁，而庸蜀已亡矣；兵莫强于上党，而太行不守矣。人之情，端坐而思之，意沧海可涉也，及风涛骤兴，奔舟失驭，与夫坐思之时盖有殊矣。是以智者虑于未萌，机者重其先见，图难于其易，居存不忘亡，故曰计祸不及，虑福过之。良以福者人之所乐，心乐之，故其望也过；祸者人之所恶，心恶之，故其思也忽。是以福或修于慊望，祸多出于不期。

又或虑有矜功好名之臣，献尊主强国之议者，必曰："慎无和也。五岭之险，山高水深，辎重不并行，士卒不成列，高垒清野而绝其运粮，依山阻水而射以强弩，使进无所得，退无所归。"此其一也。又或曰："彼所长者，利在平地，今舍其所长，就其所短，虽有百万之众，无若我何，"此其二也。其次或曰："战而胜，则霸业可成，战而不胜，则泛巨舟而浮沧海，终不为人下。"此大约皆说士孟浪之谈，谋臣捭阖之策，坐而论之也则易，行之如意也则难。

何则，今荆湘以南、庸蜀之地，皆是便山水、习险阻之民，不动中国之兵，精卒已逾于十万矣。况足下与大朝封疆接畛，水陆同途，殆鸡犬之相闻，岂马牛之不及？一旦缘边悉举，诸道进攻，岂可俱绝其运粮，尽保其城壁？若诸险悉固，诚善莫加焉；苟尺水横流，则长堤虚设矣。其次曰：或大朝用吴越之众，自泉州泛海以趣国都，则不数日至城下矣。当其人心疑惑，兵势动摇，岸上舟中皆为敌国，忠臣义士能复几人？怀进退者步步生心，顾妻子者滔滔皆是。变故难测，须臾万端，非惟暂乖始图，实恐有误壮志，又非巨舟之可及，沧海之可游也。然此等皆战伐之常事，兵家之预谋，虽胜负未知，成败相半。苟不得已而为也，固断在不疑；若无大故而思之，又深可痛惜。

且小之事大，理固然也，远古之例不能备谈，本朝当杨氏之建吴也，亦入贡庄宗。恭自烈祖开基，中原多故，事大之礼，因循未遑，以至交兵，几成危殆，非不欲凭大江之险恃众多之力，寻悟知难则退，遂修出境之盟，一介之使才行，万里之兵顿息，惠民和众，于今赖之。自足下祖德之开基，亦通好中国，以阐霸图。愿修祖宗之谋，以寻中国之好，荡无益之忿，弃不急之争，知存知亡，能强能弱，屈已以济亿兆，谈笑而定国家，至德大业无亏也,宗庙社稷无损也。玉帛朝聘之礼才出于境,而天下之兵已息矣,岂不易如反掌,固如太山哉?何必扼腕盱衡,履惕蹀血,然后为勇也。故曰:"德辅如毛,民鲜克举之,我仪图之。"又曰:"知止不殆,可以长久"。又曰:"沈潜刚克,高明柔克"。此圣贤之事业,何耻而不为哉?

况大朝皇帝以命世之英,光宅中夏,承五运而乃当正统,度四方则咸偃下风,猃狁、太原固不劳于薄伐,南辕返斾更属在于何人。又方且遏天下之兵锋,俟贵国之嘉问,则大国之义斯亦以善矣,足下之忿亦可以息矣。若介然不移,有利于宗庙社稷可也,有利于黎元可也,有利于天下可也,有利于身可也。凡是四者无一利焉,何用弃德修怨,自生仇敌,使赫赫南国,将成祸机,炎炎奈何,其可向迩?幸而小胜也,莫保其后焉,不幸而违心,则大事去矣。

复念顷者淮、泗交兵,疆陲多垒,吴越以累世之好,遂首为厉阶,惟有贵国情分逾亲,欢盟愈笃,在先朝感义,情实慨然,下走承基,理难负德,不能自已,又驰此缄。近奉大朝谕旨,以为足下无通好之心,必举上秋之役,即命弊邑速绝连盟。虽善邻之心,期于永保;而事大之节,焉敢固违。恐煜之不得事足下也,是以恻恻之意所不能云,区区之诚于是乎在。又念臣子之情,尚不逾于三谏,煜之极言,于此三矣,是为臣者可以逃,为子者可以泣,为交友者亦惆怅而遂绝矣。

铢得书,遂囚慎仪,驿书答煜,言其不逊,煜上其书。

开宝三年,太祖命潭州防御使潘美、朗州团练使尹崇珂讨之。八月,师至白霞,铢贺州刺史陈守忠告急于铢。时旧将多以谗构诛死,宗室翦灭殆尽,掌兵者唯宦人数辈。自晟以来,耽于游宴,城壁壕隍多饰为宫馆池沼,楼舰皆毁,兵器又腐,内外震恐,乃遣龚澄枢往贺州,郭崇岳往桂州,李托往韶州,画守御之策。

九月,美与崇珂围贺州,澄枢遁归。铢遣大将伍彦柔领兵赴贺,美等以奇兵伏南岸,彦柔夜至,舣舟岸侧,迟明挟弹登岸,踞胡休指麾。伏兵卒发,彦柔众大乱,死者千人。擒彦柔斩之。枭首以示城中,翌日,城陷。美等督战舰,声言顺流趋广州,鋹令都统潘崇彻将兵五万屯贺江。十月,美等次昭州,破开建砦,杀卒数百,擒砦将靳晖,昭州刺史田行稠遁去,城遂陷。桂州刺史李承进弃城亦奔。十一月,连州陷,招讨使卢收率众退保清远。十二月,美等攻韶州,都统李承渥以兵数万阵莲华山下。初,鋹教象为阵,每象载十数人,皆执兵仗,凡战必置阵前,以壮军威,至是与美遇,美尽索军中劲弩布前以射之,象奔蹞,乘象者皆坠,反践承渥军,遂大败,承渥仅以身免。韶州陷,擒刺史辛延渥、谏议大夫卿文远。鋹始令堑广州东壕,遣郭崇岳统兵六万屯马迳,列栅以拒之。

四年正月,美等破英、雄二州,都统潘崇彻来降。翌日,次泷头,鋹遣使请和,且求缓师,泷头山水险恶,美等疑有伏兵,乃挟鋹使速度诸险。二月,过马迳,去广城十里,砦于双女山下。鋹闻之,取舶船十余艘,载金宝、妃嫔欲入海,未及发,宦官乐范与卫兵千余盗舶船走。美等将至城,鋹惧,遣其右仆射萧漼奉表诣军门乞降。美谕太祖意,语在《美传》。使者乞部送赴阙,师遂顿城外。鋹又遣其弟保兴率百官奉迎,为郭崇岳所遏。崇岳无谋勇,但祈祷鬼神,复为拒捍之备。美等乃进攻,保兴迎战,大为所败,美乘风纵火,烟埃坌起,崇岳死于乱兵。城既破,鋹尽焚其府库。美擒鋹及龚澄枢、李托、薛崇誉与宗室文武九十七人,同羁于龙德宫。保兴逃于民家,亦获之,悉部送阙下。斩阉工五百余人。凡得州六十、县二百四十、户十七万。

鋹至江陵,邸吏庞师进迎谒,学士黄德昭侍鋹,鋹问师进何人,德昭曰:“本国人也”。鋹曰:“何为在此”? 曰:“先主岁贡大朝,辎重比至荆州,乃令师进至邸,于此造车,以给馈运尔。”鋹叹曰:“我在位十四年,未尝闻此言,今日始知祖宗山河及大朝境土也”。因泣下久之。

至京,舍于玉津园,太祖遣参知政事吕余庆问鋹翻覆及焚府库之罪,鋹归罪澄枢、托、崇誉。翌日,有司以帛系鋹及其官属献太庙、太社。太祖御明德门，遣摄刑部尚书卢多逊宣诏责铱，铱对曰：臣年十六僭伪位，澄枢等皆先臣旧人，每事臣不得专，在国时臣是臣下，澄枢是国主"。遂伏地待罪。太祖命摄大理卿高继申引澄枢、托、崇誉斩于千秋门外，释铱罪，赐袭衣、冠带、器币、鞍勒马，授金紫光绿大夫、检校太保、右千牛卫大将军、员外置同正员，封恩赦侯，朝会班上将军之下，以其弟保兴为右监门率府率，左仆射，萧濣为太子中允，中书舍人卓惟休为太仆寺丞，余并署诸州上佐、县令、主簿。

初，龚时尝召司天监周杰筮之，遇《复》之《丰》，龚问曰：享年几何？杰曰：凡二卦皆土为应，土之数五，二五，十也，上下各五，将五百五十五乎。及铱之败，果五十五年，盖杰举成数以避一时之害尔。又广州童谣曰："羊头二四，白天雨至。"识者以羊是未之神，是岁在辛未，以二月四日擒铱。天雨者，王师如时雨之义。又前一年九月八日夕，众星皆北流，有知星者言，刘氏归朝之兆也。

四年，诏铱月给增钱五万、米麦五十斛。八年，李煜平，迁左监门卫上将军，进封彭城郡公。太平兴国初，又进卫国公。五年，卒，年三十九。废朝三日，赠太师，追封南越王。

铱体质丰硕，眉目俱竦。有口辩，性绝巧，尝以珠结鞍勒为戏龙之状，极其精妙，以献太祖。太祖诏示诸宫官，皆骇伏，遂以钱百五十万给其直，谓左右臣曰："铱好工巧，习以成性，倘能以习巧之勤移于治国，岂至灭亡哉"！

太祖尝乘肩舆从十数骑幸讲武池，从官未集，铱先至，赐铱卮酒。铱疑为酖，泣曰："臣承祖父基业，违拒朝廷。劳王师致讨，罪固当死，陛下不杀臣，今见太平，为大梁布衣足矣。原延旦夕之命，以全陛下生成之恩，臣未敢饮此酒。"太祖笑曰："朕推心于人腹，安有此事！"命取铱酒自饮之，别酌以赐，铱大惭顿首谢。

太宗将讨晋阳，召近臣宴，铱预之，自言，"朝廷威灵及远，四方僭窃之主，今日尽在坐中，且夕平太原，刘继元又至，臣率先来朝，愿得执梃为诸国降王长。"太宗大笑，赏赐甚厚。其诙谐此类也。

铱子守节、守正，皆至崇仪副使。守正卒，帝闻其家贫，诏月给万钱。守素，咸平中为侍禁，亦贫，真宗赐白金百两，语宰相曰："诸伪主子孙率多窘迫，盖僭侈之后不知稼穑艰难所致也。"后至内殿崇班，天禧中，又录为阁门祗候。守通，供奉官，守正子克昌，为三班奉职；国昌，为借职。

龚澄枢，广州南海人。性廉谨，不妄交游。幼事龚为内供奉官，累迁内给事。晟袭位，任阉人林延遇为甘泉宫使，颇预政事。延遇病将死，言于晟曰："臣死，惟龚澄枢可用。"即日擢知承宣院兼内侍省，改德陵使兼龙德宫使。铱嗣位，加特进、开府仪同三司、万华宫使、骠骑大将军，改上将军、左龙虎军观军容使、内太师，军国之务皆决于澄枢。澄枢与李托、薛崇誉置酷法之具，民甚苦之。

初，严改名龚，有术者言不利，名龚，当败国事，遂改名龚，后铱用澄枢，以其姓卒亡其国，澄枢亦被诛。

李托，封州封川人。少习骑射，以谨愿事龚为内府局令。晟袭位，迁内侍省内侍，充宫闱诸卫押番兼秀华宫使。铱立，改玩华宫使、内侍监兼列圣、景阳二宫使。托纳二女于铱，铱以其长为贵妃，次为美人，政事皆访托而后行。加特进、开府仪同三司、甘泉宫使兼六军观军容使、行内中尉，迁骠骑上将军、内太师。

太祖命师伐铱，既克韶州，统军使李承渥战死，节度副使辛延渥间道遣人劝铱降，托坚沮其议。及就擒至许田，太祖遣使问托等："昨已约降，复率众来拒战，及军败又继火焚府库，谁为之谋也"？托俯首不能对。铱谏议大夫王圭谓托曰："昔在广州，机务并尔辈所专，火又自内起，今天子遣使案问，尔复欲推过何人"？遂唾而批其颊，托乃引伏，后至京斩之。

薛崇誉，韶州曲江人。善《孙子五曹算》。晟署为内门使兼太仓使。铱嗣位，迁内中尉、特进、开府仪同三司、签书点检司事。太祖命师克广州，崇誉纵火焚仓廪，擒至京，与李托同戮。

　　潘崇彻,广州南海人。事龑为内侍省局丞。颇读兵书,立战功。
晟尝遣大将吴怀恩伐桂州平之。怀恩为部下所杀,命崇彻代之。铢
袭位,加西北面都统,岁余,铢颇疑崇彻,遣薛崇誉使其军以察之。
崇誉还,遂白崇彻日以伶人百余衣锦绣、吹玉笛,为长夜之饮,不恤
军政。铢怒,召归,夺其兵柄,自是居常怏怏。

　　太祖命师度岭,铢复命崇彻领兵五万戍贺江,崇彻不为效命,
铢败,至京,太祖知其事,特赦之,授汝州别驾,卒。

宋史卷四八二
列传第二四一

世家五

北汉刘氏

　　北汉刘继元，并州太原人。祖崇，汉祖之弟，汉初为太原尹、北
京留守。隐帝嗣位，周祖为枢密使，崇谓判官郑珙曰：“吾与郭枢密
素不协，朝廷幼弱，郭得志，吾无类矣。”因泣下，珙遂劝缮完甲兵，
招集亡命，为自全计。

　　及闻隐帝遇害，崇欲率兵南向，会汉太后下令遣冯道诣徐州迎
崇子赟为汉嗣，崇信之，谓宾佐曰：“吾儿为帝矣，复何虑哉”？少尹
李骧曰：“知几其神，时不可失。揣郭公之心，必不以天下与人，不如
领精骑疾度太行，控孟津，以观其变，徐州位定，然后归晋阳，即郭
公不敢动矣。”崇大怒，骂曰：“腐儒敢离间我父子”！遽令左右曳出
斩之。骧曰：“仆负王佐才，今日为愚人画计，死固甘心，但家有病
妻，愿同戮于市”。崇并杀之，表其事于太后，明无他志。俄周祖为
众所推，降封赟湘阴公。崇遣使奉书周祖，乞赟归藩。使还知赟已
死，崇恸哭，为骧立祠。

　　遂即皇帝位，国仍号汉，仍称乾祐年，改名旻，以子钧为太原
尹，判官赵华、郑珙为宰相，陈光裕为宣徽使。赍重币结契丹，自言
与周有隙，愿如晋祖故事，约为父子。契丹主许之，遣政事令燕王耶
律述轧、上枢使高勋，策崇为大汉神武皇帝。自是数侵晋、绛。高平

之败，崇单骑遁归，由此丧气，不敢复出师。显德元年，崇卒，钧袭位。

钧旧名承钧，后止名钧。改元天会，以卫融为相，段常为枢密使，蔚进掌亲军，子继恩为太原尹。始建七庙于汉祖旧第，号显圣宫。潜结江南、西川为外援。六年冬，钧结契丹侵周。明年正月，周恭帝命太祖北征，至陈桥驿，众推戴太祖即位。钧与契丹兵皆遁去。

是夏，李筠以上党叛，令判官囚监军周光逊等送于钧，称臣求援。钧自至太平驿与筠会，遣其宣徽使卢赞将骑数千随筠入寇，又遣其河阳节度范守图援之。及太祖亲讨，前军石守信、高怀德破筠众于泽州，获守图，杀钧兵数千。钧之沙谷砦又折德扆所破，斩首五百级。九月，昭义李继勋率师入钧平遥，虏获甚众。建隆二年冬，继勋又败钧兵，斩首百余级，获其辽州刺史傅廷彦弟勋以献。

三年二月，钧侵晋、潞二州，守将击走之。三月，太祖诏河东降人徙家于邢、洺，计口给粟。四月，太原民四百七十人降。七月，钧捉生指挥使路贵等十一人降，并补内殿直。四年八月，邢州王全斌率师攻乐平，钧拱卫指挥使王超、散指挥使元威侯霸荣率所部千八百人降全赟。未几钧侍卫都指挥使蔚进、马军都指挥使郝贵超与契丹悉兵来救乐平，三战皆败之，遂下其城，诏建为平晋军，以降兵为效顺军，赐以钱帛，静阳十八砦遂相率来降。九月，钧复引契丹攻平晋军，太祖遣洺州防御使郭进、濮州防御使张彦进、客省使曹彬、赵州刺史陈万通将步骑万余救之，未至而钧遁去。

乾德二年二月，李继勋与兵马钤辖康延沼、马步军都头尹训率兵攻辽州，钧遣郝贵超来战援，于城下，大败刺史杜延韬危蹙，与拱卫都指挥使冀进、兵马都监侯美籍部兵三千降于继勋，赐延韬等袭衣、银带、器币、鞍勒马，其降兵以效顺、怀恩为名。是月，府州擒钧卫州刺史杨璘以献。又钧耀州团练使周审玉等四人降，赐审玉袭衣、金带、绢千匹、银五百两、鞍勒马，仍赐名承瑶，以为左千牛卫大将军、领汾州团练使。四月，太祖遣马军都校刘光将军兵戍潞，备钧入侵。五年三月，钧招收指挥使阎章以石盆砦降镇州。四月，招收指挥使樊晖杀监军成昭，以鸿唐砦降镇州。六年正月，偏成砦招收指挥使任恩等百五十人降晋州。三月，镇州守将攻破钧马鞍山砦。七月，钧乌玉砦主胡遇等百三十九人降镇州。

初，钧自李筠败，狼狈而归，且夕惧宋师之至，以赵文度为相，召抱腹山人郭无为参议中书事，以五台山僧继颙为鸿胪卿，参议国事，因事诛段常，契丹主遣使责钧曰："尔不禀我命，其罪三：擅改年号，一也；助李筠有所觊觎，二也；杀段常，三也。钧皇恐曰："父为子隐，愿赦罪"。契丹不报。自是使契丹者被留不遣。终以势力窘弱，忧愤成疾，是月卒，年四十三。继恩嗣位。

初太祖尝因界上谍者谓钧曰："君家与周氏为世仇，宜其不屈，今我与尔无所间，何为困此一方人也？若有志中国，宜下太行以决胜负。"钧遣谍者复命曰："河东土地甲兵不足以当中国，然钧家世非叛者，区区守此，盖惧汉氏之不血食也。"太祖哀其言，笑谓谍者曰："为我语钧，开尔一生路。"故终其世不加兵焉。

继恩本姓薛。父钊，娶崇女，晋初为护圣营卒。汉祖典禁兵，以钊崇婿，释其籍，馆门下。汉祖后领方镇，爵位通显，钊罕得见其妻，居常怏怏。一日乘醉求见，即引佩刀刺妻，妻奋衣得脱，钊乃自刭。继恩时尚幼，汉祖令钧养为子，遂冒姓刘。

八月，太祖诏伐继恩，以内客省使卢怀忠等二十二人将禁兵赴潞州，昭义节度李继勋为行营前军都部署，侍卫步军都指挥使党进副之，宣徽南院使曹彬为都监，隶州防御使何继筠为前锋部署，怀州防御使康延沼为都监；建雄军节度赵赞为汾州路部署，绛州防御使司超副之，隰州刺史李谦溥为都监。九月，继勋败继恩军于洞涡河，其左胜军使李琼来降，赐袭衣、金带、鞍勒马。

初，钧谓郭无为曰："继恩庸懦，何堪付后事？"无为亦以为然。至是继恩独处一室行丧，左右亲信皆在太原，无得从者。或劝召之，继恩犹豫不决。有侯霸荣者,邢州龙冈人,多力善射,走及奔马,尝为盗并、汾间,钧用为散指挥使,戍乐平。建隆中,率所部来归,补内殿直,未几,复奔太原,钧署供奉官。至是谋持继恩首献太祖,遂乘继恩无备,白昼挺刃而入,反扃其门,继恩绕屏环走,霸荣以刃揕胸杀之,年三十四,时立六十日矣。无为遣卒登梯入,杀霸荣,立其弟继元。

继元本姓何。初,薛钊死,崇以女再妻何氏,生继元。何死,钧亦养继元为子。继元既袭位,改元广运,复结契丹为援。开宝二年春,太祖诏李继勋,赵赞、郭进,司超等将兵先赴大原,太祖遂亲征,以继元太谷令梁文陟为太子洗马,郊令张续为右赞善大夫。太祖将至,继勋败继元兵于城下,其宪州推官史昭文以州来降,升本州刺史。乃壅汾水灌其城,又遣海州刺史孙方进围沧州。继元方恃契丹为援,守陴者扬言旦夕契丹至。四月,何继筠败契丹于阳曲北,太祖命以所获首级、铠甲示于城下,城中由是丧气,知岚州赵文度遂来降。闰五月,南城为汾水陷,水注城中,太祖幸长堤观焉。登望楼者见继元杀其相郭无为,城中纷扰。俄而城兵自西长连城出,将焚攻战具,反为攻兵击走之,斩首万余级。夜半,传呼壁外继元降,太祖令卫士擐甲,将开壁门,八作使赵璲曰:"受降如受敌,讵可中夜轻出? 太祖使伺之,果谍者也。

太常博士李光赞上言曰:"陛下应天顺人,体元御极,战无不胜,谋无不臧,四方恃险之邦,僭窃帝王之号者,昔日与中国为邻,今日与陛下为臣。蕞尔晋阳,岂须亲讨,重劳飞挽,久驻师徒。且太原得之未必为多,失之未足为辱,今时属炎蒸,候当暑雨,悗河津泛溢,道路阻艰,辇运稽留,恐劳宸虑。"太祖览奏甚喜,命宰相赵普抚谕诸将欲班师。禁军校赵翰等叩头愿乘城急击,以尽死力,太祖曰:"汝曹我所训练,无不一当百,以备肘腋、同休戚也。我宁不取太原,岂忍驱汝曹冒锋镝而蹈必死之地乎"? 士皆感泣,遂班师。

九年八月,太祖又遣党进、潘美、杨光美、牛思进、米文义讨之。

时继元谍者赵训为晋州所捕,械送于朝,太祖命释之。给服装放归。又遣郭进入忻代路,郝崇信、王政忠入汾州路,阎彦进、齐超入沁州路,孙晏宣、安守忠入辽州路,齐延琛、穆彦璋入石州路。九月,党进败继元兵数千,获马千余,郭进得山北民三万七千余。十月,辽州监押马继恩入并州境,燔四十余砦,获牛羊数千。郭进又破寿阳,得民九千。穆彦璋入并州境,得民二千。党进又败继元兵千余于城下。是月,太宗即位,召诸将还。

太平兴国二年,继元胡桃砦指挥使史温等以其民内附。太宗谓齐王廷美曰:"太原我必取之"。四年,始议讨伐,曹彬以为可,太宗意遂决,语在《彬传》。宰相薛居正曰:"昔周世宗举兵,太原倚契丹之援,坚壁不战,以至师老而归。及太祖破契丹于雁门关南,尽驱其民分布河、洛之间,虽巢穴尚存,而危困已甚,得之不足以辟土,舍之不足以为患,愿陛下熟虑之"。太宗曰:"今者事同而势异,彼弱而我强。昔先皇破契丹,徙其人而空其地者,正为今日事也。朕计决矣,卿勿复言。"遂遣宣徽南院使潘美等率诸将分兵围汾。沁、岚诸州,车驾遂亲征,以骁将郭进扼石岭关,断契丹援路。契丹果至,进击败之。

初,继元遣子续质于契丹,契丹为进所败,继元又遣健步间道赍蜡丸帛书求救,进又得之,徇于城下。继元外援不至,饷道又绝,潘美等兵数十万长围四合,自春徂夏,矢石如雨,昼夜不息,城中大惧。会太宗奄至,亲督卫士急攻,人百其勇,城无完堞。太宗虑城陷则杀伤者众,以手诏谕继元降,诏至城下,守陴者不纳,继元不能知。太宗躬擐甲胄,夜至长连城督诸将攻之。控弦之士数万列阵于前,蹲甲交射,矢集城上如猬毛,每给矢必数百万,顷之咸尽。捕得城中人云,继元以十钱购一矢,凡聚百余万,太宗笑曰:"此为我畜也。"

五月庚辰,继元宣徽使范超来降,攻城者以超为出战,禽而戮之,继元遂斩超妻子,投其首城外。壬午,马军都指挥使郭万超逾城降,继元帐下亲信因之渐亡去,城中危急。太宗又自草诏谕之曰:

"越王、吴主献地归朝，或授以大藩，或列于上将，臣僚、子弟皆享官封。继元但速降，必保终始富贵，安危两途，尔宜自择。"至是诏入，诸将锐攻不可遏，太宗临之，恐城陷害民，麾众少退。

是夕，继元遣其客省使李勋奉表请降，太宗赐勋袭衣、金带、银器、锦彩、银鞍勒马，复遣通事舍人薛文宝赍诏答之。夜漏未尽，太宗幸城北，张乐宴从臣于城台，继元降。迟明，继元率官属缟衣纱帽待罪台下，诏释之，赐袭衣、玉带、金银鞍勒马三匹、金器五百两、银器五千两、锦彩二千段，文武官各赐衣金银带、器币、鞍勒马有差。召升台，继元叩头言："臣闻车驾亲征，即愿束身归罪，盖亡命者惧死，逼臣不得降尔。"太宗籍军中亡投继元者数百人，选其巨室者以从军法，余赐服及钱帛，分隶诸将。诏授继元特进、检校太师、右卫上将军，封彭城郡公，馆于行在所，给赐甚厚，其相李恽等授官有差，命中使康仁宝监之。继元献其宫妓百余，悉分赐立功将校。又令仁宝护继元亲属百余赴京，所过续食，赐京城甲第一区，岁时优加颁赉。六年，加开府仪同三司。雍熙三年，建房州为保康军，以继元为节度。

淳化二年，继元疾，遣中使护医诊视，及卒。遗奏以其子三猪为托，太宗恻然哀之，赠中书令，追封彭城郡王，帽赗加等，葬事官给。时三猪六岁，赐名守节，授西京作坊副使，家居赐禄。

初，太宗征继元，行次澶渊，有太仆寺丞宋捷者掌出纳行在军储，太宗见其姓名喜，以为师必有捷之兆。及将至太原，太宗遣语攻城诸将曰："我以端午日当置酒高会于太原城中"。至癸未，继元降，乃五月五日也。刘崇自周广顺元年称帝，历四主二十九年而亡。

继元性残忍，在太原，凡臣下有忤意，必族其家。自太祖亲征及遣将攻伐，因之杀伤不可胜纪。及穷蹙始降，太宗待遇终保全之，尝谓近臣曰："晋司马昭以刘禅思蜀之对，戏之云'何乃似却正之言，'此不仁之甚也。亡国之君皆暗懦所致，苟有远识，岂至灭亡？此可愍伤，何反戏侮乎？刘继元朕所房者，待之若宾客，犹恐不慰其意尔。"

守节后为崇仪使,改右屯卫将军。天禧四年,特迁右武卫将军,改右骁卫将军。

卫融字明远,青州博兴人。晋天福初举进士,调南乐主簿,历齐澶二州从事、忠武军掌书记。汉初,为太原观察支使,刘崇称帝,授中书侍郎、平章事。

太祖立,李筠据上党遣使降刘钧,钧自将兵至太平驿兴筠会,遣宣徽使卢赞入潞州监筠军。赞与筠不协,钧遣融和解之。会筠败,融被擒,太祖责之曰:"汝何故劝刘钧举兵助李筠反耶"? 融曰:"犬吠非其主,臣四十口受刘氏丰衣美食,不忍负之。陛下纵不杀臣,臣亦不为陛下用,终当间道走河东尔。"太祖怒,令左右以铁挝击其首,曳出将戮之。融大呼曰:"大丈夫死或重于泰山,或轻于鸿毛,今之死正得其所尔"。太祖闻之曰:"此忠臣也"。遽命释之,召坐御前,以良药傅其创,赐袭衣、金带、鞍勒马,既而欲放融归,令融先为书谕钧,言俟周光逊等归朝,即遣融去,钧得书久无报,乃授融太府卿,赐第京城。乾德初,郊祀,融献《郊禋大礼赋》,改司农卿,出知陈、舒、黄三州。开宝六年,卒,年六十九。

子俑、侜,孙齐,并进士及第。

赵文度,蓟州渔阳人。父玉尝客沧州,依节度判官吕兖。刘守光破沧州,收兖亲属尽戮之,兖子琦年十四,玉负之以逃,至太原,变姓名,丐衣食以给琦,琦后唐同光初为藩郡从事。当是时,燕、赵之士,以玉能存吕氏之孤,翕然称之。明宗朝,琦至职方员外郎知杂。清泰中,琦为给事中、端明殿学士,玉已卒矣。

文度入洛举进士,琦荐于主司马裔孙,擢甲科,历徐、兖、陈、许四镇从事。汉初,为河东掌书记。文度捷给善戏谑,刘崇雅爱之,及称帝,累官至翰林承旨、兵部尚书。天会四年,授中书侍郎、平章事,转门下侍郎兼枢密使,加司徒。久之,与郭无为不协,出知汾州,徙岚州。

太祖开宝二年亲征晋阳,遣偏师围岚,文度危蹙请降,待罪行宫,太祖命释之,赐袭衣、玉带、金鞍勒马、器币甚厚,其官属赐物有差。文度本名弘,以犯宣祖庙讳,赐今名。师还,授检校太傅、安国军节度,岁余徙华州,不宣制而告敕同宣制之例。又徙耀州,凡历三镇。七年,卒,年六十一。

文度善为诗,人多讽诵,有《观光集》。文度之降也,其母在太原,世以不能死节罪之。子昌图,至内殿崇班、阁门祗候。

李恽字孟深,开封阳武人。汉乾祐中举进士,客游岚州。会刘崇自立,署州从事,擢知制诰、翰林学士,累至司空、平章事。时母在乡里,恽不知存亡,居常戚戚,但以弈棋沈饮为务,政事多废。刘继元频以为言,恽不介意。后方与僧弈棋,继元命近侍直抵恽前,取局焚之,恽怡然,徐诣继元谢,继元因切责之,明日别造新局,弈棋如故。太宗克太原,为殿中监,始知母亡,表求追服母丧,不许,出知广州,迁司农卿,连知许、孟二州。以足疾求解,授忠武军行军司马,端拱元年,卒,年七十三。

恽性疏达,善谈名理。年少时好滑稽,及为相,颇事持重。初与王溥、李昉同年登第,太原平,相见叙旧,情好益固,论者美之。

子存诚,驾部员外郎;存信,左侍禁、阁门祗候。

马峰,并州太原人。仕刘继元至枢密使、左仆射致仕。太原平,太宗以为将作监,迁太府卿,分司西京。峰善服饵养生,体强无疾,性鄙吝,颇好持论。雍熙元年,卒,年八十余。

郭无为,青州千乘人。少博学有辞辩,为道士,隐武当山。汉乾祐中,周祖征河中,无为杖策谒于军门,周祖一见大奇之,将留馆门下。左右曰:“无为纵横家流,今公握重兵,不宜亲之。”无为遂拂衣去,隐太原抱腹山。

会刘钧将兵援李筠,将发太原,其大臣赵华谏曰:“筠举动轻易,今起兵应之,未见其可"。钧怒不顾,遂行。及筠败,钧狼狈而归,由是重文学之士,且日夕惧宋师至,颇求有智谋者与之计事。段常荐无为于钧,钧以谏议大夫召之。及至,与语大悦,寻迁吏部侍郎、参议中书事。与赵文度同秉政,意好不协,钧乃出文度知汾州。俄诛段常,遂以无为为左仆射、平章事兼枢密使,机务一以委之。

钧尝病,与无为语及后事,谓其子继恩不才,无为亦言其然。继恩既立,知其事,欲诛无为,畏懦不能决。月余,侯霸荣弑继恩,无为使人杀霸荣,并人疑无为初授意于霸荣,后杀之以灭口也。

继元立,太祖遣李继勋等讨之,仍诏许继元以青州节度、无为邢州节度,无为得诏色动。一日,继元宴群臣,契丹使亦在焉,无为恸哭于庭曰:"今日以空城抗大军,计将安出?"引佩刀欲自刺,继元遽降阶持其手,引无为升坐,盖无为欲以动众心也,及太祖亲征,长围既合,无为请自将兵夜出击围,欲自拔来归,值天阴晦而止,阉人卫德贵告其事。会太祖壅汾水浸城,城中人情大惧,继元乃杀无为以徇。

宋史卷四八三
列传第二四二

世家六

湖南周氏　　荆南高氏　　漳泉留氏
陈氏

　　湖南周行逢,朗州武陵人。少无赖,不事产业。尝犯法配隶镇兵,以骁勇累迁裨校。

　　自唐乾宁二年,马氏专有湖南二十州之地,虽禀朝廷正朔,其郡守官属皆自署。至周广顺初,兄弟争国,求援于江南李景,景遣大将边镐率兵赴之,因下长沙,迁马氏之族于建康,封希萼为楚王,居洪州,希崇镇舒,居扬州。宋兴,希崇率兄弟十七人归朝,皆为美官。

　　景以镐为潭帅。会朗州众乱,推衙将刘言为留后,言以行逢为都指挥使。行逢以众情表于景,请授言节钺,景不从。召言入金陵,言惧,遣副使王进逵、行军何景真与行逢帅舟师袭破潭州,镐遁去,行逢等据其城。言遣使上言长沙兵乱,焚烧公府,请移治朗州。周祖即以言为朗帅,王进逵为潭帅,行逢为潭州行军司马、领集州刺史。未几,进逵寇朗州,害刘言,周祖即以进逵为朗州节度,以行逢领鄂州节度、知潭州军府事。初朗州人谓刘言为“刘咬牙”,马氏将乱,湘中童谣云:“马去不用鞭,咬牙过今年”。及边镐俘马氏,镐为刘言所逐,而言亦被害。

　　显德中,世宗将用师淮甸,诏朗州王进逵出师入鄂州界,进逵遣裨将潘叔嗣领兵五千为先锋。行及鄂州界，叔嗣乃回戈袭进逵，进逵闻之，倍道先入武陵。叔嗣攻其城，进逵败走，为叔嗣所杀，迎行逢为节度。行逢至，即斩叔嗣以徇。世宗乃授行逢朗州大都督、武平军节度、制置武安静江等州军事兼侍中，尽有湖南之地。宋初，加兼中书令。

行逢在镇，尽心为治，辟署官属，必取廉介之士。有女婿求补吏，不许，返给以耒耜，语之曰："吏所以治民也，汝才不能任职，岂敢私汝以禄邪？姑归垦田以自活"。其公正多此类。条教简约，民皆悦之。然性多猜忌，左右少有忤意者必置于法，麾下之人重足累息。有何景山者，为王进逵记室，常狎侮行逢。及行逢为帅，署景山益阳令，数月，缚投于江。又馆驿巡官邓洵美与翰林学士李昉同年进士，会昉使行逢，召至传舍，与话终日。行逢疑其泄己阴事，黜为易俗场官，潜遣杀之。由是士流不附。

马氏旧僚有天策府学士徐仲雅，性滑稽，颇恃才倨傲，行逢以为节度判官。行逢多署溪洞蛮酋为司空、太保，一日谓仲雅曰："吾奄有湖湘，兵强俗阜，四邻其惧我乎"？仲雅曰："公部内司空满川，太保遍地，孰敢不惧？"行逢不悦，摈斥仲雅。行逢妻潘氏貌丑，性刚狠。行逢为帅，妻不为屈，不入府署，躬率奴仆耕职以自给，赋调必先期输送。行逢止之，不从，曰："税，官物也，若主帅自免其家，何以率下？"

建隆三年十月，行逢卒，追封汝南郡王。

子保权，年十一。初为武平军节度副使，太祖授以起复检校太尉、朗州大都督、武平军节度。

初，行逢疾且亟，召将校托保权曰："吾部内凶狠者诛之略尽，唯张文表在焉，吾死，文表必乱。诸公善佐吾儿，无失土宇，必不得已，当举族归朝，无令陷于虎口"。行逢卒，明年春，文表果自衡州举兵据潭州，将取朗陵，尽灭周氏。保权乞师于朝廷，江陵高继冲亦以其事闻。上遣中使赵璲赍诏谕文表，而保权之奏继至，乃遣山南东道节度慕容延钊为湖南道行营都部署,宣徽南院使李处耘为都监,率淄州刺史尹崇珂、申州刺史聂章、郓州刺史赵重进、判四方馆事武怀节、毡毯使张继勋、染院副使康延泽、内酒坊副使卢怀忠等将步骑往平之,又发安、复等十州兵会于襄阳。师及江陵,赵璲至潭州,文表已为保权之众所杀。

　　保权牙校张从富辈,以为文表已平而王师继进不已,惧为袭取,相与拒守。延钊令阁门使丁德裕先路安抚,及至城下,从富辈拒而不纳,尽撤部内桥梁,沉舫伐树塞路。德裕以不奉诏不敢与战,退军以须朝旨。延钊以闻,太祖遣中使谕保权及将校曰:"尔本请师救援,故发大军以拯尔难。今妖孽既殄,是有大造于尔辈,反拒王师何也?无自取涂炭,重扰生众聚。"保权出军于沣州南,未及交锋,望风而溃,复还朗州,焚卢舍廪库皆尽,驱略居人奔窜山谷,城郭为之一空。王师长驱而南,获从富于西山下,枭首朗市。其大将汪端劫保权并家属,弃城亡匿山洞,王师至数月,获保权。武怀节分兵克岳州,端拥保权众寇略,未几亦就擒,磔于市,湖湘悉平。

　　保权至,上章待罪,优诏释之,赐袭衣、金带、鞍勒马、茵褥、银器千两、帛二千匹、钱千贯,授右千牛卫上将军,葺京城旧邸院为第,令居焉,仍下诏朗州,增筑行逢之墓。保权乾德五年累迁右羽林统军。太平兴国元年,知并州,赐钱三百万。雍熙二年,卒,年三十四。

　　李观象,桂州临桂人。行逢署为掌书记。行逢性残忍,多诛杀,观象惧及祸,清苦自励,以求知遇,帐帏、寝衣悉以纸为之。行逢颇加信任,军府之政一皆取决。

　　观象涉经史,有文辞,忌才怙宠,湖南士人多为所排摈。行逢临终托以后事,令其子保权善待之。及张文表难作,王师压境,观象谓保权曰:"我所恃北有荆渚,以为唇齿,今高氏拱手听命,朗州势不独全,莫若幅巾归朝,则不失富贵"。保权幼懦,不能用其言。及湖湘平,太祖闻观象尝为保权画谋,以为左补阙。

张文表,朗州武陵人。从王进逵、周行逢举兵逐边镐,行逢署文表衡州刺史,颇心忌之,常欲诛文表,未有以发。及行逢卒,保权遣兵代永州戍卒,路出衡阳,文表遂驱之以袭潭州。时行军司马廖简知留后,素轻文表,不为之备。方宴饮,外报文表兵至,简殊不以介意,谓四坐曰:"此黄口小儿,至则成擒,何足患也"?饮啖如故。俄文表率众径入府中,简醉不能彀弓弩,但按膝叱之,文表遂害简及坐客十余人。保权遣其将杨师璠悉众以御文表,保权泣谓众曰:"先君可谓知人矣。今坟土未乾,文表构逆,军府安危,在此一举,诸公勉之!"众皆感愤,遂破其众于平津亭,擒文表脔而食之。

初,文表将攻长沙,犹豫未决,有小校梦文表龙出领下,明日以告,文表喜曰:"天命也"。及败,枭首于朗陵市。

荆南高保融字德长,其先陕州峡石人。祖季兴,唐末为荆南节度,历梁、后唐封南平王,卒。子从诲嗣,至太傅、中书令,《五代史》有传。

从诲生保融,以长兴初荫补太子舍人,赐绯。晋天福中,制授检校司空、判内外诸军,俄迁节度副使。开运末,领峡州刺史,累加至检校太傅。汉初,从诲卒,权知军府事,制授起复检校太尉、同平章事、江陵尹、荆南节度、荆归峡观察使,遣翰林使郭允明赐衣币。乾祐二年,加检校太师兼侍中。周广顺初,加兼中书令,封勃海郡王,正衔命使礼部尚书王易、副使刑部郎中景范发册命,仍赐礼服冠剑。显德初,进封南平王。世宗即位,加守中书令。

世宗征淮南,诏保融出水军数千人抵夏口为掎角。淮甸平,玺书褒美,以绢数万匹赏其军。世宗将议代蜀,保融上言请率舟师趣三峡。六年,恭帝即位,加守太保。宋初,守太傅,连遣使贡献,恩顾甚厚。是岁八月,卒,年四十一。废朝三日,遣仪鸾使李继超赐赙物,兵部尚书李涛、兵部郎中率汀持节册赠太尉,谥正懿。

保融性迂阔淹缓,御兵治民,一时术略政事,悉委于母弟保勖焉。子继冲、继充，继充至归州刺史。

　　保勖字省躬，从诲第十子，保融同母弟也。晋天福初，起家领汉州刺史。保融嗣政，令判内外诸军事。周广顺元年，加检校太傅，充荆南节度副使。显德初，从保融之请，加检校太尉，充行军司马，领宁江军节度。融卒，保勖权知军府，奉章以闻，太祖即授以节度使。建隆二年，遣其弟保寅入贡。初，保融于纪南城北决江水潴之七里余，谓之北海，以阂行者。至是太祖因保寅归，谕旨令决去，使道路无阻。

　　保勖幼多病，体貌癯瘠，淫佚无度，日召娼妓集府署，择士卒壮健者令恣调谑，保勖与姬妾垂帘共观，以为娱乐。又好营造台榭，穷极土木之工，军民咸怨。政事不治，从事孙光宪切谏不听。三年十一月，卒，年三十九。废朝二日，赠侍中，遣御厨使李光睿赙祭。

　　初，保勖在保抱，从诲独钟爱，故或盛怒，见之必释然而笑，荆人目为"万事休"，及保勖之立，藩政离弱，卒裁数月遂失国，亦预兆也。

　　继冲字赞平，保融长子也。周显德六年，以荫检校司空，为荆州节度副使。建隆三年，保勖寝疾，以继冲为节度副使，权知军府，保勖卒，四年正月，制授继冲为检校太保、江陵尹、荆南节度。

　　时湖南张文表叛，周保权求救于朝廷，诏江陵发水军三千人赴潭州，继冲即遣亲校李景威将之而往。二月，慕容延钊、李处耘等率众至，继冲以牛酒犒师，开门纳延钊等，即遣客将王昭济、萧仁楷奉表纳土。太祖令御厨使郜岳持诏安抚，枢密承旨王仁赡为荆南都巡检使，仍令赉衣服、玉带、器币、鞍勒马以赐继冲，授继冲马步都指挥使，梁延嗣为复州防御使，节度判官孙光宪为黄州刺史，右都押衙孙仲文为武胜军节度副使，知进奏郑景玫为右骁卫将军，王昭济左领军卫将军，萧仁楷供奉官。继冲籍管内刍粮钱帛之数来上，又献钱五万贯、绢五千匹、布五万匹，复遣支使王崇范诣阙贡金器五百两、银器五千两、锦绮二百段、龙脑香十斤、锦绣帷幕二百事。三月,诏鞍辔库使翟光裔赍官告、旌节赐继冲,并存问参佐官吏等;又以保融兄弟、诸父江陵少尹保绅为卫尉卿,节院使保寅为将作监、充内作坊使,左衙都将保绪为鸿胪少卿,右衙都将保节为司农少卿,合州刺史从翊为右卫将军,衙将保逊为左监门卫将军,巴州刺史保衡为归州刺史,知峡州事保膺为本州刺史,衙将从诜为右卫率府率,从让为左清道率府率,从谦为左司御率府率;又以王崇范为节度判官,高若拙观察判官,梁守彬江陵少尹,韦仲宣掌书记,胡允修节度推官,州县官悉仍旧,别赐管内符印。五月,保绅等来朝,各赐京城第一区。六月,命王仁赡兼知军府事。

　　会是岁将郊祀,表求入觐,可之。十月,至阙下,献金银器、锦帛、宝装弓剑、绣旗帜,象牙、玉鞍勒等,赐赍甚厚。郊禋毕,授继冲徐州大都督府长史、武宁军节度使、徐宿观察使。继冲镇彭门几十年,委政僚佐,部内亦治。开宝六年,卒,年三十一。废朝二日,赠侍中,遣中使护丧,葬事官给。

　　自高季兴据有荆南、归峡之地,传袭三世五帅,凡四十余年。

　　保寅字齐巽。晋天福七年,以荫授太子舍人,赐绯,累加检校司空。兄保融袭封,奏署节院使,赐金紫。宋兴,保勖既袭封,遣保寅入觐,太祖召对便殿,授掌书记遣还。保寅语保勖曰:“真主出世,天将混一区宇,兄宜首率诸国奉土归朝,无为他人取富贵资”。保勖不听。

　　王师讨武陵,道出荆渚,保寅奉牛酒迎犒军锋,太祖嘉之,驿召赴阙,授将作监,充内作坊使,赐第一区。俄知宿州。乾德四年,丁外艰,起复,转少府监。开宝五年,知怀州,历司农、卫尉二卿。是州本隶河阳,时赵普为帅,与保寅素有隙,事多抑制,保寅心不能平,手疏请罢支郡之制,诏从之。又为西川诸州都巡检使,改光禄卿,历知同、汝二州,改光化军。卒,年六十八。废朝,赙钱十万。

　　初,保寅在怀州,苏易简、王钦若并妙年始趋学;在同州,钱若水为从事;在光化军,张士逊其邑人也。保寅一见皆奖拔,许以远大,议者多其知人。

子辅政、辅之、辅尧、辅国,并进士及第。辅政至秘书丞,辅之至太常丞。

孙光宪字孟文,陵州贵平人。世业农亩,惟光宪少好学。游荆渚,高从诲见而重之,署为从事。历保融及继冲献三世皆在幕府,累官至检校秘书兼御史大夫,赐金紫。慕容延钊等救朗州之乱,假道荆南,继冲开门纳延钊,光宪乃劝继冲献三州之地。太祖闻之甚悦,授光宪寅州刺史,赐赉加等。在郡亦有治声。乾德六年,卒。时宰相有荐光宪为学士者,未及召,会卒。

光宪博通经史,尤勤学,聚书数千卷,或自抄写,孜孜雠校,老而不废。好著撰,自号葆光子,年著《荆台集》三十卷,《巩湖编玩》三卷,《笔佣集》三卷,《桔斋集》二卷,《北梦琐言》三十卷,《蚕书》二卷。又撰《续通历》,纪事颇失实。太平兴国初,诏毁之。子谓、说、并进士及第。

梁延嗣,京兆长安人。少事高季兴,颇见委任,表授检校司空、领绵州刺史,充衙内马步军都指挥使。历事四帅,人称其忠荩。继冲之纳土也,延嗣亦尝劝之,复率荆之水军从慕容延钊越战,太祖嘉之,授复州防御使,充湖南前军步军都指挥使兼排阵使。后因郊礼,自复州入朝,太祖慰抚之曰:"使高氏不失富贵,尔之力也"。改濠州防御使,有善政,诏书褒美。

延嗣颇知书,好接士。尝暴疾,禳于城隍神,是夕,梦神人告以九九之数,俄疾愈。开宝九年,卒,年八十一。

漳泉留从效,泉州永春人。幼孤,事母兄以孝悌闻。颇知书,好兵法。

唐末,王审知据有福建之地,子延钧,后唐长兴中僭称帝,国号闽，都福州，为其下所杀，立审知次子延羲。晋天福末，部将朱文进杀延羲据其位，署其党黄绍颇为泉州刺史，程赟为漳州刺史，许文稹为汀州刺史。时审知子延政为建州刺史，亦僭称帝。

泉人念王氏失国，群逆分据，时从效为泉州散指挥使，与其党王忠顺，董思安及所亲苏光诲相与图议，欲复王氏。从效倡言："吾等皆受王氏恩遇，今王氏子孙未复位而不思报，可谓忠义乎？闻建州士卒谋尽力击福州以复王氏，苟一旦功先成，王氏复位，我辈何面见之邪"？于是忠顺、思安置酒从效家，募敢死士，得陈洪进等五十二人，夜持白梃逾城而入，劫库兵，擒绍颇斩之，立延政从子继勋为刺史，从效等三人自署为统师，洪进等皆为指挥使。继勋令送绍颇首于建州，奉延政为主。

延政遂送款于江南李景。文进率众攻泉州，为从效所败。会景遣将讨王氏之乱，围福州，两浙钱氏发兵来援，景将但克汀、建而归，福州入于钱氏。从效以兵劫继勋送江南，自领漳、泉二州留后，李景即建泉州为清源军，授从效节度、泉漳等州观察使。闽中五州自此分矣。景累授从效同平章事兼侍中、中书令，封鄂国公、晋江王。

从效出自寒微，知人疾苦，在郡专以勤俭养民为务，常衣布素，置公服于中门之侧，出则衣之。每言我素贫贱，不可忘本。民甚爱之，部内安治。王氏有二女嫁为郡人妻，从效奉之甚谨，资给丰厚。每岁取进士、明经，谓之"秋堂"。

世宗征淮南，李景以兵十万保紫金山，从效累表于景，言其顿兵老师，形势非便。既而果败，江北之地尽入于中朝。从效遣衙将蔡仲赟等为商人，以帛书表置革带中，自鄂路送款内附。又遣别驾黄禹锡间道奉表，以猕豸通犀带、龙脑香数十斤为贡。世宗锡诏书嘉纳之。从效又乞置邸京师，世宗以其素附江南，虑其非便，不许。

宋初，从效遂上表称藩，贡奉不绝。会李景迁洪州，从效疑景讨己，颇惧，遣其从子绍镃赍厚币献景，又遣使假道吴越入贡。太祖特命使厚赐以抚之，使未至，从效疽发背卒，年五十七。伪赠太尉、灵州大都督。

从效无嗣，以兄从愿之子绍锜、绍镃为子。从效寝疾时，从愿守漳州，绍锜在金陵，绍镃尚幼。衙校张汉思、陈洪进等率兵劫从效迁东亭，汉思自称留后，洪进为副使，时建隆三年也。明年，洪进又废汉思而自立。

从效再从弟仁谦，淳化中为泗州长史，有清节，官散奉薄，虽藜藿不充，未尝妄干人。太宗闻之，召赴阙，特迁扬州观察支使。大中祥符七年，从效孙丕式诣阙上从效所受太祖朝制书，授三班借职。

陈洪进，泉州仙游人。幼有壮节，颇读书，习兵法。及长，以材勇闻。隶兵籍，从攻汀州，先登，补副兵马使。

从留从效杀黄绍颇，将以绍颇首送建州，请出兵为援，群下以道阻贼盛，惮其行。洪进虑事久生变，独请往，至尤溪，贼数千人遮道不得前，洪进绐贼曰："福州、泉州已为义师所袭，尔辈复为何人人戍守？"即持绍颇首示之曰："我送此于建州迎嗣君以归国，尔辈将安归乎"？贼遂溃，渠帅数人皆听命。洪进至建州，延政大悦，以为本州马步行军都校。是岁，晋开运元年也。

自是漳州杀程赟，迎延政从子继成为刺史，许文稹以汀州降，连重遇杀朱文进，传首建州，福人又杀重遇，延政遂遣洪进归泉州。三年，李景陷建州，延政入江南。明年，泉州留从效劫王继勋降江南，景以从效为清源军节度，洪进为统军使，与副使张汉思同领兵柄，累立战功。

从效卒，少子绍镃典留务。月余，洪进诬绍镃将召越人以叛，执送江南，推副使张汉思为留后，自为副使。汉思年老醇谨，不能治军务，事皆决于洪进。汉思诸子并为衙将，颇不平洪进，图欲害之，汉思亦患其专。明年夏四月，汉思大享将吏，伏甲于内，将害洪进。酒数行，地忽大震，栋宇将倾，坐立者不自持，同谋者以告洪进，洪进亟去，众惊悸而散。

汉思事不成。虑洪进先发，常严兵为备。洪进子文显、文颢皆为指挥使,勒所部欲击汉思,洪进不许。一日,洪进袖置大锁,从二子常服安步入府中,直兵数百人,皆叱去之。汉思方处内斋,洪进即锁其门,使人叩门谓汉思曰:“郡中军吏请洪进知留务,众情不可违,当以印见授。”汉思惶惧不知所为,即自门间出印与之。洪进遽召将校吏士告之曰:“汉思昏耄不能为政,授吾印,请吾莅郡事。”将吏皆贺。即日迁汉思别墅,以兵卫送。遣使请命于李煜,煜以洪进为清源军节度、泉南等州观察使。

时太祖平泽、潞,下扬州,取荆湖,威振四海,洪进大惧,遣衙将魏仁济间道奉表,自称清源军节度副使、权知泉南等州军府事,且言张汉思老耄不能御众,请臣领州事,恭听朝旨,太祖遣通事舍人王班赍诏抚谕,又与李煜诏曰:“泉州陈洪进遣使奉表言,为众所推,因而总领州事,以诚控告,听命于朝。观其倾输,尤足嘉尚,但闻泉州昔尝附丽,尤荷抚绥。然变诈多端,屡移主帅,恐其地里辽远,制御有所未遑。朕以书轨大同,恩威远被,嘉其款附,已降诏书,盖矜其远俗便安,不必以彼此为意,想惟明哲,当体朕怀”。煜上言:“洪进多诈,首鼠两端,诚不足听。”太祖又诏谕之,煜乃听命。

建隆四年,遣使朝贡。是冬,又贡白金万两,乳香茶药万斤。煜复上言,请寝洪进恩命。太祖又以谕煜。乾德二年,制改清源军为平海军,授洪进节度、泉漳等州观察使、检校太傅,赐号推诚顺化功臣,铸印赐之。以文显为节度副使,文颢为漳州刺史。是年夏,丁家艰,起复。

洪进每岁以修贡朝廷,多厚敛于民,第民赀百万以上者令差入钱,以为试协律、奉礼郎,蠲其丁役。及江南平,吴越王来朝,洪进不自安,遣其子文颢入贡乳香万斤、象牙三千斤龙脑香五斤。太祖因下诏召之,遂入觐。至南剑州,闻太祖崩,归镇发哀。

太宗即位,加检校太师。明年四月,来朝,朝廷遣翰林使程德玄至宿州迎劳。既至,赐钱千万、白金万两、绢万匹,礼遇优渥。又增其食邑,以其子文颢为围练使,文觊、文顼并为刺史。洪进遂上言曰:“臣闻峻极者山也,在污壤而不辞;无私者日也,虽覆盆而必照。

顾惟遐僻，尚隔声明，愿归益地之图，辄露由衷之请。臣所领两郡，
僻在一隅，自浙右未归，金陵偏霸，臣以崎岖千里之地，疲散万余之
兵，望云就日以虽勤，畏首畏尾之不暇，遂从间道，远贡赤诚，愿倾
事大之心，庶齿附庸之末。太祖皇帝赐之军额，授以节旄，俾专达于
一方，复延赏于三世。祖父荷漏泉之泽，子弟享列士之荣，荣戟在
门，龟绶盈室，虽冠列藩之宠，未修肆觐之仪。暨江表底平，先皇厌
世，会婴犬马之病，尚阻云龙之庭。皇帝陛下钦嗣丕基，诞敷景命，
臣远辞海峤，入觐天墀，获亲咫尺之颜，叠被便蕃之泽。六飞游幸，
每奉属车之尘；三殿宴嬉，屡挹大樽之味。旬浃之内，雨露骈臻，至
于童男。亦荷殊奖。恩荣若此，报效何阶？志益恋于君轩，心遂忘
于坎井。臣不胜大愿，愿以所管漳、泉两郡献于有司，使区区负海之
邦，遂为内地，蚩蚩生齿之类，得见太平。伏望圣慈，授臣近地别镇。
臣男文显等早膺朝奖，皆忝郡符，牙校宾僚，久经驱策，各希玄造，
稍沾鸿私。"太宗优诏嘉纳之。以洪进为武宁军节度、同平章事，留
京师奉朝请。诸子皆授以近郡，赐白金万两，各令市宅。

　　明年，从平太原。六年，封杞国公。雍熙元年，进封岐国公。洪
进年老，富贵且极，上言求致仕，优诏免其朝请。二年，以疾卒，年七
十二。废朝二日，赠中书令，谥曰忠顺，中使护丧，葬事官给。

　　洪进在泉州，日方昼，有苍鹤翔集内斋前，引吭向洪进，洪进视
之，有鱼鲠其喉，即以手探取之，鱼犹活，鹤驯扰斋中数日而后去；
人皆异之。

　　洪进弟铦，初为泉州都指挥使，开宝四年，授漳州刺史，入贡至
宿州，卒。铦子文琏，供奉官、阁门祗候。

　　文显字仲达。洪进领漳、泉节制，署左神机指挥使，迁泉州马步
军都军使、右军押衙。乾德初，朝命平海军节度副使，累加检校太
保。洪进归朝，授文显通州团练使、知泉州。未几代还。时太宗征
太原，朝于行在。久之，出为青齐卢寿、西京水南北、陕州四州都巡
检使。

文显与诸弟不睦,咸平初,御史中丞李惟清抗疏曰:"文显等并分符竹,委以方面,一门荣盛,当世罕俦。先人之坟土未乾,私室之风规大坏,弟兄列讼,骨肉为仇,官奉私藏,同居异爨,屡经赦宥,而久积人言。文显首起讼端,当律文尊长之坐,乞置散秩,以警浮俗。"诏曰:"文显等颇伤名教,合置邦刑,以其父有忠勋,未忍捐弃,宜赐诚谕,许其改过。倘无悛革,当正简书,令御史台告谕之。"以疾改通许镇都监。六年,卒,年六十五。子宗宪,历虞部员外郎,为西京作坊使;宗元,殿中丞。

文颢,初为泉州右军散兵马使、衙内都指挥使,俄权知漳州,朝命漳州刺史,凡七年,求还泉州,署行军司马。

开宝末,江南平,洪进遣第三子文觊入贡,文觊不欲行,乃遣文颢。至京师,自陈愿留以俟父入觐,太祖嘉之。及洪进归朝,授文颢房州刺史,会升房州为节镇,换康州刺史。端拱初,出知同州,钱若水为从事,文颢深礼之,委以郡政。咸平初,知耀州,又徙徐州,坐用刑失入,责授左武卫大将军、知涟水军。上念其父纳土效顺,复以为康州刺史,留京师。

大中祥符初,议东封,以濮州驰道所出,命知州事,顿置供拟颇勤至,诏褒之。驾至,召见劳问。礼毕,改衡州刺史,特给内地刺史奉料,未几代还。以老疾累表求致仕,诏免朝谒,岁给公费及月廪并如故。六年,卒,年七十二。

文觊,始为泉州衙内都指挥使,知漳州。洪进归朝,授滁州刺史,仍旧知州。俄召归,奉朝请。景德中,换光州,以久次,领和州团练使,历知海濮潍沂黄五州,信阳军,所至无能称。卒年七十一。录其子宗绶为大理评事。孙永弼、永升为三班借职,次子宗缵太子中舍。

文顼,本文显子。初,洪进在泉州,有相者言一门受禄,当至万石。时洪进与三子皆领州郡,而文顼始生,乃以文顼为子,欲应其

言。初补泉州衙内都校,又为衙内都监使,朝命领顺州刺史,归朝为
登州刺史。沧、棣有寇盗,命为巡检使,会以禁军大校赵延溥为登州
围练使,文顼改舒州刺史。淳化三年,卒,年三十五。文顼颇知书,
亦工书。子宗绛,为殿中丞。

宋史卷四八四
列传第二四三

周三臣

韩通　李筠　李重进

　　《五代史记》有《唐六臣传》，示讥也。《宋史》传周三臣，其名似之，其义异焉，求所以同，则归于正名义、扶纲常而已。韩通与宋太祖比肩事周，而死于宋未受禅之顷，然不传于宋，则忠义之志何所托而存乎？李筠、李重进旧史书叛，叛与否未易言也。洛邑所谓顽民，非殷之忠臣乎？孔子定《书》，不改其旧称焉。或曰：三人者尝臣唐、晋、汉矣。曰：智氏之豫让非欤！作《周三臣传》。

　　韩通，并州太原人。弱冠应募，以勇力闻，补骑军队长。晋开运末，汉祖建义于太原，置通帐下。寻从汉祖至东京，累迁为军校。汉祖典卫兵，以通为衙队副指挥使，从讨杜重威，得银青阶，检校国子祭酒。汉祖开国，加检校左仆射。隐帝即位，迁奉国指挥使。
　　乾祐初，周祖为枢密使，统兵伐河中，知通谨厚，命之自随，先登，身被六创，以功迁本军都虞候。周祖镇大名，奏通为天雄军马步军都校，委以心腹，及入汴，通甚有力焉。授奉国左第六军都校，领雷州刺史。
　　广顺初，为虎捷右厢都校，迁左厢，充孟州巡检，继领永、睦二州防御使。周祖亲征兖州，以通为在京右厢都巡检。时河溢，灌河阴城，命通率广锐卒千二百浚汴口，又部筑河阴城，创营壁。未几，拜保义军节度观察留后，周祖亲郊，正授节度。并州刘崇南侵，命通副河中王彦超出晋州道击之，败于高平。以通为太原北面行营部署，为地道攻其城。俄班师，移镇曹州，检校太保。

世宗即位，以深、冀之间有胡芦河，东西横亘数百里，堤堨非峻，不能扼契丹奔突，显德二年，命通与王彦超浚治之。功未就，契丹至，通出兵迎击退之，遂城李晏口为静安军，四旬而完。又城束鹿及鼓城，并葺祁州。时大兵之后，遗骸布野，通悉收瘗为万人冢。又城博野、安平，往来深、定间，夜宿古寺，昼披荆棘。在安平领百余骑督役，会契丹骑数百奄至，通率麾下与战，日暮大风雨，契丹解去，擒十余骑。又城百八桥镇及武强县，皆旬日毕。归朝，会攻秦、凤，以通为西南面行营马步军都虞候，入大散关，围凤州，分兵城固镇，以断蜀饷道。未几，拔凤州，以功授侍卫马步军都虞候。

世宗征淮南，命通为京城都巡检。世宗以都城狭小，役畿甸民筑新城，又广旧城街道，命左龙武统军薛可信、右卫上将军史伶、右监门卫上将军盖万、右羽林将军康彦环分督四面，通总领其役。功未就，世宗幸淮上，留通为在京内外都巡检、权点检侍卫司。是役也，期以三年，才半岁而就。三年追叙秦、凤功，改领忠武军节度、检校太傅，又改侍卫马步军都虞候。世宗幸寿春，为京城内外都巡检。淮南平，为归德军节度。

六年春，诏通河北按行河堤，因发徐、宿、宋、单等州民浚汴渠数百里。世宗将北征，命通与高怀德、张铎先赴沧州，赐袭衣、金带、鞍马、器帛。即领兵入契丹境乾宁军之南。俄为陆路都部署，殿前都虞候石守信副焉。又命通巡北边，自浮阳至淤口浦坏坊三十六，遂通瀛、莫。初克益津关，以为霸州，役滨、棣民数千城之，命通董其役。师还，以为检校太尉、同平章事，充侍卫亲军马步军副都指挥使。恭帝即位，移领郓州。

太祖奉诏北征，至陈桥为诸军推戴，通在殿阁，闻有变，惶遽而归。军校王彦升遇通于路，策马逐之，通驰入其第，未及阖门，为彦升所害，妻子皆死。太祖闻通死，怒彦升专杀，以开国初，隐忍不及罪。即下诏曰："易姓受命，王者所以应期；临难不苟，人臣所以全节。故周天平军节度、检校太尉、同中书门下平章事、侍卫亲军马步军副指挥使韩通，振迹戎伍，委质前朝，彰灼茂功，践更勇爵。凤定交于霸府，遂接武于和门，艰险共尝，情好尤笃。朕以三灵眷佑，百姓乐推，言念元勋，将加殊宠，苍黄遇害，良用忱然。可赠中书令，以礼收葬。遣高品梁令珍护丧事。"

通性刚而寡谋，言多忤物，肆威虐，众谓之"韩瞪眼"。其子颇有智略，幼病伛，人目为"骆驼儿"。见太祖有人望，常劝通早为之所，通不听。后太祖幸开宝寺，见通及其子画像于壁，遽命去之。

李筠，并州太原人。善骑射。后唐秦王从荣判六军诸卫，募勇士为爪牙，筠操弓矢求见。弓力及百斤，府中无能挽者，从荣令筠射，引满有余力，再发皆中，因以隶麾下。从荣难作，筠骑从至天津桥，身杀十数人，知事不济，弃马遁去。清泰初，应募为内殿直，迁控鹤指挥使。

晋开运末，契丹犯汴京，其将赵延寿闻筠骁勇，召置帐下。及契丹主北归，死栾城，延寿至常山，为永康王所縶。契丹众数万，据常山，后北去，留耶律解里，众才二千骑，又分别部首领杨衮以千骑掠邢、洺。来还中朝士大夫多在城中，契丹与汉相杂，解里性贪恣自奉，削汉军日食，众皆菜色。筠乘其怨，密与王莣、石公霸、何福进等谋，以闰七月二十九日伺契丹守阍者旦食，撞寺钟为期，相率入据兵库，次焚牙门，大呼市人，并力击焉。契丹众大惊，由北门而出，解里趣族乘列之于野，明日集众入郭力战，属晋士卒分掠，唯控鹤一军与市民御之，死伤相继。午后，郭外民千余知契丹奔败者，持兵趣其族乘，将劫之，守者入郭驰告，解里闻之，遂挈族而去。

初，筠建谋约诸将同力，控鹤左厢都校白再荣首匿于室不敢应，筠拔佩刀破幕引臂迫之，再荣不得已而行，诸将次第赴之。及契丹去，百姓死者二千余人。诸将互伐其功，筠诣故相冯道请权领节

度事,道曰:"子主奏事而已,留后事当议功臣为之。"道恐诸将争功
复乱,乃以再荣前职贵加诸将,权推为留后,人心遂定。是战,筠功
居多,即送款汉祖,以其子赴朝,汉祖深赏之,以控鹤一军力战,优
加赐与,授再荣留后,筠博州刺史。筠以赏薄不悦。

　　周祖镇大名,表为先锋指挥使,又为北面缘边巡检。周祖起兵
入汴,筠同郭崇从,与慕容彦超战于留子陂,彦超东奔。广顺初,权
知滑州,俄真拜义成军节度,数月,改彰德军节度。会并人侵晋州,
王峻率师往拒,筠亦请西征,诏褒之。又乞免黄泽关商税,奏可。周
祖征兖,还次濮,筠因朝,献马,赐袭衣、金带,从至澶,宴讫遣还。及
召潞州常思入朝,命筠权知军府,思改宋、亳,以筠为昭义军节度。
三年,加检校太傅。时王峻兼节制,以筠及王殷、何福进皆创业功
臣,故并加恩焉。显德初,周祖亲郊,加同平章事。

　　世宗即位,并人入侵,其将张晖率先锋自围柏谷入营梁侯驿,
攻劫堡栅,所至焚略荡尽,筠遣护军穆令均率步骑二千拒之。令
均营于太平驿,驿东南距潞八十里,失于侦逻,晖凌晨奄至,潞兵被甲
介马,晖见之佯退,潞兵追之,并伏遂发,令均且斗且却,步卒降并
者数百人,骑不复者百人,余众还保潞。世宗亲征沁州,降之,命筠
率沁之行营兵赴太原,符彦卿戍州口,拒契丹援兵。彦卿请益师,诏
筠与张永德以三千骑益之,既至,以偏师绕契丹后,奋击走之。师
还,加兼侍中。

　　二年,筠破并军于输社,获其将安浚、康超等七十余人。三年,
筠遣行军司马范守图率兵入辽州界,杀并卒三百余,获小校数人以
献。四年,又遣守图入河东界,降二砦。五年,筠自将入石会关,破
并人六砦。是冬,又破辽州长清砦,擒其磁州刺史李戴兴以献,俄又
败并人于境,斩三百余级。六年,平辽州,获刺史张丕旦等二百四十
五人以献。筠在镇擅用征赋,颇集亡命,尝以私忿囚监军使,世宗心
不能堪,但诏责而已。恭帝即位,加检校太尉。是秋,令裨将刘继忠
将兵与吐浑入并境,平贾家砦,斩百余级,获牛羊而还。

　　太祖建隆初,加兼中书令,遣使谕以受周禅,筠即欲拒命,左右

为陈历数,方黾勉下拜,貌犹不恭。及延使者升阶,置酒张乐,遽索周祖画像悬壁,涕泣不已。宾佐惶骇,告使臣曰:"令公被酒失其常性,幸勿为讶。"及太原刘钧以蜡书结筠共举兵,筠虽缄书上太祖,心已畜异谋,太祖手诏慰抚之。是时,筠子守节为皇城使,尝泣谏,筠不听。太祖又遣守节谕旨曰:"吾闻汝谏汝父,汝父不听,吾今杀汝,何如汝归语汝父,我未为天子时,任自为之,既为天子,独不能臣我耶?"守节白筠,筠谋愈甚,遂起兵,令幕府为檄书,辞多不逊。

从事闾丘仲卿献策于筠曰:"公以孤军举事,其势甚危,虽倚河东之援,亦恐不得其力。大梁兵甲精锐,难与争锋,不如西下太行,直抵怀、孟,塞虎牢,据洛邑,东向而争天下,计之上也。"筠曰:"吾周朝宿将,与世宗义同昆弟,禁卫皆旧人,闻吾之来,必倒戈归我,况有儋圭枪、拨汗马,何忧天下哉。"儋圭,筠爱将,有勇力,善用枪;拨汗,筠骏马,日驰七百里,故筠跨焉。执监军亳州防御使周光逊、闲厩使李廷玉,遣判官孙孚、衙校刘继忠送于刘钧求济师。又遣人杀泽州刺史张福,往据其城。

刘钧遂率兵与契丹数千众来援,至太平驿,筠以臣礼迎谒,见钧兵卫寡弱,甚悔之,而业已然矣。钧封筠西平王,赐马三百匹,召与之语,筠自言受周祖大恩,敢爱死不瘳。钧与周祖有世仇,钧默然,遂疑之。命其宣徽使卢赞监筠军,筠心不能平,颇与赞不协,钧复命平章事卫融和解之。

筠有马三千匹,辟鞠场阅习,日夜谋画为寇。留其子守节守上党,引众南向,太祖遣石守信、高怀德将兵讨之。敕曰:"勿纵筠下太行,急进师扼其隘,破之必矣。"又遣慕容延钊、王全斌由东路会守信,与监军李崇矩破筠众于长平,斩首三千级。又攻大会砦,下之。

太祖遂亲征。山路险峻多石不可行,太祖先于马上负数石,群臣六军皆负之,即日平为大道。与守信、怀德会,破筠众三万于泽南,降者三千余,杀筠监军使卢赞,擒筠河阳节度范守图,筠走还保泽。太祖至,列栅围之,筠龙捷使王廷鲁、吐浑留后汾州团练使王全德率所部自昭义来降,筠益失援。太祖亲督战,拔其城,筠赴水死,获钧相卫融，钧惧而遁归。太祖进伐上党，守节以城降，释其罪，赐袭衣、金带、银鞍勒马。是日宴从官，守节预焉，以为单州团练使；以昭义军节度副使赵处愿为郓州刺史；节度判官孙孚为屯田郎中；观察判官史文通为水部郎中；前辽州衙内指挥使马廷禹为右监门卫将军，领壁州刺史。

筠性虽暴，事母甚孝，每怒将杀人，母屏风后呼筠，筠趋至，母曰：“闻将杀人可免乎？为吾曹增福尔。”筠遽释之。筠稍知书，颇好调谑。初名荣，避周世宗讳，将改之，或令名“筠”，筠曰：“李筠，李筠，玉帛云乎哉。”闻者皆笑。

筠有爱妾刘氏，随筠至泽，时被攻城危，刘谓筠曰：“城中健马几何？”筠曰：“尔安问此？”刘曰：“孤城危蹙，破在俄顷，今诚得马数百，与腹心溃围，出保昭义，求援河东，犹愈于坐待死也。”筠然之。召左右计马尚不减千匹，以是夕将出，或谓筠曰：“今帐前计议，皆云一心，县门既发，不可保矣，傥劫公而降，悔其可及。”筠犹豫不决。明日城陷，筠将赴火，刘欲俱死，筠以其有娠，麾令去。守节既购得之，果生子焉。

守节字得臣，初补东头供奉官。广顺中，尝以心疾乘醉击杀供御白鹘，筠上章待罪，诏释之。四迁至皇城使，历单、济二州团练使。乾德六年，出知辽州。开宝三年，改和州团练使。四年，卒，年三十三。无后，以刘氏所生之弟为嗣。

李重进，其先沧州人。周太祖之甥，福庆长公主之子也，生于太原。晋天福中，仕为殿直。汉初，从周祖征河中。广顺初，迁内殿直都知，领泗州刺史，改小底都指挥使。二年，改大内都点检、权侍卫马步军都军头，领恩州团练使，迁殿前都指挥使。三年，加领泗州防御使。显德初，领武信军节度。

重进年长于世宗，及周祖寝疾，召重进受顾命，令拜世宗，以定君臣之分。世宗嗣位，为侍卫亲军马步军都虞候，从世宗征刘崇，战于高平，不利，大将樊爱能、何徽以其众遁，唯重进与白重赞勒兵不动。既而太祖先以麾下犯敌，重赞继领所部力战，世宗躬率卫兵合势，周师复振，崇遂大败。以功领忠武军节度。及进讨太原，又为行营马步军都虞候。师还，加同中书门下平章事，改归德军节度兼侍卫马步军都指挥使。

世宗亲征淮南，命重进将兵先赴正阳。俄闻李谷攻寿春不克，退保正阳，促重进兵助之。吴人以谷退为惧，乃发兵三万余，旌旗辎重亘数百里，又发战棹二百艘以张断桥之势，列阵鼓噪而北，横布拒马以万数，皆贯以利刃，维以铁索；又刻木为战形，立阵前，号"捷马牌"，皮囊贮铁蒺藜以布战地。时周师未朝食，吴师奄至，周师望其阵皆笑之。宣祖领前军与重进、韩令坤合势击之，一鼓而败，斩首万余级，追奔二十余里，杀大将军刘彦贞，擒裨将盛师朗数十人，降三千人，获戈甲三十万。世宗大悦，诏书褒谕，即以重进代谷为行营招讨使，赐袭衣、金带、玉鞍、名马。

三年，以重进为庐、寿等州招讨使。时李继勋主寿春，重进驻军城北，闻城南洞屋为淮人所焚，将议退军。会太祖自六合归，道出寿州，因驻师旬余，重进倚以为援，兵威复振。吴人大惧，以重进色黔，号"黑大王。"

张永德屯下蔡，与重进不协，永德每宴将吏，多暴重进短，后乘醉谓重进有奸谋，将吏无不惊骇。永德密遣亲信乘驿上言，世宗不之信，亦不介意。二将俱握重兵，人情益忧恐。重进遂自寿阳单骑直诣永德帐中，命酒饮，亲酌谓永德曰："吾与公皆国家肺腑，相与戮力，同奖王室，公何疑我之深也。"永德意解，二军皆安。李景知之，密令人赍蜡书诱重进，啖以厚利，重进表其事。时行濠州刺史齐藏珍亦说重进，世宗知之，假他事诛藏珍。

诏重进夹淮城正阳、下蔡，既成，上其图。俄又败淮兵二千余于塌山北。时围寿经年未下，吴遣将许文缜边镐舟师数万，溯淮来援。文缜维舟淮南，据紫金山，山距寿数里，设十余砦，连亘相望，与城中烽火相应；又南筑夹道，将抵寿为馈路。重进伺其城北展砦，出兵击之，败五千余众，夺二砦，获器甲甚众。世宗幸寿，宴从官，召重进赐戎服、玉带、金银器、缯彩、鞍勒马。及克寿，录功加检校太傅兼侍中，又改天平军节度，仍为招讨使。

四年，攻取濠州南关城，其团练使郭廷谓以兵万余降，获粮数万斛。从平楚州，命先还扬州。五年，世宗在迎銮，遣重进将兵赴庐州，会李景请画江为界，世宗遂还，留重进戍守，景遣人以牛酒来犒，俄乃还镇。六年，世宗北征，次博州，重进来朝，赐宴行宫，即命将兵先趣北面，及世宗驻瓦桥关，重进与诸将率师而至。时关南已平，议进取幽州，会世宗不豫而止。即命率所部赴河东，次百井路，败并人五千余，斩二千余级。恭帝嗣位，加检校太尉，改淮南道节度。

太祖即位，以韩令坤代为侍卫都指挥使，加重进中书令。既而移镇青州，加开府阶。重进与太祖俱事周室，分掌兵柄，常心惮太祖。太祖立，愈不自安，及闻移镇，阴怀异志。太祖知之，遣六宅使陈思诲赍赐铁券，以安其心。重进欲治装随思诲入朝，为左右所惑，犹豫不决。又自以周室近亲，恐不得全，遂拘思诲，治城隍，缮兵甲，遣人求援李景，景惧而不纳，闻之太祖。监军安友规常为重进所忌，至是友规谋与亲信数人斩关出，为众所拒，逾城得脱。重进捕军校不附者数十人，尽杀之。

太祖遣石守信、王审琦、李处耘、宋偓四将率禁兵讨重进，会友规至，赐袭衣、金带、器币、鞍马，以为滁州刺史，监前军。太祖谓左右曰：“朕于周室旧臣无所猜间，重进不体朕心，自怀反侧，今六师在野，当暂往慰抚之尔。”遂亲征，次大仪顿。石守信遣使驰奏，扬州破在旦夕，愿车驾临视。太祖径至城下，即日拨之，初。城将陷，重进左右劝杀思诲，重进曰：“吾今举族将赴火死，杀此何益。”即继火自焚，思诲亦为其党所害。太祖入驻城西南，阅逆党数百人，尽戮之。重进兄深州刺史重兴，闻其叛，自杀。弟解州刺史重赞、子尚食使延福并戮于市。

初，重进谋举兵，遣亲吏翟守珣往潞，阴结李筠。守珣素识太祖，往还京师，潜诣枢密承旨李处耘求见，太祖问曰：“我欲赐重进铁券，彼信我乎？"守珣曰："重进终无归顺之志。"太祖厚赐守珣，许以爵位，且令说重进缓其谋，无令二凶并作，以分兵势。守珣归，劝重进养威持重，未可轻发，重进甚信之。及李筠诛，重进反书闻，并如太祖之策，其不信铁券，亦如守珣所云。扬州既平，购得守珣，补殿直，俄为供奉官。

又有张崇诂者，周广顺初，为枢密承旨。二年，出为解州刺史、两池权盐使，多规画盐池利害。显德三年，改德州，又改泗州、泽州。崇诂本名崇训，恭帝嗣位，避讳改焉。重进赴淮南时，道出泗上，崇诂说以畜兵完城之计，重进败，事露，诏捕之，弃市，籍其家。

宋史卷四八五
列传第二四四

外国一

夏国上

　　昔唐承隋后，隋承周、齐，上溯元魏，故西北之疆有汉、晋正朔所不逮者，然亦不过使介之相通、贡聘之时至而已，唐德既衰，荒服不至，五季迭兴，纲纪自紊，远人慕义，无所适从。宋祖受命，诸国削平，海内清谧。于是东若高丽、渤海，虽阻隔辽壤，而航海远来，不惮跋涉。西若天竺、于阗、回鹘、大食、高昌、龟兹、拂林等国，虽介辽、夏之间，筐篚亦至，屡勤馆人。党项、吐蕃、唃斯啰、董毡、瞎征诸部，夏国兵力之所必争者也，宋之威德亦暨其地，又间获其助焉。交址、占城、真腊、蒲耳、大理滨海诸蕃，自刘铢、陈洪进来归，接踵修贡。宋之待遇亦得其道，厚其委积而不计其贡输，假之荣名而不责以烦缛；来则不拒，去则不追。边围相接，时有侵轶，命将致讨，服则舍之，不黩以武。先王柔远之制岂复有加于是哉！南渡以后，朔漠不通，东南之陬以及西鄙，冠盖犹有至者。交人远假爵命，讫宋亡而后绝焉。

　　女直在宋初屡贡名马，他日强大，修怨于辽，其索叛臣阿疏，责还所掠宋诏，犹知以通宋为重；及渝海之盟，寻构大难，宋遂为所绐辱，岂非自取之过乎！前宋旧史有《女直传》，今既作《金史》；义当削之。夏国虽偭乡不常，而视金有间，故仍旧史所录存焉。

李彝兴,夏州人也,本姓拓跋氏。唐贞观初,有拓跋赤辞者归唐,太宗赐姓李,置静边等州以处之。其后析居夏州者号平夏部。唐末,拓跋思恭镇夏州,统银、夏、绥、宥、静五州地,讨黄巢有功,复赐李姓。思恭卒,弟思谏代为定难军节度使。思谏卒,思恭孙彝昌嗣。梁开平中,彝昌遇害,将士立其族子蕃部指挥仁福。仁福卒,子彝超嗣。事具《五代史》。

彝兴,彝超之弟也,本名彝殷,避宋宣祖讳,改殷为兴。初为行军司马,清泰二年,彝超卒,遂加定难军节度使。晋初,加同平章事,开运初,授契丹西南招讨使。汉初,加兼侍中。周初,加中书令,显德初,封西平王,世宗即位,加太保,恭帝初,加太傅。

宋初,加太尉。北汉刘钧结代北诸部来寇麟州,彝兴遣部将李彝玉会诸镇兵御之,钧众遂引去。建隆初,献马三百匹,太祖大喜,亲视攻玉为带,且召使问曰:“汝帅腹围几何?”使言:“彝兴腰腹甚大。”太祖曰:“汝帅真福人也。”遂遣使以带赐之。

乾德五年,卒,太祖废朝三日,赠太师,追封夏王。子克睿立。

克睿初名光睿,避太宗讳改“光”为“克”。彝兴之卒,自权知州事,授检校太保、定难军节度使。

开宝九年,率兵破北汉吴堡砦,斩首七百级,获牛羊千计,俘砦主侯遇以献,累加检校太尉。

太平兴国三年,卒,太宗废朝二日,赠侍中。子继筠立。

继筠,初为衙内都指挥使、检校工部尚书,克睿卒,自权知州事,授检校司徒、定难军节度观察留后。太宗征北汉,继筠遣银州刺史李光远、绥州刺史李光宪率蕃、汉兵列阵渡河,略太原境以张军势。

太平兴国五年,卒,弟继捧立。

继捧立,以太平兴国七年率族人入朝,自上世以来,未尝亲觐者，继捧至，太宗甚嘉之，赐白金千两、帛千匹、钱百万。祖母独孤氏亦献玉盘一、金盘三，皆厚赍之。继捧陈其诸父、昆弟多相怨，愿留京师，乃遣使夏州护缌麻已上亲赴阙，授继捧彰德军节度使，并官其昆弟夏州蕃落指挥使克信等十二人有差，遂曲赦银、夏管内。太宗尝宴群臣苑中，谓继捧曰："汝在夏州用何道以制诸部？"对曰："羌人鸷悍，但羁縻而已，非能制也。"弟权知夏州，克文来朝，以唐僖宗所赐其祖思恭铁券及朱书御札来上，改博州防御使。初，继捧之入也，弟继迁出奔，及是，数来为边患。有言继迁悉知朝廷事，盖继捧泄之，乃出为崇信军节度使，克宪为道州防御使，克文遣归博州，并选常参官为通判，以专郡政。

端拱初，改感德军节度使。屡发兵讨继迁不克，用宰相赵普计，欲委继捧以边事，令图之。因召赴阙，赐姓赵氏，更名保忠，太宗亲书五色金花笺以赐之，授夏州刺史，充定难军节度使、夏银绥宥静等州观察处置押蕃落等使，赐金器千两、银器万两，并赐五州钱帛、刍粟、田园。保忠辞日，宴于长春殿，赐袭衣、玉带、银鞍马、锦彩三千匹、银器三千两，又赐锦袍、银带五百副，马百匹。至镇数月，上言继迁悔过归款，乃授继迁官，然实无降心也。

二年，加保忠特进、同中书门平章事。

淳化初，与继迁战于安庆泽，继迁中流矢遁去。保忠乞师御继迁，遣商州团练使翟守素率兵援之。赐保忠茶百斤、上醖十石。乃献白鹘，名海东青，以久罢畋猎，诏慰还之。

五年，继迁攻灵州，遣侍卫马军都指挥使李继隆讨之。保忠先掣其母与妻子壁野外，乃上言与继迁解怨，献马五十匹，乞罢兵。帝览奏，立遣中使督继隆进军。及兵压境，保忠反为继迁所图，欲并其众，缚牙校赵光祚，袭其营帐。保忠方寝，闻难作，单骑走还城，为大校赵光嗣闭于别室，且开门迎继隆，乃执保忠送阙下，待罪崇政殿庭。帝诘责数四，释之，赐冠带、器币，并赐其母金银器以抚之。寻责授右千牛卫上将军，封华罪侯，赐第京师。保忠状貌雄毅，居环列，奉朝请，常怏怏不自得。

咸平中，丁内艰，以本官起复，迁右金吾卫上将军，判岳州移复州。

景德元年病剧，上言有子永哥不肖，乞配春州。帝以其病语，乃授永州别驾，诏监军察之。寻卒，赠威塞军节度使。克文亦死，赠岳州防御使。

天禧四年，录其孙从吉为三班奉职。

继迁，继捧族弟也。高祖思忠，尝从兄思恭讨黄巢，拒贼于渭桥，表有铁鹤，射之没羽，贼骇之，遂先士卒，战没，僖宗赠宥州刺史，祠于渭阳。曾祖仁颜，仕唐，银州防御使。祖彝景嗣于晋。父光俨嗣于周。

建隆四年，继迁生于银州无定河，生而有齿。

开宝七年，授定难军管内都知蕃落使。

继捧之归宋，时年二十，留居银州，及使至，召缌麻亲赴阙，乃诈言乳母死，出葬于郊，遂与其党数十人奔入地斤泽，泽距夏州东北三百里。

太平兴国八年，知夏州尹宪与都巡检曹光实侦知，夜袭破之，斩首五百级，焚四百余帐。继迁与其弟遁免，获其母与妻。

继迁复连娶豪族，转徙无常，渐以强大，而西人以李氏世著恩德，往往多归之。继迁因语其豪右曰："李氏世有西土，今一旦绝之，尔等不忘李氏，能从我兴复乎？"曰："诺。"遂与弟继冲、破丑重遇贵、张浦、李大信等起夏州，乃诈降，诱杀曹光实于葭芦川，遂袭银州据之，时雍熙二年二月也。三月，破会州，焚毁城郭而去。

三年，辽以义成公主嫁继迁，册为夏国王。

四年，知夏州安守忠以三万众战于王亭镇，败绩，继迁追至城门而返。

端拱元年，继捧之节制夏台，言能归款，即授洛苑使、银州刺史。

淳化初，复与继捧战于安庆泽，不利。转攻夏州，继捧乞师，及翟守素来，又奉表归款，授银州观察，赐名保吉，子德明管内蕃落使、行军司马。

淳化四年，转运副使郑文宝议禁盐池，用困继迁。数月，边人四十二族万余骑寇环州，屠小康堡，太宗乃遣钱若水驰其禁，因抚慰之。

五年正月，继迁徙绥州民于平夏，部将高文岯等因众不乐反，攻败之。继迁复围堡砦，掠居民，焚积聚，遂攻灵州，诏遣李继隆等进讨。继迁夜袭保忠，走之，获其辎重以归。七月，乃献马以谢。又遣弟廷信献马、骆驼，太宗抚赉甚厚，遣内侍张崇贵诏谕，赐茶药、器币、衣物。

至道初，遣左都押衙张浦以骆驼、良马来献，太宗令卫士翘关、超乘、引彊、夺槊于后园，俾浦等观，且令兵士皆拓两石弓。帝笑问浦曰："羌人敢敌否?"浦曰："羌部弓弱矢短，但见此长大人则已遁矣，况敢敌乎!"继迁乞禁边盗掠，诏令谨守疆场，还所盗物。遣阁门副使冯纳、中使贾继隆持诏拜继迁鄜州节度使，不受。乃以浦为郑州团练，留京师。继迁表郑文宝诱其部长嵬罗、嵬悉，遂贬文宝蓝山令。继迁以千骑攻清远军，守臣张延击退之。

二年春，命洛苑使白守荣等护送刍粟四十万于灵州，且令车重先后作三队，丁夫持弓矢自卫，士卒布方阵以护之。遇敌则战，可以无失。复令会州观察使田绍斌率兵应援。而守荣乃并为一运，继迁邀击于浦洛河，绍斌不救，众溃，运馈尽为继迁所得，太宗闻之怒。四月，复命李继隆为环、庆等州都部署，会四方馆使曹璨自河西至，言继迁众万余围灵武，城中上表告急，为继迁所得，遂顿兵不去。时朝议或云率轻骑三道捣平夏;或云暑涉旱海无水泉，粮运艰辛，不如静以待之，帝不听。九月，亲部分诸将，继隆出环州，丁罕出庆州，范廷召出延州，王超出夏州，张守恩出麟州，五路进讨，直抵平夏。继隆以环州路迂，乃自青冈峡绕灵武径趋平夏，兵行数日，与丁罕合，又行十余日无所见，乃引还。张守恩遇之，不战而遁。王超、范廷召遇之于乌白池，大小数十战，不利，诸将失期，士卒困乏。继迁复令军主史不乣驻屯骆驼口以阻归宋人,继隆遣田敏等击之。

咸平春,继迁复表归顺,真宗乃授夏州刺史、定难军节度、夏银绥宥静等州观察处置押蕃落等使,加邑千户,实封二百户,益功臣号,乃放张浦还。复遣押衙刘仁谦表让恩命,诏不允,赐仁谦锦袍、银带。寻遣弟继瑗来谢恩,授继瑗亳州防御使,封继迁母卫慕氏卫国太夫人,子德明为定难军节度行军司马。未几,复抄边。

四年,麟府副部署曹璨率熟户兵邀继迁辎重于柳拨川,杀获甚众。九月,来攻破定州、怀远县及堡静、永州,清远军监军段义叛,城遂陷。

五年三月,继迁大集蕃部。攻陷灵州,以为西平府。

六年春,遂都于灵州,诏遣张崇贵、王涉议和,割河西银、夏等五州与之。六月,复以二万骑围麟州,诏金明巡检李继周击之。围未解,麟州部署请济师,真宗阅地图曰:"麟州依险,三面孤绝,戮力可守,但城中乏水可忧耳。"乃遣兵走援。继迁果据水砦,薄城已五日,知州卫居宝出奇兵突战,缒勇士城下,城上鼓噪,矢石如注,杀伤万余人,继迁乃拔去,遂率众攻西蕃,取西凉府,都首领潘罗支伪降,继迁受之不疑。罗支遽集六谷蕃部及者龙族合击之,继迁大败,中流矢。八月,复聚兵浦洛河,声言攻环州,诏张凝等分兵以待之。

景德元年正月二日卒,年四十二,子德明立。祥符五年,德明追上继迁尊号曰应运法天神智仁圣至道广德孝光皇帝。元昊追谥曰神武,庙号太祖,墓号裕陵。

德明小字阿移,母曰顺成懿孝皇后野利氏,即位于枢前,时年二十三。边臣以德明初立,乞诏抚之,因赐诏令审图去就。又诏蕃族万山、万遇、庞罗逝安、万子都虞候、军主吴守正马尾等,能率部下归顺者,授团练使,银万两、绢万匹、钱五万缗、茶五千斤;其有亡命叛去者,释罪甄录。既而康奴伙移等率属来降。德明遣牙将王旻奉表归顺,赐旻锦袍、银带、遣侍禁夏居厚持诏答之,因诏河西羌族各守疆场。德明连岁表归顺。

三年，复遣牙将刘仁勖奉誓表请藏盟府，且言父有遗命。帝嘉之，乃授特进、检校太师兼侍中、持节都督夏州诸军事、行夏州刺史、上柱国，充定难军节度、夏银绥宥静等州管内观察处置押蕃落等使，西平王，食邑六千户，食实封一千户，仍赐推忠保顺亮节翊戴功臣。遣内侍左右班都知张崇贵、太常博士赵湘等充旌节官告使，赐袭衣、金带、银鞍勒马、银万两、绢万匹、钱三万贯、茶二万斤，给奉如内地。因责子弟入质，德明谓非先世故事，不遣。乃献御马二十五匹、散马七百匹、骆驼三百头谢恩。

四年，又献马五百匹、骆驼三百头，谢给奉廪，赐袭衣、金带、器币。及请使至京市所需物，从之。五月，母罔氏薨，除起复镇军大将军、右金吾卫上将军，员外置同正员，余如故。以殿中丞赵稹为吊赠兼起复官告使，德明以乐迎至枢前，明日释服，涕泣对使者自陈感恩。及葬，请修供五台山十寺，乃遣阁门祗候袁瑀为致祭使，护送所供物至山。复献马五百匹，助修章穆皇后园陵。

大中祥符元年，以天书降，加赐守正功臣，益食邑一千户，食实封四百户。俄境内旱，诏榷场勿禁西人市粮，以振其乏。东封，又遣使来献，礼成，加兼中书令，益食邑千户，实封四百户。时辽亦遣使册德明为大夏国王。

明年，出侵回鹘，恒星昼见，德明惧而还。

三年，境内饥，上表求粟百万。朝议不知所出。时王旦为相，请敕有司具粟百万于京师，诏其来取。德明既得诏，曰："朝廷有人。"遂止。大起宫室于镀子山。会旱，西攻河州、甘州宗哥族及秦州缘边熟户。遂出大里河，筑栅苍耳平。

四年，祀汾阴，进中书令。

五年，圣祖降，加守太保。

七年二月，谒太清宫，遣使来献方物，加宣德功臣。

八年，筑堡于石州浊轮谷，将建榷场，诏缘边抚司止之。

九年，因表边臣违约招纳逃亡，云："自景德中进誓表，朝廷亦降诏书，应两地逃民，缘边杂户不令停舍，皆俾交还。自兹谨守翰垣,颇有伦理。自向敏中归阙,张崇贵云亡,后来边臣,罕守旧制,各务邀功,不虞生事,遂致绥、延等界,泾、原以来,擅举兵甲,入臣境土;其有叛亡部族,劫掠主财,去者百无十回。臣之边吏,亦务蔽藏,俱失奏论,渐乖盟约。”诏答已令鄜延、泾原、环庆、麟府等路约束边部,毋相攻劫,其有隐蔽逃亡,画时勘送。本国亦宜戒部下,毋有藏匿,各遵纪律,以守封疆。

五年,德明追尊继迁为太祖应运法天神智仁圣至道广德光孝皇帝,庙号武宗。

七年,甘露降国中。

天禧元年正月,加守太傅,食邑千户,实封四百户。三年春,德明丁继立母忧,除起复如前制,以屯田员外郎上官佖为吊赠兼起复官告使,阁门祗候常希古为致祭使。冬,郊祀,又加崇仁功臣。

四年,辽主亲将兵五十万,以狩为言,来攻凉甸,德明帅众逆拒,败之。

五年,辽复遣金吾卫上将军萧孝诚赍玉册金印,册为尚书令、大夏国王。

乾兴元年,加纯诚功臣。德明自归顺以来,每岁旦、圣节、冬至皆遣牙校来献不绝,而每加恩赐官告,则又以袭衣五,金荔支带、金花银匣副之。银沙锣、盆、合千两,锦彩千匹,金涂银鞍勒马一匹,副以缨、复,遣内臣就赐之。又遣阁门祗候赐冬服及颁《仪天具注历》。

明年,攻麟州柔远砦,巡检杨承吉与战不利,命曹玮为环、庆、秦州缘边巡检安抚使御备之。德明城怀远镇为兴州以居。

仁宗即位,加尚书令。德明娶三姓,卫慕氏生元昊,咩迷氏生成遇,讹藏屈怀氏生成嵬。

天圣六年,德明遣子元昊攻甘州,拔之。

八年,瓜州王以千骑降于夏。火星入南斗。

九年十月,德明卒,时年五十一,追谥曰光圣皇帝,庙号太宗,墓号嘉陵。宋赠太师、尚书令兼中书令,以尚书度支员外郎朱昌符为祭奠使,六宅副使、内侍省内侍押班冯仁俊副之,赙绢七百匹、布三百匹,副以上醞、羊、米、面。将葬,赐物称是,皇太后所赐亦如之。帝与皇太后成服于苑中。子曩霄立。

　　曩霄本名元昊,小字嵬理,国语谓惜为"嵬",富贵为"理"。母曰惠慈敦爱皇后卫慕氏。性雄毅,多大略,善绘画,能创制物始。圆面高准,身长五尺余。少时好衣长袖绯衣,冠黑冠,佩弓矢,从卫步卒张青盖。出乘马,以二旗引,百余骑自从。晓浮图学,通蕃汉文字,案上置法律,常携《野战歌》、《太乙金鉴诀》。弱冠,独引兵袭破回鹘夜洛隔可汗王,夺甘州,遂立为皇太子。数谏其父毋臣宋,父辄戒之曰:"吾久用兵,疲矣。吾族三十年衣锦绮,此宋恩也,不可负。"元昊曰:"衣皮毛,事畜牧,蕃性所便。英雄之生,当王霸耳,何锦绮为?"德明卒,即授特进、检校太师兼侍中、定难军节度、夏银绥宥静等州观察处置押蕃落使、西平王,以工部郎中杨吉为旌节官告使,礼宾副使朱允中副之。

　　既袭封,明号令,以兵法勒诸部。始衣白窄衫,毡冠红里,冠顶后垂红结绶,自号嵬名吾祖。凡六日、九日则见官属。其官分文武班,曰中书,曰枢密,曰三司,曰御史台,曰开封府,曰翊卫司,曰官计司,曰受纳司,曰农田司,曰群牧司,曰飞龙院,曰磨勘司,曰文思院,曰蕃学,曰汉学。自中书令、宰相、枢使、大夫、侍中、太尉已下,皆分命蕃汉人为之。文资则幞头、靴、笏紫衣、绯衣;武职则冠金帖起云镂冠、银帖间金镂冠、黑漆冠,衣紫旋襕,金涂银束带,垂蹀躞,佩解结锥、短刀、弓矢韣,马乘鲵皮鞍,垂红缨,打跨钹拂。便服则紫皂地绣与盘球子花旋襕,束带。民庶青绿,以别贵贱。每举兵,必率部长与猎,有获,则下马环坐饮,割鲜而食,各问所见,择取其长。初,宋改元明道,元昊避父讳,称显道于国中。

　　景祐元年,遂攻环庆路,杀掠居人,下诏约束之。是岁,改元开运,逾月,或告以石晋败亡年号也,乃改广民。元年,母卫慕氏死,遣使来告哀,起复镇军大将军、左金吾卫上将军,员外置同正员。以内殿崇班、阁门祗候王中庸为致祭使,起居舍人郭劝为吊赠兼起复官告使。庆州柔远砦蕃部巡检鬼通攻破后桥诸堡，于是元昊称兵报仇，缘边都巡检杨遵、柔远砦监押卢训以兵七百与战于龙马岭，败绩。环庆路都监济宗矩、走马承受赵德宣、宁州都监王文援之，次节义峰；伏兵发，执宗矩，久之始放归。

二年，加兼中书令。遣其令公苏奴儿将兵二万五千攻唃厮啰，败死略尽，苏奴儿被执。元昊自率众攻猫牛城，一月不下。既而诈约和，城开，乃大纵杀戮。又攻青唐、安二、宗哥、带星岭诸城，唃厮啰部将安子罗以兵绝归路，元昊昼夜角战二百余日，子罗败，遂取瓜、沙、肃三州。元昊既还，欲南侵，恐唃厮啰制其后，复举兵攻兰州诸羌，侵至马衔山，筑城凡川。

元昊既悉有夏、银、绥、宥、静、灵、盐、会、胜、甘、凉、瓜、沙、肃，而洪、定、威、龙皆即堡镇号州，仍居兴州，阻河依贺兰山为固。始大建官，以鬼名守全、张陟、张绛、杨廓、徐敏宗、张文显辈主谋议，以锺鼎臣典文书，以成逋、克成赏、都卧、伏如定、多多马窦、惟吉主兵马，野利仁荣主蕃学。置十二监军司，委豪右分统其众。自河北至午腊蒻山七万人，以备契丹；河南洪州、白豹、安盐州、罗落、天都、惟精山等五万人，以备环、庆、镇戎、原州；左厢宥州路五万人，以备鄜、延、麟、府；右厢甘州路三万人，以备西蕃、回纥；贺兰驻兵五万、灵州五万人、兴州兴庆府七万人为镇守，总五十余万。而苦战倚山讹山，讹者，横山羌，平夏兵不及也。选豪族善弓马五千人迭直，号六班直，月给米二石。铁骑三千，分十部。发兵以银牌召部长面受约束。设十六司于兴州，以总庶务。元昊自制蕃书，命野利仁荣演绎之，成十二卷，字形体方整类八分，而画颇重复。教国人纪事用蕃书，而译《孝经》、《尔雅》、《四言杂字》为蕃语。复改元大庆。

宋宝元元年，表遣使诣五台山供佛宝，欲窥河东道路。与诸豪歃血约先攻鄜延，欲自靖德、塞门砦、赤城路三道并入，遂筑坛受册，即皇帝位，时年三十。遣潘七布、昌里马乞点兵集蓬子山，自诣西凉府祠神。

明年，遣使上表曰：

臣祖宗本出帝胄，当东晋之末运，创后魏之初基。远祖思恭，当唐季率兵拯难，受封赐姓，祖继迁，心知兵要，手握乾符，大举义旗，悉降诸部。临河五郡，不旋踵而归；沿边七州，悉差肩而克。父德明，嗣奉世基，勉从朝命。真王之号，夙感于颁宣；尺土之封，显蒙于割裂。臣偶以狂斐，制小蕃文字，改大汉衣冠。衣冠既就，文字既行，礼乐既张，器用既备，吐蕃、塔塔、张掖、交河，莫不从伏。称王则不喜，朝帝则是从，辐凑屡期，山呼齐举，伏愿一垓之土地，建为万乘之邦家。于时再让靡遑，群集又迫，事不得已，显而行之。遂以十月十一日郊坛备礼，为世祖始文本武兴法建礼仁孝皇帝，国称大夏，年号天授礼法延祚。伏望皇帝陛下，睿哲成人，宽慈及物，许以西郊之地，册为南面之君。敢竭愚庸，常敦欢好。鱼来雁往，任传邻国之音；地久天长，永镇边方之患。至诚沥恳，仰俟帝俞。谨遣弩涉俄疾、你斯闷、卧普令济、嵬崖你奉表以闻。

诏削夺官爵、互市，揭榜于边，募人能擒元昊若斩首献者，即为定难军节度使。又遣贺永年赍嫚书，纳旌节及所授敕告置神明匣，留归娘族而去。

康定元年，环庆路钤辖高继隆、知庆州张崇俊攻后桥，而柔远砦主武英入自北门，拔之。未几，夏人攻金明砦，执都监李士彬父子。破安远、塞门、永平诸砦，围延州，设伏三川口，执刘平、石元孙、傅偓、刘发、石逊等。又攻镇戎军，败刘继宗、李纬兵五千。环庆部署任福入白豹城，焚其积聚，破四十一族。

庆历元年二月，攻渭州，逼怀远城。韩琦徼巡边至高平，尽发镇戎兵及募勇士得万人，命行营总管任福等并击之，都监桑怿为前锋，钤辖朱观、都监武英继之。福申令持重，其夕宿三川，夏人已过怀远东南。翌日，诸军蹑其后。西路巡检常鼎、刘肃与夏人对垒于张家堡，怿以骑兵趣之。福分兵，夕与怿为一军，屯好水川，川与能家川隔在陇山外，观、英为一军，屯笼洛川，相离五里。期以明日会兵，不使夏人一骑遁，然已陷其伏中矣。元昊自将精兵十万，营于川口，候者言夏人有砦，数不多，兵益进。诘旦，福与怿循好水川西去，未至羊牧隆城五里，与夏军遇。怿为先锋，见道傍置数银泥合，封袭谨密，中有动跃声，疑莫敢发，福至发之，乃悬哨家鸽百余，自合中起，盘飞军上。于是夏兵四合，怿先犯，中军继之，自辰至午酣战。阵中忽树鲍老旗，长二丈余，怿等莫测。既而鲍老挥右则右伏出，挥左则左伏出，翼而袭之，宋师大败。怿、刘肃及福子怀亮皆战没。小校刘进劝福自拔，福不听，力战死。初，渭州都监赵津将瓦亭塞骑兵三千余为诸将后继。是日，朱观、武英兵会能家川与夏人遇，阵合，王圭自羊牧隆城以屯兵四千五百人助观略阵，阵坚不可动，英重伤，不能出军战，自午至申，夏军益至，东阵步兵大溃，众遂奔。圭、英、津及参军耿傅、队将李简、都监李禹享、刘均皆死于阵。观以千余人保民垣，发矢四射，会暮，夏军引去。将校士卒死者万三百人，关右震动，军须日广，三司告不足，仁宗为之旰食，宋庠请修潼关以备冲突。秋，夏人转攻河东，及麟、府，不能下，乃引兵攻丰州，城孤无援，遂据之；又破宁远砦，屯要害，绝麟、府饷道。杨偕始请弃河外，保合河津，帝不许。会张亢管勾麟府军马事，破之于柏子，又破之于兔毛川，亢筑十余栅，河外始固。元昊虽数胜，然死亡创痍者相半，人困于点集，财力不给，国中为“十不如”之谣以怨之。元昊乃归塞门砦主高延德，因乞和，知延州范仲淹为书陈祸福以喻之。元昊使其亲信野利旺荣复书，语犹嫚。知延州庞籍言，夏境鼠食稼，且旱，元昊思纳款，遂令知保安军刘拯谕旺荣言：“公方持灵、夏兵，傥内附，当以西平茅土分册之。”知青涧城种世衡又遣王嵩以枣及画龟为书置蜡丸中遗旺荣，谕以早归之意，欲元昊得之，疑旺荣。旺荣得之笑曰：“种使君亦长矣，何为此儿戏耶！”囚嵩窖中岁余。知渭州王沿、总管葛怀敏使僧法淳持书往，而旺荣乃出嵩与教练使李文贵至青涧城，自言用兵以来，资用困乏，人情便于和。籍疑其款吾军，留之数月。

　　二年，复大入，战于定州，宋师大败，葛怀敏死之，直抵渭州，大焚掠而去。诏籍招纳，籍遣文贵还。月余，元昊使文贵与王嵩以其臣荣旺、其弟旺令、嵬名瑰、卧誉诤三人书议和,然屈强不肯削僭号,且云:"如日方中,止可顺天西行,安可逆天东下。"籍以其言未服,乃令自请,而诏籍复书许之。

明年,遣六宅使伊州刺史贺从勖与文贵俱来,犹称男邦泥定国兀卒上书父大宋皇帝,更名曩霄而不称臣。兀卒,即吾祖也,如可汗号。议者以为改吾祖为兀卒,特以侮玩朝廷,不可许。诏遣邵良佐、张士元、张子奭、王正伦更往议,且许封册为夏国主,而元昊亦遣如定、韦舍,张延寿、杨守素继来。

四年,始上誓表言:"两失和好,遂历七年,立誓自今,愿藏盟府。其前日所掠将校民户,各不复还。自此有边人逃亡,亦毋得袭逐。臣近以本国城砦进纳朝廷,其栲栳、镰刀、南安、承平故地及他边境蕃汉所居,乞画中为界,于内听筑城堡。凡岁赐银、绮、绢、茶二十五万五千,乞如常数,臣不复以他相干。乞颁誓诏,盖欲世世遵守,永以为好。倘君亲之义不存,或臣子之心谕变,使宗祀不永,子孙罹殃。"诏答曰:"朕临制四海,廓地万里,西夏之土,世以为胙。今乃纳忠悔咎,表于信誓,质之日月,要之鬼神,及诸子孙,无有渝变。申复恳至,朕甚嘉之。俯阅来誓,一皆如约。"十二月,遣尚书祠部员外郎张子奭充册礼使,东头供奉官、阁门祗候张士元副之。仍赐对衣、黄金带、银鞍勒马、银二万两、绢二万匹、茶三万斤。册以漆书竹简,籍以天下乐锦。金涂银印,方二寸一分,文曰:"夏国主印",锦绶、涂金银牌。缘册法牌,皆银装金涂,覆以紫绣。约称臣,奉正朔,改所赐敕书为诏而不名,许自置官属。使至京,就驿贸卖,宴坐朵殿。使至其国,相见用宾客礼。置榷场于保安军及高平砦,第不通青盐。然宋每遣使往,馆于宥州,终不复至兴、灵,而元昊帝其国中自若也。

是岁,辽夹山部落呆儿族八百户归元昊,兴宗责还,元昊不遣。遂亲将骑兵十万出金肃城,弟天齐王马步军大元帅将骑七千出南路,韩国王将兵六万出北路,三路济河长驱。兴宗入夏境四百里,不见敌,据得胜寺南壁以待。八月五日,韩国王自贺兰北与元昊接战,数胜之，辽兵至者日益，夏乃请和，退十里，韩国王不从。如是退者三，凡百余里矣，每退必赭其地，辽马无所食，因许和。夏乃迁延，以老其师，而辽之马益病，因急攻之，遂败，复攻南壁，兴宗大败。入南枢王萧孝友砦，擒其鹘突姑驸马，兴宗从数骑走，元昊纵其去。

元昊五月五日生，国人以其日相庆贺，又以四孟朔为节。凡五娶，一曰大辽兴平公主，二曰宣穆惠文皇后没藏氏，生谅祚，三曰宪成皇后野力氏，四曰妃没啰氏，五曰索氏。元昊以庆历八年正月殂，年四十六。在位十七年，改元开运一年，广运二年，大庆二年，天授礼法延祚十一年。谥曰武烈皇帝，庙号景宗，墓号泰陵。宋遣开封府判官、尚书祠部员外郎曹颖叔为祭奠使，六宅使、达州刺史邓保信为吊慰使，赐绢一千匹、布五百端、羊百口、面米各百石、酒百瓶。及葬，仍赐绢一千五百匹，余如初赗。子谅祚立。

谅祚，景宗长子也，小字宁令哥，国语谓“欢嘉”为“宁令”。两岔，河名也，母曰宣穆惠文皇后没藏氏，从元昊出猎，至此而生谅祚，遂名焉。以庆历七年丁亥二月六日生，八年戊子正月，方期岁即位。四月，遣尚书刑部员外郎任专充册礼使，供备库副使宋守约充副使，册谅祚为夏国主。

嘉祐元年，母没藏氏薨，遣祖儒嵬多、聿则庆唐及徐舜卿来告哀，诏以集贤校理冯浩假尚书刑部郎中、直史馆为吊慰使，文思副使张惟清假文思使副之，乃献遗留马驼以谢。

谅祚幼养于母族讹庞，讹庞因专国政。初，麟州西城枕睥睨曰红楼，下瞰屈野河，其外距夏境尚七十里，而田腴利厚，多入讹庞，岁东侵不已。至耕获时，辄屯兵河西，经略使庞籍每戒边将使毋得过屈野河，然所距屈野河犹二十里。管勾军马贾逵微循，见所侵田，稍过督边吏，麟州守王亮惧，始以事闻。诏以殿直张安世、贾恩为同巡检经制之。讹宠晏弗革，迫之则格斗，缓之则归耕，经略司遣使还所侵田，讹宠专为谰言，无归意。

嘉祐二年，遂团兵宿境上，逮三月，增至数万人，守将敛兵弗与战。知麟州武戡筑堡于河西，以为保障。役既兴，戡率将吏往按视，遇夏人于沙鼠浪，戡与管勾郭恩等欲止，而走马承受黄道元以言胁之，遂夜进至卧牛峰，见烽举，且鼓声，道元犹不信，比明，至忽里堆，与夏人相去才数十步，遂合战，自旦至食时，夏人四面合击，众大溃，戡走，恩与道元及兵马监押刘庆等被执。安抚司遣李思道、孙兆往议疆事，而讹庞鸷不听。久之，太原府、代州兵马钤辖苏安静得夏国吕宁、拽浪撩黎来合议，乃筑堠九，更新边禁，要以违约则罢和市，自此始定。谅祚忌讹庞专，或告讹庞将叛，谅祚讨杀之，夷其族。已而请去蕃礼，从汉仪。

　　嘉祐六年，上书自言慕中国衣冠，明年当以此迎使者。诏许之。

　　明年，又改西寿监军司为保泰军，石州监军司为静塞军，韦州监军司为祥祐军，左厢监军司为神勇军。遣人献方物，称宣徽南院使，诏谕非陪臣所宜称。戒其僭拟，使遵誓诏。表求太宗御制草诗隶书石本，且进马五十匹，求《九经》、《唐史》、《册府元龟》及宋正至朝贺仪，诏赐《九经》，还所献马。

　　治平初，求复榷场，不许。既而遣吴宗等来贺英宗即位，诏令门见，使者不从，至顺天门，且欲佩鱼及仪物自从，引伴高宜禁之，不可，留止厩置一夕，绝其供馈。宗语不逊，宜折之，使如故事，良久，乃听入。及赐食殿门，又诉于押伴张觐，诏命还赴延州与宜辨。宗度理屈，不复置对。遂诏谅祚惩约之。秋，夏人出兵秦凤、泾原，抄熟户，扰边塞弓箭手，杀掠人畜以万计，程戡、王素、孙长卿谕诸族首领，防诱胁散叛。遣文思副使王无忌赍诏问之，谅祚迁延弗受，已而因贺正使荔茂先献表，归罪宋边吏。

　　三年，遂大举攻大顺城，分兵围柔远砦，烧屈乞村，栅段木岭，州兵、熟户、蕃官赵明合击退之。遣西京左藏库副使何次公诘之。三月，乃献方物谢罪，赐绢五百匹、银五百两。

　　神宗即位，乃遣内殿崇班魏璪赐以治平三年冬服、银绢。供备库副使高遵裕告哀，并以英宗遗留物赐之。秋，夏国遣使奉慰及进助山陵。冬，种谔取绥州，因发兵夜掩嵬名山帐，胁降之。谅祚乃诈为会议，诱知保安军杨定、都巡检侍其臻等杀之，边吏以闻，命韩琦知永兴军，经略西方。谅祚锢送杀定者六宅使李崇贵、右侍禁韩道善及虏去定子仲通。

十二月，谅祚殂，年二十一。在位二十年，改元延嗣宁国一年，天祐垂圣三年，福圣承道四年，鞯都六年，拱化五年。谥曰昭英皇帝，庙号毅宗，墓号安陵。子秉常立。

宋史卷四八六
列传第二四五

外国二

夏国下

秉常，毅宗之长子，母曰恭肃章宪皇后梁氏。治平四年冬即位，时年七岁，梁太后摄政。

熙宁元年三月，遣新河北转运使、刑部郎中薛宗道等来告哀，神宗问杀杨定事，宗道言杀人者先已执送之矣，乃赐诏慰之，并谕令上首领数人姓名，当爵禄之，俟崇贵至，即行册礼。及崇贵至，云定奉使谅祚，常拜称臣，且许以归沿边熟户，谅祚遗之宝剑、宝鉴及金银物。初，定之归，上其剑、鉴而匿其金银，言谅祚可刺，帝喜，遂擢知保安。既而夏人失绥州，以为定卖已，故杀之。至是事露，帝薄崇贵等罪而削定官，没其田宅万计。

二年二月，遣河南监牧使刘航等册秉常为夏国主。三月，夏人入秦州，陷刘沟堡，杀范愿。既而进誓表，乞班誓诏，及请以安远、塞门二砦易绥州。初，朝议欲官爵夏之首领，计分其势，郭逵以为彼必不受诏，且彼既恭顺，宜布以大信，不当诱之以利。秉常果不奉诏，遣都罗重进来言曰："上方以孝治天下，奈何反教小国之臣叛其君哉！"于是前议遂罢。乃赐誓诏，而绥州待得二砦乃还。夏主受册而二砦不归，且欲先得绥州，遣罔萌讹以誓诏来言。及赵卨往交地，萌讹对以朝廷本欲得二砦，地界非所约。卨曰："若然，塞门二墙墟耳，安用之!"遂罢,诏城绥州。八月,表请去汉仪,复用蕃礼,从之。十月,遣使来谢封册。

三年五月,夏人号十万,筑闹讹堡,知庆州李复圭合蕃、汉兵才三千,逼遣偏将李信、刘甫、种咏等出战,信等诉以众寡不敌,复圭威以节制,亲画阵图方略授之,兵进,遂大败。复圭惧,欲自解,即执信等而取其图略,俞州官李昭用劾以故违节制,咏庾死狱中,斩信、甫,配流郭贵,复出兵邛州堡,夜入栏浪、市,掠老幼数百;又袭金汤,而夏人已去,惟杀其老幼一二百人,以功告捷,而边怨大起矣。八月,夏人遂大举入环庆,攻大顺城、柔远砦、荔原堡、淮安镇、东谷西谷二砦、业乐镇,兵多者号二十万,少者不下一二万,屯榆林,距庆州四十里,游骑至城下,九日乃退。钤辖郭庆、高敏、魏庆宗、秦勃等死之。

四年正月,种谔谋取横山,领兵先城罗兀,进筑永乐川、赏逋岭二砦,分遣都监赵璞、燕达筑抚宁故城,及分荒堆三泉、吐浑川、开光岭、葭芦川四砦与河东路修筑,各相去四十余里。二月,夏人来攻顺宁砦,复围抚宁,折继昌、高永能等拥兵驻细浮图,去抚宁咫尺,罗兀兵势尚完。种谔在绥德节制诸军,闻夏人至,茫然失措,欲作书召燕达,战怖不能下笔,顾转运判官李南公涕泗不已。于是新筑诸堡悉陷,将士千余人皆没。初,朝议以谔新筑罗兀城,去绥德百余里,偏梁险狭,难于馈饷,且城中无井泉,遣李评、张景宪往视之,未至而抚宁陷,遂诏弃罗兀城。五月,燕达以戍卒辎重归自罗兀,为夏人邀击,达多失亡。九月,夏遣使入贡,且以二砦易绥州,乞如旧约,诏不允。

五年正月,夏钤辖结胜为麟州步将王文郁战降,授供奉官;久之,谋窜归,事觉,诏听其去。六月,夏人还荔原堡逃背熟户鬼通等七十八人。闰七月,遣部将景思立、王存以泾原兵出南路,王韶由东谷径趋武胜,未至十余里,逢夏人战,遂至其城,瞎药弃城夜遁,大首领曲撒四王阿南珂出奔,乃城武胜。十二月,遣使进马赎《大藏经》,诏赐之而还其马。

　　八年三月，夏人以索蕃、汉部盗人畜投南界者，牒熙河经略司请高太尉赴三岔堡会议，牒称大安二年。乃诏鄜延经略司，令牒宥州问妄称年号，且牒非其地分边臣会议，皆违越生事，是必夏主不知，请问之。夏人进奉山陵后期，诏令先至永厚陵设祭后至阙奉慰。帝谓辅臣曰："元昊昔僭号，遣使上表称臣，其辞犹逊，朝廷不先诘其所以然而遽绝之，继边民蕃部讨虏，故元吴尝自谓为诸羌所立不得辞，朝廷不得命，不得已而变。西师亟战辄败，天下骚然，仁宗悔之。当元昊僭书来，独谏官吴育谓难以中国叛臣处之，或可稍易以名号，议者皆以为不然，卒困中原，而后岁赐，封册为夏国主，良可惜哉！"

　　元丰二年六月，夏人自满堂川入大会平，杀防田人马，兵官李浦等逼逐出塞。九月，绥德把截杨永庆声徼循边而掩取蕃部首级，诈言斩犯边人，诏毁永庆出身文字，送西京编管。

　　四年四月，有李将军清者，本秦人，说秉常以河南地归宋，国母知之，遂诛清而夺秉常政。鄜延总管种谔乃疏秉常遇弑，国内乱，宜兴师问罪，此千载一时之会。帝然之，遂遣王中正往鄜延、环庆，称诏募禁兵，从者将之。诏熙河李宪等，以秉常见囚，大举征夏；及诏谕夏国嵬名诸部首领，能拔身自归及相率共诛国仇，当崇其爵赏，敢有违拒者诛九族。八月，中正及谔言泾原、环庆会兵取灵州，复讨兴州，麟府、鄜延先会夏州，取怀州渡会兴州。宪总七军及董毡兵三万，至新市城，遇夏人，战败之。王中正出麟州，矫辞自言皇帝亲征，提兵六万，才行数里，即奏已入夏境，屯白草平九日不进。环庆经略使高遵裕将步骑八万七千、泾原总管刘昌祚将卒五万出庆州，谔将鄜延及畿内兵九万三千出绥德城。九月，谔围米脂，夏人来救，战于无定川，大破之，斩首五千级。十月，遂克米脂，降守将令分讹遇，进攻石州。中正以河东军渡无定河，循水北行，地皆沙湿，士马多陷没，遂继谔趋夏川，而民皆溃，军无所得。遵裕至清远军，攻灵州，夏人决黄河灌营，复抄绝饷道，士卒冻溺死，余兵才万三千人，遂归。夏人追战，将官俞平死之。中正至宥州奈王井，粮尽，士卒死亡者已

二万,乃引军还。谍兵无食,会大雪死,遂溃,入塞者才三万人。昌
祚遇夏人于磨脐隘,夏之拒者二三万人,昌祚乃分兵渡葫芦河夺其
隘,与统军国母弟梁大王战,遂大破之。宪营于天都山下,焚夏之南
牟内殿并其馆库,追袭其统军仁多唛丁,败之,擒百人,遂班师。泾
原总兵侍禁鲁福、彭孙护馈饷至鸣沙川,与夏人三战,败绩。初,夏
人闻宋大举,梁太后问策于廷,诸将少者尽请战,一老将独曰:“不
须拒之,但坚壁清野,纵其深入,聚劲兵于灵、夏而遣轻骑抄绝其馈
运,大兵无食,可不战而困也。”梁后从之,宋师卒无功。

　　五年正月,辽使涿州遗书云:“夏国来称,宋兵起无名,不测事
端。”神宗报以:”夏国主受宋封爵,昨边臣言,秉常见为母党囚辱,
比令移问事端,其同恶不报。继又引兵数万侵犯我边界,义当有征。
今彼以屡遭败衄,故遣使诡情陈露,意在间贰,想彼必以悉察。”夏
人闻此,遂不至。五月,沈括请城古乌延城以包横山,使夏人不得绝
沙漠。遂遣给事中徐禧、内寺押班李舜举往议。禧复请于银、夏、宥
之界筑永乐城。永乐依山无水泉,独种谔极言不可,禧率诸将竟城
之,赐名银川砦;禧等还米脂,以兵万人属曲珍守之。永乐接宥州,
附横山,夏人必争之地。禧等既城去,九日,夏人来攻,珍使报禧,乃
挟李舜举来援,而夏兵至者号三十万,禧登城西望,不见其际,宋军
始惧,翌日,夏兵渐逼,禧乃以七万阵城下,坐谯门,执黄旗令众曰:
“视吾旗进止!”夏人纵铁骑渡河,或曰:“此号铁鹞子,当其半济击
之,乃可有遏,得地则其锋不可当也。”禧不听。铁骑既济,震荡冲
突,大兵从之,禧师败绩,将校寇伟、李思古、高世才、夏俨、程博古
及使臣十余辈、士卒八百余人尽没。诏李宪、张世矩往援,及令括遣
人与约退军,当还永乐地。夏人进侵,及县门,溃归城者,决水砦为
道以登,夏人因之,奔归于城者三万人皆没。夏兵围之者厚数里,游
骑掠米脂。将士昼夜血战,城中乏水已数日,井不得泉,渴死者大
半,括等援兵及馈运皆为夏大兵所隔。夏人呼珍来讲和,吕整、景思
义相继而行,夏人毙思义囚之,而城围者已浃旬矣。夜半,夏兵环城
急攻,城遂陷,高永能战没,禧、舜举,运使李稷皆死于乱兵,惟曲

珍、王湛、李浦、吕整裸跣走免，蕃部指挥马贵独誓死持刀杀数十人而没。是役也，死者将校数百人，士卒、役夫二十余万，夏人乃耀兵米脂城下而还。宋自熙宁用兵以来，凡得葭芦、吴保、义合、米脂、浮图、塞门六堡，而灵州、永乐之役，管军、熟羌、义保死者六十万人，钱、粟、银、绢以万数者不可胜计。帝临朝痛悼，而夏人亦困弊。夏西南都统、昂星嵬名济乃移书刘昌祚曰：

中国者，礼乐之所存，恩信之所出，动止猷为，必适于正。若乃听诬受间，肆诈穷兵，侵人之土疆，残人之黎庶，是乖中国之体，为外邦之羞。昨者朝廷暴兴甲兵，大穷侵讨，盖天子与边臣之议为，夏国方守先誓，宜出不虞，五路进兵，一举可定，故去年有灵州之役，今秋有永乐之战，然较其胜负，与前日之议，为何如哉！

朝廷于夏国，非不经营之，五路进讨之策，诸边肆挠之谋，皆尝用之矣。知徼幸之无成，故终于乐天事小之道。况夏国提封一万里，带甲数十万，南有于阗作我欢邻，北有大燕为我强援，若乘间伺便，角力竞斗，虽十年岂得休哉！即念天民无辜，受此涂炭之苦，国主自见伐之后，夙夜思念，为自祖宗之世，事中国之礼无或亏，贡聘不敢怠，而边吏幸功，上聪致惑，祖宗之盟既阻，君臣之分不交，存亡之机，发不旋踵，朝廷岂不恤哉！

至于鲁国之忧，不在颛臾，隋室之变，生于杨感。此皆明公得于胸中，不待言而后喻。今天下倒垂之望，正在英才，何不进谠言，辟邪议，使朝廷与夏国欢好如初，主民重见太平，岂独夏国之幸，乃天下之幸也。

昌祚上其书，帝喻答之。

六年二月，夏人大举围兰州，已夺两关门，钤辖王文郁集死士七百，夜缒城而下，持短兵突营，遂拔去。五月，复来，围九日，大战，侍禁韦禁死之，乃解去。闰六月，遣使谟个、咩迷乞遇来贡，表曰："夏国累得西蕃征王子书，称南朝与夏国交战岁久，生灵荼毒，欲拟通和。缘夏国先曾请所侵疆土，不从；以来未便轻许。西蕃再遣使散八昌郡、丹星等到国,称南朝语言计会,但当遣使赍表,自令引赴南朝。切念臣自历世以来,贡奉朝廷,无所亏怠,至于近岁尤甚欢和,不意险人诬间,朝廷特起大兵,侵夺疆土城砦,因兹构怨,岁致交兵。今乞朝廷示以大义,特还所侵,倘垂开纳,别效忠勤。”乃赐诏曰:“顷以权强,敢行废辱,朕用震惊,令边臣往问,匿而不报,王师徂征,盖讨有罪。今遣使造庭,辞礼恭顺,仍闻国政悉复故常,益用嘉纳。已戒边吏毋辄出兵,尔亦其守先盟。”遂诏陕西、河东经略司,其新复城砦,徼循毋出三二里,夏之岁赐如旧。

七年正月,围兰州,李宪战却之。六月,攻德顺军,巡检王友战死。九月,围定西城,烧觅谷族帐,遂以十月至静边,钤辖彭孙败之。杀其首领仁多唛丁。十二月攻清远,队将白玉、李贵死之。

八年三月,神宗崩,赐以遗留物。夏人攻葭芦,供奉王英战死。七月,遣使丁奴嵬名谟铎、副使吕则陈聿精等来奠慰。十月,遣芭良、嵬名济、赖升聂、张聿正进助山陵礼物。夏国主母梁氏薨,讣至,以朝散郎、刑部郎中杜纮充祭奠使,东头供奉官、阁门祗候王有言充吊慰使。夏以主母遗留物来进。

元祐元年二月,始遣使入贡。五月,遣鼎利、罔豫章来贺哲宗即位。六月,复遣讹罗聿来求所侵兰州、米脂等五砦。使未至,苏辙两疏请因其请地而与之。司马光言:“此边鄙安危之机,不可不察。灵夏之役,本由我起,新开数砦,皆是彼田。今既其内附,岂宜靳而不与?彼必曰:‘新天子即位,我卑辞厚礼以事中国。庶几归我侵疆,今犹不许,则是恭顺无益,不若以武力取之。’小则上书悖慢,大则攻陷新城。当此之时,不得已而与之,其为国家之耻,无乃甚于今日乎?群臣犹有见小忘大,守近遗远,惜此无用之地,使兵连不解,为国家之忧。顾决圣心,为兆民计。”时异议者众,唯文彦博与光合,遂从之。秋七月乙丑,秉常殂,时年三十六。在位二十年,改元乾道二年,天赐礼盛国庆五年,大安十一年,天安礼定一年,谥曰康靖皇帝,庙号惠宗,墓号献陵。子乾顺立。

乾顺，惠宗之长子也，母曰昭简文穆皇后梁氏，生三岁即位。元祐元年十月，以父殂，遣使吕则罔聿谟等来告哀。诏自元丰四年用兵所得城砦，待归我陷执民，当画以给还。乃遣金部员外郎穆衍充祭奠使，供备库使张楙充吊慰使。夏遣使进马、驼来贺龙兴节。

二年正月，遣权枢密院都承旨公事刘奉世为册礼使，崇仪副使崔象先副之，册乾顺为夏国主，仍节度、西平王。三月，夏遣大使映吴嵬名谕密、副使广乐毛示聿等诣太皇太后进驼、马以谢奠慰。七月，夏人攻镇戎军诸堡，刘昌祚等御之而退。

三年三月，攻德靖砦，诸将米赟、郝普战死。诏刘昌祚以泾原万人驻德顺军，熙河五千人驻通远军，据秦凤要害，以为掎角。夏人遂攻宪谷砦，砦兵及东关堡巡检等战不利，死者几百人。

四年二月，始遣使谢封册。六月，稍归永乐所获人，遂以葭芦、米脂、浮图、安疆四砦与之，而画界未定。遣崇仪使董正叟、如京使李玩押赐夏国生日礼物及冬服。七月坤成节、十二月兴龙节皆遣使来贺。

五年六月，夏人来言，画疆界者不依绥州内十里筑堡铺供耕牧、外十里立封堠作空地例，以辨两国界。诏曰："已谕边臣如约，夏之封界当亦体此。"冬，攻兰州之质孤、胜如堡，既而遣使来贺正旦。

六年七月，遣使来贺坤成节。九月，围麟、府三日，杀掠不计，鄜延都监李仪等尽没。

七年，屡攻绥德城，以重兵压泾原境，留五旬，大掠，筑垒于没烟峡口以自固。游师雄请自兰州李诺平东抵通远定西、通渭之间，建汝遮纳迷，结珠龙三砦及置护耕七堡，以固藩篱；穆衍请于质孤、胜如二堡之间，城李诺平以控要害。议未决，秦凤都监康谓以为："夏之所以未臣附而屡肆兵者，以我势分于隄备，兵未练而赏罚失当耳。若择锐结伍，伺彼之动，聚则先击，散则复袭，则彼分而我聚，以众击寡，可得志也。"诏谓诣阙，而下其事于诸道。

八年四月，复遣使以兰州一境易塞门二砦，诏数其违顺不常而却其请。

绍圣元年二月,夏进马助太皇太后山陵。复遣使再议易地,诏不允。

三年九月,大入鄜延,西自顺宁、招安砦,东自黑水、安定,中自塞门、龙安、金明以南,二百里间相继不绝,至延州北五里。十月,忽自长城一日驰至金明,列营环城,国主子母亲督桴鼓,纵骑四掠。知麟州有备,复还金明,而后骑之精锐者留龙安。边将悉兵掩击不退,金明乃破。守兵二千八百人惟五人得脱,城中粮五万石、草千万束皆尽,将官皇城使张俞死之。既还,留一书置汉人颈上,曰:"货汝命,为我投于经略使处。"其言曰:"夏国昨与朝廷议疆场,惟有小不同,方行理究,不意朝廷改悔,却於坐团铺处立界。本国以恭顺之故,亦黾勉听从,遂于境内立数堡以护耕,而鄜延出兵,悉行平荡,又数数入界杀掠。国人共愤,欲取延州,终以恭顺,止取金明一砦,以示兵锋,亦不失臣子之节也。"延帅吕惠卿上于枢密院而不以闻。初,哲宗闻夏人来寇,泰然笑曰:"五十万众深入吾境,不过十日,胜不过一二砦须去。"已而果破金明引退。

四年正月,泾原都钤辖王文振率诸将破没烟峡新砦,斩获三千余级。二月,夏复以七万众攻绥德,鄜延将兵战退之。

元符元年十二月,泾原折可适掩夏西寿统军鬼名阿埋、监军妹勒都逋,获之。彗星见,乾顺赦国中。

二年正月,国母梁氏薨,辽遣使萧德崇来为夏人议和。乃复书谓:"若果出至城,深悔谢罪,当徐度所宜,开以自新之路。"五月,夏兰会正钤辖革瓦娘以部落来降,授内殿崇班,赐银、绢、缗钱各三百。七月,环州种朴徼赤羊川,获赏罗讹乞家属百五十余口,孳畜五千。夏人千余骑来追,战却之,擒监军讹勃罗及首领泪丁讹遇。诏令赴阙,存恤讹乞家属,又遣人持其家信号往招之。九月,夏人来告国母哀,因上表谢过。诏夏主:"省所上表,能抗章引愆,已谕边臣,我疆彼界,毋相侵犯。"已而夏以二千骑出浮图岔来战,供奉官陈告、差使李戬战死之。闰九月,古逻川部族叛,熙河将王愍率兵掩击,翌日,夏人马数万围愍等,力战败之,擒其钤辖鬼名乞遇;统制

苗履又战于青唐崄,夏人败绩。十二月,遂遣令能、嵬名济等进誓表
曰:"臣国久不幸,时多遇凶,两经母党之擅权,累为奸臣之窃命。频
生边患,增怒上心,衅端既深,理诉难达。幸凶党伏诛,稚躬反正。遐
驰恳奏,陈前咎之所归;乞绍先盟,果渊衷之俯纳。故班诏而申谕,
获贡誓以输诚,谨当饬疆吏而永绝争端,戒国人而常遵圣化,违约
则凶咎再降,背盟则基绪非延。约束事条,恭依处分。"诏报曰:"尔
以凶党造谋,数干边吏,而能悔过请命,祈绍先盟。念彼种人,均吾
赤子,措之安静,乃副朕心。嘉尔自新,俯从厥志,尔无爽约,朕不食
言。自今已往,岁赐仍旧。"

三年正月,哲宗崩,徽宗即位。九月,夏遣使来奠慰及贺即位。
十月,复遣使来贺天宁节。

建中靖国元年,乾顺始建国学,设弟子员三百,立养贤务以廪
食之。

崇宁三年,蔡京秉政,使熙河王厚招夏国卓罗右厢监军仁多保
忠,厚云:"保忠虽有归意,而下无附者。"章数上,不听。京愈责厚
急,乃遣弟诣保忠许,还为夏之逻者所获,遂迫保忠赴牙帐。厚以保
忠纵不为所杀,亦不能复领军政,使得之,一匹夫耳,何益于事。京
怒,必令金帛招致之。夏乃点兵,延、渭、庆三路各数千骑出没,声言
假兵于辽矣。三年,辽以成安公主嫁乾顺。

四年,诏西边能招致者,毋问首从,赏同斩级令,用京计也。陶
节夫在延州,大加招诱,乾顺遣使巽请,皆拒之,又令杀其牧放者。
夏人遂入镇戎,略数万口,执知廓州高永年而去,又攻湟州,自是兵
连者三年。大观元年,始遣人修贡。

政和四年冬,环州定远大首领夏人李讹啰以书遗其国统军梁
哆㖫曰:"我居汉二十年,每见春廪既虚,秋庾未积,粮草转输,例给
空券,方春未秋,士有饥色。若卷甲而趋,径捣定远,唾手可取,定远
既得,则旁十余城不攻而下矣。我储谷累岁,阙地而藏之,所在如
是,大兵之来,斗粮无赍,可坐而饱也。"哆㖫遂以万人来迎。转运使
任谅先知其谋,募民尽发窖谷,哆㖫围定边,失所藏,越七日,讹哆

遂以其部万余归夏。乾顺筑臧底河城，遂诏河东节度使童贯为陕西经略以讨之。

五年春，遣熙河经略刘法将步骑十五万出湟州，秦凤经略刘仲武将兵五万出会州，贯以中军驻兰州，为两路声援。仲武至清水河，筑城屯守而还。法与夏人右厢军战于古骨龙，大败之，斩首三千级。贯奏凯，皆迁秩。秋，仲武、王厚复合泾原、鄜延、环庆、秦凤之师攻夏臧底河城，败绩，死者十四五，秦凤第三将全军万人皆没。厚惧，厚赂贯而匿之。冬夏人以数万骑略萧关而去。

六年春，刘法、刘仲武合熙、秦之师十万攻夏仁多泉城，三日不克，援后期不至，城中请降，法受其降而屠之，获首三千级。种师道以十万众复攻臧底河城，克之。十一月，夏人大举攻泾原靖夏城。时久无雪，夏先使数万骑绕城，践尘涨天，兵对不睹，乃潜穿壕为地道入城中，城遂陷，复屠之而去。

宣和元年，童贯复逼刘法使取朔方。法不得已，引兵二万出，至统安城，遇夏国主弟察哥郎君率步骑为三阵，以当法前军，而别遣精骑登山出其后，大战移七时，前军杨惟忠败入中军，后军焦安节败入左军，朱定国力战，自朝及暮，兵不食而马亦渴死多。法乘夜遁，比明，走七十里，至盍朱峗，守兵见，追之，坠崖折足，为一别瞻军斩首而去。是役死者十万，贯隐其败而以捷闻。察哥见法首，恻然语其下曰：“刘将军前败我于古骨龙、仁多泉，吾常避其锋，谓天生神将，岂料今为一小卒枭首哉！其失在恃胜轻出，不可不戒。”遂乘胜围震武，刘仲武、何瓘等赴之，乃解去。震武在山峡中，熙、秦两路不能饷，自筑三岁间，知军李明、孟清皆为夏人所杀。初夏人陷法军，围震武，欲拔之。察哥曰：“勿破此城，留作南朝病块。”乃自引去。而宣抚司受解围之赏者数百人，实自去之也。诸路所筑城砦皆不毛，夏所不争之地，而关辅为之萧条，果如察哥之言。十月，夏遣使来贺天宁节，投以誓诏，不取，贯不能屈，但迫馆伴强之，使持还，及边，遂弃之而去。贾炎得而上之，贯始大沮。

钦宗即位，遣使来贺正旦。先是，金人灭辽，黏罕遣撒拇使夏国，许割天德、云内、金肃、河清四军及武州等八馆之地，约攻麟州，以牵河东之势。靖康元年三月，夏人遂由金肃、河清渡河取天德、云内、武州、河东八馆之地。四月陷震威城，兵马监押朱昭死之。继而金贵人兀室以数万骑阳为出猎，掩至天德，逼逐夏人，悉夺有其地。夏人请和，金人执其使。

岁丁未，乾德改元正德，时建炎元年也。是岁九月，金帅兀术回云中，遣保静军节度使杨天吉约侵宋，乾顺许之。十月，通问使傅雱见金左监军希尹于云中，希尹以国书授雱，为夏国请熙宁以来侵地。盖彼既夺其地，乃责偿于宋以报之。

二年正月，以主客员外郎谢亮为陕西抚谕使，兼宣谕使，从事郎何洋为太学博士，持诏书赐乾顺。亮西入关，鄜延经略使王庶遗亮书曰："大夫出疆，有可以安社稷、利国家者，专之可也。夏国为患小而缓，金人为患大而急。方其挫锐熙河，奔北鄜延，秋稼未登，兵士困饿，阁下苟能仗节督诸路协同义举，虽未足尽雪旧耻，亦可驱逐渡河，全秦奠枕，徐图恢复矣。"亮不能用，遂由环庆入西夏。庆历后，夏国主尝以宾礼见使者，亮至，乾顺乃倨然见之，留居几月，始与约和罢兵。亮归，而夏之兵已蹑其后，袭取定边军。

明年，亮还行在。二月，金帅娄宿连陷长安、凤翔，陇右大震。夏人谍知关陕无备，遂檄延安府言："大金割鄜延以隶本国，须当理索，敢违拒者，发兵诛讨之。"帅臣王庶檄报曰："金人初犯本朝，尝以金肃、河清畀尔，今谁与守？国家以奸臣贪得，不恤怜好，遂至于此。贪利之臣，何国无之，岂意夏国躬蹈覆辙！比闻金人欲自泾原径捣兴、灵，方切寒心，不图尚欲乘人之急。幕府虽士卒单寡，然类皆节制之师，左支右吾，尚堪一战。果能办此，何用多言。"因遣谍间其用事臣李遇，夏人竟不出。是岁，开封尹宗泽奏疏请北伐，且言乞遣辩士西说夏国，东说高丽，俾出助兵。

三年，知枢密院事张浚使川、陕，谋北伐，欲通夏国为援，奏请国书，诏从之。七月，浚西行，复以主客员外郎谢亮假太常卿，权宣抚处置司参议官，再使夏国。

四年正月,浚遣亮往,迄不得其要领而还。十月,环庆路统制慕洧叛,降于夏国。

绍兴元年二月,同州观察副使刘惟辅弃德顺军输款于夏,夏人拒不受。八月,诏以夏本敌国,毋复班历日。十一月,川、陕宣抚副使吴玠始遣人通夏国书。

二年九月,吕颐浩言:"闻金、夏交恶,夏国屡遣人来吴玠、关师古军中,宜令张浚通问,以撢其情。"是岁,余睹谋结燕云之人图女直,黏罕觉,欲诛之,余睹父子遁入夏国,夏人以其兵少不纳。

四年十二月,吴玠奏夏国数通书,有不忘本朝意。

五年,乾顺改元大德。

七年正月,吴璘奏西蕃三十八族首领赵继忠来归,用可扼西夏右臂。十月,伪齐知同州李世辅谋执金帅撒里曷归宋,不克,遂奔夏。世辅父母亲族在延安者,金人杀之无遗类。

九年,夏人陷府州。灵芝生于后堂高守忠家,乾顺作《灵芝歌》,俾中书相王仁宗和之。乾顺以世辅为静难军承宣使、鄜延岐雍等路经略安抚使。世辅请兵,将报延安之役,夏主俾先讨别种酋豪号"青面夜义"者,世辅擒之以报。乾顺乃为出兵,遣文臣王枢、武臣啰讹等随之。世辅军至延安,撒里曷走耀州,世辅购得害其父母者,杀之东城,闻金人降赦,归宋河南地,乃说王枢等降宋,啰讹不从,世辅抽刀斫之,不中;遂缚枢,命王晞韩护送行在。五月丙午,世辅以其众三千人归宋,授世辅护国承宣使、枢密行府前军都统制,赐名显忠。

六月四日,乾顺殂,年五十七。在位五十四年,改元天仪治平四年,天祐民安八年,永安三年,贞观十三年,雍宁五年,元德八年,正德八年,大德五年。谥曰圣文皇帝,庙号崇宗,墓号显陵。子仁孝嗣。

仁孝,崇宗长子也。绍兴九年六月,崇宗殂,即位,时年十六。十月,诏还王枢及夏之俘百九十人。十一月仁孝尊其母曹氏为国母。十二月,纳后罔氏。

十年，夏改元大庆。三月，诏胡世将与夏人议入贡，夏人不报。

十一年六月，夏枢密使慕洧弟慕浚谋反，伏诛。仁孝上尊号曰制义去邪。十一年九月，夏国饥。

十三年三月，地震，逾月不止；地裂，泉涌出黑沙。岁大饥，乃立井里以分振之。

十三年，夏改元人庆。始建学校于国中，立小学于禁中，亲为训导。

十四年，彗星见坤宫，五十余日而灭，占其分在夏国。

十五年八月，夏重大汉太学，亲释奠，弟子员赐予有差。

十六年，尊孔子为文宣帝。

十七年，改元天盛。策举人，始立唱名法。

十八年，复建内学，选名儒主之。增修律成，赐名《鼎新》。

二十八年，始立通济监铸钱。

二十九年，归宋官李宗闰上书言："夏国副使屈移，尝两使南朝，以为衣冠礼乐非他国比。怨金人叛盟，夺其所与地。此其情可见。壬子岁，黏罕尝聚兵云中以窥蜀，夏人谓将图已，举国屯境上以待其至。今诚遣辩士往说之，夏国必不难出兵，庶足为吾声援，以图恢复。书奏，不报。

三十年，夏封其相任得敬为楚王。

三十一年，立翰林学士院，以焦景颜、王金等为学士，俾修实录。金主亮犯四川，宣抚使吴璘檄西夏，俾合兵讨之。

三十二年，夏国移置中书、枢密于内门外。大禁奢侈。始封制番字师野利仁荣为广惠王。夏人闻金人南侵，以骑兵二千至蔡园川及马家巉、秃头岭，将分道入攻，宣抚使吴璘命镇戎军守将秦弼说谕之。金兵败，夏人乃还。

乾道三年五月，夏国相任得敬遣间使至四川宣抚司，约共攻西番，虞允文报以蜡书。七月，得敬间使再至宣抚司，夏人获其帛书，传至金人。

四年，夏改元乾祐。得敬以谋篡伏诛。淳熙十二年二月，谍报故辽国大石牙林,假道于夏以伐金,密诏利西都统制吴挺与制置使留正议之。

十三年四月,复诏挺结夏国。当时论议可否及夏人从违,史皆失书。

绍熙四年九月二十日,仁孝殂,年七十。在位五十五年,改元大庆四年,人庆五年,天盛二十一年,乾祐二十四年。谥曰圣德皇帝,庙号仁宗,陵号寿陵。子纯佑嗣。

纯佑,仁宗长子也,母曰章献钦慈皇后罗氏。仁宗殂,即位,时年十七。明年改元天庆。

开禧二年正月二十日废,遂殂,年三十。在位十四年,谥曰昭简皇帝,庙号桓宗,陵号庄陵。镇夷郡王安全立。

安全,崇宗之孙,越王仁友之子。开禧二年正月,废其主纯佑自立,明年改元应天。

嘉定四年八月五日安全殂,年四十二。在位六年,改元应天四年,皇建二年。谥曰敬穆皇帝,庙号襄宗,陵号康陵。有子曰承祯。齐国忠武王彦宗之子大都督府主遵顼立。

遵顼,始以宗室策试进士及第,为大都督府主。嘉定四年七月三日立,时年四十九,改元光定。金卫绍王崇庆元年三月遣使册为夏国王。

七年夏,左枢密使万庆义勇遣二僧赍蜡书来西边,欲与共图金人,复侵地,制置使黄谊不报。

其后金人南迁,议徙都长安,遣元帅赤盏以重兵宿巩州。夏主畏其侵迫,乃遣枢密使都招讨宁子宁、忠翼赴蜀阃议来攻秦、巩;聂子述俾利西安抚丁焴答书,饬将吏严兵以待。时嘉定十二年三月也。子述寻罢去,焴持议不可轻动,师不可出。十二月,宁子宁遣使复申前说,且责我以失期,时安丙再开宣阃,许之,命利州副都统制程信任其责。

十三年八月，宁子宁以师期来告，丙遂决意出师，以奏札闻诸朝，不待报可，命将大举，卒无功。夏人宁子宁、嵬名公辅亦率其众归国。

十四年正月，丙回利州。

十六年，遵顼自号上皇，传位于其子德旺。

宝庆二年春，遵顼殂，年六十四。改元光定十三年。谥曰英文皇帝，庙号神宗。

丙戌七月，德旺殂，年四十六。改元乾定四年。庙号献宗。

清平郡王之子南平王睍立，二年丁亥秋，为大元所取，国遂亡。

夏之境土，方二万余里，其设官之制，多与宋同。朝贺之仪，杂用唐、宋而乐之器与曲则唐也。

河之内外，州郡凡二十有二。河南之州九：曰灵、曰洪、曰宥、曰银、曰夏、曰石、曰盐、曰南威、曰会。河西之州九：曰兴、曰定、曰怀、曰永、曰凉、曰甘、曰肃、曰瓜、曰沙。熙、秦河外之州四：曰西宁、曰乐、曰廓、曰积石。其地饶五谷，尤宜稻麦。甘、凉之间，则以诸河为溉，兴、灵则有古渠曰唐来，曰汉源，皆支引黄河。故灌溉之利，岁无旱涝之虞。

其民一家号一帐，男年登十五为丁，率二丁取正军一人。每负赡一人为一抄。负赡者，随军杂役也。四丁为两抄，余号空丁。原隶正军者，得射他丁为负赡，无则许射正军之疲弱者为之。故壮者皆习战斗，而得正军为多。凡正军给长生马、驼各一。团练使以上，帐一、弓一、箭五百、马一、骆驼五，旗、鼓、枪、剑、棍棓、沙袋、披毡、浑脱、背索、锹钁、斤斧、箭牌、铁笊篱各一。刺史以下，无帐无旗鼓，人各骆驼一、箭三百、幕梁一。兵三人，同一幕梁。幕梁，织毛为幕，而以木架。有炮手二百人号泼喜，陡立旋风炮于骆驼鞍，纵石如拳。得汉人勇者为前军，号"撞令郎"。若脆怯无他伎者，迁河外耕作，或以守肃州。

有左右厢十二监军司：曰左厢神勇、曰石州祥祐，曰宥州嘉宁、曰韦州静塞、曰西寿保泰、曰卓罗和南、曰右厢朝顺、曰甘州甘肃、曰瓜州西平、曰黑水镇燕、曰白马强镇、曰黑山威福。诸军兵总计五十余万。别有擒生十万。兴、灵之兵，精练者又二万五千。别副以兵七万为资赡，号御围内六班，分三番以宿卫。每有事于西，则自东点集而西；于东，则自西点集而东；中路则东西皆集。用兵多立虚砦，设伏兵包敌，以铁骑为前军，乘善马，重甲，刺斫不入，用钩索铰联，虽死马上不坠。遇战则先出铁骑突阵，阵乱则冲击之，步兵挟骑以进，战则大将居后，或据高险。其人能寒暑饥渴。出战率用双日，避晦日，赍粮不过一旬。弓，皮弦；矢，沙柳竿。恶雨雪。昼举烟扬尘，夜篝火以为候。不耻奔遁，败三日，辄复至其处，捉人马射之，号曰"杀鬼招魂"，或缚草人埋于地，众射而还。

笃信机鬼，尚诅祝，每出兵则先卜。卜有四：一、以艾灼羊脾骨以求兆，名"炙勃焦"；二擗竹于地，若揲蓍以求数，谓之"擗算"；三、夜以羊焚香祝之，又焚谷火布静处，晨屠羊，视其肠胃通则兵无阻，心有血则不利；四、以矢击弓弦，审其声，知敌至之期与兵交之胜负，及六畜之灾祥、五谷之凶稔。俗皆土屋，惟有命者得以瓦覆之。

论曰：拓跋氏考诸前史可见也。自赤辞纳款于贞观，立功于天宝，思恭以宥州著节于咸通，夏虽未称国，而王其土久矣。子孙历王五代。宋兴，太祖即西平王加彝兴太尉，德明在祥符间已追帝其父于国中，逮元昊始显称帝，厥后因之，与金同亡。

概其历世二百五十八年，虽尝受封册于宋，宋亦称有岁币之赐、誓诏之答，要皆出于一时之言，其心未尝有臣顺之实也。元昊结发用兵，凡二十年，无能折其强者。乾顺建国学，设弟子员三百，立养贤务；仁孝增至三千，尊孔子为帝，设科取士，又置官学，自为训导。观其陈经立纪，《传》曰："不有君子，其能国乎？"今史所载追尊谥号、庙号、陵名，兼采《夏国枢要》等书，其与旧史有所抵捂，则阙疑以俟知者焉。

宋史卷四八七
列传第二四六

外国三

高　丽

　　高丽，本曰高句骊。禹别九州，属冀州之地，周为箕子之国，汉之玄菟郡也。在辽东，盖扶余之别种，以平壤城为国邑。汉魏以来，常通职贡，亦屡为边寇。隋炀帝再举兵，唐太宗亲驾伐之，皆不克。高宗命李勣征之，遂拔其城，分其地为郡县。唐末，中原多事，遂自立君长。后唐同光、天成中，其主高氏累奉职贡。长兴中，权知国事王建承高氏之位，遣使朝贡，以建为玄菟州都督，充大义军使，封高丽国王。晋天福中，复来朝贡。开运二年，建死，子武袭位，汉乾祐末，武死，子昭权知国事。周广顺元年，遣使朝贡，以昭为特进、检校太保、使持节、玄菟州都督、大义军使、高丽国王。显德二年，又遣使来贡，加开府仪同三司、检校太尉，又加太师。

　　建隆三年十月，昭遣其广评侍郎李兴祐、副使李励希、判官李彬等来朝贡。

　　四年春，降制曰：“古先哲后，奄宅中区，曷尝不同文轨于万方，覃声教于四海？顾予凉德，猥被鸿名，爰致宾王，宜优锡命。开府仪同三司、检校太师、玄菟州都督、充大义军使、高丽国王昭，日边锺粹，辽左推雄，习箕子之余风，抚朱蒙之旧俗。而能占云候海，奉贽充庭,言念倾输,实深嘉尚。是用赐之懿号,醮以公田,载推柔远之恩,式奖拱辰之志。于戏!来朝万里,美爱戴之有孚。柔抚四封,庶混并之无外。永保东裔,聿承天休。可加食邑七千户,仍赐推诚顺化保义功臣。"其年九月,遣使时赞等来贡,涉海,值大风,船破,溺死者七十余人,赞仅免,诏加劳恤。

开宝五年,遣使以方物来献,制加食邑,赐推诚顺化守节保义功臣。进奉使内议侍郎徐熙加检校兵部尚书,副使内奉卿崔邺加检校司农卿并兼御使大夫,判官广评侍郎康礼试少府少监,录事广评员外郎刘隐加检校尚书、金部郎中,皆厚礼遣之。

昭卒,其子伷权领国事。

九年,伷遣使赵遵礼奉土贡,以父没当承袭,来听朝旨。授伷检校太保、玄菟州都督、大义军使,封高丽国王。

太宗即位,加检校太傅,改大义军为大顺军,遣左司御副率于延超、司农寺丞徐昭文使其国。伷遣国人金行成入就学于国子监。

太平兴国二年,遣其子元辅以良马、方物、兵器来贡。其年,行成擢进士第。

三年,又遣使贡方物、兵器,加伷检校太师,以太子中允直舍人院张洎、著作郎直史馆句中正为使。

四年,复遣供奉官、阁门祗候王僎使其国。

五年六月,再遣使贡方物。六年,又遣使来贡。

七年,伷卒,其弟治知国事,遣使金全奉金银线罽锦袍褥、金银饰刀剑弓矢、名马、香药来贡,且求袭位。授治检校太保、玄菟州都督,充大顺军使,封高丽国王,以监察御史李巨源、《礼记》博士孔维奉使。

雍熙元年,遣使韩遂龄以方物来贡。

二年,加治检校太傅,遣翰林侍书王著、侍读吕文仲充使。

三年,出师北伐,以其国接契丹境,常为所侵,遣监察御史韩国华赍诏谕之曰："朕诞膺丕构，奄宅万方，华夏蛮貊，罔不率俾。蠢兹北裔，侵败王略，幽蓟之地，中朝土疆，晋、汉多虞，寅缘盗据，今国家照临所及，书轨大同，岂使齐民陷诸犷俗？今已董齐师旅，殄灭妖氛，惟王久慕华风，素怀明略，效忠纯之节，抚礼义之邦。而接彼边疆，罹於蛊毒，舒泄积愤，其在兹乎！可申戒师徒，迭相掎角，协比邻国，同力荡平。奋其一鼓之雄，歼此垂亡之寇，良时不再，王其图之！应俘获生口、牛羊、财物、器械，并给赐本国将士，用申赏劝。"

先是，契丹伐女真国，路由高丽之界，女真意高丽诱导构祸，因贡马来诉于朝，且言高丽与契丹结好，倚为势援，剽略其民，不复放还。洎高丽使韩遂龄入贡，太宗因出女真所上告急木契以示遂龄，仍令归白本国，还其所俘之民。治闻之忧惧，及国华至，令人言于国华曰：

前岁冬末，女真驰木契来告，称契丹兴兵入其封境，恐当道未知，宜豫为之备。当道与女真虽为邻国，而路途遐远，彼之情伪，素知之矣，贪而多诈，未之信也。其后又遣人告曰，契丹兵骑已济梅河。当道犹疑不实，未暇营救。俄而契丹云集，大击女真，杀获甚众，余族败散逃遁，而契丹压背追捕，及于当道西北德昌、德成、威化、光化之境，俘擒而去。时有契丹一骑至德米河北，大乎关城戍卒而告曰："我契丹之骑也，女真寇我边鄙，率以为常，今则复仇已毕，整兵回矣。"当道虽闻师退，犹忧不测，乃以女真避兵来奔二千余众，资给而归之。

女真又劝当道控梅河津要，筑治城垒，以为防遏之备，亦以为然。方令行视兴功，不意女真潜师奄至，杀略吏民，驱掠丁壮，没为奴隶，转徙他方。以其岁贡中朝，不敢发兵报怨，岂期反相诬构，以惑圣听。当道世禀正朔，践修职贡，敢有二心，交通外国？况契丹介居辽海之外，复有大梅、小梅二河之阻，女真、渤海本无定居，从何径路，以通往复？横罹谗谤，愤气填膺，日月至明，谅垂昭监。

间者，女真逃难之众，罔不存恤，亦有授以官秩，尚在当国，其职位高者有勿屈尼于、郁元、尹能达、郁老正、卫迦耶夫等十数人，欲望召赴京阙，与当道入贡之使庭辩其事，则丹石之诚，庶几昭雪。

国华诺之，乃命发兵西会。治迁延未即奉诏，国华屡督之，得报发兵而还，具录女真之事以奏焉。十月，遣使朝贡，又遣本国学生崔罕、王彬诣国子监肄业。

端拱元年，加治检校太尉，以考功员外郎兼侍御史知杂吕端、起居舍人吕祐之为使。

二年，遣使来贡，诏其使选官侍郎韩兰蕳、副使兵官郎中魏德柔并授金紫光禄大夫，判官少府丞李光授检校水部员外郎。先是，治遣僧如可赍表来觐，请《大藏经》，至是赐之，仍赐如可紫衣，令同归本国。

淳化元年三月，诏加治食邑千户，遣户部郎中柴成务、兵部员外郎直史馆赵化成往使。其国俗信阴阳鬼神之事，颇多拘忌，每朝廷使至，必择良月吉辰，方具礼受诏。成务在馆逾月，乃遗书于治曰：“王奕叶藩辅，尊奖王室，凡行大庆，首被徽章。今国家特驰信使，以申殊宠，非止历川途之绵邈，亦复蹈溟海之艰危，皇朝眷遇，斯亦隆矣。而乃牵于禁忌，泥于卜数，眩惑日者之浮说，稽缓天子之命书。惟典册之垂文，非卜祝之能晓，是以《书》称上日，不推六甲之元辰；《礼》载仲冬，但取一阳之嘉会。灿然古训，足以明稽，所宜改图，速拜君赐。倘凤缄无滞，克彰拱极之诚；则龙节有辉，免贻辱命之责。谨以诚告，王其听之。”治览书惭惧，遣人致谢焉。会霖雨不止，仍以俟霁为请。成务复遗书以责之，治翌日乃出拜命。

二年，遣使韩彦恭来贡。彦恭表述治意，求印佛经，诏以《藏经》并御制《秘藏诠》、《逍遥咏》、《莲华心轮》赐之。

四年正月，治遣使白思柔贡方物并谢赐经及御制。二月，遣秘书丞直史馆陈靖、秘书丞刘式为使，加治检校太师，仍降诏存问军吏耆老。靖等自东牟趣八角海口，得思柔所乘海船及高丽水工，即登舟自芝冈岛顺风泛大海，再宿抵瓮津口登陆，行百六十里抵高丽之境曰海州，又百里至阎州，又四十里至白州，又四十里至其国。治迎使于郊，尽藩臣礼，延留靖等七十余日而还，遗以袭衣、金带、金银器数百两、布三万余端，附表称谢。

先是，三年，上亲试诸道贡举人，诏赐高丽宾贡进士王彬、崔罕等及第，既授以官，遣还本国。至是，靖等使回，治上表谢曰："学生王彬、崔罕等入朝习业，蒙恩并赐及第，授将仕郎、守秘书省校书郎，仍放归本国。窃以当道荐修贡奉。多历岁年，盖以上国天高，退荒海隔，不获躬趋金阙，面叩玉阶，唯深拱极之诚，莫展来庭之礼。彬、罕等幼从弅系，嗟混迹于嵎夷；不惮蓬飘，早宾王于天邑。缊袍短褐，玉粒桂薪，堪忧食贫，若为卒岁。皇帝陛下天慈照毓，海量优容，丰其馆谷之资，勖以艺文之业。去岁高悬轩鉴，大选鲁儒，彬、罕接武泽宫，敢萌心于中鹄；滥巾英域，空有志于羡鱼。陛下以其万里辞家，十年观国，俾登名于桂籍，仍命秩于芸台；悯其怀土之心，慰以倚门之望，别垂宸旨，令归故乡。玄造曲成，鸿恩莫报，臣不胜感天戴圣之至。"

又有张仁铨者，进奉使白思柔之孔目吏也，上书献便宜。思柔意其持国阴事以告，仁铨惧不敢归，上命靖等领以还国，仍诏治释仁铨罪。治又上表谢曰："官告国信使陈靖、刘式至，奉传圣旨，以当道进奉使从行孔目官张仁铨至阙，辄进便宜，翻怀忧惧，今附使臣带归本国者。仁铨嵎宅细民，海门贱吏，获趋上国，敢贡愚诚，罔思狂瞽之尤，辄奏权宜之事，妄尘旒冕，上黩朝廷。今者，仰奉纶言，释其罪罟。小人趋利，岂虞僭越之求，圣主宽恩，远降哀矜之命。其张仁铨者已依诏旨放罪，令掌事如故。"又上言愿赐板本《九经》书，用敦儒教，许之。

先是，式等复命，治遣使元证衍送之，证衍至安香浦口，值风损船，溺所赍物。诏登州给证衍文据遣还，仍赐治衣段二百匹、银器二百两、羊五十口。

五年六月，遣使元郁来乞师，诉以契丹寇境，朝廷以北鄙甫宁，不可轻动干戈，为国生事，但赐诏慰抚，厚礼其使遣还。自是受制于契丹，朝贡中绝。

治卒，弟诵立，尝遣兵校徐远来候朝廷德音，远久不至。

咸平三年，其臣吏部侍郎赵之遴命牙将朱仁绍至登州侦之，州将以闻，上特召见仁绍。因自陈国人思慕皇化，为契丹羁制之状，乃赐诵钿函诏一道，令仁绍赍还。

六年，诵遣使户部郎中李宣古来朝谢恩，且言："晋割燕蓟以属契丹，遂有路趣玄菟，屡来攻伐，求取不已，乞王师屯境上为之牵制。"诏书优答之。

诵卒，弟询权知国事。先是，契丹既袭高丽，遂筑六城曰兴州、曰铁州、曰通州、曰龙州、曰龟州、曰郭州于境上。契丹以为贰已，遣使来求六城，询不许。遂举兵，奄至城下，焚荡宫室，剽劫居人，询徙居升罗州以避之。兵退，乃遣使请和。契丹坚以六城为辞，自是调兵守六城。

大中祥符三年，大举来伐，询与女真设奇邀击，杀契丹殆尽，询又于鸭绿江东筑城，与来远城相望，跨江为桥，潜兵以固新城。

七年，方遣告奏使御事工部侍郎尹证古以金线织成龙凤鞍并绣龙凤鞍幪各二幅、细马二疋、散马二十疋来贡。证古还，赐询诏书七通并衣带、银彩、鞍勒马等。

八年，诏登州置馆于海次以待使者。其年，又遣御事民官侍郎郭元来贡。元自言："本国城无垣墙，府曰开城，管六县，民不下三五千。有州军百余，置十路转运司统之。每州管县五六，小者亦三四，每县户三四百。国境南北千五百里，东西二千里。军民杂处，隶军者不黥面。方午为市，不用钱，第以布米贸易。地宜粳稻，风俗颇类中国。无羊、兔、骆驼、水牛、驴。气候少寒，暑差多。有僧，无道士。民家器皿，悉铜为之。乐有二品：曰库乐，曰卿乐。三岁一试举人，有进士、诸科、算学，每试百余人，登第者不过一二十。每正月一日、五月五日祭祖祢庙。又正月七日，家为王母像戴之。二月望，僧俗

燃灯如中国上元节。上巳日,以青艾染饼为盘羞之冠。端午有秋千
之戏。士女服尚素。地产龙须席、藤席、白锤纸、鼠狼尾笔。"元辞貌
恭恪,每受宴赐,必自为谢表,粗有文采,朝廷待之亦厚。九年,辞
还,赐询诏书七函,袭衣、金带、器币、鞍马及经史、历日、《圣惠方》
等。元又请录《国朝登科记》及所赐御诗以归,从之。

天禧元年,遣御事刑官侍郎徐讷奉表献方物于崇政殿,又贺封
建寿春郡王。三年九月,登州言高丽进奉使礼宾卿崔元信至秦王水
口,遭风覆舟,漂失贡物,诏遣内臣抚之。十一月,元信等入见,贡厕
锦衣褥、乌漆甲、金饰长刀匕首、厕锦鞍马、纻布、药物等,又进中布
二千端,求佛经一藏。诏赐经还布,以元信覆溺匮乏,别赐衣服、缯
彩焉。明州、登州屡言高丽海船有风漂至境上者,诏令存问,给度海
粮遣还,仍为著例。

五年,询遣告奏使御事礼部侍郎韩祚等一百七十九人来谢恩,
且言与契丹修好,又表乞阴阳地理书、《圣惠方》,并赐之。

金行成者,累官至殿中丞,治表乞放还。行成自以筮仕朝廷,不
愿归本国。又以父母垂老,在海外旦暮思念,恨禄不及,令工图其像
置正寝,与妻史氏居旁室,晨夕定省上食,未尝少懈。淳化初,通判
安州。被病,知州李范与僚佐数人省之,行成病已笃,泣且言曰:"行
成外国人,为朝官,佐郡政,病且死,未有以报主恩,虽瞑目固有遗
恨。二子宗敏、宗讷皆幼,家素贫,无他亲可依,旦暮委沟壑矣。"未
几,行成死,其妻养二子,誓不嫁,织屦以给。范表其事,诏以宗敏补
太庙斋郎,令安州月给其家钱参缗、米五斛,长吏岁时存问。

又高丽信州永宁人康戬,字休祐,父允,三世为兵部侍郎。戬少
好学,时纥升与契丹交兵,戬从允战木叶山下,连中二矢,神色不
变。后陷契丹,遁居墨斗岭,又至黄龙府,间道得归高丽,时允犹在。
开宝中,允遣戬随宝贡肄业国学,太平兴国五年,登进士第,解褐大
理评事,知湘乡县,再迁著作佐郎,知江阴军、江州,历官以清白干
力闻,改太常博士。苏易简在翰林,称其吏才,命为广南西路转运副
使,赐绯鱼,就迁正使,再转度支员外郎、户部判官。出知峡、越二

州,连被诏褒其能政。又为京西转运使,加工部郎中,赐金紫。戬所至好行事,上章多建白,以竭诚自任。景德三年,卒,真宗特以其子希龄为太常寺奉礼郎,给奉终丧。

乾兴元年二月,祚等辞归国,赐询如故事。会真宗晏驾,又赍遗物以赐询。

天圣八年,询复遣御事民官侍郎元颖等二百九十三人奉表入见于长春殿,贡金器、银锼刀剑、鞍勒马、香油、人参、细布、铜器、硫黄、青鼠皮等物。明年二月辞归,赐予有差,遣使护送至登州。其后绝不通中国者四十三年。

询孙徽嗣立,是为文王。

熙宁二年,其国礼宾省移牒福建转运使罗拯云:“本朝商人黄真、洪万来称,运使奉密旨,令招接通好。奉国王旨意,形于部述,当国僻居旸谷,邈恋天朝,顷从祖祢以来,素愿梯航相继。蕞尔平壤,迩于大辽,附之则为睦邻,疏之则为劲敌。虑边骚之弗息,蓄陆袭以靡遑,久困羁縻,难图携贰,故违述职,致有积年,屡卜云祥,虽美圣辰于中国;空知日远,如迷旧路于长安。运属垂鸿,礼稽展庆。大朝化覃无外,度豁包荒,山不谢乎纤埃,海不辞于支派。谨当遵寻通道,专赴槀街,但兹千里之传闻,恐匪重霄之纡眷。今以公状附真、万西还,俟得报音,即备礼朝贡。”徽又自言尝梦至中华,作诗纪其事。三年,拯以闻,朝廷议者亦谓可结之以谋契丹,神宗许焉。命拯谕以供拟腆厚之意。徽遂遣民官侍郎金悌等百十人来,诏待之如夏国使。

往时高丽人往反皆自登州,七年,遣其臣金良鉴来言。欲远契丹。乞改途由明州诣阙,从之。郡县供顿无旧准,颇扰民,诏立式颁下,费悉官给。又以其不谙华言,恐规利者私与交关,令所至禁止。徽问遗二府甚厚,诏以付市易务售缣帛答之。又表求医药、画塑之工以教国人,诏罗拯募愿行者。

九年,复遣崔思训来,命中贵人仿都亭西驿例治馆,待之浸厚,其使来者亦益多。尝献伶官十余辈,曰:"夷乐无足观,止欲润色国史尔。"帝以其国尚文,每赐书诏,必选词臣著撰而择其善者。

元丰元年,始遣安焘假左谏议大夫、陈睦假起居舍人往聘。造两舰于明州,一曰凌虚安济致远,次曰灵飞顺济,皆名为神舟。自定海绝洋而东,既至,国人欢呼出迎。徽具袍笏玉带拜受诏,与焘睦尤礼,馆之别宫,标曰顺天馆,言尊顺中国如天云。徽已病,仅能拜命,且乞医药。

二年,遣王舜封挟医往诊治,徽又使柳洪来谢,海中遇风,失所贡物。洪上章自劾,敕书安慰。寻献日本所造车,曰:"诸侯不贡车服,故不敢与土贡同。"前此贡物至,辄下有司估直,赏以万缣,至是命勿复估,以万缣为定数。

六年,徽卒,在位三十八年,治尚仁恕,为东夷良主。然犹循其俗,王女不下嫁臣庶,必归之兄弟,宗族贵臣亦然。次子运谏,以为既通上国,宜以礼革故习。徽怒,斥之于外,讣闻,天子闵焉,诏明州修浮屠供一月,遣杨景略、王舜封祭奠,钱勰、宋球吊慰。景略辟李之仪书状,帝以之仪文称不著,宜得问学博洽、器宇整秀者召赴中书,试以文乃遣。又以远服不责其备,谕使者以相见之所殿名、鸱吻,皆听勿避。

徽子顺王勋嗣,百日卒。弟宣王运仁贤好文,内行饬备,每贾客市书至,则洁服焚香对之。

八年,遣其弟僧统来朝,求问佛法并献经像。

哲宗立,遣使金上琦奉慰,林暨致贺,请市刑法之书、《太平御览》、《开宝通礼》、《文苑英华》。诏惟赐《文苑英华》一书,以名马、锦绮、金帛报其礼。

运立四年卒,子怀王尧嗣,未阅岁,以病不能为国,国人请其叔父鸡林公熙卫摄政。未几尧卒,熙乃立,凡数岁使不至。

元祐四年,其王子义天使僧寿介至杭州祭亡僧,言国母使持二金塔为两宫寿,知州苏轼奏却之,语在《轼传》。熙后避辽主讳,改名颙。颙性贪吝,好夺商贾利,富室犯法,辄久縻责赎,虽微罪亦输银数斤。

五年,复通使,赐银器五千两。

七年,遣黄宗悫来献《黄帝针经》,请市书甚众。礼部尚书苏轼言:“高丽入贡,无丝发利而有五害,今请诸书与收买金箔,皆宜勿许。”诏许买金箔,然卒市《册府元龟》以归。

元符中,遣士宾贡。

徽宗立,遣任懿、王嘏来吊贺。

崇宁二年,诏户部侍郎刘逵、给事中吴栻往使。

颙卒,子俣嗣,贡使接踵,且令士子金端等五人入太学,朝廷为置博士。

政和中,升其使为国信,礼在夏国上,与辽人皆隶枢密院;改引伴、押伴官为接送馆伴。赐以《大晟燕乐》、笾豆、簠簋、尊罍等器,至宴使者于睿谟殿中。

宣和四年,俣卒,初,高丽俗兄终弟及,至是诸弟争立,其相李资深立俣子楷。来告哀,诏给事中路允迪、中书舍人傅墨卿奠慰。俣之在位也,求医于朝,诏使二医往,留二年而归,楷语之曰:“闻朝廷将用兵伐辽。辽兄弟之国,存之足为捍。女真狼虎耳,不可交也。业已然,愿二医归报天子,宜早为备。”归奏其言,已无及矣。

钦宗立,贺使至明州,御史胡舜陟言:“高丽靡敝国家五十年,政和以来,人使岁至,淮、浙之间苦之。彼昔臣事契丹,今必事金国,安知不窥我虚实以报,宜止勿使来。”乃诏留馆于明而纳其赘币。明年始归国。

自王徽以降,虽通使不绝,然受契丹封册,奉其正朔,上朝廷及他文书,盖有称甲子者。岁贡契丹至于六,而诛求不已。常云:“高丽乃我奴耳,南朝何以厚待之?”使至其国,尤倨暴。馆伴及公卿小失意，辄行捽箠，闻我使至，必假他事来觇，分取赐物。尝诘其西向修贡事，高丽表谢，其略曰："中国，三甲子方得一朝，大邦，一周天每修六贡。"契丹悟，乃得免。

高宗即位，虑金人通于高丽，命迪功郎胡蠡假宗正少卿为高丽国使以间之。蠡之回，史失书。

二年，浙东路马步军都总管杨应诚上言："由高丽至女真路甚径，请身使三韩，结鸡林以图迎二圣。"乃以应诚假刑部尚书充高丽国信使，浙东帅臣翟汝文奏言："应诚欺罔，为身谋耳。若高丽辞以金人亦请问津以窥吴、越，其将何辞以对？万一辱命，取笑远夷，愿毋遣。"应诚闻之，遂与副使韩衍、书状官孟健由杭州浮海以行。六月，抵高丽，谕其王楷以所欲为，楷曰："大朝自有山东路，盍不由登州往？"应诚曰："以贵国路径耳。"楷有难色，已而命其门下侍郎傅佾至馆中，果对如翟汝文言，应诚曰："女真不善水战。"佾曰："彼常于海道往来，况女真旧臣本国，今反臣事之，其强弱可见矣。"居数日，复遣其中书侍郎崔洪宰、知枢密院金富轼持前议不变，谓二圣今在燕云，大朝虽尽纳土，未必可得，何不练兵与战"终不奉诏。应诚留两月余，不得已见楷于寿昌门，受其拜表而还。十月，至阙，入对言状，上以楷负国恩，怒甚。尚书右丞朱胜非曰："彼邻金人，与中国隔海，利害甚明。曩时待之过厚，今安能责其报也。"右仆射黄潜善曰："以巨舰载精兵数万，径捣其国，彼宁不惧。"胜非曰："越海兴师，燕山之事可为近鉴。"上怒解。十一月，楷遣其臣尹彦颐奉表谢罪，诏以二圣未归，燕设不宜用乐，乃设幕殿门外，命客省官吴得兴伴赐酒食，命中书舍人张澂押伴，如礼遣还。

三年八月，上谓辅臣曰："闻上皇遣内臣、宫女各二人随高丽贡使来，朕闻之悲喜交集。"吕颐浩曰："此必金人之意，不然高丽必不敢，安知非窥我虚实以报。"于是诏止之，略曰："王缅守基图夙同文轨，乃附乘桴之信，嗣修贡篚之恭。惟忠顺之无他，质神明而靡愧，属关闻听，良用叹嘉。言念晚年，实为多故，举中原之生聚，遭强敌之震惊，既涉境以采深，犹称兵而未已，兹移仗卫，暂驻江湖。如行使之果来，恐有司之不戒，俟休边境，当问聘期，坏晋馆以纳车，庶无后悔，闭汉关而谢质，非用前规。想彼素怀，知吾诚意。"

绍兴元年十月，高丽将入贡，礼部侍郎柳约言："四明残破之余，荒芜单弱，恐起戎心，宜屯重兵以俟其至。"十一月，诏柳约奉使高丽，不果行。

二年闰四月，楷遣其礼部员外郎崔惟清、阁门祗候沈起入贡金百两、银千两、绫罗二百疋、人参五百斤，惟清所献亦三之一。上御后殿引见，赐惟清、起金带二，答以温诏遣还。是月，定海县言，民亡入高丽者约八十人，愿奉表还国。诏候到日，高丽纲首卓荣等量与推恩。十二月，闻高丽遣知枢密院事洪彝叙等六十五人来贡，议以临安府学馆其使。言者谓虽在兵间，不可无学，恐为所窥。诏以法惠寺为同文馆以待之。既而卒不至。

六年，高丽持牒官金稚圭至明州，赐银帛遣之，惧其为金间也。

三十二年三月，高丽纲首徐德荣诣明州言，本国欲遣贺使。守臣韩仲通以闻，殿中侍御史吴芾奏曰："高丽与金人接壤，昔稚圭之来，朝廷惧其为间，亟遣还，今两国交兵，德荣之请，得无可疑？使其果来，犹恐不测，万一不至，贻笑远方。"诏止之。

隆兴二年四月，明州言高丽入贡。史不书引见日，恐同彝叙之诈。其后使命遂绝。

庆元间，诏禁商人持铜钱入高丽，盖绝之也。

初，高丽入使，明、越困于供给，朝廷馆遇燕赉锡予之费以钜万计，馈其主者不在焉。我使之行，每乘二神舟，费亦不赀，三节官吏縻爵捐廪，皆仰县官。昔苏轼言于先朝，谓高丽入贡有五害，以此也。惟是国于吴会，事异东都。昔高丽入使，率由登、莱，山河之限甚远，今直趋四明，四明距行都限一浙水耳。

由海道奉使高丽，弥漫汪洋，洲屿险阻，遇黑风，舟触礁辄败，出急水门至群山岛，始谓平达，非数十日不至也。舟南北行，遇顺风则历险如夷，至不数日，其国东西二千里，南北五百里，西北接契丹，恃鸭绿江以为固，江广三百步。其东所临，海水清澈，下视十丈，东南望明州，水皆碧。

王居并州蜀莫郡，曰开成府。依大山置宫室，立城壁，名其山曰视嵩。民居皆茅茨，大止两椽，覆以瓦者才十二。以新罗为东州乐浪府，号东京。百济为金州金马郡，号南京。平壤为镇州，号西京。西京最盛。总之，凡三京、四府、八牧，郡百有十八、县镇三百九十、洲岛三千七百。郡邑之小者，或只百家。男女二百十万口，兵、民、僧各居其一。地寒多山，土宜松柏，有粳黍麻麦，而无秫，以粳为酒。少丝蚕，匹缣直银十两，多衣麻纻。

王出，乘车驾牛，历山险乃骑。紫衣行前，捧《护国仁王经》以异。出令曰教，曰宣。臣民呼之曰圣上，私谓曰严公，后妃曰宫主。百官名称、阶、勋、功臣、检校，颇与中朝相类。过御史台则下马，违者有劾。士人以族望相高，柳、崔、金、李四姓为贵种。无宦者，以世族子为内侍六卫。岁十二月朔，王坐紫门小殿注官，外官则付国相。有国子监、四门学，学者六千人。贡士三等，王城曰土贡，郡邑曰乡贡，他国人曰宾贡，间岁试于所属，再试于学，所取不过三四十人，然后王亲试以诗、赋、论三题，谓之帘前重试。亦有制科宏词之目，然特文具而已。士尚声律，少通经。

王城有华人数百，多闽人因贾舶至者，密试其所能，诱以禄仕，或强留之终身，朝廷使至，有陈牒来诉者，则取以归。

百官以米为奉，皆给田，纳禄半给，死乃拘之。国无私田，民计口授业。十六以上则充军，六军三卫常留官府，三岁以选戍西北，半岁而更。有警则执兵，任事则服劳，事已复归农亩。王亦有分地以供私用，王母、妃主、世子皆受汤沐田。

上下以贾贩利入为事。日中为虚，用米布贸易。地产铜，不知铸钱，中国所予钱，藏之府库，时出传玩而已。崇宁后，始学鼓铸，有海东通宝、重宝、三韩通宝三种钱，然其俗不便也。兵器疏简，无强弩大刀。

崇尚释教，虽王子弟亦常一人为僧，信鬼拘阴阳，病不相视，敛不抚棺。贫者死，则露置中野。岁以建子月祭天。国东有穴，号岁神，常以十月望日迎祭，谓之八关斋，礼仪甚盛，王与妃嫔登楼，大张乐宴饮，贾人曳罗为幕，至百疋相联以示富。三岁大祭祠。遍其封内，因是敛氏财，而王与诸臣分取之。祖庙在国门之外，大祭则具车服冕圭亲祠。王城有佛寺七十区而无道观，大观中，朝廷遣道士往，乃立福源院，置羽流十余辈。俗不知医，自王俟来请医，后始有通其术者。

人首无枕骨，背扁侧。男子巾帻如唐装，妇人髻鬌垂右肩，余发被下，约以绛罗，贯之簪，旋裙重叠，以多为胜。男女自为夫妇者不禁，夏月同川而浴。妇人、僧、尼皆男子拜。乐声甚下，无金石之音，既赐乐，乃分为左、右二部：左曰唐乐，中国之音也；右曰乡乐，其故习也。堂上设席，升必脱屦，见尊者则膝行，必跪，应必唯。其拜无不答，子拜，父犹半答其礼。性仁柔恶杀，不屠宰，欲食羊豕则包以蒿而燔之。

刑无惨酷之科，唯恶逆及骂父母者斩，余皆杖肋。外郡刑杀悉送王城，岁以八月减囚死罪，贷流诸岛，累赦，视轻重原之。

自明州定海遇便风，三日入洋，又五日抵墨山，入其境。自墨山过岛屿，诘曲礁石间，舟行甚驶，七日至礼成江。江居两山间，束以石峡，湍激而下，所谓急水门，最为险恶。又三日抵岸，有馆曰碧澜亭，使人由此登陆，崎岖山谷四十余里，乃其国都云。

宋史卷四八八
列传第二四七

外国四

交阯　大理

　　交阯，本汉初南越之地，汉武平南越，分其地为儋耳、珠崖、南海、苍梧、郁林、合浦、交阯、九真、日南，凡九郡，置交阯刺史以领之。后汉置交州，晋、宋、齐、梁、陈因之，又为交阯郡。隋平陈，废郡置州；炀帝初，废州置郡。唐武德中，改交州总管府；至德中，改安南都护府。梁贞明中，土豪曲承美专有其地，送款于末帝，因授承美节钺。时刘隐擅命岭表，遣将李知顺伐承美，执之，乃并有其地。后有杨廷艺、绍洪皆受广南署，继为交阯节度使。绍洪卒，州将吴昌岌遂居其位。昌岌死，其弟昌文袭。

　　乾德初，昌文死，其参谋吴处坪、峰州刺史矫知护、武宁州刺史杨晖、牙将杜景硕等争立，管内一十二州大乱。部民啸聚，起为寇盗，攻交州。先是，杨廷艺以牙将丁公著摄驩州刺史兼御蕃都督，部领即其子也。公著死，部领继之。至是，部领与其子琏率兵击败处坪等，贼党溃散，境内安堵，交民德之，乃推部领为交州帅，号曰大胜王，署其子琏为节度使。凡三年，逊琏位。琏立七年，闻岭表平，遂遣使贡方物，上表内附。制以权交州节度使丁琏以检校太师充静海军节度使、安南都护。又诏以进奉使郑琇、王绍祚并为检校左散骑常侍兼御史大夫。八年，遣使贡犀、象、香药。朝廷议崇宠部领，降制曰："率土来王,方推以恩信;举宗奉国,宜洽于封崇。眷拱极之外臣,举显亲之茂典。尔部领世为右族,克保遐方;夙慕华风,不忘内附。属九州混一,五岭廓清,麾限溟涛,乐输琛赆,嘉乃令子,称吾列蕃。特被鸿私,以旌义训,介尔眉寿,服兹宠章。可授开府仪同三司、检校太师,封交阯郡王。"

太宗即位,琏又遣以方物来贺。部领及琏既死,琏弟璿尚幼,嗣立,称节度行军司马权领军府事。大将黎桓擅权树党,渐不可制,劫迁璿于别第,举族禁锢之,代总其众。太宗闻之,怒,乃议举兵。太平兴国五年秋,诏以兰州团练使孙全兴、八作使张睿、左监门卫将军崔亮为陆路兵马部署,自邕州路入;宁州刺史刘澄、军器库副使贾湜、供奉官阁门祗候王僎为水路兵马部署,自广州路入。是冬,黎桓遣牙校江巨湟赍方物来贡,仍为丁璿上表曰:"臣族本蛮酋,辟处海裔,修职贡于宰旅,假节制于方隅。臣之父兄,代承阃寄,谨保封略,罔敢怠遑。爰暨沦亡,将坠堂构,将吏耆耋,乃属于臣,俾权军旅之事,用安夷落之众。土俗犷悍,恳请愈坚,拒而弗从,虑其生变。臣已摄节度行军司马权领军府事,愿赐真秩,令备列藩。干冒宸扆,伏增震越。"上察其欲缓王师,寝而不报。王师进讨,破贼万余众,斩首二千余级,六年春,又破贼于白藤江口,斩首千余级,获战舰二百艘,甲胄万计。转运使侯仁宝率前军先进,全兴等顿兵花步七十日以候澄,仁宝累促之,不进。及澄至,并军由水路至多罗村,不遇贼,复擅回花步。桓诈降以诱仁宝,遂为所害。转运使许仲宣驰奏其事,遂班师。上遣使就劾澄、湜、僎,澄寻病死,戮湜等邕州市。全兴至阙,亦下吏诛,余抵罪有差。仁宝赠工部侍郎。

七年春,桓惧朝廷终行讨灭,复以丁璿为名,遣使贡方物,上表谢罪。八年,桓自称权交州三使留后,遣使贡方物,并以璿表来上,帝赐桓诏曰:"丁氏传袭三世,保据一方,卿既受其倚毗,为之心膂,克徇邦人之请,无负丁氏之心,朕且欲令璿为统帅之名,卿居副贰之任,专裁制置,悉系于卿。俟丁璿既冠,有所成立,卿之辅翼,令德弥光,崇奖忠勋,朕亦何吝!若丁璿将材无取,童心如故,然其奕世绍袭,载绵星纪,一旦舍去节钺,降同士伍,理既非便,居亦靡安。诏到,卿宜遣丁璿母子及其亲属尽室来归。俟其入朝,便当揆日降制,授卿节旄。凡兹两途,卿宜审处其一。丁璿到京,必加优礼,今遣供奉官张宗权赍诏谕旨,当悉朕怀。"亦赐璿诏书如旨。时黎桓已专据其土,不听命。是岁五月上言,占城国水陆象马数万来寇,率所部兵击走之,俘斩千计。

雍熙二年,遣牙校张绍冯、阮伯簪等贡方物,继上表求正领节镇。三年秋,又遣使贡方物。儋州言,占城国人蒲罗遏率其族百余众内附,言为交州所逼故也。是岁十月,制曰:"王者懋建皇极,宠绥列蕃。设邸京师,所以盛会同之礼;胙土方面,所以表节制之雄。矧兹趾鸢之隅,克修设羽之贡,式当易帅,爰利建侯,不忘请命之恭,用举酬劳之典。权知交州三使留后黎桓,兼资义勇,特禀忠纯,能得邦人之心,弥谨藩臣之礼。往者,丁璿方在童幼,昧于抚绥。桓乃肺腑之亲,专掌军旅之事,号令自出,威爱并行。璿书解三使之权,以徇众人之欲。远输诚款,求领节旄。士燮疆明,化越俗而咸义;尉佗恭顺,禀汉诏以无违。宜正元戎之称,以列通侯之贵,控抚夷落,对扬天休。可检校太保、使持节、都督交州诸军事、安南都护,充静海军节度、交州管内观察处置等使,封京兆郡侯,食邑三千户,仍赐号推诚顺化功臣。"遣左补阙李若拙、国子博士李觉为使以赐之。

端拱元年,加桓检校太尉,进邑千户,实封五百户。遣户部郎中魏庠、虞部员外郎直史馆李度往使焉。淳化元年夏,加桓特进,邑千户,实封四百户。遣左正言直史馆宋镐、右正言直史馆王世则又使焉。明年六月,归阙,上令条列山川形势及黎桓事迹以闻。镐等具奏曰:

　　去岁秋末抵交州境,桓遣牙内都指挥使丁承正等以船九艘、卒三百人至太平军来迎,由海口入大海,冒涉风涛,颇历危险。经半月至白藤,径入海汊,乘潮而行。凡宿泊之所皆有茅舍三间,营茸尚新,目为馆驿。至长州渐近本国,桓张皇虚诞,务为夸诧,尽出舟师战棹,谓之军。

自是宵征抵海岸，至交州仅十五里，有茅亭五间，题曰茅径驿。至城一百里，驱部民畜产，妄称官牛，数不满千，扬言十万。又广率其民混于军旅，以杂色之衣，乘船鼓噪。近城之山虚张白旗，以为陈兵之象。俄而拥从桓至，展郊迎之礼，桓敛马侧身，问皇帝起居毕，按辔偕行，时以槟榔相遗，马上食之，此风俗待宾之厚意也。城中无居民，止有茅竹屋数十百区，以为军营。而府署湫隘，题其门曰明德门。

桓质陋而目眇，自言近岁与蛮寇接战，坠马伤足，受诏不拜。信宿之后，乃张筵饮宴。又出临海汊，以为娱宾之游。桓跣足持竿，入水标鱼，每中一鱼，左右皆叫噪欢跃。凡有宴会，预坐之人悉令解带，冠以帽子。桓多衣缬及红色之衣，帽以真珠为饰，或自歌劝酒，莫能晓其词。尝令数十人扛大蛇长数丈，馈于使馆，且曰："若能食此，当治之为馔以献焉。"又羁送二虎，以备纵观。皆却之不受。士卒殆三千人，悉黥其额曰："天子军"。粮以禾穗日给，令自舂为食。兵器止有弓弩、木牌、梭枪、竹枪，弱不可用。

桓轻悦残忍，昵比小人，腹心阉竖五七辈错立其侧。好狎饮，以手令为乐。凡官属善其事者，擢居亲近左右，有小过亦杀之，或鞭其背一百至二百。宾佐小不如意，亦捶之三十至五十，黜为阍吏；怒息，乃召复其位。有木塔，其制朴陋，桓一日请同登游览。地无寒气，十一月犹衣夹衣挥扇云。

四年，进封桓交阯郡王。五年，遣牙校费崇德等来修职贡。然桓性本凶狠，负阻山海，屡为寇害，渐失藩臣礼。至道元年春，广南西路转运使张观、钦州如洪镇兵马监押卫昭美皆上言，有交州战船百余艘寇如洪镇，略居民，劫廪实而去。其夏，桓所管苏茂州，又以乡兵五千寇邕州所管缘山，都巡检杨文杰击走之。太宗志在抚宁荒服，不欲问罪。观又言，风闻黎桓为丁氏斥逐，拥余众山海间，失其所据，故以寇钞自给，今则桓已死。观仍上表称贺。诏太常丞陈士隆、高品武元吉奉使岭南，因侦其事。士隆等复命，所言与观同。其

实桓尚存,而传闻者之误,观等不能审核。未几,有大贾自交阯回,
具言桓为帅如故。诏劾观等,会观病卒,昭美、士隆、元吉抵罪。

先是,钦州如洪、咄步、如昔等三镇皆濒海,交州潮阳民卜文勇
等杀人,并家亡命至如昔镇,镇将黄令德等匿之。桓令潮阳镇将黄
成雅移牒来捕,令德固不遣,因兹海贼连年剽掠。二年,以工部员外
郎、直史馆陈尧叟为转运使,因赐桓诏书。尧叟始至,遣摄雷州海康
县尉李建中赍诏劳问桓。尧叟又至如昔,诘得匿文勇之由,尽擒其
男女老少一百三十口,召潮阳镇吏付之,且戒勿加酷法。成雅得其
人,以状谢尧叟,桓遂上章感恩,并捕海贼二十五人送于尧叟,且言
已约勒溪洞首领,不得骚动,七月,太宗遣主客郎中、直昭文馆李若
拙赍诏书,充国信使,以美玉带往赐桓。若拙既至,桓出郊迎,然其
词气尚悖慢,谓若拙曰:"向者劫如洪镇乃外境蛮贼也,皇帝知此非
交州兵否?若使交州果叛命,则当首攻番禺,次击闽、越,岂止如洪
镇而已!"若拙从容谓桓曰:"上初闻寇如洪镇,难未知其所自,然以
足下拔自交州牙校,授之节制,固当尽忠以报,岂有他虑!及见报送
海贼,事果明白,然而大臣佥议,以为朝廷比建节帅,以宁海表,今
既蛮贼为寇害,乃是交州力不能独制矣,请发劲卒数万,会交兵以
剪灭之,使交、广无后患。上曰:'未可轻举,虑交州不测朝旨,或致
惊骇,不若且委黎桓讨击之,亦当渐至清谧。'今则不复会兵也。"桓
愕然避席,曰:"海贼犯边,守臣之罪也。圣君容贷。恩过父母,未加
诛责,自今谨守职约,保永清于涨海。"因北望顿首谢。

真宗即位,进封桓南平王兼侍中。桓前遣都知兵马使阮绍恭、
副使赵怀德以金银七宝装交椅一、银盆十、犀角象牙五十枚、绢绸
布万疋来贡。诏陈于万岁殿太宗神御,许绍恭等拜奠。及回,赐桓
带甲马,诏书慰奖。咸平四年,又遣行军司马黎绍、留使副何庆常,
以驯犀一、象二、象猁二、七宝装金瓶一来贡。其年钦州言,交州效
诚场民及头首八州使黄庆集等数百人来投,有召慰抚,遣还本道。
广南西路言,黎桓迎受官告使黄成雅附奏,自今国朝加恩,愿遣使
至本道,以宠海裔。先是,使至交州,桓即以供奉为辞,因缘赋敛。上

闻之，止令疆吏诏授命，不复专使。景德元年，又遣其子摄驩州刺史明提来贡，恳求加恩使至本道慰抚遐裔，许之，仍以明提为驩州刺史。二年上元节，赐明提钱，令与占城、大食使观灯宴饮，因遣工部员外郎邵晔充国信使。

三年，桓卒，立中子龙钺。龙钺兄龙全劫库财而遁，其弟龙廷杀龙钺自立。龙廷兄明护率扶阑砦兵攻战。明提以国乱不能还，特诏广州优加资给。知广州凌策等言：“桓诸子争立，众心离叛，头首黄庆集、黄秀蛮等千余人以不从驱率，戮及亲族，来投廉州，请发本道二千人平之，庆集等愿为前锋。”上以桓素忠顺，屡修职贡，今幸乱而伐丧，不可。就改国信使邵晔为缘海安抚使，令晓譬之。庆集等仍计口赐田粮。晔乃贻书交州，谕以朝廷威德，如其自相鱼肉，久无定位，偏师问罪，则黎氏尽灭矣。明护惧，即奉龙廷主军事。龙廷自称节度、开明王，遂欲修贡，晔以闻，上曰：“遐荒异俗，不晓事体，何足怪也？”令削去伪官。晔又言，头首黄庆集先避乱归化，其种族尚多，若复遣还，虑遭屠戮。诏以庆集隶三班，厘务于郴州，遂许入贡。

四年，龙廷称权安南静海军留后，遣弟峰州刺史明昶、副使安南掌书记殿中丞黄成雅等来贡。会含光殿大宴，上以成雅坐远，欲稍升位著，访于宰相王旦，旦曰：“昔子产朝周，周王飨以上卿之礼，子产固辞，受下卿之礼而还。国家惠绥远方，优侍客使，固无嫌也。”乃升成雅于尚书省五品之次。诏拜龙廷特进、检校太尉，充静海军节度观察处置等使、安南都护，兼御史大夫、上柱国，仍封交址郡王，食邑三千户，食实封一千户，赐推诚顺化功臣；仍赐名至忠，给以旌节，又追赠桓中书令、南越王。进奉使黎明昶等并进秩。大中祥符元年，天书降，加翊戴功臣，食邑七百户，实封三百户。东封毕，加至忠同平章事，食邑一千户，食实封四百户。二年，广南西路言，蛮人劫海口蜑户，如洪砦主李文著以轻兵袭逐，中流矢死。诏督安南捕贼。明年，执狄獠十三人以献。至忠又遣推官阮守疆以犀角、象齿、金银、纹绮等来贡，并献驯犀一。上以犀违土性，不可豢畜，却不纳。又以逆至忠意，使者既去，乃令纵之海滋。三年，遣使来朝，表求甲胄具装,诏从其请。又求互市于邕州,本道转运使以闻,上曰:"濒海之民,数患交州侵寇,仍前止许廉州及如洪砦互市,盖为边隅控扼之所。今或直趋内地,事颇非便。"诏令本道以旧制谕之。

至忠才年二十六,苛虐不法,国人不附。大校李公蕴尤为至忠亲任,尝令以黎为姓。其年,遂图至忠,逐之,杀明提、明昶等,自称留后,遣使贡奉。上曰:"黎桓不义而得,公蕴尤而效之,甚可恶也。"然以其蛮俗不足责,遂用桓故事,制授特进、检校太傅,充静海军节度观察处置等使、安南都护,兼御史大夫、上柱国,封交阯郡王,食邑三千户,实封一千户,赐推诚顺化功臣。公蕴又求太宗御书,诏赐百轴。四年,祀汾阴后土,公蕴遣节度判官梁任文、观察巡官黎再严以方物来贡,礼成,加公蕴同平章事,食邑一千户,实封四百户,任文等并优进秩。五年夏,以进奉使李仁美为诚州刺史、陶庆文为太常丞,其从隶有道病死者,所赐附还其家。是冬,圣祖降,加公蕴开府仪同三司,令邑七百户,实封三百户,赐翊戴功臣。七年春,又加保节守正功臣,食邑一千户,实封四百户。诏交阯诸国使入贡者,所在馆饩供亿,务令丰备。其年,遣知唐州刺史陶硕等来贡。召以硕为顺州刺史,充安南静海军行军司马;副使吴怀嗣为澄州刺史,充节度副使。先是,交州狄獠张婆看避罪来奔,知钦州穆重颖召之,至中路复拒焉,都巡检臧嗣遂令如洪砦犒以牛酒。交州侦知其事,因捕狄獠,故钞如洪砦,掠人畜甚众。诏转运司督公蕴追索,仍令疆吏自今不得诱召蛮獠致生事。公蕴或间岁或仍岁以方物入贡。天禧元年,进封公蕴南平王,加食邑一千户,实封四百户。三年,加检校太尉,食邑一千户,实封四百户。每加恩皆遣使将命至其境上,仍赐器币、袭衣、金带、鞍马焉。仁宗即位,加公蕴检校太师,遣长州刺史李宽泰、都护副使阮守疆来贡。天圣六年,遣骥州刺史李公显来贡,除叙州刺史。既而令其子弟及其婿申承贵率众内寇,诏广南西路转运司发溪峒丁壮讨捕之。未几,卒,年四十四。

其子德政自称权知留后事,来告哀。赠公蕴为侍中、南越王,命本路转运使王惟正为祭奠使,又为赐官告使。除德政检校太尉、静海军节度使、安南都护、交阯郡王。天圣九年,遣知峰州刺史李偓俭、知爱州刺史帅日新等来谢,以偓俭为骧州刺史、日新为珍州刺史。明道元年,恭谢,加同中书门下平章事。景祐中,郡人陈公永等六百余人内附,德政遣兵千余境上捕逐之。诏遣还,仍戒德政毋得辄诛杀。寻遣静海军节度判官陈应机、掌书记王惟庆来贡,以应机为太子允、惟庆为大理寺丞,德政加检校太师。三年,其甲峒及谅州、门州、苏茂州、广源州、大发峒、丹波县蛮寇邕州之思陵州、西平州、石西州及诸峒,略居人马牛,焚室庐而去。下诏责问之,且令捕酋首正其罪以闻。宝元元年,进封南平王。康定元年,遣知峰州刺史帅用和、节度副使杜犹兴等来贡。庆历三年,又遣节度副使度杜庆安、三班奉职梁材来,以庆安为顺州刺史、材为太子左监门率府率。六年,又遣兵部员外郎苏仁祚、东头供奉官陶惟幄来,以仁祚为工部郎中、惟幄为内殿崇班。明年,又遣秘书丞杜文府、左侍禁文昌来,以文府为屯田员外郎、昌为内殿崇班。

初,德政发兵取占城,朝廷疑其内畜奸谋,乃访自唐以来所通道路凡十六处,令转运使杜杞度其要害而戍守之,然其后亦未尝寇边。前后累贡驯象。皇祐二年,邕州诱其苏茂州韦绍嗣、绍饮等三千余人入居省地,德政表求所诱。诏尽还之,仍令德政约束边户,毋相侵犯。其后,广源州蛮侬智高反,德政率兵二万由水路欲入助王师,朝廷优其赐而却其兵。至和二年,卒。

其子日尊遣人告哀,命广南西路转运使、尚书屯田员外郎苏安世为吊赠使,赠德政为侍中、南越王,赙赍甚厚。寻除日尊特进、检校太尉、静海军节度使、安南都护,封交阯郡王。嘉祐三年,贡异兽二。四年,寇钦州思禀管。五年,与甲峒贼寇邕州,诏知桂州萧固发部兵与转运使宋咸、提点刑狱李师中同议掩击;又诏安抚使余靖等发兵捕讨。靖遣谍诱占城同广南西路兵甲趋交阯,日尊惶怖,上表待罪。诏未得举兵,听日尊贡奉至京师。八年,遣文思使梅景先、副使大理评事李继先贡驯象九。四月戊寅,以大行皇帝诏及遗留物赐日尊,加同中书门下平章事。是日,交阯使辞,命内侍省押班李继和喻以申绍泰入寇，本路屡乞讨伐，而朝廷以绍泰一夫肆狂，又本道已遣使谢罪，故未欲兴兵。治平初，知桂州陆诜言，交州来求侬宗旦男日新及欲取温闷洞等地，帝问交阯于何年割据，辅臣对曰："自唐至德中改安南都护府，梁贞明中，土豪曲承美专有此地。"韩琦曰："向以黎桓叛命，太宗遣将讨伐，不服，后遣使招诱，始效顺。交州山路险僻，多潦雾瘴毒之气，虽得其地，恐不能守也。"神宗即位，进封日尊南平王。熙宁元年，加开府仪同三司。二年，表言："占城国久阙贡，臣亲帅兵讨之，虏其王。"诏以其使郭士安为六宅副使、陶宗元为内殿崇班。日尊自帝其国，僭称法天应运崇仁至道庆成龙祥英武睿文尊德圣神皇帝，尊公蕴为太祖神武皇帝，国号大越，改元宝象，又改神武。

五年三月，日尊卒。命广西转运使康卫为吊赠使。予所夺州县。诏报之曰："卿抚有南交，世受王爵，而乃背德奸命，窃暴边城。弃祖考忠顺之图，烦朝廷讨伐之举。师行深入，势蹙始归。迹其罪尤，在所细削。今遣使修贡，上章致恭，详观词情，灼见悛悔。朕抚绥万国，不异迩遐。但以邕、钦之民，迁劫炎陬，久失乡井，俟尽送还省界，即以广源等赐交州。"顺德初约归三州官吏千人，久之，才送民二百二十一口，男子年十五以上皆刺额曰："天子兵"，二十以上曰："投南朝"，妇人刺左手曰："官客"，以舟载之而泥其户牖，中设灯烛，日行一二十里则止，而伪作更鼓以报，凡数月乃至，盖以绐示海道之远也。顺州落南深，置戍镇守，被罹瘴雾多病没，陶弼亦终于官。朝廷知其无用，乃悉以四州一县还之。然广源旧隶邕管羁縻，本非交阯所有也。

元丰五年，献驯象二、犀角象齿百。六年，以追捕侬智会为辞，犯归化州。又遣其臣黎文盛来广西辨理顺安、归化境界，经略使熊本遣左江巡检成卓与议，文盛称陪臣，不敢争执。诏以文盛能遵乾德恭顺之意，赐之袍带及绢五百匹。乃以八隘之外保乐六县、宿桑二峒予乾德。哲宗立，加同中书门下平章事。元祐中，又数上表求勿恶、勿阳峒地，诏不许。二年，遣使入贡，进封南平王。徽宗时，累加开府仪同三司、检校太师。大观初，贡使至京乞市书籍，有司言法不许，诏嘉其慕义，除禁书、卜筮、阴、阳历算、术数、兵书、敕令、时务、边机、地理外，余书许买。政和末，又诏以交人自熙宁以来，全不生事，特宽和市之禁。宣和元年，加乾德守司空。建炎元年，诏广西经略安抚司禁边民毋受安南逋逃，从其主乾德之请也。四年，安南入贡，诏却其方物之华靡者，赐敕书，厚其报以怀柔之。

　　绍兴二年，乾德卒。赠侍中，追封南越王。子阳焕嗣，授静海军节度使、特进、检校太尉，封交址郡王，赐推诚顺化功臣。八年，阳焕卒，以转运使朱芾充吊祭使，赠阳焕开府仪同三司，追封南平王。子天祚嗣，授官如其父初之制，九年，诏广西帅司毋受赵智之入贡。初，乾德有侧室子奔大理，变姓名为赵智之，自称平王，闻阳焕死，大理遣归，与天祚争立，求入贡，欲假兵纳之，帝不许。十七年，诏文思院制鞍辔以赐天祚。二十一年，累加天祚崇义怀忠保信乡德安远承和功臣。二十五年，诏馆安南使者于怀远驿，赐宴，以彰异数。进封天祚南平王，赐袭衣、金带、鞍马。二十六年，命右司郎中汪应辰宴安南使者于玉津园。八月，天祚遣李国等以金珠、沉水香、翠羽、良马、驯象来贡。诏加天祚检校太师，增食邑。隆兴二年，天祚遣尹子思、邓硕俨等贡金银、象齿、香物。乾道六年，累加天祚归仁协恭继美遵度履正彰善功臣。帝自即位，屡却安南贡使。九年，天祚复遣尹子思、李邦正求入贡，帝嘉其诚，许之，诏馆于怀远驿。广南西路经略安抚使范成大言：“本司经略诸蛮，安南在抚绥之内，其陪臣岂得与中国王官亢礼？政和间，贡使入境，皆庭参，不复报谒。宜遵旧制，于礼为得。”朝廷从其请。淳熙元年二月，进封天祚安南国王，加号守谦功臣。二年，赐安南国印。三年，赐安南国历日。天祚卒。

　　明年，子龙翰嗣位，授静海军节度使观察处置等使、特进、检校太尉兼御史大夫、上柱国，特封安南国王，加食邑；仍赐推诚顺化功臣，制曰：“即乐国以肇封，既从世袭；极真王而锡命，何待次升？”示殊礼也。五年，贡方物，上表称谢。九年，诏却安南所贡象，以其无用而烦民，他物亦止受什一。十六年，累加龙翰守义奉国履常怀德功臣。光宗即位，奉表入贡称贺。宁宗朝，赐衣带、器币、累加谨度思忠济美勤礼保节归仁崇廉协恭功臣及食邑焉。

嘉定五年，龙翰卒。诏以广西运判陈孔硕充吊祭使，特赠侍中。依前安南国王制，以其子昊昷袭封其爵位，给赐如龙翰始封之制，仍赐推诚顺化功臣。其后谢表不至，遂辍加恩。

昊昷卒，无子，以女昭圣主国事，遂为其婿陈日煚所有。李氏有国，自公蕴至昊昷，凡八传，二百二十余年而国亡。淳祐二年，诏安南国王陈日煚，元赐效忠顺化保节功臣增："守义"，二字。宝祐六年，诏安南情状叵测，申饬边备。景定二年，贡象二。三年，表乞世袭。诏日煚授检校太师、安南国大王，加食邑；男威晃，授静海军节度使、观察处置使、检校太尉兼御史大夫、上柱国、安南国王、效忠顺化功臣，赐金带、器币、鞍马。咸淳五年，诏安南国王父日煚、国王威晃加食邑。八年，明堂礼成，日煚、威晃各加食邑，赐鞍马等物。

大理国，即唐南诏也。熙宁九年，遣使贡金装碧玕山、毡罽、刀剑、犀皮甲鞍辔。自后不常来，亦不领于鸿胪。

政和五年，广州观察使黄璘奏，南诏大理国慕义怀徕，愿为臣妾，欲听其入贡。诏璘置局于宾州，凡有奏请，皆俟进止。六年，遣进奉使天驷爽彦贲李紫琮、副使坦绰李伯祥来，诏璘与广东转运副使徐惕偕诣阙，其所经行，令监司一人主之。道出荆湖南，当由邵州新化县至鼎州，而璘家潭之湘乡，转运判官乔方欲媚璘，乃排比由邵至潭，由潭至鼎一路，御史劾其当农事之际，而观望劳民，诏罢。方紫琮等过鼎，闻学校文物之盛，请于押拌，求诣学瞻拜宣圣像，邵守张察许之，遂往，遍谒见诸生。又乞观御书阁，举笏扣首。

七年二月，至京师，贡马三百八十匹及麝香、牛黄、细毡、碧玕山诸物。制以其王段和誉为金紫光禄大夫、检校司空、云南节度使、上柱国大理国王。朝廷以为璘功，并其子晖、昨皆迁官，少子暧为阁门宣赞舍人。已而知桂州周穜劾璘诈冒，璘得罪。自是大理复不通于中国，间一至黎州互市。

绍兴三年十月，广西奏，大理国求入贡及售马，诏却之，不欲以虚名劳民也。朱胜非奏曰："昔年大理入贡，言者深指其妄，黄璘由是获罪。"帝曰"遐方异域，何由得实，但酬当其马价，则马方至，用益骑兵，不为无补也。"六年七月，广西经略安抚司奏，大理复遣使奉表贡象、马，诏经略司护送行在，优礼答之。九月，翰林学士朱震上言，乞谕广西帅臣，凡市马当择谨厚者任之，毋遣好功喜事之人，以启边衅。异时南北路通，则渐减广西市马之数，庶几消患于未然。诏从之。

淳熙二年十一月，知静江府张栻申严保伍之禁，又以邕管戍兵不能千人，左、右江峒丁十余万，每恃以为藩蔽，其邕州提举、巡检官宜精其选，以抚峒丁，欲制大理，当自邕管始云。

宋史卷四八九
列传第二四八

外国五

占城　　真腊　　蒲甘　　邈黎　　三佛齐
阇婆　南毗附　　勃泥　　注辇　　丹眉流

　　占城国在中国之西南，东至海，西至云南，南至真腊国，北至驩州界。泛海南去三佛齐五日程。陆行至宾陀罗国一月程，其国隶占城焉。东去麻逸国二日程，蒲端国七日程。北至广州，便风半月程。东北至两浙一月程。西北至交州两日程，陆行半月程。其地东西七百里，南北三千里。南曰施备州，西曰上源州，北曰乌里州。所统大小州三十八，不盈三万家。其国无城郭，有百余村，村落户三五百，或至七百，亦有县镇之名。

　　土地所出：笺沉香、槟榔、乌樠木、苏木、白藤、黄蜡、吉贝花布、丝绞布、白氎布、藤簟、贝多叶簟、金银铁锭等物。五谷无麦，有粳米、粟豆、麻子。官给种一斛，计租百斛。果实有莲、甘蔗、蕉子、椰子。鸟兽多孔雀、犀牛。畜产多黄牛、水牛而无驴；亦有山牛，不任耕耨，但杀以祭鬼，将杀，令巫祝之曰："阿罗和及拔"，译云："早教他托生"。民获犀、象皆输于王。国人多乘象或软布兜，或于交州市马，颇食山羊、水兕之肉。

　　其风俗衣服与大食国相类，无丝蚕，以白氎布缠其胸，垂至于足，衣衫窄袖。撮发为髻，散垂余梢于其后。互市无缗钱，止用金银较量锱铢，或吉贝锦定博易之直。乐器有胡琴、笛、鼓、大鼓、乐部亦列舞人。其王脑后鬓髻，散披吉贝衣，戴金花冠，七宝装璎珞为饰，胫股皆露，蹑革履，无袜，妇人亦脑后撮髻，无笄梳，其服及拜揖与男子同。王每日午坐禅。官属谒见膜拜一而止，白事毕复膜拜一而退。或出游看象、采猎、观渔，皆数日方还。近则乘软布兜，远则乘象，或乘一木杠，四人舁之，先令一人持槟榔盘前导，从者十余辈，各执弓箭刀枪手牌等，其民望之膜拜一而止。日或一再出。每岁稻熟，王自刈一把。从者及群妇女竞割之。

其王或以兄为副王，或以弟为次王。设高官凡八员，东西南北各二，分治其事，无奉禄，令其所管土俗资给之。别置文吏五十余员，有郎中、员外、秀才之称，分掌资储宝货等事，亦无资奉，但给龟鱼充食及免调役而已。又有司帑廪者十二员，主军卒者二百余员，皆无月奉。胜兵万余人，月给粳米二斛，冬夏衣布各三匹至五匹。每夕，唯王升床而卧，诸臣皆寝于地蓐。亲近之臣见王即胡跪作礼，稍疏远者但拱手而已。

其风俗，正月一日牵象周行所居之地，然后驱逐出郭，谓之逐邪。四月有游船之戏。定十一月十五日为冬至，人皆相贺，州县以土产物帛献其王。每岁十二月十五日，城外缚木为塔，王及人民以衣物香药置塔上焚之以祭天。人有疾病，旋采生药服食。地不产茶，亦不知酝酿之法，止饮椰子酒，兼食槟榔。

刑禁亦设枷锁，小过以四人拽伏于地，藤杖鞭之，二人左右更互捶扑，量其或五六十至一百。当死者以绳系于树，用梭枪舂喉而殊其首。若故杀、劫杀，令象踏之，或以鼻卷扑于地。象皆素习，将刑人，即令拳养之人以数谕之，悉能晓焉。犯奸者，男女共入牛以赎罪。负国王物者，以绳拘于荒塘，物充而后出之。

其国前代罕与中国通。周显德中，其王释利因德漫遣其臣莆诃散贡方物，有云龙形通犀带、菩萨石，又有蔷薇水洒衣经岁香不歇，猛火油得水愈炽，皆贮以琉璃瓶。

建隆二年，其王释利因陀盘遣使莆诃散来朝。表章书于贝多叶，以香木函盛之。贡犀角、象牙、龙脑、香、药、孔雀四、大食瓶二十。使回，锡赉有差，以器币优赐其王。三年，又贡象牙二十二株、乳香千斤。

乾德四年，其王悉利因陀盘遣使因陀玢李帝婆罗贡驯象、牯犀、象牙、白氎、哥缦、越诺，王妻波良仆瑄、男占谋律秀琼等各贡香药。五年，又遣使李咩、李被瑳相继来贡献。

开宝三年，遣使贡方物雌象一。四年，悉利多盘、副国王李耨、王妻郭氏、子蒲路鸡波罗等并遣使来贡。五年，其王波美税褐印茶遣使莆诃散来贡。六年，又贡。七年，又贡孔雀伞二、西天烽铁四十斤。九年，遣使朱陀利、陈陀野等来贡。

太平兴国二年，其王波美税阳布印茶遣使李牌来贡。三年，其王及男达智遣使来贡。四年，遣使李木吒哆来贡。六年，交州黎桓上言，欲以占城俘九十三人献于京师。太宗令广州止其俘，存抚之，给衣服资粮，遣还占城，诏谕其王。七年，遣使乘象入贡，诏留象广州畜养之。八年，献驯象，能拜伏，诏畜于京畿宁陵县。

雍熙二年，其王施利陀盘吴日欢遣婆罗门金歌麻献方物，且诉为交州所侵，诏答令保国睦邻。三年，其王刘继宗遣使李朝仙来贡。儋州上言，占城人蒲罗遏为交州所逼，率其族百口来附。四年秋，广州上言，雷、恩州关送占城夷人斯当李娘并其族一百五十人来归，分隶南海、清远县。端拱元年，广州又言，占城夷人忽宣等族三百一人来附。

淳化元年，新王杨陀排自称新坐佛逝国。杨陀排遣使李臻贡驯犀方物，表诉为交州所攻，国中人民财宝皆为所略。上赐黎桓诏，令各守境。三年，遣使李良莆贡方物。赐其王白马二、兵器等。本国僧净戒献龙脑、金铃、铜香炉、如意等，各优赐之。

至道元年正月，其王遣使来贡，奉表言：

> 前进奉使李良莆回，伏蒙圣慈，赐臣细马二疋、旗五面、银装剑五口、银缠枪五条、弓弩各五张及箭等，戴恩感惧，稽首，稽首！

臣生长外国，复远天都。窃承皇帝圣明，威德广大，臣不惮介居海裔，遣使入朝。皇帝不弃蛮夷山国，曲加优赐，然臣自为土长，声势尚卑，常时外国颇相侵挠，况以前民庶如芥，随风星散，流离各不自保。近蒙皇帝赐臣内闲驵骏及旗帜兵器等，邻国闻之，知臣荷大国之宠，而各惧天威，不敢谋害。今臣一国安宁，流民来复，若非皇帝天德加护，何以至此！臣之一国仰望仁圣，覆之如天，载之如地。臣自思惟，鸿恩不浅。且自天子之都至臣所居之国，涉海绵邈，不啻数万里，而所赐之马及器械等并安全而至，皆圣德之所及也。

自前本国进奉，未尝有旌旗弓矢之赐，臣今何幸，独受异恩！此盖天威广被，壮臣土疆。臣虽殒身无以上报。兼臣贡使往复，资给备至，恩重山岳，不可具陈。今特遣专使李波珠、副使诃散、判官李磨勿等进奉犀角十株，象牙三十株，玳瑁十斤，龙脑二斤，沉香百斤，夹笺黄熟香九十斤，檀香百六十斤，山得鸡二万四千三百双，胡椒二百斤，簟席五。前件物固非珍奇，惟表诚恳。

臣生居异域，幸遇明时，不贵殊珍，惟重良马。倘皇帝念及外国，不罪恳求，若使介南归，愿垂颁赐，臣之幸矣。兼臣本国元有流民三百，散居南海，曾蒙圣旨许令放还，今有犹在广州者。本国旧有进奉夷人罗常占见驻广州，乞诏本州尽数点集，兵籍以付常占，令造舶船，乘便风部领归国，冀得安其生聚，以实旧疆。至于万里感恩，一心事上，臣之志也。

上览表，遣使诣广州询问，愿还者悉付波珠。使还，复赐白马二，遂为常制。

咸平二年，其王杨普俱毗茶逸施离遣使朱陈尧、副使蒲萨陀婆、判官黎姑伦以犀象、玳瑁、香药来贡，赐尧等冠带衣裈有差。景德元年，又遣使来贡。诏以良马、介胄、戎器等赐之。四年，遣使布禄爹地加等奉表来朝，表函藉以文锦，词曰：

占城国王杨普俱毗茶室离顿首言：臣闻二帝封疆，南止届于湘、楚；三王境界，北不及于幽、燕。仰瞩昌时，实迈往迹，伏惟皇帝陛下乾坤授气，日月储英，出震居尊，承基御极，慈悲敷于天下，声教被于域中。业茂前王，功芳祖后，苍生是念，黄屋非心。无方不是生灵，有土并为臣妾。真风遍布，霈泽周行，凡沐照临，共增耸抃。

臣生于边鄙，幸袭华风。蚁垤蜂房，聊为遂性；龙楼凤阁，尚阻观光。再念自假天威，获全封部，邻无侵夺，俗有舒苏。每岁拜遣下臣，问宁上国，蒙陛下恩沾行苇，福及豚鱼，特因回人，颁赐戎器。臣本土惟望阙焚香，欢呼拜受，心知多幸，曷答洪恩。圣君既念于宾王，诚恳肯忘于述职。今遣专信臣布禄参地加、副使臣除逋麻瑕珈耶、判官臣皮霸抵一行人力等，部署土毛，远充岁贡。虽表楚茅之礼，实怀鲁酒之忧。虔望睿明，甫宽谴戮。

专信臣等回日，军容器仗耀武之物，伏愿重加赐赉。盖念忝为臣子，合告君亲，服饰车舆，威仪斧钺，不敢私制，惟望恩颁。干冒冕旒，不任死罪。

布禄参地加言本国旧隶交州，后奔于佛游，北去旧所七百里。使还，赐物甚厚。

大中祥符三年，国主施离霞离鼻麻底遣使朱渤礼来贡。四年，遣使贡狮子，诏畜于苑中。使者留二蛮人以给拳养，上怜其怀土，厚给资粮遣还。八年，遣使波轮诃罗帝来贡。诃罗帝因上言有弟陶珠顷自交州押驯象赴阙，今幸得见，欲携以还。许之，仍赐陶珠衣币装钱。

天禧二年，其王尸嘿排摩㦬遣使罗皮帝加以象牙七十二株、犀角八十六株、玳瑁千片、乳香五十斤、丁香花八十斤、荳蔲六十五斤、茴香百斤、笺香二百斤、别笺一剂六十八斤、茴香百斤、槟榔千五百斤来贡。罗皮帝加言国人诣广州，或风漂船至石塘，即累岁不达矣。三年，使还，诏赐尸嘿排摩㦬银四千七百两并戎器鞍马。

海上又有蒲端国、三麻兰国、勿巡国、蒲婆众国，大中祥符四年祀汾阴，并遣使来贡。先是，咸平、景德中，蒲端国主其陵数遣使来贡方物及献红鹦鹉。其后，国主悉离琶大遝至亦以金版镂表来上，其使已絮汉上言："伏见诏旨给赐占城使鞍勒马、大神旗各二，乞如恩例。"有司以蒲端在占城下，请赐杂彩小旗五，从之。

天圣八年十月，占城王阳补孤施离皮兰德加拔麻叠遣使李蒲萨麻瑕陀琶来贡木香、玳瑁、乳香、犀角、象牙。

庆历元年九月，广东商人邵保见军贼鄂邻百余人在占城，转运司选使臣二人赍诏书器币赐占城，购邻致阙下，余党令就戮之。明年十一月，其王刑卜施离值星霞弗遣使献驯象三。皇祐二年正月，又使俱舍利波微收罗婆麻提杨卜贡象牙二百一、犀角七十九。表二通，一以本国书，一以中国书，五年四月，其使蒲思马应来贡方物。

嘉祐元年闰三月，其使蒲息陀琶贡方物，还至太平州，江岸崩，沉失行橐。明年正月，诏广州赐银千两。六年九月，又献驯象。七年正月，广西安抚经略司言："占腊素不习兵，与交阯邻，常苦侵轶；而占城复近修武备，以抗交阯，将由广东路入贡京师，望抚以恩信。"五月，其使顿琶尼来贡方物。六月，赐其王施里律茶盘麻常杨溥白马一，从其求也。

熙宁元年，其王杨卜尸利律陀般摩提婆遣使贡方物，乞市驿马。诏赐白马一，令于广州买骡以归。五年，贡琉璃珊瑚酒器、龙脑、乳香、丁香、荜登茄、紫矿。七年，交州李乾德言其王领兵三千人并妻子来降，以正月至本道。

九年，复遣使来言："其国自海道抵真腊一月程，西北抵交州四十日，皆山路。所治聚落一百五，大略如州县。王年三十六岁，著大食锦或川法锦大衫、七条金璎珞，戴七宝装成金冠，蹑红皮履。出则从者五百人，十妇人执金样合贮槟榔，导以乐。

王师讨交阯，以其素仇，诏使乘机协力除荡。行营战棹都监杨从先遣小校樊实谕旨。实还，言其国选兵七千扼贼要路，其王以木叶书回牒，诏使上之。然亦不能成功。后两国同入贡，占城使者乞避交人。诏遇朔日朝文德殿，分东西立；望日则交人入垂拱殿，而占城趋紫宸；大宴则东西坐。

元祐七年，又表言如天朝讨交阯，愿率兵掩袭。朝廷以交阯数入贡，不绝臣节，难以兴师，答敕书报之，而以其使良保故伦轧丹、副使傍水知突为保顺郎将。政和中，授其王杨卜麻叠金紫光禄大夫，领廉、白州刺史。杨卜麻叠言身縻化外，不沾禄食，愿得薄授奉给，壮观小国，许之。

宣和元年，进检校司空兼御史大夫、怀远军节度、琳州管内观察处置使，封占城国王。自是，每遇恩辄降制加封邑。

建炎三年，杨卜麻叠遣使入贡，遇郊恩，制授检校太傅，加食邑。绍兴二十五年，其子邹时阑巴嗣立，遣使进方物，求封爵，锡宴于怀远驿，以其父初封之爵授之，报赐甚厚。

乾道三年，子邹亚娜嗣，掠大食国方物遣人来贡，以求封爵，为其国人所诉。诏却之，遂不议其封，七年，闽人有浮海之吉阳军者，风泊其舟抵占城。其国方与真腊战，皆乘大象，胜负不能次。闽人教其王当习骑射以胜之，王大说，具舟送之吉阳，市得马数十匹归，战大捷。明年复来，琼州拒之，愤怒大掠而归。淳熙二年，严马禁，不得售外蕃。三年，占城归所掠生口八十三人，求通商，诏不许。四年，占城以舟师袭真腊，传其国都。

庆元以未，真腊大举伐占城以复仇，杀戮殆尽，俘其主以归，国遂亡，其地悉归真腊。

真腊国亦名占腊，其国在占城之南，东际海，西接蒲甘，南抵加罗希。其县镇风俗同占城，地方七千余里。有铜台，列铜塔二十有四、铜象八以镇其上，象各重四千斤。其国有战象几二十万，马多而小。

政和六年十二月，遣进奏使奉化郎将鸠摩僧哥、副使安化郎将摩君明稽甽等十四人来贡，赐以朝服。僧哥言："万里远国，仰投圣化，尚拘卉服，未称区区向慕之诚，愿许服所赐。"诏从之，仍以其事付史馆，书诸策。明年三月辞去。宣和二年，又遣郎将摩腊、摩秃防来，朝廷官封其王与占城等。建炎二年，以郊恩授其王金褒宾深检校司徒，加食邑，遂定为常制。

其属邑有真里富，在西南隅，东南接波斯兰，西南与登流眉为邻。所部有六十余聚落。庆元六年，其国主立二十年矣，遣使奉表贡方物及驯象二。诏优其报赐，以海道远涉，后毋再入贡。

蒲甘国，崇宁五年，遣使入贡，诏礼秩视注辇。尚书省言："注辇役属三佛齐，故熙宁中敕书以大背纸，缄以匣襆，今蒲甘乃大国王，不可下视附庸小国。欲如大食、交阯诸国礼，凡制诏书并书以白背金花绫纸，贮以间金镀管钥，用锦绢夹缄封以往。"从之。

邈黎国，元祐四年，般次冷移、四抹粟迷等赍于阗国黑汗王并本国王表章来。有司以其国未尝入贡，请视于阗条式。从之。

三佛齐国，盖南蛮之别种，与占城为邻，居真腊、睹婆之间，所管十五州。土产红藤、紫矿、笺沉香、槟榔、椰子。无缗钱，土俗以金银贸易诸物。四时之气，多热少寒，冬无霜雪。人用香油涂身。其地无麦，有米及青白豆，鸡鱼鹅鸭颇类中土。有花酒、椰子酒、槟榔酒、蜜酒，皆非曲糵所酝，饮之亦醉。乐有小琴、小鼓，昆仑奴踏曲为乐。国中文字用梵书，以其王指环为印，亦有中国文字，上章表即用焉。累甓为城，周数十里，用椰叶覆屋。人民散居城外，不输租赋，有所征伐，随时调发，立酋长率领，皆自备兵器粮糗。泛海使风二十日至广州，其王号詹卑，其国居人多蒲姓。唐天祐元年贡物，授其使都蕃长蒲诃粟立宁远将军。

建隆元年九月，其子悉利胡大霞里檀遣使李遮帝来朝贡。二年夏，又遣使蒲蔑贡方物。是冬，其王室利乌耶遣使茶野伽、副使嘉末吒朝贡。其国号生留，王李犀林男迷日来亦遣使同至贡方物。三年春，室利乌耶又遣使李丽林、副使李亚末、判官吒吒壁等来贡，回，赐以白牦牛尾、白瓷器、银器、锦线鞍辔二副。开宝四年，遣使李何末以水晶、火油来贡。五年，又来贡。七年，又贡象牙、乳香、蔷薇水、万岁枣、褊桃、白砂糖、水晶指环、琉璃瓶、珊瑚树。八年，又遣使蒲陀汉等贡方物，赐以冠带、器币。

太平兴国五年，其王夏池遣使茶龙眉来。是年，潮州言，三佛齐国蕃商李甫诲乘舶船载香药、犀角、象牙至海口，会风势不便，飘船六十日至潮州，其香药悉送广州。八年，其王遐至遣使蒲押陀罗来贡水晶佛、锦布、犀牙、香药。雍熙二年，舶主金花茶以方物来献。端拱元年，遣使蒲押陀黎贡方物。淳化三年冬，广州上言：“蒲押陀黎前年自京回，闻本国为睹婆所侵，住南海凡一年，今春乘舶至占城，偶风信不利，复还。乞降诏谕本国。”从之。

咸平六年，其王思离朱罗无尼佛麻调华遣使李加排、副使无陀李南悲来贡，且言本国建佛寺以祝圣寿，愿赐名及钟。上嘉其意，诏“以承天万寿”为寺额，并铸钟以赐，授加排归德将军，无陀李南悲怀化将军。大中祥符元年，其王思离麻罗皮遣使李眉地、副使蒲婆蓝、判官麻河勿来贡，许赴泰山陪位于朝觐坛，遣赐甚厚。天禧元年，其王霞迟苏勿吒蒲迷遣使蒲谋西等奉金字表，贡真珠、象牙、梵夹经、昆仑奴，诏许谒会灵观，游太清寺、金明池。及还，赐其国诏书、礼物以慰奖之。

天圣六年八月，其王室离叠华遣使蒲押陀罗歇及副使、判官亚加卢等来贡方物。旧制远国使人贡，赐以间金涂银带，时特以浑金带赐之。

熙宁十年，使大首领地华伽罗来，以为保顺慕化大将军，赐诏宠之，曰：“吾以声教覆露方域，不限远迩，苟知夫忠义而来者，莫不锡之华爵，耀以美名，以宠异其国。尔悦慕皇化，浮海贡琛，吾用汝嘉，并超等秩，以昭忠义之劝。”元丰中，使至者再，率以白金，真珠、婆律薰陆香备方物。广州受表入言，俟报，乃护至阙下，天子念其道里遥远，每优赐遣归。二年，赐钱六万四千缗、银一万五百两，官其使群陀毕罗为宁远将军，官陀旁亚里为保顺郎将。毕罗乞买金带、白金器物，及僧紫衣、师、牒，皆如所请给之，三年，广州南蕃纲首以其主管国事国王之女唐字书,寄龙脑及布与提举市舶孙回,回不敢受,言于朝。诏令估直输之官,悉市帛以报。

五年,遣使皮袜、副使胡仙、判官地华加罗来,入见,以金莲花贮真珠、龙脑撒殿。官皮袜为怀远将军、胡仙加罗为郎将。加罗还至雍丘病死,赙以绢五十匹。六年,又以其使萨打华满为将军,副使罗悉沙文、判官悉理沙文为郎将。绍圣中,再入贡。

绍兴二十六年,其王悉利麻霞罗陀遣使入贡。帝曰:“远人向化,嘉其诚耳,非利乎方物也。”其王复以珠献宰臣秦桧,时桧已死,诏偿其直而收之。淳熙五年,复遣使贡方物,诏免赴阙,馆于泉州。

阇婆国在南海中。其国东至海一月,泛海半月至昆仑国;西至海四十五日,南至海三日,泛海五日至大食国;北至海四日,西北泛海十五日至勃泥国,又十五日至三佛齐国,又七日至古逻国,又七日至柴历亭,抵交阯,达广州。

其地平坦,宜种植,产稻、麻、粟、豆、无麦。民输十一之租,煮海为盐,多鱼、鳖、鸡、鸭、山羊,兼椎牛以食。果实有木瓜、椰子、蕉子、蔗、芋。出金银、犀牙、笺沉檀香、茴香、胡椒、槟榔、硫黄、红花、苏木。亦务蚕织,有薄绢、丝绞、吉贝布,剪银叶为钱博易,官以粟一斛二斗博金一钱。室宇壮丽,饰以金碧。中国贾人至者,待以宾馆,饮食丰洁。地不产茶。其酒出于椰子及虾蟆丹树。虾蟆丹树华人未尝见;或以桃榔、槟榔酿成,亦甚香美。不设刑禁,杂犯罪者随轻重出黄金以赎,惟寇盗者杀之。

其王椎髻,戴金铃,衣锦袍,蹑革履,坐方床,官吏日谒,三拜而退,出入乘象或腰舆,壮士五七百人执兵器以从。国人见王皆坐,俟其过乃起。以王子三人为副王。官有落佶连四人,共治国事,如中国宰相,无月奉,随时量给土产诸物。次有文吏三百余员,目为秀才,掌文簿,总计财货。又有卑官殆千员,分主城池、帑廪及军卒。其领兵者每半岁给金十两,胜兵三万,每半岁亦给金有差。

土俗婚聘无媒妁,但纳黄金于女家以娶之。五月游船,十月游山,有山马可乘跨,或乘软兜。乐有横笛、鼓板,亦能舞。土人被发,其衣装缠胸以下至于膝。疾病不服药,但祷神求佛。其俗有名而无姓。方言谓真珠为“没爹暇罗”,谓牙为“家罗”谓香为“昆燉卢林”,谓犀为“低密”。

先是,宋元嘉十二年,遣使朝贡,后绝。淳化三年十二月,其王穆罗茶遣使陀湛、副使蒲亚里、判官李陀那假澄等来朝贡。陀湛云中国有真主,本国乃修朝贡之礼。国王贡象牙、真珠、绣花销金及绣丝绞、杂色丝绞、吉贝织杂色绞布、檀香、玳瑁槟榔盘、犀装剑、金银装剑、藤织花簟、白鹦鹉、七宝饰檀香亭子,其使别贡玳瑁、龙脑、丁香、藤织花簟。

先是,朝贡使泛舶船六十日至明州定海县,掌市舶,监察御史张肃先驿奏其使饰服之状与尝来入贡波斯相类。译者言云:“今主舶大商毛旭者,建溪人,数往来本国,因假其乡导来朝贡。又言其国王一号曰夏至马啰夜,王妃曰落肩娑婆利,本国亦署置僚属。又其方言目舶主为“勃荷”,主妻曰:“勃荷比尼赎”。其船中妇人名眉珠,椎髻,无首饰,以蛮布缠身,颜色青黑,言语不能晓。拜亦如男子膜拜;一子,项戴金连锁子,后有金钩,以帛带萦之,名阿噜。其国与三佛齐有仇怨,互相攻战。本国山多猴,不畏人,呼以霄霄之声即出,或投以果实,则其大猴二先至,土人谓之猴王、猴夫人,食毕,群猴食其余。使既至,上令有司优待;久之使还,赐金币甚厚,仍赐良马戎具,以从其请。其使云:“邻国名婆罗门,有善法察人情,人欲相危害者皆先知之。”

大观三年六月,遣使入贡,诏礼之如交阯。

又有摩逸国,太平兴国七年,载宝货至广州海岸。

建炎三年,以南郊恩制授阇婆国主怀远军节度、琳州管内观察处置等使、金紫光禄大夫、检校司空、使持节琳州诸军事、琳州刺史、兼御史大夫、上柱国、阇婆国王、食邑二千四百户、实封一千户;悉里地花茶兰固野可特授检校司空,加食邑实封。绍兴二年,复加食邑五百户,实封二百户。

南毗国在大海之西南,由三佛齐风飘月余可至。其国王每巡行,先期遣兵百余人持水洒地上,以防飓风扬沙尘;列鼎百以进食,日一易之,置翰林官供王饮食。俗喜战斗,习刀矟,善射。凿杂白银为钱。产真珠、番布。其国最远,番舶罕到。时罗巴智力干父子,其种类也,居泉之城南,自是,舶舟多至其国矣。

勃泥国在西南大海中,去阇婆四十五日程,去三佛齐四十日程,去占城与摩逸各三十日程,皆计顺风为则。

其国以版为城,城中居者万余人,所统十四州。其王所居屋覆以贝多叶,民舍覆以草。在王左右者为大人。王坐绳床,若出,即大布单坐其上,众异之,名曰阮囊。战斗者则持刀被甲,甲以铜铸,状若大筒,穿之于身,护其腹背。

其地无麦,有麻稻,又有羊及鸡鱼,无蚕丝,用吉贝花织成布。饮椰子酒。昏聘之资,先以椰子酒,槟榔次之,指环又次之,然后以吉贝布,或量出金银成其礼。丧葬亦不棺敛,以竹为举,载弃山中,二月始耕则祀之,凡七年则不复祀矣。以十二月七日为岁节。地热,多风雨。国人宴会,鸣鼓、吹笛、击钹、歌舞为乐。无器皿,以竹编贝多叶为器盛食,食讫叶弃之。其国邻于底门,国有药树,取其根煎为膏,服之及涂其体,兵刃所伤皆不死。前代未尝朝贡,故史籍不载。

太平兴国二年,其王向打遣使施弩、副使蒲亚里、判官哥心等赍表贡大片龙脑一家底、第二等八家底、第三等十一家底、米龙脑二十家底、苍龙脑二十家底,凡一家底并二十两;龙脑版五、玳瑁壳一百、檀香三橛、象牙六株。表云:“为皇帝千万岁寿,望不责小国微薄之礼。”其表以数重小囊缄封之,非中国纸,类木皮而薄,莹滑,色微绿,长数尺,阔寸余,横卷之仅可盈握。其字细小,横读之,以华言译之,云:“勃泥国王向打稽首拜,皇帝万岁万岁万万岁,愿皇帝万岁寿,今遣使进贡。向打闻有朝廷,无路得到,昨有商人蒲卢歇船泊水口,差人迎到州,言自中朝来,比诣阇婆国,遇猛风破其船,不得去。此时闻自中国来，国人皆大喜，即造舠船，令蒲卢歇导达入朝贡，所遣使人只愿平善见皇帝，每年令人入朝贡，每年修贡，虑风吹至占城界，望皇帝诏占城，令有向打船到，不要留。臣本国别无异物，乞皇帝勿怪。"其表文如是。诏馆其使于礼宾院，优赐以遣之。

元丰五年二月，其王锡理麻喏复遣使贡方物，其使乞从泉州乘海舶归国，从之。

注辇国东距海五里，西至天竺千五百里，南至罗兰二千五百里，北至顿田三千里，自古不通中国，水行至广州约四十一万一千四百里。

其国有城七重，高七尺，南北十二里，东西七里，每城相去百步，凡四城用砖，二城用土，最中城以木为之，皆植花果杂木。其第一至第三皆民居，环以小河；第四城四侍郎居之；第五城主之四子居之；第六城为佛寺，百僧居之；第七城即主之所居，室四百余区。

所统有三十一部落，其西十二，曰只都尼、施亚卢尼、罗琶离鳌琶移、布林琶布尼、古檀布林蒲登、故里、娑轮岑、本蹄揭蹄、阁黎池离、郇部尼、遮古林、亚里者林；其南八，曰无雅加黎麻蓝、眉古黎苦低、舍里尼、密多罗摩、伽蓝蒲登、蒙伽林伽蓝、琶里琶离游、亚林池蒙伽监；其北十二，曰拨罗耶、无没离江、注林、加里蒙伽蓝、漆结麻蓝、握折蒙伽蓝、皮林伽蓝、浦稜和蓝、堡琶来、田注离、卢婆罗、迷蒙伽蓝。

今国主相传三世矣。民有罪，即命侍郎一员处治之，轻者絷于木格，笞五十至一百；重者即斩，或以象践杀之。其宴，则国主与四侍郎膜拜于阶，遂共坐作乐歌舞，不饮酒，而食肉，俗衣布。亦有饼饵。掌馔执事用妇人。其嫁娶，先用金银指环使媒妇至女家，后二日，会男家亲族，约以土田、生畜、槟榔酒等，称其有无为礼；女家复以金银指环、越诺布及女所服锦衣遗婿，若男欲离女则不取聘财，女却男则倍偿之。

其兵阵，用象居前，小牌次之，梭枪次之，长刀又次之，弓矢在后，四侍郎分领其众。国东南约二千五百里有悉兰池国，或相侵伐。

地产真珠、象牙、珊瑚、颇黎、槟榔、豆蔻、吉贝布。兽有山羊、黄牛。禽有山鸡、鹦鹉。果有余甘、藤罗、千年枣、椰子、甘罗、昆仑梅、婆罗密等。花有白末利、散丝、蛇脐、佛桑、丽秋、青黄碧娑罗、瑶莲、蝉紫、水蕉之类。五谷有绿豆、黑豆、麦、稻。地宜竹。

自昔未尝朝贡。大中祥符八年九月，其国主罗茶罗乍遣进奉使侍郎娑里三文、副使蒲恕、判官翁勿、防援官亚勒加等奉表来贡。三文等以盘奉真珠、碧玻璃升殿，布于御坐前，降殿再拜，译者导其言曰："愿以表远人慕化之诚。"其国主表曰：

臣罗茶罗乍言，昨遇船舶船商人到本国告称：钜宋之有天下也，二帝开基，圣人继统，登封太岳，礼祀汾阴，至德升闻，上穹眷命。臣昌期斯遇，吉语幸闻，辄倾就日之诚，仰露朝天之款。

臣伏闻人君之御统也，无远不臻，臣子之推诚也，有道则服。伏惟皇帝陛下功超邃古，道建大中。衣裳垂而德合乾坤，剑戟铸而范围区宇。神武不杀，人文化成。廓明明之德以临御下民，怀翼翼之心以昭事上帝。至仁不伤于行苇，大信爰及于渊鱼。故得天鉴孔彰，帝文有赫，显今古未闻之事，保家邦大定之基。

窃念臣微类醯鸡，贱如乌狗，世居夷落，地远华风，虚荷烛幽，曾无执贽。今者窃听歌颂，普及遐陬。恨年属於桑榆，阻躬陈于玉帛。矧沧溟之旷绝，在跋涉以稍艰。是敢倾倒赤心，遥瞻丹阙。任土作贡，同蝼蚁之慕膻；委质事君，比葵藿之向日。谨遣专使等五十二人，奉土物来贡，凡真珠衫帽各一、真珠二万一千一百两、象牙六十株、乳香六十斤。

三文等又献珠六千六百两、香药三千三百斤。

初，罗茶罗乍既闻商船言，且曰十年来海无风涛，古老传云如此则中国有圣人，故遣三文等入贡。三文离本国，舟行七十七昼夜，历郍勿丹山、娑里西兰山至占宾国。又行六十一昼夜，历伊麻罗里山至古罗国。国有古罗山，因名焉。又行七十一昼夜，历加八山、占不牢山、舟宝龙山至三佛齐国。又行十八昼夜，度蛮山水口，历天竺山，至宾头狼山，望东西王母塚，距舟所将百里。又行二十昼夜，度羊山、九星山至广州之琵琶洲。离本国凡千一百五十日至广州焉。诏阁门祗候史祐之馆伴，凡宴赐恩例同龟兹使。其年承天节，三文等请于启圣禅院会僧以祝圣寿，明年使回，降诏罗荼罗乍，赐物甚厚。

天禧四年，又遣使琶拦得麻烈呧奉方物入贡，至广州病死。守臣以其表闻。诏广州宴犒从者，厚赐以遣之。

明道二年十月，其王尸离罗荼印佗罗注罗遣使蒲押陀离等以泥金表进真珠衫帽及真珠一百五两、象牙百株，西染院副使、阁门通事舍人符惟忠假鸿胪少卿押伴。蒲押陀离自言数朝贡，而海风破船不达，愿将上等珠就龙床脚撒殿，顶戴瞻礼，以申向慕之心。乃奉银盘升殿，跪撒珠于御榻下而退。景祐元年二月，以蒲押陀离为金紫光禄大夫、怀化将军，还本国。

熙宁十年，国王地华加罗遣使奇罗罗、副使南卑琶打、判官麻图华罗等二十七人来献碗豆珠、麻琉璃大洗盘、白梅花脑、锦花、犀牙、乳香、瓶香、蔷薇水、金莲花、木香、阿魏、鹏砂、丁香。使副以真珠、龙脑登陛，跪而散之，谓之撒殿。既降，诏遣御药室劳之，以为怀化将军、保顺郎将，各赐衣服器币有差；答赐其王钱八万一千八百缗、银五万二千两。

丹眉流国，东至占腊五十程，南至罗越水路十五程，西至西天三十五程，北至程良六十程，东北至罗斛二十五程，东南至阇婆四十五程，西南至程若十五程，西北至洛华二十五程，东北至广州一百三十五程。

其俗以版为屋；跣足，衣布，无绅带，以白纻缠其首；贸易以金银。其主所居，广袤五里，无城郭；出则乘象车，亦有小驷。地出犀、象、钻石、紫草、苏木诸药。四时炎热，无雪霜。未尝至中国。

　　咸平四年,国主多须机遣使打吉马、副使打腊、判官皮泥等九人来贡木香千斤、锦镴各百斤、胡黄连三十五斤、紫草百斤、红毡一合、花布四段、苏木万斤、象牙六十一株。召见崇德殿,赐以冠带服物。及还,又赐多须机诏书以敦奖之。

宋史卷四九〇
列传第二四九

外国一

天竺　于阗　高昌　回鹘　大食
层檀　龟兹　沙州　拂菻

天竺国旧名身毒，亦曰摩伽陀，复曰婆罗门。俗宗浮图道，不饮酒食肉。汉武帝遣使十余辈间出西南，指求身毒，为昆明所闭，莫能通。至汉明帝梦金人，于是遣使天竺问佛道法，由是其教传于中国。梁武帝、后魏宣武，皆来贡献。隋炀帝志通西域，诸国多有至者，唯天竺不通。唐贞观以后，朝贡相继。则天天授中，五天竺王并来朝献。乾元末，河陇陷没，遂不复至。周广顺三年，西天竺僧萨满多等十六族来贡名马。

乾德三年，沧州僧道圆自西域还，得佛舍利一水晶器、贝叶梵经四十夹来献。道圆晋天福中诣西域，在途十二年，住五印度凡六年，五印度即天竺也；还经于阗，与其使偕至。太祖召问所历风俗山川道里，一一能记。四年，僧行勤等一百五十七人诣阙上言，愿至西域求佛书，许之。以其所历甘、沙、伊、肃等州，焉耆、龟兹、于阗、割禄等国，又历布路沙、加湿弥罗等国，并诏谕其国令人引导之。开宝后，天竺僧持梵夹来献者不绝。八年冬，东印度王子穰结说啰来朝贡。

天竺之法，国王死，太子袭位，余子皆出家为僧，不复居本国。

有曼殊室利者,乃其王子也,随中国僧至焉,太祖令馆于相国寺,善持律,为都人之所倾向,财施盈室。众僧颇嫉之,以其不解唐言,即伪为奏求还本国,许之。诏既下,曼殊室利始大惊恨,众僧谕以诏旨,不得已迟留数月而后去。自言诣南海附贾人船而归,终不知所适。

太平兴国七年,益州僧光远至自天竺,以其王没徙曩表来上。上令天竺僧施护译云:"近闻支那国内有大明王,至圣至明,威力自在。每惭薄幸,朝谒无由,遥望支那起居圣躬万福。光远来,蒙赐金刚吉祥无畏坐释迦圣像袈裟一事,已披挂供养。伏愿支那皇帝福慧圆满,寿命延长,常为引导一切有情生死海中,渡诸沉溺。今以释迦舍利附光远上进。"又译其国僧统表,词意亦与没徙曩同。

施护者,乌填曩国人。其国属北印度,西行十二日至乾陀罗国,又西行二十日至曩诚啰贺啰国,又西行十日至岚婆国,又西行十二日至诚惹曩国,又西行至波斯国,得西海。自北印度行百二十日至中印度。中印度西行三程至阿啰尾国,又西行十二日至未曩啰国,又西行十二日至钵赖野迦国,又西行六十日至迦啰拿俱惹国,又西行二十日至摩啰尾国,又西行二十日至乌然泥国,又西行二十五日至啰啰国,又西行四十日至苏啰茶国,又西行十一日至西海。自中印度行六月程至南印度,又西行九十日至供迦拿国,又西行一月至海。自南印度南行六月程得南海。皆施护之所述云。

八年,僧法遇自天竺取经回,至三佛齐,遇天竺僧弥摩罗失黎语不多令,附表愿至中国译经,上优诏召之。法遇后募缘制龙宝盖袈裟,将复往天竺,表乞给所经诸国敕书,遂赐三佛齐国王遐至葛、古罗国主司马佶芒、柯兰国主赞怛罗、西天王子谟驮仙书以遣之。

雍熙中,卫州僧辞浣自西域还,与胡僧密坦罗奉北印度王及金刚坐王那烂陀书来。又有婆罗门僧永世与波斯外道阿里烟同至京师。永世自云:"本国名利得,国王姓牙罗五得,名阿喏你缚,衣黄衣,戴金冠,以七宝为饰,出乘象或肩舆,以音乐螺钹前导,多游佛寺,博施贫乏。其妃曰摩诃你,衣大绸缕金红衣,岁一出,多所振施。

人有冤抑，候王及妃出游，即迎随伸诉。署国相四人，庶务并委裁制。五谷、六畜、果实与中国无异。市易用铜钱，有文漫圆径，如中国之制，但实其中心，不穿贯耳。其国东行经六月至大食国，又二月至西州，又三月至夏州。阿里烟自云："本国王号黑衣，姓张，名哩没，用锦彩为衣，每游猎，三二日一还国。署大臣九人治国事。无钱货，以杂物贸易。其国东行经六月至婆罗门。

至道二年八月，有天竺僧随舶至海岸，持帝钟、铃、杵、铜铃各一，佛像一躯、贝叶梵书一夹，与之语，不能晓。

天圣二年九月，西印度僧爱贤、智信护等来献梵经，各赐紫方袍、束帛。五年二月，僧法吉祥等五人以梵书来献，赐紫方袍。景祐三年正月，僧善称等九人贡梵经、佛骨及铜牙菩萨像，赐以束帛。

于阗国，自汉至唐，皆入贡中国，安、史之乱，绝不复至。晋天福中，其王李圣天自称唐之宗属，遣使来贡。高祖命供奉官张匡持节册圣天为大宝于阗国王。

建隆二年十二月，圣天遣使贡圭一，以玉为柙，玉枕一。本国摩尼师贡琉璃瓶二、胡锦一段。其使言："本国去京师九千九百里，西南抵葱岭与婆罗门接，相去三千余里，东接吐蕃，西北至疏勒二千余里。国城东有白玉河，西有绿玉河，次西有乌玉河，源出昆冈山，去国城西千三百里。每岁秋，国人取玉于河，谓之捞玉。土宜蒲萄，人多酝以为酒，甚美。俗事妖神。

乾德三年五月，于阗僧善名、善法来朝，赐紫衣。其国宰相因善名等来，致书枢密使李崇矩，求通中国。太祖令崇矩以书及器币报之。至是冬，沙门道圆自西域还，经于阗，与其朝贡使至。四年，又遣其子德从来贡方物。

开宝二年，遣使直末山来贡，且言本国有玉一块，凡二百三十七斤，愿以上进，乞遣使取之。善名复至，贡阿魏子，赐号昭化大师，因令还取玉。又国王男总尝贡玉把刀，亦厚赐报之。四年，其僧吉祥以其国王书来上，自言破疏勒国得舞象一，欲以为贡，诏许之。

大中祥符二年，其国黑韩王遣回鹘罗斯温等以方物来贡。斯温跪奏曰："臣万里来朝，获见天日，愿圣人万岁，与远人作主。"上询以在路几时，去此几里。对曰："涉道一年，昼行暮息，不知里数。昔时道路尝有剽掠，今自瓜、沙抵于阗，道路清谧，行旅如流。愿遣使安抚远俗。"上曰："路远命使，益以劳费尔国。今降诏书，汝即赍往，亦与命使无异也。"

初，太平兴国中有澶州卒王贵者，昼忽见使者至营，急召贵偕行，南至河桥，驿马已具，即命乘之，俄觉腾虚而去。顷之驻马，但见屋室宏丽，使者引贵入，见其主者容卫制度悉如王者。谓贵曰："俟汝年五十八，当往于阗国北通圣山取一异宝以奉皇帝，宜深志之。"遂复乘马凌虚而旋。军中失贵已数日矣，验所乘，即营卒之马也。知州宋煦劾贵以闻，太宗释之。天禧初，贵自陈年已五十八，愿遵前戒，西至于阗，寻许其行。贵至秦州，以道远悔惧，俄于市中遇一道士引贵出城，登高原，问贵所欲，具以实封。即命贵闭目，少顷令开，视山川顿异，道士曰："此于阗国北境通圣山也。"复引贵观一池，池中有仙童，出一物授之，谓曰："持此奉皇帝。"又令瞑目，俄顷复至秦州，向之道士已失所在，发其物乃玉印也，文曰："国王赵万永宝。"州以献。

天圣三年十二月，遣使罗面于多、副使金三、监使安多、都监赵多来朝，贡玉鞍辔、白玉带、胡锦、独峰骆驼、乳香、硇砂。诏给还其直，馆于都亭西驿，别赐袭衣、金带、银器百两、衣著二百，罗面于多金带。

嘉祐八年八月，遣使罗撒温献方物。十一月，以其国王为特进、归忠保顺䃜鳞黑韩王。罗撒温言其王乞赐此号也，于阗谓金翅乌为"䃜鳞"，"黑韩"盖可汗之讹也。罗撒温等以献物赐直少不受，及请所献独峰骆驼。诏以远人特别赐钱五千贯，以骆驼还之，而与其已赐之直。其后数以方物来献。

熙宁以来，远不逾一二岁，近则岁再至。所贡珠玉、珊瑚、翡翠、象牙、乳香、木香、琥珀、花蕊布、硇砂、龙盐、西锦、玉鞍辔马、腽肭脐、金星石、水银、安息鸡舌香，有所持无表章，每赐以晕锦旋襕衣、金带、器币，宰相则盘球云锦夹襕。

地产乳香，来辄群负，私与商贾牟利；不售，则归诸外府得善价，故其来益多。元丰初，始诏惟赍表及方物马驴乃听以诣阙，乳香无用不许贡。

四年，遣部领阿辛上表称"于阗国偻儸有福力量知文法黑汗王，书与东方日出处大世界田地主汉家阿舅大官家，"大略云路远倾心相向，前三遣使入贡未回，重复数百言。董毡使导至熙州，译其辞乃闻。诏前三辈使人皆已朝见，锡赍遣发，赐敕书谕之。神宗尝问其使去国岁月，所经何国及有无钞略。对曰："去国四年，道途居其，半历黄头回纥、青唐，惟惧契丹钞略耳。"因使之图上诸国距汉境远近，为书以授李宪。八年九月，遣使入贡，使者为神宗饭僧追福。赐钱百万，还其所贡师子。

元祐中，以其使至无时，令熙河间岁一听至阙。八年，请讨夏国，不许。

绍圣中，其王阿忽都董娥密竭笃又言，缅药家作过，别无报效，已遣兵攻甘、沙、肃三州。诏厚答其意。知秦州游师雄言："于阗、大食、拂菻等国贡奉，般次踵至，有司惮于供赍，抑留边方，限二岁一进。外夷慕义，万里而至。此非所以来远人也。"从之。自是讫于宣和，朝享不绝。

高昌国，汉车师前王之地。有高昌城，取其地势高敞、人民昌盛以为名焉。后魏初，沮渠无讳自署高昌太守。无讳死，茹茹以阚伯周为高昌王，高昌有王始于此。后魏至隋皆来贡献。唐贞观中，侯君集平其国，以其地为西州。安、史之乱，其地陷没，乃复为国。语讹亦云："高敞"，然其地颇有回鹘，故亦谓之回鹘。

建隆三年四月，西州回鹘阿都督等四十二人以方物来贡。乾德三年十一月，西州回鹘可汗遣僧法渊献佛牙、琉璃器、琥珀盏。太平兴国六年，其王始称西州外生师子王阿厮兰汉，遣都督麦索温来献。五月，太宗遣供奉官王延德、殿前承旨白勋使高昌。八年，其使安鹘庐来贡。

雍熙元年四月，王延德等还，叙其水程来献云：

初自夏州历玉亭镇，次历黄羊平，其地平而产黄羊。渡沙碛，无水，行人皆载水。凡二日至都啰啰族，汉使过者，遗以财货，谓之"打当"。次历茅女呙子族，族临黄河，以羊皮为囊，吹气实之浮于水，或以骆驼牵木筏而渡。次历茅女王子开道族，行入六窠沙，沙深三尺，马不能行，行者皆乘骆驼。不育五谷，沙中生草名登相，收之以食。次历楼子山，无居人，行沙碛中，以日为占，旦则背日，暮则向日，日中则止。夕行望月亦如之。次历卧梁劾特族地，有都督山，唐回鹘之地。次历大虫太子族，族接契丹界，人衣尚锦绣，器用金银，马乳酿酒，饮之亦醉。次历屋地因族，盖达于于越王子之子。次至达于于越王子族。次历捜利王子族，有合罗川，唐回鹘公主所居之地，城基尚在，有汤泉池。次历阿墩族，经马鬃山望乡岭，岭上石龛有李陵题字处。次历格啰美源，西方百川所会，极望无际，鸥鹭凫雁之类甚众。次至托边城，亦名李仆射城，城中首领号"通天王"。次历小石州，次历伊州，州将陈氏，其先自唐开元二年领州，凡数十世，唐时诏敕尚在。地有野蚕生苦参上，可为绵帛。有羊，尾大而不能走，尾重者三斤，小者一斤，肉如熊白而甚美。又有砺石，剖之得宾铁，谓之吃铁石。又生胡桐树，经雨即生胡桐律。次历益都。次历纳职城，城在大患鬼魅碛之东南，望玉门关甚近。地无水草，载粮以行，凡三日，至鬼谷口避风驿，用本国法设祭，出诏神御风，风乃息。凡八日，至泽田寺。高昌闻使至，遣人来迎，次历地名宝庄，又历六种，乃至高昌。

高昌即西州也。其地南距于阗，西南距大食、波斯，西距西天步路涉、雪山、葱岭，皆数千里。地无雨雪而极热，每盛暑，居人皆穿地为穴以处。飞鸟群萃河滨，或起飞，即为日气所烁，坠而伤翼。屋室覆以白垩，雨及五寸，即庐舍多坏。有水，源出金岭，导之周围国城，以溉田园，作水碓。地产五谷，惟无荞麦。贵人食马，余食羊及凫雁。乐多琵琶、箜篌。出貂鼠、白氎、绣文花蕊布。俗好骑射。妇人戴油帽，谓之苏幕遮。用开元七年历，以三月九日为寒食，余二社、冬至亦然。以银或输石为筒，贮水激以相射，或以水交泼为戏，谓之压阳气去病。好游赏，行者必抱乐器。佛寺五十余区，皆唐朝所赐额，寺中有《大藏经》、《唐韵》、《玉篇》、《经音》等，居民春月多群聚遨乐于其间。游者马上持弓矢射诸物，谓之禳灾。有救书楼，藏唐太宗、明皇御札诏敕，缄锁甚谨。复有摩尼寺，波斯僧各持其法，佛经所谓外道者也。所统有南突厥、北突厥、大众熨、小众熨、样磨、割禄、点戛司、末蛮、格哆族、预龙族之名甚众。国中无贫民，绝食者共赈之。人多寿考，率百余岁，绝无夭死。

时四月，师子王避暑于北廷，以其舅阿多于越守国，先遣人致意于延德曰："我王舅也，使者拜我乎？"延德曰："持朝命而来，礼不当拜。"复问曰："见王拜乎？"延德曰："礼亦不当拜。"阿多于越复数日始相见，然其礼颇恭。师子王邀延德至其北廷。历交河州，凡六日，至金岭口，宝货所出。又两日，至汉家砦。又五日，上金岭。过岭即多雨雪，岭上有龙堂，刻石记云，小雪山也。岭上有积雪，行人皆服毛罽。度岭一日至北廷，憩高台寺。其王烹羊马以具膳，尤丰洁。

地多马，王及王后、太子各养马，放牧平川中，弥亘百余里，以毛色分别为群，莫知其数。北廷川长广数千里，鹰鹞雕鹘之所生，多美草，不生花，砂鼠大如兔，鸷禽捕食之。

其王遣人来言，择日以见使者，愿无讶其淹久。至七日，见其王及王子侍者，皆东向拜受赐。旁有持磬者击以节拜，王闻磬声乃拜，既而王之儿女亲属皆出，罗拜以受赐，遂张乐饮宴，为优戏，至暮。明日泛舟于池中，池四面作鼓乐。又明日游佛寺，曰应运太宁之寺，贞观十四年造。

北廷北山中山硇砂，山中尝有烟气涌起，无云雾，至夕光焰若炬火，照见禽鼠皆赤。采者著木底鞋取之，皮者即焦。下有穴生青泥,出穴外即变为砂石,土人取以治皮。城中多楼台卉木。人白晰端正,性工巧,善治金银铜铁为器及攻玉。善马直绢一匹,其驽马充食,才直一丈。贫者皆食肉。西抵安西,即唐之西境。

七月,令延德先还其国,其王九月始至,亦闻有契丹使来,谓其王云:"高敞本汉土,汉使来觇视封域,将有异图,王当察之。"延德侦知其语,因谓王曰:"契丹素不顺中国,今乃反间,我欲杀之。"王固劝乃止。

自六年五月离京师,七年四月至高昌,所历以诏赐诸国君长袭衣、金带、缯帛。八年春,与其谢恩使凡百余人复循旧路而还,雍熙元年四月至京师。

景德元年,又遣使金延福来贡。

回鹘本匈奴之别裔,在天德西北娑陵水上。后魏号铁勒,唐初号特勒,后称回纥。其君长曰可汗,自贞观以后朝贡不绝。至德初,出兵助国讨平安、史之乱,故累朝恩礼最重。然而恃功横恣,朝廷虽患其邀求无厌,然颇姑息听从之。元和中,诏为回鹘。会昌中,其国衰乱,其相驳职者拥外甥将庞勒西奔安西。既而回鹘为幽州张仲武所破,庞勒乃自称可汗,居甘、沙、西州,无复昔时之盛矣。

历梁、后唐、晋、汉、周、皆遣使朝贡。后唐同光中,册其国王仁美为英义可汗。仁美卒,其弟仁裕立,册为顺化可汗,晋天福中,又改为奉化可汗。仁裕卒,子景琼立。先是,唐朝继以公主下嫁,故回鹘世称中朝为舅,中朝每赐答诏亦曰外甥。五代之后皆因之。

建隆二年,景琼遣使朝献。三年,阿都督等四十二人以方物来贡。乾德二年,遣使贡玉百团、琥珀四十斤、牦牛尾、貂鼠等。三年,遣使赵党誓等四十七人以团玉、琥珀、红白牦牛尾为贡。开宝中累遣使贡方物,其宰相鞠仙越亦贡马。

太平兴国二年冬,遣殿直张璨赍诏谕甘、沙州回鹘可汗外甥,赐以器币,招致名马美玉,以备车骑琮璜之用。五年,甘、沙州回鹘可汗夜落纥密礼遏遣使裴溢的等四人,以骆驼、名马、珊瑚、琥珀来献。

雍熙元年四月,西州回鹘与婆罗门僧永世、波斯外道阿里烟同入贡。四年,合罗川回鹘第四族首领遣使朝贡。端拱二年九月,回鹘都督石仁政、么啰王子、邈拿王子、越黜黄水州巡检四族并居贺兰山下,无所统属,诸部入贡多由其地。么啰王子自云,向为灵州冯晖阻绝,由是不通贡奉,今有内附意。各以锦袍银带赐之。

咸平四年,可汗王禄胜遣使曹万通以玉勒名马独峰无峰骆驼、宾铁剑甲、琉璃器来贡。万通自言任本国枢密使,本国东至黄河,西至雪山,有小郡数百,甲马甚精习,愿朝廷命使统领,使得缚继迁以献。因降诏禄胜曰:"贼迁凶悖,人神所弃。卿世济忠烈,义笃舅甥,继上奏封,备陈方略,且欲大举精甲,就覆残妖,拓土西陲,献俘北阙。可汗功业,其可胜言!嘉叹所深,不忘朕意。今更不遣使臣,一切委卿统制。"特授万通左神武军大将军,优赐禄胜器服。

景德元年,夜落纥遣使来贡。四年,又遣尼法仙等来朝,献马。仍许法仙游五台山。又遣僧翟入奏,来献马,欲于京城建佛寺祝圣寿,求赐名额,不许。

大中祥符元年,夏州万子等军主领族兵趋回鹘,回鹘设伏要路,示弱不与斗,俟其过,奋起击之,剿戮殆尽。其生擒者,回鹘驱坐于野,悉以所获资粮示之,曰:"尔辈狐鼠,规求小利,我则不然。"遂尽焚而杀之,唯万子军主挺身走。镇戎军以闻,上曰:"回鹘尝杀继迁,世为仇敌。甘州使至,亦言德明侵轶之状,意颇轻视之。量其兵势,德明未易敌也。"其年,夜落纥、宝物公主及没孤公主、婆温宰相各遣使来贡。东封礼成,以可汗王进奉姚进为宁远将军,宝物公主进奉曹进为安化郎将,赐以袍笏。又赐夜落纥介胄。

三年,又遣左温宰相、何居录越枢密使、翟符守荣等来贡。是年,龟兹国王可汗遣使李延福、副使安福、监使翟进来进香药、花蕊布、名马、独峰骆驼、大尾羊、玉鞍勒、琥珀、碙石等。四年,翟符守荣等三十人请从祀汾阴。其年,夜落纥遣使贡方物,秦州回鹘安密献玉带于道左。礼成,以翟符守荣为左神武军大将军,安殿民为保顺郎将,余皆赐冠带器币。其年,夜落纥遣使言,败赵德明立功首领请加恩赏。诏给司戈、司阶、郎将告敕十道,使得承制补署。

六年,龟兹进奉使李延庆等三十六人对于长春殿,献名马、弓箭、鞍勒、团玉、香药等,优诏答之。

先是,甘州数与夏州接战,夜落纥贡奉多为夏州钞夺。及宗哥族感悦朝廷恩化,乃遣人援送其使,故频年得至京师。既而唃厮罗欲娶可汗女而无聘财,可汗不许,因为仇敌。五年,秦州遣指挥使杨知进、译者郭敏送进奉使至甘州,会宗哥怨隙阻归路,遂留知进等不敢遣。八年,敏方得还。可汗王夜落隔上表言宝物公主疾死,以西凉人苏守信劫乱,不时奏闻;又谢恩赐宝钿、银匣、历日及安抚诏书,仍乞慰谕宗哥,使开朝贡之路。九年,杨知进亦至,遂遣郭敏赐宗哥诏书并甘州可汗器币。其年,使来朝贡,言夜落隔卒,九宰相诸部落奉夜落隔归化为可汗王领国事。

天禧二年,夜落隔归化遣都督安信等来朝。四年,又遣使同龟兹国可汗王智海使来献大尾羊。初,回鹘西奔,族种散处。故甘州有可汗王,西州有克韩王,新复州有黑韩王,皆其后焉。

天圣元年五月,甘州夜落隔通顺遣使阿葛之、王文贵来贡方物。六月,诏甘州回纥外甥可汗王夜落隔通顺特封归忠保顺可汗王。二年五月,遣使都督习信等十四人来贡马及黄湖绵、细白毲。三年四月,可汗王公主及宰相撒温讹进马、乳香。赐银器、金带、衣著、晕锦旋襕有差。五年八月,遣使安万东等一十四人来贡方物。六年二月,遣人贡方物。

熙宁元年入贡,求买金字《大般若经》,以墨本赐之。六年复来,补其首领五人为军主,岁给彩二十疋。神宗问其国种落生齿几何,曰三十余万;壮可用者几何,曰二十万。明年,敕李宪择使聘阿里骨,使谕回鹘令发兵深入夏境。宪以命展直皇甫旦。旦往,不得前而妄奏功状,诏逮旦赴御史狱抵罪。

然回鹘使不常来,宣和中,间因入贡散而之陕西诸州,公为贸易,至留久不归。朝廷虑其习知边事。且往来皆经夏国,于播传非便,乃立法禁之。

　　大食国本波斯之别种。隋大业中,波斯有桀黠者探穴得文石,以为瑞,乃纠合其众,剽略资货,聚徒浸盛,遂自立为王,据有波斯国之西境。唐永徽以后,屡来朝贡。其王盆泥未换之前谓之白衣大食,阿蒲罗拔之后谓之黑衣大食。

　　乾德四年,僧行勤游西域,因赐其王书以招怀之。开宝元年,遣使来朝贡。四年,又贡方物,以其使李诃末为怀化将军,特以金花五色绫纸写官告以赐。是年,本国及占城、门婆又致礼物于李煜,煜不敢受,遣使来上,因诏自今勿以为献。六年,遣使来贡方物。七年,国王诃黎佛又遣使不啰海,九年又遣使蒲希密,皆以方物来贡。

　　太平兴国二年,遣使蒲思那、副使摩诃末、判官蒲啰等贡方物。其从者目深体黑,谓之昆仑奴。诏赐其使袭衣、器币、从者缣帛有差。四年,复有朝贡使至。雍熙元年,国人花茶来献花锦、越诺、拣香、白龙脑、白沙糖、蔷薇水、琉璃器。

　　淳化四年,又遣其副酋长李亚勿来贡。其国舶主蒲希密至南海,以老病不能诣阙,乃以方物附亚勿来献。其表曰:

　　　　大食舶主臣蒲希密上言,众星垂象,回拱于北辰;百谷疏源,委输于东海。属有道之柔远,馨无外以宅心。伏惟皇帝陛下德合二仪,明齐七政,仁宥万国,光被四夷。赓歌洽《击壤》之民,重译走奉珍之贡。臣顾惟殊俗,景慕中区,早倾向日之心,颇郁朝天之愿。

　　　　昨在本国,曾得广州蕃长寄书招谕,令入京贡奉,盛称皇帝圣德,布宽大之泽,诏下广南,宠绥蕃商,阜通远物。臣遂乘海舶,爰率土毛,涉历龙王之宫,瞻望天帝之境,庶遵玄化,以慰宿心。今则虽届五羊之城,犹赊双凤之阙。自念衰老,病不能兴,遐想金门,心目俱断。今遇李亚勿来贡,谨备蕃锦药物附以上献。臣希密凡进象牙五十株,乳香千八百斤,宾铁七百斤,红丝吉贝一段,五色杂花锦四段;白越诺二段,都爹一琉璃瓶,无名异一块，蔷薇水百瓶。

诏赐希密敕书、锦袍、银器、束帛等以答之。

至道元年，其国舶主蒲押陀黎赍蒲希密表来献白龙脑一百两，腽肭脐五十对，龙盐一银合，眼药二十小琉璃瓶，白沙糖三琉璃瓮，千年枣、舶上五味子各六琉璃瓶，舶上褊桃一琉璃瓶，蔷薇水二十琉璃瓶，乳香山子一坐，蕃锦二段，驼毛褥面三段，白越诺三段。引对于崇政殿，译者代奏云："父蒲希密因缘射利，泛舶至广州，迨今五稔未归。母令臣远来寻访，昉至广州见之。具言前岁蒙皇帝圣恩降敕书，赐以法锦袍、紫绫缠头、间涂金银凤瓶一对、绫绢二十疋。今令臣奉章来谢，以方物致贡。"

太宗因问其国，对云："与大秦国相邻，为其统属。今本国所管之民才及数千，有都城介山海间。"又问其山泽所出，对云："惟犀象香药。"问犀象以何法可取，对云："象用象媒诱至，渐以大绳羁縻之耳；犀则使人升大树操弓矢，伺其至射而杀之，其小者不用弓矢可以捕获。"上赐以袭衣、冠带、被褥等物，令阁门宴犒讫，就馆，延留数月遣回；降诏答赐蒲希密黄金，准其所贡之直。三年二月，又与宾同陇国使来朝。

咸平二年，又遣判官文戊至。三年，舶主陀婆离遣使穆吉鼻来贡。吉鼻还，赐陀婆离诏书并器服鞍马。六年，又遣使婆罗钦三摩尼等来贡方物。摩尼等对于崇政殿，持真珠以进，自云离国日诚愿得瞻威颜即献此，乞不给回赐。真宗不欲违其意，俟其还，优加恩赉。

景德元年，又遣使来。时与三佛齐、蒲端国使并在京师，会上元观灯，皆赐钱纵其宴饮。其秋，蕃客蒲加心至。四年，又遣使同占城使来，优加馆饩之礼。许遍至苑囿寺观游览。

大中祥符元年十月，车驾东封，舶主陀婆离上言愿执方物赴泰山，从之。又舶主李亚勿遣使麻勿来献玉圭。并优赐器币、袍带，并赐国主银饰绳床、水罐、器械、旗帜、鞍勒马等。四年祀汾阴，又遣归德将军陀罗离进瓶香、象牙、琥珀、无名异、绣丝、红丝、碧黄绵、细越诺、红驼毛、间金线壁衣、碧白琉璃酒器、蔷薇水、千年枣等。诏令陪位，礼成，并赐冠带服物。五年，广州言大食国人无西忽卢华百三十岁，耳有重轮，貌甚伟异。自言远慕皇化，附古逻国舶船而来。诏就赐锦袍、银带加束帛。

天禧三年，遣使蒲麻勿陀婆离、副使蒲加心等来贡。先是，其入贡路由沙州，涉夏国，抵秦州。乾兴初，赵德朝请道其国中，不许。至天圣元年来贡，恐为西人钞略，乃诏自今取海路縣广州至京师。至和、嘉祐间，四贡方物。最后以其首领蒲沙乙为武宁司阶。

熙宁中，其使辛押陀罗乞统察蕃长司公事，诏广州裁度。又进钱银助修广州城，不许。六年，都蕃首保顺郎将蒲陀婆离慈表令男麻勿奉贡物，乞以自代，而求为将军，诏但授麻勿郎将。其国部属各异名，故有勿巡，有陀婆离，有俞卢和地，有麻啰跋等国，然皆冠以大食。勿巡所贡，又有龙脑、兜罗锦、球锦襖、蕃花簟、陀婆有金饰寿带、连环臂钩、数珠之属。

政和中，横州士曹蔡蒙休押伴其使入都，沿道故滞留，强市其香药不偿直。事闻，诏提点刑狱置狱推治，因诏自今蕃夷入贡，并选承务郎以上清干官押伴，按程而行，无故不得过一日，乞取贾市者论以自盗云。

其国在泉州西北，舟行四十余日至蓝里，次年乘风飘，又六十余日始达其国。地雄壮广袤，民俗侈丽，甲于诸蕃。天气多寒。其王锦衣玉带，蹑金履，朔望冠百宝纯金冠。其居以码碯为柱，绿甘为壁，水晶为瓦，碌石为砖，活石炒灰，帷幕用百花锦，官有丞相、太尉、各领兵马二万余人。马高七飞，士卒骁勇。民居屋宇略与中国同。市肆多金银绫锦。工匠技术。咸精其能。

建炎三年，遣使奉宝玉珠贝入贡。帝谓侍臣曰："大观、宣和间，茶马之政废，故武备不修，致金人乱华，危亡不绝如线。今复捐数十万缗以易无用之珠玉，曷若惜财以养战士？"诏张浚却之，优赐以答远人之意。绍兴元年，复遣使贡文犀、象齿，朝廷亦厚加赐与，而不贪其利。故远人怀之，而贡赋不绝。

　　层檀国在南海傍，城距海二十里。熙宁四年始入贡。海道便风行百六十日，经勿巡、古林、三佛齐国乃至广州。其王名亚美罗亚眉兰，传国五百年，十世矣。人语音如大食。地春冬暖。贵人以越布缠头，服花锦白氎布，出入乘象、马。有奉禄。其法轻罪杖，重罪死。谷有稻、粟、麦，食有鱼，畜有绵羊、山羊、沙牛、水牛、骆驼、马、犀、象，药有木香、血竭、没药、鹏砂、阿魏、薰陆。产真珠、玻璃、密沙华三酒。交易用钱，官自铸，三分其齐，金铜相半，而银居一分，禁民私铸。元丰六年，使保顺郎将层伽尼再至，神宗念其绝远，诏颁赉如故事，仍加赐白金二千两。

　　龟兹本回鹘别种。其国主自称师子王，衣黄衣，宝冠，与宰相九人同治国事，国城有市井而无钱货，以花蕊布博易。有米麦瓜果。西至大食国行六十日，东至夏州九十日。或称西州回鹘，或称西州龟兹，又称龟兹回鹘。

　　自天圣至景祐四年，入贡者五，最后赐以佛经一藏。熙宁四年，使李延庆、曹福入贡。五年，又使卢大明、笃都入贡。绍圣三年，使大首领阿连撒罗等三人以表章及玉佛至洮西。熙河经略使以其罕通使，请令于熙、秦州博买，而估所赍物价答赐遣还，从之。

　　沙州本汉敦煌故地，唐天宝末陷于西戎。大中五年，张义潮以州归顺，诏建沙州为归义军，以义潮为节度使，领河沙甘肃伊西等州观察、营田处置使。义潮入朝，以从子淮深领州事。至朱梁时，张氏之后绝，州人推长史曹义金为帅。义金卒，子元忠嗣。周显德二年来贡，授本军节度、检校太尉、同中书门下平章事，铸印赐之。

　　建隆三年加兼中书令，子延恭为瓜州防御使，兴国五年元忠卒，子延禄遣人来贡。赠元忠敦煌郡王，授延禄本军节度，弟延晟为瓜州刺史，延瑞为衙内都虞候。咸平四年，封延禄延瑞为谯郡王。五年，延禄为从子宗寿所害，宗寿权知留后，而以其弟宗允权知瓜州。

表求旌节，乃授宗寿节度使，宗允检校尚书左仆射、知瓜州，宗寿子贤顺为衙内都指挥使。大中祥符末宗寿卒，授贤顺本军节度，弟延惠为检校刑部尚书、知瓜州。贤顺表乞金字藏经洎茶药金箔，诏赐之。至天圣初，遣使来谢，贡乳香、硇砂、玉团。自景祐至皇祐中，凡七贡方物。

拂菻国东南至灭力沙，北至海，皆四十程。西至海三十程，东自西大食及于阗、回纥、青唐，乃抵中国。历代未尝朝贡。

元丰四年十月，其王灭力伊灵改撒始遣大首领你厮都令厮孟判来献鞍马、刀剑、真珠，言其国地甚寒，土屋无瓦。产金、银、珠、西锦、牛、羊、马、独峰驼、梨、杏、千年枣、巴榄、粟、麦，以蒲萄酿酒。乐有箜篌、壶琴、小筚篥、偏鼓。王服红黄衣，以金线织丝布缠头，岁三月则诣佛寺，坐红床，使人舁之。贵臣如王之服，或青绿、绯白、粉红、褐紫，并缠头跨马。城市田野，皆有首领主之，每岁惟夏秋两得奉，给金、钱、锦、谷、帛，以治事大小为差。刑罚罪轻者杖数十，重者至二百，大罪则盛以毛囊投诸海。不尚斗战，邻国小有争，但以文字来往相诘问，事大亦出兵。铸金银为钱，无穿孔，面凿弥勒佛，背为王名，禁民私造。

元祐六年，其使两至。诏别赐其王帛二百匹、白金瓶、袭衣、金束带。

宋史卷四九一
列传第二五〇

外国七

流求国　定安国　渤海国　日本国
党项

　　流求国在泉州之东,有海岛曰彭湖,烟火相望。其国堑栅三重,
环以流水,植棘为藩,以刀槊弓矢剑鼓为兵器,视月盈亏以纪时。无
他奇货,商贾不通,厥土沃壤,无赋钦,有事则均税。

　　旁有毗舍邪国,语言不通,袒裸盱睢,殆非人类。淳熙间,国之
酋豪尝率数百辈猝至泉之水澳、围头等村,肆行杀掠。喜铁器及匙
箸,人闭户则免,但刓其门圈而去。掷以匙箸则颇拾之,见铁骑则争
刓其甲,骈首就戮而不知悔。临敌用标枪,系绳十余丈为操纵,盖惜
其铁不忍弃也。不驾舟楫,惟缚竹为筏,急则群异之泅水而遁。

　　定安国本马韩之种,为契丹所攻破,其酋帅纠合余众,保于西
鄙,建国改元,自称定安,开宝三年,其国王烈万华因女真遣使入
贡,乃附表贡献方物。太平兴国中,太宗方经营远略,讨击契丹,因
降诏其国,令张掎角之势,其国亦怨寇仇侵侮不已,闻中国用兵北
讨,欲依王师以抒宿愤,得诏大喜。
　　六年冬,会女真遣使来贡,路由本国,乃托其使附表来上云:
　　定安国王臣乌玄明言:伏遇圣主洽天地之恩,抚夷貊之俗,臣

玄明诚喜诚忭，顿首顿首。臣本以高丽旧壤，渤海遗黎，保据方隅，涉历星纪，仰覆露鸿钧之德，被浸渍无外之泽，各得其所，以遂本性。而顷岁契丹恃其强暴，入冠境土，攻破城砦，俘略人民，臣祖考守节不降，与众避地，仅存生聚，以迄于今。而又扶余府昨背契丹，并归本国，灾祸将至，无大于此，所宜受天朝之密画，率胜兵而助讨，必欲报敌，不敢违命，臣玄明诚恳诚愿，顿首顿首。"其末题云："元兴六年十月日，定安国王臣玄明表上圣皇帝前。"

上答以诏书曰："敕定安国王乌玄明。女真使至，得所上表，以朕尝赐手诏谕旨，且陈感激。卿远国豪帅，名王茂绪，奄有马韩之地，介于鲸海之表，强敌吞并，失其故土，沉冤未报，积愤奚伸。刘彼獯戎，尚摇虿毒，出师以薄伐，乘夫天灾之流行，败衅相寻，灭亡可待。今国家已于边郡广屯重兵，只俟严冬，即申天讨。卿若能追念累世之耻，宿戒举国之师，当予伐罪之秋，展尔复仇之志，朔漠底定，爵赏有加，宜思永图，无失良便。而况渤海愿归于朝化，扶余已背于贼庭，励乃宿心，纠其协力，克期同举，必集大勋。尚阻重溟，未遑遣使，倚注之切，鉴寐宁忘。"以诏付女真使，令赍以赐之。

端拱二年，其王子因女真使附献马、雕羽鸣镝。淳化二年，其王子太元女真使上表，其后不复至。

渤海本高丽之别种，唐高宗平高丽，徙其人居中国。则天万岁通天中，契丹攻陷营府，高丽别种大祚荣走保辽东，睿宗以为忽汗州都督，封渤海郡王，因自称渤海国，并有扶余、肃慎等十余国，历唐、梁、后唐、朝贡不绝。

后唐天成初，为契丹阿保机攻扶余城下之，改扶余为东丹府，命其子突欲留兵镇之。阿保机死，渤海王复攻扶余，不能克。历长兴、清泰，遣使朝贡。周显德初，其酋豪崔乌斯等三十人来归，其后隔绝不能通中国。

太平兴国四年，太宗平晋阳，移兵幽州，其酋帅大鸾河率小校李勋等十六人、部族三百骑来降，以鸾河为渤海都指挥使。六年，赐乌舍城浮渝府渤海琰府王诏曰:"朕纂绍丕构,奄有四海,普天之下,罔不率俾,矧太原封域,国之保障,顷因窃据,遂相承袭,倚辽为援,历世逋诛。朕前岁亲提锐旅,尽护诸将,拔并门之孤垒,断匈奴之右臂,眷言吊伐,以苏黔黎。蠢兹北戎,非理构怨,辄肆荐食,犯我封略。一昨出师逆击,斩获甚众。今欲鼓行深入,席卷长驱,焚其龙庭,大残丑类。素闻尔国密迩寇仇,迫于吞并,力不能制,因而服属,困于率割,当灵旗破敌之际,是邻邦雪愤之日,所宜尽出族帐,佐予兵锋。俟其翦灭,沛然封赏,幽蓟土字,复归中原,朔漠之外,悉以相与。勖乃协力,朕不食言。"时将大举征契丹,故降是诏谕旨。

九年春,宴大明殿,因召大鸾河慰抚久之。上谓殿前都校刘延翰曰:"鸾河,渤海豪帅,束身归我,嘉其忠顺。夫夷落之俗,以驰骋为乐,候高秋戒候,当与骏马数十匹,令出郊游猎,以遂其性。"因以缗钱十万并酒赐之。

日本国者,本倭奴国也。自以其国近日所出,故以日本为名;或云恶其旧名改之也。其地东西南北各数千里,西南至海,东北隅隔以大山,山外即毛人国。自后汉始朝贡,历魏、晋、宋、隋皆来贡,唐永徽、显庆、长安、开元、天宝、上元、贞元、元和、开成中,并遣使入朝。

雍熙元年,日本国僧奝然与其徒五六人浮海而至,献铜器十余事,并本国《职员今》、《王年代纪》各一卷。奝然衣绿,自云姓藤原氏,父为真连;真连,其国五品品官也。奝然善隶书,而不通华言,问其风土,但书以对云:"国中有《五经》书及《佛经》、《白居易集》七十卷,并得自中国。土宜五谷而少麦。交易用铜钱,文曰:'乾文大宝'。畜有水牛、驴、羊,多犀、象。产丝蚕,多织绢,薄致可爱。乐有中国、高丽二部。四时寒暑,大类中国。国之东境接海岛,夷人所居,身面皆有毛。东奥州产黄金,西别岛出白银,以为贡赋。国王以王为姓,传袭至今王六十四世,文武僚吏皆世官。"

其《年代纪》所记云:"初主号天御中主。次曰天村云尊,其后皆以'尊'为号。次天八重云尊，次天弥闻尊，次天忍胜尊，次瞻波尊，次万魂尊，次利利魂尊，次国狭槌尊，次角龚魂尊，次汲津丹尊，次面垂见尊，次国常立尊，次天鉴尊，次天万尊，次沫名杵尊，次伊奘诺尊，次素戈乌尊，次天照大神尊，次正哉吾胜速日天押穗耳尊，次天彦尊，次炎尊，次彦瀲尊，凡二十三世，并都于筑紫日向宫。

彦瀲第四子号神武天皇，自筑紫宫入居大和州橿原宫，即位元年甲寅，当周僖王时也。次绥靖天皇，次安宁天皇，次懿德天皇，次孝昭天皇，次孝天皇，次孝灵天皇，次孝元天皇，次开化天皇，次崇神天皇，次垂仁天皇，次景行天皇，次成务天皇。次仲哀天皇，国人言今为镇国香椎大神。次神功天皇，开化天皇之曾孙女，又谓之息长足姬天皇，国人言今为太奈良姬大神。次应神天皇，甲辰岁，始于百济得中国文字，今号八蕃菩萨，有大臣号纪武内，年三百七岁。次仁德天皇，次履中天皇，次反正天皇，次允恭天皇，次安康天皇，次雄略天皇，次清宁天皇，次显宗天皇，次仁贤天皇，次武烈天皇，次继体天皇，次安开天皇，次宣化天皇。次天国排开广庭天皇，亦名钦明天皇，即位十一年，壬申岁始传佛法于百济国，当此土梁承圣元年。

次敏达天皇。次用明天皇，有子曰圣德太子，年三岁，闻十人语，同时解之，七岁悟佛法于菩提寺，讲《圣鬘经》，天雨曼陀罗华。当此土隋开皇中，遣使泛海至中国，求《法华经》。

次崇峻天皇，次推古天皇，钦明天皇之女也。次舒明天皇，次皇极天皇。次孝德天皇，白雉四年，律师道照求法至中国，从三藏僧玄奘受经、律、论，当此土唐永徽四年也。次天丰财重日足姬天皇，令僧智通等入唐求大乘法相教，当显庆三年。次天智天皇，次天武天皇，次持总天皇。次文武天皇，大宝三年，当长安元年，遣粟田真人入唐求书籍，律师道慈求经。次阿闭天皇，次畈依天皇。次圣武天皇，宝龟二年，遣僧正玄昉入朝，当开元四年，次孝明天皇，圣武天皇之女也，天平胜宝四平，当天宝中，遣使及僧入唐求内外经教及传戒。次天炊天皇。次高野姬天皇，圣武天皇之女也。次白璧天皇，二十四年,遣二僧灵仙、行贺入唐,礼五台山学佛法。次桓武天皇,遣腾元葛野与空海大师及延历寺僧澄入唐,诣天台山传智者止观义,当元和元年也。次诺乐天皇,次嵯峨天皇,次淳和天皇。次仁明天皇,当开成、会昌中,遣僧入唐,礼五台。次文德天皇,当大中年间。次清和天皇,次阳成天皇。次光孝天皇,遣僧宗睿入唐传教,当光启元年也。

次仁和天皇,当此土梁龙德中,遣僧宽建等入朝。次醍醐天皇,次天庆天皇。次封上天皇,当此土周广顺年也。次冷泉天皇,今为太上天皇。次守平天皇,即今王也。凡六十四世。

畿内有山城、大和、河内、和泉、摄津凡五州,共统五十三郡。东海道有伊贺、伊势、志摩、尾张、参河、远江、骏河、伊豆、甲斐、相模、武藏、安房、上总、常陆凡十四州,共统一百一十六郡。东山道有通江、美浓、飞弹、信浓、上野、下野、陆奥、出羽凡八州,共统一百二十郡。北陆道有若狭、越前、加贺、能登、越中、越后、左渡凡七州,共统三十郡。山阴道有丹波、丹彼、徂马、因幡、伯耆、出云、石见、隐伎凡八州,共统五十二郡。小阳道有播么、美作、备前、备中、备后、安艺、周防、长门凡八州,共统六十九郡。南海道有伊纪、淡路、河波、谗耆、伊豫、士佐凡六州,共统四十八郡。西海道有筑前、筑后、丰前、丰后、肥前、肥后、日向、大隅、萨摩凡九州,共统九十三郡。又有壹伎、对马、多褛凡三岛,各统二郡。是谓五畿、七道、三岛,凡三千七百七十二都,四百一十四驿,八十八万三千三百二十九课丁。课丁之外,不可详见。皆奝然所记云。

按隋开皇二十年,倭王姓阿每,名自多利思比孤,遣使致书,唐永徽五年,遣使献琥珀、马脑。长安二年,遣其朝臣真人贡方物。开元初,遣使来朝。天宝十二年,又遣使来贡。元和元年,遣高阶真人来贡。开成四年,又遣使来贡。此与其所记皆同。大中、光启、龙德及周广顺中,皆尝遣僧至中国,《唐书》中、《五代史》失其传。唐咸亨中及开元二十三年、大历十二年、建中元年,皆来朝贡,其记不载。

太宗召见奝然,存抚之甚厚,赐紫衣,馆于太平兴国寺。上闻其国王一姓传继，臣下皆世官，因叹息谓宰相曰："此岛夷耳，乃世祚遐久，其臣亦继袭不绝，此盖古之道也。中国自唐季之乱，宇县分裂，梁周五代享历尤促，大臣世胄，鲜能嗣续。朕虽德惭往圣，常夙夜寅畏，讲求治本，不敢暇逸。建无穷之业，垂可久之范，亦以为子孙之计，使大臣之后世袭禄位，此朕之心焉。"

其国多有中国典籍，奝然之来，复得《孝经》一卷，越王《孝经新义》第十五一卷，皆金缕红罗标，水晶为轴。《孝经》即郑氏注者。越王者，乃唐太宗子越王贞；《新义》者，记室参军任希古等撰也。奝然复求诣五台，许之，令所过续食；又求印本《大藏经》，诏亦给之。二年，随台州宁海县商人郑仁德船归其国。

后数年，仁德还，奝然遣其弟子喜因奉表来谢曰："日本国东大寺大朝法济大师、赐紫、沙门奝然启：伤鳞入梦，不忘汉主之恩；枯骨合欢，犹亢魏氏之敌。虽云羊僧之拙，谁忍鸿儒之诚。奝然诚惶诚恐，顿首顿首，死罪。奝然附商船之离岸，期魏阙于生涯，望落日而西行，十万里之波涛难尽，顾信风而东别，数千里之山岳易过。妄以下根之卑，适诣中华之盛。于是，宣旨频降，恣许荒外之跋涉；宿心克协，粗观宇内之瑰奇。况乎金阙晓后，望尧云于九禁之中，岩扃晴前，拜圣灯于五台之上。就三藏而禀学，巡数寺而优游。遂使莲华回文，神笔出于北阙之北，贝叶印字，佛诏传于东海之东。重蒙宣恩，忽趁来迹。季夏解台州之缆，孟秋达本国之郊，爰逮明春，初到旧邑，缁素欣待，侯伯慕迎。伏惟陛下惠溢四溟，恩高五岳，世超黄、轩之古，人直金轮之新。奝然空辞凤凰之窟，更还蝼蚁之封，在彼在斯，只仰皇德之盛，越山越海，敢忘帝念之深，纵粉百年之身，何报一日之惠。染笔拭泪，伸纸摇魂，不胜慕恩之至。谨差上足弟子传灯大法师位嘉因、并大朝剃头受戒僧祚乾等拜表以闻。"称其本国永延二年岁次戊子二月八日，实端拱元年也。

又别启，贡佛经，纳青木函；琥珀、青红白水晶、红黑木槵子念珠各一连，并纳螺细花形平函；毛笼一，纳螺钿二口；葛笼一，纳法螺二口，染皮二十枚；金银莳绘筥一合，纳发鬘二头，又一合，纳参议正四位上藤佐理手书二卷、及进奉物数一卷、表状一卷；又金银莳绘砚一笪一合，纳金砚一、鹿毛笔、松烟墨、金铜水瓶、铁刀；又金银莳绘扇笪一合，纳桧扇二十枚、蝙蝠扇二枚；螺钿梳函一对，其一纳赤木梳二百七十，其一纳龙骨十橛；螺钿书案一、螺钿书几一；金银莳绘平笪一合，纳白细布五匹；鹿皮笼一，纳貂裘一领；螺钿鞍辔一副，铜铁镫、红丝鞦、泥障；倭画屏风一双；石流黄七百斤。

咸平五年，建州海贾周世昌遭风飘至日本，凡七年得还，与其国人滕木吉至，上皆召见之。世昌以其国人唱和诗来上，词甚雕刻肤浅无所取。询其风俗，云妇人皆被发，一衣用二三缣。又陈所记州名年号。上令滕木吉以所持木弓挽射，矢不能远，诘其故，国中不习战斗。赐木吉时装钱遣还。景德元年，其国僧寂照等八人来朝，寂照不晓华言，而识文字，缮写甚妙，凡问答并以笔札。诏号圆通大师，赐紫方袍。天圣四年十二月，明州言日本国太宰府遣人贡方物，而不持本国表，诏却之。其后亦未通朝贡，南贾时有传其物货至中国者。

熙宁五年，有僧诚寻至台州，止天台国清寺，愿留。州以闻，诏使赴阙。诚寻献银香炉，木槵子、白琉璃、五香、水精、紫檀、琥珀所饰念珠，及青色织物绫。神宗以其远人而有戒业，处之开宝寺，尽赐同来僧紫方袍。是后连贡方物，而来者皆僧也。元丰元年，使通事僧仲回来，赐号慕化怀德大师。明州又言得其国太宰府牒，因使人孙忠还，遣仲回等贡绢二百匹、水银五千两，以孙忠乃海商，而贡礼与诸国异，请自移牒报，而答其物直，付仲回东归，从之。

乾道九年，始附明州纲首以方物入贡。淳熙二年，倭船火儿滕太明殴郑作死，诏械太明付其纲首归，治以其国之法。三年，风泊日本舟至明州，众皆不得食，行乞至临安府者复百余人。诏人日给钱五十文、米二升，俟其国舟至日遣归。十年，日本七十三人复飘至秀州华亭县，给常平义仓钱米以振之。绍熙四年，泰州及秀州华亭县复有倭人为风所泊而至者，诏勿取其货，出常平米振给而遣之。庆元六年至平江府，嘉泰二年至定海县，诏并给钱米遣归国。

　　党项，古析支之地，汉西羌之别种。后周世始强盛，有细风氏、费听氏、往利氏、颇超氏、野乱氏、房当氏、来禽氏、拓拔氏最为强族。唐贞观至上元间内附，散居西北边，元和以后，颇相率为盗。会昌初，武宗置三使以统之；在邠、宁、延者为一使，在盐、夏、长泽者为一使，在灵武、麟、胜者为一使。五代亦尝入贡，今灵、夏、绥、麟、府、环、庆、丰州，镇戎、天德并振武军并其族帐。

　　太祖建隆二年，代州刺史折乜埋来朝。乜埋，党项之大姓，世居河右，有捍边之功，故授以方州，召令入觐而遣还。

　　开宝元年，直荡族首领啜怗等引并人寇府州，为王师所败，诏内属羌部十六府大首领屈遇与十二府首领罗�领所部诛啜怗，啜怗惧，以其族归顺。以屈遇为检校太保、归德将军，罗崖、啜怗并为检校司徒、怀化将军。

　　太平兴国二年二月，灵州部送岁市官马，赂所过族帐物粗恶，羌人恚不受，知州、比部郎中张全操捕得十八人杀之，没入其兵仗羊马，戎人遂扰。上遣使赍金帛抚赐其族，与之盟，始定。召全操下有司鞫之，决杖流登州沙门岛。是岁，灵州通远军界嗓咩族、折四族、吐蕃村族、奈喝三家族、尾落族、奈家族、嗓泥族剽略官纲，诏灵州安守忠、通远军董遵诲讨平之。六年，府州外浪族首领来都等来贡马。七年，丰州，大首领黄罗并弟乞蚌等来贡马。又银州羌部拓跋遇来诉本州赋役苛虐，乞移居内地，诏令各守族帐。又保细族结集扇动诸部，夏州巡检使梁回率兵讨平之。

　　雍熙初，诸族渠帅附李继迁为寇，诏判四方馆事田仁朗及阁门使王侁等相继领兵讨击，并赐麟、府、银、夏、丰州及日利、月利族敕书招谕之。

　　二年四月，侁等于银州北破悉利诸族，斩首三千六百余级，生擒八十人，俘老小一千四百余口，器甲一百八十六，枭伪署代州刺史折罗遇并弟埋乞，获马牛羊三万计。五月，又于开光谷西杏子平破保寺、保香族，追奔二十余里，斩首八百余级，枭其首领埋乜已等五十七人，生擒四十九人，俘其老小三百余人，获牛羊马驴凡四千余计，又破保、洗两族，俘三千人，降五十五族，获牛羊八千计。

优等又言，麟州及三族砦羌人二千余户皆降，酋长折御乜等六十四人献马首罪，愿改图自效，为国讨贼，遂与部下兵入浊轮川，斩贼首五十级、酋豪二十人，李继迁及三族砦监押折御乜皆遁去。旋命内客省使郭守文自三交乘驿亟往，与王优等同领边事。五月，王优、李继隆等又破银州右子平东北山谷内没邸、浪悉讹等族，及浊轮川东、兔头川西诸族，生擒七十八人，枭五十九人，俘二百三十六口，牛羊驴马千二百六十，招降千四百五十二户。

六月，夏州尹宪等引兵至监城，吴移、越移等四族来降，宪等抚之。岌伽罗腻十四族拒命，宪等纵兵斩首千余级，俘擒百人，焚千余帐，获马牛羊七千计。又降银麟夏等州、三族砦诸部一百二十五族，合万六千一百八十九户。酋豪折御乜穷蹙来归，守文置之部下。又夏州咩鬼族魔病人乜崖在南山族结党为寇，招怀不至，擒斩之。枭首徇众，并灭其族。又府州女乜族首领来母崖男社正等内附，因迁居著乜族中。

七月，赐宥州界咩兀十族首领、都指挥使遇乜布等九人敕书，以安抚之。十一月，以勒浪族十六府大首领屈遇、名波族十二府大首领浪买当丰州路最为忠顺，及兀泥三族首领佶移等、女女四族首领杀越都等归化，并赐敕书抚之。

端拱元年三月，火山军言河西羌部直荡族内附。三年四月，夏州赵保忠言："臣准诏市马，已获三百匹，其宥州御泥布、啰树等二族党附继迁，不肯卖马，臣遂领兵掩杀二百余人，擒百余人，其族即降，各已安抚。"诏书奖谕之。十月，继迁寇会州熟仓族，为其首领咩嘥嗦率来离诸族击走之。

淳化元年，藏才三族都判啜尾卒，其子啜香来请命，乃令代其父。二年七月，以黄乜族降户七百余散于银、夏州旧地处之。八月，李继迁居王庭镇，赵保忠往袭之，继迁奔铁斤泽，貌奴、猥才二族夺其牛畜二万余。十一月，继迁寇熟仓族，刺史咩嘥嗦率来离诸族击退之。先是，兀泥大首领泥中佶移内附，诏授慎州节度，俄复归继迁，其长子突厥罗与首领黄罗至是以千余帐降，府州折御卿以闻，降诏慰谕之。赵保忠又袭破宥州御泥布、罗树二族，寻各降之，以其朋附继迁，来上。

四年三月，直荡族大首领啜尾、子河汉大首领马一并来贡，诏以啜尾叔罗买为本族都监，又啜尾下首领十人、马一下首领十二人皆赐锦袍、银带、器币，是年，郑文宝献议禁青盐，羌族四十四首领盟于杨家族，引兵骑万三千余人入寇环州石昌镇，知环州程德玄等击走之，因诏屯田员外郎、知制诰钱若水驰驿诣边，弛其盐禁，由是部族宁息。十二月，盐州羌人酋长巢延渭为本州刺史。是年，藏才西族大首领罗妹来贡。

五年正月，以绥州羌酋苏移、山海啵、母驮香三人并为怀化将军，野利、鬼名乜屈、啜泥三人并为归德郎将。四月，府州折御卿言：银、夏州管勾生户八千帐族悉来归附，录其马牛羊万计。邈二族大首领崖罗、藏才东族首领岁啰啜克各遣其子弟朝贡。六月，继迁所驱胁内属戎人橐驼路熟藏族首领乜遇率部族反攻继迁，其弟力战而死，既败继迁之众，复来归附。以遇为检校司空，领会州刺史。是年，兀泥族首领黄罗内附，以怀化将军，领昭州刺史。

至道元年四月，以勒浪鬼女儿门十六府大首领马尾为等内附，以马尾归德大将军、领恩州刺史，勒浪树李儿门首领没崖为安化郎将，副首领遇兀为保顺郎将。六月，赐庆州界首领顺州刺史李奉明、澄州刺李彦咩、盐州刺史巢延渭、演州刺史李顺忠、环州界首领会州刺史乜遇及灵州界并河外保安、保靖、临河、怀远、定远五镇等部敕书慰抚之。七月，睡泥族首领你乜逋令男诣灵州，言族内七百余帐为李继迁劫略，首领啤逋一族奔往萧关，你乜逋一族乞赐救助，诏赐以资粮。环州熟仓族乩遇略夺继迁牛马三十余，继迁令人招抚之，乩遇答云：“吾一心向汉，誓死不移。”诏以遇为会州刺史，赐帛五十匹、茶五十斤。

二年三月，以府州界五族大首领折突厥移为安远大将军，父死来请命也。六月，勒浪族副首领遇兀等百九十三人归附，贡马七匹。遇兀旧隶契丹，淳化初，迁族帐于府州界，东至河百五十里，南至府州三百里，至是，始朝贡。上召问慰劳，赐锦袍银带。遇兀言部族多良马，今始来朝，所贡未备。上曰："吾嘉尔忠顺之节，慕化来归，固不以多马为意也。"

七月，李继隆出讨继迁，赐麟府州兀泥巾族大首领突厥罗、女女杀族大首领越都、女女梦勒族大首领越移、女女忙族大首领越置、女女杀族大首领党移、没儿族大首领莫末移、路乜族大首领越移、细乜族大首领庆元、路才族大首领罗保、细母族大首领罗保保乜凡十族敕书招怀之。闰七月，怀安镇羌诱诸族寇庆州，监军赵继升率师击败之。斩首三百级，获羊马千计。

三年二月，泥巾族大首领名悉俄，首领皆移、尹遇、崔保罗、没佶、凡五人来贡马。名悉俄等旧皆内属，因李继迁之叛，徙居河北，今复来贡。

咸平元年三月，熟仓族乩遇来朝，真宗嘉其诚节，亲见抚劳，赐以器币。十月，兀泥族大首领、昭州刺史黄罗对于崇德殿。兀泥族在青冈岭、三角城、龙马川，领族帐千五百户，初隶继迁，俄投府州，淳化中数败契丹，及与继迁相攻击。及继迁内附，黄罗惧，北徙过黄河。今还旧地，遂入贡，且言继迁既受朝命，不敢侵伐。上面加奖慰，赐赉甚厚。十二月，诏直荡族大首领鬼啜尾于金家堡置渡，令诸族互市。

二年正月，以咩逋族开道使泥埋领费州刺史。十月，以勒浪族十六府大首领、归德大将军、恩州刺史马泥领本州团练使。十一月，藏才八族大首领皆赏罗等来献名马。四年七月，以会州刺史扎遇为保顺郎将，苏家族屈尾、鼻家族都庆、白马族埋香、韦移族都香为安化郎将。九月，环州言，继迁所掠羌族鬼逋等徙帐来归，又继迁诸羌族明叶示及扑咩、讹猪等首领率属内附，并令给善地处之。其年，卑宁族首领喝邻半祝贡名马，自称有精骑三万，愿备驱策。有诏慰奖，厚偿其直。

五年，咩逋族开道使、费州刺史泥埋遣子城逋入贡，上嘉泥埋数与继迁战斗有劳，授锦州团练使，以其族弟屈子为怀化将军充本族指挥使，城逋为归德将军充本族都巡检使，余首领署军主以下名识者凡十数人。又以黑山北庄郎族龙移为安远大将军，昧克为怀化将军。八月，河西教练使李荣等向化。其年，羌寇抄金明县，李继周击走之。

十月，诏河西戎人归投者迁内地，给以闲田。时勒厥麻等三族千五百帐以浊轮砦失守，越河内属，分处边境。边臣屡言勒厥麻往来贼中，恐复叛去，乃徙置宪州楼烦县，遣使赐金帛抚慰。十二月，咩逋族遣使来贡。上闻贺兰山有小凉、大凉族甚盛，常恐与继迁合势为患，近知互有疑隙，辄相攻掠，朝廷欲遂抚之，乃召问咩逋使者，因其还特诏赐之，以激其立效。

上又谓枢密使王继英等曰："边臣言迁贼举兵，屡为龙移、昧克所败。此族在黄河北数万帐，或号庄郎昧克，常以马附藏才入贡，颇勤外御。"六年，遂降诏奖慰之。二月，叶市族啰埋等持继迁伪署牒率百余帐来归，以啰埋为本族指挥使，啰胡为军使。邠宁部署言牛羊、苏家等族杀继迁族帐有功，上曰："此族恃远与险，久为贼援，屡遣边吏招谕，近闻有志内附，尚疑其诈，果能格斗立效。"诏厚赐首领等茶彩以奖激之。泾原部署言，者龙移卑陵山首领厮敦琶遣使称已集本族骑兵，愿随军讨贼。

三月，以咩逋族首领泥埋领鄜州防御使，充灵州河外五镇都巡检使。时潘罗支已授河西节制，上以泥埋实与罗支掎角捍贼，故加恩宠。是月，绥州羌部军使拽白等百九十五口内属。原州熟户裴天下等请率族兵掩击迁党移湖等帐，来求策应，部署司不报。上以戎人宣力御贼，不应沮之，即诏谕诸路以精甲策应。环州酋长苏尚娘击贼有劳，及屡告贼中机事，以为临州刺史，赐锦袍银带。环庆部署张凝言："内属戎人与贼界错居，屡为胁诱，臣领兵离木波镇直凑八州原下砦，招降岑移等三十二族，又至分水岭降麻谋等二十一族，柔远镇降巢迷等二十族，遂抵业乐，降伏树罗家等一百族，合四千八十户,第给袍带物彩,慰遣还帐。"

四月,继迁寇洪德砦,酋长庆香与虬伙庆族合势击之,以砦兵策援,大败继迁,擒四十九人,坠崖死者甚众,获马七十余匹,旗鼓铠甲数百计。上考阵图以问入奏使,使者言砦兵拒贼千余步,庆香亲率部族与贼接战,上曰:"庆香等假王师为援,而交锋俘获,乃其功也。"悉与所获物,加赐银彩,以庆香领顺州刺史,虬伙庆领罗州刺史。河西内属折勒厥麻等三族请以精兵千人、马三百备征讨,诏兰州抚谕。环州白马族与继迁战斗,屡徙帐乏食,赐廪粟。又诏洪德砦归附戎人,给内地土田,资以口粮。

五月,唐龙镇上言:镇有贸易于府州者,为州人邀杀,尽夺资畜,乃诏州自今许令互市,切加存抚。六月,瓦窑、没剂、如罗、昧克等族济河击败继迁党,优诏抚问。七月,补野狸族首领子阿宜怀为安将军。八月,原、渭等州言本界戎人来附者八部二十五族,今诣吏纳质。以环州苏尚娘子辇娘为临州刺史。府州八族都校明义等言,屡于麟州屈野川击继迁,及缘边六七栅防遏,皆有克获。诏奖赍之,仍令府州常以劲兵授助,勿失机便。

景德元年正月,麟府路言:"附契丹戎认泥族族拔黄太尉率三百余帐内属。拔黄本大族,居黄河北古丰州,前数犯边,阻市马之路。其首领容貌甚伟,有智勇,杰点难制,契丹结之,署为太尉,今悉众款塞。"诏府州厚赐茶彩,给公田,依险居之,计口赋粟,且戒唐龙镇无得侵扰。三月,宋师恭破羌贼于柳谷川,驱其帐族千余人以还。六月,洪德砦言羌俗罗泥天王等首领率属来附。八月,野鸡族侵掠环庆界,诏边臣和断,如其不从,则胁以兵威。九月,镇戎军言,先叛去熟魏族酋长茄罗、兀赃、成王等三族应诏抚谕,各率属来归。

二年,熟户旺家族击夏兵,擒军主一人以献。环州言:"戎人入寇,击走之,擒酋将庆伙送阙下,请斩于藁街。"上特贳死,配淮南。原州野狸族首领厮多遇丹卒,其子阿酌代为首领,且乞奉料。诏谕以立功则赐之。

三年,府州折惟昌言兀泥族大首领名崖从父盛佶,为赵德明白池军主,密遣使谕名崖云,德明难外托修贡之名,而点阅兵马尤急,必恐劫掠山界,名崖以告。上嘉之,降诏抚谕,就赐锦袍银带。九月,秦州言野儿和尚族部落尤大,能禀朝命,凡诸族为寇盗者辄遏绝之,请加旌别,诏补三砦都首领。十一月,镇戎军曹玮言叛去酋长苏尚娘复求归附。诏报玮曰:"尚娘反覆无信,特恐狙诈,以误边吏,又使德明缘此为词,不可纳也。"

四年,唐龙镇羌族来美与其叔璘不叶,召契丹破之,来依府州。璘、美非大族,尝持两端,顷亦寇钞近界,发兵趣之,则走河之东曰东壖,契丹加兵,则入河之西曰西壖,地极险阻,介卒骑兵所不能及。至是,上亦悯其穷而款塞,特优容之。会契丹使至,即令谕其事,仍还所掠璘、美人畜。其族人怀正又与璘互相仇劫,侧近帐族不宁,诏遣使召而盟之,依本俗法和断。

大中祥符元年,鄜延钤辖言,小湖卧浪族军主最处近塞,往时出师皆命为前锋,甚著诚节。诏补侍禁。二年六月,麟府钤辖言杜庆族依援唐龙镇,数侵别帐,请发熟户兵击之。上曰:"戎落皆吾民也。宜以道抚之。"不许,其年,兀泥族大首领名崖同府州折惟昌入贡,上亲加抚问,特诏副都知张继能赐射于琼林苑。四年,藏才西族、中族首领奴移、横全等并遣子来朝。五年,环庆熟户有酗酒劫夺使臣马缨者,上怒,令部署司重罚之。

六年,北界克山军主率众过大里河侵熟户,为罗勒族都罗击走之,诏以都罗为本族指挥使,且谕边臣约饬族帐,谨守疆界,勿出境追袭。九日,夏州略去熟户旺家族首领都子等来归,随而至者又三族,遣使存劳之。

七年,泾原钤辖曹玮请署熟户百帐以上大首领为大族军主,次指挥使,又次副指挥使,百帐而下为本族指挥使,从之。五月,玮言叶市首领艳奴归顺。七月,玮又言北界万子族谋钞略,发兵逆之,大败于天麻川,又为魏埋等族掩击,杀其酋帅,斩首千余级。八年,北界酋长、指挥使浪梅娘等来投,谕边臣令追取熟户亡入北界者,即遣还梅娘。

九年，羌兵寇小力族，巡检李文贞率兵奋击，追斩籍遇太保首级，赐文贞锦袍银带。五月，北界毛尸族军主浪埋、骨咩族酋长乩唱、巢迷族酋长冯移埋率其属千一百九十口、牛马杂畜千八百归附，降诏抚之。

天禧元年，环州言北界骑兵数千来剽熟户，击走之。二年，泾原路言樊家族九门都首领客厮铎内属，以厮铎为军主。三年，鄜延路言亡去熟户委乞等六百九十五人，及骨咩、大门等族来归。四年正月，又言宥州羌族腊儿率众劫熟户咩魏族，金明都监李士彬击之，斩腊儿，枭七十二级，俘余众，获甲马三百余。五月，小湖族都虞候喏嵬、巡硖胡怀节等击贼有功，并进秩。环州七臼族军主近腻纳质归化，以近腻领顺州刺史，首领惹都等十五人补官有差。七月，扑咩族马讹等率属来附。十月，以淮安镇六族都军主乞埋为三班借职，充羌部巡检。五年，北界罗骨等劫剽熟户，环度部署田敏追击之，俘获甚众，诏奖敏等，赐器币。

宋史卷四九二
列传第二五一

外国八

吐蕃　唃厮啰　董毡　阿里骨　瞎征　赵思忠

　　吐蕃本汉西羌之地，其种落莫知所出。或云南凉秃发利鹿孤之后，其子孙以秃发为国号，语讹故谓之吐蕃，唐贞观后，常来朝贡。至德后，因安、史之乱，遂陷河西、陇右之地。大中三年，其国宰相论恐热以秦、原、安乐及石门等七关来归。四年，又克成、维、扶三州。五年，其国沙州刺史张义潮以瓜、沙、伊、肃十一州之地来献。唐末，瓜、沙之地复为所隔。然而其国亦自衰弱，族种分散，大者数千家，小者百十家，无复统一矣。自仪、渭、泾、原、环、庆及镇戎、秦州暨于灵、夏皆有之，各有首领，内属者谓之熟户，余谓之生户。凉州虽为所隔，然其地自置牧守，或请命于中朝。

　　天成中，权知西凉府留后孙超遣大将拓拔承诲来贡，明宗召见，承诲云："凉州东距灵武千里，西北至甘州五百里。旧有郓人二千五百为戍兵，及黄巢之乱，遂为阻绝。超及城中汉户百余，皆戍兵之子孙也。其城今方幅数里，中有县令、判官、都押衙、都知、兵马使，衣服言语略如汉人。"即授超凉州刺史，充河西军节度留后。乾祐初，超卒，州人推其土人折逋嘉施权知留后，遣使来贡，即以嘉施代超为留后。

　　凉州郭外数千里，尚有汉民陷没者耕作，余皆吐蕃。其州帅稍失民情，则众皆啸聚，城内有七级木浮图，其帅急登之，绐其众曰："尔若迫我，我即自焚于此矣。"众惜浮图，乃盟而舍之。周广顺三年，始以申师厚为河西节度，师厚初至凉州，奏请授吐蕃首领折逋支等官，并从之。显德中，师厚为其所迫，擅还朝，坐贬。凉州亦不复命帅。

建隆二年，灵武五部以骆驼良马致贡，来离等八族酋长越嵬等护送入界，敕书奖谕。秦州首领尚波干伤杀采造务卒，知州高防捕击其党四十七人，以状闻。上乃以吴廷祚为雄武军节度代防军辑之，令廷祚赍敕书赐尚波干等曰："朝廷制置边防，抚宁部落，务令安集，岂有侵渔？暴者秦州设置三砦，止以采取材木，供亿京师，虽在蕃汉之交，不妨牧放之利。汝等占据木植，伤杀军人。近得高防奏汝等见已拘执，听候进止。朕以汝等久输顺忠，必悔前非，特示怀柔，各从宽宥。已令吴廷祚往伸安抚及还旧地。所宜共体恩旨，各归本族。"仍以锦袍银带赐之，尚波干等感悦。是年秋，乃献伏羌地。

乾德四年，知西凉府折逋葛支上言："有回鹘二百余人，汉僧六十余人自朔方路来，为部落劫略，僧云欲往天竺取经，并送达甘州讫。"诏褒答之。五年，首领闾逋哥、督廷、督南、割野、麻里六人来贡马。开宝六年，凉州令步奏官僧耆毡声、通胜拉蠲二人求通道于泾州以申朝贡，诏泾州令牙将至凉州慰抚之。八年，秦州大石、小石族寇土门，略居民，知州张炳击走之。

太平兴国二年，秦州安家族寇长山，巡检使韦韬击走之。三年，秦州诸族数来寇略三阳、麻穰、弓门等砦，监军巡检使周承瑶、任德明、耿仁恩等会兵击败之，斩首数十级，腰斩不用命卒九人于境上。太宗乃诏曰："秦州内属三族等顷慕华风，聿求内附，俾之安辑，咸遂底宁。近闻乘蕃育之资，稔寇攘之志，敢忘大惠，来挠边疆。岂朕信之未孚，而吏抚之不至，并蠲峥咎，特示威怀。今后或更剽掠，吏即捕治，置之于法，不须以闻。"是年，又寇八狼砦，巡检刘崇让击败之，枭其帅王泥猪首以徇。三月，小遇族寇庆州，知州慕容德丰击走之。八年，诸种以马来献，太宗召其酋长对于崇政殿，厚加慰抚，赐以束帛，因谓宰相曰："吐蕃言语不通，衣服异制，朕常以禽兽畜之。
自唐室以来，颇为边患。以国家兵力雄盛，聊举偏帅，便可驱逐数千
里外。但念其种类蕃息，安土重迁，倘因攘除，必致杀戮，所以置于
度外，存而勿论也。"九年秋，秦州言蕃部以羊马来献，各已宴犒，欲
用茶绢答其直。诏从之。

　　淳化元年，秦州大、小马家族献地内附。二年，权知西凉州、左
厢押蕃落副使折逋阿喻丹来贡。先是，殿直丁惟清往凉州市马，惟
清至而境大丰稔，因为其所留。灵州命蕃落军使崔仁遇往迎惟清。
又吐蕃卖马还过灵州，为党项所略，表诉其事，因请留惟清至来年
同入朝。诏答之。四年，阿喻丹死，以其弟喻龙波为保顺郎将代其
任。五年，折平族大首领、护远州铸督延巴率六谷诸族马千余匹来
贡，既辞，复挝登闻鼓，言仪州八族首领逋波鹆等侵夺地土。上降敕
书告谕之。知秦州温仲舒上言，每岁伐木，金为蕃族攘夺，今已驱其
部落于渭北。太宗虑生边患，乃以知凤翔薛惟吉对易其任，语见《惟
吉传》。是年春，知西凉府左厢押蕃落副使折逋喻龙波、振武军都罗
族大首领并来贡马。

　　至道元年，凉州蕃部当尊以良马来贡，引对慰抚，加赐当尊虎
皮一，欢呼致谢。二年四月，折平族首领握散上言，部落为李继迁所
侵，愿会兵灵州以备讨击，赐币以答之。七月，西凉府押蕃落副使折
逋喻龙波上言，蕃部频为继迁侵略，乃与吐蕃都部署没嗘拽于会六
谷蕃众来朝，且献名马。上厚赐之，是岁，凉州复来请帅，诏以丁惟
清知州事，赐以牌印。

　　咸平元年十一月，河西军左厢副使、归德将军折逋游龙钵来
朝。游龙钵四世受朝命为酋，虽贡方物，未尝自行，今始至，献马二
千余匹。河西军即古凉州，东至故原州千五百里，南至雪山、吐谷
浑、兰州界三百五十里，西至甘州同城界六百里，北至部落三百里。
周回平川二千里。旧领姑臧、神乌、蕃禾、昌松、嘉麟五县，户二万五
千六百九十三，口十二万八千一百九十三。今有汉民三百户。城周
回十五里，如凤形，相传李轨旧治也。皆龙钵自述云。诏以龙钵为

安远大将军。

　　二年，以仪州延蒙八部都首领渴哥领化州刺史，首领透逋等为怀化郎将。四年，知镇戎军李继和言，西凉府六谷都首领潘罗支愿戮力讨继迁，请授以刺史，仍给廪禄。经略使张齐贤又请封六谷王兼招讨使。上以问宰相，皆曰："罗支已为酋帅，授刺史太轻；未领节制，加王爵非顺；招讨使号不可假外夷。"乃以为盐州防御使兼灵州西面都巡检使。时西凉使来，且言六谷分左右厢，左厢副使折逋游龙钵实参罗支戎事。朝廷方务绥怀，又以龙钵领宥州刺史，六族首领褚下箕等三人为怀化将军。其年，潘罗支遣部下李万山率兵讨贼，贻书继和请师期。先是，遣宋沆、梅询等为安抚使副，未行，上谓宰相曰："朕看《盟会图》，颇记吐蕃反覆狼子野心之事，今已议王超等领甲马援灵州，若难为追袭，即灵州便可制置，沆等不须遣，止走一使以会兵告之。"

　　五年十月，罗支又言，贼迁送铁箭诱臣部族，已戮一人、絷一人，听朝旨。诏褒谕之，听自处置。十一月，使来，贡马五千匹。诏厚给马价别赐彩百段、茶百斤。六年，又遣咩逋族蕃官成逋驰骑至镇戎军，请会兵讨贼。边臣疑成逋诈，护送部署司，成逋惧，逸马坠崖死。上闻，甚叹息之，曰："此泥埋之子，族人畏其勇，父子皆有战功，凡再诣阙，朕皆召见，奖其向化。"诏勒镇戎官吏，仍令渭州以礼葬之。其年，原、渭蕃部三十二族纳质来归。罗支又遣蕃官吴福圣腊来贡，表言感朝廷恩信，愤继迁倔强，已集骑兵六万，乞会王师收复灵州。乃以罗支为朔方军节度、灵州西面都巡检使，赐以铠甲器币。又以吴福圣腊为安远将军，次首领元佐等七人为怀化将军。罗支屡请王师助击贼，议者以西凉去渭州限河路远，不可预约师期。上曰："继迁常在地斤三山之东，每来寇边，及官军出，则已遁去。使六谷部族近塞捍御，与官军合势，亦国家之利。"降诏许之。六月，知渭州曹玮言陇山西延家族首领秃逋等纳马立誓，乞随王师讨贼，以汉法治蕃部，且称其忠。诏授本族军主。八月，者龙族首领来贡名马，上嘉其尝与潘罗支协力抗贼，令复优待之。其年十一月，继迁攻西蕃，遂入西凉府，知州丁惟清陷没。罗支伪降，未几，集六谷诸豪及者龙族合击继迁。继迁大败，中流矢遁死。

景德元年二月，遣其甥厮陁来献捷。六月，又遣其兄邦逋支入奏，且欲更率部族及回鹘精兵直抵贺兰山讨除残孽，愿发大军援助。诏泾原部署陈兴等候罗支已发，即率众鼓行赴石门策应。邦逋支又言前赐罗支牌印、官告、衣服、器械为贼劫掠，有诏别给罗支；又言修洪元大云寺，诏赐金箔物彩。先是，继迁种落迷般嘱及日逋吉罗丹二族亡归者龙族，而欲阴图罗支。是月，会迁党攻者龙，罗支率百余骑急赴，将议合击，遂为二族戕于帐。诏赠罗支武威郡王，遣使赠恤其家。

者龙凡十三族，而六族附迷般嘱及日逋吉罗丹，西凉府既闻罗支遇害，乃率龛谷、兰州、宗哥、觅诺诸族攻者六族，六族悉窜山谷中，诏使者安集之。六谷诸豪乃议立罗支弟厮铎督为首领，且言铎督刚决平恕，每会戎首，设触豆饮食必先卑者，犯令虽至亲不贷，数更战讨，威名甚著。诏授铎督监州防御使、灵州西面沿边都大巡检使。上以迁党未平，藉其腹背攻制，遂加铎督朔方军节度、押蕃落等使、西凉府六谷大首领。

泾原路言陇山县王、狸、延三族归顺。又渭州言龛谷、懒家族首领尊毡磨壁余龙及便嘱等献名马，愿率所部助讨不附者，又言西凉市马道出本族，自今保无他虞。诏赐马直，以便嘱等为郎将。石、隰州又言河西诸蕃四十五族内附。其年，迁党寇永宁，为药令族合苏击败之，斩首百余级。镇戎军上言，先叛去蕃官茄罗、兀赃、成王等三族及伙移军主率属归顺，请献马赎罪，特诏宥之。

二年，厮铎督遣其甥呵昔来贡，仍上与赵德明战斗功状；又言蕃帐周斯那支有智勇，久参谋议，请授以六谷都巡检使。上嘉奖，从其请，仍赐茶彩。又追录潘罗支子失吉为归德将军，厚赐器币；者龙七族首领有捍寇之劳，并月给千钱。旧制，弓矢兵器不入外夷，时西凉样丹族上表求市弓矢，上以样丹宣力西陲，委以捍蔽，特令渭州给赐。因别赐厮铎督，以重恩意。

三年,又以者龙族合穷波、党宗族业罗等为本族首领、检校太子宝客,皆铎督外姻也。铎督遣安化郎将路黎奴来贡。黎奴病于馆,特遣尚医视疗。及卒,上怜之,厚加赗给。五月,铎督又言部落疾疫。诏赐白龙脑、犀角、硫黄、安息香、白紫石英等药,凡七十六种。使者感悦而去。又制加铎督检校太傅,其族帐李波遄等四十九人为检校太子宾客,充本族首领。铎督遣所部波机进卖马,因言积官奉半岁,乞就京给赐市所须物,从之。渭州言妙娥、延家、熟嵬等族率三千余帐、万七千余口及羊马数万款塞内附。诏遣使抚劳之,赐以袍带茶彩,仍以折平族首领撒遄渴为顺州刺史,充本族都军主。是年,宗家、当宗、章迷族来贡,移遄、攃父族归附。九月,诏释西面纳质戎人。先是,诸蕃有钞劫为恶尝经和断者,恐异时复叛,故收其子弟为质,乃有禁锢终身者。上悯而纵之,族帐感恩,皆稽颡自誓不为边患。四年,边臣言赵德明谋劫西凉,袭回鹘。上以六谷、甘州久推忠顺,思抚宁之,乃遣使谕厮铎督令援结回鹘为备,并赐铎督茶药、袭衣、金带及部落物有差。铎督奉表谢。

大中祥符元年十一月,宗哥族大首领温逋等来贡。三年,西凉府觅诺族瘴疫,赐首领温逋等药。四年,厮铎督遣增兰毡单来贡,赐紫方袍。五年,又遣其子来贡。其年,者龙族都首领舍钦波遣使诣阙献马,求赐印。诏从其请,仍优赉之。七年,知秦州张佶置大落门新砦。先是,佶欲近渭置采木场,蕃族闻之,即徙帐去,佶不能遂抚之,戎人辄悔,因乡导钞劫,佶深入掩击,悉败走。至是求和,佶不许。

三月,秦州曹玮言熟户郭厮敦、赏样丹皆大族,样丹辄作文法谋叛,厮敦密以告,约半月杀之,至是,果携样丹首来。上以厮敦阴样丹,不欲明加恩奖,以疑惧诸族。时方议筑南使城,遂以厮敦献地为名,诏授顺州刺史。先是,张佶深入蕃境,边事数扰。及玮破鱼角蝉,戮赏样丹二酋,由是前拒王师者伏匿避罪,玮诱召之,许纳罚首过。既而至者数千人,凡纳马六十匹,给以匹彩。或以少为诉者,玮叱之曰:"是赎罪物,汝辈敢希利耶!"戎族闻之,皆畏服,八月,曹玮

言伏羌砦厮鸡波与宗哥族李磨论聚为文法,领兵趣之,悉溃散,夷
其城帐。九月,玮又言宗哥唃厮啰、羌族马波叱腊鱼角蝉等率马衔
山、兰州、凫谷、毡毛山、洮河、河州羌兵至伏羌砦三都谷,即率兵击
败之,逐北二十里,斩馘千余级,擒七人,获马牛、杂畜、衣服、器仗
三万三千计。吹麻城张族都首领张小哥以功授顺州刺史。玮又言
永宁砦陇波、他厮麻二族召纳质不从命,率兵击之,斩首二百级。十
一月,诏给秦州七砦熟户首领、都军主以下百四十六人告身。

天禧元年,诏以治坊砦都首领郭厮敦为本族巡检,赋以奉禄。
又补大马家族阿厮铎为本族军主。十月,秦州部署言鬼留家族累岁
违命,讨平之。二年,又言吹麻城及河州诸族皆破宗哥文法来附;唃
厮啰少衰,数为啰瞎力骨所困,今还旧地。诸砦羌族及空俞、厮鸡波
等纳质者凡七百五十六帐。

唃厮啰者,绪出赞普之后,本名欺南陵温篯逋。篯逋犹赞普也,
羌语讹为篯逋。生高昌磨榆国,既十二岁,河州羌何郎业贤客高昌,
见厮啰貌奇伟,挈以归,制割心城,而大姓耸昌厮均又以厮啰居移
公城,欲于河州立文法。河州人谓佛"唃"谓儿子"厮啰",自此名唃
厮啰。于是宗哥僧李立遵、邈川大酋温逋哥略取厮啰如郭州,尊立
之。部族浸强,乃徙居宗哥城,立遵为论逋佐之。

立遵或曰李遵,或曰李立遵,又曰郢成蔺逋叱。论逋者,相也。
立遵贪,且喜杀戮,国人不附,既与曹玮战三都谷不胜,又袭西凉为
所败,厮啰遂与立遵不协,更徙邈川,以温逋哥为论逋,有胜兵六七
万,与赵德明抗,希望朝廷恩命。知秦州张佶奏请拒绝。泾原钤辖
曹玮上言,宜厚唃厮啰以扼德明。而立遵屡表求赞普号,朝议以赞
普戎王也,立遵居厮啰下,不应妄予,乃用厮铎督恩例,授立遵保顺
军节度使,赐袭衣、金带、器币、鞍马、铠甲等。

大中祥符八年,厮啰遣使来贡。诏赐锦袍、金带、器币、供帐什
物、茶药有差,凡中金七千两,他物称是。其年,厮啰立文法,聚众数
十万,请讨平夏以自效。上以戎人多诈,或生他变,命周文质监泾原

军,曹玮知秦州兼两路沿边安抚使以备之。宗哥城东南至永宁九百一十五里,东北至西凉府五百里,西北至甘州五百里,东至兰州三百里,南至河州四百一十五里,又东至尬谷五百五十里,又西南至清海四百里,又东至新渭州千八百九十里。九年,厮啰、立遵等献马五百八十二匹。诏赐器币总万二千计以答之。数使人至秦州求内属。

明道初,即授厮啰宁远大将军、爱州团练使,授遀哥归化将军。已而遀哥为乱,囚厮啰置阱中,出收不附己者,守阱人间出之。厮啰集兵杀遀哥,徙居青唐。

景祐中,以厮啰为保顺军节度观察留后,岁以奉钱令秦州就赐。元昊侵略其界,兵临河湟,厮啰知众寡不敌,壁鄯州不出,阴间元昊,颇得其虚实。元昊已渡河,插帜志其浅,厮啰潜使人移植深处以误元昊。及大战,元昊溃而归,士视帜渡,溺死十八九,所卤获甚众。自是,数以奇计破元昊,遂不敢窥其境,及元昊取西凉府,潘罗支旧部往往归厮啰,又得回纥种人数万。厮啰居鄯州,西有临谷城通青海,高昌诸国商人皆趋鄯州贸卖,以故富强。

宝元元年,加保顺军节度使,仍兼邈川大首领。时以元昊反,遣左侍禁鲁经持诏谕厮啰,使背击元昊以披其势,赐帛二万匹。经还,以营擢阁门祗候。厮啰奉诏出兵向西凉,西凉有备,厮啰知不可攻,捕杀游逻数十人亟还,声言图再举。元昊既屡寇边,仁宗召对鲁经,欲再遣,经固辞,贬经为左班殿直。募敢使者,屯田员外郎刘涣应诏。涣至,厮啰迎道供帐甚厚,介骑士为先驱,引涣至庭。厮啰冠紫罗毡冠,服金线花袍、黄金带、丝履,平揖不拜,延坐劳问,称“阿舅天子安否。”道旧事则数十二辰属,曰兔年如此,马年如此。涣传诏,已而厮啰召酋豪大犒,约尽力无负,然终不能有大功。后累加恩兼保顺河西节度使、洮凉两州刺史,又加阶勋检校官、功臣、食邑、赐器币鞍勒马。

嘉祐三年,撩罗部阿作等叛厮啰归谅祚,谅祚乘此引兵攻掠境上,厮啰与战败之,获酋豪六人,收骆驼战马颇众,因降陇逋、公立、马颇三大族。会契丹遣使送女妻其少子董毡,乃罢兵归。

治平二年夏,羌逸奔及阿叔溪心以陇、珠、阿诺三城叛谅祚归厮啰,厮啰不礼,乃复归谅祚,请兵还取所献地,谅祚不之罪,为出万余骑随逸奔、溪心往取,不能克,但取邀川归丁家五百余帐而还。厮啰其年冬死,年六十九,第三子董毡嗣。

董毡母曰乔氏,厮啰三妻。乔氏有色,居历精城,所部可六七万人,号令明,人惮服之。方董毡少时,择酋长子年与董毡相若者与之游,衣服饮食如一,以此能附其众。董毡自九岁厮啰为请于朝,命为会州刺史,而乔氏封太原郡君。其二妻皆李立遵女也,生瞎毡及磨毡角。立遵死,李氏宠衰,斥为尼,置廓州,锢其子瞎毡。磨毡角结母党李巴全窃载其母奔宗哥,厮啰不能制,磨毡角因抚有其众,李氏以宝元二年恩赐紫衣。磨毡角亦累奉贡,初补严州团练使,后以思州团练使卒,所部立其子瞎撒欺丁,李氏惧孤弱不能守,乃献皮帛、入库廪文籍于厮啰,厮啰因受之。嘉祐三年,命欺丁为顺州刺史。瞎毡居龛谷,屡通贡,授澄州团练使,先卒。子木征居河州,母弟瞎吴叱居银川。

厮啰地既分,董毡最强,独有河北之地,其国大抵吐蕃遗俗也。怀恩惠,重财货,无正朔。市易用五谷、乳香、硇砂、氆毯、马牛以代钱帛。贵虎豹皮,用缘饰衣裘。妇人衣锦,服绯紫青绿。尊释氏。不知医药,疾病召巫觋视之,焚柴声鼓,谓之逐鬼。信咒诅,或以决事,讼有疑,使诅之。讼者上辞牍,藉之以帛,事重则以锦。亦有鞭笞杻械诸狱具。人喜啖生物,无蔬茹醯酱,独知用盐为滋味,而嗜酒及茶。居板屋,富姓以毡为幕,多并水为秋千戏。贡献谓之“般次”,自言不敢有贰则曰“心白向汉”云。其后,河州、武胜军诸族浸骄,闭于阗诸国朝贡道,击夺般次。诏边将问罪。已而董毡遣使奉贡入谢,上慰纳焉。

初,厮啰死,董毡嗣为保顺军节度使、检校司空。神宗即位,加太保,进太傅。熙宁元年,封其母安康郡太君,以其子蔺逋比为锦州刺史。三年，夏人寇环庆，董毡乘虚入其境，大克获。赐玺书袍带奖激之。王韶既定熙河，其首领青宜结鬼章寇河州踏白城，景思立死焉，帝命边臣招来之。十年，以鬼章及阿里骨皆为刺史。董毡贡真珠、乳香、象牙、玉石、马，赐以银、彩、茶、服、缗钱，改西平节度使，遣供奉官郭英赍诏书、器币至其国。

方鬼章犯境时，列帐讷儿温及禄尊率部族叛附之，既来降，又阴与董毡通。元丰初，诏知岷州种谔集酋长斩之，以妻女田产赐降将俞龙珂。二年，遣景青宜党令支贡言方物，以令支为珍州刺史，赐董毡钱万缗，银彩千计。三年，邈川城主温讷支郢成及叔溪心、弟阿令京等款塞，以郢成为会州团练使，溪心内殿崇班，令京西头供奉官，余族人皆殿直奉职。

四年，王师讨夏，会其兵。董毡遣酋长抹征等率三万人赴党龙耳江及陇、朱、珂诺，又集六部兵十二万，约以八月分三路与官军会。帝以其协济军威，事功可纪，由常乐郡公进封武威郡王，鬼章、阿里骨、党令支皆团练使，心牟钦毡、阿星、李叱腊钦为刺史。

夏人欲与之通好，许割珞研龙以西地，云如归我，即官爵恩好一如所欲。董毡拒绝之，训整兵甲，以俟入讨，且遣使来告。帝召见其使，使归语董毡尽心守围；每称其上书情辞忠智，虽中国士大夫存心公家者不过如此。知邈川事力固不足与夏人抗，但欲解散其谋，使不与结和而已，故终不能大有功。

哲宗立，加检校太尉。元祐元年，卒。蔺逋叱已死，养子阿里骨嗣。

阿里骨本于阗人。少从其母给事董毡，故养为子。元丰兰州之战最有功，自肃州团练使进防御使。董毡病革，召诸酋领至青唐，谓曰："吾一子已死，惟阿里骨母尝事我，我视之如子。今将以种落付之，何如？"诸酋听命。既嗣事，遣使修贡。

元祐元年，以起复冠军大将军、检校司空为河西军节度使，封宁塞郡公。里骨颇峻刑杀，其下不遑宁。诏饬以推广恩信，副朝廷所以封立、前人所以付与之意。二年,遂逼鬼章使率众据洮州。羌结药密者使所部怯陵来告,里骨执怯陵,结药密惧,携妻子南归。鬼章又使其子结呕龊入寇,心牟钦毡、温溪心不肯从,诏以二人为团练使。八月,鬼章就擒,槛送京师;寻赦之,授陪戎校尉,遣居秦州,听招其子以自赎。

明年,里骨奉表谢罪。诏熙河无复出兵,许贡奉如故,加金紫光禄大夫、检校太保。其郭州主鲁尊欲焚拆河桥归汉,熙州以闻。哲宗以里骨既通贡,不可有纳叛之名,欲弗纳,又封其妻溪尊勇丹为安化郡君,子邦彪篯为鄯州防御使,弟南纳支为西州刺史。鬼章死,诏焚付其骨。

绍圣元年,以狮子来献。帝虑非其土性,厚赐而还之。三年,卒,年五十七。瞎征嗣。

瞎征即邦彪篯也。以绍圣四年正月为河西军节度使、检校司空、宁塞郡公。性嗜杀,部曲睽贰。大酋心牟钦毡之属有异志,忌瞎征季父苏南党征雄勇多智,共诬其谋逆,瞎征不能察而杀之,尽诛其党,独篯罗结逃奔溪巴温。

溪巴温者,董毡疏族也,自阿里骨之立,去依陇逋部,河南诸羌多归之。篯罗结奉溪巴温长子杓拶据溪哥城。瞎征讨杀杓拶,篯罗结奔河州,说王赡以取青唐之策。已而温入溪哥城,自称王子。

元符二年七月,赡取邈川。八月,瞎征自青唐脱身来降。钦毡迎溪巴温入青唐,立木征之子陇拶为主。九月,赡军至青唐,陇拶出降。以邈川为湟州,青唐为鄯州。二酋虽降,然其种人本无归汉意。议者谓:"今不先修邈川以东城障而遽取青唐,非计也。以今日观之,有不可守者四:自炳灵寺渡河至青唐四百里,道险地远,缓急声援不相及一也;羌若断桥塞隘,我虽有百万之帅,仓卒不能进,二也;王赡提孤军以入,四无援兵,必生他变,三也;设遣大军而青唐、宗哥、邈川食皆止支一月,内地无粮可运,难以久处,四也。官军自会州还者皆憔悴,衣屡穿决,器仗不全,羌视之有轻汉心,且夕必叛。"

闰九月，钦毡等果与青唐城中人相结，谋复夺城。山南诸羌亦叛。赡遣将破之，戮结呻靦及钦毡等九人。青唐围解而邈川益急，夏人十万助之。总管王愍以死战固守，乃得免。赡弃青唐归，巴温与其子溪赊罗撒据之。朝论请并弃邈川，且谓董毡无后，陇拶乃木征之子、唃厮啰嫡曾孙，最为亲的。于是以陇拶为河西军节度使、知鄯州，封武威郡公，充西蕃都护，依府州折氏世世承袭。寻赐姓名曰赵怀德；其弟邦辟勿丁呕曰怀义，为廓州团练使、同知湟州；加瞎征检校太傅、怀远军节度使。

三年三月，怀德及所降契丹、夏国、回鹘公主入见，各赐冠服，退易之，于迩英阁前后立班谢，赐食于横门。徽宗命辅臣呼与语，问何以招致溪巴温，对曰："如言乳牛，系其子即母须来，系其母即子须来，俟至岷州，当遣人往谕，使之归汉。"遂与瞎征俱还湟州。溪赊罗撒谋袭杀怀德，怀德奔河南。瞎征不自安，求内徙，诏居邓州。崇宁元年，卒，三年，王厚复湟、鄯。怀德至京师，拜感德军节度使，封安化郡王。

赵思忠即瞎毡之子木征也。瞎毡死，木征不能自立，青唐族酋瞎药鸡啰及僧鹿遵迎之居洮州，欲立以服洮岷叠宕、武胜军诸羌。秦州以其近边，逐之，乃还河州，后徙安江城，董毡欲羁属之，不能有也。母弟瞎吴叱，别居银川聂家山，至和初，补本族副军主。嘉祐中，河州刺史。王韶经略熙河，遣倍智圆往说之，唊以厚利，因随以兵，前后杀其老弱数千，焚族帐万数，得腹心酋领十余人，又擒其妻子，皆不杀。遂以熙宁七年四月举洮、河二州来降，赐以姓名，拜荣州团练使。封其母郢成结遂宁郡太夫人，妻包氏咸宁郡君。弟董谷赐名继忠，补六宅副使，结吴延征赐名济忠，瞎吴叱曰绍忠，巴毡角曰醇忠，巴毡抹曰存忠，长子邦辟勿丁呕曰怀义，次盖呕曰秉义；皆超拜官。以思忠为秦州钤辖，不莅事，而乞主熙河羌部，经略司以为不可，诏以二州给地五十顷。后迁合州防御使，卒，赠镇洮军节度观察留后。

宋史卷四九三
列传第二五二

蛮夷一

西南溪峒诸蛮上

古者帝王之勤远略，耀兵四裔，不过欲安内而捍外尔，非所以求逞也。西南诸蛮夷，重山复岭，杂厕荆、楚、巴、黔、巫中，四面皆王土。乃欲揭上腴之征以取不毛之地，疲易使之众而得梗化之氓，诚何益哉！树其酋长，使自镇抚，始终蛮夷遇之，斯计之得也。然无经久之策以控驭之，犹黠之性便于跳梁，或以仇隙相寻，或以饥饿所逼，长啸而起，出则冲突州县，入则负固山林，致烦兴师讨捕，虽能殄除，而斯民之荼毒深矣。宋恃文教而略武卫，亦岂先王制荒服之道哉！

西南溪峒诸蛮皆盘瓠种，唐虞为要服。周世，其众弥盛，宣王命方叔伐之。楚庄既霸，遂服于楚。秦昭使白起伐楚，略取蛮夷，置黔中郡，汉改为武陵。后没建武中，大为寇钞，遣伏波将军马援等至临沅击破之，渠帅饥困乞降，历晋、宋、齐、梁、陈，或叛或服。隋置辰州，唐置锦州、溪州、巫州、叙州，皆其地也。唐季之乱，蛮酋分据其地，自署为刺史。晋天福中，马希范承袭父业，据有湖南，时蛮猛保聚，依山阻江，殆十余万。至周行逢时，数出寇边，逼辰、永二州，杀掠民畜无宁岁。

太祖既下荆、湖，思得通蛮情、习险陇、勇智可任者以镇抚之。

有辰州猺人秦再雄者，长五七尺，武健多谋，在行逢时，屡以战斗立功，蛮党伏之。太祖召至阙下，察其可用，擢辰州刺史，官其子为殿直，赐予甚厚，仍使自辟吏属，予一州租赋。再雄感恩，誓死报效。至州日训练士兵，得三千人，皆能被甲渡水，历山飞堑，捷如猿猱。又选亲校二十人分使诸蛮，以传朝廷怀来之意，莫不从风而靡，各得降表以闻。太祖大喜，复召至阙，面加奖激，改辰州团练使，以又其门客王允成为辰州推官。再雄尽瘁瘁边围，五州连亘数千里，不增一兵，不费帑庚，终太祖世，边境无患。又有溪州刺史彭士愁等以溪、锦、奖州归马氏，立铜柱为界。

建隆四年，知溪州彭允林、前溪州刺史田洪赟等列状归顺，诏以允林为溪州刺史，洪赟为万州刺史。允林卒，以其子师皎代为刺史。四月，水斗都虞候林抱义上辰、叙二州图。

乾德二年四月，溪、叙、奖等州民相攻劫，遣殿直牛允赍诏谕之，乃定。三年七月，珍州刺史田景迁内附，五溪团练使、洽州刺史田处崇上言：“湖南节度马希范建叙州潭阳县为懿州，署臣叔父万盈为刺史。希县卒，其弟希尊袭位，改为洽州，愿复旧名。”诏从其请。十二月，诏溪州宜充五溪团练使。刻印以赐之。四年，南州进峒鼓内附，下溪州刺史田思迁亦以铜鼓、虎皮、麝脐来贡。五年冬，以溪州团练使彭允足为濮州牢城都都指挥使，溪州义军都指挥使彭允贤为卫州牢城指挥使，珍州录事参军田思晓为博州牢城都指挥使。允足等溪峒酋豪据山险，持两端，故因其入朝而置之内地。

开宝元年，珍州刺史田景迁言，本州连岁灾沴，乞改为高州，从之。八年，景迁卒，其子衔内都指挥使彦伊来请命，即以为刺史。九年，奖州刺史田处达以丹砂、石英来贡。

太平兴国二年，懿州刺史、五溪都团练使田汉琼以其子、弟、女夫、大将、五溪统军都指挥使田汉度而下十二人来贡，诏并加检校官以奖之。三年，夷州蛮任朗政等来贡。七年，诏辰州不得移部内马氏所铸铜柱。溪州刺史彭允殊上言：“刺史旧三年则为州所易，望朝廷禁止。”赐敕书安抚之。八年，锦、溪、叙、富四州蛮相率诣辰州，言愿比内郡轮租税。诏长吏察其谣俗情伪,并按视山川地形图画来上,卒不许。懿州刺史田汉琼、锦州刺史田汉希上言,愿两易其地,诏从之。又以知叙州舒德郛为刺史。

雍熙元年,黔南言溪峒夷獠疾病,击铜鼓、沙锣以祀神鬼,诏释其铜禁。

淳化二年,知晃州田汉权言,本管砂井步夷人粟忠获古晃州印一钮来献。因请命以汉权为晃州刺史。又以五溪诸州统军、鹤州刺史向通汉为富州刺史,从其请也。是年,荆湖转运使言,富州向万通杀皮师胜父子七人,取五脏及首以祀魔鬼。朝廷以其远俗,令勿问。三年,晃州刺史田汉权、锦州刺史田保全遣使来贡。五年,以舒德言为元州刺史。奖、晃、叙、懿、元、锦、费、福等州皆来贡,上亲视器币以赐之。

至道元年,高州、溪州并来贡。二年,上亲祀南郊,富州刺史向通汉上言:“圣人郊祀,恩浃天壤,况五溪诸州连接十洞,控西南夷戎之地。惟臣州自昔至今,为辰州墙壁,障护辰州五邑,王民安居。臣虽僻处遐荒,洗心事上,伏望陛下察臣勤王之诚,因兹郊礼,特加真命。”诏加通汉检校司徒,进封河内郡侯。

咸平元年,通汉又言请定租赋,真宗以荒服不征,弗之许。其年,古州刺史向通展以芙蓉朱砂二器、马十匹、水银千两来献,诏有司铸印以赐通展。二年,以下溪州刺史彭允殊为右千牛卫将军致仕,以其侄文勇为刺史。三年,高州刺史田彦伊遣子贡方物及输兵器。四年,其酋向君猛又遣弟君泰来朝,上溪州刺史彭文庆来贡水银、黄蜡。

五年正月,天赐州蛮向永丰等二十九人来朝。夔州路转运使丁谓曰:“溪蛮入粟实缘边砦栅,顿息施、万诸州馈饷之弊。臣观自昔和戎安边,未有境外转粮给我戍兵者。”先是,蛮人数扰,上召问巡检使廷赏,廷赏曰:“蛮无他求,唯欲盐尔。”上曰:“此常人所欲,何不与之?”乃诏谕丁谓,谓即传告陬落,群蛮感悦,因相与盟约,不为寇钞,负约者,众杀之。且曰:“天子济我以食盐,我愿输与兵食。”自是边谷有三年之积。七月,高州刺史田彦伊子承宝等百二十二人来朝,赐巾服、器币,以承宝为山河使、九溪十峒抚谕都监。

六年四月,丁谓等言,高州义军务头角田承进等擒生蛮六百六十余人,夺所略汉口四百余人。初,益州军乱,议者恐缘江下峡,乃集施、黔、高、溪蛮豪子弟捍御,群蛮因熟汉路,寇略而归。谓等至,即召与盟,令还汉口,既而有生蛮违约,谓遣承进率众及发州兵擒获之,焚其室庐,皆震慑伏罪。谓乃置尖木砦施州界,以控扼之,自是寇钞始息,边溪峒田民得耕种。七月,南高州义军指挥使田彦强、防虞指挥使田承海来贡,施州叛蛮谭仲通等三十余人来归。

景德元年,高州五姓义军指挥使田文都来贡。富州刺史向通汉遣使潭州营佛事,以报朝廷存恤惠。二年,夔州路降蛮首领皆自署职名,请因而命之,上不许,第令次补牙校。是岁,辰州诸蛮攻下溪州,为其刺史彭儒猛击走之,擒酋首以献,诏赐儒猛锦袍、银带。儒猛自陈母老,愿被恩典,诏特加邑封。十二月,荆湖北路言,溪峒团练使彭文绾送还先陷汉口五十人,诏授文绾检校太子宾客,知中彭州。其年,懿州刺史田汉希卒,以其子汉能为刺史。三年,高州新附蛮酋八十九人来贡。五溪都防御使向通汉表求追赠父母,从之。溪州刺史彭文庆率溪峒群蛮来朝。又高州诸名豪百余人入贡。四年五月,以高州刺史田彦伊子承宝为宁武郎将,高州土军都指挥使田思钦为安化郎将。其年,宜州军乱,朝廷恐宜、融溪峒因缘侵扰,因降诏约勒首领,皆奉诏,部分种族,无敢辄动。

大中祥符元年,夔州路言,五团蛮啸聚,谋劫高州,欲令暗利砦援之。上以蛮夷自相攻,不许发兵。三月,知元州舒君强、知吉州向光普并加银青光禄大夫、检校太子宾客。八月,黔州言,磨嵯、洛浦蛮首领龚行满等率族二千三百人归顺。十月,溪峒诸蛮献方物于泰山。三年,沣州言,慈利县蛮相仇劫,知州刘仁霸请率兵定之。上恐深入蛮境,使其疑惧,止令仁霸宣谕诏旨,遂皆感服。四年,安、远、顺、南、永宁、浊水州蛮酋田承晓等三百七十三人来贡。五年,诏:"昨许溪峒蛮夷归先劫汉口及五十人者,特署职名,仍听来贡。如闻缘此要利,辄掠边民充数,所在切辨察之。"其年,夔蛮千五百人乞朝贡,上虑其劳费,不许。又诏:"施州溪蛮朔望犒以酒肴。闰十月,五溪蛮向贵升及磨嵯、洛浦蛮来贡。六年,夔州蛮彭延�龚才晃等来贡。辰州溪峒都指挥使魏进武率山猛数百人数寇城砦,朝廷不欲发兵穷讨,乃降诏招谕。七年,进武诣吏请罪,署为三班借职,监房州税,仍赐装钱。八年,诏中彭州彭文绾岁赐锦袍。

天禧元年,溪州蛮寇扰,遣兵讨之。二年,辰州都巡检使李守元率兵入白雾团,擒蛮寇十五人,斩首百级,降其酋二百余人。知辰州钱绛等入下溪州,破砦栅,斩蛮六十余人,降老幼千余。刺史彭儒猛亡入山林,执其子仕汉等赴阙。诏高州蛮,捕儒猛来献者厚加赏典。其年,儒猛因顺州蛮田彦晏上状本路,自诉求归,转运使以闻,上哀怜之,特许释罪。儒猛乃奉上所略民口、器甲,诏辰州通判刘中象召至明滩,与歃血要盟,遣之。诏以仕汉为殿直,儒霸、儒聪为借职,赐冠带、缯帛。富州刺史向通汉率所部来朝,贡名马、丹砂、银装剑矟、兜鍪、彩牌等物,诏赐袭衣、金带、鞍勒马,并其子光泽以下器币有差,特许通汉五日一朝。逾月,通汉上《五溪地理图》,愿留京师,上嘉美之,特授通汉检校太傅、本州防御使,还赐疆土,署其子光泽等三班职名。通汉再表欲留京师,不允,乃为光泽等求内地监临,及言岁赐衣,愿使者至本任,并从之。既辞,又赐以袭衣、金带。三年,通汉卒,以其子光宪知州事。其后,光泽不为亲族所容,上表纳土,上察其意,不许。四年,知古州向光普遣使鼎州营僧斋,以祝圣寿。

初,北江蛮酋最大者曰彭氏,世有溪州,州有三,曰上、中、下溪,又有龙赐、天赐、中顺、保静、感化、永顺州六,懿、安、远、新、给、富、来、宁、南、顺、高州十一,总二十州,皆置刺史。而以下溪州刺史兼都誓主,十九州皆隶焉,谓之誓下。州将承袭,都誓主率群酋合议,子孙若弟、侄、亲党之当立者,具州名移辰州为保证。申铃辖司以闻,乃赐敕告、印符,受命者隔江北望拜谢。州有押案副使及校吏,听自补置。

彭氏自允殊、文勇、儒猛相继为下溪州刺史,至仕汉为殿直,留西京，后辄遁归。天圣初，以状白辰州，自言父老兄亡，潜归本道，愿放还家属。诏徙其家京师，舍以官第。未几，儒猛言仕汉逃归，诱群蛮为乱，遣别子仕端等杀之。朝廷嘉其忠，降诏奖谕。时儒猛为检校尚书右仆射，特迁左仆射。又以仕端为检校国子祭酒，知溶州，加赐盐三百斤、彩三十匹。彭民有文绾者，知中彭州，即忠顺州也。三年儒猛攻杀文绾，其子儒孥率其党九十二人来归，补儒索复州都知兵马使，余官为禀给。五年，儒猛死，仕端以名马来献，诏还其马，命知下溪州，赐以袍带。七年，遂以其弟仕义贡方物。明道初，仕端死，复命仕义为刺史，累迁检校尚书右仆射。自允殊至仕义五世矣。

仕义有子师宝，景祐中知忠顺州，庆历四年，以罪绝其奉贡，盖自咸平以来，始听二十州纳贡，岁有常赐，蛮人以为利，有罪则绝之。其后，师宝数自诉，请知上溪州，皇祐二年，始从其请，朝贡如故。既而师宝妻为仕义取去，师宝忿恚，至和二年，与其子知龙赐州师党举族趋辰州，告其父之恶；且言仕义尝杀誓下十三州将，夺其符印，并有其地，贡奉赐予悉专之，自号如意大王，补置官属，将起为乱。于是知辰州宋信与通判贾师熊、转运使李肃之合议，率兵数千，深入讨伐，以师宝为乡导。兵至而仕义遁入他峒，不可得，俘其孥及铜柱，而官军战死者十六七，守信等皆坐贬。

自是，蛮獠数入寇钞，边吏不能制。朝廷姑欲无事，间遣吏谕旨，许以改过自归，裁损五七州贡奉岁赐。初辄不听，后遣三司副使李参、文思副使窦舜卿、侍御史朱处约、转运使王绰经制，大出兵临之，且驰檄招谕，而仕义乃陈本无反状，其僭称号、补官属，特远人不知中国礼而然，守信等轻信师宝之谮，擅伐无辜，愿以二十州旧地复贡奉内属。朝廷又遣殿中丞雷简夫往视之。嘉祐二年，仕义乃归所掠兵丁五十一人、械甲千八百九事，率蛮众七百饮血就降，辰州亦还其孥及铜柱。时师宝已死，遣师党归知龙赐州，戒勿杀。

自是，仕义岁奉职贡。然黠鸷，数盗边，即辰州界白马崖下喏溪聚众据守，朝廷数招谕，归侵地，不听。熙宁三年，为其子师彩所弑。师彩专为暴虐，其兄师晏攻杀之，并诛其党，纳誓表于朝，并上仕义

平生鞍马、器服，仍归喏溪地，乃命时晏袭州事。五年，复以马皮、白
峒地来献，诏进为下溪州刺史，赐母妻封邑。章惇经制南、北江，湖
北提点刑狱李平招纳师晏，誓下州峒蛮张景谓、彭德儒、向永胜、覃
文猛、覃彦霸各以其地归版籍，师晏遂降。诏修筑下溪州城，并置砦
于茶滩南岸，赐新城名会溪，新砦名黔安，戍以兵，隶辰州，出租赋
如汉民。遣师晏诣阙，授礼宾副使、京东州都监，官其下六十有四
人。

元丰八年，湖北转运司言辰州江外生蛮覃仕稳等愿内附。诏不
许纳。其后彭仕诚者复为都誓主。元祐三年，罗家蛮寇钞，诏召仕
诚及都头覃文懿等至辰州约救之。是年，知誓下保顺州彭儒武、知
永顺州彭儒同、知谓州彭思聪、知龙赐州彭允宗、知蓝州彭士明、知
吉州彭儒崇，各同其州押案副使进奉兴龙节及冬至、正旦溪布有
差。

初，熙宁中，天子方用兵以威四夷，湖北提点刑狱赵鼎言峡州
峒首刻剥亡度，蛮众愿内属，辰州布衣张翘亦上书言南、北江利害，
遂以章惇察访湖北，经制蛮事，而南江之舒氏、北江之彭氏、梅山之
苏氏、诚州之杨氏相继纳土，创立城砦，使之比内地为王民。北江彭
氏已见前。南江诸蛮自辰州达于长沙、邵阳，各有溪峒：曰叙、曰峡、
曰中胜、曰元，则舒氏居之；曰奖、曰锦、曰懿、曰晃则田氏居之；曰
富、曰鹤、曰保顺、曰天赐、曰古，则向氏居之。舒氏则德郛、德言、君
疆、光银，田氏则处达、汉琼、汉希、汉能、汉权、保金，尚氏则通汉、
光普、行猛、永丰、永晤：皆受朝命。自治平末，光银入贡。故事，南
江诸蛮亦隶辰州，贡进则给以驿券，光银援以为请，诏以券九道给
之。其后有峡州舒光秀者，以刻剥其众不附。

张翘言：“南江诸蛮虽有十六州之地，惟富、峡、叙仅有千户，余
不满百，土广无兵，加以荐饥。近向永晤与绣、鹤、叙诸州蛮自相仇
杀，众苦之，咸思归化。愿先招富、峡二州，俾纳土，则余州自归，并
及彭师晏之孱弱，皆可郡县。”诏下知辰州刘策商度，策请如翘言。
熙宁五年，乃遣章惇察访。未几，策卒，乃以东作坊使石鉴为湖北钤

辖兼知辰州,且助惇经制。明年,富州向永晤献先朝所赐剑及印来
归顺,继而光银、光秀等亦降。独田氏有元猛者,颇桀骜难制,异时
数侵夺舒、向二族地。惇遣左侍禁李资将轻兵往招谕。资,辰州流
人,蕴与张翘同献策者也,褊宕无谋,亵慢夷獠,遂为懿、洽州蛮所
杀。惇进兵破懿州,南江州峒悉平,遂置沅州,以懿州新城为治所,
寻又置诚州。

元祐初,傅尧俞、王岩叟言:"沅、诚州创建以来,设官屯兵,布
列砦县,募役人,调戍兵,费巨万,公私骚然,荆湖两路为之空竭。又
自广西融州创开道路达诚州,增置浔江等堡,其地无所有,湖、广移
赋以给一方,民不安业,愿斟酌废置。"朝廷以沅州建置至是十五
年,蛮情安习已久,但废诚州为渠阳军,而沅州至今为郡。元祐初,
诸蛮复叛,朝廷方务休息,痛惩邀功生事,广西张整、融州温嵩坐擅
杀蛮人,皆置之罪。诏谕湖南、北及广西路曰:"国家疆理四海,务在
柔远。顷湖、广诸蛮近汉者无所统壹,因其请吏,量置城邑以抚治
之。边臣邀功献议,创通融州道路,侵逼峒穴,致生疑惧。朝廷知其
无用,旋即废罢;边吏失于抚遇,遂尔扇摇。其叛酋杨晟台等并免追
讨,诸路所开道路、创置堡砦并废。"自后,五溪郡县弃而不问。

崇宁以来,开边拓土之议复炽,于是安化上三州及思广峒蒙光
明、乐安峒程大法、都丹团黄光明、靖州西道杨再立、辰州覃都管骂
等各愿纳土输贡赋。又令广西招纳左、右江四百五十余峒。宣和中,
议者以为招致熟羌,接武请吏,竭金帛、缯絮以啖其欲,捐高爵、厚
奉以侈其心。开辟荒芜,草创城邑,张皇事势,侥幸赏恩。入版图者
存虚名,充府库者亡实利。不毛之地,既不可耕;狼子野心,顽冥莫
革。建筑之后,西南夷獠交寇,而溪峒子蛮亦复跳梁。士卒死于干
戈,官吏没于王事,肝脑涂地,往往有之。以此知纳土之议,非徒无
益,而又害之所由生也。莫若俾帅臣、监司条具建筑以来财用出入
之数,商较利病,可省者省,可并者并,减戍兵漕运,而夷狄可抚,边
鄙可亡患矣! 乃诏悉废所置初郡。其余诸蛮,自乾兴以来,或叛或
服,其类不一,各以岁月次之。

乾兴初，顺州蛮田彦晏率其党田承恩寇施州暗利砦，纵火而去，夔州发兵击之，俘获甚众。彦晏在真宗朝为归德将军、检校太子宾客、知顺州；承恩者，知保顺州田彦晓子也。明年，彦晏款边上誓状，愿还所掠金帛、器械，且输粟二千石自赎。诏拒其粟，舍其所负金帛，第令归掠去户口。仍加彦晏宁远将军、检校工部尚书，承恩检校国子祭酒兼监察御史。皆知州如故。后又有田忠显者，与其党百九人入贡。

天圣二年，知古州向光普自言，尝创佛寺，请名报国，岁度僧一人，许之。四年，归顺等州蛮田思钦等以方物来献，时来者三百一人，而夔州路转运司不先以闻，诏劾之。既而又诏安、远、天赐、保顺、南、顺等州蛮贡京师，道里辽远而离寒暑之苦，其听以贡物留施州，所赐就给之。愿入贡者十人，听三二人至阙下，首领听三年一至。七年，黔州蛮、舒延蛮、绣州蛮向光绪皆来贡。九年，施州属蛮覃彦绾等寇永宁砦。景祐中，沣州属蛮五百余人入寇。时州将崔承祐畏避不以闻，为荆湖钤辖司所奏，诏劾罢之。宝元二年，辰州猺獠三千余人款附，以州将张昭懿招辑有功，进一官。

庆历三年，桂阳监蛮猺内寇，诏发兵捕击之。蛮猺者，居山谷间，其山自衡州常宁县属于桂阳、郴连贺韶四州，环纡千余里，蛮居其中，不事赋役，谓之猺人。初，有吉州巫黄捉鬼与其兄弟数人皆习蛮法，往来常宁，出入溪峒，诱蛮众数百人盗贩盐，杀官军，逃匿峒中，即招出而杀之，又徙山下民他处。至是，其党遂合五千人，出桂阳蓝山县华阴峒，害巡检李延祚、潭州都监张克明。事闻，擢杨畋提点刑狱，督攻讨事，久之不克。遂诏湖南转运使郭辅之等招抚之，始于湖南置安抚司，蛮所至杀掠居民，纵火劫财物，被害者甚众。诏被害者并入山捕蛮，土兵蠲复有差。初，发兵捕蛮，至或误杀良民，仁宗命访之，口给绢五匹，仍拊其家。时蛮势方炽，又遣殿中侍御史王丝、三司度支副使徐的经制。降敕书委知潭州刘沆招谕，能自归者第录以官。沆大发兵临之，以敕书从事，降二千余人，使散居所部，录其首领邓文志、黄文晟、黄士元皆为三班奉职。又以内殿承制开亓赟、崇班胡元尝在石硋峒捕杀有劳,进赟庄宅副使,元礼宾副使,时四年冬也。

五年二月,余党唐和等复内寇,乃诏湖南安抚、转运、提点刑狱便宜从事。又特赐官兵土丁钱有差。于是沉檄杨畋等八路入讨,覆荡桃油平、能家源等,皆其巢穴,捕斩首级甚众。诏官兵有攻者九百余人第迁一资,录其应募讨击者道州进士十四人,并官之。然唐和等犹未平。又诏:“如闻贼党欲降,其罢出兵,逃匿者谕使归复,州县拊存之。”是冬,蛮复入寇,与胡元及右侍禁郭正赵鼎、殿侍王孝先战于华阴峒隘口,元等死之,刘沉、杨畋皆坐黜。以刘夔代沉为安抚使,夔言:“唐和等既败官军,杀将吏,聚众益自疑,恐浸为边患,愿以诏书招安,就补溪峒首领。”诏可。

是时,湖湘骚动,兵不得息,六年夏,仁宗顾谓辅臣曰:“官军久戍南方,夏秋之交,瘴疠为虐,其令太医定方和药,遣使给之。”自是继赐缗钱。未几,夔言败唐和于银江源。转运使周沉亦言指挥辛景贤招降贼党五十六户二百五十九人,录其首领,戒所部拊存之。先是,命三司户部判官崔峄为体量安抚,往议讨除、招安二策,既而知桂阳监宋守信奏:唐和啸聚千余众为盗,五六年卒未能克者,朝廷不许穷讨故也。今衡州监酒黄士元颇习溪峒事,愿得敢战士二千、引路土丁二百,优给金帛,使之逐捕,必得然后已,并敕亓赟等合力以进。彼既势穷,必将款附。”诏用其策,于是大发兵讨之。其众果惧,遁入郴州黄莽山,由赵峒转寇英、韶州,依山自保。是冬,帝闵士卒暴露,复谕执政密戒主帅安恤。

七年,唐和遣其子执要领诣官,自言愿贷粮米,居所保峒中。时杨畋复为湖南钤辖,诏趋连、韶州山下,与广南东、西转运使共告谕之,使以兵械上官,质其亲属。诏补唐和、盘知谅、房承映承泰、文运等五人为峒主,授银青光禄大夫、检校国子祭酒兼监察御史、武骑尉。知谅等,盖唐和党也。至冬,其众悉降。

皇祐五年,邵州蛮舒光银因湖南安抚司自陈捍御之劳,愿于峒中置中胜州,诏可。嘉祐二年,罗城峒蛮寇澧州,发兵击走之。三年,以施州蛮向永胜所领州为安定州。五年,以邵州蛮杨光倩知徽州。光倩,通汉之子也。通汉,庆历初尝入贡,既死,光倩袭之。旧制,溪峒知州卒,承袭者许进奉行州事,抚遏蛮人,及五年,安抚司为奏给敕告。至是,光倩行州事七年,无他过,故命之。

宋史卷四九四
列传第二五三

蛮夷二

西南溪峒诸蛮下　梅山峒　诚徽州
南丹州

　　绍兴三年，臣僚言："武冈军溪峒旧尝集人户为义保，盖其风土、习俗、服食、器械悉同徭人，故可为疆场捍蔽，虽曰籍之于官，然亦未尝远戍。靖康间，调之以勤王，其后湖南盗起，征敛百出，义保无复旧制，困苦不胜，乃举其世业，客依蛮峒，听其徭役。州县犹验旧籍催科，胥隶及门，则挈家远徙，官失其税，蛮獠日强。兼武冈所属三县，悉为徭人所有，远戍之实已无，而乡户弩手之名尚在，岁取其直，人户咨怨。乞择本路监司详议以闻。"诏从之。

　　四年，辰州言，归明保静、南渭、永顺三州彭儒武等久欲奉表入贡。诏以道路未通，俾荆湖北帅司慰谕，免赴阙。遣人持表及方物赴行在，仍优赐以答之。九月，诏荆湖南、北路溪峒头首土人及主管年满人合给恩赐，俾各路帅司会计覆实以闻。

　　六年，知鼎州张嵲言："鼎、澧、辰、沅、靖州与溪峒接壤，祖宗时尝置弓弩手，得其死力，比缘多故，遂皆废阙。万一蛮夷生变，将谁与捍御？今虽各出良田，募人以补其额，率皆豪强遣僮奴窜名籍中，乘时射利，无益公家，所宜汰去。则募溪峒司兵得三百人，俾加习练，足为守御，给田募人开垦，以供军储。"诏荆湖北路帅司相度以闻。帅司言："营田四州旧置弓弩手九千一百一十人，练习武事，散居边境，镇抚蛮夷，平居则事耕作，缓急以备战守，深为利便。靖康初，调发应援河东，全军陷没。今辰、沅、沣、靖等州乏兵防守，窃虑蛮夷生变叵测。若将四州弓弩手减元额，定为三千五百人，辰州置千人，沅州置千五百人，沣州、靖州各置五百人，分处要害，量给土田，训练以时，耕战合度，庶可备御。以所余闲田募人耕作，岁收其租，其于边防财赋，两得其便，可为经久之计。"诏从之。

七年六月，张常言："湖外自靖康以来，盗贼盘据，种相、杨太山、雷德进等相继叛，沣州所属尤甚，独慈利县向思胜等五人素号溪峒归明，誓掌防拓，卒能保境息民，使德进贼党无所剽掠，思胜后竟杀德进。会官军招抚刘智等，而彭永健、彭永政、彭永全、彭永胜及思胜共献粮助官军，招复诸山四十余栅，宣力效忠功居多，宜加恩赏。"诏思胜等五人各转两资。九月，诏荆湖、广南路溪峒头首土人内有子孙应袭职名差遣，及主管年满合给恩赐之数，俾帅司取会核实以闻。

九年，宜章峒民骆科作乱，寇郴、道、连、桂阳诸州县，诏发大兵往讨之，获骆科。余党欧幼四等复叛，据蓝山，寇平阳县，遣江西兵马都监程师回讨平之。

十年，承信郎琴州溪峒杨进颙等率族属归生界五百余户、疆土三百余里，献累世所造兵器及金炉、酒杯各一，求入觐，诏本路帅司敦遣以行。十二年，诏以施州南砦路夷人向再健袭父思迁充银青光禄大夫、检校国子祭酒兼监察御史、武骑尉、知懿州事。

十四年十月，湖南安抚使刘昉奏，武冈军徭人有父子相杀者，宜出兵助其父，俾还省地。上以问辅臣秦桧，桧曰："恐轻举生事。"帝曰："恩威不可偏废，可怀则示之恩，否则威之。不侵省地则已，或有所侵，奈何不举，俾知所畏哉。"十二月，成忠郎充武冈军绥宁县管界都巡检兼溪峒首领杨进京，率其族三百人，备黄金、朱砂、方物求入贡，先遣其子孝友陈请。诏本路帅司阅旧制以闻，给孝友钱三百贯，俾还听进止。

十五年，杨进颙复求入贡，以武冈军不时敦遣为言。诏本路帅司阅实应袭人姓名来上，并促进颙入觐。四月，广南东路提刑黄应南言："溪峒巡检、尉、砦官不严守备，纵民与徭交通，恐启边衅，乞诏有司申严法令，俾帅臣、监司常加觉察。"宰臣以为沿边互市，恐不宜禁绝。帝曰："往年禁西夏互市，遂至用兵，可令帅司裁决。"前知全州高楫言："徭人今皆微弱，不敢先侵省地，砦官每纵人深入，略其财物，遂致乘间窃发。宜诏与溪峒接壤州郡毋侵徭人，庶使边民安业，以广陛下柔远好生之德。"帝从其言，诏守臣一遵成法，务在抚绥。

二十四年，擒杨正修及其弟正拱，送理寺狱鞫治，斩之。初，正修侍其父再兴入觐，献还省民疆土，遂命以官。建炎后，与弟正拱率九十团峒徭人出武冈军，纵火杀掠民财为乱。绍兴间，潭州帅司尝招来之，后复作乱，屡抗官军，至是伏诛。二十八年七月，杨进京等复求入贡，诏以道远慰谕之，优其赐与。

隆兴初，右正言尹穑言：湖南州县多邻溪峒，省民往往交通徭人，擅自易田，豪猾大姓或诈匿其产徭人，以避科差。内亏国赋，外滋边患。宜诏湖南安抚司表正经界，禁民毋质田徭人。诈匿其产徭人者论如法，仍没入其田，以赏告奸者。田前卖入徭人，俾为别籍，毋遽夺，能还其田者，县代给钱偿之。"帝从其言。

乾道元年，宜章峒贼李金陷郴州，焚桂阳军，州将弃城遁，衡州调常宁县兵救之，弗克。世忠峒李昂霄者，率壮丁御贼，民恃以安。湖南提举常平郑丙请发鄂渚军讨贼，平之。昂霄以功补承节郎，管辖衡州常宁县溪峒，及官其子当年，俾后得袭职。

三年，靖州界徭人姚明教等作乱，诏荆、鄂驻札明椿选将率精锐千人，会官合戍官合击之，能立功者有厚赏。八月，诏平溪峒互市盐米价，听民便，毋相抑配，其戍人岁输身丁米，务平收，无取羡余及折输钱，违者论罪。十一月，南郊礼成，诏以缘边溪峒，州县失于拊循，致怀反侧，或逃窜山谷，其在赦恩以前，并加宽宥，能复业者，罪一切置不问，互市如故，悉听其便，守臣常加抚问，以称绥远之意。

四年二月，诏湖南北、四川、二广州军应有溪峒处，务先恩信绥怀，毋驰防闲，毋袭科扰，毋贪功而启衅。委各路帅、臣监司常加觉察。是月，诏禁沿边奸人毋越逸溪峒，诱致蛮獠侵内地，违者论如律，其不能防闲致越逸者亦罪之。湖广总领周嗣武言边事，如二年四月之诏，帝嘉纳之。是岁，田彦古死，子忠佐袭职，授银青光禄大夫、检校散骑常侍、知溪峒安化州兼监察御史、飞龙骑尉。

六年，卢阳西据獠杨添朝寇边，知沅州孙叔杰调兵数千讨之，败绩，死者十七八。初，徭人与省户交争，杀二人死，叔杰辄出兵破其十三栅，夺还所侵地，于是徭人相结为乱。诸司请调常德府城兵三百人，益官兵三千人，合击讨之。宰臣虞允文奏曰："蛮夷为变，皆守臣贪功所致。今徭人仇视守臣，若更去叔杰，量遣官军，示以兵威，徐与盟誓，自可平定。"帝允其奏，俾叶行代叔杰，开示恩信，谕以祸福，遂招降之，边境悉平。前知武冈军赵善谷言："武冈与湖北、广西邻壤，为极边之地，溪峒七百八十余所，七峒隶绥宁县，五溪峒隶临江县。绍兴三十年，减冗员，改县为临口砦。然五峒之徭俗尤犷悍，衅生毫发，则操戈相仇，砦官不能为轻重。况本军巡防砦栅，惟真良、三门、兵溪、香平有土军可备守御，余有官无兵，其阙硖、武阳等砦设巡检二员，徒费廪禄。以臣所知，宜复临口砦为县，则徭蛮易于制服，汰去冗员，则官廪亦无虚费，实边郡之利也。"

七年，前知辰州章才邵上言："辰之诸蛮与羁縻保静、南渭、永顺三州接攘，其蛮酋岁贡溪布，利于回赐，颇觉驯伏。卢溪诸蛮以靖康多故，县无守御，犵狑乘隙焚劫。后徙县治于沅陵县之江口，蛮酋田仕罗、龚志能等遂雄据其地。沅陵之浦口，地平衍膏腴，多水田，顷为徭蛮侵掠，民皆转徙而田野荒秽。会守卒无远虑，乃以其田给靖州犵狑杨姓者，俾佃作而课其租，所获甚微。杨氏专其地将二十年，其地当沅、靖二州水陆之冲，一有蛮隙，则为害不细，臣谓宜预为之备。靖康前，辰州每岁蒙朝廷赐钱七万贯，绸、绢、布共八千一百匹，绵一万七千两。是时，本州厢禁军一千四百余人，沿边一十六

砦,土兵六百余人,皆可赡给。其后中外多故,今岁赐止得一万二千
缗,而本州财复匮乏,无以充召募之费。禁军止二百一十余人,诸砦
土兵止一百五人,甚至砦官有全无一兵而徒存虚名者,其于边防岂
可不为深虑?若岁增给民钱一万,俾本州募强壮禁军或效用二百
人,分屯卢溪等处,以防诸蛮,庶使边患永消,可免异时调遣之费。"
书奏,诏湖北帅臣详议以闻。是年,申严边民售田之禁,守令不能奉
法者除名,部刺史常加纠察。

八年,知贵州陈义上疏言:"臣前知靖州时,居蛮夷腹心,民不
服役,田不输赋,其地似若可弃。然为重湖、二广保障,实南服之要
区也。或控制失宜,或金谷不继,或兵甲少振,蛮獠则乘时窃发,勤
劳王师,朝廷当重守臣之选。崇宁初戍兵三千人,建炎以来,每于都
统司或帅司摘兵二千人,以备屯戍。其凶悍者,以州郡不能制,遂慢
守臣,反通徭蛮以挠编民。州郡非白主帅不敢治,比得报,已晚矣。
故戍兵敢肆其恶,一旦有警,复安能为用?臣以为宜听守臣节制为
便。"帝嘉其言,复问左右曰:"靖隶湖北,今闻仰给广西,何也?"赵
雄对曰:"靖州本溪峒,神宗时创为诚州,元祐间废,寻复为军,徽宗
朝始改靖州,与桂府为邻,故令广西给其金谷之费。近岁漕司匮乏,
乃责办诸州,以故不能如约。宜复旧制,俾广西漕臣如期馈运。靖
州屯戍官兵听守臣节制,于事为便"。帝从之。

十年四月,全州上言:"本州密迩溪峒,边民本非奸恶。其始,朝
廷禁法非不严密,监司、州郡非不奉行,特以平居失于防闲,故驯致
其乱。又兼溪谷山径非止一途,如静江、兴安之大通虚,武冈军之新
宁、盆溪及八十里山,永州之东安,皆可以径达溪峒。其地绵亘郡
邑,非一州得专约束,故游民恶少之弃本者,商旅之避征税者,盗贼
之亡命者,往往由之以入,萃为渊薮,交相鼓扇,深为边患。如武冈
杨再兴、桂阳陈峒相继为乱,实原于此。为今计者,宜徙闲地巡检
兵,及分遣士卒屯诸溪谷山径间,俾湖南北、广西帅宪总其役,庶几
事权有归,号令可行也。儒林郎李大性上言:"比年徭蛮为乱,边吏
虑妨赏格,往往匿不以闻,遂致猖獗,使一方民命寄于徭人之手,诚

可哀悯。近如梁牟等寇沅州，劫墟市，杀戮齐民，州县告急于两月之后，比调官军讨捕，俘降其贼，而人之被害已酷矣。宜戒州县或遇徭人窃发，画时以闻，违者论罪。仍命监司、帅臣常加觉察，庶几先事备御，俾徭人亦知畏惧，不敢侵轶，以伤吾民也。”

十一年，诏给事中、中书舍人、户部长贰同敕令所议，禁民毋质徭人田，以夺其业，俾能自养，以息边衅。从知沅州王镇之请也。沅州生界犵狫副峒官吴自由子三人，货丹砂麻阳县，巡检唐人杰诬为盗，执之送狱，自由率峒官杨友禄等谋为乱。帅司调神劲军三百人及沅州民兵屯境上，声言进讨。先遣归明官田思忠往招抚之，以孔目官为质，世禄等既盟，自由取其三子以归。

嘉泰三年，前知潭州、湖南安抚赵彦励上言：“湖南九郡皆接溪峒，蛮夷叛服不常，深为边患。制驭之方，岂无其说？臣以为宜择素有知勇为徭人所信服者，立为酋长，借补小官以镇抚之。况其习俗嗜欲悉同徭人，利害情伪莫不习知，故可坐则制服之也。五年之间能立劳效，即与补正。彼既荣显其身，取重乡曲，岂不自爱，尽忠公家哉？所谓捐虚名而收实利，安边之上策也。”帝下其议。既而诸司复上言：“往时溪峒设首领、峒主、头角官及防遏、指挥等使，皆其长也。比年往往行贿得之，为害滋甚，今宜一新蛮夷耳目，如赵彦励之请，所谓以蛮夷治蛮夷，策之上也。”帝从之。

嘉定元年，郴州黑风峒徭人罗世传寇边，飞虎统制边宁战没，江西、湖南惊扰，知隆兴赵希怿、知潭州史弥坚共招降之。二年，李元砺、罗孟二寇江西，攻破龙泉县，李再兴战败，死之，江州驻札都统制赵选亦战死。初，吉州获贼长七人系狱，土豪黄从龙为贼画策，赂吉守李纲，得纵还，贼遂无所忌。有侯押队者，领兵戍龙泉境上，元砺复用从龙计，椎牛酾酒以犒官军。贼至，官军皆醉，狼狈散走。寇之初起甚微，贼伺知议论不一，故玩侮官军。方江西力战则求降湖南，湖南战则求降江西，牵制王师，使不得相应援。其后命工部侍郎王居安知豫章，擒获之，溪峒略平。

五年，臣僚上言：“辰、沅、靖等州旧尝募民为弓弩手，给地以耕,俾为世业。边陲获保障之安,州县无转输之费。比年多故,其制浸驰,徭蛮因之为乱,沿边诸郡悉受其害。比申朝廷调兵招捕,旷日持久,蛮夷习玩,成其猖獗之势。其如杨晟台、李全、姚明教、罗孟二、李元砺、陈廷佐之徒,皆近事之明验也。为今计者,宜讲旧制,可纾馈饷之劳而得备御之实,其安边息民之长策欤。”

七年,臣僚复上言:“辰、沅、靖三州之地,多接溪峒,其居内地者谓之省民,熟户、山徭、峒丁乃居外为捍蔽。其初,区处详密,立法行事,悉有定制。峒丁等皆计口给田,多寡阔狭,疆畔井井,擅鬻者有禁,私易者有罚。一夫岁输租三斗,无他繇役,故皆乐为之用。边陲有警,众庶云集,争负弩矢前驱,出万死不顾。比年防禁日弛,山徭、峒丁得私售田。田之归于民者,常赋外复输税,公家因资之以为利,故谩不加省。而山徭、峒丁之常租仍虚挂版籍,责其偿益急,往往不能聊生,反寄命徭人,或导其入寇,为害滋甚。宜敕湖、广监司檄诸郡,俾循旧制毋废,庶边境绥靖而远人获安也。”

梅山峒蛮,旧不与中国通,其地东接潭,南接邵,其西则辰,其北则鼎、澧、而梅山居其中。开宝八年,尝寇邵之武冈、潭之长沙。太平兴国二年,左甲首领苞汉阳;右甲首领顿汉凌寇掠边界,朝廷累遣使招谕,不听,命客省使翟守素调潭州兵讨平之,自是,禁不得与汉民交通,其地不得耕牧。后有苏方者居之,数侵夺舒、向二族。

嘉祐末,知益阳县张颉收捕其桀黠符三等,遂经营开拓。安抚使吴中复以闻,其议中格。湖南转运副使范子奇复奏,蛮恃险为边患,宜臣属而郡县之。子奇寻召还,又述前议。熙宁五年,乃诏知潭州潘夙、湖南转运副使蔡烨、判官乔执中同经制章惇招纳之。惇遣执中知全州,将行,而大田三砦蛮犯境。又飞山之蛮近在全州之西,执中至全州,大田诸蛮纳款,于是遂檄谕开梅山,蛮徭争辟道路,以待得其地。东起宁乡县司徒岭,西抵邵阳白沙砦,北界益阳四里河,南止湘乡佛子岭。籍其民,得主、客万四千八百九户,万九千八十九丁。田二十六万四百三十六亩,均定其税,使岁一输。乃筑武阳、开硤二城，诏以山地置新化县，并城隶邵州。自是，鼎、澧可以南至邵。

诚、徽州，唐溪峒州。宋初，杨氏居之。号十峒首领，以其族姓散掌州峒。

太平兴国四年，首领杨蕴始来内附。五年，杨通宝始入贡，命为诚州刺史。淳化二年，其刺史杨政岩复来贡。是岁，政岩卒，以其子通盈继知州事。

熙宁八年，有杨光富者，率其族姓二十三州峒归附，诏以光富为右班殿直，昌运五人补三班奉职，晟情等十六人补三司军将。继有杨昌御者，亦愿罢进奉，出租赋为汉民，诏补为右班殿直，子弟侄十八人被授有差。独光僭颇负固不从命，诏湖南转运使朱初平羁縻之，未几亦降，乃与其子日俨请于其侧建学舍，求名士教子孙。诏潭州长史朴成为徽、诚等州教授；光僭皇城使、诚州刺史致仕，官为建宅；置飞山一带道路巡检。光僭未及拜而卒，遂以赠之，录其子六人。

元丰三年，知邵州关杞请于徽、诚州融岭镇择要害地筑城砦，以绝边患。诏湖南安抚谢景温、转运使朱初平、判官赵扬商度以闻，景温等以为宜如杞言，乃议诚州以沅州贯保砦为渠阳县隶之，以徽州为莳竹县隶邵州。赵扬言上江、多星、铜鼓、羊镇、潭溪、上和、上诚、天村、大田等团并至诚州城下贸易，可渐招抚，并乞下湖南邵州莳竹县招谕芙蓉、万驿诸团，从之，徙诚州治渠阳而贯保为砦如故。上江等诸团果皆纳土，于是增筑多星等砦，还连徽、广西融州王口砦焉。

元祐二年，改诚州为渠阳军，罢两州兵马及守御民丁。有杨晟台者，乘间寇文村堡，知渠阳军胡田措置亡术，蛮结西融州蛮砦粟仁催，往来两路为民患，调兵屯渠阳至万人，湖南亦增屯兵应援，三路俱惊。朝廷方务省事，议废堡砦，撤戍守，而以其地予蛮，乃诏湖北转运副使李茂直招抚，又遣唐义乂同措置边事讨之。后以渠阳为诚州，命光僭之子供备库使昌达、供备库副使杨昌等同知州事，而贯保、丰山、若水等砦皆罢戍,择授土官,俾间毁楼橹,撤官舍,护领居民入砦。崇宁初,改诚州为靖州。

南丹州蛮,亦溪峒之别种也,地与宜州及西南夷接攘,开宝七年,酋帅莫洪燕遣使陈绍规奉表求内附。九年,复来贡,求赐牌印,诏刻印以给之。太平兴国五年,洪燕贡银百两,以贺太平。

雍熙四年,洪酋族人知宝隆镇莫淮阆牛一头,逐水草至金城州河池县,宜州牙校周承鉴以其牛耕作,淮阆三遣人取牛,承鉴不还,凡耕十日,始释牛逐水草去。淮阆怒,领乡兵六十人劫取承鉴家资财,驱县民莫世家牛六头以归,诱群蛮为寇。上遣供奉官五承绪乘传劾承鉴,具伏占牛,诏弃市。时知宜州、赞善大夫侯汀失于备御,群蛮之扰,颇害及民庶,诏发诸州兵进讨,兵未至,悉已遁归,汀坐免官。诏谕宜、融、柳州百姓及蛮界人户曰:“朕托兆庶之上,处司牧之重,照临所暨,抚养是均,矧于遐陬,尤所轸虑。昨以知宜州事侯汀失于绥缉,恣其侵牟,致兹边夷,起为寇钞,侵骚间里,虔刘士庶。及与师而讨伐,乃畏威而窜伏。朕以兴戎召衅,职由于汀,爰举国章,削其官秩。汝等所宜体予舍垢,革乃前非,安土厚生,保境延世,嬉我至化,是为永图。或尚恣于陆梁,当尽剿其族类。”自是不复为寇。

淳化元年,洪酋卒,其弟洪皓袭称刺史,遣其子淮通来贡银碗二十,铜鼓三面,铜印一钮,旗一帖,绣真珠红罗襦一。上降优诏,赐彩百匹,还其襦。自洪燕领州十余年,岁输白金百两。洪皓之袭兄位,专其地利,不修常贡。其弟洪沉忿之,挈妻子来奔宜州。洪皓怒其背己,数引兵攻洪元。洪元与二男并牙将一人,乘传指阙诉其事,请发兵致讨。上以蛮夷之俗,羁縻而已,不欲为之与师报怨。洪沉先自称南丹州副使,以为邵州团练使,给田十顷,下诏戒敕洪皓。

景德二年,洪皓死,长子淮劲袭父任,俄为弟淮汕攻南丹州,淮劲帅属来奔,诏宜州赐闲田资给之。大中祥符五年,宜州言淮汕颇集诸蛮,阻富仁监道路,上廉知淮汕无侵扰状,遣使犒设抚劳之。九年,抚水蛮叛,诏淮汕约勒溪峒,勿从诱胁。明年,平抚水蛮,淮汕等并以劳进秩,景祐三年,有淮戟者举族来归,命为湖南州团练副使,敕州县拊存。后淮汕老,自言愿传其子世渐。至和元年,命世渐为检校散骑常侍,权发遣州事。明年,以淮汕为怀远大将军致仕,世渐为刺史、检校工部尚书,赐袍带,钱十万,绢百匹。又补其亲党数十人为检校官,如故事也。世渐死,嘉祐末,命其子公帐袭之。

有世忍者,亦淮汕之子也,初率其属人内附,治平初逃归,攻杀公帐,夺其地自首,请于朝廷,愿授刺史,补其亲党如故事,岁输银百两。三年,遂命为刺史,皆如其请。熙宁二年,徭贼杀人,世忍执以献,授检校礼部尚书。元丰三年入贡,其印以西南诸道武盛军德政官家明天国主为文,诏以南丹州印赐之,令毁其旧印。六年,大军讨安化,世忍献弓矢,自言愿世世为外臣,修贡不懈,迁检校户部尚书,给铜牌旗号,官其子侄九人。世忍死,子公侁袭。

大观元年,广西经略使王祖道言公侁就擒。进筑平、允、从州,牧文、地、兰、那、安、外、习、南丹八州之地,并为镇庭孚观州、延德军,以其弟公晟袭刺史。宣和四年,公晟乞以州事付其侄延丰,愿与其子归朝,诏从之,仍乘驿给券。

绍兴三年,公晟攻围观州,焚宝积监,朱胜非奏:“崇、观、宣、和间所开新边,比来往往弃而不守,帅臣、监司屡言观州为控扼之地,不宜弃。”帝曰:前日用事之臣,贪功生事,公为欺罔,其实劳民费财,使远俗不安也。”又用广南经略安抚使刘彦适言,以公晟知南丹州兼溪峒都巡检使、提举盗贼公事,给以南丹州刺史旧印,公晟未受命。二十四年,公晟始贡马,率诸蛮来归。帝谕辅臣曰:“得南丹非为广地也,但徭人不叛,百姓安业,为可喜耳。”遂以延沈袭公晟职,授银青光禄大夫、检校太子宾客、使持节南丹州诸军事、南丹州刺史兼御史大夫、知南丹州公事、武骑尉。广西经略安抚使吕愿中谕降诸蛮三十一种,得州二十七,县一百三十五,砦四十,峒一百七十九及一镇、三十二团,皆为羁縻州县。二十五年,延沈进补团练、防御二使。三十一年,延沈恣行惨酷,为诸蛮所逐,归死省地,众推延廪袭职。隆兴二年,延廪复为诸蛮所图,携家归朝,经略司奏以延甚袭职。淳熙元年,南丹为永乐州所攻,使来告急,广西帅臣遣将领陈泰权、天河县主簿徐弥高谕和之。十四年,经略司奏以延荫袭职,诏从其请。嘉泰五年,延荫之子光熙袭职,知南丹州事。

宋史卷四九五
列传第二五四

蛮夷三

抚水州　广源州　黎洞　环州

抚水州在宜州南,有县四:曰抚水,曰京水,曰多逢,曰古劳。唐隶黔南。其酋皆蒙姓同出,有上、中、下三房及北遐一镇。民则有区、廖、潘、吴四姓,亦种水田、采鱼,其保聚山险者,虽有畬田,收谷粟甚少,但以药箭射生,取鸟兽尽,即徙他处,无羊马、桑柘,地曰帚洞,五十里至前村,川原稍平,合五百余家,夹龙江居,种稻似湖湘。中有楼屋战棚,卫以竹栅,即其酋所居。兵器有环刀、标牌、木弩。善为药箭,中者大叫,信宿死,得邕州药解之即活。

雍熙中,数寇边境,掠取民口、畜产。诏书招安,补其酋蒙令地殿直,蒙令札奉职。咸平中,又数为寇盗,止令边臣驱逐出境。其党狡狯者凡三十余人,宜州守将因擒送阙下,上召见诘责之,对曰:“臣等蛮陬小民,为饥寒所迫耳。”上顾谓左右曰:“昨不欲尽令杀戮,顾无噍类矣!”因释罪,赐锦袍、冠带、银彩,戒勖遣之。逾年,酋长蒙顶等六十五人诣阙,纳器甲百七十事。又蒙汉诚、蒙虔玮、蒙填来朝,上器甲数百及毒药箭,誓不搔边,比岁皆遣使来贡及输兵器,乃授汉诚官,赐物有差,既而侵轶如故。景德三年,蛮酋蒙填诣宜州自陈,愿朝贡谢罪,诏守臣谕以尽还所掠民赀畜,乃从其请。

大中祥符六年,首领指挥使蒙但挈族来归,徙于桂州。九年,数寇宜、融州界，转运使俞献可言："知宜州董元己不善绥抚，昨蛮人饥，来质餱粮，公纵主者克剥概量，及求入贡，复骤沮其意；遂使忿恚为乱。"诏出元己，遂遣潭州都监季守睿代元己招抚，群蛮拒命，侵掠不已。献可请以本道澄海军及募丁壮进讨，乃诏益以潭州兵五千人，命东染院使、平州刺史曹克明为宜融等州都巡检安抚使，内殿崇班王文庆、阁门祇候马玉、内供奉官杨守珍等为都监。

上犹以蛮夷异类，攻剿常理，不足以剿绝。又意其道难进师，第令克明、献可设方略摄其酋首，索所钞生口，因而抚之。克明、献可上言："蛮人去冬寇天河，今又钞融州厢阳诸砦，剽劫居民，害巡检樊明，累依宣旨诏谕，曾不悛革，臣请便宜掩击。"从之。

克明乃与守珍领兵入樟岭路，文庆、玉趋宜州西路，又令宜、桂都巡检程化鹏取樟岭古牢隘路会合。化鹏遇蛮于上房两水口，击破之。文庆、玉至如门团，为蛮所扼，不能进。克明、守珍乃过横溪恩德砦，召山獠向道，开路进师。蛮依篁竹间，时出战斗，辄败走。旬馀，上黄泥岭杉木隘路，溪谷险邃，蛮据要害以拒官军，自辰至午，大溃。其党遂过霸苍抵帚洞，乃入中房前村。克明等顿兵下砦，中夕，群蛮大哗噪，击钲鼓，攻砦甚急，出兵击之，伤杀颇众，因纵火焚其庐室积聚，自此恐惧，窜入山谷。又缘龙江南岸而东，至昏暮，过石峡隘险，士不并行。蛮复连弩北岸，克明遣猛士步涉与斗，至即退走，砦于下房博贺村，克明设伏砦外。其夜，蛮众大集，遇伏发，内外合击，追斩殆尽。乘胜搜山，悉得马牛享士卒。

克明等知其窃蹙，乃晓谕恩信，许以改过，于是酋帅蒙承贵等面缚诣军自首，克明厚加犒宴，且数责之，皆俯伏谢罪。及闻诏旨赦令勿杀，莫不泣下，北望称万岁。上以夷性无厌，习知朝廷多释其罪，故急则来归，缓则叛去，切诏克明等谕以悉还所掠汉口、资畜，即许要盟。承贵等感悦奉诏，乃歃猫血立誓，自言奴山摧倒，龙江西流，不敢复叛。克明等师还，宜州蛮人纳器甲凡五千数，愿迁处汉地者七百余口，诏分置广西及荆湖州军，给以田粮。凡立功使臣将士迁补、赐赉者千八百一十六人。承贵因请改州县名，以固归顺之意，诏以抚水州为安化州,抚水县为归仁县,京水县为长宁县。自是间岁朝贡,不复为边患矣。

献可等又言:"殿直蒙肚知归化州,州与抚水相接,数遣子文宝及其妻族甘堂侦军事,又其子格与官军斗敌,悉部送赴阙。有蒙支者,亦肚之子,先尝告贼,署为昭州押牙。"诏补肚密州别驾,支海州都押牙,赋以官田。文宝、格、甘堂并黥配登、莱州。宝元元年,复率众寇融、宜州,发邵、澧、潭三州戍兵合数千人往击。时蛮势方炽,至杀运粮官吏。复诏趣兵进讨,逾年乃平。

庆历中,再以方物入贡,至和二年,复至,诏以知州蒙全会为三班奉职,又以监州姚全料为借职。嘉祐六年,又来贡。是后,月赴宜州参谒及贺巨报,每岁州四管犒。及三岁,听输所贡兵械于思立砦,以其直偿之,以官资迁补。熙宁初,知宜州钱师孟、通判曹觊擅裁损侵剥之,土人罗世念、蒙承想、蒙光仲等为乱。五年,攻德谨砦,袭将官费万,杀之。经略司问致寇状,而宜州但以饥为言,故朝廷赐粟二万石以安辑之。已而守臣王奇战死,事闻,乃诏知沅州谢麟、带御器械和斌经制溪洞,发在京骁骑两营及江南、福建将兵三千五百人,以听师期。明年,世念等遂与诸蛮峒首领族类四千五百人出降。以世念为内殿承制,承想、光仲等十人各拜官。崇宁二年,其酋蒙光有者复啸聚为寇,经略司遣将官黄忱等击却之。大观二年,遂以三州一镇户口六万一千来上。诏以知融州程邻往黔南路抚谕,官吏推恩有差。至和后,又有融州属蛮大丘峒首领杨光朝请内附,又有杨克端等百三人来归,皆纳之。

诸蛮族类不一,大抵依阻山谷,并林木为居,椎髻跣足,走险如履平地。言语侏离,衣服斓斑。畏鬼神,喜淫祀。刻木为契,不能相君长,以财力雄强。每忿怒则推刃同气,加兵父子间,复仇怨不顾死。出入腰弓矢,匿草中射人,得牛酒则释然矣。亲戚比邻,指授相卖。父子别业,父贫则质身于子,去禽兽无几。其族铸铜为大鼓,初成,悬庭中,置酒以召同类,争以金银为大钗叩鼓。去则以钗遗主人。相攻击,鸣鼓以集众,号有鼓者为"都老"。众推服之。

唐末，诸酋分据其地，自为刺史。宋兴，始通中国，奉正朔，修职贡。间有桀黠贪利或疆吏失于抚御，往往聚而为寇，抄掠边户。朝廷禽兽畜之，务在羁縻，不深治也。熙宁间，以章惇察访经制蛮事，诸溪峒相继纳土，愿为王民，始创城砦，比之内地。元祐初，诸蛮复叛，朝廷方务休息，乃诏谕湖南、北及广西路并免追讨，废堡砦，弃五溪诸郡县。崇宁间，复议开边，于是安化上三州及思广诸峒蛮夷，皆愿纳土输贡赋，及令广西招纳左、右江四百五十余峒。寻以议者言，以为招致熟蕃非便，乃诏悉废所置州郡，复祖宗之旧焉。

绍兴初，监察御史明橐言："湖南边郡及二广之地，旧置溪峒归明官，比年浸广其员，及诸州措置隘砦，阙人把拓，又令管押兵夫，素不习知法令，率贪婪无厌。况管押又皆乡民，甚为边患，遭困苦折辱者往往无所赴诉。议者欲俾帅臣籍其姓名，每三年一迁易，如州县官故事。或云止循旧添差，并罢管押兵夫，宜令二广、湖南帅臣处置适宜，无启边祸，以害远人。"诏下其议。三年，安化蛮蒙全剑等八百人劫普义砦，火其屋宇，广西帅臣遣县砦将佐发兵讨平之。

四年，广南界、东西路宣谕明橐言：

平、观二州本王口、高峰二砦，处广右西偏，旧常无虞。崇宁、大观间，边臣启衅，奏请置州拓境，深入不毛，如平、从、允、孚、庭、观、溪、驯、叙、乐、隆、兑等十有二州，属之黔南，其官吏军兵请给费用，悉由内郡，于是骚然，莫能支吾。政和间，朝廷始悟其非，罢之。或者谓平州为西南重镇，兼制王江、从、允等州及湖南之武冈军、湖北之靖州、桂州之桑江峒猺，观州则控制南丹、陆家砦、茆滩十道及白崖诸蛮，以故二州独不废。臣自历边，即乞罢平、观者，前后非一。内摄官吴苐尝充经略司准备干当，颇得其详。

观州初为宜州富仁监，大观间，帅臣王祖道欲招纳文、兰州，都巡检刘惟忠谓得文、兰不若取南丹之利，因诬其州莫公佞阻文、兰不令纳土，为公佞罪，惟忠遂禽杀公佞。帅司奏其功，乃改南丹为观州，命惟忠守之。公佞之死，人以为冤。其弟公晟结溪峒图报复,连岁攻围,惟忠中伤死,继以黄璘代守。璘度不能支,辞疾告罢,以岑利疆代之。黄忱复建议,欲增筑高峰砦于富仁监侧,为观声援。会朝廷罢新边,遂请以高峰砦为观州,设知州一人、兵职官二人、曹官一人、指使砦保官七人,吏额五十人,厢禁军、土丁、家丁又千余人。岁费钱一万二千九百余贯、米八千八百一十七石有奇。州无税租户籍,皆仰给邻郡。飞挽涉险阻,或遇蛮寇设伏,阴发毒矢,中人辄死。人畏贼,率委弃道路,纵然达州,糜费亦不可胜计。昔为富仁监时,不闻有警,惟是边吏欲以刺探为功,故时时称警急,因以为利,遂欲存而不废也,比年户籍日削,民多流离,或转入溪峒,公私困弊为甚。

平州初隶融州,亦羁縻州峒也。旧通湖北渠阳军,置融江砦及文村、临溪、浔江堡,后以地隔生蛮,遂废。崇宁间,复隶融。王口砦地接王江,更为怀远军,后更为平江州;更吉州为从州、王江为允州:并隶黔南。政和二年,复废。边吏黄忱、李坦诳其帅臣程邻,乞存平州,设知州一人、兵职官二人、曹官一人,县令簿二人,提举溪峒公事;本州管界都同巡检二人,五砦堡监官指挥十人,吏额百人,禁军、土丁千人。岁费钱一万四千四百一十八贯六百文、米一万一千一百二十五石有奇。州无租赋户籍,转运司岁移桂、融、象、柳之粟以给之。及徙融州西北金溪乡税米四百九十余石隶怀远,糜费甚于观州。况守臣到任,即奏推恩其子,州、县、砦、堡例得迁官酬赏,而税场互市之利又为守臣边吏所私,独百姓征戍转输之苦,诚为可悯。臣以为宜罢平、观二州便。

然尚有可议者,观州初为富仁监时,有银冶二,官取其利有常额,熙宁元降条例具在,宜先下经略司,责公晟等依熙宁条例施行。况公晟实公佞弟,理宜掌州事,近虽逃归,未为蛮族信服,察其情势,不得不倚重中国。若乘时授之,彼知恩出朝廷,必深感悦。

　　枢密院亦上言:"广西沿边堡、砦,昨因边臣希赏,改建州城,侵扰蛮夷,大开边衅。地属徼外,租赋亦无所入,而支费烦内郡,民不堪其弊,遂皆废罢。唯平、观二州以帅臣所请,故存。今睹明棐所奏,利害之实昭然可见。缘帅臣又称公晟于南丹、观州、宝监境上不时窃发,若废二州,恐于缘边事宜有所未尽。"诏令广南西路帅、漕、宪司共条具利害以闻。既而诸司交言:"平、观二州困弊已甚,有害无益,请复祖宗旧制为便。"诏从其言。

　　乾道六年,诏补蒙泽进武副尉。初,宜州蛮莫才都为乱,广西经略刘焞遣进勇副尉蒙明制裁贼巢,谕降才都。既而复肆猖獗,戕贼官兵。未几,禽才都,械送经略司伏法,悉破其党,而明亦遇害,备极惨酷,边人怜之。焞乞推恩其子泽以旌死事,朝廷从之,故有是命。

　　淳熙十年冬,安化蛮窜入内地,焚砦栅,杀居民为乱。宜州驻札将官田昭明与蛮力战败,死之。十一年,广西路钤辖沙世坚言:"官军与徭人兵器利钝不同,宜敕沿边军州多置强弩毒矢,以惧徭人。"从之。是年,安化蛮蒙光渐率众抄掠,世坚讨平之。初,知宜州马宁祖不支思立砦盐钱,执议以为前守所积逋,止给钱一月,不能遍及蛮部,而权思立砦准备将领杨良臣复镇抚乖方,遂致激变光渐等。诏罢良臣贬宁祖秩,敕帅、漕以时给溪峒盐钱。

　　十二年正月,广西漕臣胡庭直上言:"邕州之左江、永年、太平等砦,在祖宗时,以其与交阯邻壤,实南边蕃篱重地,故置州县,籍其丁壮,以备一旦之用,规模宏远矣。比年边民率通交阯,以其所产盐杂官盐货之,及减易马盐以易银,忽而不防,恐生边衅,所宜禁戢。"既而诸司上言:"经略司初准朝旨,置马盐仓,贮盐以易马,岁给江上诸军及御前投进,用银盐锦,悉与蛮互市。其永平砦所易交阯盐,货居民食皆旧制也,况边民素与蛮夷私相贸易,官不能制。今切禁绝,非惟左江居民乏盐,而蛮情亦叵测,恐致乖异也。"乃牒邕州,禁民毋私贩交阯盐,以妨钞法。是年,诏以杨世俊袭父进通职,补承信郎。

　　绍熙初,广西帅以本路副总管沙世坚素有韬略,累立边功,为群蛮所畏服,尝破蒙光渐,示以威信,光监不敢寇边者累年。乞以世坚兼知宜州,宝能制伏蛮夷,为久远之利。帝从之。庆元四年,宜州蛮蒙峒、袁康等寇内地,夺官盐为乱,广西帅司调官兵招降之,朝庭廷推赏有差。

嘉定三年,章戡知静江府,建议以为广西所部二十五郡,三方邻溪峒,与蛮傜、黎、蜑杂处,跳梁负固,无时无之,西南最为重地,邕、钦之外,羁縻七十有二,地里绵邈,镇戍非一,请增置雄边军二百人及调宪司甲军二百隶帅司。初,安平州李密侵邻洞,劫掠编民,并取古甑洞,以其幼子变姓名为赵怀德知洞事,戡谕邕守推古甑一人主之。十一年,臣僚复上言:"庆历间,张方平尝以为朝廷每备西北,孰不知傜蛮冲突岭外,南邻交阯,势须经营。唐时西备吐蕃,其后安南寇边,旋致庞勋之祸。国朝每忧契丹、元昊,而侬智高陷邕州,南徼骚动,天子为之旰食,岂细故哉?臣等比戍见淮甸间版筑荐兴,更戍日益,而广南城隍摧圮不葺,戍兵逃亡殆尽,春秋教阅,郡无百人。虽有乡兵、义丁、土丁之名,实不足用,缓急岂能集事?宜于岭南要地增筑城堡,籍其民兵,岁时练习,定赏罚格,以示惩劝。如此则号令严明,守御完固,民习战斗,可息傜蛮掠之患,措四十州民于久安之域矣。"诏从之。

广源州蛮侬氏,州在邕州西南郁江之源,地峭绝深阻,产黄金、丹砂,颇有邑居聚落。俗椎髻左衽,善战斗,轻死好乱。其先,韦氏、黄氏、周氏、侬氏为首领,互相劫掠。唐邕管经略使徐申厚抚之,黄氏纳质,而十三部二十九州之蛮皆定。自交阯蛮据有安南,而广源虽号邕管羁縻州,其实服役于交阯。

初,有侬全福者,知傥犹州,其弟存禄知万涯州,全福妻弟侬当道知武勒州。一日,全福杀存禄,当道,并有其地,交阯怒,举兵执全福及其子智聪以归。其妻阿侬本左江武勒族也。转至傥犹州,全福纳之。全福见执,阿侬遂嫁商人,生子名智高。智高生十三年,杀其父商人,曰:天下岂有二父耶? 因冒侬姓,与其母奔雷火洞,其母又嫁特磨道侬夏卿。

久之，智高复与其母出据傥犹州，建国曰大历。交阯攻拔傥犹州，执智高，释其罪，使知广源州，又以雷火、涉婆四洞及思浪州附益之。居四年，内怨交阯，袭据安德州，僭称南天国，改年景瑞。皇祐元年，寇邕州。明年，交阯发兵讨之，不克。广西转运使萧固遣邕州指使亓赟刺候，而赟擅发兵攻智高，为所执，因问中国虚实，赟颇为陈大略，说智高内属。乃遣赟还，奉表请岁贡方物，未听。又以驯象、金银来献，朝廷以其役属交阯，拒之。后复赍金函书以请，知邕州陈珙上闻，不报。智高既不得请，又与交阯为仇，且擅山泽之利，遂招纳亡命，数出敝衣易谷食，绐言洞中饥，部落离散。邕州信其微弱，不设备也。乃与广州进士黄玮、黄师宓及其党侬建侯、侬志忠等日夜谋入寇。一夕，焚其巢穴，绐其众曰："平生积聚，今为天火焚，无以为生，计穷矣。当拔邕州，据广州以自王，否则必死。"

四年四月，率众五千沿郁江东下，攻破横山砦，遂破邕州，执知州陈珙等，兵死千余人。智高阅军资库，得所上金、函，怒谓珙："我求一官统摄诸部，汝不以闻，何也？"珙对曰："尝奏，不报。"索奏草不获，遂扶珙出，珙惶恐呼成万岁，求自效，不听，乃并其属及广西都监张立害之。立临刑大骂，不为屈。于是智高僭号仁惠皇帝，改年启历，赦境内，师宓以下皆称中国官名。

是时，天下久安，岭县州线无备，一旦兵起仓卒，不知所为，守将多弃城遁，故智高所向得志，相继破横、贵、龚、涛、藤、梧、封、康、端九州，害曹觐于封州、赵师旦马贵于康州，余杀官吏甚众，所过焚府库，进围广州。初，智高将至，守将仲简不许民入保城中，民不得入者皆附智高，智高势益张。先是，魏瓘筑州城，凿井畜水，作大弩为守备。至是，智高为云梯土山，攻城甚急，又断流水，而城坚，井饮不竭，弩发，中辄洞溃，智高力屈。会知英州苏缄屯兵边渡村，扼其归路；番禺县令萧注募土丁及海上强壮二千余人，与智高众格斗，焚其战舰；转运使王罕亦自外至，益修守备。智高知不可拔，围五十七日，七月壬戌，解去。

由清远济江，拥妇女作乐而行，遇张忠战于白田，忠死之。去攻贺州，不克，夜害蒋偕于太平场。九月庚申，破昭州，害王正伦等于馆门驿。州之山有数穴，大可容数百千人，民闻兵至，走匿其中，智高知之，纵火，皆焚死。十月丁丑，破宾州。甲申，复据邕州，日夜伐木治舟楫，扬言复趋广州。十二月壬申，又败陈曙于金城驿。初，智高以反闻，朝廷命曙就击之，既而杨畋、曹修、张忠、蒋偕相继出，又以余靖、孙沔为安抚使。畋、修闻智高至，退军避之。忠、偕勇而无谋，皆死。智高益自恣，南土骚然。仁宗以为忧，命狄青为宣抚使，诸将皆受青节制。曙恐青至有功，亟挑战，故败。

五年正月，青及沔、靖会兵宾州，官军、土丁合三万一千余人，按军法诛曙及指挥使袁用等三十二人于坐，一军大振。于是进兵，青将前阵，沔将次阵，靖将后阵，以一昼夜绝昆仑关归仁铺。智高闻王师绝险而至，出其不意，悉众来拒，执大盾、标枪，衣绛衣，望之如火，青阵少却，先锋孙节死之。青起麾蕃落骑兵，张左右翼出其后交击，左者右，右者左，已而左者复左，右者复右，其众不知所为，大败走。会日暮，智高复趋邕州，夜焚城遁，由合江口入大理国。得尸五千三百四十一，筑为京观，所掠生口万余人，复其业。获伪印九，黄师宓而下伪官五十七人，枭其首城上，收马牛、金帛以巨万计。智高自起平几一年，暴践一方，如行无人之境，吏民不胜其毒，朝廷为下赦令，优除复，慰拊疮痍，百姓始得更生云。先是，谣言"农家种，傤家收。"已而智高叛，为青破，皆如其谣。

智高母阿侬有计谋，智高攻陷城邑，多用其策，僭号皇太后，性惨毒，嗜小儿肉。每食必杀小儿。智高败走，阿侬入保特磨，依其夫侬夏卿，收残众得三千余人，习骑战，复欲入寇。至和初，余靖督部吏黄汾黄献圭石鉴、进士吴舜举发峒兵入特磨，掩袭之，获阿侬及智高弟智光、子继宗继封，槛至京师，初未欲杀，日给食饮，欲以诱出智高，或传智高死，乃悉弃市。既而西川复奏智高未死，谋寇黎、雅州，诏本路为备。御史中丞孙忭又请敕益州先事经制，以安蜀人。然智高卒不出，其存亡莫可知也。

依氏又有宗旦者，知雷火洞，稍桀黠。嘉祐二年，尝入寇，知桂州萧固招之内属，以为忠武将军，又补其子知温闷峒日新为三班奉职。七年，宗旦父子请以所领雷火、计城诸峒属县官，愿得归乐州，永为王民。诏各迁一官，以宗旦知顺安州，仍赐耕牛、盐彩。是岁，依夏卿、依平、依亮亦自特磨来归，皆其族也。日新后尝监邕州税。治平中，宗旦与交阯李日尊、刘纪有隙，畏逼，知桂州陆诜因使人说之，遂弃其州内徙，命为右千牛卫将军。

有甲峒蛮者，亦役属交阯，间出寇邕州。景祐三年，尝掠思陵州冯祥峒生口，杀登龙镇将而去。嘉祐五年，合交阯、门州等蛮五千余人复为寇，与官兵拒战，斩首数百。诏知桂州萧固趋邕州发诸郡兵，与转运使宋咸、提点刑狱李师中合议追讨。是岁数入寇，又诏安抚使余靖击之。苏茂州蛮亦近邕州，至和、嘉祐中，皆尝扰边。

黎洞，唐故琼管之地，在大海南，距雷州泛海一日而至。其地有黎母山，黎人居焉。旧说五岭之南，人杂夷獠，朱崖环海，豪富兼并，役属贫弱；妇人服缌缏，绩木皮为布，陶土为釜，器用瓠瓢；人饮石汁，又有椒酒，以安石榴花著瓮中即成酒。俗呼山岭为黎，居其间者号曰黎人，弓刀未尝去手。弓以竹为弦。今儋崖、万安皆与黎为境，其服属州县者为熟黎，其居山洞无征徭者为生黎，时出与郡人互市。

至和初，有黎人符护者，边吏尝获其奴婢十人，还之。符护亦尝犯边，执琼、崖州巡检慕容允则及军士，至是，以军士五十六人与允则来归。允则道病死，诏军士至者贷其罪。

乾道二年，从广西经略转运司议，诏“海南诸郡倅守慰抚黎人，示以朝廷恩信，俾归我省地，与之更始。其在乾道元年以前租赋之负逋者，尽赦免之。能来归者，复其租五年。民无产者，官给田以耕，亦复其租五年。守倅能慰安黎人及收复省地者，视功大小为赏有差，失地及民者有重罚。六年，黎人王用休为乱，权万安军事、同主管本路巡检孙滋等招降之。九年八月，乐昌县黎贼劫省民，焚县治为乱，黎人王日存、王承福、陈颜招降之，琼管安抚司上其功，得借补承节郎。

淳熙元年，诏承节郎王日存子孙许袭职。四年冬，万安军王利学寇省地，盖旻进率众拒之，兵弱战没。八年六月，诏三十六峒都统领王氏女袭封宜人。初，王氏居化外，累世立功边陲，皆受封爵。绍兴间，琼山民许益为乱，王母黄氏抚谕诸峒，无敢从乱者，以功封宜人。至是，黄氏年老无子，请以其女袭封，朝廷从之。十二年正月，乐会县白沙峒黎人王邦佐等率贼众五百为寇，杀掠官军，保义郎陈升之抚降其众，俘获林智福等，琼管司上其功，诏减升之三年磨勘。十六年，诏以大宁砦黄弼补承信郎，弹压本界黎峒。琼管司言弼沉鸷有谋，为远近推服，故用之。弼，宜人黄氏侄也。

嘉定九年五月，诏宜人王氏女吴氏袭封，统领三十六峒。

环州蛮区氏，州隶宜州羁縻，领思恩、都亳二县。

有区希范者，思恩人也。狡黠颇知书，尝举进士，试礼部。景祐五年，与其叔正辞应募，从官军讨安化州叛蛮。既而希范击登闻鼓求录用，事下宜州，而知州冯伸已言其妄，编管全州。正辞亦尝自言功，不报。二人皆觖望。希范后辄遁归，与正辞率其族人及白崖山酋蒙赶、荔波洞蛮谋为乱，将杀伸已，且曰："若得广西一方，当建为大唐国。"会有日者石太清至，因使之筮，太清曰："君贵不过封侯。"乃令太清择日杀牛，建坛场，祭天神，推蒙赶为帝，正辞为奉天开基建国桂王，希范为神武定国令公、桂州牧，皆北向再拜，以为受天命。又以区丕绩为宰相，余皆伪立名号，补置四十余人。

庆历四年正月十三日，率众五百破环州，劫州印，焚其积聚。以环州为武城军，又破带溪砦，下镇宁州及普义砦，有众一千五百。宜州捉贼李德用出韩婆岭击却之，前后斩获甚众，俘伪将二。希范惧，入保荔波洞，间出拒官军。朝廷下诏购之，获希范、正辞及赶者，人赐袍带、钱三十万、盐千斤。

　　明年,转运使杜杞大引兵至环州,使摄官区晔、进士曾子华、宜
州校吴香诱赶等出降,杀马牛具酒,给与之盟,置曼陀罗花酒中,饮
者皆昏醉,稍呼起问劳,至则推仆后庑下。比暮,众给觉,惊走,而门
有守兵不得出,悉擒之。后数日,又得希范等,凡获二百余人,诛七
十八人,余皆配徙。仍醢希范,赐诸溪峒,缋其五藏为图,传于世,余
党悉平。

　　镇宁州亦隶宜州。景祐二年,蛮酋莫陵等七百余人内寇,遣西
京作坊使郭志高、阁门祗候梁绍熙往讨,未至,陵等诣桂、宜州巡检
李仲政请降。广西转运使不俟诏,贷其罪。诏劾之,已而释之。

　　是岁,高、宝州狄獠陈友朋等亦寇海上,本路会兵击之,溃去。

宋史卷四九六
列传第二五五

蛮夷四

西南诸夷　黎州诸蛮　叙州三路蛮
威茂渝州蛮　黔涪施高徼外诸蛮
泸州蛮

西南诸夷,汉牂牁郡地。武帝元鼎六年,定西南夷,置牂牁郡。唐置费、珍、庄、琰、播、郎、牂牁、夷等州。其地北距兖州百五十里,东距辰州二千四百里,南距交州一千五百里,西距昆明九百里,无城郭,散居村落。土热,多霖雨,稻粟皆再熟。无徭役,将战征乃屯聚。刻木为契。其法,劫盗者,偿其主三倍;杀人者,出牛马三十头与其家以赎死。病疾无医药,但击铜鼓、铜沙锣以祀神。风俗与东谢蛮同。隋大业末,首领谢龙羽据其地,胜兵数万人。唐末,王建据西川,由是不通中国。后唐天成二年,牂牁清州刺史宋朝化等一百五十人来朝。其后孟知祥据西川,复不通朝贡。

乾德三年,平孟昶。五年,知西南夷南宁州蕃落使龙彦瑫等遂来贡,诏授彦瑫归德将军、南宁州刺史、蕃落使,又以顺化王武才为怀化将军,武才弟若启为归德司阶,武龙州部落王子若溢、东山部落王子若差、罗波源部落王子若台、训州部落王子若从、难平部落王子若冷、战洞部落王子若磨、罗母殊部落王子若母、石人部落王子若藏并为归德司戈。开宝二年，武才等一百四十人又来贡，以武才为归德将军。来人乞赐武才钿函手诏，以旧制所无，不许。四年，其国人诣涪州，言南宁州蕃落使龙彦瑫卒，归德将军武才及八刺史状请以彦瑫子汉瑭为嗣，诏授汉瑭南宁州刺史兼蕃落使。八年，三十九部顺化王子若发等三百七十七人来贡马百六十匹、丹砂千两。

太平兴国五年，夷王龙琼琚遣其子罗若从并诸州蛮七百四十四人以方物、名马来贡。六年，保州刺史董奇死，以其子绍重继之。雍熙二年八月，奉化王子以慈等三百五十人以方物来贡。夷王龙汉璠自称权南宁州事兼蕃落使，遣牂牁诸州酋长赵文桥率种族百余人来献方物、名马，并上蜀孟氏所给符印，授汉璠归德将军、南宁州刺史，以文桥等并为怀化司戈。端拱二年，汉璠又贻书五溪都统向通汉，约以入贡。淳化元年，汉璠遣其弟汉兴来朝。三年，夷王龙汉兴及都统龙汉晓、刺史龙光显、龙光盈及顺化王雨滞等各贡马、朱砂。

至道元年，其王龙汉晓遣其使龙光进率西南牂牁诸蛮来贡方物。太宗召见其使，询以地里风俗，译对曰："地去宜州陆行四十五日，土宜五谷，多种秔稻，以木弩射麝鹿充食。每三二百户为一州，州有长。杀人者不偿死，出家财以赎。国王居有城郭，无壁垒，官府惟短垣。光进之说，与前书所记小异，故并叙之。上因令作本国歌舞，一人吹瓢笙如蚊蚋声，良久，数十辈连袂宛转而舞，以足顿地为节。询其曲，则名曰《水曲》。其使十数辈，从者千余人，皆蓬发，面目黧黑，状如猿猱。使者衣虎皮毡裘，以虎尾插首为饰。诏授汉晓宁远大将军，封归化王；又以归德将军罗以植为安远大将军，保顺将军龙光盈、龙光显并为安化大将军，光进等二十四人并授将军、郎将、司阶、司戈。其本国使从者，有甲头王子、刺史、判官、长史、司马、长行、傔人七等之名。

咸平元年，其王龙汉晓遣使龙光腆又率牂牁诸蛮千余人来贡，诏授光腆等百三十人官。三年，都部署张文黔来贡。五年，汉晓又遣牙校率部蛮千六百人、马四百六十匹并药物布帛等来贡,赐寇带于崇德殿,厚赉遣还。六年,知全州钱绛请招诱溪洞名豪,上以生事,浸其奏不报。

景德元年,诏西南牂牁诸国进奉使亲至朝廷者,令广南西路发兵援之,勿抑其意。先是,龙光进等来朝,上矜其道远,人马多毙,因诏宜州自今可就赐恩物。至是,恳请诣阙,从之。二年,诏羁縻保、霸州刺史董绍重、董忠义岁赐紫绫锦袍。四年,西南蛮罗瓮井都指挥使颜士龙等来贡。士龙种落遐阻,未尝来朝,今始至,诏馆饩赐予如高、溪州。

大中祥符元年,泸州言江安县夷人杀伤内属户,害巡检任赛,既不自安,遂为乱。诏遣阁门祗候侍其旭乘传招抚。旭至,蛮人首罪,杀牲为誓。未几,复叛,旭因追斩数十级,擒其首领三人,又以衣服绸布诱降蛮斗婆行者,将按诛其罪。上以旭召而杀之,违招安之实,即降诏戒止;且令笃恩信,设方略制御,无尚讨伐以滋惊扰。二年,旭言夷人恃岩险,未即归服。诏文思副使孙正辞等为都巡检使,乃分三路入其境,胁以兵威,皆震慑伏罪。三年,正辞言夷人安集,降诏嘉奖。先有蛮罗忽余甚忠顺,防援井监,捕杀违命者不已,上遣内臣郝昭信褒慰之,且谕以赦蛮党前罪,勿复邀击。

四年,茂州夷族首领,耆老,刑牛犬于三溪,誓不侵扰州界,又峡路铃辖执为乱夷人王群体等至阙下,上曰:"蛮夷不识教义,向之为乱,亦守臣失于绥抚。"并免死,分隶江、浙远地。其年,霸州董哲为其巡检使董延早所杀。五年,黎洞夷人互相杀害,巡检使发兵掩捕。上闻而切责之曰:"蛮夷相攻,许边吏和断,安可擅发兵甲,或致动?"即令有司更选可任者代之。

五年,晏州多刚县夷人斗望、行牌率众劫淯井监,杀驻泊借职平言,大掠资畜,知泸州江安县、奉职文信领兵趋之,遇害。民皆惊扰,走保戎州。转运使寇瑊即令诸州巡检会江安县,集公私船百余艘,载粮甲,张旗帜,击铜锣,鼓吹,自蜀江下抵清浮坝,树营栅,招安近界夷族,谕以大兵将至,勿与望等同恶。未几,纳溪、蓝顺州刺史个松,生南八姓诸团,乌蛮狢广王子界南广溪移、悦等十一州刺史李绍安,山后高、巩六州及江安界娑婆村首领,并来乞盟,立竹为誓门,刺猫狗鸡血和酒饮之,誓同力讨贼。珹乃署榜,许以官军至不杀其老幼,给赐衣币酒食。上遣内殿崇班王怀信乘传与珹等议绥抚方略,珹言斗望等屡为寇钞,恃宽赦不悛恶,今请发嘉、眉屯兵捕剪,以震惧之。

六年九月,诏怀信为嘉、眉、戎、泸等州水陆都巡检使,阁门祗候康训、符承训为都同巡检使,及发虎翼、神虎等兵三千余从,令怀信与珹商度进讨。上因谓枢密使陈尧叟曰:“往时孙正辞讨蛮,有虎翼小校率众冒险者三人,朕志其姓名,今以配怀信。正辞尝料简乡丁号‘白芳子兵’,以其识山川险要,遂为乡导,今亦令怀信召募。又使臣宋贲屡规画溪洞事,适中机要,以贲知江安县与怀信等议事。”苏乃点集昌、泸、富顺监白芳子弟得六千余人。十一月,怀信、康训分领、缘溪入合滩,至生南界斗满村遇夷贼二千余人,击之,杀伤五百人,夺梭枪藤牌。会暮,收众保砦,夷党三千余人分两道,张旗喊呼来逼砦栅,怀信出击,皆溃散。进壁娑婆,遇夷二千于罗募村,又破之。追至斗行村上屏风山,连破四砦。一日三战,俘馘百余人,夺资粮五千石、枪刀什器万数,焚罗固募斗引等三十余村、庐舍三千区。怀信又引兵至斗行村追击过卢罗,射仆二百余人,葵其栏栅千数。分遣部下于罗个�罗能落运等村及龙峨山掩杀,大获戎具,斩首级及重伤投崖死者颇众,烧舍千区及积谷累万。两路兵会于泾滩置砦,遣康训部壕砦卒修泾滩路,以渡大军。俄为夷贼所邀,战不利,训颠于崖,死之,怀信引兵急击,大败之,追斩至泾滩。怀信夹砦于晏江口,珹与符承训侦知贼谍欲乘夜击晏江,驰报怀信,即自泾滩拔砦赴之。比至晏江北山,夷众万余已自东南合势逼怀信砦,怀信毂强弩环砦射贼,珹等整众乘高策援,夷人大惧而却,合击破之,死伤千余人。

七年正月,其酋斗望三路分众来斗,又为官军大败,射杀数百人,溺江水死者莫计。夷人震慑,诣军首服,纳牛羊、铜鼓、器械,珹等依诏抚谕。二月，还军湣井，夷首斗望及诸村首领悉赴监自阵，愿贷死，永不寇盗边境。因杀三牲盟誓，辞甚恳苦。即犒以牢酒，感悦而去。瑊、怀信等上言夷人宁息，请置湣井监壕栅，并许近界市马。从之。

八年，夔州路上言南宁州夷族张声进遣使进奉，为蕃落使龙汉琓邀夺，仇劫不已，乞降敕书安抚。

天圣四年龙光凝、康定元年龙光琇景祐三年龙光辨、庆历五年龙以特、皇祐二年龙光澈等，继以方物来贡献。与以特俱至者七百十九人。是年，以安远将军，知蕃落使龙光辨为宁远军大将军，宁远将军知静蛮军节度使龙光凝、承宣武宁大将军龙异岂为安远大将军，承宣奉化大将军龙异鲁为武宁大将军，至和中，龙以烈、龙异静、首领张汉陛、王子罗以崇等皆入贡，命其首领而下九十三人为大将军至郎将。嘉祐中，以烈复至，大率龙姓诸部族地远且贫，熙宁中来见，赐以袍带等物，刺其数于背。又有张玉、石自品者，嘉祐中来贡，而鹔州亦遣人贡马。有董氏世知保州曰仲元者，袭是州二十余年矣，至是益州钤辖司表其善拊蛮夷，命为本州刺史。鹔州、保州皆西南边地也。又有夷在泸州部，亦西南边地，所部十州：曰巩、曰定、曰高、曰奉、曰湣、曰宋、曰纳、曰晏、曰投附、曰长宁，皆夷人居之，依山险，善寇掠，湣井监者，在夷地中，朝廷置吏领之，以拊御夷众，或不得人，往往生事。

庆历四年四月，夷人攻三江砦，诏秦凤路总管司发兵千人选官驰往捕击。既而泸州教练使、生南招安史爱诱降夷贼斗敖等，诏并补三班差使、殿侍、湣井监一路招安巡检。未几，夷众复寇三江砦，指使王用等击走之。

皇祐元年二月，夷众万余人复围湣井监，水陆不通者甚久。初，监户晏州夷人钱而欧伤斗落妹，其众愤怒，欲报之。知泸州张昭信劝谕，既已听服，而湣井监复执婆然村夷人细令等，杀长宁州落占等十人，故激成其乱。诏知益州田况发旁郡士卒，命梓夔路兵马钤辖宋定往援之。于是两路合官军洎白芳子弟几二万人与战，兵死者甚众,饥死又千余人,数月然后平。赐况及转运使敕书,褒奖宋定而下十三人,进秩有差。后况还朝,乃奏夷众连年为乱,由主者非其人,请令转运、钤辖司举官为知监、监押,代还日,特迁一资。从之。

嘉祐二年,三里村夷斗还等百五十人复谋内寇。有黄土坎夷斗盖,长宁州人也,先以其事来告。淯井监引兵趋之,捕斩七千余级。钤辖司上闻,诏赐斗盖钱三十万、锦袍、银带。明年,又补斗盖长宁州刺史。

泸州部旧领姚州废已久,有乌蛮王子得盖者来居其地,部族最盛,数遣人诣官,自言愿得州名以长夷落。事闻,因赐号姚州,铸印予之。得盖又乞敕书一通以遗子孙,诏从其请。

夔州路又有溱、南二州夷,颇盛强,皇祐初,诏自今岁遣使者存问之。

雅州西山野川路蛮者,亦西南夷之别种也,距州三百里,有部落四十六,唐以来皆为羁縻州。太平兴国三年,首领马令膜等十四人以名马、犁牛、虎豹皮、麝脐来贡,并上唐朝敕书告身凡士通,咸赐以冠带,其首领悉授官以遣之。绍圣二年,以碉门砦蛮部王元寿袭怀化司戈云。

黎州诸蛮,凡十二种:曰山后两林蛮,在州南七日程;曰邛部州,在州东南十二程;曰风琶蛮,在州西南一千一百;曰保塞蛮,在州西南三百里;曰三王蛮,亦曰部落蛮,在州西百里;曰西箐蛮,有弥羌部落,在州西三百里;曰净浪蛮,在州南一百里五十里;曰白蛮,在州东南一百里;曰乌蒙蛮,在州东南千里;曰阿宗蛮,在州西南二日程。凡风琶、两林、邛部皆谓之东蛮,其余小蛮各分隶焉。邛部于诸蛮中最骄悍狡谲,招集蕃汉亡命,侵攘他种,闭其道以专利。曰大云南蛮,曰小云南蛮,即唐南诏,今名大理国,自有传。夷俗尚鬼,谓主祭者鬼主,故其酋长号都鬼主。

后唐天成间始来贡。开宝二年六月壬子,勿儿遣部落将军离鱼以状白黎州,期十月内入贡,成都府以闻,诏嘉答之。至是来朝,赐以器币。由黎州南行七日而至其地，又一程，至嶲州。嶲州今废，空城中但有浮图一。又二程，至建昌城。又十七程，至云南。三年七月，又朝贡。六年四月，邛部州归德将军阿伏上言，为山后两林蛮勿儿率众侵掠堡砦。八年，怀化将军勿尼等六十余人来贡，诏以勿尼为归德将军，又以两林蛮大鬼主苏吠为怀化将军。

太平兴国二年，遣使王子卑彩、副使牟盖、鬼主还祖等七十八人以名马来贡，乞颁正朔。下诏曰："山后两林蛮主归德将军勿尼、怀化将军勿儿等克慕声明，远修职贡，并增环卫之秩，俾为夷落之荣。勿尼可特授归德大将军，勿儿可特授怀化大将军。"是冬，又遣使离鱼贡犀二株、马九匹，来贺登极。四年，勿儿与都鬼主又遣王子祚遇以名马来贡。八年，蛮主弟牟昂及王子牟盖、摩忙、卑愧、副使牟计等二百三十九人来贡。诏以牟昂为怀化大将军，牟盖等三人为归德郎将，牟计等百二人十并为怀化司戈。

雍熙三年，勿尼等及其王子李奉恩复来贡马。淳化元年，王子离鱼、副使卑都、卑谕、鬼主岐礼等百二十八人来贡，诏授离鱼归德将军，卑都保顺郎将，卑谕归德司戈，卑热等五十四人怀化司戈。

天禧二年，山后两林百蛮都鬼主李阿善遣将军卑热等一百五十人来贡。

邛部州蛮，亦曰大路蛮，亦曰勿邓，居汉越嶲郡会无县地。其酋长自称百蛮都鬼主。开宝三年六月，都鬼主阿伏白黎州，期以十月令王子入贡，成都府以闻，诏嘉纳之。四年，黎州定远兵士构叛，聚居鹿角溪，阿伏令弟游击将军卑吠等率众平之。诏赐阿伏银带、锦袍，并赐其众银帛各百，以为归德将军。六年，阿伏与山后两林蛮主勿儿言语相失，勿儿率兵侵邛部川，颇俘杀部落。黎州以闻，并赐诏慰谕，令各守封疆，勿相侵犯。

太平兴国四年，首领牟昂，诸族鬼主副使离袜等各以方物来贡。

雍熙二年，都鬼主诺驱并其母熟免遣王子阿有等百七十二人以方物、名马来贡。诏以诺驱为怀化将军，并赐其母银器。

端拱二年，遣弟少盖等三百五十人来贺籍田，贡御马十四匹、马二百八十匹、犀角二、象牙二、莎罗毯一、合金银饰蛮刀二、金饰马鞍勒一具、羱羊十、牦牛六。诏以少盖为归德郎将。

淳化元年，诺驱自部马二百五十匹至黎州求互市，诏增给其直。诺驱令译者言更入西蕃求良马以中市。二年，复遣子牟昂、叔离袜以方物、良马、牦牛来贡，仍乞加恩。诏授诺驱怀化大将军，少盖怀化将军，牟昂归德将军，离袜怀化司戈；又封诺驱母归德郡太君，热免宁远郡太君，弟离遮、小男阿醉都判官，任彦德等一百九十一人为怀化司戈。

至道元年，李淳乱西川，王继恩讨平之。遣嘉州牙校辛显使，诺驱奉淳化二年所授官告、敕书及日历为信，因言与贼樊秀等接战，败之，复请朝觐，通嘉州旧路。继恩上言："通嘉州路非便，只令于黎州卖马。"诏不允。其入觐王子一十九人并加官，鬼主三十六人并赐敕书以抚之。至道三年，遣王子阿醉来朝。

真宗咸平二年，遣王子部的等来贡文犀、名马，赐衣带、器币有差。又乞给印，以"大渡河南山前、后都鬼主"为文，从之。五年，又遣王子离归等二百余人入贡。六年，黎州言邛部州都蛮王诺驱卒，其子阿遵立。

景德二年，阿遵遣王子将军百九十二人来贡。诏授阿遵安远将军，阿遵叔怀化将军，阿育为归德将军，离归为怀化将军，大判官怀化司候任彦德、王子将军部的并为怀化郎将，判官任惟庆为怀化司候。大中祥符元年，遣将军赵勿娑等献名马、犀角、象齿、娑罗毯，会于泰山。礼毕，阿遵加恩，勿娑等厚赐遣还。

天圣八年十月，邛部川都蛮王黎在遣卑郎、离灭等来贡方物。时占城、龟兹、沙州亦皆入贡，至以家自随。晏殊因请图其人物衣寇，并访道里风俗以上史官，诏可。九年三月，命黎在为保义将军，又命其部族为郎将、司戈、司候，凡三十余人。明道元年，黎州言黎在请三岁一贡，诏谕以道路逶远，听五年一至，景祐初，黎州复言邛部蛮请岁入贡,诏如明道令。宝元元年,百蛮都王忙海遣将军卑盖等来贡方物,且请三岁一贡,不许。

庆历四年,邛部州山前、山后百蛮都鬼主牟黑遣将军阿济等三百三十九人献马二百一十、犛牛一、大角羊四、犀株一、莎罗毯一。庆历间,有鬼主弁黑等入贡。未几,其王咩墨扰边,知黎州孙固使其首领苴克杀之。

熙宁三年,苴克遣使来贺登宝位,自称“大渡河南邛部州山前、山后百蛮都首领”,赐敕书、器币、袭衣、银带。是年,苴克死,诏以其子韦则为怀化校尉、大渡河南邛部州都鬼主。九年,遣其将军卑郎等十四人入贡。

乾道元年,诏以崖袜袭兄蒙备金紫光禄大夫、怀化校尉、都鬼主如故。淳熙元年,吐蕃寇西边,崖袜率众掩击,诏嘉其功。二年五月,两林蛮王弟笼畏及酋长崖来率部义等攻邛部州之笼瓮城,不克,大掠而去。崖袜追之,不及。制置使范成大檄黎州严加备御。八年,崖袜死,其侄墨崖袭职。诏黎州屯戍土军、禁军及西兵,遇有边事并听本州守臣节制。

嘉定九年,邛部川逼于云南,遂伏属之。其族素效顺,捍御边陲,既折归云南,失西南一番篱矣。

凤琶蛮,咸平初,其王曩娑遣使鸟柏等贡马五十七匹,素地红花娑罗毯二,来贺即位。诏授曩娑及进奉使等官,优赐遣之。景德三年,又遣鸟柏来贡,诏授曩娑归德将军,鸟柏等四十六人弟迁郎将、司阶、司戈。

保塞蛮,开宝间,其蛮七十余人由大渡河来归,时时来货其善马。绍兴二十七年,川、秦都大司言:“汉地民张太二姑率众劫杀市马蛮客崖遇等,恐启边衅,已加慰谕,并偿其直矣。”诏免知州唐秬及通判陈伯强官,抵首贼法。

部落蛮,有刘、杨、郝、三姓。淳熙七年十月,黎州五部落蛮贡马三百匹求内附,诏许通互市,却其所献马。

弥羌部落。乾道九年,吐蕃青羌以知黎州宇文绍直不酬其马价,愤怨为乱。诏帅宪抚安之。绍直罢免。青羌首领奴儿结等市马黎州,大肆房掠,权州事王昉多给金帛,亟遣还,宣抚使虞允文言昉贪功,恐他部效尤,渐启边衅。诏降昉两官。十月,黎州吐蕃复寇边,攻虎掌砦。诏四川宣抚司檄成都府调兵二千人戍黎州以御之。

淳熙二年,奴儿结还所房生口三十九人,黎州与之盟,复听其互市,给赏归之。制置使范成大言:“所房未尽归我,岂可复与通好?”诏谪宇文绍直,编管千里外。成大增黎州五砦,籍强壮五千人为战兵;吐蕃入寇之径凡十有八,皆筑堡戍之。奴儿结率众二千扣安静砦。成大调飞山卒千人赴之,度其三日必遁,戒勿追,已而果然。

青羌奴儿结为边害者十余年,其后制置使留正以计禽杀之,尽歼其党,淳熙十二年,赵汝愚代为制置使,或谓杀降不祥,必启边患,汝愚不为动,但分守险要,严备以待之。明年,奴儿结弟三开果入寇,边备完固,三开不能攻,走归。汝愚悬重赏以间群蛮,三开不能孤立,遂以忧死。时虚恨蛮族最强,破小路蛮,并其地,与黎州接壤,请通互市。汝愚以黎州三面被边,若更通虚恨蛮,恐重贻他日之忧,不若拒之为便。帝以其知大体,从之。寻汝愚以定青羌功加龙图阁直学士。

嘉定元年十二月,弥羌蓄卜由恶水渡河,寇黎州,破碉子砦。初蓄卜弟阿巴至三冲为人所杀,又徙白水村渡于安静砦,羌人患之。蓄卜遂与青羌诣邛部州,欲假道女儿城以入寇。守臣杨子谟谍知之,数以赀遗其都王母,俾毋假道,时时馈米以济其饥,蛮人德之。会赵公庇代为郡,靳不与,蓄卜遂假道渡河,攻茆坪砦,掠三松、蚕砂、横山、三增、白羊诸村。郡遣西兵将党寿御之,失利,复遣统领王光世往。羌人由茆坪以革船渡河,光世惮之,留屯三冲不敢进。羌人焚掠既尽，渡河而归。二年二月，复寇黎州良溪砦，官年败绩。八年二月，蓄卜降。蓄卜连年入寇，皆青羌曳失索助之，守臣袁柟遣安静砦总辖杜轸诏降之。

他如浮浪蛮、白蛮、乌蒙蛮、阿宗蛮，则其地各有所服属云。

叙州三路蛮：西北曰董蛮，正西曰石门部，东南曰南广蛮。

董蛮在马湖江右，僰侯国也。唐羁縻驯、骋、浪、商四州之地。其酋董氏，宋初有董春惜者贡马，自称"马湖路三十七部落都王子"。其地北近犍为之沐川赖因砦。砦陇蛮险，蛮数寇抄。熙宁、绍圣中，朝廷皆为徙赖因监押驻荣丁砦，而以县吏控截。政和五年，始改差监押充知砦事，蛮寇掠如故。

南广蛮在叙州庆符县以西，为州十有四。大观三年，有夷酋罗永顺、杨光荣、李世恭等各以地内属，诏建滋、纯、祥三州，后皆废。

石门蕃部与临洮土羌接，唐曲、播等十二州之地。俗椎髻、披毡、佩刀，居必栏棚，不喜耕稼，多畜牧。其人精悍善战斗，自马湖、南广诸族皆畏之。盖古浪稽、鲁望诸部也。

威州保霸蛮者，唐保、霸二州也。天宝中所置，后陷没。酋董氏，世有其地，与威州相错，因羁縻焉。

保州有董仲元、霸州有董永锡者，嘉祐及熙宁中皆尝请命于朝。政和三年，知成都庞恭孙始建言开拓，置官吏。于是以董舜咨保州地为祺州，董彦博霸州地为亨州，授舜咨刺史，彦博团练使。舜咨寻迁观察使；彦博留后，遂为节度使。诏成都给居第、田十二顷。二州经费岁用钱一万二千一百缗，米麦一万四千七百石，绢二千八百五十匹，绸布、绫绵、茶、盐、银等不预焉。后皆为砦。

茂州诸部落，盖、涂、静、当、直、时、飞、宕、恭等九州蛮也。蛮自推一人为州将，治其众，而常诣茂州受约束。茂州居群蛮之中，地不过数十里，宋初无城隍，惟植鹿角自固。蛮乘夜屡入寇，民甚苦之，熙宁八年，相率诣州请筑城，知州事范百常实主是役。蛮以为侵其地，率众奄至，百常击走之，乃合静、时等蛮来寇。百常拒守凡七十日。诏遣王中正将陕西兵来援，入恭州、宕州，诛杀颇众，蛮乃降。

政和五年，有直州将郅永寿、汤延俊、董承有等各以地内属，诏以永寿地建寿宁军，延俊、承有地置延宁军。时威州亦建亨、祺二州，然亨至威才九十里，寿宁距茂才五里，在大旱江之外，非扼控之所，未几皆废。

七年，涂、静、时、飞等州蛮复反茂州，杀掠千余人。知成都周焘遣兵马钤辖张永铎等击之，畏懦不敢进，皆坐黜。以孙义曳节制绵、茂军，于是中军将种友直等破其都禄板舍原诸族，蛮败散。其酋旺烈等诣茂州请降，乃班师。授旺烈官，月给茶彩。自后蛮亦骄。

宣和五年，宕、恭、直诸部落入寇。六年，涂、静蛮复犯茂州云。

渝州蛮者，古板楯七姓蛮，唐南平獠也。其地西南接乌蛮、昆明、哥蛮、大小播州，部族数十居之。

治平中，熟夷李光吉、梁秀等三族据其地，各有众数千家。间以威势胁诱汉户，有不从者屠之，没入土田。往往投充客户，谓之纳身，税赋皆里胥代偿。藏匿亡命，数以其徒伪为生獠劫边民，官军追捕，辄遁去，习以为常，密赂黠民觇守令动静，稍筑城堡，缮器甲。远近患之。

熙宁三年，转运使孙固、判官张诜使兵马使冯仪、弁简、杜安行图之，以祸福开谕，因进兵，复宾化砦，平荡三族。以其地赋民，凡得租三万五千石，丝绵一万六千两。以宾化砦为隆化县，隶涪州；建荣懿、扶欢两砦。

其外铜佛坝者，隶渝州南川县，地皆膏腴。自光吉等平，他部族据有之。朝廷因补其土人王才进充巡检，委之控扼。才进死，部族无所统，数出盗边。朝廷命熊本讨平之，建为南平军，以渝州南川、涪州隆化隶焉。

元丰四年，有杨光震者，助官军破乞弟，杀其党阿讹。大观二年，木攀首领赵泰、播州夷族杨光荣各以地内属，诏建秦、播二州，后皆废。

黔州、涪州徼外有西南夷部，汉牂牁郡，唐南宁州、牂牁、昆明、东谢、南谢、西赵、兖州诸蛮也。其地东北直黔、涪，西北接嘉、叙，东连荆楚，南出宜、桂。俗椎髻、左衽，或编发；随畜牧迁徙亡常，喜险阻，善战斗。部族共一姓，虽各有君长，而风俗略同。宋初以来，有龙番、方番、张番、石番、罗番者，号"五姓番"，皆常奉职贡，受爵命。

治平四年十二月，知静蛮军、蕃落使、守天圣大王龙异阁等入见，诏以异阁为武宁将军，其属二百四十一人各授将军及郎将。

熙宁元年，有方异现，三年，有张汉兴各以方物来献，授异现静蛮军，汉兴捍蛮军，并节度使，六年，龙番、罗番、方番、石番八百九十人入觐，贡丹砂、毡、马、赐袍带、钱帛有差。其后，比岁继来。龙番众至四百人，往返万里，神宗悯其勤，诏五姓番五岁听一贡，人有定数，无辄增加，及别立首领，以息公私之扰。命宋敏求编次《诸国贡奉录》，客省、四方馆撰仪。皆著为式。

元丰五年，张番乞添贡奉人至三百，诏故事以七十人为额，不许。七年，西南程番乞贡方物，愿依五姓番例注籍。从之。

元祐二年，西南石番石以定等赍表，自称"西平州武圣军"。礼部言元丰著令以五年一贡为限，今年限未及。诏特令入贡。五年，八年，绍圣四年，龙番皆贡方物。龙氏于诸姓为最大，其贡奉尤频数，使者但衣布袍，至假伶人之衣入见，盖实贫陋，所冀者恩赏而已。故事，蛮夷入贡，虽交阯、于阗之属皆御前殿见之，独此诸番见于后殿，盖卑之也。

元符二年，又有牟韦番入贡，诏以进奉人韦公忧、公市、公利等为郎将。

诸番部族数十，独五姓最著，程氏、韦氏皆比附五姓，故号"西南七番云"。

施州蛮者，夔路徼外熟夷，南接牂牁诸蛮，又与顺、富、高、溪四州蛮相错，盖唐彭水蛮也。

咸平中，施蛮尝入寇，诏以盐与之，且许其以粟转易，蛮大悦，自是不为边患。后因饥，又以金银倍实直质于官易粟，官不能禁。熙宁六年，诏施州蛮以金银质米者，估实直；如七年不赎，则变易之。著为令。

熊本经制淯井事，蛮酋田现等内附，夔路转运判官董钺、副使孙圭、知施州寇平，皆以招纳功被赏。

施、黔比近蛮，子弟精悍，用木弩药箭，战斗矫捷，朝廷尝团结为忠义胜军。其后，泸州、淯井、石泉蛮叛，皆获其用。

高州蛮，故夜郎也，在涪州西南。宋初，其酋田仙以地内附，赐名珍州，拜为刺史。仙以郡多火灾，请易今名。大观二年，有骆解下、上族纳土，复以珍州名地云。

泸州西南徼外，古羌夷之地，汉以来王侯国以百数，独夜郎、滇、邛都、巂、昆明、徙、筰都、冉駹、白马氏为最大。夜郎，在汉属牂牁郡，今涪州之西，溱、播、珍等州封域是也；滇，在汉为益州郡，今姚州善阐之地是也；邛都，巂州会同川与吐蕃接，今邛部州蛮所居也；巂，今巂州；昆明，在黔、泸徼外，今西南蕃部所居也；徙，今雅州严道地；筰都，在黎州南，今两林及野川蛮所居地是也；冉駹，今茂州蛮、汶山夷地是也；白马氏，在汉为武都郡，今阶州、汶州，盖羌类也；此皆巴蜀西南徼外蛮夷也。

自黔、恭以西，至涪、泸、嘉、叙，自阶又折而东，南至威、茂、黎、雅，被边十余郡，绵亘数千里，刚夷恶獠，殆千万计。自治平之末讫于靖康，大抵皆通互市，奉职贡，虽时有剽掠，如鼠窃狗偷，不能为深患，参考古今，辨其封域，以见琛赆之自至，梯航之所及者尔。若夫边荆楚交广，则系之溪峒云。

滑水夷者，羁縻十州五囤蛮也，杂种夷獠散居溪谷中。庆历初，泸州言："管下溪峒十州，有唐及本朝所赐州额，今乌蛮王子得盖居其地。部族最盛，旁有旧姚州，废已久，得盖愿得州名以长夷落"。诏复建姚州，以得盖为刺史，铸印赐之。得盖死，其子窃号"罗氏鬼主"。鬼主死，子仆射袭其号，浸弱不能令诸族。

乌蛮有二酋领：曰晏子，曰斧望个恕，常入汉地鬻马。晏子所居，直长宁、宁远以南，斧望个恕所居，直纳溪、江安以东，皆仆夜诸部也。晏子距汉地绝近，犹有滑井之阻。斧望个恕近纳溪，以舟下泸不过半日。二酋浸强大，擅劫晏州山外六姓及纳溪二十四姓生夷。夷弱小，皆相与供其宝。

熙宁七年，六姓夷自滑井谋入寇，命熊本经制之。景思立战没，本将界兵，募土丁及夷界黔州弩手，以毒矢射贼，贼惊溃。于是山前后、长宁等十郡八姓及武都夷皆内附。提点刑狱范百禄作文以誓之曰：

蠢兹夷丑，滑溪之浒。为魈为豺，凭负固圉。杀人于货，头颅草莽。莫惨燔灸，莫悲奴虏。狃虓熟慝，胡可悉数。疆吏苟玩，嗫不敢语。

奋若之岁，曾是强御。踶蹢啸聚，三壕、罗募。偾我将佐，戕我士伍。西南绎骚，帝赫斯怒。帝怒伊何、神圣文武。民所安乐，惟曰慈抚。民所疾苦，惟曰砭去。乃用其良，应变是许。鬻熊裔孙，爰驭貔虎。歼其渠酋，判其党与。既夺之心，复断右股。

摄提孟陬，徂征有叙。背孤击虚，深入厥阻。兵从天下，铁首其举。粉纭腾沓，莫敢婴牾。火其巢穴，及其囷贮。暨其赀畜，墟其林舞。杀伤系缧，以百千数。泾滩望风，悉力比附。丁为帝民，地曰王土。投其器械，籍入官府。百死一赎，莫保铜鼓。

歃盟神天，视此狗鼠。敢忘诛绝，以干罪罟。乃称上恩，俾复故处。残丑厥角，泣血诉语："天子之德，雨阳覆护。三五噍类，请比泾仵。"

> 大邦有令，其戒警汝：天既汝贷，汝勿予侮。惟十九姓，往
> 安汝堵。吏治汝责，汝力汝布。吏时汝耕，汝稻汝黍。惩创于
> 今，无怃往古。小有堡障，大有城戍。汝或不听，汝击汝捕。尚
> 有嘷将，突骑强旅。傅此黔军，毒矢劲弩。天不汝容，暴汝居所。
> 不汝遗育，悔于何取！

立石于武宁砦。

熊本言二酋桀黠，不羁縻之则诸蛮未易服，遂遣人说诱招纳。
于是晏子、斧望个恕及仆夜皆愿入贡，受王命。晏子未及命而死，乃
以个恕知归来州，仆夜知姚州，以个恕之子乞弟、晏子之子沙取禄
路并为把截将、西南夷部巡检。

八年，俞州獠寇南州，獠酋阿讹率其党奔个恕。熊本重赏檄斩
讹。讹桀黠，习知边境虚实，个恕匿不杀，诡降于纳溪。讹得不死，
甚德个恕，为伺边隙。会个恕老厌兵，以事属乞弟，遂与讹侵诸部。

十年，罗苟夷犯纳溪砦。初，砦民与罗苟夷竞鱼苟，误殴杀之，
吏为按验。夷已忿，谓："汉杀吾人，官不偿我骨价，反暴露之。"遂
叛。提点刑狱穆珣言："纳溪去泸一舍，罗苟去纳溪数里，今托事起
端，若不加诛，则乌蛮观望，为害不细。"乃诏泾原副总管韩存宝击
之。存宝召乞弟等掎角，讨荡五十六村，十三囤蛮乞降，愿纳土承赋
租。乃诏罢兵。

元丰元年，乞弟率晏州夷合步骑六千至江安城下，责平罗苟之
赏。城中守兵才数百，震恐不能授甲，蛮数日乃引去。知泸州乔叙
要欲与盟，遣梓夔都监王宣以兵二千守江安，仍奏以乞弟袭归来州
刺史。韩运遣小校杨舜之召乞弟拜敕，乞弟不出；遣就赐之，亦不
见；而令小蛮从舜之取敕以去。乔叙因沙取禄路以贿招乞弟，乃肯
来。

三年，盟于纳溪。蛮以为畏已，益悖慢。盟五日，遂以众围罗个
牟族。罗个牟，熊本所团结熟夷也。王宣往救之，蛮解围，合力拒官
军。宣与一军皆没，事遂张，驲召存宝授方略，统三将兵万八千趋东

川。存宝怯懦不敢进，乞弟送款绐降，存宝信之，遂休兵于绵、梓、遂、资间。

四年，诏以环庆副总管林广代存宝，按宝逗挠，诛之。熟夷杨光震杀阿讹，诏林广与光震同力讨贼。乞弟恐，复送款。帝以其前后反覆，无真降意，督广进师。广遂破乐攻城，至斗蒲村，斩首二千五百级。次落婆，乞弟乃纳降。广盛陈兵以受之，对语良久，乞弟疑有变，引众遁。广帅兵深入，会大雨雪，浃旬始次老人山，山形剑立，度黑崖，至鸦飞不到山。五年正月，次归来州，天大寒，然桂为薪，军士皆冻堕指。留四日，求乞弟不可得。内侍麦文昞问广军事，广曰："贼未授首，当待罪。"文昞乃出所受密诏曰："大兵深入讨贼，期在枭获元恶。如已破其巢穴，虽未得乞弟，亦听班师。"军中皆呼万岁，曰："天子居九重，明见万里外。"乃以众还。自纳溪之役，师行凡四十日，筑城乐共城、江门砦、梅岭席帽溪堡，西达淯井，东道纳溪，皆控制要害。捷书闻，赦梓州路，以归来州地赐罗氏鬼主。

乞弟既失土，穷甚，往来诸蛮间，无所依。帝犹欲招来之。命知泸州王光祖开谕，许以自新。会其死，于是罗始党、斗然、斗更等诸酋请依十九姓团结，新收生界八姓、两江夷族请依七姓团结，皆为义军。从之，自是泸夷震慑，不复为边患。沙取禄路死，子鳖弊承袭。

政和五年，晏州夷卜漏叛，砦将高公老通，招讨使赵通讨平之，授鳖弊西南夷界都大巡检。事见《赵通传》。